本书出版受北京大学和南京大学创建世界一流大学与一流学科计划资助

江村调查与社会科学的中国化

费孝通"江村调查"80周年纪念文集

周晓虹　张静　乐江　主编

社会科学文献出版社

SOCIAL SCIENCES ACADEMIC PRESS (CHINA)

序　言

　　1936 年夏天，在广西大瑶山花篮瑶调查中失去新婚妻子的费孝通，应在吴江开弦弓村帮助农民开办生丝精制合作社的姐姐费达生之邀，利用出国前的两个月空隙，去乡下疗养身心，在不经意间开始了后来闻名遐迩的"江村调查"。两年后，在马林诺夫斯基的指导下，年轻的费孝通写成了《开弦弓：一个中国农村的经济生活》的博士论文，欲图"描述中国农民的消费、生产、分配和交易等体系"，并借此刻画出 20 世纪上半叶的中国，"传统文化在现代西方影响下的变迁"趋势。1939 年，这部以《中国农民的生活》为题、由罗特里奇出版社出版的著作，不但当时因对"文野之别"的跨越成为国际人类学界的开山之作，而且在 20 世纪 80 年代翻译成中文（《江村经济——中国农民的生活》，以下简称《江村经济》）后成为中国社会学重建年代里最具典范性和感染力的作品。

　　岁月如梭，一晃 80 年过去了。2016 年适逢费孝通先生"江村调查"80 周年，为纪念这一中国社会学乃至整个社会科学发展史上的里程碑事件，北京大学社会学系、南京大学社会学院和中共吴江区委宣传部，在 10 月 22～23 日的金秋时节，于吴江区七都镇开弦弓村，假借太湖大讲堂和太湖群学书院，联袂举办了"纪念费孝通教授'江村调查'80 周年国际学术研讨会"。来自中国、英国、美国、日本和韩国的 120 余位社会学家、人类学家，以及数百位来自全国各地的社会学子和普通民众，围绕江村调查的缘起与社会背景、江村调查的理论与方法蕴意、江村调查与文化自觉意识的养成、江村调查对社会科学中国化的推动、江村调查的学术与社会影响，以及费孝通先生提出的差序格局的理论意义、云南三村与乡土中国研究及追随费孝通先生从事学术研究的经历，展开了热烈的讨论与铺陈，贡献了 110 场讲演！在研讨会召开的那几天里，太湖之滨、开弦弓村旁到处都是热烈的讨论与会心的切磋，真是"群贤毕至，少长咸集"。

　　22 日上午的开幕式由南京大学社会学院院长周晓虹教授主持，江苏省社会科学联合会党组书记、常务副主席刘德海，中共吴江区委书记梁一波，中国社会学会副会长、吉林大学常务副校长邴正教授，中国社会科学院社会学研究所所长陈光金教授，中国社会科学院社会发展研究院院长张翼教授，英国伦敦政治经济学院（LSE）王斯福（Stephan Feuchtwang）教授，中国吴江区委宣传部部长乐江，北京大学社会学系主任张静教授都做了热情洋溢的致辞，他们对费孝通教授80年前对开弦弓村所做的深入细致的调查，以及其后"江村调查"对社会学和人类学界产生的巨大而深远的影响给予高度肯定。在随后及闭幕式上安排的7场主题讲演中，次年7月出任中国社会学会会长的上海大学李友梅教授、来自费孝通先生母校伦敦政治经济学院的王斯福教授、曾长期担任韩国人类学会会长的首尔大学的金光亿教授、日本神户大学的佐佐木卫教授、吉林大学的邴正教授，以及主办方——北京大学和南京大学的两位长江学者特聘教授朱苏力和翟学伟，围绕江村调查形成的研究范式、差序自我、乡土中国研究与文化自觉、《江村经济》中体现的田野调查方法、多元一体文化观，以及费孝通思想中同样常为人关注的"差序格局"理论做了精彩论述。

在22日下午、22日晚上和23日上午的三个时段中，主办方安排了18场分论坛和7场青年论坛，共计103场讲演。18场分论坛的主题分别涉及江村经济（两场）、差序格局、文化自觉、学术史（两场）、宗教研究、经济与消费、土地与乡村、本土化、乡村政治、费孝通与现代性、家庭与代际关系、家庭与城镇、文化与乡土变迁、心理与政策、城镇研究，以及江村的过去、现在与未来；而7场青年论坛则涉及农村生活、江村调查、乡村再调查、云南三村、乡土重建与差序格局、家庭与城镇，以及民族与经济结构。这些讲演和报告不仅反映了费孝通先生的"江村调查"所开创的中国社会学传统一代代薪火相传，而且体现了社会学重建后中国几代社会学人直面社会现实的探索勇气和脚踏实地的学术品格。

研讨会结束后，为了使费孝通先生的学术思想和各位学者的精彩分析产生更为深远的影响，我们与社会科学文献出版社相商，出版这部《江村调查与社会科学的中国化——费孝通"江村调查"80周年纪念文集》（以下简称《文集》）。根据研讨会的110场讲演，我们选择了36篇论文汇集成册。《文集》大致可以分为6个部分。第一部分的5篇论文与"江村调查"有着最为直接的关系，张静以费孝通的《江村经济》为例，指出燕京学派尝试以专业研究者的角色，为中国社会学和人类学注入新的活力和思想；孙飞宇梳理了费孝通在"江村调查"前的思想转变，即从社会变迁到社会平衡；郭大水研究了《江村经济》对经典社会学在理论和方法两方面的超越；佐佐木卫认为《江村经济》在调查方法和分析框架上受到马林诺夫斯基的深刻影响；而王建民则通过江村调查探究了费孝通的学术心态史，由此述及了个人与学术和国家之间的关联。

第二部分的8篇论文也都与"江村调查"有着直接或间接的关系。周晓虹认为江村调查体现了费孝通的文化自觉意识，是社会科学中国化或本土化有意识的努力。金光亿、李建新、周飞舟和方文的4篇论文，接续周晓虹论文的前半段主题，以不同的方式讨论了文化自觉的形成途径及养成方式，其中不乏细致的探索和耐心的勾连，由此瞥见了费孝通思想形成的草蛇灰线；而谢立中、王勋和冯钢的论文则讨论了周晓虹论文的后半段主题，他们从江村调查、费孝通一生的研究对中国化或本土化的追求，一直讨论到更为抽象的社会学的中国知识问题。

　　第三部分的 5 篇论文全部述及"差序格局"——费孝通先生于 20 世纪 40 年代论述中国乡土社会特征时提出的独特概念。王斯福的论文通过与西方文明的比较，分析了差序格局这一源自中国亲属制度的地方性概念具有的普遍道德与变动可能；翟学伟梳理了自潘光旦到费孝通或自"伦"（沦）到差序格局的概念起源，并认定这一水到渠成的表述乃是"中国社会结构的基本特征"；与翟学伟不同，朱苏力认为差序格局只是中国农耕社会的基本格局，但却不是中国所独有的格局，更不是历史和文化中国的基本格局。此后的两篇论文都涉及由差序格局所引发的群（公共）己关系问题：仇立平从源自自我主义的"己"，讨论了整个社会公共性的建构问题；而郑震以与仇立平相反的方式，提出与费孝通相反的观点，即差序格局并非是费孝通意义上的自我中心主义，传统中国的德行并非限于"私德"，由此我们也不能以为只有西方意义上的"公"才是真正意义上的公。

　　与前面三个部分相比，第四部分的 6 篇论文主题相对零散一些。包智明和陈占江的论文认为费孝通终其一生都在思考一个问题，即在中国现代性的进程中怎样找到传统与现代之间的接榫之处或契洽之点，并富有创造力地将此称为"费孝通问题"。作为一种呼应，金一虹和杨笛以为，费孝通的姐姐、蚕丝专家费达生的一生同样也是追寻现代性的一生。唯一不同的是，她是以实践而不是以理论的方式踏入现代性之中的，就像费孝通所言，姐姐一直考虑的是"怎样去解决技术现代化和经营社会化的问题"。接下来的两篇论文所讨论的主题在时间上正好接着费孝通的江村调查和费达生的蚕丝业实践，张云熙的论文叙述了费孝通抗战期间自英国回来后在云南的农村调查，并讨论了禄村、易村和玉村即所谓"云南三村"调查对以江村调查为开端的中国农村研究的理论与方法意义；杨渝东的论文则更往后，以抗战后写成的《乡土重建》为契机，讨论了费孝通先生借乡土重建之议题解决中西方文化困境的设想，并因此成为两种文化间的"摆渡人"。随后，褚建芳的论文讨论了费孝通的宗教观。显然，依功能主义的观点来看，宗教观念实际上是人们用以应对生活需要的一种手段或工具；唯因宗教研究以及对生活系统其他部分的研究都是以"人"为中心展开的，其对宗教问题的关照就不能不与"直面生活的人类学"发生勾连。最后的那篇《吴文藻与中国社区研究》，是《文集》收入的唯一一篇出自本科生之手的论文，作者朱晨宇借讨论吴文藻在中国社会学中开创的社区研究，触及了"社会人类学的中国时代"所开创的社会学中国化努力。

　　表述零散的主题总需要更多一些文字，要简述《文集》第五部分的 6 篇论文同

样不易。前两篇属于个人经验的分享，两位作者回忆了当年追随费孝通先生做研究的经历：杨善华曾随费先生"四访江村"，而且至今完整保存着当年的笔记；李德滨则是在费先生的指导下开始黑龙江移民研究的。后四篇论文虽没有与杨善华和李德滨相似的经历，但他们述及的主题则多少与农村这个费孝通一生关注的领域相关：张乐天讨论了如何确定农村研究的主题——如果说费孝通从事江村调查的时代这一主题是传统与现代的接续，那么张乐天后来的成名作《告别理想》一书的主题则是计划经济时代的制度——公社制度。周燕玲、陈映芳的论文与田毅鹏的论文似乎有某种因果关联：前者从发展经济学的角度，对一度炙手可热的"农民工"研究进行了深入反思，指出其具有在发展主义的偏好下，按市场逻辑将农民或农民工劳动力化的倾向；后者则讨论了在农村劳动力不断流入城市的背景下，乡土公共性的危机与重建之路。最后，周大鸣、廖越的论文从一门新兴的学科——路学切入，讨论了现代交通对聚落方式的影响，以及由此引发的中国城乡社会结构的变迁。

《文集》的最后部分，即第六部分的 6 篇论文主题比较集中，讨论的是江村调查及整个费孝通学术思想的社会影响。李友梅的论文提出，费孝通的江村调查能够让人领悟一种基于"从实求知""实事求是"原则的认识论与方法论，其足以使我们将之作为一种"江村学"范式来理解和学习；徐珂和刘豪兴的论文则不仅交代了《江村经济》的成稿背景、作者在此后遭受的荣辱，也对"江村学"建立的意义提出了自己的见解。王铭铭的论文最初是应《社会科学百科全书》编委会之邀而撰写的词条，这 16000 字的长文确实如其本人所说，反映了他"一直怀有在国际社会科学界恢复费孝通先生思想世界之整体面貌的心愿"。接下来，罗教讲和冯帅帅的论文以数据化的方式呈现了费孝通的影响力，他们通过计算范式将数据来源延伸至学术研究领域之外，并因此将费孝通一生的社会影响纳入进来；作为一种补充，周云和彭书婷的研究考察了《江村经济》80 年来在英语世界持续不辍的影响——不仅限于社会学和人类学，这一著作还影响其他 35 个社会科学甚至自然科学领域。最后，似乎是为《文集》作一个必要的结语，王莎莎的论文以江村调查为原点，考察了 80 年来的中国乡村研究。总体上说，"以江村为代表的微观社区研究在一定程度上仍然是认识中国社会的基本方法，而学界对江村在各个时期的追踪考察所积累的研究资料，更使得社会变迁的样貌能够在江村人的社会生活中清晰地呈现"。至此，36 篇学术论文以各自精彩但又相互契合的方式，完整地呈现了费孝通先生的江村调查及其一生在中国社会科学进而在中国近代以来的伟大变迁中的历史意义。

自 1984 年进入南开大学攻读社会学学位以来，我就一直浸淫在由《江村经济》《乡土中国》《生育制度》等经典文本构建起的费孝通的学术世界中，但真正较为深入地理解费孝通及其学术意义和社会影响，却是最近几年的事情。尤其是从 2015 年年底与北京大学的同人和吴江区委宣传部及七都镇的友人们合作，开始筹备举办

"纪念费孝通教授'江村调查'80 周年学术研讨会"以来，对费孝通先生的理解更是与日俱深。我与张静教授在费先生江村调查 80 周年的日子里举办一个学术性的纪念会议的想法一经提出便获得了社会学界和吴江各界的热情支持。北京大学的潘乃谷教授、马戎教授是这个会议最早的赞同者；此后，七都镇党委书记查旭东、镇长肖军、副镇长王志萍都给予了积极的回应：查书记不仅在几年前支持我建立了拥有 600 平方米用房的太湖群学书院，这次还代为联系了吴江区委常委、宣传部长乐江，乐部长对本次会议的召开做出了不可缺少的贡献。北京大学社会学系和南京大学社会学院的同人们——周飞舟、成伯清、吴愈晓、蒋海云、陆远、时昱和曹慧中，为会议的举办贡献了各自的智慧和才干。费孝通先生的家人对会议也给予了积极支持，他的女婿张荣华先生专门委托自己的儿子张喆与会。费先生的后代加上费先生调查时年仅 8 岁、现在 88 岁的村民沈宝法先生（《江村经济》一书插页里与费先生合影的小男孩）的出席，使本次会议进一步彰显了传统与现代的自然接续，也使我们的努力获得了一种悠远的回应。

　　是为序。

周晓虹

2017 年仲夏

于南京紫金山东麓朗诗绿郡寓所

目录

燕京社会学派因何独特？

——以费孝通《江村经济》为例

张　静[*]

费孝通先生的著作《江村经济》，被称为 20 世纪 30 年代燕京社会学派的代表作。其令人深思之处在于，当时提出的问题在今天的讨论仍未结束，这就是农工混合的乡土经济形态何以在中国存在。

《江村经济》试图证明，中国乡村的经济结构不是纯粹的农业土地经济，而是一种"农工混合的乡土经济"，即分散于农户的手工业和农业相互配合的经济形态。农户把丝织作为副业，可紧可松，随做随置，这样灵活利用了农闲时间，补充了农业收入的不足。如果不是这一补充增加了收入，单靠农业生产，农民无法维持最低的生活水准，更不可能养得起地主阶级，并支撑起 20 世纪 30 年代城市消费的繁荣。

有评论者由此看出了"不同发展模式"，提出这样的问题：为什么中国乡土工业没有走西方的道路——它不是以更有效率的集中生产方式呈现，而是以分散的形式，存在于乡村农户（甘阳，2007）？这样的提问不是来自实践本身深究缘由，而是来自对立模式的预设——集中化的工业形态与分散化的工农混合形态——两个模式的差异，类似于现代与传统的对设，目标在于指出中国的特殊模式，说明西方式的工业化道路在中国乡土社会不能成立。

但这似乎并非《江村经济》的意思，而是后来的学者基于模式建构意图，施加的过度演绎。因为在《江村经济》中费孝通特别指出，机械化丝织业的冲击，使得乡村原本发达的分散丝织业，处于不利的竞争地位，甚至被逐渐摧毁。如果工业化的集中生产在中国无法成立，为何 20 世纪 20 年代以来，江浙地区缫丝业纷纷实现机器生产（刘扶英、俞敏敏，2015）？如果有规模的缫丝工业根本无法立脚，那么费孝通观察到的它对"乡村经济形态的巨大冲击"从何而来？

来自模式对立预设的提问本身并没有错，问题在于使用这一对立预设的目标，

---

* 张静，北京大学社会学系主任、教授。

是学术政治竞争，还是学术研究竞争。指出这两个"竞争"不是文字游戏，而是对于研究目标的必要识别：一个关注学术地位，一个关注事实知识。在研究工作中，这两个目标常常容易混淆，但是它们有本质的区别。这一区别事关两个重要认识：第一，农工混合经济形态是一种独特的道路"模式"，还是历史条件限定下的经济形态？第二，燕京社会学派的真正角色，是不是提出这一"本土模式"的工业化发展道路？如果不是为了独特的模式地位，而是基于事实提供认识，那么"农工混合经济形态"为中国乡村社会所"特有"（的道路），这个结论就不一定可靠，因为很多国家在其工业化进程中都出现了这种经济形态，即使现在，不少工业化国家和地区，仍然保留了部分混合经济形态。如果这一现象是不少国家和地区存在的事实，就无法令人信服地说明它们为何是中国特有的"道路"模式。

一　经济形态之社会基础

不妨回到江村的具体案例中，观察当时的一些基础性要件，来看混合经济形态为何存在。在技术方面，比如电力，当时江村是否有充足的电力设备可以支撑纺织机械的集中运转？比如交通，江村的交通方式和工具是否可以支持大批量产品和纺织机械的运输？更重要的是，公共制度对生产活动的组织化，比如商业经纪体制，江村是否存在大量的经纪商，以满足生产方和需求方连接的需要？比如金融体系，江村农户是否可能通过信贷支撑来扩大生产规模？比如信用体系，当地是否存在公共信用的控制体系，用以降低违约的风险？还比如土地买卖、人员流动、信息共享等制度，是有利还是不利于集中工业的出现？

这些条件作为经济发展的环境，制约着经济形态，因为经济属于合作性活动，它本质上依赖人类的社会组织化进程，并跟随组织关系的变迁而发展。费孝通看到了组织关系变迁问题，他在《江村经济》中指出，乡村工业的改造转化不仅是一系列技术改进问题，而且是一系列社会重组（social reorganization）过程。

社会重组相当于社会关系的再造。但如果系统重组的条件尚不具备，经济活动就会主动寻找已有的、方便的形式，用当今经济学的语言说，就是交易成本最低的方式，形成相对适应的形态。比如，如果信息共享和信用控制的公共体系未建立，经济活动自然会借用传统社会关系的支持，因为在这种关系里，最方便得到信息、负责、合作和忠诚，以人际信用来降低卸责和欺诈的风险。作为一种非正式的组织关系，乡土社会的人际关系和正式的雇佣关系（比如合约制）作用类似，它们都能保护经济活动的顺利开展，降低合作风险。

农工混合与集中的工业形态肯定有区别，但它们是不能合流的两个道路方向，还是一个方向上的不同阶段，需要谨慎回答。即使不考虑产品的性质（一些适合集中生产，另一些适合分散在家户作业），也很难忽略这一条件：所有的经济活动都需要一些基本的东西——可以称其为"社会基础设施"——的支撑才可能运行。比如信用关系作为基础设施的保护作用：在工厂使用合约，在乡村使用关系，方式虽然不同，但要解决的核心问题一样——增强确定性。经济活动采取哪种形态，取决于一系列社会基础条件的变化。如果不是历史地看这些基础条件对于经济形态的限定，怎么会肯定哪种情况是长远的道路模式，哪种情况是暂时适应的结果？对于道路"迥然不同"的过度强调，可能使我们忽略，各种社会解决生存问题的一般性内容：它们都要完成养育人民，创造盈余的任务（伍斯德，2003），没有一个社会是例外的。

为什么乡土社会的人际关系限定了经济形态，使之呈现"农工混合"方式？原因是农民没有真正离开乡间共同体。无论是务工还是务农，他们都还生活在原有的社会组织中，这些社会关系中存在的互惠责任、道德原则、信用监督机制，成为经济活动可依赖的制度环境。对于经济活动来说，正式合约与人际关系，本质上都是一种责任约束体系：二者都包含奖励和处罚，以明文声称或潜在意会的方式，规范有关各方的行为。比如，正式合约用抵押、计时、奖金及人事处罚，来抵抗违约行为，而人际关系用不再分享信息和机会、闲话、疏远乃至孤立，来抵抗不负责行为。

显然，经济活动采取什么形态，和社会基础制度有关，也在改变着社会关系。比如今天，当高度流动发生、代际社会关系变化、儿女养老越来越无法依靠时，社区或国家的公共养老体系就不得不提上日程。这说明社会关系发生了变化，单单依靠代际关系，已经无法约束年轻人的传统责任。如果说，乡土社会农工混合是一条独特道路，就如同说家庭养老是一条独特道路一样，它们都有"不变"的假设：房产等经济要素的价值不会变，人口流动不会变，基础性的财富制度——比如土地制度不会改变，与之适应的社会关系不会改变，经济活动的组织惯例不会改变……但无数事实证明，无论人们有多么不适应，这些东西都在经历变革。所以，农工混合式的分散经营，不过是有效利用已有的社会基础条件，解决剩余短缺问题的适应性结果，但不一定是另一道路模式。因为工业化形态源自不同的社会条件，而经济形态会随着社会条件而变化。人类大量的经验证明，以传统的眼光看，有很多到来的变迁是不熟悉的，但未知不等于它不会发生。

二 学派之方法论逻辑

如果农工混合的经济形态并非独特，那么燕京学派的贡献是不是就是阐明这一本土化模式？倘若本土化是指挖掘了本地的研究对象，那么几乎所有的地区社会学研究都在这么做。事实上，研究工作的特点正是从不同地点的案例证据中挖出知识。如果研究了某类社会的特征就可称本土学派，那么，吉尔茨发现巴厘岛的"地方信仰体系"，斯科特发现亚洲村社共同体的"集体生存伦理"，艾森斯塔德发现南亚社会的"庇护关系网结构"，……这些研究同样是指出了亚洲社会的某种特点，他们为何没有被看成"南亚本土学派"？显然，单凭研究地点、使用语言或者研究者的国籍民族，并不能构成一个学派的特征要件，要看其是否形成系统的方法论立场（methodological position），因为这一立场为研究者提供了分析逻辑的展开原则。

以《江村经济》为例，可以看到，费孝通的研究依循当时社会科学的一般分析逻辑。①社会现象描述逻辑：区别于泛泛的印象谈论和抒发主观情感，费孝通运用一系列观察及调查数据，客观描述江村社会的方方面面，尝试把研究者和研究对象区别开来，把证据和观点区别开来。②竞争冲击分析逻辑：外来机械化丝织业的冲击，使得江村丝织业处于不利的竞争位置，分散的副业辅助农业的形态被摧毁：手工土货的市场让给了机织洋货，引起了乡村无数靠着制造土货生存的亦工亦农者失业。乡村土地制度的一些基础性矛盾可能在这一冲击下暴露显现。③均衡功能分析逻辑：江村丝织副业原本的存在，弥补了农业产出和剩余的不足，维护了地租经济的稳定。如果乡村副业的这一功能因素消失，土地分配关系的平衡可能就被打破。④因果关系分析逻辑：高效率的经济形态，比如机械化丝织业，对低效率的经济形态，比如手工丝织业，正在构成摧毁性威胁。⑤制度条件分析逻辑：如果地租分配制度不变，在现有情况下，同时养活地主和农民，避免发生大规模的冲突，唯有再兴乡村丝织副业，来补贴农户收入才可能。

这几个方面显示，《江村经济》的分析逻辑采用了当时社会科学界认同的方法论立场，而不是独立于或者颠覆它们。即使是"乡土社会"这个概念，也是运用类型比较的结果，而类型比较是社会科学常用的分析技术之一。费孝通在1985年说，自己的认识来源受《四千年农夫：中国、朝鲜和日本的永续农业》（金，2011）著作的影响。他坦陈，是这本书引导他得出中国传统社会的特点是"乡土社会"这个概念。在这个意义上，乡土社会之所以"特有"，是和先工业化社会比较的结果。比较得以进行，必定依赖类型划分，因而费孝通指出，中国的特点并不是处理互不相干的现象，相反，是采用一系列学界通用的分析工具，去认识不同对象的特点（Nathan，1993）。他经过比较研究得出的结论，比如差序格局的社会关系结构，能够被不同文化及社会的学者所理解，不在于观点的差异——寻找差异特点正是社会科学研究的内容，而在于这些不同的特征认识得来，使用的一致方法论立场：社会科学专家共享的类别划分、概念工具以及分析逻辑。

这样，所谓学派或者中国学派的修成，关键并不在于参与者的国籍、使用语言、研究对象、研究结论以及目标理想的一致，而在于系统的方法论逻辑不同于其他，但其分析效力（存在的合理性）得到大量工作的证实。以此为标准，燕京社会学派使用的方法论，虽然还称不上全面而系统，但相对于当时的国际社会科学主流立场而言，并非独特，而是一脉相承的。

三 燕京学派之独特性

那么燕京社会学派的独特性在哪里？它相对于什么而独特？如果《江村经济》是燕京学派的代表作，那么它显示了当时中国学者不同于以往的问学尝试：试图运用和国际学界共享的类别逻辑和分析框架，来认识中国社会。费孝通在《江村经济》中，明确意识到了自己作为"社会科学工作者"的角色，他说："如果要组织有效果的行动并达到预期的目的，必须对社会制度的功能进行细致的分析，要同它们意欲满足的需要结合起来分析，也要同它们的运转所依赖的其它制度联系起来分析，以达到对情况的适当阐述。这就是社会科学者的工作。"（费孝通，2012：24）他认识到了中国社会的研究需要新角色、提出新问题。

在今天看来，这虽然不稀奇，甚至可以堪称不能再平常的角色，但是在当时，并没有什么学问或者派别，以与民众平等的态度，系统地采用经验研究方法，来分析中国社会现象。之前的中国研究，主要关注的是精英和君臣的思想以及他们的历史实践，较少真正触及基层社会现实，其方法主要是考据、解说、抒意、策论和颂圣，其目标主要在正当性论述、例规引领或者奏折，其价值在以史为鉴提示世人，其角色是教化劝导，包括君臣和大众。但燕京社会学派的工作显然不同于此，从潘光旦、费孝通、吴文藻、杨庆堃、林耀华、瞿同祖等学者的作品中，可以清楚看到这一不同。他们的工作显然有别于从前的目标和方法，但他们使用的概念逻辑体系与传统治学展现了有意识的不同。

作为社会科学研究者的角色来工作，这是燕京学者偶然的相似，还是意识清楚的作为？观燕京学派的目标阐述可证。1940年，吴文藻在《社会学丛刊·总序》中，提出了"燕京学派"的方法论立场："以科学假设始，以实地证验终，理论符合事实，事实启发理论；理论与事实糅合一起，获得一种新综合。"他建议的研究假设为："现代社区的核心为文化，文化的单位为制度，制度的运用为功能。"因此，"社区""文化""制度""功能"，构成了燕京社会学作为学派的"概念格局"（转引自胡炼钢，2011）。这些东西显然有别于从前中国学者治学的概念体系。为后人传颂的、吴文藻先生致力的"社会学中国化"工作，一般指的是他主张社会学采用中文教材，培养中国人才，研究中国社区。这三点实际上都是为社会学在中国开展的必备建设，

但它们是否属于"中国化",还要深究——教材参考什么资料写成、培养什么角色之人才,以及使用什么逻辑进行研究——才能得到清楚答案。

所以,燕京学派的工作以现代社会学在中国的开创建设更准确,他们开启了新的、专业的社会研究。其主要特点与其说是本土化道路的提出,不如说是研究角色、议题、方法及目标的转换:在角色方面,不再作为帝师或教化者存在,而是社会科学研究者;在议题方面,不再面向统治学说,而是面向它的行为及后果展现;在方法方面,不再采用考据、解说、疏意、策论和颂圣,而是采用国际专业领域共享的分析逻辑和原则;在目标方面,不再是正当性论述、例规引领,而是描述、解释、评估影响及预测未来趋势。

燕京社会学派的这些努力虽还不够系统,但有重大意义,它意味着不同以往的专业性标准开启,一种新的群体角色出现。这一群体角色的"独特性"是相对于从前的。因为在此之前,社会研究并非这样进行,研究者的角色也并非如此立基。这不是说之前的传统社会研究缺少用处——事实上中国深厚的社会历史研究很有价值,而是说仅仅通过一种历史借鉴、情怀舒展、教化君臣和大众,或者以居高临下的统治者、劳心者立场来认识社会,是不足够的,还需要引入其他目标。理解社会及文化的历史变迁和现代转型,需要比较性的分析、多元视角的关照、宏观进程的探索、客观事实的证实,以及系统的方法论,……所有这一切,我们称为专业性的工作。

这样的角色在近代中国出现,第一代社会学者群中的燕京学派,费先生是引人注目的代表。他及他们那一代学者尝试运用新的角色——具有现代眼光、贴近现实的专业研究者,给中国社会学及人类学研究注入了新的生命活力和思想。燕京社会学派的这一独特角色不仅使社会科学经验研究在中国落地,而且使中国社会研究汇入世界社会学及人类学,并赢得了国际学界的广泛承认。

参考文献

费孝通,2012,《江村经济》,戴可景译,北京:北京大学出版社。

甘阳,2007,《〈江村经济〉再认识》,《读书》第 10 期。

胡炼刚,2011,《中国社会学史上的"燕京学派"》,《中国社会科学报》2 月 24 日。

金,富兰克林·H.,2011,《四千年农夫:中国、朝鲜和日本的永续农业》,程存旺、石嫣译,北京:东方出版社。

刘扶英、俞敏敏,2015,《杭嘉湖地区近现代丝绸工业遗产的研究》,《工业建筑》第 8 期。

伍斯德,亚历山大,2003,《西方发展乏力时代:中国和西方理论世界的调和》,黄宗智主编《中国研究的范式问题讨论》,北京:社会科学文献出版社。

Nathan,Andrew J. 1993. "Is Chinese Culture Distinctive? – A Review Article", *Journal of Asian Studies*,52(4).

从社会变迁到社会平衡：费孝通在"江村调查"之前的思想梳理

孙飞宇*

《江村经济》一书在中国乃至世界社会学、人类学历史中的重要地位早已有定论。以往关于该著作的评论通常将其视为人类学和社会学研究的经典著作。也就是说，在中国近现代学术史上，该著作会被认为是由新一代具有现代公民意识的学人[1]所做的关于中国近现代变迁的新式研究，而费孝通本人也曾自认属于"五四"一代的知识分子（参见张冠生，2000：645－646）。另外，在最近大陆关于费孝通的研究中，也开始关注他作为或者说自视为"士绅"的一面（杨清媚，2010）。要言之，无论是费孝通本人还是关于他的研究者，都不会忽略在他的思想中传统与现代双重性的叠合。这一双重性体现在费孝通的研究中所具有的实质性问题意识，特别具有中国传统知识分子或者说士绅情怀，而与此同时，他的这种传统情怀是通过新式人类学和社会学研究所体现出来的。但是这种双重性来自何处，又如何具体体现在其实地研究中？本文试图从《江村经济》一书成文前的费孝通思想进展理路来考察该书的思想背景，以便回答这两个问题。为了确认费孝通在"江村调查"之前所受到的影响，本文采取了一个保守的做法：系统分析在1936年之前费孝通的作品。这些早期作品在今天的费孝通研究中仍然较少得到重视，然而从任何一个角度来说，早期研究都是对于人物思想研究的重点所在。费孝通在早年所受的影响十分广泛，既包括旧学的影响，也有五四运动以降新思潮的影响，或者是具体而言，他当时的师友如吴文藻、杨开道、林耀华、李安宅以及他的阅读所及如派克、马林诺夫斯基等。在很大程度上，所有这些学术影响当然并非仅由其作品反映出来，但是

---

* 孙飞宇，北京大学社会学系副教授。本文在写作过程中受到密西西比州立大学陈心想博士的帮助。在本文发表后，陈心想博士来信指出费孝通早期翻译奥格本的《社会变迁》一书对于他的影响，这一补充使得本文更为完整。

[1] 如马林诺夫斯基在该书的序言中，称费孝通为一位公民（本书的内容包含着一个公民对自己的人民进行观察的结果）（参见费孝通，2013：7）。

他的早期作品至少是我们在研究层面上可以明确划定的研究范畴。通过细致分析其早期作品，本文发现，费孝通这些早期作品中所明确提出来的研究取向和研究方法论，是进入和理解《江村经济》一书以及江村调查的核心线索。

一 核心关怀：社会变迁与寻找出路

费孝通前期作品所关注的主要问题在于文化与社会变迁领域。这一点当然与那一代知识分子在 20 世纪 30 年代"救亡图存"的核心关怀有直接的关系。换言之，是一种社会主要思潮的反映。费孝通在 1933 年正式开始学术写作之前，于 1932 年 8 月所作的《〈中日战争目击记〉译文前言》中，已经清晰表明了这一关怀，以及寻找中国出路的志向。就此而言，费孝通所处的时代，当然是一个中国社会的"千年未有之大变局"。作为"五四"之后成长起来的新一代知识分子，费孝通对于社会变迁的关心是理所当然的。根据阿古什的《费孝通传》，费孝通在早期所翻译的由韦伯夫妇合著的《社会研究方法》一书的最后一章，其内容就是"强调社会学对社会改革的作用"（阿古什，2006）。在 1933 年 6 月 10 日的《中国文化内部变异的研究举例》一文中，费孝通以"亲迎礼俗"为例，讨论了文化变异的基本结构与形式，以及作为其核心关注点的文化传承与变化。此外，在本文中，费孝通由于受奥格本的影响[1]，还明确提出了一个观点，即"社会问题起源于文化失调"（《费孝通全集》第一卷，2009a：91）。这篇文章将文化失调定义为"任何文化都有它的特殊的结构模式，新的文化特质引入之后，不能配合于原有的模式中，于是发生失调的现象"（《费孝通全集》第一卷，2009a：91）。从这一定义中，我们可以发现几种理解。首先，是一种结构性的理解文化的思路；其次，是讨论文化变迁的路径或者说模式；最后，是对于变迁本身的关注。结构性的理解文化的思路可以在后来费孝通关于社会研究的方法论中找到线索。而后两种理解结合在一起，既是江村调查中费孝通的核心关注，也可以帮助我们理解费孝通在 1940 年左右阅读韦伯的《新教伦理与资本主义精神》一书所做札记中的核心关注点，即文化模式（生活系统）的变迁及调试问题（王铭铭等，2016），一脉相承，显然是出于中国文化大变局之中的根本理解。

---

[1] 费孝通在 1935 年出版了由他所翻译的奥格本的《社会变迁》（Social Change）一书（参见《费孝通文集》第十八卷）。费孝通的社会失调一说，应该说就是源自奥格本在本书中所提出的社会失调理论。在《费孝通文集》第十八卷中，费孝通说："如果我的记忆不错的话，《社会变迁》这本原作是我到北京上学以后，一次假期回苏州，在东吴大学的图书馆里借到的。看过以后，觉得这本书能够比较完满地回答我在考虑社会变动时所想到的一些问题，因此萌发了把它翻译出来的愿望，就利用假期把它译了出来。译稿一直放在手边，没有想到要拿去发表。"（费孝通，2009c：1）

费孝通前期对于社会变迁的集中思考还体现在他在 1933 年对于杨宝龄先生的《美国城市中俄籍摩洛根宗派之客民》这篇读书笔记中。这篇文章主要讨论了杨宝龄所研究的美国社会中不同文化、宗教、政治、经济等背景的人，是如何在美国融合成为一种新式美国文明的。这一关怀显然是出自对于中国社会与传统文化变迁的关切。本书尤其与该主题有关，因为虽然本书所关注的表面上是与中国传统文化无关的俄籍摩洛根宗派在美国社会的融入问题，然而该派别的一个重要特点使得费孝通可以借此关心中国文化变迁与身份认同变迁的问题：该教派传统坚实信仰的变迁，亦可理解为其在美国社会的现代化过程。在这篇读书笔记中，费孝通试图通过作者对于俄籍摩洛根宗派在美国变迁的研究，找到思考中国文化受到外来现代化影响而产生的变迁的线索。

这样的思考直接体现在了江村调查之中。在《江村经济》的序言中，马林诺夫斯基也说，"此书虽以中国人传统的生活为背景，然而它并不满足于复述静止的过去。它有意识地紧紧抓住现代生活最难以理解的一面，即传统文化在西方影响下的变迁"（马林诺夫斯基，2013：7）。不仅如此，费孝通在江村调查中抓住这一关键点的原因在于，他注意到了江村这个小小的村落所代表的更大的问题："他的伟大祖国，进退维谷，是西方化还是灭亡？"（马林诺夫斯基，2013：7）

二 "活的"社会与现实取向

费孝通早期的研究方法受惠于大学时期的人类学与社会学训练。不过，这一研究方法在以时间为序的各篇文章中逐渐成形，并最终在江村调查中得以呈现，则与其核心关怀有直接的关系。

根据《费孝通全集》第一卷所收录的作品，在《江村经济》一书成文之前，费孝通早期的学术性写作，以 1933 年的《人类学几大派别》为起点。在本文中，费孝通已经表达了对于功能学派的服膺之意，其研讨的主要材料则来自《野蛮人的性生活》一文。

《野蛮人的性生活》一书对于早期费孝通影响极深，以至于在 1933 年，费孝通专门写了一篇关于该书的读书笔记。马林诺夫斯基在该书的序言中说，"性，家庭，亲属关系乃是有机的整体"（《费孝通全集》第一卷，2009a：97），这一理解日常生活的角度理所当然地成为费孝通后来以《江村经济》为代表的早期作品的核心角度。在这篇读书笔记中，费孝通还表达了一个对于马林诺夫斯基作品的赞赏之意：马氏以极为明白晓畅的语言来进行写作（《费孝通全集》第一卷，2009a：98）。费孝通在 1933 年不止一次表达过对于此种写作风格的赞赏。我们知道，这一语言文字上的风格在后来亦已成为费孝通著名的写作风格。我们并不能完全说费孝通的写作风格全从马氏而来。因为尽管受到传统教育的影响，他可以用非常典雅的古文体进行写作①，然而在读到马林诺夫斯基的作品之前，也即在1933年之前，费孝通已经开始着力于此种风格的白话文学术写作。我们可以说，在费孝通与马林诺夫斯基的写作风格之间，已经有了一种"亲和力"。这种不约而同的写作风格，在费孝通看来，是与对社会及社会学研究的理解有直接关系的。他相信，唯有此种写作风格，才可能实现对于活生生的社会的呈现。所以，在阅读了杨宝龄的著作之后，费孝通如此写道："读完了全书，和读了其他芝加哥社会学丛书一般，使人觉得所读的简直是一本亲切有味的小说。它所表显的是人生底层的活动，是活的人生。社会学的对象本来是人类的社会生活，生活本身活的、动的、变的。"（《费孝通全集》第一卷，2009a：114）

在1933年的《社会研究的程序》一文中，费孝通开始明确提出他早期学术研究的主张。在本文中，费孝通首先提出，"社会研究是叙述社会事实的科学"（《费孝通全集》第一卷，2009a：101），并随即指出，社会研究和社会理论之间存在着不同。原因在于，"社会理论是在种种社会事实中推求社会存在和演变的原理，而社会研究是只限于事实的叙述和描写"（《费孝通全集》第一卷，2009a：101）。这二者互为表里，不可或分。但是，在研究中将这二者区分的做法，乃是出于一种程序上的方便，也就是说，是"指在叙述时所用的方法和推求原理时不同"（《费孝通全集》第一卷，2009a：101）。这一方法最重要的，是研究切入的角度，亦即"从何叙述起的问题"（《费孝通全集》第一卷，2009a：101）。费孝通从四个方面详述了这一问题。

（1）确定研究对象或者说描写的单位，也就是群的单位。这是一种社会研究上的实质性讲法，因为社会先于个人而存在，而群的同质性意味着生活方式，或者说社会学研究的形式的同一性。在社会学或者人类学研究中，这往往意味着某种习俗或者风俗。所以第一步既是形式上的界定，也是性质上的界定。

（2）对社会状态的研究，亦即"从何描写"（《费孝通全集》第一卷，2009a：102）。费孝通在此从时空二分的角度入手，提出了首先划分为"状态"和"变迁"这两个交叉轴的研究角度。对于社会状态的研究，要以"方便"为宜，即写下首先观察到的有形之物。费孝通举了一个例子来说明这一点：从对于物质文化的分类记述开始，进而记述使用物质器具的人与人之间的社会关系，再推到社会关系所构成

---

① 如20世纪30年的《第五届华东暑期大学东吴同学会杂记》（参见《费孝通全集》第一卷，2009a：77 - 79）。

的社会组织。从社会关系和社会组织入手，必然要上升到社会得以维系的"公共意志"（《费孝通全集》第一卷，2009a：104），即社会组织和社会关系具体是呈现在作为社会意志之体现的社会行为之上的。费孝通在此讲了一段极富深意的关于社会研究的话：

> 社会组织是可以从个人行为上看出来的。当然，有时，我们可以得到种种成文的规则和条文，但是成文的规则和条文并不是社会组织的本身，因为有很多规则和条文是不实行的，甚至和实际的行为相反的。所以描写社会组织时虽可以将成文的规则和条文作为参考，但决不应当以规则和条文为中心事实。（《费孝通全集》第一卷，2009a：104）

这一观点对于今天的社会学研究依然极富启发性。费孝通的基本意思是将社会及其行动者视为活生生的、有自身主体性意义的状态，而非死的条文和规则。本文认为，这是费孝通早年的核心思想之一，因为该思想并非偶然地出现在这一篇论文中。在1933年与1934年的作品中，费孝通屡次提及这一观点。在1934年的文章《从"社会进化"到"社会平衡"》中，费孝通明确说："我们已经屡次说过，一切文化只是人类生活的办法，社会制度是文化的一部分。所以离开了生活，文化和社会制度是无从说起的。"（《费孝通全集》第一卷，2009a：236）此外，这一核心主张与费孝通所选择的写作风格有直接关系。或者毋宁说，正是这一对于社会及其行动者的观点，才使得费孝通有了上述关于写作手法和风格的态度。

社会状态研究的对象又分为：（a）物质文化；（b）社会组织；（c）社会态度。其亦代表着不同社会文化之特定意志的群体性社会态度。而社会态度的养成在于"不同生活方式的冲突"（《费孝通全集》第一卷，2009a：105）。若社会流动性增加，社会变迁性增大，那么不同社会态度之冲突亦可明显增加。

（3）社会变迁历程研究。这一点又分为：（a）冲突；（b）调解；（c）同化。社会态度在整体上会伴随着社会变迁而发生变化。变迁分为两个部分，一是历程即"如何变法"；二是变迁历史，即"变得怎样"。历程是"一种动作"，与其相对应的是，"态度是社会变迁的动力……是不同生活方式冲突在心理上发生的反映"（《费孝通全集》第一卷，2009a：106）。所以费孝通提出的社会变迁第一历程是"冲突"（《费孝通全集》第一卷，2009a：106）。而第二历程则是调解，继之是同化。这三种历程就是变迁的历程。

（4）社会变迁的具体历史。相较于普遍性的变迁历程，还存在着具体的、个别的变迁史（《费孝通全集》第一卷，2009a：107）。与历程比较起来，历程是形式，而历史则是内容。如传统中国的族居制到颇具现代意义的分居制。这是变迁历史的

一部分。这种变迁历史并非普遍，然而却是普遍形式的具体内容。

总之，在这篇论文中，费孝通明确确立了他早期的研究态度和写作风格，并以此作为研究社会变迁的基本态度和风格。这种"活的"社会与现实取向及相应的写作风格，还在费孝通 1933 年其他的重要论文中得到了体现。

在 1933 年，费孝通的作品还表明，他明确受到了来自芝加哥学派的代表人物派克的影响。在《社会学家派克教授论中国》一文中，费孝通再度表达了对于某种"鲜活的"社会认识与写作风格的赞许。在文中，费孝通认为，派克之所以能够成为芝加哥学派的正宗，乃是因为其写作和研究的重点，不在于文本本身而在于日常生活本身。

> 他有一种魔力能把他的学生从书本上解放出来，领到一个活的世界中去领悟人类生活的真相。这是他在社会学界中树下百年基石的工作。（《费孝通全集》第一卷，2009a：137）

派克对于早期费孝通的影响很大。[1] 在 1933 年，费孝通写作了两篇关于派克的文章。第二篇是比较讨论派克与季亭史（F. H. Giddings）的思想分歧点的工作。从这篇论文中我们可以看出，费孝通早期所受到的派克思想的影响，着重在于身心交感论的、集合主义的观点，主张"统计方法不足完全解释社会现象，故重个例方法"，主张侧重于社会形式的研究（《费孝通全集》第一卷，2009a：168）。

1933 年，费孝通在燕大毕业之后，受到了梁漱溟的邀请赴山东邹平参加乡村建设工作（参见阿古什，2006：29）。在当年 11 月，费孝通撰写了《社会变迁研究中都市和乡村》一文。文中颇有批评之意。费孝通明确提出，在关于中国社会变迁的研究中，不能仅仅关注农村问题。[2] 也就是说，变迁的研究必须将都市问题纳入进思考范畴。所谓社会变迁，其最重要的动力，则在于"各种不同生活形式的接触"，然而根据上文的定义，生活形式本身是一个抽象的概念，在具体的生活中，这一界定要落实在"人口的流动"之中（《费孝通全集》第一卷，2009a：125）。现代化的

---

[1] 费孝通在后来的回忆中曾说："吴文藻和派克这两位老师是我一生从事社会学的学术源头。"（参见《补课札记——重温派克社会学》，费孝通，2009b：10）

[2] 20 世纪 30 年代，梁漱溟在山东邹平进行乡村建设实践运动。在其基本成果《乡村建设理论》一书中，梁漱溟先生也从乡村问题开始讨论中国问题，并且他同样提出，中国问题的关键在于文化失调，"表现出来的就是社会构造的崩溃，政治上的无办法"（梁漱溟，2011：23）。然而与费孝通在《江村经济》中对于变迁中的中国乡村的刻画不同，梁漱溟在一开始则判断"我们旧日的社会已崩溃到最深处，故必从头作起"（梁漱溟，2011：6）。由于将乡村问题视为中国文化的根本问题，所以乡村建设运动在梁漱溟看来就是"吾民族社会重建一新组织构造之运动"（梁漱溟，2011：20）。

进程带来了城市工业的发展、现代性分工的出现和相应的人口流动和聚集，这一点是与乡村社会不同的。然而与此同时，在都市生活中，可以发现现代意义上的社区。费孝通在本文中以颇具芝加哥学派的风格，将其称为都市中的"自然区域"（《费孝通全集》第一卷，2009a：129）。根据这篇论文的主张，本文此前所关注和总结的变迁历程和具体历史、人口的接触、区域的结构等，都要基于这一前提来进行研究。与此同时，哪怕对于乡村的研究，也要以乡村社会变迁作为基本背景。原因在于，变迁乃是中国社会现代化历程的基本特质。要为中国找到一条出路，就必须以活生生的现实情况为基本思考的出发点，而非以某种理论为基本思考的出发点。费孝通进而为他的这一基本学术主张定性：这是现代科学研究的基本态度。在《江村经济》中的前言中，费孝通不无深意地强调说，当时的中国越来越需要基于现实材料的对社会制度的功能分析。这种社会科学的知识对于当时的中国是迫切的，因为这是"满足每个中国人共同的基本需要"亦即生存下去的基本前提。在这种各派知识分子都承认的前提下，费孝通委婉地批评了某些思想派别不从事实出发，而只从思想理路出发的做法。

> 分歧之处是由于对事实的误述或歪曲。对人民实际情况的系统反映将有助于使这个国家相信，为了恢复广大群众的政策生活，现在迫切地需要一些政策。这不是一个哲学思考的问题，更不应该是各学派思想争论的问题。真正需要的是一种以可靠的情况为依据的常识性的判断。[①]（费孝通，2013：15）

三　具体研究中的整体性思路

费孝通对于现实社会变迁的关怀，以此种态度具体实施在了对于社会现实的理解和探索之中。一方面，费孝通主张关心和理解活生生的社会现实和变迁；另一方面，对于研究和写作手法的采用，也要以此为基准。在这两种态度下，费孝通的实地研究及其方法论，从一开始就带有为中国社会的变迁找到一条出路的具体实践层面。在这一态度下对于具体社区的研究，也从一开始就将社区视为一个有机的整体。在《江村经济》的前言中，费孝通说：

> 如果要组织有效果的行动并达到预期的目的，必须对社会制度的功能进行细

[①]　与费孝通的江村调查比较起来，梁漱溟关于中国传统社会"伦理本位、职业分立"的理论及相关研究，显然更像是一种理论，而非针对社会事实的田野工作。

致的分析，而且要同它们意欲满足的需要结合起来分析，也要通它们的运转所依赖的其他制度联系起来分析，以达到对情况的适当的阐述。这就是社会科学者的工作。所以社会科学应该在指导文化变迁中起重要的作用。（费孝通，2013：15）

这一观点并非在《江村经济》和江村调查中首创。在1933年一篇假托姐姐费达生之名的文章中，费孝通一方面表现了对于农村建设实践的积极关心，总结了由其姐姐所参与农村建设的经验，初步显露了他后来"志在富民"的社会学研究态度。在这篇《我们在农村建设事业中的经验》的文章中，费孝通明确提出了数个在后来得到充分发展的观点，而这些观点首先从农村建设的实际经验中来。在该文中，作为这些观点的统领，整体性思路体现得非常明显。例如，通过举出简单地将机械应用到农村而帮助抗旱，反而导致许多男性农民有闲而去赌博，并导致倾家荡产的例子，费孝通明确提出：社会改良要谨慎思考、应对作为整体的社会。原因在于，"社会不是一个各部分不相联结的集合体。反之，一切制度、风俗以及生产方法等等都是密切相关的……所以要为中国社会任何一方面着手改变的时候，一定要兼顾到相关的各部分和可能引起的结果"（《费孝通全集》第一卷，2009a：116）。所以，单纯引入科技是远远不够的，不可能会因此而简单地为全体人民带来幸福。技术的进步必须要与"适当的社会制度"结合在一起（《费孝通全集》第一卷，2009a：118）。不过，这一点仍然不够。费孝通在本文中进一步将中国社会的基本结构与中国传统文化中的认同感引入讨论之中。在社会变迁的过程中，传统家庭/家族认同与颇具现代性意味的公共服务之间的冲突，被费孝通称为"或是中国前途最大的一个障碍"（《费孝通全集》第一卷，2009a：119）。这一观点意味着，费孝通在这一时期已经开始思考中国传统社会结构与认同和现代化进程之间的张力。在本文中，他的基本观点是希望能够找到一种制度，以"使经济生活融合于整个生活之中"（《费孝通全集》第一卷，2009a：121）。其目的则是经世济民，即在社会发生剧烈变迁的情况下，"使我们能以生活程度的伸缩力求和资本主义的谋利主义相竞争"（《费孝通全集》第一卷，2009a：121）。这一点与涂尔干社会学的出发点基本一致，然而其思考进路则大相径庭。原因当然在于两种社会传统及其变迁历程的截然不同。

在这篇文章中，费孝通以某一村落的具体社区情况为例来说明问题，已经初步具有后来在江村进行社区研究的特色。不过，正如在本文中所体现出来的，以某个村落为单位进行研究，并不意味着将该村落与外部世界隔绝。整体性的思路意味着，费孝通敏锐地关注到了一个小小村落里所发生的故事，与世界经济秩序之间的关系，并主张研究要"尽可能全面地记录外来势力对村庄生活的影响"（费孝通，2013：18）。

费孝通在1933年工作的重点最后落实在著名的《亲迎礼俗之研究》一文中。本文的研究与传统经学关于礼的研究不同，着眼的是"礼俗"。这一对于礼俗的研究又着眼于该种文化的传播过程、地理与社会限制。该文体现了费孝通在此前所发展出的种种学术主张，尤其是与文化传播变化相关的主张。在这一系列学术主张中，费孝通首先强调的是文化的整体性。费孝通说："一地之文化并非为一堆不相关涉而独立之文化特质所聚成，乃一错综交杂，有整体性之结构也。任何文化特质欲存在于一地文化结构中，必须与其他特质维持相当关系。"（《费孝通全集》第一卷，2009a：190）

在这个基础上，要理解文化的变迁并非易事，因为它与整体性的文化结构和具体的人性都有着直接的关系。所以费孝通的亲迎礼俗之研究的出发点，仍然在于文化变迁的内在机理。费孝通在本文中的研究思路表明，只有从这一出发点开始，才有可能理解作为整体的文化变迁现象。也就是说，研究的整体性思路与理解细致的文化（以及作为文化载体的社区）内在机理并不矛盾，反而相辅相成。

上述在费孝通早期思想中所提出来的整体性思路以及贯彻整体思路的研究手法，在江村调查和《江村经济》的写作中得到了极为具体的体现。用马林诺夫斯基的话来说，《江村经济》一书的两个主题是"土地的利用和农户家庭中再生产的过程"（马林诺夫斯基，2013：10），然而调查和写作的结构，却完全是一种既极为具体又极为全景式的手法。在这个思路中，江村调查和《江村经济》把经济理解成了一种整体性生存状态。从文化对于消费的影响，到亲属关系中所体现出来的经济，乃至于费孝通后来总结江村调查的经验时所强调的其中"关键"，即小店的稀少数量作为理解江村经济结构乃至于社会结构的关键，都体现了这种整体性的思路。例如，在"资金"一章，费孝通开篇即说："在这一意义上讲，相互之间的义务，互相接待留宿，互赠礼物等非即刻交换的形式也是信贷的形式。这些信贷的偿还是通过社会制度中固有的互惠原则来保证的，并与亲属关系及友谊有密切关系。"（费孝通，2013：199）本文认为，这是江村调查所体现出的"社区研究"的核心特征所在。

四　从社会变迁到社会平衡

费孝通从早期开始，所侧重的社会变迁研究就并不完全是社会进化论的。这一点或者可以说是他在后期所提出的文化自觉论的早期萌芽。在1934年3月的《从"社会进化"到"社会平衡"》一文中，费孝通在总结对于社会进化论的讨论时总结认为，他可以将社会进化论理解为"有方向的社会变迁"（《费孝通全集》第一卷，2009a：235）。通过这一界定，他反对社会进化论中认为社会的发展意味着从"坏社会"进化到"好社会"的观点，认为只能承认社会变迁存在着一定的方向。而这种方向，只能是"指在前期所发生的变迁中所循沿的趋势，对于后期亦是正确的。易言之，

社会变迁的趋势在各时期是一贯的"（《费孝通全集》第一卷，2009a：235）。

关于不同社会的价值差异问题，在1936年的《社会研究中的价值问题》一文中更是得到了明白的叙述。费孝通在本文中借助王同惠之口，明确反对了那种以某种特定的价值为标准，来衡量其他社会文化之价值的做法。在这一态度的基础上，费孝通更是将社会进化的目的落实在了"社会平衡"之上。也就是说，费孝通并不认为社会发展存在着某种特定的目标或者模板，而是在于该社会在整体上的平衡："所以变迁是在要使人类能维持他个人和种族的生产。为了要谋生存，他生活的办法一定要和他的处境保持一种平衡。"（《费孝通全集》第一卷，2009a：238）

不过，这种基于生存前提的平衡并不意味着简单的功利主义原则。1934年，出于对社会变迁或者说发展的关心，费孝通专文讨论了霍布浩士的社会发展论。从对霍布浩士的文献回顾中，费孝通认为，关于社会发展之理论的起点之一，就在于反对简单的生存论（《费孝通全集》第一卷，2009a：272）。而社会发展变化的基本特性，可以表述如下。

> ……社会发展之性质，并非和行星一般有一定的轨道，亦不像生物的生长，由幼而老有一定的时代。实是一串继续的努力，在环境中争执，忽左忽右，要使它的目的能实现……所以社会发展不如说是一个多方发展的胚种，因为在其起初时，自身没有调节的能力，所以时有片面的发展，以致不易兼顾各部分，以维持其和洽之状态。（《费孝通全集》第一卷，2009a：285）

从1933年到1936年，费孝通早期思想中慢慢呈现出对于功能主义的理解和运用。而这一点在《花篮瑶社会组织》这个具体的社区研究中得到了贯彻。在《花篮瑶社会组织》的编后记中，费孝通在回答为何要做实地研究这一问题时说：

> 简单说来，就是我们认为文化组织中各部分间具有微妙的搭配，在这搭配中的各部分并没有自身的价值，只有在这搭配里才有它的功能，所以要批评文化的任何部分，不能不先理清这个网络，认识它们所有相对的功能，然后才能拾得要处。（《费孝通全集》第一卷，2009a：431）

费孝通在其后期曾经反思过当初所从事的社区研究以及人类学民族志方法的不足（费孝通，2004）。不过，这种反思并不意味着他在早期对于传统文化没有强调。恰恰相反，在《江村经济》一书的前言中，费孝通也曾明确说：

> 强调传统力量与新的动力具有同等重要性是必要的，因为中国经济生活变

迁的真正过程，既不是从西方社会制度直接转渡的过程，也不仅是传统的平衡受到了干扰而已。目前形势中所发生的问题是这两种力量相互作用的结果。（费孝通，2013：13）

至此，我们可以做一简略总结。费孝通在其"江村调查"和写作《江村经济》之前的早期思想中，就已经显示出了双重性，一方面，是对于中国所遭遇的"千年变局"所带来的社会变迁以及作为传统"士人"情怀之体现的对于这一变迁之出路的寻找；另一方面，是将这一对中国社会的理解及相关的实践置于现代社会科学的范畴之中。费孝通在早期如何理解社会研究的科学性？这一问题也就是上述双重性如何具体落入社会研究之中的问题。在这里，费孝通一方面由于受到马林诺夫斯基的影响，而发展出对于社会具体现实的"活的"研究取向和写作态度，以及在这一态度下所发展出来的对于具体社区、变迁以及社会建设实践的整体性理解；另一方面他也将对于整体性的理解放置在对于社会的深刻理解和思考之中，主张认真对待社会内在的结构、功能和机理，要以最细致认真的态度来理解"活的"社会和作为主体的社会行动者，要求从现实出发而非从理论设定出发来提出社会建设主张。在这一系列体现在"江村调查"之中的研究主张中，费孝通在学术观点和研究方法上都秉承了开放的、尊重现实的态度来研究文化和社会的变迁，同时认为这一变迁以及应对这一变迁的社会建设实践，应该落实在各种文化要素、结构和力量的平衡之中，而非采取任何一种简单粗暴的理解、研究和建设态度。虽然本文无意通过费孝通早期思想来统领其毕生漫长的思想之路。不过，本文主张，这一态度和主张确实有助于我们理解他在"江村调查"和《江村经济》的写作。进而，对于费孝通早期思想的理解，也许还可以有助于我们理解他后来的各种研究以及所代表的中国社会学和人类学的发展历程中各种主题研究、研究思路和研究方法论主张与学术观点的切入角度之一。

参考文献

阿古什，2006，《费孝通传》，董天民译，郑州：河南人民出版社。
费孝通，2004，《新世纪·新问题·新挑战》，载费孝通《论人类学与文化自觉》，北京：华夏出版社。
费孝通，2009a，《费孝通全集》第一卷，呼和浩特：内蒙古人民出版社。
费孝通，2009b，《费孝通全集》第十七卷，呼和浩特：内蒙古人民出版社。
费孝通，2009c，《费孝通全集》第十八卷，呼和浩特：内蒙古人民出版社。
费孝通，2013，《江村经济》（修订本），上海：上海世纪出版集团。
梁漱溟，2011，《乡村建设理论》，上海：上海人民出版社。

马林诺夫斯基，2013，《〈江村经济〉序》，载费孝通《江村经济》（修订本，第 7 ~ 12 页），上海：上海世纪出版集团。

王铭铭等，2016，《费孝通先生佚稿〈新教教义与资本主义精神之关系〉研讨座谈会实录》，《西北民族研究》第 1 期。

杨清媚，2010，《最后的绅士：以费孝通为个案的人类学史研究》，北京：世界图书出版公司。

张冠生，2000，《费孝通传》，北京：群言出版社。

《江村经济》对经典社会学的理论
融合与方法超越

郭大水*

一个值得费孝通 26 次访问的江南村落及 30 年之后出版的中文版《江村经济——中国农民的生活》（1986 年），必定在他老人家心目中占有极为重要的地位。因而，在江村调查 80 周年之际，作为社会学的后人，重新拜读《江村经济》、体会其中的社会学原理，通过将它与西方早期社会学经典大师理论与方法的比较，探寻其所蕴含的社会学理论、方法以及社会科学方法论的意义，争取达到对如何开展社会学研究的理论自觉，以推进社会学的学科建设。这既是对于费孝通晚年多次要求人们重读社会学经典原著"补课说"① 的执行，也是对他最好的纪念。

一 《江村经济》对两大经典社会学理论的融合

读《江村经济》可感到十分厚重的社会学研究"味道"。费孝通在描述和分析解释这个中国农村典型代表的小村落时贯穿一条主线：当下社区中的惯例（社会制度、规范与规矩、通行的做法、潮流、时髦等）及其演变的过程与原因，村民对这些惯例的意向性反应行动（估计亲戚朋友以及周围其他熟悉或者陌生的人们，甚至包括死去的祖宗和未来人们的评价对自己行为的反应并由此确定自己的行动）。费孝通将这两个方面作为有机统一的"博弈过程"，为读者提供了江村所代表的中国农村和农民在劳作与休闲、生产与分配、世俗与宗教、家庭与亲属等社会生活活动的一幅幅生动画面，揭示出他们的乐趣与困惑、选择与无奈、尝试与退却、成功与

---

* 郭大水，南开大学社会学系副教授。

① 费孝通教授于 1999 年 8 月在华夏出版社出版的《高校经典教材译丛·社会学》的总序中写道："我去年在北京大学社会学人类学研究所提出了'补课'的问题，我自己带头重新阅读了一些经典的社会学教科书……也要求研究所的年轻教员和学生更认真地读书。"

失败，解释他们面临的困难及其原因，提出摆脱困境的途径以及需要条件的分析和意见。

通读《江村经济》，我们既感到其中对涂尔干社会事实理论应用，又可感到对韦伯社会行动理论的应用，这是它具有厚重社会学"味道"的根源。沿着这种感觉，在反复拜读中发现，它在理论上是将上述两个目前仍然被视为各执一"元"的两大范式有机地融合在一起，在事实上形成了独特的宏观社会惯例与微观人们意向性反应之间有机统一的社会学视角。这是它对中国社会学研究最主要的奠基性贡献。

"社会事实"理论是法国社会学家涂尔干提出的。他在《社会学研究方法准则》（1895 年）中论证了"社会事实"（social facts）① 这个其社会学体系的核心概念。与包罗万象的"社会现象"（social phenomena）概念不同，"社会事实"是从人类所进行的一切活动形式中抽象出的，具有确定的社会学意义的概念。对于"社会事实"的特质与产生根源，涂尔干写道："于是就有了如下一类具有非常特殊的性质的事实。这类事实由于存在个人之身外，但又具有使个人不能不服从的强制力的行为方式、思维方式和感觉方式构成。因此，不能把它们与有'机体现象'混为一谈，因为有机体现象由表象和动作构成；也不能把它们与仅仅存在于个人意识中，并依靠个人意识而存在的'心理现象'混为一谈。这样，它们就构成一个新种，只能用'社会的'一词来修饰它，即可名之为社会事实。这样称呼它最合适，因为十分清楚，它既然没有个人作为基础，那就只能以社会为基础：要么以整体的政治社会为基础，要么以社会内部的个别团体，诸如教派、政治派别、文学流派或同业工会等为基础，另外，也只有这样称呼才合适，因为'社会的'一词只是专指那些不列入任何已经形成的和已具有名称的事实范畴的现象时才具有明确的意义。因此，这类现象成为社会学的固有领域。"（涂尔干，1995：25 - 26）

"社会行动"理论，是德国社会学家韦伯提出的。他指出："'社会的'行为应该是这样一种行为，根据行为者或行为者们所认为的行为的意向，它关联着别人的举止，并在行为的过程中以此为取向。"（韦伯，1997：40）为防止将人的一切行动都作为社会学的研究对象，韦伯特别强调其只是引发人们行为的动机中的一个特定方面。韦伯写道："如果它仅仅以期待客观物体（inanimate objects② ，非生命的对象）的效用为取向，那么外在的行为（overt action）就不是社会（non-social）行为了。"（韦伯，1997：54）

或许费孝通在那时的研究实践中已经发现了"社会事实"与"社会行动"两者

---

① 括号中的英文来自由 S. A. Solovay 和 J. H. Mueller 于 1938 年完成的英文译本，1966 年由纽约 the Free Press 重印。

② 英文引自 G. Roth 和 C. Wittich 根据德文第四版修订版（1964 年）翻译的《经济与社会》。

之间存在着相互规定性的联结，亦即社区的主流惯例或社会规矩与农民个体行为动机两者之间的实际相互联系。费孝通在《江村经济》第一章前言中写道：

> 人们使用文化以便生存，同时为了一定的目的要改变文化。……任何变迁过程必定是一种综合体，那就是，他过去的经验，他对目前形势的了解，他对未来结果的期望。过去的经验并不总是过去事实的真实写照，因为过去的事实经过记忆的选择已经起了变化。目前的形势也并不总是能够得到准确的理解，因为它吸引注意力的程度受到利害关系的影响。未来的结果不会总是像人们所期望的那样，因为它是希望和努力以外的其他许多力量的产物。（费孝通，2001a：21）

这表明，村民的行动选择实际上是限制在当时的制度性安排和世代相传的惯例范围之内的，而这种具有能动性的选择行为也反过来促成了当下社区中新的主流规矩。这就是社会文化再生产与人们行为与时俱进所构成的社会变迁发生过程。

值得庆幸的是，费孝通在1995年和1996年对上述引文给予了自己的解释，这大大增加了我们这里的解读符合这段话本意的可能性，也增加了读者的判断依据，同时可减少讨论中无谓争论与误解。

在写于1995年的《从马林诺夫斯基老师学习文化论的体会》一文中，费孝通针对文化的历史范畴问题，提出了"多维一刻"文化变化过程的理论。文中写道：我们讲历史是指不同时间里前后发生的客观存在事情，客观存在事情发生在过去、现在、后来这个三维直线的时间序列里。如果一个人回想过去发生的事情，再用当前的话来表达，而且又是向一个外来人传达有关土人自己过去的事情。这里三段直线的时间序列（昔、今、后）融成了多维的一刻。这一刻所表述的事情说是昔时的原样的复本，似乎不一定切实了。……严格地说，马老师所听到的土人对他们昔时的叙述，只能看作是昔时在今时的投射，而且受到叙述者对后时的期待的影响。"（费孝通，1996：339）

在写于1996年的《重读〈江村经济·序言〉》一文中，费孝通以"微型社会学"①的局限性为话题，从时间、空间、文化层次三个方面，力求说明社会人类学研究应该如何解决"在哪看与看什么"的基本学理问题。

在时间坐标中，费孝通在引用上面提到的前言中的那段话之后接着写道："我全部引用60年前的话，因为这段话里我表明了我们习以为常的时间三分法，不能简单地用在分析变动中的人文世界。我当时所说的时间上的'综合体'，其实就想指

---

① Micro-community study 译为"微型社区调查"可能较好，因为这既符合对小型社区进行实地调查之意，又防止与"微观社会学"的混淆。

出我们单纯常识性的时间流程中的三分法是不能深入理解人文世界的变动过程,我在《学习文化论的体会》一文中所说'三段直线的时间序列(昔、今、后)融成了多维的一刻'也就是这个意思。在这个问题上我总觉得不容易说清楚,所以反复地用不同说法予以表述。"(费孝通,2001b:332)

在空间坐标分析中,费孝通以理解马林诺夫斯基老师的"活历史"为题写道:"他是着重从活人的生活中认识文化的。……文化中的因素不论是物质的或是精神的,在对人们发生'功能'时是活的,不再发挥'功能'时还不能说'死',因为在生物界死者不能复生,而在文化或人文世界里,一件文物或一种制度的功能可以变化,从满足这种需要转而去满足另一种需要,而且一时失去功能的文物、制度也可以在另一时又起作用重又复活。人文世界里自有其'逻辑',不同于自然世界。"(费孝通,2001b:334-335)

在文化层次坐标上,费孝通借着对李亦园教授发表的关于"大传统"与"小传统"的评论写道:"我很赞赏李教授的分析,认为对中国文化宏观研究或微观研究都应当应用这个文化层次的分析,因为这种文化里存在着经典的和民间的区别,的确可以说在研究中国文化时表现得特别清楚也影响得特别深刻……这也和上面我提到的马老师的'活历史'有关。……在小传统里还可以分出'地上'和'地下'两层。……农民的人文世界一般属于民间的范围,这个范围里有多种层次的文化。它已接受了的大传统,而同时保持着原有小传统本身,有些是暴露在'地上'的,有些是隐蔽在'地下'的,甚至有些已打进了潜意识的潜文化。"(费孝通,2001b:340)

从理论融合的角度分析,费孝通的这些解释和论证确实是把涂尔干和韦伯这两位社会学奠基者的理论内在地联结在了一起。费孝通的"融三维于一刻"之说,不仅包含涂尔干关于团体性规矩形成的"结晶化"理论,也包含韦伯关于社会行动是指向他人反应和行为结果利害预期的意向性行动理论,有说服力地说明了人文世界的再生产过程。以"三维一刻"为指导,我们就不难理解常用于描述社会现象的二元对立的概念,诸如,传统与当下、制约与能动、团体与个体、个别与一般、片段与整体、单一与总体,是互换共存(互为存在基础)的对立统一。这样我们在着手进行研究时就不难找到入手点和清楚如何开展研究工作了。例如,先弄清它"今天这一刻",再从中分析剥离出可能单独或结合的影响因素,最后再预测分析改变了因素之后它的"明天那一刻"。费孝通在《江村经济》中实际地将这种融合性的视角用于调查分析之中,为我们提供了学习模仿的榜样。《江村经济》对综合体研究体现了如下三个特点。第一,抓住团体性规矩与村民对其反应这个核心;第二,追溯这种互动及其变迁的原因;第三,分析这种互动未来变化的趋势及其影响。这也正是后来费孝通反复强调研究理论的重要性,即理论指导研究的方向和重点内容。

沿着费孝通在《江村经济》中提供的这种"当下的社会惯例与人们对其的反应行动并将这两个方面作为有机统一的博弈过程"的研究视角，去进行各种各样主题的社会学研究，我们不是可以回避开学科范式的壁垒进行研究了吗?! 社会学研究关注调查对象当前的"样子"，认识到这是一个"综合体"并努力从中剥离出那些来自个体经验的昔日传统的影响因素、那些表现为个体认知的当下制度或规矩的影响因素、那些表现为个体期待的能动性选择影响因素，然后研究分析这些因素的变化将会使得调查对象"变成什么样子"。这样的社会学综合性研究不也就不必依靠"综合"其他学科而存在了吗?! 因此从提供社会学视角的意义上说，费孝通对于两位社会学经典大师理论的融合性应用，使《江村经济》成为中国社会学学科建设史上的奠基之作。我们后来人可以从中学习到社会学研究的思维方式和独立的、平等于其他社会科学学科的固有视角，明白如何进行社会学的研究，以及如何与其他科学学科共享同一个社会世界。应该说《江村经济》对于形成中国社会学视角的历史贡献，确实是如何评价都不会过高的。

总之，《江村经济》所体现的这种社会学视角和整体的研究方式，可简要图示如下。

原因追溯 → | 团体惯例——成员反应 | → 未来预测

从《江村经济》中可懂得社会学研究的"味道"基于其视角的独立性，表现为对宏观团体性惯例与微观个人意向性反应的统一性的理论自觉。这对克服社会学当下在多元范式幌子下的理论对象迷失导致的社会学独立视角的模糊不清具有历史性的贡献。社会学长期被划分为相互割裂的几种范式，其中涂尔干和韦伯分别作为宏观与微观两大范式的创始者。这严重干扰着社会学想象力达成共识，甚至将社会学学科特殊的固定的研究对象（sociological object）与其研究具体领域（social subjects）、具有时代选择性的研究主题（research topics）混为一谈情况甚为流行；在选择研究课题时往往表现出研究切入点的选择困惑：或者偏向于宏大叙述，或者醉心于琐碎细节。在学科定位方面，也面临说不清楚与其他学科关系的困惑：要么以所谓综合其他学科成果而自诩为社会科学中的领头学科，要么甘愿成为其他学科数据收集的"打工者"。费孝通的《江村经济》的确有着带领社会学人走出这些困惑的功效，因为它提供了达到对社会学的学科对象、理论视角、与其他学科关系理论自觉的基础，还因为它具体展现了社会学研究如何做到与其他科学学科平等地共享同一个作为经验对象的社会世界。就笔者研究经验体会而言，在开展各种主题的研究时，哪怕是仅仅模仿使用《江村经济》所贯彻的"团体惯例—成员反应"这种理论视角，以及仿效著作中所运用的追溯这种博弈互动过程和预测未来状况的研究思路，就能够得到具有社会学独立特征的关于社会现象的透视性图景，从而能够独自开展社会学的研究，或者与其他学科合作开展研究。

二　《江村经济》研究方法对早期西方社会学经典名著的超越

尽管《江村经济》中也有许多统计数据与表格，但它很好读并让人有兴趣读完，这与读涂尔干的《自杀论》和韦伯的《新教伦理与资本主义精神》很不相同。排除分析事件的国别与作者的写作水平因素①，这里主要说明其研究方法差别因素，以及由此而产生的社会科学研究方法论的意义。

费孝通的《江村经济》采用的是问、听、看一体的田野实地调查方法。在书中我们可以随处见到"据知情者描述""据当事人说"这样的字眼。这种以"询问"为主要的研究方法，与上述两部社会学创始者的经典名著所采用的文献法很不相同。从方法学的角度分析，这两种收集研究资料的工具有着不同的意义。

当将"文献"作为研究的对象时，其更接近自然科学的研究路线和方式。这是由于文献本身不能够"回答"，因此只有依靠读者的阅读和揣摩，类似于自然科学研究中的"观察"；研究者以自己的理解串接出文献中的"逻辑"，类似于自然科学研究中的"假设"；研究者特别注意文献中的特例和反例，以证明自己理解与解释的正确性，类似于自然科学研究中的"检验"。我们可以将文献法以及自然科学的研究路线特点概括为"阅读（观察）—理解（假设）—证明（检验）"。因此，我们在阅读上述两部社会学经典名著的时候，总看到作者对于一些特例的说明和似乎是"反例"的解释，感觉这些偏离了研究的主题；或者是作者对于自己理解过程与推理方法的大段说明，读者要跟上研究者的"逻辑推导"总感觉很伤脑筋。例如，《自杀论》中首先对十几个流行命题的理论反驳，继而是利用官方的统计资料证明各行各业中的"惯例、规矩、潮流"是如何在二十几年中对于自杀率的突升起到了决定性的影响。这读起来确实感到枯燥，并且产生许多疑问而怀疑作者证据的可靠性而读不下去。② 又如，在《新教伦理与资本主义精神》中，韦伯运用了例如资本主义企业家、创新的劳动者、新教徒工作观、禁欲主义行为、理性行为等至少九个

---

① 这可从众多国外学者的书评和本书的马林诺夫斯基的序中得到支持，当然费孝通的文字运用与写作能力也令人佩服，句子很短，选字常用，意思明确，肯定增加了这部学术著作的可读性。

② 比如，怀疑官方自杀率统计数据本身也存在系统性误差，如基督教教义反对自杀而新教教义则不明确反对自杀，这是否会成为导致新教盛行的国家中自杀率普遍高于基督教盛行的国家（因为家属可能隐瞒自杀死亡的事实以避开社会的谴责或非议）。

理想型的相互连接①，说明了为什么现代理性首先出现在西方，即著名的"韦伯命题"。而全书就是对形成这些命题及其之间推导关系的解释与证明。读者厘清和明白这些大圈套小圈的类别分析与解释，确实感到很费劲。

与此形成鲜明的对照，费孝通在对开弦弓村进行研究时主要采用询问法，这种根据调查对象可以"回答"特征而进行"双向沟通"的研究方式，则不仅省略了研究者单方面"揣摩猜测"的麻烦与"概括推理"可能的误差，同时又可大大降低阅读者的嫌疑。例如，对于概括说明开弦弓村的文化特征问题，书中写道："作为一个群体，本村人具有一定的文化特色。一个提供资料的本地人向我提到过三个显著特点：①吐字发音趋于鄂音化；②妇女不下田干活；③妇女总是穿裙子，甚至在炎热的夏天也穿着。"（费孝通，2001a：38）如果采用观察法或者文献法，不仅得到这样的概括是非常麻烦的事情，而且就算得出了这样的概括，读者也会产生各种不同的怀疑。例如，为什么说妇女多？男子没有特色吗？而当读者看到这种概括来自本地人的时候，没有了对此概括准确性的疑虑。相反，读者产生了好奇并期待进一步了解为什么这是该村的文化特色呢？类似的例子在书中还有许多。当然，研究者对研究问题的分类和解释可直接来自调查对象，也能够将第一轮询问得到的信息归纳之后形成"概念类别"，然后再反馈给调查对象，以期得到纠正和最终的认可。每当我们读到"据当事人说"几个字之后，就自然形成一幅图景并产生了对下一幅图景的期待，读起来也就顺畅和有趣多了。费孝通《江村经济》的这种研究方式也可概括为"询问—建构—反馈"的路线。

将上述两种研究路线并列进行比较，追问它们背后所蕴含的方法论意义，更能够认识到《江村经济》中费孝通在研究方法上对西方早期社会学经典大师的超越，以及对说明什么是社会科学方法的巨大历史性贡献了。简言之，费孝通的《江村经济》研究路线有三个创新：其一，研究的基础从间接的"仔细阅读—研究者单方面猜测假设"，转变为直接的"面对面询问—研究者与对象之间双向交流的建构"；其二，研究者在研究过程中的地位从"指挥者"转变为"学习者"，确实实行了"学习型研究"；其三，研究结果的性质从"研究者自我逻辑的检验"转变为"研究对象逻辑的发现"，将发现客观对象规律的方法从间接假设检验方式转变为直接概括反馈的方式。

学习《江村经济》的研究方法，也对把握社会科学基本特征，克服诸如社会学研究的自然科学化等长期存在的许多学科困惑，提供了基础。当我们认识到研究对象的性质是基于有意图的人们之间的互动现象时，特别是针对社会世界中的"可询

---

① 有兴趣者请见拙著《社会学的三种经典研究模式概论——涂尔干、韦伯、托马斯的社会学方法论》（郭大水，2007：118－124）。

问性"特征，需要在继承全部人类方法智慧的基础上，包括自然科学方法及其准则，继续摸索创新方法。例如，认真研究"询问技术"包括诸如怎样组织进行座谈会以从多人讨论中得到概念类别、如何进行个别访问以使访问对象如实回答、如何编制问卷问题提高信息的效度与信度等。明白了"询问"是自然科学所没有的具体测量技术性方法，就能够破除"科学的"只是自然科学的这种偏见，消除对科学方法进行所谓"软硬分类"带来的消极影响，明确"非自然科学"中，还应该包括"社会科学"这个类别，而非仅仅是反科学一种类别，或者确立真实的科学分类：科学包括自然科学与社会科学。

总之，从《江村经济》中可看到社会学研究方法的科学特征，这就是在继承自然科学方法的基础上，进一步发展询问技术，从而使社会学研究的分类和解释工作，既具有自然科学的严密逻辑性，又具有发现对象规律的直接测量性。这是《江村经济》为社会科学的真正产生作出的历史性贡献。以《江村经济》为基础，我们可以明确回答国内外学界长期热议的"社会学能够自然科学化吗？"以及"科学化的结果令人担忧"等疑惑问题。容纳自然科学"观察—假设—检验"研究路线，进而发展询问方法，开创出以向研究对象虚心请教为过程的、以双向交流为手段的、以直接发现研究对象"逻辑"为目标的"询问—建构—反馈"的社会科学研究路线。《江村经济》中对于"询问—建构—反馈"研究路线的实践，不仅对于中国的社会学研究方法的发展，而且对于提出社会科学方法论的基本学理，都有着不可估量的历史性贡献，这是如何评价也不会过高的。

三 《江村经济》是社会学研究的样板

掌握了确定的学科理论视角和适宜的研究方法，未必就能够得到禁得起历史考验的研究成果，其中研究者的品质和科学素养是另外一个必要条件。费孝通的《江村经济》是将上述三个条件结合起来的案例，提供了"怎么样"进行社会学研究的样板。现就讨论国内外社会学界长期热议的"价值中立"话题，简要说明《江村经济》对怎么样进行社会学研究的历史贡献，即学习费孝通的"价值中立"与"勇于担当"的社会科学工作者的精神气质，懂得理论研究与应用研究之间的相互关系，弄清楚社会科学者的学术追求与社会责任的关系，并作为本文的小结。

当下社会学者常常为游走于两个极端角色之间而苦恼：或是自以为"皮包中携带着制定社会政策的指挥棒"的夜郎自大，或是另一个极端的"迎奉着统治者指挥棒"的御用文人，以至于出现了人们津津乐道许多时髦的学者类型，诸如学究、保守派、智库型学者、社会警示者、人类关切勇士等。纵观费孝通从《江村经济》开始的一生活动，虽然他老人家身兼下至普通学子、教授，上至国家领导人等多种职务，横跨目前学科分类体系的数个专业领域，但是，费孝通始终与那些时髦的类型无缘，"谦卑的和负责任的学者"可能是对费孝通最贴切的归类。学者"用知识来促进世人的幸福和美好社会的实现"（费孝通，2001b：343），这是一种勇于担当的品质，是进行"价值中立"科学研究的必要条件。没有这种担当品格，进行研究是痛苦的，也不会做到价值中立，而是会找各种理由去人为地挑选裁剪编造事实。当然，塑造这种气质与品格有多重因素。然而一开始就接触正面的经典范例，无疑是必要条件之一，即没有经典名著的熏陶，就一定没有社会科学研究者价值中立与勇于担当的气质品格。或许这也是费孝通要求读经典原著"补课说"的另外的深刻意蕴。

为了避免理解歧义造成的无谓争论，这里所说的《江村经济》中所展现的"价值中立"精神和原则，是指"不以研究者自身的好恶和价值标准开展研究活动"。具体包括以下三点。其一，在选题立项上，明确的"问题"和有真实代表性的对象，如费孝通是选择中国农村的一种类型的代表，而非为了宣传自己的家乡，或者仅仅为了方便住宿省钱省事、完成论文、猎奇、呼吸新鲜空气等。需要指出的是，费孝通的江村调查以及《江村经济》更多的是其必然性，即一个知识青年的报国志向和专业训练的结合。其二，在研究过程中，对确定了的主题，尽可能全面地收集各类对象的资讯情况，而非人为地选择某一类型或者故意漏掉某些类型，并有意地将这一部分作为全部的资料。其三，在结果报告中，只专注于对所得资料信息的细致地分类与合乎逻辑的解释，而非为了迎合某种潮流、获得某些强势的欢心，或者为了避免个人的某些麻烦等等，而有意地忽略某些资料，从而导致分类与解释的失真。这正是费孝通在《江村经济》的序言中多次提及"正确地了解当前存在的以事实为依据的情况"（费孝通，2001a：21），以及强调研究者要抛开空谈和学派争论，"真正需要的是一种以可靠的情况为依据的常识性的判断"（费孝通，2001a：23）的含义。

社会科学研究中的"价值中立"与自然科学研究中的兼具效度（正确性）和信度（可复制性）的要求是一样的。如果说两类科学有区别，那么只是在科学研究中所涉及的研究者、被研究的对象、研究报告接受者这三要素及其关联中，社会科学研究中的三者都具有意识和社会属性，并且以揭示研究对象的社会属性为研究核心任务。因此，较之自然科学研究的对象不具有意识且研究中并不主要关注其社会属性而言，在社会科学研究中遵循价值中立的原则有着更多的干扰因素，更需要研究者的价值中立和勇于担当的科学精神气质品格。既然我们从《江村经济》所能够看到贯彻学术研究价值中立与勇于担当一致性，那么将其作为中国社会学研究的典范，让后来者去学习和追随，这对造就一代代像费孝通一样谦卑的和负责任的学者，推进中国社会学学科建设和开展研究，其意义也是无论如何评价都不会过的。

较之人类学早已把《江村经济》明确列入学生的必读经典著作，社会学似乎至

今没有提出这样的要求。因此本文呼吁明确将其列入社会学专业的必读经典，以使每个专业人员从中学习如何开展研究。

最后需要指出的是，本文采用的是文献法，因此也必然具有本文上面所指出的基于文献法的研究缺陷。亦即本文的提法可能不是其原意，甚至可能歪曲了本意。仅从方法选择角度说，我们也更加怀念费孝通先生，因为如果他老人家还健在，我们就可以直接得到答案了。补救的办法是更多的人一起研究《江村经济》，通过学术批评来达到全面准确地展现它的内容、意义及其历史性缺陷与贡献。从这个意义上说，本文确实为抛砖引玉。

参考文献

费孝通，1996，《学术自述与反思》，北京：生活·读书·新知三联书店。

费孝通，2001a，《江村经济——中国农民的生活》，北京：商务印书馆。

费孝通，2001b，《重读〈江村经济·序言〉》，载费孝通《江村经济》，北京：商务印书馆。

郭大水，2007，《社会学的三种经典研究模式概论——涂尔干、韦伯、托马斯的社会学方法论》，天津：天津人民出版社。

涂尔干，埃米尔，1995，《社会学方法的准则》，狄玉明译，北京：商务印书馆。

韦伯，马克斯，1997，《经济与社会》，林荣远译，北京：商务印书馆。

再读《江村经济》：以马林诺夫斯基的田野调查方法为视角

佐佐木卫[*]

一　问题所在

马林诺夫斯基在"序言"中写下了对《江村经济》一书的赞词："我敢于预言费孝通的《江村经济》一书将被认为是人类学实地调查和理论工作发展中的一个里程碑。"（Fei，1939：xiii；费孝通，1986：1）[①] 他进一步写道："我怀着十分钦佩的心情阅读了费博士那明确的令人信服的论点和生动翔实的描述，时感令人嫉妒。"（Fei，1939：xv；费孝通，1986：3）在马林诺夫斯基对费孝通的评价里，有这样两个观点与他自身的想法一致。

第一，来自马林诺夫斯基自身对人类学的反思。马林诺夫斯基说过，"人类学，至少对我来说是对我们过分标准化的文化的一种罗曼蒂克式的逃避"（Fei，1939：xv；费孝通，1986：3）。在否定这个观点之后，他提出人类学该做的是勇于探究当代由西欧列强的文化所带来的文化变迁与社会问题等亟待解决的课题。马林诺夫斯基指出，本书恰好应对了此类课题。面对传统社会与生活的衰落，费孝通以"态度尊严、超脱、没有偏见"（Fei，1939：xix；费孝通，1986：6）为准则，为寻求社会解体中的出路而进行了探索。另外，本书并不是由一个怀着异乡之情的外来人所著，而是土生土长的本国人的工作成果。马林诺夫斯基对此也予以了肯定，他写道："一个民族研究自己民族的人类学当然是最艰巨的，同样，这也是一个实地调查工

* 佐佐木卫，曾任日本神户大学大学院人文学研究科长、文学部长，日本学术振兴会北京代表处所长，现为神户大学名誉教授。

① 本处引文选自 *Peasant Life in China*（Fei Hsiao Tung，1939；Kegan Paul，Trench，Trubner & Co.，Ltd.，1939），中文翻译则参考了《江村经济——中国农民的生活》（江苏人民出版社，1986年）。

作者的最珍贵的成就。"（Fei，1939：xiii；费孝通，1986：1）

第二，费孝通的田野调查方法与资料整理方法：通过对一个小村落生活的了解，把握中国农村生活的整体情况。马林诺夫斯基如此评价费孝通的描写方式："读者本身将自然地被带入故事发生的地点：那可爱的河流，纵横的开弦弓村。他将看到村庄的河流、桥梁、庙宇、稻田和桑树的分布图，……他将欣赏到具体资料、数据和明晰的描述三者之间很协调的关系。对农村生活、农民生活资料、村民的典型职业的描述以及完美的节气农历和土地占有的准确定义等为读者提供了一种深入的确实的资料，这在任何有关的中国文献都是十分罕见的。"（Fei，1939：xviii；费孝通，1986：4－5）

在马林诺夫斯基对《江村经济》的评价基准里，含有他对"人类学的田野调查方法以及人类学在应对现实问题上的作用"的期望。毫无疑问，这源于马林诺夫斯基自身的经历与思考。事实上，他也是通过在特罗布里恩群岛的实地研究中积累下来的实践性方法和经验才得以了解非西欧社会的文化变迁，进而思索人类学的研究方法。正好在马林诺夫斯基深入思索的这个时期，费孝通出国留学（1936～1938年）。因此可以推测，他的研究方法和分析框架很大程度上受到了马林诺夫斯基的影响。

费孝通著作的特点在于，在当时中国农村面临衰落的情况下，关注规范性和实践性的应对方法并以此为研究的出发点。那么，《江村经济》是如何达到社会学所要求的"客观性"和"价值中立性"，又是如何保证民族志记录的质量呢？关于这个问题，以下将透过马林诺夫斯基的田野调查方法论来进行考证。

二　马林诺夫斯基的田野调查方法论与《江村经济》的记述

1. 《西太平洋上的航海者》（*Argonauts of the Western Pacific*）所提出的问题点

为了考查验证上文所提到的问题，以下首先通过《西太平洋上的航海者》（*Argonauts of the Western Pacific*）（1922年）中的叙述来梳理一下马林诺夫斯基所思考的民族志学的方针。

关于田野调查的基本条件，马林诺夫斯基是这么说的："为了完成工作，应当置身于相应的环境当中。也就是说，尽量不要跟白人住在一起，而是深入原住民的生活。"（Malinowski，1922：6）这里面体现了马林诺夫斯基作为人类学家的讲究。他也是把自己从熟知的社会中抽离，通过调查研究对象社会的细节去把握当地生活的整体，才得以培养敏锐的感觉。同时，也可以看到他对建立了新人类学（离开以往在书房里从文献调查中收集事例的研究方法，实施田野调查）的自负。

在此基础上，他提出了民族学调查里不可或缺的三种方法：①必须在明确的框架里"记录部落的组织情况和对部落文化的剖析"（the organization of the tribe，and the anatomy of its culture），这个框架是通过制作"具体的统计资料的方法"（the method of concrete，statistical documentation）来构建的；②这个框架里必须记载有"实际生活中无法估量的事情与典型行为的类型"（the imponderabilia of actual life，and the type of typical behavior）；③必须把"民族志学上的供述、有特色的故事、典型的发言、传说以及咒文"等以"口碑文集成"（a corpus inscriptionum）的形式，也就是把原住民的想法以记录的形式发表出来。透过这些方法可以引导民族学者达到最终的目标：理解原住民对事物的看法，掌握他们与自身的生活之间的关系以及他们对自己的世界的看法。

在推广这个命题时，可以如下进行理解。关于第一种方法"记录部落的组织情况和对部落文化的剖析"，还有这样的说明，即"描绘社会结构的明确的轮廓，在所有的文化现象里排除相异的解释，确立相应的规律和规则"（Malinowski，1922：10）。一般情况下，社会人类学使用"社会结构"（social structure）这个概念去解释社会的系统性描述。虽然"社会结构"是一个概念上的理想构造，但它必须是可以进行实证的。而且，使用这个概念必须能够引导出新的见解，以达到更广泛的知识积累。因此，可以说民族志里所描绘的社会结构的意义在于它有"可验证概念上梳理过的记述"以及"发现新问题"的功能。

在这个小结里，马林诺夫斯基强调的是"制作有具体依据的统计资料方法"（the method of statistic documentation by concrete evidence）的方法。在关注特罗布里恩群岛居住民进行经济交易的实例时，会发现各种类型的产权关系、亲属关系、仪式、巫术等交织在一起出现。像这样多个项目同时汇集在同一个活动里的，如果能分出可靠的数据并通过图表总结出简单的相关关系网，就能提供一份基础资料用于统一解释该活动的整体。另外，从中也能够发现新的问题并在当地进行确认。要注意的是，这里所说的"统计上的"（statistic）并不完全指的是通过数量去把握现象，也不意味着一定需要定量数据，这里更强调的是制作既具体又简单明了的图表。

关于第二种方法"实际生活中无法估量的事情与典型行为的类型"的把握，马林诺夫斯基的解释是：制作民族志学日志，用于记录详细的观察结果和生活上与原住民的近距离接触。"例如关于日常的事、穿衣、煮与食的方法、村里篝火周围的社交生活与交谈情况、人们之间强烈的敌意或友情、共鸣或厌恶、个人的虚荣和野心是如何在个人的行为里体现，以及给周围的人们带来了怎样的反应等，像这些微妙却又不混淆的点点滴滴就属于这个范畴。"（Malinowski，1922：18-19）马林诺夫斯基如此描写收割后的村民："每个人收割完后把收割物展示在各自的田地里接受评价。原住民们组成小组在田里到处走动，时而感到佩服，时而进行比较，时而进行称赞。"（Malinowski，1922：61）也就是说，只有置身于当地人的圈子里，才能通过自己的见闻去了解他们的生活，才能观察到他们的意识和情感的细微之处，从而对此进行记录。马林诺夫斯基指出，如果缺少"想要了解这些人是依靠什么来生活，还有他们对幸福的定义是什么"的想法，该研究"将失去人类的研究中可获得的最大回报"（Malinowski，1922：25）。他把这样的研究方法看作民族学家想要达到最终目标的关键方法。

第三种方法"民族志学上的供述、有特色的故事、典型的发言、传说以及咒文"可以看作原住民对自身行为的一种解释（Malinowski，1922：22）。马林诺夫斯基把咒文看作其中的一个典型，并对其进行了介绍。例如，在关于制造独木舟和越洋远征的章节里，他频繁地引用了一些咒文。想要制造行驶速度快的独木舟，毫无疑问，需要高超的技术。除此之外，在每个作业的过程中，相应的巫术也是不可缺少的。通过咒文可了解到当地人为实现愿望的祈祷和怕被背叛的恐惧，例如"能够表达他们愿望的巫术"和"与邪恶巫术对抗的除邪巫术"，这些信息都可以从当地人的话语中得知。

在此基础上，马林诺夫斯基提出了近似于"民族学志上的反思""认识论上的反思"的想法，主张民族学的最终目标应是掌握原住民的想法及其个人与自身生活的关系，理解其本人对自己的生活世界的看法。换而言之，"去了解身处远方且以我们难以想象的姿态生活着的人群，也许对我们来说多少也是有参考性的"（Malinowski，1922：25）。他还说道："我们最终的目的是丰富且加深我们对自己的世界的看法，了解自身的特质，进而把其升华成为智慧的、艺术性的东西。"（Malinowski，1922：517－518）中根千枝说过："所谓社会人类学研究，并非使用既有的理论框架，而是采用一定的方式，通过自身的经验去探索未知世界的体系，将其理论化。在这个过程中，把自己暴露于相异的社会环境之下，就能够获得在日本无法感受到的智慧上的刺激，让自己的思维方式更为成熟。"（中根千枝，1987：34）关于马林诺夫斯基对民族学研究的最终目标的定义（即通过了解文化上相差较大的他人来加深我们对自身文化的理解），用当代文化人类学的术语来表达的话，可把其看作连接"认识论上的反思"的一个观点。

以上关于马林诺夫斯基对田野调查的讨论，可总结为：第一，"置身于相应的环境"；第二，"描绘社会结构的明确的轮廓"；第三，制作"具体的统计资料"；第四，记述"实际生活中无法估量的事情与典型行为的类型"；第五，记录"当地人话语中的民族学志上的供述"；第六，"认识论上的反思"。那么，费孝通在《江村经济》里是怎么继承这些观点的呢？

2.《江村经济》的主题与记述方法

费孝通的《江村经济》是依据1936年7月至8月于吴江县开弦弓村历时两个月考

察的调查记录所写的。同年 9 月，他带着这份调查资料前往伦敦留学。据说当初是想把与王同惠一起调查的《花篮瑶社会组织》作为博士论文，但后来听取了雷蒙德·弗思（Raymond Firth）的建议才使用了开弦弓村的调查资料。不久之后，马林诺夫斯基从美国回到英国，费孝通在他的指导之下完成了博士论文（费孝通，1986：1－2）。从这个过程来看，也可以推测《江村经济》的论点和论述技巧很大程度上是受到了马林诺夫斯基的田野调查方法论的影响。

在同一时期，跟费孝通同样是以自己在故乡的经历为题材的民族学志专著，有林耀华（Lin Yueh-Hwa）的《金翼：一个中国家族的史记》（*The Golden Wing：A Socio-logical Study of Chinese Familism*）（published in New York，1944/in London，1947）和杨懋春（Martin C. Yang）的《一个中国村庄：山东台头》（*A Chinese Village：Taitou，Shangtung Province*）（1945 年）。

林耀华（1910～2000 年）和费孝通的两个人的经历非常相似。林耀华 1935 年于燕京大学社会学系在吴文藻的指导下获取硕士学位，之后于 1937 年前往哈佛大学留学并于 1940 年获得博士学位。费孝通 1933 年毕业燕京大学社会学系，1935 年在清华大学取得第一批的社会人类学硕士学位后，在吴文藻的推荐下于 1936 年赴英国伦敦经济学院留学并于 1939 年获得博士学位。而且，林耀华的民族志学专著是依据赴美前于 1934 年至 1937 年在故乡闽江对面的黄村（福建省古田县）收集的资料所写，这也跟费孝通的经历相类似。另外，还可以发现林耀华的《金翼：一个中国家庭的史记》的序言是由伦敦大学教授雷蒙德·弗思所写的。

杨懋春（1904～1988 年）从齐鲁大学毕业后于燕京大学社会学系获得硕士学位，之后赴美国康奈尔大学留学。以少年时代在山东省青岛市南部台头村的见闻为素材，他完成了著作《一个中国村庄：山东台头》。该书的序言为哥伦比亚大学教授拉尔夫·林顿（Ralph Linton）所写。

费孝通、林耀华、杨懋春三人均就读于燕京大学的社会学及人类学系，之后在抗日战争期间（1937～1945 年）分别前往美国和英国留学，都出版了以熟悉的故乡为题材的民族学志专题研究。他们在欧美的大学里师从当时人类学界的代表学者，均以自己的祖国为研究对象，写下了对欧美学者有参考价值的民族志。因此可以说，他们给知识贫乏的"此方"（西欧）留下了有助于了解"彼方"（非西欧）的记录，促进了民族志学研究的转变。

虽说三人几乎拥有相同的学术背景（academic background），其民族学志上的田野调查方法也很相近，但他们所出版的三本专题著作在资料的整理方式和记述的风格上都有各自的特点。

林耀华的《金翼：一个中国家族的史记》和杨懋春的《一个中国村庄：山东台头》都以自己童年时期的家族、村落和地方社会为舞台背景。据说前者中心描述的黄东林及其家人的原型来自林耀华本人的家族，文中的小哥（little boy）便是作者本人。他透过自身的经验详细地阐述了中国的家族、地方社会以及秩序与权力的问题。这本著作的主题（关于黄东林一家的繁荣及其姐夫张芬洲一家的衰落）恰好演绎了中国家族的大起大落，既吸引了读者的兴趣，也凸显了中国的家族与宗族的结构。另外，透过具体的事例（如在山中持有隐匿处的土匪的横行、以城市为据点的军阀间的斗争等），我们可以了解到当时地方社会秩序的脆弱之处。特别是作为人质被土匪抓走又得以安全脱身的经验，这样的紧迫情节只有当事人才会知道。通过这些事件，作者描述了家族和地方社会里发生的一些事的来龙去脉以及登场人物的一举一动。弗思在序言中写道："他都能真实地告诉我们每个人物的言行举止，甚至能探寻他们的心灵深处，解释他们当时的动机和昔日的感情。"（Firth，1947：xii；林耀华，1989：5）作者描述的真实性（reality）和可信度（assurance）来自他本人的经验和见闻。

弗思称该著作为"以小说的形式写成的社会学研究著作"。他写下了这样的评价：一直期待着如《红楼梦》那般生动描绘中国社会生活的民族志记录的出现，这本著作正是作者身处其中并对当地的熟悉程度加以现代社会科学的方法所书写的。作者并没有采用一般学术论文的形式，而是从张芬洲和黄东林分别开店卖药和卖花生等情节开始展开两个家族的历史。林耀华以故事讲述人（story teller）的身份直接述说了黄东林一家所经历的各种事情的始末，用此来描绘中国的家族和地方社会的构造。一般来说，社会学和历史学的论文里不可避免需要参考大量文献，而林耀华的描述方法的好处在于可以免去这个繁杂的过程。因此可以说，正是本书的记述形式的直接化，才得以把中国的家族和地方社会的实际情况与当地人们的动机、感情描述得如此生动。

按照上文提到的马林诺夫斯基列出的六个命题来看，林耀华著作的出色之处在于既有记述"实际生活中无法估量的事情与典型行为的类型"，也有记录"当地人话语中的民族学志上的供述"。通过登场人物自身的叙述，观察并了解每个人"依靠什么来生活，对幸福的定义是什么"。

杨懋春的《一个中国村庄：山东台头》也属于同一类型的著作。这本书依据他童年时期在故乡（青岛市台头村）的经历，记述了村民日常生活中家庭、邻居、宗族、村落的人际关系，以及村落与地方市场（乡）和村落与青岛之间的关系。其特点在于，内容是基于自己作为村民的一员直接看到的和从身边其他人听来的事情所构成，具体记录了外人难以把握的一些问题（如"宗族间的对抗意识""村人集会由有声望的人一手掌管"等）。通过作者对村里人物的描写，读者也可以鲜明地勾勒出每个人的人物形象，如村长（虽说有一定的回扣可拿，办事时也要注意避免引起村民不满）和中年教师（为了引进近代的教育模式而到师范学校接受再教育）

等。另外，关于"把引以为自豪的牛拴在门前的农夫"和"为了家庭的兴旺而拼命耕作的农民"等人物的记述，即如马林诺夫斯基所说的关于"实际生活中无法估量的事情"的记述内容相当丰富。与林耀华的《金翼：一个中国家庭的史记》相同，这本书也成功描写了外人难以感受到的自村人的生活实感。另外值得一提的是，林耀华和杨懋春的民族志都没有意图要提出概念化模式。

除此之外，也可以看到杨懋春的《一个中国村庄：山东台头》与林耀华的《金翼：一个中国家庭的史记》有不同之处。杨懋春的民族志系统详细地记录和传达当时农村生活的全貌。这本书的结构和记述方法采取了从村落外侧一步一步往内侧接近的方法，深入到村民的生活、社会关系和价值观当中，却始终注意保持着研究距离（detachment）。从这里可以看出人类学家的讲究，即虽以自己的故乡为田野调查地，但作者与当地人们还是保持了一定的距离，为了能够客观地进行观察。

那么，与这些著作相比较，费孝通的《江村经济》的记述方式又有哪些特征呢？

需要注意的是，费孝通做农村调查时的论点基于道德规范价值。开弦弓村调查始于1936年。在当地，费孝通的姐姐费达生倾力于改善养蚕业，并参与了合作社开办的制丝厂的运营工作。费孝通说："他们的行动的合理性及其意义让人印象深刻。为了改善自身的严峻处境，他们团结一致去挑战制度的姿态让人不禁赞叹。我认为我有义务去把这些情况公之于世。"［Fei，1983；日文版（小岛晋治等译），1985：12］想要解决一些社会问题，就需要从经验上把握现状，正确构想未来并指引人们行动的方向。这样以事实为依据的方法，恰好承认了社会科学存在的意义（Fei，1939：4；费孝通，1986：3）。

因此可以说，相较于杨懋春和林耀华的民族志，费孝通在《江村经济》里的记述更注重于逻辑上的解释（a logical explanation）。若借用马林诺夫斯基提出的论点来评价《江村经济》的特点，可以说它是为了"描绘社会结构的明确的轮廓"而制作了"具体的统计资料"。

接下来举一个例子。费孝通说，构成农家经济生活的有机体（农业和副业）的解体，是导致农村衰落的一个原因。其说明如下："为了对农业在家庭经济中的相对重要性作恰当的估价，我们必须再注意一下在上述章节中已经提到过的一些实事。平均一户拥有土地约10亩（第3章第3节）。在正常年景每亩每年可生产6蒲式耳的稻米。对拥有平均土地量的农户来说，总生产量是60.36蒲式耳。平均一家四口，直接消费需米33蒲式耳（第7章第5节），所以有27.36蒲式耳余粮。新米上市后，每蒲式耳米价约2.5元，如把余粮出卖约可得68.4元。但一个家目前的开支需要至少200元（第7章第8节）。显然，单靠农业，不能维持生活。每年家庭亏空约为131.6元。佃农情况更为悲惨，而村民中大多数是佃农（第11章第4节）。佃农按平均土地拥有量，必须向地主交付相当于总生产量的40%，即24蒲式耳米作为地

租。剩余 36 蒲式耳仅仅够一户食用。……缫丝工业兴旺时，生产生丝，可使一般农户收入约 300 元，除去生产费用可盈余 250 元。"（费孝通，1986：145 - 146）

可以看出，费孝通仔细地计量了生产和消费、剩余，为的是具体展示蚕丝业这种家庭副业是农村生活中不可缺少的要素。

虽然在导入合作社工厂之后缫丝技术得到了很大的改善，但同时也出现了新问题，如 300 名女性工人失去了劳动机会。费孝通是这么说明的："劳力来自社员。由于引进工厂，生产中所需的劳力比在家庭手工业中所需的劳力少得多。这个工厂的缫丝部分 30 个工人已足够。她们都是年轻妇女，年龄从 16 至 30 岁不等。选茧和清洗蚕茧需要非技术工人 10 名。丝抽出来以后必须重新整理并按出口标准包扎，这一部分工作需要 6 至 8 名技术工人。工人总数约 50 人。"（Fei, 1939：223；费孝通，1986：158 - 159）

为了准确地分析引进新技术对农民生活的影响，费孝通进行了定量上的描述。这种计算方法是他所擅长的，也经常出现在其他描述当中。

除了探讨有关蚕丝业复兴的问题，这本著作中还有一个论点值得关注，即对"以航船为中心的市场销售体系"的分析。该体系处于河渠环绕着的水乡地带。费孝通透过航船的工作活动，分析了当地的村与镇之间的关系。村民通常需要去到镇里的商店才能买到像油等日常生活消费品，乃至豆饼、砖块等东西。但是，这些东西必须乘坐航船才能买得到。当船经过家门口时，那些要到城里的人可以免费搭乘。这些船主充当村民们的销售代理人，可以说是大米、蚕丝生产者与采购商人的中介，他们可从中赚得一些佣金。关于这些佣金，费孝通是这么算的。

由于住在村里的生产者与住在市镇的采购商人在日常生活中没有任何交集，村民想要卖出大米和蚕丝的时候，需要通过航船主到市镇里跟采购商进行交涉。"生产者如果出售 100 两蚕丝，约合当前的市价 25 元，他便付给航船主一元钱佣金。……佣金数不随蚕丝价格的变化而变化。因此，蚕丝价格高时佣金率反而低。每出售 3 蒲式耳米要给佣金 5 分，生产者收益约合 7 元，佣金百分率约为 0.7%。这个村庄的蚕丝总生产量约为 9 万两，航船主可得 900 元佣金。大米的总出口量为 7000 蒲式耳，航船主可得总数约为 650 元的佣金。如果四个航船主平分这个数额，每人一年约得 400 元。有这样一笔数目，生活可以过得不错了。"（Fei, 1939：255；费孝通，1986：180 - 181）

通过以上记述，可以知道作者想通过统计上的数据去确证以下信息：第一，联系村落和市镇的航船主不仅给村民们代购日常用品，他们还是谷物买卖中的中介；第二，通过访谈调查获取的见解和假设。费孝通的这种记述方法，也可称为统计记述法。这种统计数据未必能解释一切，但至少可以简单地对事实进行说明。另外，即便访谈调查资料的大部分内容属于农民对自身生活的真实叙述，也不一定全都可以进行确证。对于这个落差，费孝通想尽可能地通过统计上的推算去进行验证。他在《江村经济》里采用了马林诺夫斯基所强调的田野调查方法，如通过"依据具体的证据制作统计资料"去"描绘社会结构明确的轮廓"，确保了民族志记录在记述上的真实性和可信度。

但是，基本数据的计算并不简单。例如1939年出版的《江村经济》和1986年出版的《江村经济》里关于土地面积和耕地面积的基数的计算公式就有不同。在《江村经济》里，土地面积和耕地面积均以3065亩为基数，户数为360户（不区别总户数和农家户数），从而算得每户的平均耕地面积为8.5亩[①]（Fei，1939：33，201）。与此对比，《江村经济》里把耕地面积看作土地面积的90%，即基数为2758.5亩。农家户数则为总户数减去特殊职业59户、渔业14户、无业13户所得的274户。因此可算得每户的平均耕地面积为10.06亩（费孝通，1986：25）。随着算法的不同，一年的大米消费量、剩余量和不足的数值也会出现变化。像这样，想要确认访谈调查中得来的数据是困难的，想必做过田野调查的人都有类似的经验。即便如此，费孝通还是努力尝试去进行核实，哪怕是临时的基数。

3. 马林诺夫斯基的《文化论》与费孝通的《江村经济》的分析框架

费孝通从马林诺夫斯基的文化论中学到的是全面掌握文化总体的方法[②]。该方法不单从一个方向或一个侧面去看社会的变迁，而是采用了从多方面了解社会的视角。关于这个问题，以下就费孝通对马林诺夫斯基的"文化论"的批判性继承进行探讨。

《江村经济》的一个中心主题是：分析开弦弓村家庭蚕丝业的衰落与改革，以及分析社会的变迁。这个分析框架依据了马林诺夫斯基在《文化论》中提出的"三栏分析法"（The method of three-column analysis）（Malinowski，1945/日文版1963：198）。[③]

费孝通对马林诺夫斯基文化论的认同与否非同一般。首先，在明确"人类基本上属于生物有机体"的基础上，马林诺夫斯基的文化论认为创造文化的基础是人类

---

① 书中第33页写的是9.5亩，而第201页中则是8.5亩。经过计算，正确的应该是8.5亩。

② 佐佐木卫所著的『費孝通——民族自省の社会学』（2003）「第2章第4節　費孝通の文化論とマリノフスキー」（第2章第4节费孝通的文化论与马林诺夫斯基）中，已经对"马林诺夫斯基在著作《文化的科学理论》（1944）中对费孝通的评价"进行过分析。

③ 费孝通在第十二章"变迁过程图解"（scheme of the process of change）中所使用的"三栏分析法"（the method of three-column analysis）由马林诺夫斯基创始。这种方法的理论根据在马林诺夫斯基的《变化中的非洲文化人类学概论》（"Introductory Essay on The anthropology of Changing African Cultures," *Memorandum XV of the International Institute of African Languages and Cultures*，1938）中已有解释。这篇论文经过修改后收录于《文化变迁的动力》（*The Dynamics of Cultural Change*，*An Inquiry into Race Relations in Africa*，ed. By Phillis M. Kaberry，New Haven and London，1945，© 1961. <日文版：藤井正雄訳『マリノフスキー　文化変化の動態——アフリカにおける人種関係の研究——』理想社 1963 >）的第一部。

在生理和心理上的本能。费孝通称之为朴实的文化论。一方面，他对马林诺夫斯基文化框架的三元结构［基本（生物）、派生（社会）、整合（精神）］提出了质疑。另一方面，从人类学的理论来看，他则是如此评价马林诺夫斯基的文化论：①发现了人类的普遍性；②反驳了对西欧文化的收敛理论（convergence theory）（该理论内嵌有发展阶段论与文化传播论）；③确立了"发现个别民族文化的多样性"的视角。另外，从民族学的实地调查来看，他对马林诺夫斯基的功能主义也予以了肯定的评价：①一个接近并了解未知对象的方法；②观察实际文化的手段；③提供了把握整体的视角（费孝通，1995）。

在分析蚕丝业的衰落与改革时，费孝通所参考的"三栏分析法"有助于发现问题和全面了解社会的变迁。通过对马林诺夫斯基文化论的探讨，他强调文化变迁并不是单方向的，而是含有多层结构的。

马林诺夫斯基以非洲的文化变迁为例，对它的动态分析进行了以下思考。为了获取资源和劳动力，欧洲人以压倒性的兵力踏入非洲，在经济、法律政治、社会制度上给当地人的社会生活方式带来了变化。不过，这个变化并非单方向地从非洲的"传统"的东西转化为像欧洲的"现代"的东西。两种文化的冲突中发生了具体的变化，但不纯粹是"相互交融"。虽然非洲人的传统生活方式被埋在社会文化的深处，但也有一部分人适应了新形势，为社会的转变带来了活力。

为了应对并全面了解该文化变迁里的动态原理，马林诺夫斯基构思了如"三栏分析法""三重图解法"（threefold scheme of approach）的分析框架。他解释说："研究文化的变迁，必须考虑到实际情况的三种秩序：①来自先进文化的冲击；②受到文化冲击的原住民生活的实体；③两种文化的反作用所引发的变化。"（Malinowski，1945/日文版 1963：53）A 栏里记载了来自欧洲人的各种影响、兴趣和意图。B 栏记载了"文化接触与变迁的过程"，即关于两种文化相互影响的各种过程。C 栏则记载了"在有活力的当代生活里，现存的传统制度、过去的记忆和传说能得以延续"的过程。在此基础上，马林诺夫斯基尝试理出三栏间的关联性及其相互依存的原理（Malinowski，1945/日文版 1963：122 - 123）。

在《江村经济》的前言中，费孝通基本沿用了以上提到的马林诺夫斯基的论点来分析中国面临的社会转变。他写道："强调传统力量与新的动力具有同等重要性是必要的，因为中国经济生活变迁的真正过程，既不是从西方社会制度直接转渡的过程，也不仅是传统的平衡受到了干扰而已。目前形势中所发生的问题是这两种力量相互作用的结果。……此外，正如我们将在以后的描述中所看到的，这两种力量相互作用的产物不会是西方世界的复制品或者传统的复旧。"（Fei，1939：1 - 2；费孝通，1986：1）

参照该方法，费孝通提出了分析"家庭蚕丝业的衰退、改革"和分析"社会转变"的框架（Fei，1939：198－201；费孝通，1986：142－145）。效仿马林诺夫斯基的"三栏分析法"，他把 A 栏设为"促使变革的外界力量"，B 栏为"变化的情况"，C 栏为"承受变化的传统力量"。以下列出的是书中的一些基本项目。

A 栏纵轴的主要内容：Ⅰ. 世界经济的衰退；及蚕丝业在世界性范围内向科学方法工厂企业的发展。Ⅱ. 江苏省女子蚕业学校是工业变革的积极力量。Ⅲ. 变革力量的意图：（A）应用蚕丝业的科学知识、（B）以合作原则组织企业、（C）改善村庄的经济情况。Ⅳ. 政府作为变革力量所持的意图：（A）平衡国际贸易、（B）有关农村企业的乡村建设政策。

沿着 A 栏竖着看，可发现费孝通首先列举了外部世界的情况、变革的带头人、变革的方向、政府面向农村建设的政策。农村家庭手工业生产的生丝质量下降，而且蚕茧患传染病的概率较高，生丝的产量不稳定。如果想要再次外销生丝，则需要确保高质量的蚕卵；引进科学的养蚕技术；改良缫丝技术。在这个过程中，江苏女子蚕丝学校属于推动蚕丝业改良的重要角色。

B 栏纵轴内容：Ⅰ. 生丝价格的下跌。家庭蚕丝业的衰退。中国农村经济贫困。Ⅱ. 居民有变革的准备。当地领导人的支持。Ⅲ. 变革的计划：（A）蚕业学校师生发起、组织和指导改革计划、（B）在改革计划中：（1）合作方面、（2）非合作方面、（3）反对合作方面、（C）改善村庄的经济情况：（1）成功、（2）失败。Ⅳ. 政府支持改革计划。

纵看 B 栏，可以知道是家庭蚕丝业的衰退导致了农村经济出现困难。为了应对该问题，合作社工厂采取了行动（如对蚕茧进行科学的管理提高养殖蚕的质量；投入机器制丝提高生丝的生产质量），并且达到了预期的目标。随着农民收入的增加，农村经济的疲惫得到改善，社员的自主运营也促使了农民加入社会改革的行列当中。可以说，合作社的努力换来了成果，也获得了村民的信赖。

但是，合作社工厂并非在各方面都是成功的。合作社的资金来自社员的出资，原料蚕茧和劳动力也由社员提供，可是工厂收益却用在了归还从政府金融机关借入的款项。由于工厂的盈利部分没有分到农民手上，参与出资的农民的心态变得消极，从而导致之后的资金缴纳率出现停滞，原料蚕茧的供给也逐渐减少。虽然农民们知道家庭手工业生产的生丝质量不高也不具有市场价值，但比起把蚕茧提供给工厂获取收入，大家还是选择了老路，把蚕茧留在自己手里由自己来进行缫丝。

那么，取得成功的合作社为什么会在半途遭到挫折，农民们为什么会选择走旧路呢？关于这个问题，可以透过 C 栏内容"农民不得不维持传统生活的现状"和"农民方选择的逻辑"来进行解答。

C 栏纵轴内容：Ⅰ. 最低生活水平。家庭蚕丝业是中国农村中对农业不可缺少的补充。Ⅱ. 农民缺乏工业改革方面的知识。当地领导人的社会地位和作用。Ⅲ. 被改革的传统技术。（A）传统技术的缺点、（B）家庭副业的个体性质、（C）希望经济恢复：（1）传统技术生产成本高、劳动没有形成商品、（2）传统缫丝的残存。Ⅳ. 地方自治及人民怀疑政府。

纵看 C 栏的内容可知道，在取代家庭蚕丝业后，工厂生产改善了传统技术上的缺点。可即便在技术上得到了很大的改善，农民们还是得不到他们所期望的利益分配。另外，随着工薪阶层这一新阶层的出现，以往从事家庭蚕丝业的大多数女性劳动力失去了劳动的机会。这是一个新的问题。实际上，依靠旧技术的话生产费用高且产品质量也差，但在村民们看来，若能利用家里的剩余劳动力来参与生产，对一个家庭来说至少也算是一种收入来源。

通过纵轴看"三栏分析法"的 A 栏、B 栏和 C 栏，可以得出以上解释。若看横轴的话，可以发现"政府推进改革计划"、"村里改革进展的情况"以及"村民的实际应对"是相互关联的。例如通过横轴"Ⅲ：改革、（B）项"看改革的情况。A栏内容为"Ⅲ. 变革力量的意图：（B）以合作原则组织企业"，B栏为"Ⅲ. 改革的计划。（B）在改革计划中：（1）合作方面、（2）非合作方面、（3）反对合作方面"，C栏为"Ⅲ. 被改革的传统技术。（B）家庭副业的个体性质：（1）传统观念认可的新思想、（2）对实施大众管理和行使新权利缺乏教育、（3）仅对实际利益有兴趣"。引进新技术与改革，不是纯粹从技术和经济效率上进行普及就可以的。"三栏分析法"属于组织改革的理想原理，而在现实过程中根据人们实际生活中的利益来看，则会发现有合作、非合作、反对合作的三种情况。这三种选择受影响于传统家庭生活的逻辑，某种程度上呈现了整体中的一些关联。

从这个关联图中可得知，推进农村改革同时也是村民们选择实际利益的过程，农民的生活逻辑既是促进改革的动力，也是抑制改革的阻力。也就是说，根据技术的优劣、经济效率、善恶观念，可把社会的变迁看成从劣质向优质、从低水平向高水平、从落后向先进的阶段性发展。不过，这个阶段性发展不一定是死板的和单方向的，如何接受变化还受影响于人们的选择。费孝通试图通过"三栏分析法"科学分析"外在强制力"与"人们有创意的选择"的紧张关系，进而发掘新人文科学的可能性。

需要注意的是，尽管透过图示化的一览表可以把握各制度与相关活动之间的关联，但想用它来解释文化变迁的全貌，则未免会让人觉得过于简单化。费孝通把农村与副业有机关联的解体、潜在剩余劳动力的存在、农地过少与不平等分配、城市与农村的畸形关系、农村财富和人才的流失等看作农村的危机，这当中有一部分内容无法导入三栏表。事实上，费孝通所思考的农村问题的根源，如农地的不平等分配、城市与农村的畸形关系、农村财富和人才的流失等内容，在三栏表里也没有被提及。马林诺夫斯基的"三栏分析法"是为了调查非洲的文化变迁而提出的初步分析方案，但他自身也没有把它运用到田野调查当中。也就是说，"三栏分析法"还处于试论的范畴，或者说它还停留在构思的阶段。

费孝通把这个"文化表格"理解为："实地调查是个比较上可以得到科学性较强的资料方法，但不应满足于到现场去吸新鲜空气而已，还要掌握一套科学的理论来指导现场观察，就是还要先解决观察什么的问题。为了解决观察什么这个问题，马老师企图提出一个参考体系，他称之为《文化表格》，来帮助学生们用实地调查方法来进行社会人类学的科学研究。"（费孝通，1996：323－324）而在《江村经济》中，费孝通并没有按照三栏表中列好的顺序来进行记述。事实上，通过制作三栏表可以看清社会变迁中各要素与整体之间的关联，从纵轴和横轴还可以明确表中各项目之间的关系。费孝通自身也是这样发现并引导出了一些过去未曾察觉的项目。因此可以说，三栏表是他确认整体结构的一个向导。

三　费孝通社会学的发展

综上可知，《江村经济》中的记述方法的特点有：①倾向于通过统计方法考证实际情况；②从整体去把握文化的态度；③透过多重视角看社会和文化的变迁。本文的目的正是探讨"上述特点及其形成过程"与"马林诺夫斯基的民族学志研究与文化论"之间的关联。恰好在马林诺夫斯基利用文化论拓展民族学研究方法的时期，费孝通在他的指导下完成了博士论文。也就是说，可以推测费孝通于当时深入学习了马林诺夫斯基的研究理念和方法。马林诺夫斯基在《江村经济》的"序言"中写道："他书中所表露的很多箴言和原则，也是我过去相当一段时间里所主张和宣扬的，但可惜我自己却没有机会去实践它。"（Fei，1939：xv；费孝通，1986：3）从这里可以看出，对于费孝通实现了他自身没有完成的研究理念，马林诺夫斯基给予了很高的评价。而且，我们也可以判断出马林诺夫斯基的民族志学研究与费孝通的研究方法是紧密相关的。

说到两者的关联，可以说《江村经济》的特点在于采用了马林诺夫斯基提出的"描绘社会结构的明确的轮廓"和制作"具体的统计资料"的研究方法。从论证的方法来看，费孝通的统计记述法显著体现了上述特点。在以统计为论据的分析上，他实现了用概念上合乎逻辑的"说明"（a logical explanation）去解释现象。由于研究方法的不同，同样是以故乡为调查地的林耀华的《金翼：一个中国家族的史记》和杨懋春的《一个中国村庄：山东台头》呈现的则是不同类型的民族学志研究。两者的记述内容的真实性和可信度，均直接依据他们本人在当地的经历和见闻，从而得到保证。通过林耀华和杨懋春的民族学志专著，可以了解到只有住在同一个村落里的人才可能知道的事情。也就是说，这两本著作中详细地记述了"实际生活的无法估量的事情与典型行动的类型"。正因如此，他们才能以故事讲述人（storyteller）的身份去叙述"村民们以什么为生，他们对幸福的定义是什么"。因此，若拿费孝通跟林耀华和杨懋春进行比较，即可进一步了解费孝通继承了马林诺夫斯基的什么方法，进而凸显他的论点的特色。

当然，费孝通使用统计资料进行逻辑分析，并非只受教于马林诺夫斯基的民族学志方法论。费孝通在清华大学时师从史禄国，学习了自然人类学、测量技术（用于收集资料）以及统计分析法。他于1935年至1936年在广西大瑶山实施了人体测量调查。通过这次调查，费孝通不仅掌握了统计方法，还学到了类型和模式的概念（费孝通，1994a，1994b）。

20世纪20年代后半期开始，中国社会学推行了以社会改良为目的的社会调查，名为"中国社会调查运动"。据阎明的著作所描述，当时的代表作里有李景汉的《北平最低限度的生活程度的讨论》（收于《社会学界》1929年）和陶孟和的《北平生活费之分析》（商务印书馆1930年；英文版1928年），加上1927年至1935年9年间的所有调查报告书共有9027部著作（阎明，2010：78）。这些社会调查大部分是由有欧美留学经验的年轻学者实行的，目的在于组织关于城镇化的大规模调查并通过使用统计手法分析社会问题。该时期属于中国社会学的发展期，其间出现了一批拥有中国特色的社会学研究。正是在这个社会调查运动的鼎盛时期，费孝通开始社会学的研究。

费孝通有独自特色的社会学研究，先是在中国国内领会到的（师从史禄国学习了自然人类学，习得了统计法和类型与模式的概念，且转入社会学研究的时期恰好是中国社会调查运动促使"中国社会学"形成的时期），之后是在伦敦经济学院接触到马林诺夫斯基的方法论后才逐渐形成的。

如上所述，本文探讨了费孝通（从整体把握文化的方法，以及从多方面看社会与文化变迁的视角）与马林诺夫斯基（文化研究的暂定方法论）在研究上的密切关系。在分析中国社会变迁中家庭蚕丝业的衰退与改革的框架里，费孝通采用了马林诺夫斯基的"三栏分析法"。但他只是通过参考"三栏分析法"来检验各项目间的关联性，并没有把三栏法运用在分析当中。而且，在他之后的研究分析中也没有使用三栏法。

相比之下，费孝通强调的是比较方法。关于"这个解剖一只麻雀来研究麻雀的微型调查在科学方法上有什么价值"的问题，他的回答是，"我想去发现中国各地不同类型的农村，用比较方法逐步从局部走向整体，逐步接近我想了解'中国社会'的全貌"（费孝通，1996：33-34）。1938年从英国回国后，他马上就在云南农村调查中尝试了这个方法。事实上，对于云南农村的特色，不是一下子就能下定论的。他采用的方法是：在弄清每个村落特点的同时，也把这些特点放入整体中进行定位和解释。这样通过比较论述不同条件的村落，可以明确它们各自的特点，进而确认各个村落的位置关系以便把握整体。费孝通说，"这也可以称之为类型比较法"（费孝通、张之毅，1990：8）。像这样，为纵观农村社会的全貌而提出的"类型比较法"的原型，最早出现于云南农村调查时期，这在中国社会学得到重建的 20 世纪 80 年代就受到了关注。

其实，《江村经济》里还有一些之后成为"费孝通的社会学"的课题在本文中没有提到。一个是关于中国社会的概念式分析和现状的诊断，另一个是马林诺夫斯基的文化与家族理论对以生物论为基础的功能主义的批判。

《江村经济》依据的访谈调查资料，是费孝通 1936 年赴英国前从 7 月至 8 月耗时两个月所收集的。虽然这份资料"足以进行初步的分析"（Fei，1939：26；费孝通，1986：19），但他在结论中简单地写道："这些变化不仅仅局限于人们的经济生活。生产系统对市场情况的反应不是一个简单的过程，而是一个长期复杂的过程，要了解这一过程需进行范围更广泛的调查研究，单纯从经济方面研究是不过的。"（Fei，1939：262；费孝通，1986：185）

费孝通在《江村经济》的终章（第 16 章）探讨了"中国的土地问题"（agrarian problems in China），指出家庭工业的没落和土地问题才是中国农村失去活力的原因。他的结论是：要解决该问题首先要恢复产业，为此必须发展农村的小规模工厂。不过，《江村经济》只停留在提出该问题的阶段。费孝通把诊断农村经济衰落的现状以及综合考证该问题的解决方法看作人文社会科学的存在价值，并以此来思考社会学发展的方向。在这个过程中，首先需要对中国社会进行概念上的分析。此外，为了创建以"关于中国农村土地不均分配的改革和经济复兴"为议题的论坛，费孝通陆续在《世纪评论》《大公报》上发表了文章。这些文章后来被收录于观察社出版的《乡土中国》（1948 年）和《乡土重建》（1948 年），这是大家所熟知的。

关于对马林诺夫斯基的功能主义文化论（主张以人类的生物存在为基础）的批判，明显地呈现于费孝通的《生育制度》（1947 年）。本文中已论述过，费孝通对马林诺夫斯基的文化论里的生物学功能论提出了质疑。费孝通说："我不同意马老师在《野蛮人的性生活》（*The Sexual Life of Savage in North-Western Melanesia*，1929）一书里描述的那个人文世界是这地方土人为了满足生物需要发生的。"（费孝通，1996：342）费孝通提出，"为了完成社会继体的功能，才产生婚姻，家庭，亲属等一系列社会制度，总称之'生育制度'"（费孝通，1996：342），欲把个人的生物生存与社会的延续综合起来思考。但他也为"最近看到马老师 1944 年的遗著中把群体生存的社会需要和个人机体的生物需要已经并排提出"而感到高兴。他写道："这也许可以说我的《生育制度》和马老师的文化论还是想衔接的，而不是唱了反调。"（费孝通，1996：343）可是，关于"费孝通从马林诺夫斯基的《野蛮人的性生活》中学到了什么，还有他是如何借此展开中国家族研究"的课题，至今仍没有得到充分的梳理。

以上提及的关于中国基层结构的概念上的研究、中国社会的现状分析与改革方法的建议，以及关于马林诺夫斯基功能主义的发展等问题，已超出了本文的主题范围。希望今后能对这些问题进行更深入的论证，本文内容到此结束。

参考文献

费孝通，1947，《生育制度》，北京：商务印书馆（横山廣子訳，1985，『生育制度——中国の家族と社会』，東京大学出版会）。

费孝通，1985，《社会调查自白》（收录于《学术自述与反思》，北京：生活·读书·新知三联书店，1996 年版）。

费孝通，1986，《江村经济——中国农民的生活》，戴可景译，南京：江苏人民出版社。

费孝通，1994a，《人不知而不愠——缅怀史禄国老师》（收录于《学术自述与反思》，北京：生活·读书·新知三联书店 1996 年版）。

费孝通，1994b，《从史禄国老师学体质人类学》（收录于《学术自述与反思》，北京：生活·读书·新知三联书店 1996 年版）。

费孝通，1995，《从马林诺斯基老师学习文化论的体会》（收录于《学术自述与反思》，北京：生活·读书·新知三联书店 1996 年版）。

费孝通，1996，《学术自述与反思》，北京：生活·读书·新知三联书店。

费孝通，2001，《乡土中国》（含《乡土重建》），上海：上海世纪出版集团（《乡土中国》《乡土重建》两书各自初版于 1948 年，观察社）。

费孝通、张之毅，1990，《旧著重刊　云南三村》，天津：天津出版社（*Earthbound China：A Study of Rural Economy in Yunnan*，University of Chicago Press，1945）。

阎明，2010，《中国社会学史》，北京：清华大学出版社。

中根千枝（Nakane，Chie），1987，『社会人類学』，東京：東京大学出版会。

佐々木衞（Sasaki，Mamoru），2003，『費孝通——民族自省の社会学』，東京：東信堂。

Fei，Hsiao Tung（费孝通）. 1939. *Peasant China in China*. London：Kegan Paul，Trench，Trubner & Co.，Ltd.

Fei，Hsiao Tung. 1983. *Chinese Village Close-up*. Bei-jing：New World Press（小島晋治ほか訳，1985，『中国農村の細密画——ある村の記録：1936～1982』研文出版）。

Lin，Yueh-Hwa（林耀华）. 1947. *The Golden Wing；A Sociological Study of Chinese Familism*. London：Kegan Paul，Trench，Trubner & Co.，Ltd.（庄孔韶、林余成译《金翼》，北京：生活·读书·新知三联书店 1989 年版）。

Malinowski，Bronislaw. 1922. *Argonauts of the Western Pacific*. London：Routledge & Kegan Paul Ltd.

Malinowski，Bronislaw. 1929. *The Sexual Life of Savage in North-Western Melanesia*. London：Routledge，New York：Liveright.

Malinowski，Bronislaw. 1945. *The Dynamics of Cultural Change，An Inquiry into Race Relations in Africa*，ed. By Phillis M. Kaberry，New Haven and London（藤井正雄訳『マリノフスキー　文化変化の動態——アフリカにおける人種関係の研究——』理想社 1963）。

Yang，Martin C.（杨懋春）. 1945. *A Chinese Village；Taitou，Shangtung Province*. New York：Columbia University Press.

个人、学术与国家的关联

——费孝通"江村调查"的学术心态史及其启示

王建民[*]

一 引言:"社会学之惑"的深层意蕴

社会学学生和从业者经常被问及"社会学是什么"或"社会学能做什么",回答方式可能多种多样,但往往一言难尽,也不易令问者释疑,这种现象姑且称为"社会学之惑"。其产生的重要原因在于,与"家庭""组织""政府"等词语相比,现代汉语语境下的"社会"一词常常带给人空泛虚幻之感:"社会"似乎无处不在,但难觅其踪;每个人都活在"社会"里,却难识其貌。因此,对关于"社会"之学的解释时常使人如堕云雾,便情有可原了。如果说社会学研究像赖特·米尔斯所说的那样,是"一种生活方式"(米尔斯,2001),那么它势必与个人的日常生活体验密切相关,但"虚幻"的社会学如何与个人的体验相关联呢?

美国社会学家英克尔斯曾言,回答"社会学是什么"或定义社会学有三个路径:一是历史的路径,即力求通过对经典社会学著作的研究,寻求社会学作为一门学科最为关心和感兴趣的是什么,简而言之,"创始人说了什么";二是经验的路径,即对现代的社会学著作加以研究,以期发现这门学科最关心的是些什么问题,换句话说,"当代社会学家在做些什么";三是分析的路径,即将某个较大论题加以划分、确定它们的范围,并将它们分别划归不同的学科,实际上是问"理性的指示是什么"(英克尔斯,1981:1-2)。不难看出,英克尔斯更多的是在学科或学科史的意义上界定社会学,究其本质,社会学是一种客观存在的"对象"或可供认识的"客体"。在现代汉语语境下,这种定义"社会学"的方式仍未能褪去"空泛虚幻"

---

* 王建民,中央财经大学社会与心理学院社会学系主任,副教授。

的色彩。

在学科或学科史的意义上界定社会学，往往隐含一个知识论预设，即科学世界与日常生活的二分：理性主义是理解外部世界和获得科学知识的不二门径，而日常生活则奉行另一套逻辑，以习俗、惯例、常识等为根据。在学科史的意义上理解社会学，须秉持理性主义视野，客观且有逻辑地理解之。相较而言，中国传统的学思方式与此迥异，表现为学术与人生或治学与做人的统一，甚至学问本身就是做人的一部分。而"做人"不仅是道德上的律己宽人，还关涉对群己关系、家国命运、人生意义等问题的态度和省思。这种运思方式的背后，实际上是物我圆融的宇宙观和人生观，而非科学世界与日常生活的二分。在这个意义上，欲理解"社会学是什么"，或许可以借鉴中国传统的学思方式，关心社会学家的研究与其人生和所处时代的关联；同时，理解者也需要将个人体验带入社会学家的研究过程、生命历程乃至心态史之中，"将心比心"地理解"有血有肉有灵魂"的研究。[①]

具体而言，本文以费孝通先生的"江村调查"为例，分析这一多达26次、时间跨度66年的社会调查所书写的学术心态史，以理解个人、学术与时代的深层关联。这里的"学术"主要是费孝通围绕"江村"开展的一系列实地研究以及相关研究；"心态"是如费孝通本人所言的"一套想法、一套观念、一套意识"或"人的行为背后，决定行为的心理和意识状态"（《费孝通全集》第十四卷，1994a/2009：244）。江村调查的典型意义在于，它不仅留下了中国现代学术名著《江村经济》，而且其后续研究跨越了一个甲子有余的个人生命历程和时代变迁过程，在彰显"史"之意涵的同时也蕴藏了较多的反思借鉴意义。[②]

本文试图讨论的主要问题是，以费孝通为个案理解中国现代社会（科）学是如何可能的。具体可分为两个方面，一是学者个人如何立足于时代变迁理解和表达自身，二是社会学或社会科学如何表达中国问题。当然，我们无意于也不可能就"中国现代社会（科）学是如何可能的"这个宏大问题给出某种答案；而主要是以此问题为引导理解费孝通，并以费孝通的"江村调查"为例深入理解此问题。我们将围绕"江村调查"所隐含的三条线索进行分析：一是费孝通目睹时局变迁对人生际遇和学术选择的思考；二是对时代问题的根源和化解之道的探索；三是寻找传统士人的"治平"精神与现代社会相结合的途径。同时，我们将这三条线索置于中国现代学术建构以及民族国家建构的背景下进行分析，兼及费孝通不同著作之间以及不同时期的研究之间的内在关联。

[①] 这样做的意义不仅在于深入理解研究者的观点，还在于在过往的经典研究与当下的学术实践之间建立关联，以延续学术传统、涵养学人品质。

[②] 杨清媚认为，费孝通的研究构成了中国社会科学的必经阶段，从中可以看到中国学人内在的、延续的思想观念是如何在当代中国的具体历史中表达的（杨清媚，2010）。

二　回应时代变局：从思想争辩到社会研究

从知识社会学的角度看，学术、心态与时代紧密相连，因而对费孝通"江村调查"之学术心态史的追溯，首先需要从这一研究的起点及其所处时代的社会与思想变迁开始。众所周知，自1840年鸦片战争爆发，中国遭遇"两千年未有之变局"，西力东渐冲击了国人长期持续的宇宙观，开启了社会秩序与人心秩序的双重变迁，并在思想界引发了关于古今中西的激烈讨论，尤以张之洞（2011）的"中体西用论"和严复（2006）的批评为代表。[①] 这种讨论，实际上是中国政治与思想界寻求社会与文化出路的智识努力，无论关于中西、体用的观点有何差异，都说明对中国问题的理解已无法绕开西方而独自解决。因此，中西文化比较是理解西方和重新认识中国的必然选择，中国知识分子探索和建构现代学术的历程也由此而铺展开来。

关于中西文化关系和中国文化的出路存在诸多争论，"复古派"、"折中派"和"全盘西化派"大体涵盖了这一争论的主要立场（陈序经，2004）。复古派回应了中国文明和传统如何维系、人心何以安顿的问题；折中派延续了中西文化体用之争和两种文化何以共处的问题；全盘西化派则较为激进地彰显了彻底的思想变革企图。宽泛地说，任何两种异文化在发生接触碰撞之时，在理论上都可能发生类似的争论，或固守传统，或交汇融合，或舍己从他。但观念上的认识不同于事实上的了解；观念层面的"出路"也不等于现实层面的改变，否则也不会出现"娜拉出走之后"的难题了。在根本上，观念争论的困境在于，它主要集中于知识分子的思想层面，而非社会结构与日常生活的具体状态。所以，其结果或具有思想启发的意义，但也可能沦为空泛的议论，甚至演化成高度抽象的"意见"杂烩之汪洋。

在这种背景下，社会学在中国的早期成长可谓恰逢其时，即把"现代中国向何处去"这个宏大问题从抽象的观念争论逐渐推向实在层面，以吴文藻为核心人物的"燕京学派"便在记录历史、实地调查、体察国情上迈出了重要一步。1929年，吴文藻留学归国，进入燕京大学社会学系任教，当时的中国社会学还处在模仿或照搬西洋模式的状态，大学里开设的社会学课程和所用教材缺少关于中国的内容，对认识中国社会实际并无直接助益。针对这种状况，吴文藻提出"社会学中国化"的主张，倡导开展实地研究，具体地把握中国真实的社会情况（吴文藻，1935/2010，

---

① 对于"中体西用论"，严复指出："有牛之体，则有负重之用；有马之体，则有致远之用。未闻以牛为体，以马为用者也……故中学有中学之体用，西学有西学之体用，分之则并立，合之则两亡。"（严复，2006：157）

1936/2010）。推进社会学中国化的方式是开展实地社区研究①，由此探索中国社会的特点与变化趋势，进而寻找社会重建与发展的道路。"燕京学派"② 也在学术研究和人才培养中逐渐孕育而成。

从学术史的角度看，"燕京学派"在建构中国现代学术上的探索具有开创性意义。相比之下，抽象的文化论者和社会学者都满怀认识和变革现实的理想热情，但路径上却有着根本不同：前者重在思想争辩和逻辑推演；后者则诉诸现代社会调查、田野工作等方法，侧重于考察中西文化的碰撞在社会现实层面产生了怎样的影响。在变动猛烈、新旧交替的时节，认识和研究这种影响，既具有社会调查的意义，也具有记录事实、保存史料的意义（吴文藻，1935/2010：438）。受此影响，费孝通的《江村经济》《云南三村》《乡土重建》等作品都鲜明地打上了通过实地调查思考时代变迁的印记，或者说燕京学派学以致用的学术氛围孕育了费孝通早期的学术风格。③

不过，在费孝通那里，社区研究不是对西方社会科学方法的简单移植，也不仅是一种研究方法的本土运用，而是在根本上体现了对变革时代的知识分子如何像传统的绅士阶层那样发挥"治平"作用的思考（参见杨清媚，2010）。在费孝通的学术生涯中，这种思考和探索发轫于《江村经济》，而后在《云南三村》《乡土中国》《皇权与绅权》《乡土重建》等论著中体现出来，如对"礼治秩序""教化权力""无讼""双轨政治""基层行政的僵化"等问题的讨论，始终没有离开这一话题。出身于绅士阶层并目睹了这一阶层在变革时代如何适应与转变的努力，是费孝通这一思考的最初来源。

三 "家国情怀"：在传统与现代之间

在学术与人生之关系的意义上，有了学术训练和科学方法，未必有研究的动力

---

① "社区研究"受到美国社会学芝加哥学派尤其是罗伯特·帕克（Robert Park，又译"派克"）的影响。帕克从 1932 年 9 月至 12 月是燕京大学的客座教授，对费孝通影响颇深（参见费孝通，1994a/2009；2000/2009；阿古什，2006：24-28）。

② 所谓"燕京学派"，指的是燕京大学社会学系以吴文藻及其弟子为中坚组成的研究群体，间或涉及几位与吴文藻有相同实地调查旨趣的同事（杨清媚，2015）。燕京学派的成员主要有吴文藻及其弟子费孝通、林耀华、瞿同祖、李安宅、许烺光等，以及吴门弟子所培养的学生，如田汝康、张之毅、史国衡等。

③ 1935 年燕京大学社会学系曾经为社会学究竟应该"为学术而学术"还是应该"学术为实用"发生过一次激烈讨论，当时的费孝通坚持"学以致用"的方向（费孝通，1995/2009：183）。此外，费孝通曾言，在燕京大学时认真阅读了顾颉刚的《古史辨》，顾氏用民俗资料印证历史的研究对他影响较大，他 1933 年的毕业论文《迎亲婚俗之研究》便受其影响（费孝通，2005：22）。当然，在学术史的意义上，注重经验和实用的传统可以追溯得更远，如梁启超在 1923 年的演讲中指出，近 300 年的学术主潮是"厌倦主观的冥想而倾向于客观的考察"，一个支流是"排斥理论，提倡实践"（梁启超，2011：1）。

和热情，后者往往在学术生涯开始之前就产生了，或者说，学术热情在学术之外。因此，若追溯一个学者的学术心态史，需要探寻其生命史的早期阶段。1910 年 11 月 2 日费孝通出生在江苏吴江县城的一个绅士家庭，其祖父和外祖父都是当地有名望的读书人，当时费孝通的老家同里镇绅士阶层还具有巨大的影响力（费孝通，2003）。费孝通曾说："我的外祖父家是很有代表性的，它体现了一个旧的知识分子家庭，如何从儒学的基础转到接受西方的思想，并让自己的后代接受西式的教育"（《费孝通全集》第十七卷，2002/2009）。"士绅阶层在中国的社会结构中占了很重要的地位，离开了士绅阶层就不容易理解中国的社会。我从小有机会接触这个阶层的人，所以对他们比较熟悉，并且在我的一生经历中看到了这一个旧中国士绅阶层最后走过的路程。"（《费孝通全集》第十七卷，2003/2009：467－468）

费孝通所见的绅士①阶层在变革时代的努力，对他的早年经历产生了重要影响。例如，父亲费璞安留学日本，后在家乡办学，还参与争民主、搞议会等活动，他搜求地方志的习惯对费孝通影响颇深。母亲杨纫兰是女界先进，放脚、束发、写文章、办蒙养院，费孝通晚年回忆时称母亲是"对他影响最大的人"（费孝通、方李莉，2002）。其他人物有教学、办报、两任吴江县长并官至国民政府行政院代秘书长的舅舅杨天骥，和蔼可亲、循循善诱且人格高尚、急公好义的振华女校高小班老师沈骊英，一心从事小学教育、充满爱心并对他的人格成长产生较大影响的振华女校校长王季玉（参见张冠生，2012：2－22）。

必须提及的是对费孝通具有终生影响的姐姐费达生。费达生早年留学日本，学习了缫丝和蚕丝业技术。1923 年回国后致力于家乡和中国蚕丝业的改革与振兴，这一年她不到 20 岁。② 对于姐姐的工作，费孝通后来说："我总是感到我姐姐一直是走在我的面前，我想赶也总是赶不上。她自律之严在我同胞骨肉中是最认真的，我不敢和她比……做人应当这样做。抛开为人处世之道不提，如果仅以所从事的事业来说，我确是在她后面紧紧地追赶了一生"（参见邱泽奇，2004：15）。③ 费达生所从事的事业，深深地影响了费孝通对绅士阶层在变革时代之作用的理解，尤其是解决农民饥饿、增加农民财富的事业。虽然这一阶层逐渐消逝，但其积极入世、变革现实的"治平"精神，仍然在费孝通身上或隐或显地闪现。换言之，作为整体的绅士阶层可能逐渐消逝，但这个阶层的精神气质仍然存在并继续发挥作用。

1928 年秋，费孝通从东吴大学附属一中毕业，入东吴大学医预科就读。促使他选择学医的原因可能主要有两点：一是当时政治形势的变化，二是他已经形成的益

---

① 在费孝通的著作中没有明确区分"士绅"与"绅士"的不同内涵，除引用的文字外，本文一律用"绅士"。

② 关于费达生推动社会变革的讨论，参见金一虹、杨笛，2017。

③ 综观费孝通的学术历程，这里所说的"追赶"主要是指为了实现"志在富民"的理想而"行行重行行"。

人益世的志向（张冠生，2012：32）。1930 年秋，费孝通从东吴大学转学到燕京大学，专业为社会学，"后来我觉得人们最痛苦的不是来自身体上的疾病，而是来自社会所造成的贫穷。于是我改学社会学。学一门学科总得有个目的。我是想通过学社会学来认识社会，然后改革社会，免除人们的痛苦"（《费孝通全集》第十七卷，1993/2009：264）。费孝通晚年曾忆及当时的心态：

> 当时对于青年人来说，"亡国"是一个很具体的可能……那个时候的青年人的心里很清楚，就是不能当"亡国奴"……中国的问题不是一两个人生病的问题，而是中国人会不会亡国的问题。这个问题从 1930 年代开始已经很清楚了……我是个知识分子，也是一个知识分子家庭里面出来的人，特别是经过"五四"运动，相信科学救国。我们希望的是从了解中国的问题上面，能够找到一条出路来。这是当时时代赋予我们青年人的一种向往。这一切的思想活动都是和一定的历史时代联系在一起的。（费孝通，2007）

总体来看，费孝通少年时代经历了五四运动和国家衰败的状况，深受绅士阶层的影响，秉持一种积极入世的"家国情怀"。在费孝通的学术实践中，这种家国情怀实际上包括两个方面：一是考察绅士阶层在历史与现实中所处的地位；二是其本人秉持学以致用的学术精神，试图像传统的绅士阶层那样发挥变革现实的作用。由此来看，费孝通所言的"无心插柳"的首次"江村调查"在偶然[①]中便包含一定的必然性，实际上延续了传统士人的"治平"理想，将个人的人生志向、研究活动与时代变迁和国家命运联系在一起。[②]

四　从"社会"出发回应现代性：江村调查及其继续

基于前文，如果把 1936 年的首次"江村调查"和随后出版的《江村经济》放到晚清民国以来的中国学术史中看，不难发现，费孝通这一早期研究处在中国知识分子对现代性的回应"从早期的思想争辩转向实地研究"的过程之中，这一过程也是中国社会学兴起和参与现代学术奠基的过程。

---

① 费孝通于 1935 年在清华大学获得公费留学资格，根据导师史禄国的建议，推迟一年出国，先到少数民族地区实地调查一年。该年冬，费孝通、王同惠夫妇在瑶山迷路失事，妻亡夫伤。费孝通回老家养伤，姐姐费达生邀请他去开弦弓村休养。受开弦弓村缫丝工业的触动，费孝通遂开始了 1936 年的江村调查。

② 杨清媚认为，费孝通在心史的延续与客观历史的断裂之间书写（杨清媚，2010）。

（一）江村调查：社会结构变迁与时代"真问题"

在《江村经济》中，费孝通通过翔实的田野资料，描写了开弦弓村家庭、财产与继承、亲属关系、职业分化、农业、土地占有、养殖与贩卖、贸易与借贷等诸多方面。费孝通剖析了乡土社会农工混合的经济特质，指出西方机器大工业冲击下中国乡土工业的崩溃激化了潜藏的土地问题，导致租佃关系紧张与社会矛盾叠加。"中国农村的基本问题，简单地说，就是农民的收入降低到不足以维持最低生活水平所需的程度。中国农村真正的问题是人民的饥饿问题。"费孝通的结论是："最终解决中国土地问题的办法不在于紧缩农民的开支而应该增加农民的收入。因此，让我再重申一遍，恢复农村企业是根本的措施。"（费孝通，2001b：236）在《乡土重建》中费孝通再次指出，必须重整乡土工业，建立新的合作性社会组织，发展乡土工业本土化，最终实现社会重组。

费孝通之"社会学的想象力"在于，他看到了"人民的饥饿问题"与社会结构变迁的关联。从城乡结构上看，乡村是农工并重的生产基地，百姓依靠土地耕种和手工业收入维持最低生活水平。随着人口累积和农村劳动力过剩，一些拥有土地的相对富庶的百姓出租土地，进入设施较为完备的城市，以征收地租和利息等方式获得所需的粮食和劳役，逐渐形成了较大的市镇。另一种社区形式是都会，都会一方面把大批洋货运进来，另一方面又利用机器制造日用品，于是挤垮了乡土工业，夺走了乡下百姓的手工业收入。并且，都会和乡村通过大市镇进行经济交易，导致市镇中的地主进一步压榨乡下百姓，结果与日俱增的地租、利息使农人贫困至极，于是农民与地主的关系变得紧张。对于乡村来说市镇是一种负担。

在"江村调查"中，费孝通对农民的日常生活做出了细致入微的描写和分析，将他的发现、结论和对策，都奠定在田野资料的基础上。可以说，费孝通抓住了时代的"真问题"——农民的饥饿和生存问题；这个问题关涉家庭维持、社会稳定甚至现代国家建构。而关于"重建乡村工业"和"社会重组"的主张，实际上是依循中国社会结构和变迁的独特路径，探索一条不同于西方机器大工业的发展道路（参见甘阳，1994）。[①] 在学术实践和社会重建的双重意义上，可以将1936年的"江村调查"看作费孝通将中国现代学术建构与现代民族国家建构关联起来的最初努力，既是对严复等先贤所奠定的中国社会学"上识国体，下察国情"[②] 的基本精神的继

[①] 张静（2017）在《燕京社会学派因何独特——以费孝通〈江村经济〉为例》中指出，燕京学派作为社会学群体的角色，其主要特点与其说是本土化道路的提出，不如说是研究角色、议题、方法及目标的转换。

[②] "中国社会学在发育和发展过程中，确立了上识国体、下察国情的基本精神，不仅对中国社会的历史和现实形成了客观认识，更是在每个阶段里都为中华文明的现代复兴提出了总体构想。"（应星、周飞舟、渠敬东，2011：11）

承，也是"燕京学派"之"社会学中国化"主张的具体实践。

（二）"整体地"看社会

在《江村经济》中，费孝通不直接描写农民的经济活动，而用了很多笔墨描写亲属关系、亲属称谓、小媳妇制度、财产继承等方面。整体地看，如果脱离了这些背景因素，江村农民的经济生活是无法理解的，例如"小媳妇制度"[①] 正是物质生活困顿下一些农民的不得已做法，只不过是这种"不得已"已变成一种广为接受的习俗了。另外，相对于农民的经济活动而言，亲属关系、地方习俗、婚姻制度等是具有久远传统根基的"民情"，脱离这些民情，经济活动便难以理解。要言之，费孝通是在中国历史与传统的大背景下理解江村农民的经济生活的，尽管这未必是有意为之。这也说明，费孝通所实践的社会学中国化是基于对中国历史传统与现实条件的整体性理解的"中国化"。[②]

早在 20 世纪 30 年代初的一些文章里，费孝通即已表达了他的社会整体观（《费孝通全集》第一卷，1933/2009；1934/2009）。这种整体观不仅强调社区内部各要素的依存关系，也关注不同地区的比较及其对于认识社会整体的意义。在方法论上，费孝通指出"微型社会学"的限度，为了认识众多结构不同的农村，需要通过对不同类型社区的研究逐渐取得总体的认识（费孝通，2001a：327；2006：7）。因此，在江村调查之后，对"云南三村"（禄村、易村、玉村）的研究便顺理成章了。通过对江村、禄村、易村、玉村的比较研究，费孝通提出一个一般性论断，即农村中土地占有的集中和雇佣关系的发展，是"受现代机器工业的影响，传统乡村工业衰落，农民收入减少"的结果。

总而言之，无论是整体地看问题，还是社区类型比较研究，都没有离开"全面认识农村社会文化"并进一步"认识中国"和"为中国文化寻找出路"的初衷。在这个意义上，费孝通试图通过现代社会科学方法，从整体上认识中国社会和探寻社会建设的道路，这体现了他早年"科学救国"的抱负，以及变革时代知识分子上下求索的热情，当然，这在一定意义上也为中国现代学术建构的困境埋下了伏笔。[③]

（三）连接历史与现实

在费孝通个人学术史的意义上，他的后续研究或多或少都是对"江村调查"的继

---

① 又称"童养媳"，在女孩很小的时候男孩的父母领养了她，并一直抚养她到结婚。如果女孩是在丈夫家中养大的，那么婚姻的一切复杂程序如做媒、行聘、接亲船、轿子等都不再需要了（费孝通，2001b：62）。

② 本文认为，如果说"江村经济"是费孝通在实地研究、记录历史上对社会学中国化的实践，那么其晚年的"文化自觉"主张可以看作在思想文化层面对社会学中国化的倡导与推进。

③ 参见本文第五节的讨论。

续。在《皇权与绅权》（1948）一书中，费孝通与吴晗等学者讨论了中国传统的社会结构以及绅士阶层在其中的位置。这个讨论在《乡土重建》（1948年）、《中国绅士》（1953年）等著作中得到了延续。从费孝通早期著作的内在线索来看，对传统社会结构的探讨是一系列实地社区研究的继续，或者说，是从历史的角度深入剖析当前问题的根源。

费孝通对中国绅士的讨论包含两个重要关怀。一是考察绅士阶层在历史与现实中所处的地位。费孝通认为，一个完善的政治制度必须保证有上下平行的"双轨"，因为在任何政治体系下，人民的意见都不可能被完全忽视，如果没有人民的积极支持，至少是他们的容忍，政治制度不可能长期维持，由皇权通过地方官僚机构到基层社会是自上而下的一轨，相反是自下而上的一轨，而在皇权圣谕的下达与民意的上传中，绅士扮演着中介人的角色，这就是著名的"双轨政治论"（费孝通，2001c：46）。二是指出社会研究如何对现代国家建构提供知识依据。例如，近代保甲制度的推行破坏了地方自治的防线，旧的机构失去了合法地位，新的机构并不能有效推行地方公务，导致基层行政没有效率（费孝通，2012b）。

这两个关怀也是费孝通学术心态的写照。正如王铭铭所言，《禄村农田》表面上与《江村经济》形成对照，实则二者前后融通，都在论述费先生眼中作为进步力量的士大夫的历史创造力（王铭铭，2007）。中国真正的公共生活来自何处，只有在《皇权与绅权》一书中才找得到答案——士绅作为黏合皇权与个体人民的化合剂，是"中国社会"得以形成和维持的关键要素。就这点看，无论是《江村经济》还是《禄村农田》，都是《皇权与绅权》铺陈的知识分子社会学的"注脚"。因此，可以说，从《江村经济》《禄村农田》，再到《皇权与绅权》，费孝通早年所受的绅士阶层的熏陶以及姐姐费达生积极投身乡村蚕丝事业的精神，一直贯穿在他的研究之中，确切地说，一直活跃在他的精神世界里。在根本上，费孝通的"江村调查"及其后续研究，既继承了传统士人的"格物"与"治平"精神，又通过现代社会科学方法超越了传统学术在应对现代性变迁上的困境。

五　费孝通"江村调查"的学术心态简史

费孝通一生共访问"江村"26次①，从1936年的"一访"到2002年的"二十六访"，从26岁到92岁，时间跨度66年，长达一个甲子有余。毫无疑问，"江村"与费孝通的整个学术生涯紧密相连，其个人的学术史与生命史牢固地交织在一起。根据时间和关注的主题，我们尝试将费孝通26次访问江村的过程分为如下四个阶段（见表1）。

---

① 关于费孝通26次访问江村的情况，参考了沈春荣，2013；冯月根，2015。

表1　费孝通"江村调查"的四个阶段①

阶段	时间跨度	主要研究议题
第一阶段："一访"至"四访"	1936～1982年	发现问题，重建乡村工业
第二阶段："五访"至"十一访"	1982～1986年	小城镇研究
第三阶段："十二访"至"十五访"	1987～1991年	乡镇工业深化与区域发展
第四阶段："十六访"至"二十六访"	1992～2002年	学术总结与反思

第一阶段："一访"至"四访"（1936～1982年，发现问题，重建乡村工业）

1936年"瑶山失事"后的费孝通返乡休息，接受了姐姐费达生的建议去开弦弓村参观访问，被生丝精制运销合作社所吸引，进行了为期一个多月（1936年7～8月）的调查。在《江村经济》"著者前言"中，费孝通说："这本书的写成可说是并非出于著者有意栽培的结果，而是由于一连串的客观的偶然因素促成的。"（费孝通，2001b：1）调查结束后，费孝通携调查资料赴英伦留学，师从著名人类学家马林诺夫斯基学习社会人类学，1938年春论文答辩通过，由伦敦大学授予博士学位，博士论文《江村经济》②即根据调查资料写成。

1957年春，费孝通第二次来到江村，对农民的生产生活做了详细调查，发现粮食产量提高了，但工副业被忽视了；农民虽有土地可耕种，手里却没有钱花；商品交换日益萧条，小城镇和各种集市也萎缩了。于是，费孝通写了《重访江村》和《重访江村（其二）》两篇文章。③1981年10月费孝通三访江村，通过实地考察发现农村经济结构中出现了农、副、工相结合的现实和进一步发展的趋势。在接受英国皇家人类学会授予的赫胥黎纪念章时，费孝通便以"三访江村"为题，就江村自1936年以来的变化发表演讲。1982年元旦后，载誉而归的费孝通四访江村，与村民分享喜悦，并向乡干部了解生产生活情况。④

---

① 费孝通访问江村，有一年两访，或多年一访，因此各阶段之间在时间上有重叠或间隔。

② 原名 *Peasant Life in China*，1939年由英国 Routledge 书局出版。

③ 1957年2月24日，费孝通在《人民日报》发表《知识分子的早春天气》一文，就知识分子问题发表意见，表达了他对如何在新时期发挥知识分子的作用的期待（费孝通，1957a/2009）。从中可以管窥费孝通对新时期社会学乃至社会科学发展的迫切心态。在《新观察》杂志发表的《重访江村》连载报告尚未结束，费孝通被错划为"右派"。

④ 我们在本文第三节讨论了费孝通青年时代"弃医从文"的志向和"科学救国"的理想。众所周知，这一志向和理想在20世纪50年代遭遇挫折。1952年全国高校院系调整，社会学学科被取消，其影响的不仅是社会学从业者的学术生涯，从中国现代社会科学发展的角度看，也波及中国现代学术建构的历程。在我看来，改革开放之后费孝通积极推动社会学学科恢复重建，不仅是恢复社会学在中国社会科学之林中的席位，也是其青年时代播下的"科学救国"种子的再度萌发。费孝通将社会学恢复重建视为"为了前人的遗志，为了我几十年来的信念，为了子孙的好处"（《费孝通全集》第八卷，1980/2009：432）。因此，社会学学科恢复重建在根本上是接续中国现代学术建构的任务的一部分，改革开放之后费孝通持续不已的江村调查，其实仍然是在探索和回答社会科学何以可能和何以可为的问题。

第二阶段："五访"至"十一访"（1982～1986 年，小城镇研究）

费孝通曾言："小城镇研究，从我个人来说是江村研究的继续。"（费孝通，2001a：3）"我们的小城镇研究是从农村研究的基础上发展出来的。"（费孝通，1984/2009：349）1982 年 10 月费孝通第五次访问江村，对当时乡镇工业的兴起联想到小城镇的复苏，以此做了一次探索性的考察。1983 年 5 月，费孝通六访江村，围绕小城镇兴衰变化情况进行了考察，同年 9 月在江苏省小城镇研究讨论会上做了《小城镇，大问题》的报告，对小城镇衰落和复苏的原因作了重要的论证（参见《费孝通全集》第十卷，1983/2009）。1983 年 10 月，费孝通七访江村并到附近村镇调查，指出小城镇复兴的主要原因在于农村工业经济的繁荣。

1984 年 10 月，费孝通把乡镇工业和城乡联结型的区域经济发展作为调查重点，第八次访问江村，肯定了乡镇企业发展对小城镇复兴的作用（参见《费孝通全集》第十卷，1984/2009）。1985 年 7 月，为了撰写《江村五十周年》费孝通九访江村，邀请土改时的村干部和现任的村干部分别举行座谈，详细地询问了农民生活和经济负担情况。1985 年 10 月，为纪念访问江村 50 周年做准备，费孝通十访江村。1986 年 5 月，费孝通与日本东京大学教授中根千枝、美国康乃尔大学教授巴乃特共访江村。

第三阶段："十二访"至"十五访"（1987～1991 年，乡镇工业深化与区域发展）

1987 年 5 月，费孝通第 12 次来到江村，先后访问了无锡、常熟、吴江、吴县，了解这一地区工农关系的新发展和新问题，研究乡镇工业的第二步发展问题。1987 年 9 月，费孝通关心苏南小城镇建设中的共性问题，再到江村深入调查。1990 年 4 月初，费孝通开始了包括南京、杭州、上海的长江三角洲之行，并于 4 月 14～15 日第 14 次来到江村访问调查，就家乡的经济结构和外贸优势，提出了长江三角洲的开发和外贸格局的新构思和观点（《费孝通全集》第十三卷，1990/2009）。1991 年 4 月费孝通再次来到江村，充分肯定了吴江经济发展的路子和所取得的成果（参见《费孝通全集》第十三卷，1991/2009）。

第四阶段："十六访"至"二十六访"（1992～2002 年，学术总结与反思）

1993 年 10 月，费孝通第 16 次访问江村，和"第四届现代化与中国文化研讨会"的代表实地考察了"江村"风貌。1994 年 10 月，费孝通第 17 次访问江村，了解家乡的新变化和配合拍摄专题片《行行重行行》。1995 年 5 月，费孝通又一次回到故乡，听取了吴江市委、市政府的主要领导关于进一步繁荣吴江经济的战略和正在制定的全市实现基本现代化发展规划的情况。1996 年 4 月，费孝通第 19 次访问江村，在农户徐林宝家详细询问了家庭收入情况，听取了吴江市委关于加大太湖开发力度，充分利用水资源和实施太湖综合治理的战略措施。

1996 年 9 月 19 日，费孝通来到江村共庆《江村经济》调查发表 60 周年纪念大会。1997 年 4 月 8 日，费孝通走访了两家农户，了解生产生活情况。1998 年 4 月 2

日，费孝通在江村走访了村民的家庭工厂，走访了费达生培养出来的第一代缫丝女工，还了解了农户除耕作收入之外的致富门路。1999 年 4 月 13 日，费孝通参观了"费孝通江村访问 60 周年的图片展览"，并参观了村民的家庭工业。2000 年 4 月 1 日，费孝通在江村听取了村级领导的汇报，走访了村民家庭。2000 年 9 月 4 日，费孝通在江村听取了镇领导的工作汇报，参观了镇办缫丝厂，并走访了部分村民。2002 年 9 月 29 日，费孝通在江村走访了部分村民，这是他最后一次访问江村。

前后共计 26 次的江村调查与费孝通的学术历程紧密地交织在一起。从 20 世纪 30 年代"无心插柳"的江村调查，新中国成立后对乡村工业的重申，到 80 年代的小城镇研究及其深化，90 年代关于发展长江三角洲的建议，以及进入 21 世纪后对城乡发展的持续关注，体现出在一个甲子多的时代变迁和个人命运沉浮中，费孝通先生一以贯之的家国情怀、脚踏实地的研究精神以及志在富民的学术理想。总体来看，多达 26 次、时间跨度 66 年的"江村调查"，彰显了费孝通之连接个人、学术与国家的学术心态史，这一学术心态史既有连续性又发生了变化（参见表 2）。

表 2 费孝通"江村调查"各阶段的学术心态简况[1]

阶段	时间跨度	主要学术心态
第一阶段："一访"至"四访"	1936～1982 年	认识社会，学术为国
第二阶段："五访"至"十一访"	1982～1986 年	顺应时代，建设学科
第三阶段："十二访"至"十五访"	1987～1991 年	行而复行，志在富民
第四阶段："十六访"至"二十六访"	1992～2002 年	学术反思，文化自觉[2]

不过，费孝通的学术心态史并不是一个学术、心态与时代变迁并行无碍的过程。本文认为，只有在中国现代学术史和民族国家建构的意义上理解费孝通的江村调查，才能挖掘其更深层的意义。从 1936 年的首次江村调查到生命的终结，从《江村经济》到《试谈扩展社会学的传统界限》（2003 年），费孝通思考的始终是如何像传统的士人那样在变革时代的社会结构中发挥"治平"作用，这种作用的发挥无法靠疏解传统经典的义理来实现，而需深入真实的社会生活之中。但费孝通的困境在于，作为整体的绅士阶层已不复存在——尽管士人精神可能或多或少地隐存，而且无论政治体制、生产方式还是人们的宇宙观与人生观，"现代中国"都与"传统中国"

---

① 关于各阶段学术心态的划分和概括依据，除了本文提及的内容外，参见费孝通《为社会学说几句话》（1957b/2009 年）、《社会学的对象和内容决定于它的任务》（1957c/2009 年）、《再为社会学说几句话》（1979/2009 年）、《社会学的历史使命》（1987a/2009 年）等文章。

② 这一阶段，费孝通撰写了《孔林片思》（1992 年）、《对"美好社会"的思考》（1993 年）、《开风气育人才》（1995 年）、《开创学术新风气》（1997 年）、《反思·对话·文化自觉》（1997 年）、《从反思到文化自觉和交流》（1998 年）、《关于"文化自觉"的一些自白》（2002 年）、《试谈扩展社会学的传统界限》（2002 年）等文章，在十余年里探讨心态、古代文明、文化共荣等议题。

有着重要不同，那么，专门化的方法何以能应对总体性变迁？舶来的学问又如何能切中本土民情人心？这是费孝通的困境，也是中国现代社会科学建构的困境。

虽然费孝通（《费孝通全集》第十四卷 1994b/2009：423）曾说，他不在意他的学术属于"哪一门、哪一科""称之为社会学也好，称之为人类学也好"，主要看"它是否抵用，能不能富民为断"。实际上，他也未能真正地摆脱专业化的限制。毕竟，费孝通的学术训练在很大程度上就是现代西方社会科学专业化的结果，而这种专业化并不是中国社会自然内生的，因而便难以应对中国全方位和总体性的变迁问题。不过，与其说这是费孝通本人的限制，毋宁说是中国"后发外生型现代化"（孙立平，2005）的必然结果，也是中国现代知识分子的共同命运——古今中西的矛盾交织；总体性变迁与专业化科学的复杂纠缠。基于对这种困境的认识，我们便可以尝试理解费孝通晚年的"学术转向"。

六 "社会调查"与"文化自觉"的内在关联

在第 21 次访问江村的同一年，费孝通提出了"文化自觉"概念，并以"各美其美，美人之美，美美与共，天下大同"这十六个字概括文化自觉的历程（《费孝通全集》第十六卷，1997a/2009）。[1] 此外，费孝通晚年多次反思自己一生的学术历程，指出从"生态研究"到"心态研究"的学术方向（费孝通，1992/2009；2003；2003/2009）。[2] 在《试谈扩展社会学的传统界限》一文中，费孝通认为："最理想的，是在社会学研究中真正开辟一个研究精神世界的领域，从方法论层次上进行深入探索，探索如何基于社会学的学术传统和视角，开展对人的精神世界研究。"（费孝通，2003）"心""意会""将心比心""讲不清楚的我"等都可以大做文章。这需要深入古代文明中去，以扩展社会学的传统界限。在费孝通看来，这本身就是重新审视我们自己的历史，也就是"文化反思"和"文化自觉"的一种重要实践。

费孝通对文化自觉、心态研究等的思考，并非空穴来风，而是有其现实根基。费孝通在 20 世纪 90 年代后半期到去世之前，多次对跨文化交流、国际冲突、恐怖主义、环境污染和生态危机等问题进行思考，这再次体现出其将个人的思想、学术与时代变迁紧密结合的特点。当然，费孝通并未改变他数十年一以贯之的"学以致用"和"志在富民"的志趣，只是增加了在东西方文明的层面对人类社会的新现实

---

① 关于"文化自觉"的其他文章，参见费孝通，1997b/2009；1998/2009；2002/2009；2004/2009。

② 从第"十六访"到第"二十六访"，费孝通深入农户家了解民生民情，尤其是访问了和他年龄相当的江村村民，这在一定程度上体现了费孝通对"心态研究"的重视和初步实践。

进行理解，尤其是对中国传统文化及其与当下之关联的思考，这在《关于"文化自觉"的一些自白》一文里尤为明显（《费孝通全集》第十七卷，2002/2009）。

将费孝通晚年的学术转向置于中国现代学术建构的历程中可以发现，文化自觉的思想与心态研究的主张，都是以中国独特的历史与文化传统为依托，将社会学乃至社会科学研究看作承继和发掘中华文明的知识与实践活动，这一倾向早在《中国绅士》中已现端倪。从"社会调查"到"文化自觉"所凸显的社会学人文向度，实际是强调社会学之"科学"与"人文"的双重属性（费孝通，2003），而不是对"科学"向度的摒弃或代替。[①] 循此思路可以认为，20 世纪 30 年代"燕京学派"明确提出和实践的"社会学中国化"的主张，在费孝通晚年得到了进一步提升和深化，即将社会学看作中华文明脉络下和中西文明交汇中的学问，使"社会学中国化"具有了包括科学与人文、生态研究与心态研究、社会调查与文化自觉等在内的核心内涵。

因此，与其说"文化自觉"和"心态研究"是费孝通晚年另辟蹊径的努力，不如说这是对其多达 26 次、时间跨度 66 年的"江村调查"之学术心态史的续写。正是基于"江村调查"等经验积累和对社会变迁与国情体验的把握——或者说，矢志于对中国社会、中国人的认识和理解[②]，以及致力于探索现代学术何以可能和何以可为的精神，才会有从"社会调查"到"文化自觉"的转向；否则"文化自觉"便成了"无源之水"，失去了其现实根基和社会意义。因此，在我看来，费孝通晚年的学术转向，更多的是其学术研究的"延伸"而不是"跳跃""连续"，也不是"断裂"。实际上，从"社会调查"到"文化自觉"的转向，本身就体现出费孝通个人学术心态的变化，这种变化也为理解中国社会学乃至社会科学的建构提供了线索。

费孝通晚年"扩展社会学传统界限"的主张，实际上是在回应前文提到的"专门化的方法何以应对总体性变迁"和"舶来的学问如何切中本土民情人心"这两个问题。这对于日益专门化、碎片化，甚至时常陷入方法论之争的中国社会学而言，无疑具有重要的启发和警示意义。由此出发，对于尚处于建构过程中的中国社会学甚至社会科学而言，需要走出零散碎片的研究方式[③]，秉持"致广大而尽精微"的传统志趣，既具有宏阔的历史视野和文明想象，又能够洞悉社会结构和情理人心，

---

① 苏力较早地探讨了费孝通对儒家文化的发展，"我认为他在现代中国社会真正延续和拓展了儒家思想，初步实现了儒学由人生哲学、世俗宗教向社会思想、理论和方法的转变，拓展了人类学术思考的空间"（苏力，2007）。

② 1987 年费孝通在和美国人类学者巴博德（Burton Pasternak）的对谈中说："事实上我一生的主要目的、唯一目标就是了解中国和中国人。这个目的从 1930 年开始就明确了。"（费孝通，1987b/2009：10）

③ 例如，渠敬东主张"重返经典社会科学""返回历史，重塑社会学的想象力"（渠敬东，2013；2015）。

这不仅是建构现代中国学术的基础，是学人安身立命的根本，也是中国现代国家建构的必要前提。因此，探析费孝通"江村调查"的学术心态史，有助于认识新时期中国社会学本土化乃至社会科学本土化的内涵与使命。

七　结语

每一项学术研究或学术活动都是研究者一系列有意义的社会行动，在现象学社会学的意义上，这些社会行动构筑了个人的生平情境（biographical situation）。另外，任何学术研究或学术活动本身都只是研究者所赋予之意义的一部分，因此对个人学术史和心态史的梳理便尤为必要，以理解研究之外更丰富的意义构成。在这个意义上，当我们阅读费孝通先生的《江村经济》或其他论著，回溯"江村调查"简史的时候，就像在阅读他的人生传记和学术传记；而当我们试图走进他的内心世界之时，似乎也能真切地感受到他的言谈举止和所想所思。或许，这是因为我们在阅读和理解他的同时，也在"将心比心"地面对、理解和反思我们自己。

本文试图在中国现代学术史和民族国家建构的意义上理解费孝通江村调查的学术心态史。一系列江村调查实际上是在探索传统的士人精神如何与现代社会科学相融合以及现代学术何以可为的问题，其所展现的积极入世的家国情怀、从实求知的研究精神、志在富民的学术理想以及自我突破的学术勇气，为社会研究者的学术实践做出了示范。以此为参照，化解本文开篇所言的"社会学之惑"，其实是面对三个问题：什么是"好"的问题，即研究者的学术关切是不是回应了时代或社会的核心问题；什么是"好"的研究，即有没有通过适当的方式（理论和方法）探索和回答了问题；什么是"好"的学者，这里的"好"不仅指个人的研究能力和理论洞见，更关涉个人的性情与修为，或者说，学者是否将学术研究与个人生命、时代变迁甚至国家和人民的命运紧密相连，以至于为人们做出了比什么是"好学者"更根本的什么是"好人"的示范。

在延续学术传统的意义上，费孝通"江村调查"的学术心态史的重要启示是：第一，脚踏实地，体察民情，投身于丰富的日常生活，是中国现代学术的重要根据，揭示时代变迁的"真问题"并探讨化解之道，需以此为前提；第二，中国现代学术实践仍需回到自身的历史与文化传统，既为了深入理解当下，也为了从中汲取前行的力量；第三，社会学研究在探究社会结构的同时需深入情理人心，甚至只有洞悉情理人心才能认识社会结构；第四，文化自觉是社会调查的基础，也为社会调查提出了更高要求，即深入理解中华文明和中国人的精神气质，才能建构中国现代学术；第五，把握个人性情、学术取向与国家和时代的契合，会使一个人是"做学问的

人"，也使一种学问是"做人的学问"，为学为人其道一也。就这五个方面而言，也许在未来的很长一段时期内，费孝通都是我们的"同时代人"。

参考文献

阿古什，2006，《费孝通传》，董天民译，郑州：河南人民出版社。

陈序经，2004，《中国文化的出路》，北京：中国人民大学出版社。

费孝通，1933/2009，《我们在农村建设中的经验》，载费孝通《费孝通全集》第一卷，呼和浩特：内蒙古人民出版社。

费孝通，1934/2009，《从"社会进化"到"社会平衡"》，载费孝通《费孝通全集》第一卷，呼和浩特：内蒙古人民出版社。

费孝通，1957a/2009，《知识分子的早春天气》，载费孝通《费孝通全集》第八卷，呼和浩特：内蒙古人民出版社。

费孝通，1957b/2009，《为社会学说几句话》，载费孝通《费孝通全集》第八卷，呼和浩特：内蒙古人民出版社。

费孝通，1957c/2009，《社会学的对象和内容决定于它的任务》，载费孝通《费孝通全集》第八卷，呼和浩特：内蒙古人民出版社。

费孝通，1979/2009，《再为社会学说几句话》，载费孝通《费孝通全集》第八卷，呼和浩特：内蒙古人民出版社。

费孝通，1980/2009，《从事社会学五十年——答〈中国青年报〉问》，载费孝通《费孝通全集》第八卷，呼和浩特：内蒙古人民出版社。

费孝通，1983/2009，《小城镇 再探索》，载费孝通《费孝通全集》第十卷，呼和浩特：内蒙古人民出版社。

费孝通，1984/2009，《小城镇 新开拓》，载费孝通《费孝通全集》第十卷，呼和浩特：内蒙古人民出版社。

费孝通，1987a/2009，《社会学的历史使命》，载费孝通《费孝通全集》第十二卷，呼和浩特：内蒙古人民出版社。

费孝通，1987b/2009，《经历·见解·反思》，载费孝通《文化的生与死》，上海：上海人民出版社。

费孝通，1990/2009，《长江三角洲之行》，载费孝通《费孝通全集》第十三卷，呼和浩特：内蒙古人民出版社。

费孝通，1991/2009，《吴江行》，载费孝通《费孝通全集》第十三卷，呼和浩特：内蒙古人民出版社。

费孝通，1992/2009，《孔林片思》，载费孝通《费孝通全集》第十四卷，呼和浩特：内蒙古人民出版社。

费孝通，1993/2009，《关于人类学在中国》，载费孝通《费孝通全集》第十四卷，呼和浩特：内蒙古人民出版社。

费孝通，1994a/2009，《略谈中国的社会学》，载费孝通《费孝通全集》第十四卷，呼和浩特：内蒙古人民出版社。

费孝通，1994b/2009，《我的第二次学术生命》，载费孝通《费孝通全集》第十四卷，呼和浩特：内蒙古人民出版社。

费孝通，1995/2009，《开风气 育人才》，载《费孝通全集》第十五卷，呼和浩特：内蒙古人民出版社。

费孝通，1997a/2009，《开创学术新风气》，载费孝通《费孝通全集》第十六卷，呼和浩特：内蒙古人民出版社。

费孝通，1997b/2009，《反思·对话·文化自觉》，载费孝通《费孝通全集》第十六卷，呼和浩特：内蒙古人民出版社。

费孝通，1998/2009，《从反思到文化自觉和交流》，载费孝通《费孝通全集》第十六卷，呼和浩特：内蒙古人民出版社。

费孝通，2000/2009，《补课札记》，载费孝通《费孝通全集》第十七卷，呼和浩特：内蒙古人民出版社。

费孝通，2001a，《重读〈江村经济·序言〉》，载费孝通《江村经济》，北京：商务印书馆。

费孝通，2001b，《江村经济》，北京：商务印书馆。

费孝通，2001c，《再论双轨政治》，载费孝通《费孝通人生漫笔》，北京：同心出版社。

费孝通，2002/2009，《关于"文化自觉"的一些自白》，载费孝通《费孝通全集》第十七卷，呼和浩特：内蒙古人民出版社。

费孝通，2003，《试谈扩展社会学的传统界限》，《北京大学学报》（哲学社会科学版）第3期。

费孝通，2003/2009，《暮年漫谈》，载费孝通《费孝通全集》第十七卷，呼和浩特：内蒙古人民出版社。

费孝通，2004/2009，《"美美与共"和"人类文明"》，载费孝通《费孝通全集》第十七卷，呼和浩特：内蒙古人民出版社。

费孝通，2005，《暮年漫谈》，《群言》第5期。

费孝通，2006，《云南三村·序》，载费孝通《云南三村》，北京：社会科学文献出版社。

费孝通，2007，《我对中国农民生活的认识过程》，《中国农业大学学报》（社会科学版）第3期。

费孝通，2012a，《黎民不饥不寒的小康水准》，载费孝通《乡土重建》，长沙：岳麓书社。

费孝通，2012b，《基层行政的僵化》，载费孝通《乡土重建》，长沙：岳麓书社。

费孝通、方李莉，2002，《早年生活与文化熏陶——费孝通访谈录》，《民族艺术》第3期。

冯月根，2015，《费孝通江村调查纪事》，载费孝通《乡村规划建设》第3期。

甘阳，1994，《〈江村经济〉再认识》，《读书》第10期。

金一虹、杨笛，2017，《现代性的另类追寻——费达生20—40年代的社会改革研究》，《社会学研究》第1期。

梁启超，2011，《中国近三百年学术史》，北京：商务印书馆。

米尔斯，2001，《社会学的想象力》，陈强、张永强译，北京：生活·读书·新知三联书店。

邱泽奇，2004，《费孝通与江村》，北京：北京大学出版社。

渠敬东，2013，《占有、经营与治理：乡镇企业的三重分析概念——重返经典社会科学研究的尝试》，《社会》第1~2期。

渠敬东，2015，《返回历史视野，重塑社会学的想象力——中国近世变迁及经史研究的新传统》，《社会》第1期。

沈春荣，2013，《费孝通教授江村访问记事》，吴江通网站，5月31日，http://www.wujiangtong.com/webpages/DetailNews.aspx？id＝9664.

苏力，2007，《费孝通、儒家文化与文化自觉》，《开放时代》第4期。

孙立平，2005，《现代化与社会转型》，北京：北京大学出版社。

王铭铭，2007，《从江村到禄村：青年费孝通的"心史"》，《书城》第1期。

吴文藻，1935/2010，《现代社区实地研究的意义与功用》，载吴文藻《论社会学中国化》，北京：商务印书馆。

吴文藻，1936/2010，《社区的意义与社区研究的近今趋势》，载吴文藻《论社会学中国化》，北京：商务印书馆。

严复，2006，《与〈外交报〉主人书》，载严复《严复文选》，天津：百花文艺出版社。

杨清媚，2010，《最后的绅士——以费孝通为个案的人类史研究》，北京：世界图书出版公司。

杨清媚，2015，《"燕京学派"的知识社会学思想及其应用——围绕吴文藻、费孝通、李安宅展开的比较研究》，《社会》第4期。

应星、周飞舟、渠敬东，2011，《中国社会学文选》上卷，北京：中国人民大学出版社。

英克尔斯，1981，《社会学是什么?》，陈观胜、李培茱译，北京：中国社会科学出版社。

张冠生，2012，《费孝通》（上），北京：群言出版社。

张静，2017，《燕京社会学派因何独特?——以费孝通〈江村经济〉为例》，《社会学研究》第1期。

张之洞，2011，《劝学篇》，长春：吉林出版集团。

江村调查：文化自觉与社会科学的中国化

周晓虹[*]

一如年月日是时间的标志，里程碑是空间的标志，距今 80 年前的 1936 年和地处苏州吴江的开弦弓村，是现代中国社会学和人类学发展历史上重要的时空节点。那一年夏天，年仅 26 岁的费孝通在毗邻太湖的这个小村庄进行的社区调查及其后在此基础上写成的博士论文《江村经济》，成了马林诺夫斯基所言"人类学实地调查和理论工作发展中的一个里程碑"（费孝通，1986：序 1）。

其实，上述里程碑事件所具有的意义从来就是双重的：其一，就人类学在世界范围内的推进而言，江村调查迈出了人类学跨越"文野之别"的关键步骤，实现了马林诺夫斯基所设想的"研究人的科学必须首先离开对所谓未开化状态的研究，而应该进入对世界上为数众多的、在经济和政治上占重要地位的民族的较先进文化的研究"的愿望（费孝通，1986：序 3）；其二，从人类学、社会学及整个现代社会科学在中国范围内的发展而言，江村调查最早体现了中国社会学家的文化自觉，凭此费孝通及其所代表的"中国学派"在"社会学中国化的道路上"走出了坚实的一步（周晓虹，2012），也使中国社会学曾达到了欧美以外的巅峰地位（O'Hara，1961；阿古什，1985：73；Freedman，1979/1962：379）。

一　触摸江村：缘起与发现

尽管费孝通生长于距开弦弓村不过 30 公里的吴江松陵镇，但这个自幼受西式教育长大的人[①]，严格地说直到 1936 年才有机会真正从灵魂上"触摸"养育自己的土

---

　*　周晓虹，南京大学社会学院教授、教育部长江学者特聘教授。

①　2002 年 5 月 19 日，在南京大学校庆一百周年期间，我代表学校邀请费孝通先生在逸夫管理科学楼 21 层报告厅做了题为"文化论中人与自然关系的再认识"的讲演。谈到自己幼时所受的教育时，先生强调："我受到的教育就是从当时的新制度里开始的，我经常向人自骄地称自己是完整地从新制度里培养出来的人。"（费孝通，2013b：136）

地。此前一年，从清华研究生毕业的费孝通获得了公费留学的资格，按惯例本应于当年的暑假出国，但却按导师俄裔人类学家史禄国（S. M. Shirkogoroff）教授的意见，偕新婚妻子王同惠赴广西大瑶山从事体质人类学研究。这年冬天因在瑶山里迷路失事，王同惠身亡，费孝通也身受重伤。伤愈后他回到北京准备出国留学事宜，因从 6 月下旬到 9 月初尚有 2 个多月的时间，便应长期在开弦弓村帮助农民开办生丝精制合作社的姐姐费达生之邀，去乡下住一段时间，"一则恢复一下情绪，一则休养一下身体。我在乡下，……反正没有别的事，开始问长问短，搞起'社区研究'来了"（《费孝通文集》第七卷，1999：106 - 107）。

从上述叙事，以及费孝通后来一再强调的前往江村的初心来看，似乎《江村经济》的写成是一棵"无心插下的杨柳"（《费孝通文集》第十四卷，1999：186），但在这看似偶然的选择实则有太多的必然。从大的社会背景上说，费孝通的江村调查与 20 世纪 30 年代前后中国青年知识分子对农村的关注密切相关。虽然最初的农民运动是 20 年代早期风起云涌的国民革命的一部分（包括"农民运动大王"——共产党人澎湃也曾任国民党农民部的领导人），但实际上无论是工人还是农民一直都"处于朝气蓬勃的年轻共产党员的影响之下"（费正清，1993：609）。最有头脑的一批共产党人意识到了动员农民对于中国革命的意义。紧随澎湃之后，1927 年年初，在国共彻底决裂之前夕，毛泽东就开始在自己的家乡湘潭等地考察农民运动，并预言在"很短的时间内，将有几万万农民从中国中部、南部和北部各省起来，其势如暴风骤雨，迅猛异常"（毛泽东，1967：13）。与此同时，主张改良的知识分子晏阳初和梁漱溟，则开始身体力行先后在河北定县和山东邹平推行"乡村建设"运动。不仅当时流行的《东方》杂志有关农村的文章从 20 年代的每年 1 篇上升到费孝通江村调查前的 1935 年的每年 80 篇，甚至发端于 1919 年的"五四"新文化运动此时也将文学的视野焦距于农村和农民，提倡"到民间去"（洪长泰，2015：206 - 207）。如此，尽管此时各种思潮和知识相互碰撞，但"不管这些知识是无产阶级用来分析资本主义的马克思主义，还是美国城市使用的基督教青年会的方法，还是研究芝加哥市的派克的社会学概念，应用到中国就意味着研究农民"（阿古什，1985：51）。

从小的个人动机上说，此时"研究农民"对费孝通来说有着个人生涯和学术研究两方面的意义。从个人生涯的角度上说，爱妻王同惠的死使费孝通背负了沉重的精神重压，以致"觉得除了工作之外，再也得不到一些人生的乐趣"，而这工作就是研究"中国乡村社区的社会组织"，如此他才会感谢"意外地得到了两个月的'余暇'。上天给了我一个'除获得知识之外毫无其他目的及责任'的研究机会"（《费孝通文集》第一卷，1999：369 - 371）。从学术研究的角度上说，从他进入江村第一天写成的《江村通讯》来看，在进入"江村"之前，年轻的费孝通已经胸怀大志，希望能够通过自己的研究在两个向度上向传统人类学提出挑战：一是跨越"文野之别"的清规，即人类学只能研究"野蛮社区"的"错误的见解，因为事实的本身无所谓'野蛮'和'文明'，这些名词不过是不同族团相互蔑视时的称呼罢了"；二是打破研究者只能研究异文化的戒律，以使研究者"获得一个客观的态度来研究他们自己所生长于其中的文化"（《费孝通文集》第一卷，1999：370）。其实，考虑到在江村调查之前费孝通就参加过梁漱溟的"乡村建设"运动（阿古什，1985：30），以及费孝通与自己的好友林耀华关于"研究目的"的争辩，[①]并在《花篮瑶》"编后记"中表达"我拖着半残废的身体，拖着我爱妻的尸首，从瑶山里出来，'为什么我们要到瑶山去呢？'我要回答这问题"（《费孝通文集》第一卷，1999：477）时的执拗，就不难理解在上述大的社会背景和小的个人动机之间有着千丝万缕的勾连。

正是上述勾连使费孝通挚信，"'到实地去'是我们认为最正确的求学之道"（《费孝通文集》第一卷，1999：405）。在1936年七八月间，费孝通来到开弦弓村借住蚕丝合作社的工厂内，对这个小村庄的家庭与亲属制度、财产与继承关系、土地占有与农业生产、劳作与日常生活、职业分化、贸易以及此时正处在变革之中的蚕丝业进行了细致的调查。除了借助姐姐费达生的关系对熟悉情况的乡绅、村长和普通农民进行访谈，获取了与开弦弓村的经济生活与社会关系相关的一系列田野资料，费孝通还通过文献资料尤其是1935年的人口普查资料的悉心查阅得到了诸多相关数据，为日后撰写《江村经济》做了充分的准备。

在这一年的8月25日，费孝通完成了他在开弦弓村的调查，"离（开）了我已发生了亲密感情的一村人民"（《费孝通文集》第一卷，1999：391），于数日后的9月初从上海乘坐邮轮赶赴英伦，并在行船之中将开弦弓的调查资料整理出来。这样一来，进入伦敦经济学院人类学系攻读博士学位的费孝通实际上有了两份田野研究报告：一份是得自广西大瑶山调查的花篮瑶社会组织，一份是得自开弦弓村调查的江村报告。在与最初的导师雷蒙德·弗思见面时，他首先介绍了更符合传统人类学研究的大瑶山报告，但随后介绍的江村调查才真正引起了弗思的注意。此后，经过多次接触与沟通，弗思帮助费孝通将开弦弓村调查作为博士论文选题，并将其基本线索确定为"中国农民的生活"。如此，在费孝通因各种机缘转由马林诺夫斯基指导之前，已由弗思帮助迈出了关键性的一步，以致多年以后费孝通还念念不忘："他这个选择可以说是扭转方向盘的第一手。"（《费孝通文集》第十四卷，1999：21）

这本1938年答辩获得通过、出版时题为《开弦弓：一个中国农村的经济生活》

[①] 在抵达英国不久后写成的《再论社会变迁》的短文中，费孝通写道："在耀华的一篇《实事求是》的短文中，他又说我们是为'研究而研究'。我觉得不然……""'为研究而研究'是一辈'寄生性'学者的护身符。'学术尊严'我是不懂的，我所知道的是'真正的学术'，是'有用的知识'。学术可以做装饰品（亦是功能），亦可以做粮食（亦是功能），若叫我选择，我是从粮食。"（《费孝通文集》第一卷，1999：507－508）

的博士论文，用作者自己的话说"是一本描述中国农民的消费、生产、分配和交易等体系的书"（费孝通，1986：1），用其导师马林诺夫斯基的话说，两个基本的主题是"土地的利用和农户家庭中再生产的过程"（费孝通，1986：序4），但在我看来，真正惊心动魄的是"它有意识地紧紧抓住（了）现代生活最难以理解的一面，即传统文化在现代西方影响下的变迁"（费孝通，1986：序1）。

中国社会近代以来的变迁始于1840年的鸦片战争。帝国主义用坚船利炮打开了中国的大门以后，在来自外部世界的生存挑战和现代化示范面前，中国被迫踏入现代的门槛。此时，其一，因为人口的增长达到了前所未有的水平；其二，也因为依赖工业技术和资本主义经济扩张的帝国主义的西方，提出了比中国以往的游牧民族入侵者更带有根本性的挑战，"仅仅这两个因素，就意味着变化会超越循环模式"（费正清、费维恺，1993：8）。正是在这两个因素的相互作用下，不仅中国传统的自给自足的自然经济开始面临解体，而且中国的经济也被卷入世界经济的洪流之中。像费孝通所言，仅仅半个多世纪，中国"已经进入了世界的共同体中。西方的货物和思想已经到达了非常边远的村庄"（费孝通，1986：6）。在这样的背景下，当1934年日本的蚕丝大量向美国倾销之时，中国蚕丝的出口量被压缩到1930年的20%，而"市场缩小的结果带来了农村地区传统家庭蚕丝手工业的破产"（费孝通，1986：12）。

作为中国沿海最发达的区域之一，吴江所在的江南一带最先感受到了西方资本主义的压力，也对这种压力予以了最早的回应。进入20世纪后，随着农村资本主义因素的增长、现代交通和邮电的出现、现代教育和传播的初创、民主革命思潮和各种改良运动的推行，江浙乡村在遭际了巨大的经济和社会压力的同时也开始出现了一些变化，现代性在传统极其深厚的中国农村开始了缓慢而微弱的生长（周晓虹，1998：106－114）。不仅以柳亚子、陈去病为首的"南社"社员以吴江、昆山为大本营积极鼓吹革命，而且以郑辟疆及学生费达生为代表的江苏女子蚕桑学校的师生们也身体力行实施科学救国、科学下乡之实践，立志"把科学研究成果推广到农村中"（费达生语，转引自刘豪兴，1996：437），以现代合作工厂代替破产的传统手工业。费达生于1929年在开弦弓村开办的生丝精制运销合作社，作为"我国农民办的最早的乡镇企业"（《费孝通文集》第十二卷，1999：300），也因此成为"在中国工业变迁中有代表性的例子"（费孝通，1986：18），为人们鸟瞰中国农村的现代化进程，并为把握其间的问题与动力提供了可能。

如果说，作为现代教育体制培育的第一代中国知识分子，费孝通不但明了此时发生的整个世界体系东扩的必然性，而且明了资本、市场和现代工业进入中国农村的必然性，那么正是在开弦弓村的调查才使之有可能"进一步了解传统经济背景的重要性及新的动力对人民日常生活的作用"（费孝通，1986：1）。换言之，正是开弦弓的调查，才使费孝通深知自己民族的传统或农耕文化的特性，以及面临西方冲击时的问题所在。这就是，与世界市场之间的直接关联导致了原本作为小农之补充的家庭手工业的衰落，并进而导致了农民的入不敷出，以致此时"中国农村真正的问题是人民的饥饿问题"（费孝通，1986：200）。

正因为了解中国传统经济的特性，又了解来自西方的冲击所带来的"新的动力"的意义，年轻的费孝通才有可能意识到"中国经济生活变迁的真正过程，既不是从西方社会制度直接转渡的过程，也不仅仅是传统的平衡受到了干扰而已"，其结果自然"也不会是西方世界的复制品或者传统的复旧"。如此，包括农村在内的整个中国现代化的转型，最终取决于包括费达生这样的现代知识分子或技术精英在内的"人民如何去解决他们自己的问题"（费孝通，1986：1），取决于如何将来自西方的技术、资本甚至观念接入我们悠久的传统和生存系统之中。

二 文化自觉，或如何跨越"文野之别"

马林诺夫斯基在《江村经济》一书的"序言"里称这部著作是社会人类学历史上的里程碑，而其最重要的依据就是作者研究的"并不是一个小小的微不足道的部落，而是世界上一个最伟大的国家"。换言之，"作者并不是一个外来人，在异国的土地上猎奇写作的；本书的内容包含着一个公民对自己的人民进行观察的结果"（费孝通，1986：序1）。一直到60多年后，费孝通在反思自己的学术生涯时，还自谦道："马林诺夫斯基老师在序言对它的评语，说这本书可以说是社会人类学里的里程碑，我当时不仅没有预料到，甚至没有完全理解。也就是说我在江村调查时并不是有意识地要用此把人类学这门学科推进一步。……我是凭着从当时留我寄宿的农民合作丝厂给我的深刻印象和启发中想为这'工业下乡'的苗子留下一点记录而开始做江村调查的"（《费孝通文集》第十四卷，1999：186–187）。

尽管费孝通并没有意识到自己的作为后来能成为人类学跨越"文野之别"的标志，但从前面提及的他进村之时写成的《江村通讯》来看，作为一个在人类学领域已浸淫数年的研究者，他应该清晰地意识到自己对开弦弓村的造访将会触犯人类学"文野之别"的清规。但对于这一"触犯"是否会被人类学界尤其是自己的导师所接纳，以及这种"触犯"会产生什么样的结果，从他与费思最初谈话时的选题设想以及多年以后对当时"无心插柳"的强调来看，年轻的费孝通确实没有明确的意识和充分的把握。

人类学"文野之别"清规的形成，与这一学科最初形成于地理大发现后欧洲殖民的历史有极大的相关。正是在此后实现的现代世界体系的建立过程中，按华勒斯坦所

言，"欧洲人开始与世界上的其他民族相遇，并且在多数情况下还伴随着对这些民族的征服"。如此，在 19 世纪形成的以研究欧美社会为对象的经济学、社会学、政治学以及兰克之后的历史学之外，还逐步形成了以研究中国、印度和波斯等所谓停滞了的"高级文明"为对象的东方学，以及研究无文字的部落社会为对象的人类学。在被现代大学接纳并成为制度化的学科体制的一部分之前，它的知识基础是"探险者、旅行者以及欧洲列强的殖民机构官员的活动"（华勒斯坦等，1997：22）。

20 世纪 30 年代以后，随着越来越多的未开化民族开始接触现代文明，人类学内部开始滋生出文化相对主义，加之随着学科之间的交叉，这一学科也开始不再像华勒斯坦所言，依旧"是一个与其他研究西方世界的社会科学完全隔绝的学科"（华勒斯坦等，1997：22），在以未开化民族为研究对象的人类学与以西方现代社会为研究对象的社会学之间发生了接近与融合。这种接近与融合的促进者是芝加哥大学的两位大师：社会学系的罗伯特·派克（Robert E. Park）和人类学系的英国人拉德克利夫－布朗（Radcliffe-Brown）（张江华，2015）。如果说派克和布朗是这场学科联姻的两大"媒妁"，那么如费孝通所言："派克是从社会学这方面去攀近人类学，布朗则是从人类学这方面去靠近社会学。"具体来说，派克将人类学从部落社会调查中发展出的微型社区调查方法用于社会学，布朗则提倡将"整个地球上存在的形形色色的人类社会全都包括在"人类学的研究视域内，甚至因此不惜将人类学"拱手相让"，认为它"应该是社会学这个大领域里的一个学科"（转引自芮德菲尔德，2013：14）。如此你就不难理解，为什么派克和布朗后来到了清华施教，会简单地凭着这"一推一拉就在中国实现了这两门学科的通家之好"（《费孝通文集》第十三卷，1999：9）。

学术研究强调师承，这意味着先贤的思想往往会付诸后来者的行动。考虑到芮德菲尔德（Robert Redfield）作为派克的"乘龙快婿"和布朗的同事，影响了他 20 世纪 20 年代末起对墨西哥文明社会的乡村研究，那么，稍后于 30 年代在清华先后受业于派克和布朗的费孝通选择自己的家乡——富庶的江南水乡做研究就更没有什么意外。其实，因为与西方不同，上述两门学科的研究对象在中国只是同一国度中的不同族群而已，以致"在那里，几乎在社会科学建立之初，人类学和社会学即开始了相互缠绕"（Freedman，1979/1962：373）；1928 年，缠绕最紧的清华社会学系即将社会学与人类学并重更名为社会人类学系；1932 年，则进一步更名为社会学及人类学系。这一切都使得在最初接受社会学训练的费孝通的脑海中，"文野之别"的界限本就不是不可逾越的"雷池"。

不过，如果说"文野之别"的跨越动因，"在很大程度上是人类学与社会学的结合促成了人类学向文明社会研究的转变"（张江华，2015），那么对传统上研究"异文化"的人类学来说，这种转变在费孝通那里还存在着对"他己之别"的跨越。许多年以后，费孝通当年的同学埃德蒙特·利奇（Edmund Leach）仍然对费孝通、许烺光、林耀华、杨懋春等以研究自己社会而成名的人类学家耿耿于怀，他一再强调："某些社会人类学家欲图研究本社会的愿望可以理解，事实上也值得称赞，但却危害重重。先入之见有可能造成研究的偏见，但却不会影响单纯的陌生人（naive stranger）的工作。"（Leach，1982：125－126）

利奇的非议并非出于常人理解的"嫉妒"，甚至也不表明他对"文野之别"的固守。他只是深信，对人类学家来说，"在你已经掌握了第一手经验的文化背景中做田野研究，要比一个完全陌生的人用朴素的观点去做田野研究困难得多"（Leach，1982：124），因为受到生存其间的社会或文化的制约，本土研究者难以保证结果的客观和公正。我们也曾以中国研究为例，讨论过研究者对自己的国家或社会进行研究时所可能有的限制：除了一般认为的价值偏好、认识旨趣、个人经历和教育背景外，还包括"民族主义情感"的驱动，以及文化偏见和制度安排的制约，甚至研究者自身也会受到对社会地位、社会声望甚至生活需要追求的驱使（周晓虹，2010a；赵旭东，2003：204）。充分考虑这些因素，利奇的担忧不仅不是"杞人忧天"，在获得对自身文化的确切自省或反观自照时，有时甚至是"金玉良言"。

我们这样说，并不是要去反对"一个民族研究自己民族的人民"（《费孝通文集》第十四卷，1999：20）；相反，我们还十分认同马林诺夫斯基的看法，"如果说人贵有自知之明的话，那么，一个民族研究自己民族的人类学当然是最艰巨的"（费孝通，1986：序1）。不过，我们也清楚地意识到，要避开"利奇之忧"，保证研究的客观公正，或者说要实现充分的民族自省，研究者就必须具备费孝通晚年一再强调但青年时代已逐渐养成的能力——文化自觉。[1] 我以为，一如在社会学领域你必须具备米尔斯所说的"社会学想象力"，对研究本土文化的人类学家来说，则必须养成费孝通所言的"文化自觉"——"生活在一定文化中的人对其文化有'自知之明'，明白它的来历、形成过程、所具的特色和它的发展趋向"（《费孝通文集》第十四卷，1999：196）。可以说，正是有赖于这种同样能够增进理性、看清世事的心智品质，费孝通才能在江村调查中实现对"文野之别"的从容跨越。

在这里，如果说社会学出身的费孝通本来就对"文野之别"的界限不甚敏感，那么这场跨越实现的关键就在如何跨越"利奇之问"中所隐含的"他己之别"。其实，对社会心理学略有了解的人都知道，"己"对自身的主观洞悉常常是通过对"他"的客观了解来实现的。查尔斯·库利利用"镜中我"（a looking-glass ego）的概念来说明，他人是自我之镜，而每种社会关系也都反映着自我；费孝通也曾形象地将自我

---

① 有关"文化自觉"概念的产生，费孝通曾解释道："这个名词是我在这个班上作闭幕发言中冒出来的，但是它的思想来源，可以追溯的历史相当长"，其基本的动机"就是在西方文化的强烈冲击下，现代中国人能不能继续保持原有的文化认同？"（费孝通，2013a：46）。在这里，这个班指的是1997年北京大学举办的"第二届社会学人类学高级研讨班"。

的获得途径称为"我看人看我"(《费孝通文集》第八卷，1999：514)。进一步，利奇强调研究"他者"的最终目的也是理解"自己"，所以他会说："研究'他者'而不是'自己'的正当性在，虽然我们最初总是将他者视为怪僻的，但到头来还是得承认他人的'怪诞之处'正是我们的自我之镜"(Leach，1982：127)。这一切都说明，对自身的真实洞悉即养成费孝通所言的"文化自觉"，在相当的程度上有赖于与"异文化"或外来文化的充分接触。

费孝通与西方文明这一"异文化"的接触始于他母亲创办的"蒙养院"，自此一直到从伦敦经济学院获得博士学位，这使其对西方文明了解多多，也使其面对"中西方文化接触，……并没有感到严重的矛盾"(费孝通，2013a：49)。而作为人类学家，费孝通与另一种特殊的"异文化"的接触，即通过阅读和田野与瑶族等少数民族文化的接触一样意义深远。所以，在回答"利奇之问"时，费孝通才会坚持："本土人类学者的工作实际上不只是在一个单一的参考系下面展开的，在想我所做的那一类研究中，有两种'异文化'作为我的参考体系，这两种'异文化'便是在国内外其他民族中我自己亲身的阅历以及从社会人类学和其他社会科学的学习中获得的关于世界各国和各民族的知识"(《费孝通文集》第十四卷，1999：198－199)。

其实，能够养成"文化自觉"意识的并非只有有关"异文化"本身的知识，己文化与异文化的关系一样有助于研究者对自己的民族或文化的真实了解。具体到费孝通身上，中国在与西方的接触中所处的"弱势"地位，以及少数民族在与汉族的接触中所处的"弱势"地位，都使其能够设身处地、更好地超越文化偏见，形成文化自觉。用费孝通自己的话说，以致"我在许多著作中确实能够广泛参考、评论西方观点，甚至能够在中国文化内部格局中强调弱小的'草根文化'或'小传统'的动力……"(《费孝通文集》第十四卷，1999：192)。

如果说与"异文化"的充分接触使得费孝通能够深刻地反观自照，那么进一步，这种文化自觉意识的养成还有赖于现代社会科学的训练。不但在80年前进入江村之时，费孝通就强调过"有相当训练"是本土研究者"在研究自己生长的地方时，……（能够）在语言上、访问及观察的机会上都比一个外地人方便"(《费孝通文集》第一卷，1999：370)的前提，而且不久之后弗思在为另一本同样由本土研究者写成的著作《金翼：一个中国家族的史记》(以下简称《金翼》)撰写序言时，也点明林耀华们的成功在于"他们作为身临其境的参与者从童年起就熟悉自己叙述的场景，而且精通现代社会科学的方法"(林耀华，1989：序6)。在我看来，现代社会科学的训练不仅使研究者能够熟练掌握分析社会的概念体系和研究方法，而且最为重要的是，它使一个来自本土的人能够通过对西方视角（这多少是一种"他人之眼"）的把握，相对抽身于自己生存其间的文化，将自己的民族或国家多少置于客体的位置上"反观自照"，从而实现对"利奇之问"的超越或文化自觉意识的养成。其实，纵观费孝通一生的研究，你可以发现这种训练始终对其文化自觉意识的养成不无裨益。比如，李亦园就认为，费孝通的"'差序格局'的想法，是从旧学出来的学者很难提出来的"。这一有关中国社会的"理论是一个有了一番国外经历和西学训练的中国学者提出的对自己民族的看法和理论"（《费孝通文集》第十四卷，1999：385）。

三 "出得来"与"进得去"："陌生化"与 "他者化"的辩证统一

一般而言，在从事文化或社会研究之时，与研究者的地位或身份相关的问题通常包括两个方面：一是如上所述研究自身文化或本民族成员之时，能否以及如何抽身其间，以避免熟视无睹或情感涉入，再或无法客观的问题；二是研究你所陌生的异文化（比如人类学通常研究的土著文化）之时，能否以当地人自己的世界观或分析视角，去观察被研究的文化或民族成员，以避免囫囵吞枣或以偏概全，再或隔靴搔痒的问题。

作为有宽阔的国际视野和鲜明的文化自觉的人类学家，费孝通对上述问题有过深入的思考。1997年，在《人文价值再思考》一文中，费孝通以"出得来"和"进得去"六个字高度概括了上述两大研究难题。他写道："传统人类学主张，人类学不仅要研究异文化，以便避开自己社会的偏见，而且还要参与到别的社会中去深入理解他人的生活。用我自己的话来讲，异文化容易使人类学者能'出得来'，而参与观察则是要求人类学者能'进得去'。主张以异文化研究为己任的人类学者认为，人类学者在本文化中容易犯'出不来'的毛病，因而认为本土人类学者往往无法从自己所处的社会地位和文化偏见中超脱出来做出'客观的观察和判断'。不过，异文化的研究者往往也存在'进不去'的缺点，也就是说，研究他人社会的人类学者通常可能因为本身的文化偏见而无法真正进行参与观察。"（《费孝通文集》第十四卷，1999：200）

站在利奇的立场上看，1936年在费孝通从事开弦弓调查之时，其所遇到的首要问题自然是这里所谈的如何"出得来"的问题。因为你生于斯、长于斯，将这一文化的价值观和行为模式视为天经地义、理所应当，自然容易遭遇"不识庐山真面目，只缘身在此山中"的问题。庆幸的是，在年轻的费孝通进入开弦弓之时，他对自己是否"出得来"就有过充分的准备，他清醒地意识到："一个生长在某一文化中的人，好像鱼在水中，很不容易得到一个客观的态度"（《费孝通文集》第一卷，1999：478）。如此，费孝通将一个人对本土文化的不经意"顺从"称为"由之"，而如果要形成"知

之"即"研究本身的文化亦是需要一番训练"的，这"训练的方法就是多观察几个和自身不同的文化结构"。比如，"孝"对中国人天经地义，但一个人如果有机会接触杀食老年父母的澳洲土著文化，便能够立即"懂得'孝'在（中国）文化中真正的作用"（《费孝通文集》第一卷，1999：478－479）。

如果说与异文化的接触能够使研究者摆脱对家乡或本土文化的"麻木"，形成对本土文化的"知之"或我们这里所说的"文化自觉"，那么此时开弦弓在西方世界的冲击下所发生的迅疾的社会变迁则快速促进了这种"知之"或"文化自觉"的养成。不仅因为与世界市场的一体化造成了江南一带蚕丝业的凋敝以及因蚕丝改革而起的乡镇工业的萌生，而且因为外部影响的进入造成了职业的分化、人口的外流、士绅群体的蜕变、单系继承制度的松动、新型农机设备（如动力水泵）的使用以及"夫妻之间关系的变化"，甚至土地租赁制度的改变也使"农民对有关土地制度的一些新思想（变得）比较容易接受"（费孝通，1986：165，133）。在这里，急速的变迁或原本没有的新现象的出现所具有的意义在于，它会瓦解乡土社会原有的天经地义——对新变化的诧异会消解你对亘古不变的麻木。换言之，新的变迁如同一种特殊的异文化可以使你从原已习惯的传统中抽身"反观自照"，实现从"由之"向"知之"即文化自觉的转变。

如果说急速的社会变迁造成了原来浸淫其间的社会成员对自己生长的土地和文化的陌生化——我们描绘变化巨大的常见说法就是"变得都不认识了"——这有点像德国戏剧家布莱希特所提倡的"间离效果"①，而这陌生化保证了研究者在自己的文化中"出得来"，并由此形成对本土文化的"知之"或文化自觉，那么按费孝通的理解，在这多少被动的"陌生化"之外还有一条主动的"陌生化"路径可走，那就是致力于"对一般人类学理论方法和海外汉学人类学研究的深入了解"。通过这种了解，或通过前述对形成文化自觉必不可少的社会科学的训练，我们就可以保持"自身与社会形成一定的距离"，达成"在一定程度上把自己的社会和文化陌生化（defamil-iarization）"（《费孝通文集》第十四卷，1999：200）的目的，并最终揭示原先不言自明的本土文化的真谛。

虽然利奇关注的是生于斯、长于斯的费孝通如何"出得来"的问题，但这并不说明《江村经济》的作者就没有遇到过如何"进得去"的问题。乍看起来，费孝通

---

① 其实，"间离效果"（verfremdung effekt）也可译成"陌生化效果"。在布莱希特看来，"陌生化的反映是这样一种反映：对象是众所周知的，但同时又把它表现为陌生的"。如此，"对一个事件或一个人物进行陌生化，首先很简单，把事件或人物那些不言自明的、为人熟知的和一目了然的东西剥去，使人对之产生惊讶和好奇心"（布莱希特，1990：22，62）。换言之，间离或陌生化的过程，就是人为地与表演者或观众熟知的东西疏远的过程。这样一来，从表面上看，这些人或事突然变得非同一般，令人吃惊和费解，自然就会引人深思，并最终获得全新的认识。尽管布莱希特谈论的是戏剧对生活的表现，但却与本土文化的研究者"出得来"的路径有异曲同工之妙。

研究的是中国的乡村，但一者鉴于中国文化尤其是乡土社会的复杂性，相距不过 30
公里的开弦弓村和费孝通出生的松陵镇之间依旧存在包括语言和习俗在内的差异，
以致费孝通会说："我觉得没有人会看不到'异'的存在，甚至江村的居民也并不
真的感觉到我是他们所说的'自家人'"①，所以《江村经济》"还不能说是十足的
'土生土长的人在本乡人民中间进行工作的结果'"（《费孝通文集》第十四卷，1999：
30）；二者尽管费孝通"是自觉把自己放到农民里边去的"，用社会学的语言来说他极
力寻求与被研究者即农民的认同，自觉地将他们视为"我群"，立志成为"中国农
民的代言人"（阿古什，1985：105）。但是鉴于文化、教育和生活方式的差异，就
像我们曾经指出的那样，在诸多乡村研究中，"中国的研究者（有时）离西方的研
究者更近，而离他们欲图研究的人民更远"（周晓虹，2010b），即使费孝通也不例
外。作为士绅阶级的子弟和在新学中成长起来的知识分子，不仅江村的农民与其依
旧有隔膜（未必视其为"自家人"），而且其本人也坦承："我的本质还不是农民，
而是大文化里面的知识分子，是士绅阶级。社会属性是士绅阶级，文化属性是新学
熏陶出来的知识分子。"（《费孝通文集》第十四卷，1999：384）

　　如此说来，无论是对研究异文化的人类学家，还是对研究几近熟知的开弦弓的费
孝通来说，其实都在不同程度上存在着如何"进得去"的问题，只是"进去"的难度
和性质不同而已。就一般意义而言，研究异文化，比如西方学者研究中国，无论是语
言、风俗还是社会制度的差异，都会令其"无法真正参与观察"（《费孝通文集》第十
四卷，1999：200），所以派克会说："没有在中国居住到 20 年以上，最好不要写关于
中国的文章。"（《费孝通文集》第一卷，1999：127）不过，存在如何"进得去"的问
题，并不说明就进不去，那些研究异文化以及费孝通这样的研究本土文化的学者所以
能够成功，都是最终进入被研究者生活世界的结果。在我看来，如果说"陌生化"是
前述"出得来"的良方，那么与此对应，"进得去"的捷径就是"他者化"（other-
ing）——通过与你所研究的社会、文化或人民取得认同，以他们的世界观和思维方
式理解他们生存其间的社会与文化。实事求是地说，在人类学或其他社会科学的发
展历史中，自马林诺夫斯基时代起，"他者化"在有关异文化的研究中就开始成为
一种系统性的努力。比如，马林诺夫斯基就倡导人类学的"主位研究"（emic re-
search），希望能以"文化持有者内部的眼界"（吉尔兹，2004：73），去"洞悉土
著民族的内心世界"（巴尔诺，1988：248）；再比如，在中国研究中，日本学者沟
口雄三立志"把自己作为异国文化中之人"（沟口雄三，1996），美国学者柯文也说

---

①　其实，这样的困窘不仅费孝通遇到过，另一位燕京学派的重要人物许烺光在对云南大理白族即所谓
　　"名家"（Min Chia）的宗族研究中也一样碰到过。在 1949 年版的《祖荫之下》一书的序言中，许烺
　　光写道："虽然我对他们报以同情之心，但我毕竟是外人，尽管我的外表和这一社区里的人没有多大
　　区别。"（Hsu，1949：ix）

要以中国人的立场看待中国（柯文，1989）。尽管连费孝通这样的弟子也对包括自己的老师在内的西方学者是否真的能够走进非西方社会不无怀疑（费孝通，2013b：161-165），但是我们还是应该承认，从马林诺夫斯基到沟口雄三，这种"他者化"的努力一直没有间断（周晓虹，2010a）。

虽然通过"陌生化"和"他者化"实现的"出得来"和"进得去"是两种迥然不同的分析路径，但从《江村经济》或费孝通的研究来看，基于文化的本土性和外在性的区别本就是相对的，这两种路径也就并不是截然对立的而是辩证统一的。如果说 1938 年马林诺夫斯基对《江村经济》的称颂意味着深谙乡土中国的费孝通确实"出得来"，那么在 1957 年"反右"斗争的无情浪潮中，却连毫不留情的批判者也都不得不承认"费孝通的这种资产阶级社会学带有中国味"（李达，1957），则间接地证明在"洋墨水"中"泡大"的费孝通，面临多少与己相异的文化传统时也确实"进得去"。由此，可以毫不夸张地说，《江村经济》是一部在"出得来"和"进得去"之间进退自如的典范之作。

四　从江村走向中国

解决了研究者可以研究本土文化或研究时能够"出得来"的问题，其实只是回应了前述"利奇之问"或"利奇之忧"的一半，另一半同样更为棘手，那就是以费孝通及 20 世纪 30 年代燕京学派为代表的中国人类学家的微型社区研究，能否以及在何种程度上能够概括幅员辽阔、错综复杂的中国国情？用费孝通的话来说，"这个问题的矛头直指我的要害，因为如果我学人类学的志愿是了解中国，最终的目的是改造中国"（《费孝通文集》第十二卷，1999：45），那么，如果不能通过对江村及后来的云南三村的研究获得对中国的概括性认识，所有的一切就前功尽弃。

实事求是地说，同其他人的作品相比，埃德蒙特·利奇对老同学费孝通的《江村经济》还是要厚爱一些，认为他的著作"是迄今为止最成功的一部"（Leach，1982：127）。不过，由于深信个别不能代表一般，开弦弓也不能代表中国农村，利奇否定了费孝通研究所具有的典型意义。他写道："虽然费孝通将他的著作称为《中国农民的生活》，但他并没有假定他所描述的社会系统是整个中国的典型。"利奇认为，就像费孝通这部著作的英文版扉页上印着的"江村经济"四个汉字表明其只是一项个案研究一样，包括江村调查在内的整个燕京学派的"这类研究没有，也不应该声称是任何特定事物的典型"。在利奇眼中，"除了对一个单独的规模很小的社区中的关系网络的详细研究"外，费孝通像燕京学派的其他研究者一样，"都无意去描绘一般化的图景，他们只是对研究对象怀有兴趣而已"（Leach，1982：127）。

对于费孝通及燕京学派的中国乡村研究所具有的普遍意义问题，在西方人类学界一向就众说纷纭。一如对本土研究者研究本土持肯定意见一样，在这一问题上，马林诺夫斯基依旧持肯定的态度，他认为通过《江村经济》这部博士论文，换言之，"通过熟悉一个小村落的生活，我们犹如在显微镜下看到了整个中国的缩影"（费孝通，1986：序4）。与马林诺夫斯基相呼应，作为"微型社会学"这一概念的创始人——雷蒙德·弗思自然也会力主微观社会研究能够做到"以微明宏，以个别例证一般"（转自《费孝通文集》第十四卷，1999：47）。在为林耀华的《金翼》作序时，弗思写道："作者遇到了所有严肃的文学作品都存在的问题：通过对个别事件的分析，提炼出普遍性。……他巧妙地设法将这一记述提高到具有真正社会学意义的水平，使几乎每一件事都成为东方农业社会某些进程的缩影。"显然，弗思和自己的老师一样，也同意微观的或个别的案例研究能够成为宏观的或普遍的社会进程的某种缩影。由此，他才会这样夸赞林耀华：每个读过《金翼》的人都会"令人赞叹地指出他选择并加以分析的两个家族所发生的变化绝不是偶然的，这是说明普遍原则的例证"（林耀华，1989：序5，序8）。

当然，利奇的批评也绝非"孤掌"：不仅在1957年的"反右"斗争中，有人就曾批评费孝通"在1938年把所调查的'江村经济'冒名为'中国农民生活'"（李达，1957），犯了以偏概全的错误；1962年，莫里斯·弗里德曼（Maurice Freedman）也在马林诺夫斯基的纪念讲演中，一方面高度评价了费孝通的微观社会学研究对认识中国的作用，另一方面也像后来的利奇一样，指出了费孝通的错误在"缺乏足够的中国历史知识，不能全面理解更为广泛的制度构架"（Freedman，1979/1962：389）的影响。借此，弗里德曼"告诫进行微型调查的人类学者，不要以局部概论全体，或是满足于历史的切片，不求来龙去脉"（费孝通，1986：250）。

虽然由于1949年后的政治形势所困，一直到1981年，在获颁英国皇家人类学会的"赫胥黎奖"时做的讲演中，费孝通才有机会回应弗里德曼的质疑："开弦弓村只是中国几十万个农村中的一个。它是中国的农村，所以它具有和其他几十万个农村的共同性，它是几十万个中国农村中的一个，所以它同时具有和其他中国农村不同的特殊性。"（费孝通，1986：250）事实上，在撰写《江村经济》一书时，他就对这一微型社会研究所具有的普遍性问题有过考虑。在这部著作的最后一章"中国的土地问题"中，费孝通写道："在这一有限范围内观察的现象无疑是属于局部性质的。但它们也有比较广泛的意义，因为这个村庄同中国绝大多数的其它村子一样，具有共同的过程。"（费孝通，1986：200）

在这里，费孝通表达的有关普遍（共同性）与个别（特殊性）的关系问题的看法，与此时在延安的窑洞中撰写《矛盾论》的毛泽东表达的马克思主义认识论观点竟有几分相像。1937年8月，毛泽东写道："就人类认识运动的秩序来说，总是由

认识个别的和特殊的事物，逐步地扩大到认识一般的事物。人们总是首先认识了许多不同事物的特殊的本质，然后才有可能更进一步地进行概括工作，认识诸种事物的共同的本质。当着人们已经认识了这种共同的本质以后，就以这种共同的认识为指导，继续地向着尚未研究过的或者尚未深入的研究过的各种具体的事物进行研究，找出其特殊的本质，这样才可能补充、丰富和发展这种共同的本质的认识……这是两个认识的过程：一个是由特殊到一般，一个是由一般到特殊。"（毛泽东，1967：284 - 285）看来，年轻的费孝通虽然"主张调查者不要带任何理论下乡"（《费孝通文集》第二卷，1999：224），但经过严格的社会科学训练，对包括普遍与个别的关系在内的诸多问题，他还是有着充分的理论准备的。

进一步，以江村这个小村子作为"整个（研究）旅程的开端"，费孝通在江村的成功使其"确有了解中国全部农民生活，甚至整个中国人民生活的雄心"（《费孝通文集》第十二卷，1999：45）。正因此，在抗日战争最为严峻的1938年秋，费孝通借道河内回到昆明后仅仅两周，便开始调查昆明附近禄丰县的"禄村"——一个远离现代工商业以土地耕种为主的内地农村，并在此后几年内率领云南大学社会学研究室（魁阁）的同人又先后调查了"易村"和"玉村"。正是通过对乡村工业类型（江村）、耕作农业类型（禄村）、手工业类型（易村）和商业类型（玉村）的归纳，以及对与此对应的更为复杂的土地所有制度的分析，在早年的生物学知识的基础上，费孝通产生了将林林总总的中国农村分类或使用"类型比较法"研究中国社会的想法。从这里讨论的认识论的立场来说，就是"按照已有类型去寻找条件不同的具体社区，进行比较分析，逐步识别出中国农村的各种类型，也就由一点到多点，由多点到更大的面，由局部接近全体……接近认识中国农村的基本面貌"（费孝通、张之毅，2006：序7）。由这样的立场来反驳前述利奇的诘难，费孝通自然会说："江村固然不是中国全部农村的'典型'，但不失为许多中国农村所共同的'类型'或'模式'。"（《费孝通文集》第十四卷，1999：26）

不过，如果真要做到像费孝通所言"不需要把千千万万个农村一一地加以观察而接近于了解中国所有的农村"（《费孝通文集》第十二卷，1999：46），单凭中观层次的"类型比较"恐怕还不够，还需要借助我们前述一再提及的整体层面上的"文化自觉"——对我们生存其间的文化或整个人文世界有"自知之明"。换言之，如果我们真的能够对人文世界即在我们的文化中"规范各个个人行为的这个'模子'"（《费孝通文集》第十四卷，1999：27）有充分的把握，我们自然能够借此推论由这个"模子"刻出来的其他个体的大致模样，就不必一定要在田野研究中穷尽中国农村的"总数"而达到对乡土中国这个人文世界"整体"的认识。显然，费孝通是有文化自觉意识的，所以他才能够在完成"江村"和"云南三村"的研究后，对乡土中国做出人文世界层面上的概观，用诸如"差序格局"、"长老统治"及"皇权不下县，县下行自治"的"双轨政治"等本土性概念，说明"我们的社会结构本身和西洋的格局不相同"（费孝通，1985：23）的道理。其实，包括"差序格局"在内的一系列高屋建瓴式的概括，不仅如前所述是旧学的学者很难提出来的，而且也是"只见树木不见森林"的微观社会的现代研究者们很难提出来的，它表明费孝通通过对江村及云南三村的特殊研究达成了对乡土中国的一般认识。

当然，费孝通通过《江村经济》及其后的微观社会研究而认识中国的努力并非没有留下遗憾。就"从特殊到一般"的认识过程来说，如果说江村或云南三村落入研究者眼中都带有某种偶然性的话，那么如何能够保证在这种偶然的类型"捕获"中不致挂一漏万，仍旧不仅是一个操作上的难题，更是一个理论上的难题；而就"从一般到特殊"的认识过程来说，费孝通的遗憾则更为鲜明，尽管那是一个需要历史来负主责的问题。显然，因为时世的变迁，不仅中断了费孝通通过与吴晗等人合作以"皇权和绅权"入手，"让自己多读一点中国历史"，以"纠正那些认为功能学派轻视历史的说法"（《费孝通文集》第五卷，1999：500）的尝试，而且也使步入中年时已经多少达至对乡土中国整体性了解的费孝通，在1949年后却没有机会以他的一般认识去研究更多特殊的中国乡村，尤其是通过对巨大的社会制度的变迁引发的乡土中国的改变的描述来丰富和发展自己的一般理论，却是一个历史的悲剧。[1]正是这一悲剧使费孝通"失去了20年的专业生命"，不仅使其在晚年感叹"从未达到真正充分理解中国社会的水平"（《费孝通文集》第十一卷，1999：202），也使社会学中国化在20世纪下半叶失去了本该有的一次良机。

五　社区研究：探寻社会科学中国化之路

社会科学中国化尤其是社会学中国化的努力在1949年前曾经迈出了宝贵的一步，而这努力其实与包括孙本文、吴文藻和费孝通在内的中国社会学家面对西方知识的涌入而产生的焦虑密切相关。20世纪30年代，杨开道曾以戏谑的口吻批评中美社会学："美国社会学的毛病，是只用本国的材料，而不用外国的材料；中国社会学的毛病，是只用外国的材料，而不用本国的材料。"（引自瞿同祖，1937：1）

---

① 比如，布鲁克曼和王斯福在新近出版的《中国人类学》中就提出费孝通对乡土中国的分析与1949年后的中国的关联问题。具体来说，为了分析计划经济时代的集体主义观念，对照费孝通的理论我们必须提出两个问题：首先，是否可将计划经济的集体主义视为帝国时代对亲属关系屈从的某种延续？其次，在高度社会主义的时代，在道德实践或集体主义意识形态两方面，一种自我中心的或个人主义的自我是否依旧占主导地位？（Bruckermann & Feuchtwang，2016：30）显然，如果社会学不被废弃，这些主题的讨论都有助于验证费孝通关于中国社会尤其是乡土社会一般理论的适用性问题。

面对"言必称希腊"的西化和脱离中国国情的倾向，在社会科学各系科尤其是燕京社会学系攻读学业的费孝通们，"读了许多西方书本，对中国情况依然惘然无知"，自然"不免焦虑不安。就在这种普遍的不满情绪下，中国社会学出现了吴文藻先生首先提出的'社会学中国化'的要求。因而开辟了另一个阶段"（《费孝通文集》第十三卷，1999：7）。

如果说在 30 年代，"联系中国实际讲社会学和以社会学的研究来服务于中国社会的改革和建设，是'社会学中国化'的（两项）主要内容"（《费孝通文集》第十三卷，1999：7），那么前一项工作的旗手是社会学综合学派的领军人物孙本文（周晓虹，2012），后一项工作的主将就是包括费孝通在内的以吴文藻为代表的燕京社会学的"中国学派"（李培林，2008）。"联系中国实际讲社会学"，所以会成为孙本文这样的学院派社会学家的主要任务，和他们欲图建立符合中国现实的社会学理论与教育体系有关，在学院派社会学家孙本文那里，"此诚今后之急务"（《孙本文文集》第八卷，2012：247）；与此相比，以吴文藻为代表的"中国学派"则表现出了更多的实践倾向，与孙本文的学院社会学在理论体系上着力不同，他们将注意力集中于如何将社会学知识用于"认识中国，改造中国"（《费孝通文集》第十三卷，1999：25）。

尽管吴文藻是"社会学中国化"的引路人，但对年轻的费孝通、林耀华和杨庆堃们来说真正的开门人却是美国人罗伯特·派克。1932 年吴文藻邀请派克担任燕京大学访问教授，并在 9～12 月开设了"集群行为"和"社会学研究方法"两门课，吸引了日后成为中国社会学砥柱中流的一批青年才俊。其实，派克的课程固然有趣，但在这位芝加哥学派的巨擘那里，费孝通们"最大的收获是懂得了只有走出图书馆，进入社会，才能发现真理"（阿古什，1985：29）。

派克面向社会的主张，来自芝加哥社会学的实践传统。自 20 年代开始，派克及以其为首的芝加哥学派就开始倡导用人类学的田野研究方法研究因工业化的快速推进而变得越来越大的芝加哥及越来越多的城市问题。派克倡导自己所在的"社会学系应该将芝加哥作为实验室"，就像后来将燕京社会学的学生带入北京的贫民窟、"八大胡同"、杂耍人聚集的天桥甚至监狱一样，在芝加哥他就身体力行指导学生深入美国社会，以致"学生，包括本科生，都在研究过程中扮演着重要的角色"（Faris，1967：52，54）。从某种程度上说，派克是将从欧洲尤其是德国舶来的社会学美国化的主要实践者。

派克对费孝通乃至 20 世纪 30 年代整个中国社会学的意义，在于他所提倡的"社区研究"（community study）为此时吴文藻的"社会学中国化"的设想提供了可能的具体路径。派克的主张所以能够和吴文藻及燕京社会学家们一拍即合，除了来自西方的理论在解释中国现实上的无力外，也与刚刚接触社会学的中国学者们面临幅员辽阔、错综复杂的中国社会时的孱弱或无从下手有关。因为多少反感 30 年代的"社会史"讨论中对中国社会性质的大而无当的争论，以现代社会学的经验品格为圭臬的费孝通们对从小处或微观入手了解中国的观点自然会从善如流。如此，像杨清媚所言："以社区研究作为旗帜的燕京学派，其目标是打造一个社会学中国学派"（杨清媚，2010：83－84）。这也从相当程度上说明，为什么一直到离开派克的课堂5 年之后，坐在伦敦经济学院的教室中，费孝通依旧会挚信："直接的知识是一切理论的基础。在自然科学中，这是已经不成问题，而在社会科学中还有很多人梦想着真理会从天外飞来。尤其是现在中国的社会科学，因为外国文字书籍的输入，以为靠了些国外学者在实地所得的知识，可以用来推想中国的情形。……我们的回答是：且慢用外国名词来形容中国事实，我们先得在实地详细看一下。"（《费孝通文集》第一卷，1999：405）

在费孝通写下这段文字之时，他已经按照派克老师指出的"'社会学中国化'的具体方法"（《费孝通文集》第十三卷，1999：8），在大瑶山和开弦弓两地实地详细看了一下。如果说在大瑶山的研究使其看到了社会结构或"文化组织中各部分间具有微妙的搭配，……（并且）只有在这搭配里才有它的功能"（《费孝通文集》第一卷，1999：477），那么在开弦弓的调查则使其看到了来自外界主要是西方世界的力量，如何作用于中国的乡土传统之上，在促成其变迁的同时也带给不堪一击的现代中国以重压。如果说费孝通的两个议题恰好关照到"秩序"（结构）和"进步"（变迁）这两个现代社会学的经典论域，那么对 30 年代处在危难和重生相交织的转型路口的中国来说，《江村经济》所叙述的主题可能更为急迫。在费孝通看来，此时中国农村所面临的主要问题，即以农业和手工业互补的自然经济，在国际市场的挑战下濒于崩溃，从而使"农民的收入降低到不足以维持最低生活水平所需的程度"（费孝通，1986：200），并因此动摇了以"地租"为基础的整个中国的土地租赁制度。如果说这就是年轻的费孝通通过微观社会研究认识中国（农村）的结果，那么他给出的改造中国的建议便是："通过引进科学的生产技术和组织以合作为原则的新工业，来复兴乡村经济。"（费孝通，1986：150）

单就研究的方向而言，费孝通践行了自己的老师吴文藻给出的"社会学中国化"的实现路径。1940 年，在为《社会学丛刊》作序时，吴文藻曾将自己的社会学中国化的设想描述为："我们的立场是：以试用假设始，以实地验证终。理论符合事实，事实启发理论，必须理论和事实揉合一起，获得一种新综合，而后现实的社会学才能根植于中国土壤之中，又必须有了本此眼光训练出来的独立的科学人才，来进行独立的科学研究，社会学才算彻底的中国化。"（吴文藻，2010：4）通过与孙本文的"充分收集并整理本国固有的社会学资料，再根据欧美社会学家精审的理论创建一种完全中国化的社会学体系"（《孙本文文集》第三卷，2012：369）的设想相比较，我们

能够发现以吴文藻为代表的燕京学派的道路，直面中国社会的现实，因此他们迈出的社会学中国化的步伐显然更为坚实。

按吴文藻所言，社会学中国化的第一步是"试用"西方理论。和孙本文一开始就预设西方理论之"精审"不同，这里的"试用"说明来自西方的理论与中国社会不会没有隔膜，因此需要对西方理论抱以审视的态度。[①] 为此，在江村调查时，费孝通甚至主张"调查者不要带理论下乡，最好让自己像一卷照片的底片，由外界事实自动的在上射影"。这种对理论的审慎甚或回避态度，自然会导致田野资料的碎片化，"埋没了很多颇有意义的发现"，并可能使学理性的社会调查学或社区研究沦为关于"某一群人社会生活闻见的收集"的社会调查（《费孝通文集》第二卷，1999：224-225），但也在相当程度上避免了用西方理论"图解"中国现实的危险。

社会学中国化的第二步，是运用实地调查的方法来"验证"理论。既然对来自西方的理论所持的态度是小心翼翼地"试用"，包括费孝通、林耀华、许烺光等在内的燕京学派的人类学家自然会去寻找各自认为合适的验证这些理论的"试金石"——这就是中国的现实。一般而言，这种验证可能包括两步：其一验证西方理论的可靠性或普适性，其二通过实地调查认识中国国情。但对费孝通而言，一者对理论的兴趣一向不大，二者一向重视社会科学的实践面向，由此他势必会在后者发力，赋予"江村调查"以鲜明的"认识中国"进而"改造中国"的实践品格。尽管出于内心对士绅阶级传统的"家国情怀"的认同或对郑辟疆、费达生们身体力行的激赏，费孝通可能夸大了新知识分子或技术精英改造风雨飘摇之中国的可能，也错看了小农在旧制度环境中以现代方式"组织"起来的潜力……并因此为我们在理论和实践层面讨论《江村经济》的得失留下了空间，但不可否认80年前的这次调查起码昭示了现代社会变迁或包括工业化在内的乡村转型道路的多样性（甘阳，1994）。如果说有什么不足，可能倒是因囿于"江村"经验，费孝通终其一生都对高度集中的工业化在中国之推行深感疑惑，但这种对乡镇工业以及小城镇的执拗，本身存在消解发展或转型的多样性的可能，而中国近40年来的改革和发展所昭示出的从国有工业到乡镇企业，甚或再到富士康这样的外资企业的齐头并进，说明即使对同一个中国，转型的方式也不乏多样性。单单一个工业化的动力，就既可能来自自下而上的创造，也可能来自自上而下的贯彻，还可能来自由外而内的推动，现在又可能来自由内而外的扩展（如现时"一带一路"大潮下的工业化发展）。

接下来，在吴文藻的"蓝图"中，社会学中国化的第三步，是"理论和事实揉

---

① 在这一点上，费孝通秉承了自己老师对待西方理论的态度，他认定"在西方盛行的一般社会理论常常是（事实上也是）一种地方性知识——是有关特定地方的特定人群的特定规则的集合。因此费孝通的社会学主张西方人能够反思自我"（Hamilton & Wang，1992：34）。

合在一起，获得一种新的综合"。显然，社会学中国化的目的不是彻底抛弃理论或西方理论重起炉灶，而是为了使外来的社会学知识与中国的文化传统和现实需要相符合——借用金耀基的话说，使之"多少反映中国的文化社会的性格"（金耀基，2002：218）——同时用中国的事实或经验检验、启发和修正原有的西方理论，从而获得一种新的、在解释力上更为贴切的理论。如果用吴文藻制定的"蓝图"与费孝通的"临摹"相比照，你能够发现声称对理论缺乏兴趣的费孝通，其实通过江村的变迁描绘了一幅有关 20 世纪中国农村甚至整个东亚社会变迁的理论图解（佐佐木卫，2000）。在这一图解之中，城乡之间的关联尤其是幽深的传统与外来的现代力量的盘根错节，为当时流行而费孝通也熟知的奥格本的社会变迁理论增添了具有说服力的中国变式。

作为一种苛求，或许吴文藻的中国化路径尚未明确提出社会科学的主体性问题，但多少可以欣慰的是，作为吴文藻的学生，或"实现他的宏图的一个先遣队"（《费孝通文集》第十四卷，1999：18）的主将，费孝通持有的文化自觉意识保证了社会学在中国的最初实践一直带有鲜明的理性自觉或文化反省意识。如果说，"费孝通的中国社会学理论是一次摆脱西方模式的尝试""通过理论的关照，产生了一种简洁清晰的有关中国社会结构的分析模式"（Bruckermann & Feuchtwang，2016：26），那么，进一步说，正是因为这种"文化自觉""不带任何'文化回归'的意思，不是要'复旧'，同时也不主张'全盘西化'或'全盘他化'"（《费孝通文集》第十四卷，1999：196），他才能够持"各美其美，美人之美"的态度对待中国的传统和包括社会学在内的西方文明，同时发现在将西方的新动力对接进我们的传统的同时，"把我们文化中好的东西讲清楚使其变成世界性的东西"即"首先是本土化，然后是全球化"（费孝通，2013a：54）的宏愿。现在看来，这一宏愿最初就蕴含于 80 年前那个 26 岁的青年滞留在开弦弓村的近 60 个日日夜夜之中。

参考文献

阿古什，戴维，1985，《费孝通传》，北京：时事出版社。

巴尔诺，1988，《文化与人格》，周晓虹等译，沈阳：辽宁人民出版社。

布莱希特，1990，《布莱希特论戏剧》，丁杨忠等译，北京：中国戏剧出版社。

费孝通，1985，《乡土中国》，北京：生活·读书·新知三联书店。

费孝通，1986，《江村经济——中国农民的生活》，戴可景译，南京：江苏人民出版社。

费孝通，1999，载《费孝通文集》第一至十四卷，北京：群言出版社。

费孝通，2001，载《费孝通文集》第十五卷，北京：群言出版社。

费孝通，2013a，载方李莉编《全球化与文化自觉——费孝通晚年文选》，北京：外语教学与研究出版社。

费孝通，2013b，《再谈人的研究在中国》，载北京大学社会学人类学研究所编《东亚社会研究》，

北京：北京大学出版社。

费孝通、张之毅，2006，《云南三村》，北京：社会科学文献出版社。

费正清、费维恺主编，1993，《剑桥中华民国史：1912－1949 年》（下卷），刘敬坤等译，北京：中国社会科学出版社。

费正清主编，1993，《剑桥中华民国史：1912－1949 年》（上卷），杨品泉等译，北京：中国社会科学出版社。

甘阳，1994，《〈江村经济〉再认识》，《读书》第 10 期。

沟口雄三，1996，《日本人视野中的中国学》（原名《以中国为方法》），李甦平、龚颖、徐滔译，北京：中国人民大学出版社。

洪长泰，2015，《到民间去：中国知识分子与民间文学（1918－1937）》，董晓萍译，北京：中国人民大学出版社。

华勒斯坦等，1997，《开放社会科学》，刘锋译，北京：生活·读书·新知三联书店。

吉尔兹，克利福德，2004，《地方性知识》，王海龙、张家瑄译，北京：中央编译出版社。

金耀基，2002，《社会学的中国化：一个社会学知识论的问题》，《金耀基自选集》，上海：上海教育出版社。

瞿同祖，1937，《中国封建社会》，上海：商务印书馆。

柯文，1989，《在中国发现历史——中国中心观在美国的兴起》，林同奇译，北京：中华书局。

李达，1957，《批判费孝通的买办社会学》，北京：《哲学研究》第 5 期。

李培林，2008，《20 世纪上半叶社会学的"中国学派"》，《社会科学战线》第 12 期。

林耀华，1989，《金翼——中国家族制度的社会学研究》，北京：生活·读书·新知三联书店。

刘豪兴，1996，《农工之间——江村副业六十年的调查》，潘乃谷、马戎主编《社区研究与社会发展》（上卷），天津人民出版社。

毛泽东，1967，《湖南农民运动考察报告》，《毛泽东选集》（一卷本），北京：人民出版社。

芮德菲尔德，2013，《农民社会与文化——人类学对文明的一种诠释》，王莹译，北京：中国社会科学出版社。

孙本文，2012，《孙本文文集》第一至十卷，北京：社会科学文献出版社。

吴文藻，2010，"《社会学丛刊》总序"，吴文藻《论社会学中国化》，北京：商务印书馆。

杨清媚，2010，《最后的绅士——以费孝通为个案的人类学史研究》，北京：世界图书出版公司。

张江华，2015，《"乡土"与超越"乡土"：费孝通与雷德斐尔德的文明社会研究》，《社会》第 4 期。

赵旭东，2003，《反思本土文化建构》，北京：北京大学出版社。

周晓虹，1998，《传统与变迁——江浙农民的社会心理及其近代以来的嬗变》，北京：生活·读书·新知三联书店。

周晓虹，2010a，《中国研究的可能立场与范式重构》，《社会学研究》第 2 期。

周晓虹，2010b，《中国研究的国际视野与本土意义》，《学术月刊》第 9 期。

周晓虹，2012，《孙本文与 20 世纪上半叶的中国社会学》，《社会学研究》第 3 期。

佐佐木卫，2000，《亚洲社会变动理论的可能性——重读费孝通著述》，《云南民族学院学报》第 3 期。

Bruckermann, Charlotte & Feuchtwang, Stephan. 2016. *The Anthropology of China, China as Ethnographic and Theoretical Critique*. New Jersey: Imperial College Press.

Faris, Robert E. L. 1967. *Chicago Sociology: 1920－1932*. California: Chandler Publishing Company.

Freedman, Maurice. 1979/1962. "Sociology in China: a Brief Survey", in G. William Skinner (ed.), *The Study of Chinese Society*. Stanford: Stanford University Press.

Hamilton, Gary & Wang, Zheng. 1992. "Introduction: Fei Xitong and the Beginnings of a Chinese Sociology", in Fei Xiaotong (ed.), *From the Soil: The Foundations of Chinese Society*. Berkeley: University of California Press.

Hsu, F. L. K. 1949. *Under the Ancestors Shadow: Chinese Culture and Personality*. London: Routledge and Kegan Paul.

Leach, Edmund Ronald. 1982. *Social Anthropology*, Oxford: Oxford University Press.

O'Hara, Albert R. 1961. "The Recent Development of Sociology in China". *American Sociological Review*, 26 (2): 928 – 929.

从"江村"经由"乡土"到"文化自觉"

——以现代人类学的视角重读费孝通

金光亿[*]

在纪念费孝通先生开弦弓村田野调查 80 周年之际，我试图从个人角度，在中国人类学历史及中国民族志发展这两个大背景下重读费孝通教授的经典作品。

历史是一代代人之间的对话与累积

值得注意的是，在当下中国，马林诺夫斯基在人类学史中依旧占据着特殊的位置。这不仅因为他是所谓的现代功能主义学者所崇拜的学术偶像，还因为他是为费孝通撰写《江村经济》序言的导师。无须多言，马林诺夫斯基是人类学领域不朽的传奇之一。但是，自人类学创始至今，它的历史一直是一个代际累积的过程，人类学领域的一代代学者不断修正与补充着前辈所留下的理论框架与研究方法。在这样的情境下，我们必须尝试反思"在费老"之后，我们为中国人类学做了什么，而非简单地局限于"自马林诺夫斯基以来"中国人类学已经发生了什么。在当今中国人类学语境下，通过对《江村经济》的重读与反思，我希望我们可以将今天这个具有纪念意义的会议变成一个对中国人类学乃至中国社会科学均有启迪的学术平台。

现代人类学语境下的重读

为了重新审视费孝通的人类学，我试图通过当代人类学的现代视角重读《江村经济》与《乡土中国》。在埃文斯普里查德教授（1902～1973 年）的指导下，牛津

---

　　* 金光亿，首尔大学人类学系荣誉教授、山东大学人类学系教授。

大学现代人类学逐渐发展成形,他们将重点放在"人作为智力的行动者"和"人类行为不仅基于社会结构而且受思维方式的影响"两个层面上。也就是说,人类学研究的核心在于认识人是如何拥有智慧,如何思考、认知、理解、判断、想象、象征,如何进行分类,如何解释,以及如何通过建构的时间和空间对他们的世界和生活做出回应。与此同时,人类的思维模式,智力框架,对外在力量的竞争、妥协策略的构成与再造,经济、社会与生态环境,以及历史记忆、道德规范、意义与价值的产生与重塑,凡此种种,都成为人类学研究的主要议题。这种趋势始于格尔茨的解释人类学及 20 世纪 70 年代开始的基于国家–社会关系的文化政治人类学。

在此种情况下,不能否认《江村经济》是那个时代为数不多的杰作之一。《江村经济》一书尝试从结构和制度上去了解一个国家体系与文明历史都极为复杂的大型社会,它的出版为我们打开了人类学的新视野。费孝通于 1936 年夏收集了原始资料,于 1938 年向伦敦政治经济学院提交了题为 "Kaishienkong: Economic Life of a Chinese Village" 的论文并取得了博士学位。马林诺夫斯基是费孝通的指导老师。但我们发现,费孝通的作品无论是在写作风格上还是理论方向上都并非单纯地受马林诺夫斯基之影响,而且展现出其自身独有的特色。在我看来,费孝通在其著作中展示的理论着重于结构与制度分析,而非马林诺夫斯基的结构功能主义(参见谢立中,2009)。从现代人类学的观点可知,费孝通认为,农村地区家庭、土地、市场和政府之间错综复杂的关系导致了农民的贫困。但是,费孝通并没有从国家与村落的关系入手去展现制度在不同层面的功能性交互作用。在这部著作中,费孝通主要观察了一个有组织的环境,这个环境中的农民有序地应对他们长久的贫困生活。由此,费孝通得出结论:只有经历由农民发起的革命或尝试农村工业改革,中国的农村才能真正得以发展。因此,这本著作的理论主旨在于探究中国农民为了维持或改变生存条件,如何应对来自社会和经济结构的束缚。

如果仔细研读费孝通的作品,我们也可以发现他支持"人是环境的支配者"这一观点。正如他所提到的"历史结果依赖于人们如何解决自身的问题""为了一定的目的人要改变文化"(Fei Hsiao-Tung,1939:2)。尽管费孝通并没有充足的时间将其具有重大意义的观点进行详细论述,但他始终认为,在社会与文化的实践中,人总是作为一个演绎者去洞察组织的运作。我们都了解,费孝通在村落进行自己的田野工作仅有两个月的时间,因此他的田野条件对回答上述问题显得并不是那么充分。我们也应该记得,费孝通在晚年曾对自己年轻时的田野工作进行反思,反思自己在大部分的研究中只看到社会但忽略了人的作用(Fei Xiaotong,1992:223)。费孝通过去强调我们要看到人与文化之间的一种可能关系,"任何变迁过程必定是一种综合体,那就是:他过去的经验,他对目前形势的了解以及对未来的期望"(Fei Hsiao-Tung,1939:2)。费孝通曾说过一段很有意义的话,"过往经验并非总是过去事件

的真实写照，因为，通过记忆的选择性加工，它们中的很多已被篡改"（Fei Hsiao-Tung，1939：2）。遗憾的是，他没有充足的时间去研究不同身份地位的人所"创造"的历史。随后，由于种种原因，费孝通被迫中断学术生涯长达 1/4 世纪之久。20 世纪 80 年代，他终于可以再次继续自己的学术生涯。而在随后的研究里，他一直专注于社会与经济的发展。

重读 I：江村经济

Peasant Life in China（中文译本《江村经济》，1986）自 1939 年第一次出版以来就被赋予高度评价。它是第一本中国本土社会人类学者用英语书写并在西方学术界出版的有关当代汉族社会、经济及文化生活的乡村民族志。由于此前很长一段时间里，人类学的大部分研究集中在有关前政府和前现代社会的研究之中，因此费孝通关于中国的田野研究具有深远意义。费孝通尝试为人类学研究提供了一个新视野，即人类学也可以对拥有悠久文明历史、复杂社会结构和文化体系的国家及社会进行研究。因此，马林诺夫斯基赞扬了费孝通为新人类学做出的突出贡献（参见马林诺夫斯基之序，1939）。[①]

今天，我重读费孝通的著作，虽然书写得非常简单，但他已经提到了很多在当代人类学界非常流行的议题，诸如国家与村落（社区）间的关系、农民与农村经济、反复贫困的机制、社会制度的结构与功能，更重要的是，人是社会 - 文化变更的驱动者等。通过这些，我们可以试着去发掘费孝通隐秘于书中的伟大智慧。

费孝通的《江村经济》是一本关于中国长期遭受贫困困扰的农民的社会人类学著作。在这本书中，他分析了人多地少、农业生产率低、剥削式征税以及政府的无能等社会现象，以求能够了解农民遭受贫穷与饥饿的原因及应对策略。作为一种制度上的出路，费孝通注意到了那些改良主义的农民试图以蚕丝业作为其所在村庄的互补产业，而他的姐姐费达生就是一个杰出的样板。通过这个研究，费孝通开始相信，只有非农产业化才能解决农村长久的贫困问题。与张载的"为生民而立命"相似，费孝通试图通过对现实的结构性分析达成"志在富民"这一宏伟目标。

除个体行动者以外，费孝通还指出乡村社会内部与外部世界关系对该村落经济的重要影响。在《江村经济》一书中，费孝通写道："通过引进养蚕业，开弦弓村

[①] 当时，芝加哥学派已经开始涉足城市人类学和文明社会的研究。在拉德克利夫 - 布朗教授的指导下，人类学家约翰·思布里（John Embree）在 1935 年至 1936 年对日本西南部农村展开了长期的田野调查，并于 1939 年出版了《须惠村》一书。后来，这本书被研究日本农村的后续学者奉为圭臬。但《须惠村》一书是外国人书写的，而《江村经济》则是本土人类学家所著。

的经济得以发展，但政府对城市地区的工业支持加之对农村地区非农工业的不支持导致了桑蚕业的不景气。同时，费孝通提出采用世界体系的理论框架，正如他所分析的：偏远村落的经济受到外部世界市场的影响。"（Fei Hsiao-Tung, 1939：第十二章与第十四章）尽管农民在养蚕业上取得了成功，但他们的经济由于受外部市场价格变动的影响而显得相当脆弱。因此，为了发展农村工业化政策，费孝通致力于微观社会研究方法和人类学方法探索。最终，费孝通的提议成为市场经济时代早期全国性政府乡镇企业工业化的基础。

费孝通以《江村经济》为代表的整个学术生涯被认为是经济人类学及应用人类学领域的典范。因此，他获得1980年美国应用人类学会颁发的"马林诺夫斯基奖"。在颁奖典礼上，费孝通做了"迈向人民的人类学"的讲演。此次演讲与2000年美国人类学年会的主题"公众人类学"不谋而合，这也是继后现代主义流行之后人类学的研究方向。

在当代后现代人类学家眼里，《江村经济》也许是一本传统形式的典型乡村民族志研究。因此，我们的一些学者可能会认为对传统村落研究局限性的讨论是有关这本书最为重要的部分，尤其是在与外部世界隔绝的地区。然而，我想提醒他们的是，开弦弓村周围遍布各类大小村庄与城镇市场网络，并非与外界没有联系。费孝通将开弦弓村置于该网络之中，研究所在地区的农村改良派与地方政府在提高桑蚕养殖产量问题上的交互关系。

以目前民族志的标准来看，《江村经济》似乎并没有全面考察村落与外部世界之间的社会、经济与政治的互动关系，也没有全面地考察乡村社区内的社会、经济与文化生活之间的相互作用。然而，《江村经济》并非一本通过翔实描述而得出结论的研究，它是一本有关长久挣扎在贫困线上的中国农民在当下社会经济结构里的全景式描述与解读。对于费孝通来说，这是一本贯穿他毕生人类学研究的肇始之作。

在中国研究领域，费孝通将中国研究从单纯的人文领域带入社会科学领域，开创了关于普通大众经济及社会生活的实践性田野研究，尤其是广大农村地区。在20世纪早期，功能主义学家常因其对政治的冷漠与对历史视角的缺乏而在解释实践性问题时备受抨击。在费孝通的书中，他对文化变迁与社会、经济变化之间的关系表现出特殊的兴趣。他花了好几页去描写农村桑蚕养殖业对人民社会及文化生活带来的有益变化。例如，当农民被土地与低收入农业束缚之时，年轻妇女开始进入乡村工厂，享受工业带来的额外收入，这些额外的工资收入促进了女性地位的提高。因此，传统男性与女性之间的角色与关系开始出现变化，丈夫与妻子之间、婆婆与媳妇之间、孩子与母亲之间的关系也悄然改变（Fei Hsiao-Tung, 1939）。

费孝通并没有花太多笔墨去书写细节性的民族志观察与分析。然而，这种观念向我们提供了一种新的方向——自此以后，我们可以尝试诸如性别、家庭、婚姻关

系等一切有趣的研究，甚至在今天，那些通过工业化和城市化的非农业经济地区的变化也是多种多样的，而传统文化、家庭制度及性别等也随之发生了剧烈的变化。

在 1962 年"马林诺夫斯基纪念讲座"上，弗里德曼教授再次重申了马林诺夫斯基对于《江村经济》一书的高度评价，他认为《江村经济》奠定了现代社会人类学的基石。基于中国研究在人类学领域的重要性（而非人类学研究对于中国研究的重要性），弗里德曼补充道，费孝通的中国研究开创了一个具有悠久历史与伟大文明的国家社会的人类学新流派。弗里德曼指出，《江村经济》太过重视"当下的经济现实"。为此，他提出了自己的希冀，即希望费孝通在今后的研究中应该在更广泛的背景下，对中国地方社区国家运作、习俗产生及历史影响做出全面的考量（Freedman，1963）。《江村经济》基于目前的结构分析，费孝通教授本人想要找出应对饥饿与贫穷的实践性策略。实际上，在完成这本关于中国农民经济生活的博士论文时，弗思（Firth）博士代替马林诺夫斯基教授给了费孝通积极的帮助。[①]

有时我会想到这样一种可能：如果费孝通在瑶族村落顺利完成他的博士毕业论文，那么还会有这本著作吗？

如果费孝通在去伦敦政治经济学院前没有在开弦弓村生活两个月，那么他的论文应该是一篇关于瑶族村落人民生活的民族志，当然费孝通一样可以将问题的关注点放在汉族农民的贫困上，并且出色地完成写作。在这方面，我想说，带领费孝通去注意发生在中国农民身上的经济及社会变化的，并非马林诺夫斯基教授有关文化的理论，而是弗思博士关于工业社会的经济人类学知识。费孝通将瑶族村落和开弦弓村的研究资料都带到了伦敦，马林诺夫斯基建议他写关于开弦弓村的民族志。如果说费孝通论文里田野细节上有什么遗憾，那一定是因为他在开弦弓村生活的时间太短了，因为这并不是他当初所要进行的研究计划。

弗里德曼对费孝通的研究目的怀抱同情，毕竟他是以一位知识分子的身份去对自己国家进行分析与研究的。对于费孝通在《江村经济》一书中提及的有关中国研究的人类学学者需要面对的挑战，弗里德曼表达了他的积极期待。虽然还不完全，但是费孝通表达了他的想法，即要从外部世界及文化传统这种更为广泛的语境下去研究农民问题。《江村经济》出版之后，为了研究农村经济的变化，费孝通于 1957 年重访开弦弓村。通过在这个村落 20 多天的研究他发现，农村经济并没有什么实质性的改变，究其原因在于政府施行"以粮为纲"的政治政策，不允许村里非农产业的发展。由于针对农村发展进程中所产生的负面现象之研究（Geertz，1964），费孝通被剥夺了社会权利和学术活动的自由。直到 1980 年，他才重新展开学术活动。因此，在被迫中断学术生涯的第 23 年后，1980 年即在费孝通 70 岁的时候，他又重新

---

① 本信息来自作者于 1975 年在牛津大学万灵学院弗里德曼办公室与弗思博士的私人对话。

开始了他的社会及学术生活。1986 年，即《江村经济》出版 47 年之后，它第一次被译成中文在国内发行。自 1980 年后，费孝通的大部分研究是政治导向的，且着重对社会现实的分析，并没有深入中国社会和文化体系的民族志研究。在这方面，费孝通早前的作品被认为是发展人类学领域的一项重要成就，他因此获得了美国应用人类学协会颁发的"马林诺夫斯基奖"。

在《江村经济》一书中，我们亦能发现，费孝通向我们展示了对于中国人来说土地意味着什么，以及中国人是如何在传统文化和世界观背景下处理土地问题的。对于中国农民来说，土地不是市场上的经济商品。在一些特殊背景下，一些土地具有宗教性质。正如农民自己所说："人死了，但土地依然存在。"一块土地从祖先传给后代，这是中国文化价值的源泉，以确保他们的安全感和连续性（Fei Hsiao-Tung，1939：82）。

这一论断之所以重要，不仅是因为费孝通描绘了中国农民关于土地的文化意义，也因为他试图了解人们是如何定义及解释时间、地点与土地、祖先、道德之间的关系的。从公共、集体、私人以及宗教原因或历史原因等不同角度，土地可以被划分为各种类别。因此，财产可以分为可转让财产和不可转让财产，或无法转让给他人的经济交易产品等（Mauss，1954/1925；Polanyi，1944）。除却强调土地的经济价值及对农民的重要性，费孝通还关注了文化及宗教意义。然而，除了宏观上关于农民为了抵御贫穷和放债人，守护他们的土地是如何的困难（Fei Hsiao-Tung，1939：第十一章），他并没有具体地提供有关土地交易的民族志研究。费孝通关于农民土地道德价值的关怀，在他的学生的研究中得到了印证。费孝通曾在 1938～1942 年与学生一起完成了云南三村研究；2000 年后，在王铭铭的指导下，张宏明、梁永佳、褚建芳在云南对这些村庄进行了重访（张宏明，2009）。

如今，社会主义革命废除了土地私有制，因此，土地作为个人私有财产已不复存在。在这一语境下，我们需要去研究土地与农民之间的关系的不同形式，甚至是当户籍制度放开后，农民依旧不愿意放弃农村户口。尽管不少人住在城市，已经不再从事与农业相关的活动，他们中的很多人依旧保持着"农民"的身份。这不仅仅是因为国家为农民提供的各种社会福利或土地带来的经济价值，也因为他们希望在土地上找回个人认同。

我所关心的是"费孝通所关心的农民"，一群在人数上占据了大多数，但在实际的社会、政治、经济中却是少数的一个群体。很多社会科学家将他们关于社会及文化的研究重点放在权力精英、官员及政府等几个方面。但是费教授关注的是那群普通人，那些在他们的世界里既没有面孔也没有声音的普通人。他并没有用"农场主"或"农业者"这样的词语，而是用"农民"这一词去形容那些具有较低经济地位的人。他尝试通过这些人对生活的应对去了解整个社会。

1949 年之前，费孝通关于社会学和人类学的研究重点在农民、土地、农业和农村工业之间的关系。在云南，费孝通在三个村庄做了研究，这些研究成果体现了他对农村经济研究的关心（Fei &. Zhang，1945）。在作为学者的一生中，费孝通似乎对精英阶层的研究没有太多兴趣。尽管他指出，政府及政府官员是实现社会及文化变迁极为重要的推动者，但也强调普通民众的文化及文化自觉是改善他们社会生活和物质条件的原动力。尽管费孝通并没有给我们提供一个农民如何与他们所生存的条件之间进行协商、妥协的具体民族志画卷，但是他一直对通过经济改革实现农民解放这一信念保持热情（参见 Fei Hsiao-Tung，1939：第一章、第十六章）。

正如我已提到的那样（Kim，2009），《江村经济》并非一本具有确定性结论的著作，但是费孝通向我们描绘了一幅关于研究文明和国家社会的新人类学蓝图。在这一方面，费孝通试着用重访的形式去实现这一计划，也包括对开弦弓村的重访。在《江村经济》一书中，费孝通将更多的注意力放在塑造农民生活的社会经济结构与制度上，而非农民的乡村生活及文化实践。虽然费孝通受教于传统西方社会人类学，但是，他似乎已经意识到，在解决中国问题时，考虑中国文化的重要性是相当必要的。因此，从伦敦回来后，费孝通开始书写关于中国文化传统的书籍——《乡土中国》，这也是费孝通学术生涯中最具代表性的作品之一。

如果费孝通在早年能够花更多的时间去做相关研究（而非被迫中断学术生涯长达 23 年之久），他肯定能结合他的社会学分析与人类学思想去分析中国文化，关于中国的社会及文化研究理论模型也一定会得以实现。在沉寂了将近 30 年之后，费孝通才得以再次展开自己的学术生涯，这是中国学界及世界社会学与人类学界的一大损失。

重读 II：乡土中国

1947 年出版的《乡土中国》是费孝通丰硕学术成果的又一代表作。《乡土中国》是由 14 篇短篇文章组成的文集，它们来源于 20 世纪 40 年代费孝通在西南联大和云南大学任教时开设的"乡村社会学"课程。在被观察社以正式图书的形式出版前，这一系列文章曾刊载于《世纪评论》之上。在首次出版 37 年后，1984 年生活·读书·新知三联书店为当代中国读者出版了该书的第二版。

这本书包含了一位将其一生都献身于现代性探究及人民经济福利的年轻社会人类学家极具价值的学术思想。他是第一位从个体观察角度去研究普通大众日常生活社会结构与文化体系的学者。尽管在某种意义上来说这本书比《江村经济》更具价值，但是在 1980 年费孝通再次开始学术活动之前，它却并不为大陆民众所知。在我读书的 20 世纪 60 年代，我在首尔读了一本非法复印本。后来，这本书被引入西方世界，并在 1992 年以 *From the Soil：Foundations of Chinese Society* 为名出版了英文版本。此时此刻，我们感到遗憾的是，费孝通并没有充足的时间去展开与构建这本小论文集里充满激情的思想。

在这个特殊的时刻，我们需要重新去读这本书。这并非我们要纪念这位值得敬爱的学者，也不是我们想享受对早已落满灰尘的印刷本进行的知识考古。我们重读它，是因为我们发现这本书对现代中国社会许多核心问题都具有启迪意义。

不用说，这本书已成为中国研究领域的核心参考文献。我们都熟悉费孝通所提出的"差序格局"，即每一家或个体都以自己的地位作为中心，周围画出一个圈子，这个圈子的大小依中心势力的厚薄而定，"像石子投入水中，像水的波纹一样，一圈圈推出去，愈推愈远，也愈推愈薄"；与此同时，费孝通的另一理论表明，个体或家庭属于集体的组成部分，却又独立于集体，即遵循"共处与分立"的原则。尽管很多学者均认为差序格局是费孝通最为重要的理论核心，但从他对现代人类学概念的解释里，我认识到"人"是文化实践和社会现实的主体。[①]

此前，西方学术界一直将个体看作整体的一分子，而费孝通却不这么认为。在费孝通的观点里，中国人践行共处分立的原则，他们以自我为中心形成差序格局，这也被作为社会利己主义（Feuchtwang，2009）。由于费孝通通过其独特的观点揭示出中国社会的特有格局，因此得到了中国知识界的高度赞誉。不过，我们需要通过更多的细节和对比去讨论这一观点。而我认为，我们应该更为谨慎地看待这一观点，因为它不仅是中国社会独特的行为准则，在西方世界，我们也能看到它的存在。实际上，一个人总是站在自我的中心，一边不断扩大着自己的关系圈，一边扩大着公共道德准则或集体意识。因此，对于个人来说，这是一种实现自我中心主义或集体主义的情境战略，也可以说是一种适应性选择。就像一场体育比赛，玩家在实际策略与规则之间进行选择与操纵（Bailey，1969）。

在这方面，我们应该思考的是，在怎样的社会和政治条件下，一个人会在自我中心原则和集体主义道德之间选择策略性立场。最为重要的是，费孝通勇敢地挑战了韦伯关于人类关系中同质社群的理论概念，并证明中国人是集体道德规范下的自我中心主义。生活在一个多宗教的世界，中国人并不像我们看到的遵守基督教教义的西方人那样，被某种宗教或道德规范所左右。我们可以说，作为历史经验，抑或针对国家和社会的特殊关系所采取的策略，中国人更多地使用差序格局。然而，如果我们将差序格局定义为中国特殊的社会关系准则，那么我们需要通过对特定社会

---

① 在 2009 年举办的第一届纪念费孝通先生的国际研讨会上，近三分之一的演讲从不同角度来解释"差序格局"（参见 Feuchtwang，2009；王思斌，2009；马戎，2009；闫云翔，2009；黄国光，2009）。

情境下人们的策略行为进行民族志观察，以此证明或讨论这个理论解释是否具有信度。

在特定的政治和社会环境中，个体总是在这两种战略间进行协商与选择。我的意思是作为一种战略资本，差序格局是人们应对特殊的权力结构的一种方式，而不是某一特定文化体系人群所使用的一种方式。然后，我们应该在当下这种人们变得更以自我为中心或在公共道德准则下人们公然实行自我中心主义的社会环境中进行田野研究。对于市场经济时代流行的夸富宴或礼物交换之理论解释都是在这些战略脉络下进行的尝试（Yan Yunxiang，1996；Yang，1997）。另外，虽然费孝通并未提及，但近期有关网络研究的极速增长与费孝通的差序格局理论的确密切相关（参见Boissevain，1974；Castell，2006）。

除了这些，我对乡村特征或乡村文化的关键概念也非常感兴趣，即费孝通定义的"乡土性"，或更具体地说，是乡土社会的地方性（参见刘世定，2009）。在一些同行看来，我的这一想法显得不合时宜，尤其是自20世纪早期以来，在现代性和城市化持续发展的当下。计划经济时代的现代化政策及市场经济时代的改革开放都进行了彻底的城市化改造。据报道，20世纪80年代，有超过80%的人口居住在农村地区，这一数字在近期的人口普查中急剧下降至不足60%。一些社会学家预测，在不久的将来，农村社会将迅速消失，在改造农村的政策下，现代乡村正经历根本性的改变。这一转变反映出一个事实，当今社会，绝大多数社会学家和人类学家已经将他们的视线从农村研究转向城市研究。但无论将诸如混杂（hybridity）、融合（fusion）、冲突性适应（adaptive conflict）等这种后现代现象如何命名，我们都能看到传统与现代、城市与农村、过去与未来的共存。尽管城市化进程如此迅速，中国人思想里的乡村传统仍然根深蒂固，这些传统思想也渗入他们的思想与思维方式当中。为了恢复他们过去的社会和想象中的身份，人们甚至挖掘了他们的历史记忆，并将其作为文化旅游产业的商品。

"乡土"这个词常指一些落后的事物。农村村庄意味着我们在向现代化世界前进时所处的落后世界。正因如此，我们经常对我们那农村的家园、那逝去的故乡常怀有浪漫的怀念和幻想。然而，对中国人来说，"乡土"这个词是"乡"和"土"的结合，是拥有特殊文化观念的一个词。"土"常常用来形容"原始"或"自然"的事物。就自然而言，"土"常常用来形容"粗俗的"或"不文明的"；而"乡"则是文化建构的社会社区。因此，乡土常常表示一个社会文化社区，但不是改进过的城市（或都市）。

乡土是祖祖辈辈生活了好几代的地方。一个人在其特殊社会制度和文化传统中出生，并成为一个适应当下社会的人。因此，一个人的社会认同感是由与之相关的"乡"决定的。对于中国人来说，乡土并非文化残存（survival）（泰勒的观点），而是人们通过自我反省重新认识人格、创造传统世界意义的文化资产。

更重要的是，作为一名人类学家，我认为，过去不是随着时间流逝而消逝的事物，关于它的记忆会通过不同的形式和意义得以复苏。社会制度、价值及文化不会同时朝一个方向改变。它们内部相互关联，但对多种形式的政治力量和经济形势做出回应的方式不尽相同。因此，我们必须在社会变化的过程中观察社会及文化之间的关联，通过此种方式了解社会变更的过程。

我们可以肯定，费孝通在写作时，内心一定充满了痛苦与激愤。据费孝通回忆，作为一名社会学家和人类学家，他决心将自己的一生奉献在运用跨学科方式寻求"志在富民"的方法及策略。为实现这一目标，费孝通把自己当作方法论上的一匹野马。他试图洞察中国社会的本质，以此建立通向现代化和发展的道路。

在乡村社会，费孝通尝试发现中国潜在的文化动力。他认为，虽然当下农村地区有许多问题亟待解决，但我们不应该忽视人民日常生活当中那些精华的核心文化。因此，在这种情境下，为了确定我们需要保留什么、应该放弃什么，我们需要进行深入而全面的田野调查。费孝通的文章透露出尖锐的批评，以及对中国文化根深蒂固的自豪感。

费孝通将农村特征定义为一种世代生活在农村地区人群的特殊的身份认同、世界观、价值观、道德及伦理的文化体系。这群人有自己独特的交流方式与行为模式，其中血缘和地缘尤为重要。在中国，我们经常可以看到整个宗族，因为一个家族在某一地方已经生活了好几代了。当然也有的村庄里存在多个家族，这些人对同一个乡村怀有一种特殊情感。无论是在国内还是国外，我们都经常发现在大城市里，来自同一地区的人出于多个目的而组成同乡会。这给在外打拼的人们提供了一个跨地域甚至跨国界的想象中的归属地。在台北的山东同乡会就是这样一个组织，不仅在山东，也在世界上很多地方拥有分会。在东南亚很多国家存在的潮州同乡会亦是如此。通过同乡会，人们构建了超越地域与政治边界的共同体，并将其不断扩大成一张系统的网络。

费孝通也指出，基于血缘和地缘的当地身份认同是一个人最为基本的社会及文化资源认同。一个人通过他的祖先生活的地域或源头寻找自我认同，而非出生地或当下的居住地。尽管他们拥有相同的姓氏，他们依旧通过宗族来源来区分彼此的关系。

然而，这些概念性词汇在当今社会学和人类学研究中几乎已经消失。因为大多学者将主要研究转向了市场、城市及全球化空间、合理性、个人主义和经济等方面。随着现代化、城市化、工业化及人口的跨区域流动，这些概念正在逐渐消失。特别是在人口流动、迁移、多民族、多文化的后现代社会背景下，乡村、血缘、以地缘为基础的地方认同感等的消亡自然是不可避免的。

然而有趣的是，后现代时期之后，我们看到了"传统的不断繁衍"。尽管国家谴责这是挑战国家权力与权威的一种对抗文化行为，但是它们依然被复兴并且不断被重新制造。传统事物与文化的后现代衍生可以被解读为与现代化进程对抗的一种反应。更重要的是，它的复兴尽管拥有不同的形式及意义，但都可以被理解为人们在适应地区移动、移民进城以及适应新社会政治环境时对社会与经济资源的追寻。在这方面，费孝通在书中提出的概念与理论主题是中国传统农村社会最为重要的研究，但与此同时，也为我们提供了作为一种社会资本的传统文化在（后）现代社会的定义及重塑的研究思路。

为了纪念费孝通，我想谈谈中国文化，尽管在他众多写作中这只占据了一小部分。然而，在对汉人人际关系、伦理及社会结构的讨论中，费孝通强调了文化的重要性。我依旧记得，费孝通曾向我询问西方学者关于中国宗族的现代研究，包括我的导师弗里德曼在内。费孝通在晚年，为了敦促我们对以往研究所忽视的问题进行再思考，他开始强调文化自觉的观念。他的意思是，当我们强调结构、制度、经济、政治对我们产生重要影响之时，我们并没有对文化给予过多关注。人类具有独特的文化能力来感知世界，因此，在某些情况下，文化实践比经济利益或政治权力更为重要。在晚年，费孝通承认他的确沉迷于对社会的观察分析而忽略了社会中人的重要性（费孝通，1998：344）。[①]

回顾 20 世纪的中国历史，我们很容易发现，地方社会的权力结构与国家理性、地方社会及文化传统一直处于斗争之中。国家认为，传统社会制度是封建遗留，是人民落后的实践，并批评人们对传统与习俗的不理智行为，同时提倡应该在政治上对这种行为予以纠正。在这里，我们应该了解，人们并非盲目地将他们的传统从原来的历史中延续下去，而是在当下情境中对自己的传统进行反思，并通过不同形式的妥协、退让与国家的战略进行互动。

当代中国的社会与文化

在这方面，我们可以理解当今时代社会文化的不同形式。在政府的文化革命政策下，我们看到了传统制度的解体。与此同时，正如许多学者报道的，这是社会组

---

① 原文为："回顾我这十年的研究成果总起来还是没有摆脱'见社会不见人'的缺点。我着眼于发展的模式，但没有充分注意具体的人在发展中是怎样思想，怎样感觉，怎样打算。我虽然看到现在的农民饱食暖衣、居处宽敞，生活舒适了。我也用了农民收入的增长来表示他们生活变化的速度。但是，他们的思想和感情，忧虑和满足，追求和希望都没有说清楚。原因是我的注意力还是在社会变化而忽视了相应的人的变化。"（费孝通，1998：344）

织的地缘性与历史性波动，及其与之相关的集体活动。从田野观察中我们可以提出许多问题，诸如为何传统制度成为政治关注的重点对象？为何某一特定区域的人群如此坚持恢复他们的传统而其他地区则放弃了他们的传统，改用现代化制度？

明显地，社会主义革命实现了私有财产集体化，因此，许多传统组织被剥夺了它们的传统社会功能及活动的经济基础。然而，由于国家通过户籍制度和单位系统对人们进行经济、社会及公共事务的管理，政府无意间给予农民一个可以保留他们意识形态及道德体系的空间。以此方式，政府为建设国家最高权力、禁止传统社会网络、摧毁诸如宗族关系等文化遗产而展开了社会主义革命。与此同时，国家利用传统道德观念及社会资源，以此使农民处于政府行政权力之下。

大多数西方人类学者认为，在市场经济时代，传统文化和文化制度的恢复是开放市场环境下传统功能的回归。尤其是那些没有适当社会资本去改变经济地位的农民，"传统"可以为他们提供一定的社会网络，以此去获得资本、信息、庇护，并与外部世界建立信任关系。因此，一些中国社会学家及人类学家认为，在社会主义现代化进程中存在文化遗存复兴的可能。

我们以血统为例，那些参与宗族恢复的农民为他们的目的提供了多样的解释。关于"这是我们的（落后）传统/习俗"最为常见的简单回复包含了多种暗示，很多人类学家对此已经做出了解释，包括作为社会组织、经济资源、道德体系的宗族家系，甚至是政治功能。然而，正如我们在当今中国特殊形势下看到的，并不像社会革命之前，如今的宗族、政治、经济功能是非常有限的。因此，我想从宗族组织的变动去检验时间与空间、历史与社会、人民与国家权力扩张之间的关系。

我已经在中国南北的多个地方社区进行了田野研究，包括山东、安徽、浙江、湖北、福建以及广东。通过对这些地方进行田野调查发现，尽管宗族组织及其活动形式依地域和场所的不同而有所不同，但总体而言，人们均是为了应对不断增大的国家权力而建立他们自身的空间。尽管他们支持政府提出的"爱国"、"维护公共利益"以及"天下为公"的政策，也接受公共约束，但农民有时也会从公共话语和国家之外评估自己的生活及他们存在的意义。他们希望通过自身的文化框架去定义他们的历史经历，并通过他们的方式和词汇去书写、传播那些没有被书写进国家历史的私人历史记忆。他们尝试跨越被国家定义和控制的现实生活边界，去建立一个想象的共同体。因此，通过重建宗族及与之相关的文化活动，他们尝试去建立和拓宽国内地域之间甚至是跨国性的人际网络，诸如在中国台湾、东北亚甚至是西方世界。所以，在官方释义及革命意识形态的遮盖下，国家和农民最终心照不宣地开始了日常生活中的宗族重建。一方面，国家将宗族看作从国外引进资本投资的有益的制度；另一方面，也是建设中华文明这一文化资源支配权的有效途径。农民与国家共同分享中华文明与文化遗产，将宗族定义为"创造他们自身文化的空间"，并以此维护

与国家协商得来的场所。

因此，我们需要看到社会与国家之间不仅存在竞争与冲突，也存在妥协与共谋。也正因为如此，我们需要了解，社会制度不是自主传播的历史遗产，而是通过人的作用的有意识的实践过程。换句话说，这是国家与社会（或人）之间有意识地实践而产生的文化政治的结果。从这方面来说，市场经济时代多重形式的社会组织及活动应该在国家与社会的特殊文化情境下进行解释。

结　语

上述是我重读费孝通的人类学作品尤其是《江村经济》及《乡土中国》两本代表性作品后的所思所想。在《江村经济》一书中，费孝通关于乡村经济的核心理论是：在地少人多、低产出低收入的乡村社区发展非农产业。农村产业为剩余劳动力提供便利，因此，保证了农村社会经济繁荣的稳定。在 20 世纪八九十年代，这种结构功能的视角与想法被政府用来发展乡镇企业。

自 2000 年开始，我们不得不面对新的现实，即土地政策有了新的评估体系，这一新体系与城乡空间更加紧密，经济机遇更加宽广有着密切关联。作为流动人口，农民可以自由地在不同地区之间往来，巨大产能的新型工业正在悄然摧毁规模较小的农村工业，传统公共结构亦被消减。

虽然《江村经济》一书获得西方知识界的高度赞许，但是在那个年代，我认为费孝通并没有彻底意识到结构与制度的局限性。费孝通基本上只对那些对当下社会环境做出回应和改变的"行动者"感兴趣，他对农民如何评价生存环境、如何做出回应、如何找到策略应对挑战等问题怀有敏感性。费孝通通过观察、倾听，并与当地农民进行交流，最终他发现，人具有文化属性。因此，人们的行为产生不仅是理性判断的结果，亦有社会与经济因素下的文化考量。所以，费孝通开了一门课，并促成了《乡土中国》的诞生。

然而令我们失望的是，此后，费孝通并没有合适的机会去追寻他的梦想蓝图与极具挑战的想法，即把结构与制度的社会学分析（《江村经济》）和文化的人类学观察（《乡土中国》）充分结合，以此展示中国人社会与经济生活的全貌。半个多世纪后，在费孝通 80 多岁高龄之际，他才提到"文化自觉"的概念。

正如弗里德曼提到的，文明、国家及历史应该被纳入中国研究的考虑范畴。在这里，我想强调的是，人在所有社会情况及实践中所起到的重要作用——通过与外界的冲突、协商或妥协，来达成一种平衡——现实由人类文化实践构建。

费孝通意识到了这一点。在我们开始批评他的研究并没有关注这一理论项目之前，我们应该认识到，尽管费孝通在《江村经济》一书中并未充分向我们展示这些想法，但是他已经开始考虑到这些想法的重要性。我们需要认识到，费孝通在《乡土中国》中强调的"乡土性"并非随着现代性简单地消逝，而是通过与新历史环境进行多种形式的妥协与斗争，产生和实践了文化认同，并最终维持了下来。在此种背景下，我们的任务是全面展开对"人的中介作用"的研究，以及对国家和社会关系的探寻，并通过社会学和人类学的共同努力来实践它。

经过很长一段时间，费孝通最终将问题的重点放在"文化"之上。我记得，1990年冬，我们在东京举行的庆祝费孝通 80 岁生日的国际会议上，费孝通写了那首著名的诗句，以此向我们传达人类学的哲理与方法。会议闭幕时，他写道："各美其美，美人之美，美美与共，天下大同。"（Fei Xiaotong，1992：223）在这几句箴言中，"美"具有双重含义：其一，作为名词，指"文化"；其二，作为动词，指"理解欣赏与承认包容"。所以，这句话应理解为：每一群人都有自己独特的文化，如果我们能够理解并认识不同的文化，那么所有文化都会和谐共存，而这将会创造一个多文化的和平世界。①

这距 1947 年费孝通出版其对中国文化体系杰出认识的著作《乡土中国》已经过去了 53 年。从 1996 年至 2001 年，费孝通组织了现代社会人类学高级讲习班，以此来培养可能成为当代中国人类学学科支柱的年轻学者。在培训过程中，他大力强调"文化是人类学努力的核心"。当然，费孝通并没有太多的时间去继续他关于文化、文化理解与文化活力的相关研究，但他为我们留下了文化自觉的概念。"美美与共"及"文化自觉"并非费孝通的发明，而是人类学的核心概念。这里，我想强调的是，费孝通用他优美而清晰的语言总结了这一方法论。

不仅如此，我个人认为，费孝通创造了中国人类学历史的另一个重要拐点。费孝通以人类学家的身份开始了他的学术生涯，他对农民经济的结构及制度进行了深入分析，并对底层文化体系的重要性进行了进一步的思考，他意识到了"人促成了文化的变更"，并提出了与文化相关的后续研究议题。费孝通对文化重要性的认识，一方面是对曾经的结构分析局限性的回应，另一方面是对当代多种族、多文化背景下人口迁移、跨文化流动这一全球化现象的认识。

对于我们来说，评价费孝通的早期著作有诸多不易。1939 年，《江村经济》在英国首次出版，但直至 1986 年才被译成中文在中国发行。而费孝通的重要著作《乡土中国》在中国更是"禁书"，直到 1984 年才再次出版发行，西方读者则到了 1992年才真正读到此书。因此我们可以看到，这些书都是自第一次出版以来，经历了大

---

① 东京会议的与会人员有费孝通、乔健、Ismail Ahmat、伊藤亚人、金光亿、李万甲、李沛良、李亦园、Adrian Mayer、中根千枝、潘乃谷、Lisa Peattie、末成道男、鹤见和子、宇野重昭和横山广子等。

约半个世纪的时间才真正进入学术界。因此，当整个社会形势发生剧烈的变化之后，评价费孝通的早期作品并不容易，甚至可以说是危险的。自然，一方面，迄今为止我们将注意力放在理解费孝通的观念和思想上的时间还不长；另一方面，我们在不断地为他的作品添加注脚，以便在当代或后现代社会科学的背景下使他的人类学和社会学思想能够日臻完善。无论如何，对我们来说，到了朝向费孝通的社会科学新维度起航的时候了。

在《乡土中国》第二版的序言中，费孝通写道：

> 搞清楚我所谓的乡土社会这个概念，就可以帮助我们去理解具体的中国社会。概念在这个意义上，是我们认识事物的工具。我这种尝试，在具体现象中提炼出认识现象的概念……这个概念的形成既然是从具体事物里提炼出来的，那就得不断地在具体事物里去核实，逐步减小误差……我愿意，把这不成熟的果实奉献给新一代年轻人。这里所说的看法大可议论，但是这种一往无前的探索的劲道，看来还是值得观摩的。（费孝通，1998：4 - 5）

现在，除了补充说明，我们"如何有效地参与费孝通的社会科学实践"将是摆在我们面前最为重要的问题。

费孝通教授将继续作为人类学与社会学领域思想、知识与方法的源泉，在中国研究领域更是如此。因此，我们需要记住"Ad fontes"，即"回归本源"。

参考文献

费孝通，1947，《乡土中国》，上海：观察社。

费孝通，1998，《乡土中国　生育制度》（合订本），北京：北京大学出版社。

费孝通，2004，《论人类学与文化自觉》，北京：华夏出版社。

黄光国，2009，《从差序格局到儒家关系主义》，马戎、刘世定、邱泽奇、潘乃谷主编《费孝通与中国社会学人类学》，北京：社会科学文献出版社。

黄淑娉，2009，《费孝通对中国人类学的理论贡献》，马戎、刘世定、邱泽奇、潘乃谷主编《费孝通与中国社会学人类学》，北京：社会科学文献出版社。

刘世定，2009，《〈乡土中国〉与"乡土"世界》，马戎、刘世定、邱泽奇、潘乃谷主编《费孝通与中国社会学人类学》，北京：社会科学文献出版社。

马戎，2009，《差序格局》，马戎、刘世定、邱泽奇、潘乃谷主编《费孝通与中国社会学人类学》，北京：社会科学文献出版社。

马戎、刘世定、邱泽奇、潘乃谷主编，2009，《费孝通与中国社会学人类学》，北京：社会科学文献出版社。

王思斌，2009，《差序格局的基础性意义》，马戎、刘世定、邱泽奇、潘乃谷主编《费孝通与中国社会学人类学》，北京：社会科学文献出版社。

谢立中，2009，《从马林诺斯其到费孝通：一种另类的功能主义》，马戎、刘世定、邱泽奇、潘乃谷主编《费孝通与中国社会学人类学》，北京：社会科学文献出版社。

阎云翔，2009，《差序格局与中国文化的等级观》，马戎、刘世定、邱泽奇、潘乃谷主编《费孝通与中国社会学人类学》，北京：社会科学文献出版社。

杨渝东，2009，《读〈江村经济〉》，马戎、刘世定、邱泽奇、潘乃谷主编《费孝通与中国社会学人类学》，北京：社会科学文献出版社。

张宏明，2009，《再读〈云南三村〉》，马戎、刘世定、邱泽奇、潘乃谷主编《费孝通与中国社会学人类学》，北京：社会科学文献出版社。

Bailey, F. G. 1969. *Stratagems and Spoils*. Oxford：Basil Blackwell.

Boissevain, Jeremy. 1974. *Friends and Friends：Networks, Manipulations and Coalitions*. Oxford：Basil Blackwell.

Castell, Manuel. 2006. *The Network Society：from Knowledge to Policy*. Oxford：Oxford University Press.

Embree, John. 1939. *Suye Mura：A Japanese Village*. Chicago：University of Chicago Press.

Fei Hsiao-Tung. 1939. *Peasant Life in China*. London：Routledge & Kegan Paul, Ltd.

Fei Xiaotong. 1945. *Earthbound China*. Chicago：University of Chicago Press.

Fei Xiaotong. 1992. "Additional Remarks", in Nakane, Chie and Chiao Chien (eds.), 1992, *Home Bound：Studies in East Asian Society*, The Centre for East Asian Cultural Studies：The Toyo Bunko.

Feuchtwang, Stephen. 2009. "Social Egoism and Individualism", 马戎、刘世定、邱泽奇、潘乃谷主编《费孝通与中国社会学人类学》，北京：社会科学文献出版社。

Freedman, Maurice. 1963. "Third Malinowski Memorial Lecture", *British Journal of Sociology*, 14 (1)：1-19.

Geertz, Clifford. 1964. *Agricultural Involution*. Chicago：University of Chicago Press.

Geertz, Clifford. 1973. *The Interpretation of Cultures*. New York：Basic Books.

Kim, Kwang Ok. 2009. "Of Unfinished Road：Fei Xiaotong's Anthropology", 马戎、刘世定、邱泽奇、潘乃谷主编《费孝通与中国社会学人类学》，北京：社会科学文献出版社。

Mauss, Marcel. 1954/1925. *The Gift：Forms and Functions of Exchange in Archaic Societies*, trans. by Ian Cunnison, London：Cohen and West.

Nakane, Chie and Chiao Chien (eds.). 1992. *Home Bound：Studies in East Asian Society*. The Centre for East Asian Cultural Studies：The Toyo Bunko.

Polanyi, Karl. 1944. *The Great Transformation*. New York：Farrar & Rinehart.

Yan Yunxiang. 1996. *The Flow of Gifts：Reciprocity and Social Networks in a Chinese Village*. Stanford：Stanford University Press.

Yang, Mayfair M. 1997. *Gifts, Favors, and Banquets：the Art of Social Relationships in China*. Ithaca：Cornell University Press.

本土化问题意识与文化自觉

——从费孝通江村调查谈起

李建新*

2016 年是费孝通先生江村调查 80 周年，在新世纪，中国社会学已然从筚路蓝缕的重建过程中逐步稳健地发展起来，学术专业性和社会影响力都有了长足的进步，但是在一些根本性的问题上，重新回顾和认识费孝通先生的开创性的工作仍然能够给予我们以深刻的洞见和长久的指引。如何认识江村调查的学术价值和意义？不同学术背景或相同背景，读出一样或不一样费孝通都很自然，任何"所见略同"或"见仁见智"的解读都在情理之中。本文与许多学者一样从费孝通江村调查开始，从费孝通导师高度评价与同门批评质疑入手，来重新认识江村调查以及由此带来的争论对中国社会科学发展的意义和价值。

本文分为四个部分：首先讨论了费孝通的导师马林诺夫斯基（Malinowski）对其江村调查的定位和评价；接下来介绍同门埃德蒙·利奇（Edmund Leach）对中国学者的中国研究包括江村调查的两个质疑与费孝通对此的初步回应；然后重新梳理费孝通后期的两部分主要学术活动，即"行行重行行"的学术实线和晚年的学术反思。而这些持续的实践与反思对我们当下的社会学研究和发展有着深刻的启发。

一 马林诺夫斯基对"江村调查"的定位和评价

费孝通先生 1936 年的江村调查已经成为我国社会学学术史上的经典，对于这部经典，最早最深刻的解读莫过于费孝通先生的导师马林诺夫斯基。1938 年费孝通江村调查出版之际，他的导师马林诺夫斯基为他写下了序言，并做出了高度的评价。这里我将他导师的这一评价大概归纳为四点。

---

* 李建新，北京大学社会学系教授。

首先是对这一研究的学术价值的高度评价。马林诺夫斯基在其序言开篇这样写道："我敢于预言费孝通博士的《中国农民的生活》（又名《江村经济》）一书将被认为是人类学实地调查和理论工作发展的里程碑。此书有一些杰出的优点，每一点都标志着一个新的发展。"马林诺夫斯基进一步写道："这是一个土生土长的人在本乡人民中间进行工作的成果。如果说人贵有自知之明的话，那么，一个民族研究自己人民的人类学当然是最艰巨的，同样，这也是一个实地调查工作者的最珍贵的成就。"（《费孝通文集》第二卷，1999：214）一个是发展里程碑，另一个是土生土长的本土研究。面对导师如此看重与厚爱，费孝通起初并不完全理解。因为"当时我还是个初入门的年轻小伙子，既没有这眼光，也没有这雄心，甚至我在江村调查时也没有想到会写成一本书"（《费孝通文集》第十四卷，1999：186）。所以后来费孝通曾多次提到，他写江村调查是"无心种下的杨柳"，没想到写成了而且得到了如此高的评价。后来他才理解，他的导师之所以给予这么高的评价，主要是两个原因。导师马林诺夫斯基虽然把现代人类学者从书斋拉进充满着新鲜空气的"田野"，但没有把人类学的研究从野蛮人的田野拉进文明人的社区。从这个意义上讲，作为学生，费孝通实现了他导师的宏愿，即跨越了文野之分的鸿沟；与此同时，他还完成了以土生土长学者的身份对本土社会的研究。作为中国人去研究中国这样的有着深厚文化传统的社会，将人类学的田野从对异域文化的研究、对初民社会的研究转为一个对于自己社会的研究、对发展社会的研究。正是因为这个本质的转向，马林诺夫斯基才称之为人类学里程碑式的发展。这两点费孝通都做到了，因此被给予了高度的评价。

马林诺夫斯基对《江村经济》的第二点评价实际上是对费孝通这一研究体现的学术定位与学术责任的肯定。马林诺夫斯基指出"费博士看到了科学的价值在于真正为人类服务""此书的某些段落确实可以被看作应用社会学和人类学的宪章'中国越来越迫切地需要这种知识，因为这个国家再也承担不起因失误而损耗财富和能量'"（《费孝通文集》第二卷，1999：214－215）。的确，如果说马林诺夫斯基选择人类学如他自己调侃之说"人类学，至少对我来说，是对我们过分标准化的文化的一种罗曼蒂克式的逃避"，那么，费孝通选择人类学则是要为社会、为"万民造福"。早先费孝通从医学转到社会学，师从吴文藻等先生，再转向体质人类学，最后才师从马林诺夫斯基学习文化人类学。费孝通之前受到吴文藻先生"社会学中国化"理念的影响，强调学术的实用性，立足于"认识中国、改造中国"这样一个实用社会学的学术定位和学术责任。在这一点上费孝通的导师给予了充分的肯定，而费孝通在后来回应利奇质疑的时候也一再重复和强调了这一点。

第三点是关于方法论的评价。马林诺夫斯基认为虽然《江村经济》研究的是江村这一个案，但是在这个个案上，能够以小见大，窥见社会条件类似的整体的特点所以从方法论上也给予了肯定。马氏说"费博士著作中的原理和内容，向我们揭示

了现代中国学派的方法论基础是多么结实可靠。本来的主要题材是对湖泽地带的平原乡村生活的一次实地考察。那水道纵横的平原是数千年来在物质上和精神上抚育中国人民的地方。不言而喻，在乡村生活、农村经济、农业人口的利益和需求中找到的主要是农业文化的基础。通过熟悉一个小村落的生活，我们犹如在显微镜下看到了整个中国的缩影"（《费孝通文集》第二卷，1999：217）。当时马林诺夫斯基的弟子费思（Firth）提出了"微型社会学"概念，用来专指马林诺夫斯基所说的"社会学的中国学派"的特点。按照弗思的表述，微型社会学是以一个人数较小的社区或一个较大的社区的一部分为研究对象，研究者亲自参与当地的社会活动，进行亲密的观察，从而获得对于更为广泛的地区和群体的一种了解的研究方法（《费孝通文集》第十四卷，1999：24）。

最后一点实际上是马林诺夫斯基对于费孝通学术立场的一个肯定和对学术研究的一份期待。马林诺夫斯基赞扬费孝通的著作"一切观察所具有的特征是，态度、尊严、超脱、没有偏见。当今一个中国人对西方文明和西方国家的政治有反感，这是可以理解的。但本书未发现这种迹象"，"虽然这本书是一个中国人写给西方读者看的，文字中没有特殊的辩护或自宥的流露。相反倒是一种批评与自我批评"（《费孝通文集》第二卷，1999：219）。对于学术研究的一个期待，马林诺夫斯基知道学生费孝通并不是一个人在做本土研究，而是背后有一个团队，也就是国内由吴文藻先生领导的"中国学派"团队，这个团队一直在做中国社会调查。因此马林诺夫斯基希望看到费孝通们的愿望能够实现："他还希望终有一日将自己的和同行的著作综合起来，为我们展示一幅描绘中国文化、宗教和政治体系的丰富多彩的画面。对这样一部综合性著作，像本书这样的专著当是第一步。费博士的书和他同行的贡献，将成为我们可能完成的精雕细琢的镶嵌品中的一件件珍品。"（《费孝通文集》第二卷，1999：217 – 218）这是马林诺夫斯基的一个期待，一个从学生费孝通起步可以展开宏大研究的期待，而费孝通从这里开始迈步，就再也没有停下来。

我这里概括出来四点评价，也可以说贯穿了费孝通先生整个学术生涯。费孝通后来也曾讲到，自己学术生涯的奠定就是从江村调查开始的，江村调查孕育了他一生的学术道路。这条道路有两个特点，一是学术抱负社会责任，即认识中国、改造中国的实践，这体现在马林诺夫斯基评价的第一点、第二点中；二是理论与方法的学术反思、文化自觉，这体现在以上评价的第三、第四点中。无论是了解还是鼓励，导师就是导师，马林诺夫斯基给予了费孝通的研究评价充分的肯定，但如此之高的评价也引来很大的质疑。

二 利奇对"江村调查"的质疑和费孝通的回应

如果说费孝通这部江村调查最大的肯定和褒奖来自自己的导师，那么最大的挑战与质疑则来自自己的同门。《江村经济》在 20 世纪 30 年代发表后，收获了很大的学术声誉，但也遭到了学界同行的质疑，费孝通的同门老同学人类学家埃德蒙·利奇就是其中之一。利奇在他 1982 的 *Social Anthropology* 著作中对中国学者包括费孝通研究中国问题提出了两点质疑，"一是像中国人类学者那样，以自己的社会为研究对象是否可取，二是在中国这样广大的国家，个别社区的微型研究能否概括中国国情"（《费孝通文集》第十二卷，1999：42），即对本土化研究和个案代表性进行了质疑。所谓本土化研究，即人类学学者以自己的本土社会为研究对象是否可取。利奇质疑是因为研究者生活在这个社会、这个文化中，难免会有其察觉不到的成见，而这个成见，就会让其扭曲自身的社会和文化。第二个质疑是所谓的代表性问题，即微型社区研究能否代表中国宏观整体，个案调查能否推广至一般。第二个方法论上的质疑更经典，其争论也一直在持续。在这里我们可以看到同门的质疑恰恰是导师所肯定的。从费孝通的回忆中我们发现，实际上，费孝通进入英国攻读博士期间讨论论文选题时，一方面得到了导师们的肯定，另一方面也遭到了一些质疑，而其中的代表人物就是老同学利奇。所以可以说"肯定"与"质疑"在 20 世纪 30 年代费孝通留学做研究做论文时就在他导师的 Seminar 中埋下了，而且伴随了费孝通整个学术生涯。

由于费孝通的学术工作直到 20 世纪 80 年代才重新恢复，他在 90 年代才具体了解到了利奇的这些质疑。于是，在 1990 年 7 月"东亚社会研究"研讨会上费孝通做了题为《人的研究在中国》的演讲，算是正式回应了利奇的质疑。可惜，利奇已经去世，费孝通不无遗憾地感慨道，他不能到场了，这只能是一场"缺席的对话"。关于第一个问题费孝通认为研究自己的国家与社会可以说是一种情感与责任，是毋庸置疑的。费孝通想对老同学说："我自己知道我为什么要学人类学，入学的动机可能是我们两人同在一个学术领域分道扬镳的根源。我原本是想学医学的，但是后来放弃了成为一个医生的前途。因为我那时自觉地认识到'为万民造福'比'为个人治病'更有意义。可见我的选择是出于一种价值判断。"（《费孝通文集》第十二卷，1999：43）费孝通进一步解释说，这种价值判断离不开他所属的文化和时代，生于 20 世纪初期的中国人，正生逢于社会巨变和国家危难之中，所以"简单地说，是想学习到一些认识中国社会的观点和方法，用我所学到的知识去推动中国社会的进步。如果真如利奇所认为的中国人研究中国社会是不足取的，就是说，学了人类学不能使我了解中国的话，我就不会投入人类学这门学科，即使投了也早已改行了"（《费孝通文集》第十二卷，1999：44）。在这样一个危机四伏的中国，费孝通不可能像西方一些学者那样悠闲，坐在摇椅上思考做学问，把社会人类学作为表演才华的舞台，或展示其智力的练场。对于为何中国知识分子选择自己的社会，费孝通还进一步从中国传统文化角度回答了利奇。费孝通说："存在于中国知识分子的传统烙印，随手可以举出两条，一是'天下兴亡，匹夫有责'，二是'学以致用'。这两条很可以总结我自己为学的根本态度。"（《费孝通文集》第十二卷，1999：49）费孝通感慨道，两千年前孔夫子对他们那代人依然有深刻的影响，当年孔夫子周游列国就是传播其思想并用于社会。所以"务实的精神潜移默化，渗入学术领域结果像我这样的人毫不自觉这是古老传统，而投入现代的学科里，形成了为了解中国和推动中国进步为目的的中国式应用人类学。在一定意义上说，这种学派形成并不是处于任何人的创见，很可以说是历史传统和当代形势结合的产物"（《费孝通文集》第十二卷，1999：49）。虽与利奇的意见存在分歧，费孝通说，这对于有人类学修养的人来说完全可以理解，大家不妨"各美其美，还可以美人其美。这是人类学者的共识"（《费孝通文集》第十二卷，1999：49）。在这里我们看到，传统文化对费孝通那一代知识分子的深刻影响。

那么，对于土生土长的学者怎样研究自己的本土社会，费孝通提出了"进得去，出得来"的方法。对他者社会调查存在如何"进得去"，对本土社会调查则存在怎么"出得来"的问题。利奇们认为，人类学者在本土文化中容易犯"出不来"的毛病，本土人类学者往往无法从自己所处的社会地位和文化偏见中超脱出来做出"客观的观察和判断"。同样，费孝通认为"主张以异文化研究为己任的人类学者往往也存在'进不去'的缺点，研究他人社会的人类学家通常可能因为本身的文化偏见而无法真正进行参与观察"（《费孝通文集》第十四卷，1999：200）。如何解决作为本土人类学者面临的"出得来"的问题，费孝通指出"重要的是要从我们所处的社会地位和司空见惯的观念中超脱出来，以便对本土社会加以客观的理解。本土人类学的要务在于使自己与社会形成一定的距离，而形成这种距离的可行途径是对一般人类学理论方法和海外汉学人类学研究的深入了解。通过这种了解，我们可以在一定程度上把自己的社会和文化'陌生化'（defamiliarization）"（《费孝通文集》第十四卷，1999：200）。

事实上，费孝通这种本土化的"实用社会学"思想源于1930年清华社会学跟随吴文藻先生。有为知识而学习的人，还是为应用而学习，费孝通选择了后者，并加入了吴文藻的社会学中国化的团队。吴文藻早年主张社会学中国化，所谓中国化，吴文藻先生指出，"主张社会学中国化。在我从事社会学研究的时期，中国社会学研究的历史还很短。当时大学教社会学的情况是'始而由外人用外国文字介绍，例证多用外文材料，继而由国人用外国文字讲述，有多讲外国材料者，亦有稍取本国材料者。又继而由国人用本国文字讲述本国材料，但亦有人以一种特殊研究混作社会学者，……'因此，社会学'仍是一种变相的舶来品'。这种情况使我们面临社会学中国化的问题。对这个问题我当时的想法是'以试用假设始，以实地证验终；理论符合事实，事实启发理论；必须理论和事实揉合在一起，获得一种新综合，而后现实的社会学才能植根于中国土壤之上，又必须有了本土眼光训练出来的独立的科学人才，来进行独立的科学研究，社会学才算彻底的中国化'"（吴文藻，1982）。

针对利奇第二个质疑，即个别社区的微型调查能使你认识中国的全貌？费孝通坦率地说："这个问题的矛头直指我的要害，因为如果我学人类学的志愿是了解中国，最终目的是改造中国，我们采取在个别小社区里进行深入的微观观察和调查的方法，果真能达到这个目的么？个别入手果真能获得概括性的了解么？"（《费孝通文集》第十二卷，1999：45）"以江村来说，它是一个具有一定条件的中国农村，中国各地的农村在地理和人文各方面的条件是不同的，所以江村不能作为中国农村的典型，也就是说，不能用江村看到社会体系等情况硬套到其他的中国农村去。但同时应当承认，它是农村而不是牧业社区，它是中国农村，而不是别国的农村。我们这样说时，其实已经出现了类型的概念了。所以我在这里和 Edmund 辩论的焦点并不是江村能不能代表中国所有农村，而是江村能不能在某些方面代表一些中国的农村。"（《费孝通文集》第十二卷，1999：46）在这里我们看到，费孝通的回应并没有把自己的江村调查作为中国社会的典型代表，但是他认为江村至少可以作为社会文化条件与之较为相近的地区的代表。是的，中国社会并不是一个同质性很高的社会，充满丰富性、差异性、复杂性，但这并不代表个案无法反映整体。费孝通强调了类型的概念，认为通过类型比较法是有可能从个别逐步接近整体的。所以通过后来费孝通的实践，如云南三村调查和小城镇研究，我们也发现他是通过不断地归纳不同的类型和模式，来概括中国、研究中国，通过"逐步、接近"这样一个路径来了解中国，也是在学术实践上回应利奇对这一问题的质疑。

在费孝通的研究方法论中，有一个显著的特点就是实用社会学的态度。费孝通很好地继承了吴文藻先生开创的有中国特色的"从实践出发的社会科学"的理论和方法，从认识和改造中国这一目的出发来构建自己的方法论体系。费孝通认为要针对自己所研究的要求来选择研究的对象和研究方法，不应存在一种先验的方法论倾向，而应在实际研究中灵活地运用各种研究方法，从而"从实求知"。但这并不表示作为一个应用社会人类学者会轻视纯学理的方法论训练和研究，而是不在空泛的讨论中迷失了研究的主要目的。

事实上，从 20 世纪 80 年代费孝通恢复学术工作之后，费孝通不仅仅在学术对话学术反思中回答利奇们的质疑，更在本土实践改造中国中回应利奇们的挑战。

三　行行重行行

——江村调查在新时代的延续

"行行重行行"是费孝通用古诗句为自己乡镇发展研究结集成册出版所用的书名，实际上这也是费孝通恢复工作之后孜孜不倦耕耘不止的学术生涯写照。在"认识中国、改造中国"这个理念、定位指导下，20世纪80年代费孝通恢复学术生涯后首先接续了"从实求知、志在富民"这一传统，延续本土化的问题意识。在这个实践传统下他做了许多有价值的实用性研究，主要可以概括为两大主题：第一大主题就是农村发展、小城镇研究，这是1936年江村调查的延续，不仅在江村追踪调查，了解它在这半个世纪里的变动，而且把研究从江村扩展到区域、扩展到了全国；第二个就是边疆发展、民族研究，这是1935年花篮瑶调查研究的继续，全国一盘棋下的边疆民族地区共同发展和中华民族多元一体论。

我们首先来看农村发展、小城镇这一主题。关于中国农村发展问题的观察和思考，实际上是1936年费孝通在进行江村调查时就已经开始了。所以，费孝通说"回想起我自己对中国农村问题的认识，《江村经济》确实是一个重要的起点。在这本书里我注意到中国农村里农业、家庭副业、乡村工业的关系。1938年我从伦敦回国，在抗日战争时期，在中国云南省的内地农村进行社会调查，是我进一步看到在一个人口众多、土地有限的国家里，要进一步提高农民的生活水平，重点应当放在发展乡村工业上。"（《费孝通文集》第八卷，1999：146－147）1938年，费孝通英国学成回国加入吴文藻云南大学社会学系工作并建立"魁阁研究小组"，40年代结集出版研究成果《云南三村》，继续关注农村工业、民族地区发展议题。抗战胜利以后，费孝通又以"人性与机器"为题就"中国手工业前途"进行了论述，费孝通指出："讨论和设计中国战后经济建设的朋友们中间有不少心目中似乎只有'英美式呢还是苏联式'这一简单的课题。这课题背后有一个极其不合常识的假定，那就是中国好比一张白纸，要染什么颜色就是什么颜色。"（《费孝通文集》第三卷，1999：387）显然，费孝通对于脱离中国本土国情的战后工业化建设设想不以为然。费孝通指出要避免西欧式现代化之后的弱点和流弊，不能成为机器的奴隶，要从"中国是一个土地稀少，人口众多的国家"以及中国传统手工业中的"人为主工具为客""人和物相成，人在物里完成他的生活"国情和传统出发，中国选择"分散工业在广大的农村中，使我们一大部分可以分散的工业和农业配合来维持大多数人民的生活，是一条比较切实的出路，而且这条出路里可以避免西洋机器文明所引起对个人和社会的不良影响。这最切实的出路也是一条合于理想的出路，因为在这种方式中所组织出来的经济是合于人性的，是促进人类幸福的，是可以实现机器真正功效的经济"（《费孝通文集》第三卷，1999：400）。一年之后，在回答吴景超先生对此观点的批评时，费孝通再次强调，"我们认为任何一个国家所能采取的社会制度必然受该国文化和社会处境所影响，所以我们认为我们的课题并不是'英美式呢，还是苏联式呢？'而是以增加人民生活程度为目的。熟察我们自己的历史背景及社会情况，设计一个能利用机器生产的中国式的社会方式"（《费孝通文集》第五卷，1999：435）。

　　20 世纪 80 年代费孝通恢复学术工作之后就开始马不停蹄地行行重行行，1981年三访江村，随后 1983 年发表《小城镇、大问题》一文，展示出费孝通对我国农村问题的深刻认识和改革开放新形势下解决农村发展问题时不我待的紧迫。事实上，对于一个现代化国家来说，从人口学的角度看，人口转变是嵌入在现代化、工业化、城市化过程之中的，人口转变首先由死亡率下降开始，然后生育率持续下降，最终到低死亡低生育水平这样一个变化过程，人口转变过程中生育率滞后于死亡率下降必然带来人口数量迅速增长，而人口数量增长才有了人口流动的这个条件。新中国成立以后，我国步入了现代化进程之中，与此同时，也开始了人口转变，由于我国人口死亡水平在新卫生医疗制度下迅速下降，所以 20 世纪六七十年代我国人口经历了高增长时期。1982 年第三次人口普查，我国大陆人口已经超过十亿，是费孝通三四十年代关注我国农村问题时的 2 倍多，加之新中国之后建立了城乡户籍二元制度，我国农村人口始终保持在 80% 以上。这样一个基本人口国情，必然存在农村发展和农村人口转移问题。所以，费孝通 1983 年提出的小城镇大问题，旨在如何解决农村发展和农村人口如何转移出来的大问题。那么，费孝通给出的药方是什么呢？费孝通认为我们既不能像发达国家走羊吃人的道路，也不能像发展中国家走那种无序的大城市化道路，中国的工业化只能是一条迥然不同的道路，而乡镇企业、小城镇化道路就是一条可行的道路。小城镇如同他形容的蓄水池，首先可以转变农民的身份，让农民离土不离乡，从土地上转移出来，另一方面又不给已经拥挤的城市增加人口负担。所以费孝通这种主张，是结合江南农村实际情况就地城镇化的主张。

　　为了能够更好地探索我国城乡发展道路，1984 年，费孝通"走出"了他熟悉的江村，进苏北、去温州、下两广，从而发现了不同的城乡发展模式，如"离土不离乡"就地城镇化的"苏南模式"、"小商品、大市场"的"温州模式"以及"借船出海到造船出海"的"珠江模式"。由此费孝通进一步提出了"发展模式"的概念。费孝通指出"模式是指在一定地区，一定历史条件，具有特色的经济发展的路子。这个概念使我们的研究工作推进了一步，要求我们从整体出发探索每个地区的背景、条件所形成的和其他地区相区别的发展上的特色，从而引导我们进入不同模式的比较"（《费孝通文集》第十二卷，1999：307）。费孝通进一步指出，"这个概念有它的使用价值，它防止了全盘照搬的办法，所以我们提出了'因地制宜，不同模式'

江村调查与社会科学的中国化

的观点"（《费孝通文集》第十二卷，1999：308）。对于我国 80 年代走出的这种发展模式，学者也给出了很高的评价，"中国乡镇企业崛起的最深刻意义或许在于，它为华夏民族从农业社会转向工业社会提供了可以依托的微观社会组织基础。不同于一般把企业建在乡村，中国乡镇企业的发展并不以削弱、破坏以至于最终摧毁原有的乡土社区为代价，而是与原母体乡村社区结成唇齿相依、濡沫相济的极为紧密的共生共荣关系，从而有力地加强并重建了乡土中国的共同体"（甘阳，2012）。

不得不说，费孝通这项研究具有超前性。事实上，费孝通于 1983 年提出这个问题的时候中国农村人口流动还不是一个很大的规模，还不到千万人，随着我国改革深入和城乡发展加快，特别是 1992 年邓小平南方谈话之后，我国流动人口从几百万到几千万然后跨过一个亿直到现在的两个多亿。今天的农村发展问题已经发生了新的变化，不少地区出现了农村的空心化，农村的留守儿童、空巢老人等问题。所以请大家注意，费孝通提出的问题，实际上仍然在那里，并没有完全解决。我们依然要面对农村发展问题和农村人口出路及农民身份转移的问题。如今我们提出了新型城镇化的发展道路。从这个意义上来讲，费孝通在农村发展这问题方面提供的这种选择和预见，充分体现了费孝通从国情出发的本土化问题意识和"志在富民"的人文关怀，而这些依然是身处当下的我们要思考和要面对的。

第二个主题是边疆民族发展、中华多元一体论。正如费孝通自己总结的，边疆发展研究是其一生的第二个大课题。我们先大致梳理一下费孝通的民族研究学术脉络。费孝通的民族研究脉络大致是这样的，1935 年花篮瑶调查为起点，1939 年与顾颉刚关于"中华民族是一个"的对话，新中国成立之后参加民族识别工作，20 世纪 80 年代恢复工作之后的全国一盘棋的边疆发展论（1983 年）以及后来的中华民族多元一体格局理论（1988 年、1996 年）。费孝通很早就对中国边疆和多民族的族群差异有自己的认识。1935 年对广西花篮瑶的实地调查研究时，他切身认识到中国族群文化多样性的现实。然后很重要的一个事件是和顾颉刚先生1939 年关于"中华民族是一个"的争论。当时的背景是日寇已经入侵中国，伪满洲国已经建立，内蒙古也要独立出去，各地都在闹自治，所以史学家顾颉刚先生在民族危难时刻喊出了"中华民族是一个"，以反击日本及西方使用"中国本部"概念和民族自决理论分裂中国的企图。当时的费孝通刚刚回国，比较年轻，踌躇志满，他从人类学从体质、语言、文化差异的学理角度质疑了顾颉刚先生的民族观，顾颉刚先生后来又用两篇文章来回应，费孝通沉默了。到 1993 年顾颉刚先生百周年纪念会的时候，费孝通回顾了这段历史，认为当时在国家危亡的情境下，国家危亡问题更重要，顾老的呐喊更有时代的价值，而学术争论不合时宜（《费孝通文集》第十三卷，1999：30）。新中国成立以后，50 年代费孝通参加了民族识别工作，对民族工作、边疆发展一直投注心力。

20 世纪 80 年代费孝通恢复学术工作以后，一方面开始重访江村，另一方面也再次聚焦边疆民族地区发展。在访问了广西、新疆和内蒙古等少数民族地区以后，1983 年春节在中央统战部党外人士座谈会上，费孝通提出了"全国一盘棋，做好人口这块棋"的思路。费孝通指出"为人口这块棋做两个眼的地方。一个是在作为农村经济文化中心的小城镇，一个是在亟待开发的少数民族地区"（《费孝通文集》第九卷，1999：34）。在这些学术探索和积累的基础上，费孝通于 1988 年提出了著名的"中华民族的多元一体格局"理论。费孝通指出"中华民族作为一个自觉的民族实体，是近百年来和西方列强对抗中出现的，但作为一个自在的民族实体则是几千年的历史过程所形成的。它的主流是由许许多多分散孤立存在的民族单位，经过接触、混杂、联结和融合，同时也有分裂和消亡，形成一个你来我去、我来你去，我中有你、你中有我，而又各具个性的多元一体"（《费孝通文集》第十一卷，1999：381）。这是一幅丰富多彩的历史长卷，以时空坐标也难以表述。可以清楚地看到，费孝通这里提出边疆发展、民族国家问题又是一个非常本土化的至今还没有解决好的重要问题。

关于民族边疆论的观点，西方学者的研究也值得关注。有影响的如美国学者拉铁摩尔的"内陆边疆理论"。他提出了一线两侧的理论：一线是长城一线；两侧是长城内外，一侧是草原游牧少数民族，一侧是中原农耕汉族，中国的历史就是沿着长城这条线展开的，两侧你来我往、相互冲突、相互依存（拉铁摩尔，2010）。这个理论从某种意义上讲丰富了我们以往的中原中心论的观点。另外一个有影响的就是"新清史"理论，它的历史渊源与日本学派和德国学派有关，尤其是日本学派。在甲午战争以后，日本就有了瓜分中国的行动，它就要建构它的边疆历史观，为它分裂肢解中国服务。它关于中国的那种中国本部观、民族观是根据西方民族国家的理论进行建构的，这也就是为什么在 1939 年顾颉刚先生奋笔高喊"中华民族是一个"的大背景。有这样一种历史渊源之后，不少人就自然而然地对"新清史"有了警惕和怀疑，因为这条线是割不开的。不过，代表人物之一欧力德是想划清这条界限的，他认为"新清史"提供一种不同的叙事，并没有政治企图，他更想展现的是他族视角下如何看待中国，如满文语境下是怎么看待中国的，满文和汉字书写的"中国"历史文化是怎样的不一样。[1] 某种意义上讲，这种史观多了不同的角度来理解中国丰富的民族历史。

我国边疆稳定与发展更具有重大现实意义。而在西部边疆，稳定与发展、民族认同与国家认同始终是一个重大的问题。以西方民族国家理论考察中国民族边疆发展、国家认同等问题，始终存在着现实困境。早在 1926 年，费孝通的老师吴文藻先

---

① 欧力德："新清史提供一种不同的叙事，并没有政治企图"《东方早报－上海书评》，2016 年 11 月 27 日，第 16 版。

生就遇到了这样的挑战。吴先生在其发表的《民族与国家》一文中，通过中外比较，梳理了"民族"与"国家"的概念。从中国历史文化的现实出发，吴文藻认为民族有共同的语言文字、有共同的历史传统，民族是文化的，国家是政治的。而民族超出了文化定义的范畴，往前走一步，就变成国家了（吴文藻，2012：399）。回到本土化的思考，在边疆地区往往历史民族观不同带来了国家认同的困惑。其中一种解决问题的思路是"去民族化"，其目的是淡化民族身份增强国家认同。但"去民族化"不是说民族身份不存在就不存在了，跟民族有关的这些要素，就像费孝通列举的，包括体质、语言、文化方面的差异，都是广泛自然存在的，有一些是无法消弭的。各少数民族在族源上有自己的一套认同并不奇怪。

那么，民族如何不超越文化而成为政治的国家观，如何建构一个不与国家认同相冲突的民族观？实际上，在当下的边疆发展和民族治理实践中，费孝通的多元一体民族观并没有获得充分的体现。在触及"民族"这个概念问题，费孝通指出，"我们不应该简单地抄袭西方现存的概念来讲中国的事实。民族属于历史范畴的概念。中国民族的实质取决于中国悠久的历史，如果硬套西方有关民族的概念，很多地方就不能自圆其说"（《费孝通文集》第十三卷，1999：30）。其实在1996年重新讲民族研究、中华民族多元一体的时候，费孝通已经看到了一些新变化，因为在20世纪90年代我国边疆地区如西藏、新疆等地已经出现了一些分离活动。所以费孝通在这个时候就特别强调民族凝聚力，考虑怎么样把我们的民族向多元一体的方向推动，多元是事实，"一体"是向心力。所以费孝通再次表述多元一体理论的时候，认为中华民族多元一体格局有三个主要论点："第一是中华民族是包括中国境内56个民族的民族实体，这是一个相互依存统一不能分割的整体。这个论点我引申为民族认同意识的多层次论。多元一体格局中，56个民族是基层，中华民族是最高层。第二个论点是形成多元一体格局有个从分散到多元结合成一体的过程，在这个过程中必须有一个起凝聚作用的核心。汉族就是多元基层中的一元，由于它发挥凝聚作用把多元结合成一体，这一体不再是汉族而是中华民族，一个高层次认同的民族。第三个论点是高层次认同并不一定取代或排斥低层次的认同，不同层次可以并行不悖，所以高层次的民族可说实质上是个既一体又多元的复合体其间存在着相对立的内部矛盾，通过消长变化以适用于多变不息的内外条件，而获得这个共同体的生存与发展。"（《费孝通文集》第十四卷，1999：101）实际上，费孝通多元一体格局与吴文藻早年的"民族与国家"有着传承继承关系。吴文藻的"民族与国家"为我们展示了富有启发的意见。吴文藻先生论述的"中国"，是一个超民族的、超社会的国家，因为这个国家里面包括各种各样的民族，各种各样的社会；如果从文化上看，也一定是超文化的文化（王铭铭，2012：44）。而维持这个"超"机制则是费孝通后来所概括的"你中有我，我中有你"的多元一体格局（王铭铭，2012：48）。事实上，费孝通的中华民族多元一体格局，静态地说如同拼图联结，动态地说讲如同齿轮咬合。

面对今天"一带一路"新形势，边疆发展或内陆边疆发展出现的新问题，吴先生、费孝通的这种从中国历史和现状及实践出发的精神，这套"超"民族概念和"多元一体"理论值得我们后辈深入学习、认真领会。遗憾的是，我们还没有还没能很好地读懂并应用这套理论。要认识中国就必须认识边疆，无论是从胡焕庸先生"瑷珲　腾冲"人口地理分布线，或拉铁摩尔的"内陆边疆"论来认识，还是从吴文藻先生的超民族观和费孝通的"多元一体"理论来实践，对于国家实现"一带一路"倡议，边疆民族地区发展都具有重大现实意义。

四　学术反思与文化自觉

反思与超越是费孝通学术道路的另一大特点。从1980年费孝通正式平反之后的学术生涯来看，我们大体上可以把费孝通的学术分为前后两个十年。1979年我国社会学恢复之后，费孝通前面几年都是一直在为恢复和重建社会学人类学学科而奔波；1983年以"小城镇大问题"为始，费孝通重新开启了以"认识中国、改造中国"为目标的基础性相关经验研究，包括上述讨论的两大主题，这是应用社会学的一部分。1993年以后，费孝通的工作就慢慢转向学术反思。这部分工作也可分为两个方面，一个是方法论，一个是学科建设。这部分学术反思工作的标志就是以1993年《个人·群体·社会》这篇文章为起点的，此后十余年没有停止学术反思和文化自觉的思考。

我们不妨简要地回顾一下费孝通的学术历程，这样也许对更好地理解费孝通的学术思想有帮助。费孝通于1930年从东吴大学医学专业转入燕京大学社会学，师从吴文藻先生，成为以吴文藻先生为首的倡导"社会学中国化"实践的骨干成员；1932年，美国芝加哥大学社会学家派克（Robert Park）来华讲学，费孝通深受其社会调查方法影响，并付诸行动；1933年经吴文藻介绍考入清华大学研究院，师从俄籍著名人类学家史禄国（Shirokogorov），开始学习人类学。按照史禄国老师培养费孝通的6年方案，两年为一期，分别修学体质人类学、语言人类学和社会人类学。1935年两年一期的体质人类学结束之后，费孝通获得了清华大学公费留学资格，听从导师史禄国的建议，赴少数民族地区调查，1935年暑期开始携夫人去广西大瑶山进行实地调查；1936年留学出国养伤时期，做了后来的"江村调查"；随后远赴英国，师从英国著名功能学派人类学家马林诺夫斯基，1938年博士毕业回国。所以，费孝通晚年在做学术反思的时候曾说，他学术思想是从几位老师那里来的，在这当

中"第一个影响我的是吴文藻先生,第二个是潘光旦先生,然后是三个外国人,一是派克,二是史禄国,三是马林诺斯基"(《费孝通文集》第十四卷,1999:373)。从吴文藻老师那里,费孝通学到了两个重要思想,一个是社会学中国化,一个是把人类学和社会学结合起来,运用人类学的方法发展中国的社会学,从实际调查中出思想、出理论。而潘光旦先生那里是"两个世界",一是人同物的关系的世界,一是人同人的关系的世界。在潘先生思想的基础上,费孝通提出了"人文世界"这个概念。

国外学术思想方面,深受影响的其实还不止费孝通所说的三位导师。20世纪80年代末,费孝通在接受采访时被问到与另一位英国著名人类学家拉德克利夫 – 布朗的(Radcliffe-Brown)关系时,费孝通回答到,没有来往,但读过他的书。费孝通说:"他(拉德克利夫 – 布朗)把功能主义的性质讲得更清楚。马林诺夫斯基着重文化的生物基础,他把一切文化和人的基本需要相联系。我的功能观点不完全和马林诺夫斯基相同,在这点上更近于拉德克利夫 – 布朗,或者涂尔干。我不得不说我曾受涂尔干的强烈影响,因为我一直接受这种观点,即社会构成一中和生物性质不同的实体,他不仅仅是个人的联合也等于说一加一不等于二,而是多于二。"(《费孝通文集》第十一卷,1999:191)其实还不限于此,新近发现的费孝通关于"新教教义与资本主义精神之关系"的佚稿,反映了费孝通20世纪30年代末曾经读过韦伯并受其影响。费孝通在这篇佚稿中写道"在自然科学中,我们要推因求果。推求因果时,我们承认这被审视的二种现象都是没有自由的,都受定律的支配而活动。在人事范围之内,因果关系能否解释就成了问题。人是有意识的动物,有意识就有判断能力,判断包括选择,选择包括自由,既是有自由,如何能以因果定律来应用于人事?所以在确定我们的问题时,我们不得不略加一些说明"(费孝通,2016:8)。学者在解读这篇佚稿时,认为费孝通在因果关系的认识上走的是中道,注重多因素关系分析,比较契合韦伯的原意。韦伯是把实证主义注重因果性探求的理性精神借用过来,与历史学派对个体、对主观意义的敏感结合起来,他既不偏重实证主义,也不偏重历史主义(王铭铭、苏国勋等,2016:34)。可见,中外各种学派皆是费孝通学术思想的养分,费孝通学术思想是海纳百川的。所以费孝通曾这样形容自己的学术定位,"在我身上人类学、社会学、民族学一直分不清,而这种身份不明并没有影响我的工作"(《费孝通文集》第十三卷,1999:24)。正因为费孝通学术的跨学科背景,所以民间对于费孝通使用"行行重行行"为自己著作的书名有这样的解读,行既是"行(hang)"也是"行(xing)"(王铭铭,2012:63),前者是学科跨"行",后者则是理念践"行"。这或许是费孝通学术思想、学术实践的"写照"。

在方法论方面,费孝通一直都在反思。1996年他在其"重读《江村经济》序言"一文中又深入地讨论了调查研究方法的问题。费孝通反思道:"直到80年代,我第二次学术生命开始时，才总结过去的实践中，清醒地看到了我过去那种限于农村的微型调查的限度。后来我明白无论我研究了多少类型，甚至把所有的多种多样的类型都研究遍了，如果所有这些类型都加在一起，还不能得出'中国文化和社会'的全貌，因为像我所研究的江村、禄村、易村、玉村等等的成果，始终没有走出'农村社区'这个层次的社区。整个'中国文化和社会'却不等于这许多农村所加在一起的总数。农村不过是中国文化社会的基础，也可以说是中国的基层社区。基层社区固然是中国文化和社会的基础方面，但是除了这个基础知识之外还必须进入从这基层社区所发展出来的多层次的社区进行实证的调查研究，才能把包括基层在内的多层次相互联系的各种社区综合起来，才能概括地认识'中国文化和社会'这个庞大的社会文化实体。"（《费孝通文集》第十四卷，1999：34）当然，费孝通在意识到微型调查的局限时，始终是在肯定微型社会学不可取代的价值，费孝通指出："'微型社会学'有它的有点，它可深入到人际关系的深处，甚至进入语言所难于表达的传神之意。"（《费孝通文集》第十四卷，1999：36）一方面肯定社会人类学"微型社会学"调查方法的优势，另一方面也看到了微观调查、类型调查的不足。近来随着量化方法和技术的不断进步，社会科学领域也出现了偏重于量化研究的趋势，认为量化的方法可以在较大程度上跨越这些局限，实际上，不同的方法都有其优势与局限。国外关于定量与定性方法的争论也在 20 世纪后 20 年如火如荼地展开，"三角定位法"的局限（质性、定量与个案）、"混合方法"的提倡都在社会学科不同的领域里展开了对话（Blaikie，1991；蒋逸民，2009）。不过，在消解两种方法论之间的张力和误解上，费孝通的实用主义方法论传统依然值得我们借鉴。他认为方法与问题密不可分，研究的"问题"仍然是第一位的，一种固定方法不一定能解决主题的问题，应针对不同的研究主题来选择适当的方法。

　　费孝通到了晚年，并不满足于自己的社会科学研究，而开始关注社会学的学科定位和研究对象。费孝通认为除了研究可量化的数字与方法，社会学还必须研究情感和价值。在 2003 年的《试谈扩展社会学的传统界限》中，费孝通指出："社会学是一种具有'科学'和'人文'双重性格的学科，社会学的科学性，使得它可以成为一种重要的'工具'，可以'用'来解决具体问题；然而，社会学的价值，还不仅仅在于这种'工具性'。今天的社会学，包括它的科学理性的精神，本身就是一种重要的'人文思想'。"（《费孝通文集》第十六卷，2004：147）过去我们都太注重科学这一维度，社会学的人文维度在一定程度上受到忽略，所以他特别列举了这些方面，就是指的这些人际之间、精神世界、文化等。这些都是我们不易测量的，只能意会，所以我们看到费孝通在这里大大扩展了学科的领域。

　　这一认识也可以从自然科学与社会科学的差异性上获得支持。无论是自然科学还是社会科学，在观察与认识事物中都在"化繁为简"，都倾向于抽象出一个简单

的模型，但背后有着不同的逻辑。麦尔（Mayr，1982，2001）在 1982 年曾将之区分为两种思维模型，背后隐喻着自然科学与社会科学思维的分野。柏拉图把世界分为本质世界和表象世界，并认为只有本质世界是值得认识的。自然科学遵循柏拉图的哲学理念，试图探寻本质的世界（world of being）；而社会科学而展现的则是表象世界（world of becoming）。柏拉图的类型思维（typological thinking）对应的就是高斯方法；达尔文的总体性思维（population thinking）对应的就是高尔顿方法（Xie，2007）。实际上社会科学面对的是有差异的个体，这种差异正是社科研究中无法忽略的有价值的认识对象。自然科学是去除差异以寻求真值，社会科学是存留差异以认识总体。例如 2016 年 10 月至 11 月我国神舟十一号顺利上天和运行是一个确定性很强的自然科学胜利的结果；而 2016 年 11 月美国总统大选候选人特朗普出人意料地获胜则是一个虽有确定性但也无法排除不确定性的社会过程。社会科学中很多因素是没法准确预测，同时社会过程存在反身性，预测过程本身也会影响最终结果。事实上，诚如费孝通所说，社会学具有二重性，表现"科学"属性一面是可观察、易量化、易确定的，更适合因果的解释；而属于"人文"属性一面则是丰富、复杂、流动的，更需要意义的理解。这也是社会学中涂尔干与韦伯流派的不同传统，不同的研究对象属性需要不同的研究方法，重要的是我们要理解社会科学中的"科学"与"人文"是统一体，需要对话而不是对立。

"文化自觉"是费孝通晚年提出的重要概念、重要思想，在讨论不同族群之间的关系、国与国之间的关系、世界几大文明之间的关系等一系列文章中都谈到了"文化自觉"。费孝通指出文化自觉"表达了当前思想界对经济全球化的反应，是世界各地多种文化接触中引起人类心态的迫切要求，要求知道：我们为什么这样生活？这样生活有什么意义？这样生活会为我们带来什么结果？"（《费孝通文集》第十四卷，1999：160）。费孝通进一步指出，"文化自觉只是指生活在一定文化中的人对其文化有'自知之明'，明白它的来历，形成过程，所具的特色和它发展的趋向，不带任何'文化回归'的意思。不是要'复旧'，同时也不主张'全盘西化'或'全盘他化'。自知之明是为了加强对文化转型的自主能力，取得决定适应新环境、新时代时文化选择的自主地位"（费孝通，1999：166）。费孝通对 20 世纪做了一个比喻性说法："20 世纪是一个世界性的'战国时代'，在 20 世纪里国与国之间、文化与文化之间、区域与区域之间，有着明确的界限，这个界限是社会构成的关键。这是我们共同经历过的历史事实。而在展望 21 世纪的时候，我似乎看到了另外一种局面。20 世纪那种'战国群雄'的面貌已经受到一个新的世界格局的冲击。民族国家及其文化的分化格局面临着如何在一个全球化的世纪里更新自身的使命。"（《费孝通文集》第十五卷，2001：323）

20 世纪也是我国社会发生深刻变化的时期，这一时期先后出现了三种社会形态，农业社会、工业社会和信息社会面对 21 世纪的到来。我们该如何选择，费孝通将我们的发展阶段形容为"三级两跳"，即从农业社会跳跃到工业社会，再从工业社会跳跃到信息社会。这样的一个巨大变革中，费孝通再次指出"文化自觉"是当今时代的要求，为实现中华民族伟大复兴我们有必要强调人文主义，提倡新人文思想。所以，"面对经济全球化的世界潮流，我们在开始第二跳的时候，要记住把这些想法带上，把'天人合一'、'中和位育'、'和而不同'的古训带上，把对新人文思想、新人文精神的追求带上。这样去做，我们就获得比较高的起跳位置，也才能跳得高、跳得远，在真正意义上实现中华民族的伟大复兴"（《费孝通文集》第十五卷，2001：329-330）。费孝通这一思考也得到了学者的应和，学者甘阳提出"21 世纪的中国人必须树立的第一个新观念就是：中国的'历史文明'是中国'现代国家'的最大资源，而 21 世纪的中国能开创多大的格局，很大程度上将取决于中国人是否自觉地把中国的'现代国家'置于中国源远流长的'历史文明'之源头活水中"（甘阳，2012：1）。毫无疑问，无论是学科的发展、民族国家复兴道路的选择，还是全球化和文明冲突关系的探索，"文化自觉"都是一个有价值的理论工具，值得我们深入去学习领会与实践。

行文最后，我再次概括一下费孝通的整个学术历程，即一条道路两个特点。一个是实践，即以花篮瑶、江村经济等社会调查为代表的社会实践，是从实求知志在富民、认识中国改造中国的实践；另一个就是理论，就是费孝通晚年的逐步展现的"学术反思""文化自觉"的理论拓展。2016 年 10 月，笔者在参加费孝通江村调查 80 周年学术研讨会时，会议主办方要求会议代表留言，当时我的留言是"志在富民，文化自觉"，实际上这也是我对费孝通学术生涯的一个认识，也是我对费孝通学术生涯两个特点的概括总结。费孝通是我们学者的楷模。

参考文献

费孝通，1999，载《费孝通文集》（第一至十四卷），北京：群言出版社。

费孝通，2001，载《费孝通文集》第十五卷，北京：群言出版社。

费孝通，2004，载《费孝通文集》第十六卷，北京：群言出版社。

费孝通，2016，载《新教教义与资本主义精神之关系》，《西北民族研究》第 1 期。

甘阳，2012，《文明国家大学》，北京：生活·读书·新知三联书店。

沟口雄三，1996，《日本人眼中的中国学》（原名《以中国为方法》），李甦平等译，北京：中国人民大学出版社。

蒋逸民，2009，《作为"第三次方法论运动"的混合方法研究》，《浙江社会科学》第 10 期。

拉铁摩尔，欧文，2010，《中国的亚洲内陆边疆》，唐晓峰译，南京：江苏人民出版社。

王铭铭，2012，《超越"新战国"——吴文藻、费孝通的中华民族理论》，北京：生活·读书·新知三联书店。

王铭铭、苏国勋等，2016，《费孝通先生佚稿〈新教教义与资本主义之关系〉研讨座谈会实录》，第 1 期。

吴文藻，1982，《吴文藻自传》，《晋阳学刊》第 6 期。

吴文藻，2012，《论社会学中国化》，北京：商务印书馆。

Blaikie，Norman W. H. 1991. "A Critique of the Use of Triangulation in Social Research"，*Quality & Quantity*，25（2）.

Mayr，Ernst. 1982. *The Growth of Biological Thought：Diversity，Evolution，and Inheritance.* Cambridge，MA：Harvard University Press.

Mayr，Ernst. 2001. "The Philosophical Foundations of Darwinism"，*Proceedings of the American Philosophical Society*，145：488 – 495.

Xie，Yu. 2007. "Otis Dudley Duncan's legacy：the Demographic Approach to Quantitative Reasoning in Social Science"，*Research in Social Stratification and Mobility*，25：141 – 156.

从"志在富民"到"文化自觉"：费孝通先生晚年的思想转向*

周飞舟**

费孝通先生是一个不断对自己进行反思的社会学家和人类学家。他生活在纵贯晚清、民国、新中国的三个时期，用他自己的话来说，是生活在中国社会"三级两跳"的历史时期，在这样一个激烈变化的时代，他的思想之深邃与他晚年从不间断的学术实践与反思是密不可分的。这使得他晚年的思想在不断变化之中，也与早期思想呈现很大的差异。从表面上看，这些差异可以概括为两个方面。

首先，是从看重实践转变为实践与理论并重。费先生早年有志于学医，后来很快转向社会科学，因为"人们的病痛不仅来自身体，来自社会的病痛更加重要"，他的理想就是要"学社会科学去治疗社会的疾病"（《费孝通全集》第十二卷，1987c：387）。这种救世务实的想法贯穿于费先生一生大部分的时间，从而使他在学科问题上格外强调实践，而晚年转向强调理论和文化的变化实际上也正是来源于对学术实践的反思。这方面的转变表现在费先生对很多问题的看法上，可以费先生对严复和伊藤博文的看法为例。

中国的知识界有着"严伊同学"的传闻。两人同赴英伦学习海军，结果回国后，一从事翻译与思想，一从事维新与富国强兵之实务，民国时期的知识分子多以为严复"比伊才高"但功业实逊于伊。费先生说他最早无条件地接受这个说法，在看过严氏译著之后，则产生了"严胜于伊"的想法："功虽显赫，昙花易逝；言留于世，流久弥长"（《费孝通全集》第九卷，1982g：418 – 419）。但是从"文化大革命"时期起，费先生的看法发生了改变："我觉得一个社会的生产技术不改变，生产力发展不起来，外来的思想意识生不了根，会换汤不换药，旧东西贴上新标签。从这方面着眼，严逊于伊了。"（《费孝通全集》第九卷，1982g：419）书和理论固然

---

* 本文在写作过程中得到了刘爱玉、吴柳财的许多帮助，特此致谢，文责自负。

** 周飞舟，北京大学社会学系教授。

重要，"我们也有一个风气，书中出书，……书，书，书，离不开书，很少到实践里去。我很崇拜的严幾道先生也没有脱离这么个传统，他没有把真正科学的、实践的精神带回来，带回来的是资本主义最上层的意识形态的东西"（《费孝通全集》第九卷，1982a：229）。这是 1982 年的思想。到 1993 年，在《略谈中国社会学》一文中，费先生又提到严复的事情，但是这次的看法却是"严远胜于伊"了："事过百年重评再估，不能不体会到严氏的选择具有深意。他似乎已洞察到思想意识在社会演进中的关键作用。西方文化的勃兴从表面上看是它的坚甲利兵，而其科技的基础实在还是 19 世纪的启蒙思想，而《群学肆言》即是其中的一块基石。……改革社会的风云从此风靡全国，不能不承认严氏的远见超众。"（《费孝通全集》第十四卷，1993c：246）

其次，是从看重西方文化到中西文化并重，并越来越偏重中国文化。费孝通先生的启蒙和早年都是新式教育，国学基础不够牢固①，中学也是留学生办的新学，"接着上了教会办的大学，从东吴转到燕京，又进了清华研究院，并再去英国留学，一生受的教育都是西方文化影响下的'新学'教育"（《费孝通全集》第十七卷，2002c：346）。以西方学术训练的眼光观察中国社会而得到的创见使得费先生成为中国社会学、人类学最为重要的奠基人之一。其中，他自己认为最重要的两个概念"差序格局"和"社会继替"就是在这种背景下形成的。但是，费先生晚年对这两个概念都进行了深刻的反思，其理解和阐释也发生了巨大的变化。下面以"差序格局"的概念来加以说明。

在早年的《乡土中国》一书中，费先生提出了这个中国社会学近百年来最为著名的概念。在用"水波纹"的比喻说明了这个概念的基本内容之后，费先生说出了他对于中国人"自私"和"自我主义"的结构性的解释。

> 在我们中国传统思想里是没有这一套（平等观念）的，因为我们所有的是自我主义，一切价值是以"己"作为中心的主义。（《费孝通全集》第六卷，1948：129）

> 我们一旦明白这个能收能放、能伸能缩的社会范围，我们就可以明白中国传统社会中的私的问题了。我常常觉得："中国传统社会里一个人为了自己可以牺牲家，为了家可以牺牲党，为了党可以牺牲国，为了国可以牺牲天下。"（《费孝通全集》第六卷，1948：130）

---

① "我没有进过私塾，没有受过四书五经的教育。连《三字经》《百家姓》也没有念过。"（《费孝通全集》第十七卷，2002c：346）；"要是说'国学'，那么我的基础就差得多了。我认为所谓国学，不仅仅是懂得古文，还要对中国的哲学思想、人文思想有深刻的理解才行。我在这方面没有下过工夫，基础不够扎实，研究得也不够深入。"（《费孝通全集》第十七卷，2003b：473）

以西方社会理论来观察中国社会，会比较容易地发现那些熟视无睹的现象背后的结构性原因。到晚年，费先生重新提到"差序格局"的概念，但是基本看法则与早年恰好相反。

　　能想到人家，不光是想自己，这是中国在人际关系当中一条很主要的东西。老吾老以及人之老，幼吾幼以及人之幼，设身处地，推己及人，我的差序格局就出来了。（《费孝通全集》第十六卷，1998b：274）

　　当你使用这个概念（"心"）的时候，背后假设的"我"与世界的关系已经是一种"由里及外"、"由己及人"的具有"伦理"意义的"差序格局"，而从"心"出发的这种"内""外"之间一层层外推的关系，……从"心"开始，通过"修齐治平"这一层层"伦"的次序，由内向外推广开去，构建每个人心中的世界图景。（《费孝通全集》第十七卷，2003a：459）

我们对比早年和晚年的说法就会发现，费先生对中国社会结构"差序格局"的客观认识并没有改变，还是以"我"为中心的水波纹结构，但早年认为这种结构是自私和自我主义的根源，而晚年则认为这种结构是"推己及人"的必由之路。这种类似于180度大转弯的态度也表现在对古代其他一些问题的看法上，比如宋明理学。1984年，费先生去武夷山，写过一篇《武夷曲》，称自己对理学和朱子"自幼即没有好感"；在1989年的一篇散文《秦淮风味小吃》中，费先生不无讽刺地说：

　　试想程朱理学极盛时代，那种道貌岸然的儒巾怎能咫尺之间就毫不踌躇跨入金粉天地？……时过境迁，最高学府成了百货商场。言义不言利的儒家传统，在这里受到了历史的嘲笑。……我倒很愿意当前的知识分子有机会的都去看一看，这个曾一度封锁我们民族的知识牢狱。（《费孝通全集》第十三卷，1989f：271－274）

在2003年的《试谈扩展社会学的传统界限》一文中，理学成了费先生心中社会学扩展界限的关键所在。

　　理学堪称中国文化的精华和集大成者，实际上是探索中国人精神、心理和行为的一把不可多得的钥匙。……理学的东西，说穿了就是直接谈怎样和人交往，如何对待人、如何治理人、如何塑造人的道理，这些东西，其实就是今天社会学所谓的"机制"和"结构"，它直接决定着社会运行机制和社会结构。

我们今天的社会学，还没有找到一种跟"理学"进行交流的手段。

理学讲的"修身""推己及人""格物致知"等，就含有一种完全不同于西方实证主义、科学主义的特殊的方法论的意义，它是通过人的深层心灵的感知和觉悟，直接获得某些认识，这种认知方式，我们的祖先实践了几千年，但和今天人们的思想方法无法衔接，差不多失传了。（《费孝通全集》第十七卷，2003a：461-463）

费先生晚年的这些变化，学术界已经有所注意和研究，有学者将其称为费先生晚年的"思想转向"（陈占江、包智明，2015）。对于这种"转向"，学者们大多认为这是费先生作为一个有责任感的知识分子的文化观念的"超越"或者"回归"（李友梅，2010；刘春燕，2010）。本文所要论证的是，费先生晚年从实践转向理论、从西方现代转向中国传统并不是一个"文化"的转向，而是一个社会科学研究者学术实践的结果。这两大变化与费孝通先生一生坚持不懈地对社会学、人类学研究方法论的反思有关。而这些方法论的反思又与他坚持"从实求知"的研究传统有着密切关系。本文力图对费先生晚年的"第二次学术生命"进行一个文本上的考察，从中找到线索去理解费先生的这种转变是如何发生的。

所谓"文本上"的考察，是指本文的论据和分析都主要依靠费先生1980年以后的作品。费先生有个特点，就是"有话就写、即兴成章"（《费孝通全集》第十三卷，1988a：6）；"我一贯是心里有什么，笔下就写什么。在这个意义上，不失是后人用来作为历史研究的资料。我在校阅时没有做任何修改"（《费孝通全集》第十二卷，1987b：339）。有些"讲话"文章都是费先生"原汁原味"、略加润色后的想法："我每次下去，人家总是不肯放过我，要我留下些话头，作现场讲话。跟我一起下去的同志就用录音机把我所到之处的讲话录了下来，一路整理。回家后由我动笔修改成文，送出发表。从《小城镇大问题》到最近的《包头行》都是经过这样的工序写出来的。"（《费孝通全集》第十三卷，1991：422）费先生的这种写作风格使我们有机会通过文本去窥见、理解他的内心想法和反思路径，去考察其思想转向与学术实践的内在关系。

一 志在富民：乡镇企业和小城镇研究

在1980年重新获得学术研究和参与国家政策研究的机会时，费孝通先生已经年届七十，他当时表过一个态，要用10年的时间将在"反右"和"文革"期间失去的20

年"补回来"，完成以前未完成的"两篇文章"（《费孝通全集》第十卷，1984g：534）。这"两篇文章"是指费先生早年两个主要的经验研究内容，后来费先生又将其称为做活全国人口这盘棋的"两只眼"。其中第一篇是指费先生新中国成立前在广西大瑶山的少数民族调查，但是意外发生，研究中断。新中国成立初期虽然参加过一些民族识别工作的调查，也未能一了其民族和边区开发研究的心愿。另外一篇文章则是指由《江村经济》所开创的农村发展研究。新中国成立后，费先生于1956年再赴江村，可惜《重访江村》的文章未发表即被划成"右派"而中断。1980年费先生得以三访江村，家乡的变化激起了他接续乡村研究的兴趣。在此后20多年里，乡村发展一直是费孝通先生研究中最为核心的内容。

对于乡村的发展，费先生的认识在不断的调查研究过程中，经历了阶段性的变化。这些变化从两个方面表现出来，一个是农村经济发展的模式，另一个是农村经济发展的区域。下面我就分别从这两个方面追寻费先生的思考路径，试图理解这些实践经验与其晚年思想转向的关系。

农村发展模式，费先生总结为"有农则稳，无工不富，无商不活，有智则进"四句话（《费孝通全集》第十卷，1984d：369）。早在1937年的《江村经济》中，费先生就指出"恢复农村企业是根本的措施"，这是基于江南农村人多地少和农副结合的历史事实得出的结论（《费孝通全集》第二卷，1938：226）。在1956年重访江村时，费先生对当时片面发展农业、轻视副业的状况忧心忡忡。到1980年三访江村时，他就非常敏感地注意到了当时的社队企业在农村经济和农民生活中所起的作用，并开始追踪乡村工业的发展踪迹，称之为"工业下乡"（《费孝通全集》第九卷，1981b：150）。这些社队企业大多是在"文革"期间创办起来，是"乱世出英雄"的结果（《费孝通全集》第十卷，1983d：214）。由于苏南毗邻上海，大城市里的正常生产秩序遭到破坏，下放插队的干部、知青以及一些退休工人通过牵线搭桥，解决了办工业所需的原料、设备、技术和产品市场等问题。改革开放以后，苏南在实行联产承包责任制时，仍然保留了集体所有制性质的社队企业，成了后来名满世界的"苏南模式"乡镇企业的基础。乡镇企业所代表的农村工业化的道路使得费先生异常兴奋和激动，因为这和他半个世纪以前所思考的农村问题若合符节。费先生"感到自己盼了数十年之久的东西就在眼前，农村真正的工业化、现代化正在社会主义条件下出现"（《费孝通全集》第十卷，1983d：222）。他像是找到了一把能够使中国农村开启飞跃发展的钥匙，迫不及待地想要将乡村工业推广到全国各地的农村。1984年，他考察了苏北五个地市，其中最为关注的内容就是当地乡村工业的发展情况。他发现江苏省从南到北，工业产值的比重呈现阶梯形的下降，所以得出结论说，"怎样发展工业和发展什么工业是当前苏北经济发展的主要课题"（《费孝通全集》第十卷，1984e：428）。此后几年，费先生去赤峰、包头、定西、甘南、洞庭，"心焦情急""坐不暖席"，到处所思所想，就是如何"从农业里长出工业来"，直到 1986 年 2 月的温州之行。

温州调查使得费先生对自己提出的"无工不富"的"法门"进行了反思，他果断地摒弃了在全国推广"苏南模式"的思路，提出了"一个目的、多种模式"的战略方针，这是他晚年对自己乡村研究的第一次重要反思。

> 我看到了各个地区农村发展的不平衡，所以发生了一种想法，就是江苏像是在金字塔的顶端。当然很容易得出一个结论：苏南的今天就是其他地区的明天。
>
> 这个推论是不完全正确的。我通过去年初的温州之行才意识到在我的认识上有毛病，发生了偏差。中国农村的发展有共同的一面，也有不同的一面。假如只看到相同的一面，就发生片面性，而且会导致政策上的一刀切，工作上的一般化。……苏北的一些基层领导很想把苏南的一套搬到苏北去，可是搬了几年还是不行，效果差一半还多。原因就是各自的条件不同。……温州和苏南历史条件不同。……温州人的老祖宗传给子孙的看家本领有了用武之地。……这种发展模式只有温州人能够做到，因为他们有自己独特的历史条件。（《费孝通全集》第十二卷，1986c：240 - 241）

在反思的基础上，费先生提出了"以商带工"的"温州模式"。温州人多地少的情况比苏南更加严重，而且也缺乏苏南的地理区位优势。温州模式之所以成功，一个关键因素还是"温州由于有他们的历史传统，懂得自己搞流通市场"。这是对费先生的第一个冲击。"温州模式"给费先生带来的另外一个巨大的冲击是对家庭在经济发展中作用的看法。

家庭是费先生一直关注的重要研究内容，对于中国家庭的研究他也做出了突出的贡献，这集中表现于 20 世纪 40 年代的《生育制度》一书中。他在书中提出了"接力模式"和"反馈模式"，以区别西方和中国的家庭结构。"反馈模式"虽然表面上看要求有大家庭的形式，但是如果考察家庭结构的变化，却会发现小家庭即使在传统中国社会也是占多数的家庭形式。费先生认为，这是因为大家庭并不能适应小农经济的农田经营和劳动（《费孝通全集》第九卷，1982c：255）。新中国成立后人民公社、包产到户以至乡镇企业兴起，小家庭也是普遍的形式，80 年代初江村较为常见的大家庭只是由于农民住房紧张导致的。因此，费先生不无焦虑地提问："中国家庭结构的变动是否会靠近甚至趋同于西方的接力模式？"因为"具体的经济和人口等因素又从不同方向影响着家庭结构的具体变动，也正在改变赡养的方式和内容"。"反馈模式"只是靠"伦理及法律确认子女对父母的赡养义务"得以持续

（《费孝通全集》第十卷，1983a：56）。无疑，费先生是认同"反馈模式"的，但是他也感到其经济和人口的基础正在受到侵蚀，而在当时的条件下，造成这种局面的恰恰是费先生最为看重的"苏南模式"的集体乡镇企业。虽然这种集体经济模式有些"像是传统家庭手工业的扩大和集体化"①，但是在费先生看来，这可能是在苏南这种人多地少和农工相辅的地方不得已的选择，"要实现工业现代化，这些是应当改进的"（《费孝通全集》第十卷，1983d：220）。苏南与苏北相比，最大的优势就在于有集体社队企业的基础，"通过公社、生产队等各级集体经济实体，自己投资创办了工业；工业里累积的资金除一部分分给社员，实际上是以工补农，扣一部分支持各级社区的公共建设和公益事业外，都用来作再生产的资金。这是通过集体渠道的积累，效力是比较高的"（《费孝通全集》第十卷，1984e：416）。相比之下，苏北则面对"从什么渠道能把这些分散的资金集中起来，使其成为发展工业的资金"的难题。实际上，不只是苏北面对这样的问题，全国大部分没有社队企业且实行了包产到户的地区都有这样的难题。这些"难题"可以帮助我们理解费先生足迹遍布包产到户的农村，却几乎没有对包产到户的赞誉之辞，直到1986年的温州之行。温州之行引发的反思，使他似乎突然发现了传统家庭在经济发展中的"新活力"。

> 严格说，如果个体的意思是指个人，温州街上的作坊也并不真是个人所有的，而是家庭所有的。家庭里有不少成员，而且通常并不限于直系亲属组成。许多是已婚的兄弟甚至亲亲戚戚组成的家庭作坊。（《费孝通全集》第十三卷，1989c：215）

在温州看到的家庭企业，也使他对"苏南模式"有了新的重要认识。

> 这里我们可以体会到个体所有制和集体所有制只在概念上可以有严格的界限，这种界限在现实中是相当模糊的。……如果允许我在这一点上再作一些发挥，我想说在苏南模式中的社区所有制在一定意义上也是家庭所有制的发展。……在生产队的具体运作中，我看到了传统大家庭的影子。……从这个角度看去，社队企业的发生，它的经营方式，招工和分配原则，无处不能从传统的大家庭模式里找到对应。社队企业是社队的副业。我并不想贬低新生事物新的一面，只是想指出新生事物似乎都不能和传统模式相脱节，而是常常是脱胎于传统模式的。（《费

---

① "社队企业有顽强的生命力。有个队办工业赔了钱，我问他们怎么办？回答是赔钱还得搞，这是因为工厂看来是赔了钱，但是生产队每一家都有人在厂里做工，挣得工资，所以不允许关厂，而宁可少拿一点工资。"（《费孝通全集》第十卷，1983d：220）

孝通全集》第十三卷，1989c：216）

"传统大家庭的影子"是说尽管"苏南模式"和"温州模式"在各方面差异很大，但是作为其发展基础的社会结构仍然是传统的。到90年代后期，中国经济形势和格局发生较大变化时，费先生就更加重视家庭的作用，并由此上升到中国传统文化在经济发展和社会稳定中的作用。大量的"民工潮"的出现之所以没有带来很大破坏力，"就是以农户为基础的联产承包责任制和我们中国特别密切的传统家属关系，发生着西方人士所不易理解的社会保险的巨大力量""我们不就是摸着农村里有家可归的石头在渡工业现代化的河么？"（《费孝通全集》第十五卷，1996b：285）。在大量国企职工下岗、社会保障工作不够完善、部分人员生活出现困难的情况下，"家"这个社会的基本细胞所带来的"父母、子女、亲戚的互相帮助，增强了渡过困难的能力。这种状况体现了几千年传下来的'修身、齐家、治国'的中国文化的特点"（《费孝通全集》第十五卷，1997c：60）。

费先生对农村经济发展研究的另一个显著特点，是他对以小城镇为基础的发展区域的高度关注，这与他带有功能论色彩的思想方法有关。小城镇研究是费孝通先生晚年经验研究的突出成就，其发端也是1980年那次的"三访江村"。

早在30年代写《江村经济》时，费先生就注意到小城镇在农村经济中的作用。从三访江村开始，小城镇与乡村工业化和乡村发展的关系便成了费先生关注的核心问题。他发现，小城镇的繁荣与衰落实际上是与农村的工副业密切相关的，众多类型的小城镇发挥着人口集中、商品流通、工业生产以及文化、政治等不同的功能。小城镇既是农民脱离农业、从事工副业和商业的起点，又是连接农业和工商业的关键环节。城镇以周围的农村为"乡脚"，没有了"乡脚"，小城镇就没有了源头活水。费先生将吴江县的小城镇分成了"三层五级"，五级之间也是层层包含的关系。苏南的小城镇被费先生看作与苏南的乡镇企业"共生"的生态关系，小城镇及其周围的农村"乡脚"构成了乡镇企业发展的"母体"，而乡镇企业则像是个儿子。费先生多次用到这个比喻来形容这种生态关系，并将苏南的"以工补农"以及小城镇的基础设施建设看作中国式的母子"反馈"关系（《费孝通全集》第十二卷，1987c：430）。

费先生这种重视功能关系和系统关系的视角迅速扩展到了其他地区的发展研究上。在苏北，他看到了"集""镇"的差别以及联系；在赤峰，他强调农业和牧业之间"以牧为主、农牧结合"的关系以解决当地非常严重的生态失衡的问题；在包头，他重点考察包头钢铁厂与包头市的关系，发现"包头是包头、包钢是包钢"，两者虽然同处一个城市，但城市与企业两不相干，包钢就像在包头市中的一个"孤岛"。费先生就此提出一个"人文生态失调"的概念。所谓人文生态，"是指一个社区的人口和社会生产结构各因素间存在着适当的配合以达到不断再生产的体系"（《费孝通全集》第十三卷，1989c：230）。包钢作为一个"三线企业"，走上了一条典型的"企业办社会"的道路，导致企业本身的负担越来越重，产生"失调"的问题，而另一方面，包头市却又不能从包钢的落户中获益。费先生的看法"就是企业的小社区和所在地的大社区这两张皮，必须贴在一起，向社企分离的目标迈进"（《费孝通全集》第十三卷，1989c：234），达到一个"两利"的结果。如果说农村是小城镇的"乡脚"，费先生在此处的思路就是要把社区、城市变成大企业、大工厂的"厂脚"。大企业可以通过在社区、城市中办分厂、办小企业把根扎下去，发展自己的"厂脚"。在对陕西宝鸡市的调查中，费先生说：

> 小企业同大企业的关系，我叫它儿子同父亲的关系，是"分房独立"。分房是我们中国的老习惯，儿子大了，分出去，给他一笔财产，自己独立门户。由于有了这些小厂，老公司职工的子弟全都就业了，工人安心了，这个厂长就好当了。（《费孝通全集》第十三卷，1989e：265）

费先生这种以"功能""体系"为核心的思路在他 1989 年考察珠江三角洲时得到了进一步的扩展，并提出了以发展区域经济为核心的"珠江模式"。"珠江模式"是香港的"蜂窝工厂"在省港两地工资和地价的落差下扩散到珠江三角洲的区域发展模式。这种扩散最初所采取的主要是"三来一补"的方式。费先生将省港地区加上周边的广西、湖南等地设想成一个以香港为中心的扩散圈层，希望"港风"能够吹及民族边区的广西（《费孝通全集》第十三卷，1989c：221）。等到 1992 年再赴珠江考察时，他对自己区域发展的思路展开了进一步的反思，他看到了珠江三角洲四小虎各自不同的发展战略，以及以"造船出海"的方式对香港的经济辐射做出的反应，即主动地引进外资和现代技术、现代经营方式，提高了本地企业的实力，而不是一味作为香港企业的后方工厂。

自 1992 年到 1994 年年底，费先生又重点考察了河南、山东等地，足迹几乎遍布两省各市。1994 年 10 月，费先生第 17 次访问江村，年底在南京参加了《小城镇大问题》座谈会，写了一篇《小城镇研究十年反思》，这是继 1986 年温州行之后对农村发展研究的第二次重要反思。

这次反思的起因是费先生在重访苏南时注意到的几个新现象：一个是乡镇企业有变成"小国营"的趋向，一个是城镇的基础设施建设滞后，还有一个就是"民工潮"开始初步涌现，"离土不离乡"开始变成"离土又离乡"了。后面两个现象对费先生形成了更大的冲击，使他觉得他过去的研究"只吃了小城镇这颗核桃的肉，而丢了核桃的壳"，只想着小城镇如何能发展乡镇企业而富民，却很少去想人们住

在小城镇是否舒适。这个经验研究中的反思导致费先生展开了对自己社会学研究方法的反思，他说自己的"缺点是见社会不见人"。

> 我费了不少笔墨来描写社会结构，就是人们需要遵守的由社会约定俗成的行为规范，有如"君君、臣臣、父父、子子"那一类，而没有讲过一个个人怎样在这套规矩里生活。人的生活是有悲欢、有喜乐、有爱恨、有希望又有懊悔等极为丰富的内容，就这方面的生活内容讲，人各有别。我的缺点就在只讲了社会生活的共性而没有讲社会里生活的人的个性，只画了乐谱，没有听到琴音，只看了剧本，没有看到台上演员的精彩表演。（《费孝通全集》第十五卷，1995b：33 - 34）

费先生在 1990 年过 80 岁生日时，朋友问他一生的志向，他脱口而出："志在富民。"为了富民，他虽然垂垂老矣，但仍"行行重行行"，而且在思想上也是不断反思。如果说农村发展研究中的第一次反思使费先生看到历史传统和家庭的重要性，那么这第二次反思则使他看到人、人的心态的重要性。第一次反思使费先生看到富民的多样性和多种模式，第二次反思则使费先生看到富民的难度和艰巨性。20 世纪 90 年代初的反思正是费先生从"生态"研究转向"心态"研究的关键时期。在费先生看来，只是靠摸清经济结构和社会结构及其关系，并不一定能解决人的问题，不能增进对人的喜怒哀乐的了解，甚至也不能解决经济发展本身的问题。他在余生里奔走全国，提出长江三角洲、黄河三角洲开发战略、西部边区开发战略，在年逾90 岁时仍然计划着沿京九铁路"串糖葫芦"，促进纵贯中部的城市区域开发，用他自己的话来说，"亲眼目睹、亲身经历、亲笔记录"了中国农村城市化及其发展问题（《费孝通全集》第十六卷，1998e：320）。在 2003 年他有一段深有体会的总结：

> 比如，在很多欠发达地区，在"看得见摸得着"的方面，诸如制度、法律、规章等方面，因为同处于中国的基本制度之下，所以与发达地区并没有什么差别，很多表面的东西是完全一致的，一样的，但这些地区在相同的政策、体制条件下，发展的效果却很不相同。我们通过深度、"参与观察"的研究就会发现，这里的人们日常的、细微的人际关系、交往方式、交往心态以及与之有关的风俗习惯和价值观念，和发达地区有相当大的差异，而这些"差异"，大多是这种"只能意会、不能言传"的部分。这部分东西，实际上常常是构成社会经济发展差异的真正原因。
> 根据这些年的实际调查经验，我觉得在地方社会中，越是我们"外人"看不出、说不清、感觉不到、意识不到、很难测量和调控的文化因素，越可能是

一些深藏不露的隐含的决定力量，越可能是我们实际工作中的难点，也越值得我们社会学研究者关注。（《费孝通全集》第十七卷，2003a：451）

这可以看作费先生对其农村发展研究的关键问题的最后总结。从开始关心农民收入到后来关心经济和社会结构，再到后来关心人的观念和心态，这种转变正是费先生"行行重行行"的结果。当他年届九十，很难再从事实地调查的情况下，他也仍然做出过努力，试图用重视"人"、重视"心态"的思路去分析经验问题，这集中体现在他92岁时写的《对上海社区建设的一点思考》一文中。这种探索无论成功与否都为我们后人开辟了重要的研究思路。

二 多元一体：民族与边区开发研究

民族和边区研究是费孝通先生"两篇文章"中的另外一篇，构成了他"第二次学术生命"的重要部分。回顾费先生从事民族和边区开发研究的历程，我们仍然可以清晰地看到费先生通过不断的观察、实践、反思，实现从"志在富民"到"文化自觉"转变的心路和学术历程。

据费先生自己说，他对于少数民族和边区研究有着特殊的感情（《费孝通全集》第十六卷，1998c：291）。在恢复新的学术生命、三访江村之后，他就逐步展开了一系列的"边区行"。与江村相比，边区的少数民族普遍面临贫困和发展落后的问题，费先生"志在富民"的思想也完全适用于少数民族。这种急迫的心态最为鲜明地体现在他的一篇游记式的文章里。在甘南，看了当地落后的经济后，费先生游览了当地喇嘛教的圣地拉卜楞寺。费先生看到"许多信徒心甘情愿地把一生劳动的积累，一下子都施舍给寺庙，自己再去过乞讨的生活"，又看到当地的藏民对自己这样的上宾顶礼膜拜，不禁感叹说：

> 他们那种忠厚虔诚的性格只应引起人们的尊敬，但是他们所得到现世的报答却是艰苦和悲惨，那又怎能使我心安呢？……我对他们真是感愧交加。他们是值得尊敬的人，因为他们是有理想的人，没有理想怎能这么虔诚？但是他们自小从社会接受的理想又给他们带来了什么呢？如果一个无神论者也可以用祈祷来表达他的心愿，我很想祈求他们所信奉的神明能允许他们在现世预支他们后世得到的报应。（《费孝通全集》第十一卷，1985b：198）

可见，在这个时期，费先生心中最为核心的问题就是"发展"，并且这种边区发展不能只是汉族的发展，而且必须是"少数民族的发展"。在他看来，民族间平等相待、和谐相处的实质是必须有"事实上的平等"，而这种平等"必须通过发展经济来实现，对外开放、对内搞活的方针同样适用于民族的范围内"（《费孝通全集》第十一卷，1985c：290）。为了实现这个目标，费先生不遗余力。在广西瑶山，他生平第一次喝了猕猴桃酒之后就开始为这个产业到处做"广告"（《费孝通全集》第九卷，1981a：113；《费孝通全集》第十卷，1983b：139）；1986年，在甘肃临夏，他"串门闯户"，发现当地经商跑拉萨的大部分都是回族或者信伊斯兰教的小民族，这使他突然意识到这个地区历史上是连接西藏和甘肃的一条贸易走廊，而回族善于经商的历史传统使得在这条走廊上奔波的人有着鲜明的民族特点（《费孝通全集》第十二卷，1986b：163）；在海南，他看到当地橡胶产业有着巨大的发展，但是受益的都是国营农场，而黎族、苗族的农村还是茅草房（《费孝通全集》第十二卷，1987a：306）……这些现象使得费先生开始从富民和办工业、发展经济转向更深层次的思考：民族关系到底与少数民族的发展有着什么样的关系？

费先生早年之所以涉足少数民族领域的研究，与他在清华大学跟随史禄国学习体质人类学有比较密切的关系，这构成了他早年基本的民族观。从英国学习人类学回国之后，他写了一封信反驳顾颉刚"中华民族是一个"的观点，并在报纸上刊出。接着顾颉刚又撰述长篇大文进行反驳。费先生表示当时并不能理解顾颉刚的意思，认为不符合中国多民族的历史事实（《费孝通全集》第十四卷，1993d：269）。新中国成立以后，费先生参加了当时民族识别工作，这给他带来了认识上的很大提高。通过实际调查，费先生认识到，中国社会既不能用苏联斯大林所定义的"民族"概念简单地进行划分，也不能用资本主义的"民族－国家"的概念去理解中国的民族差别，"'民族'的概念是活的，不是死的，是一个发展的概念""民族识别不能从定义出发，不能离开一定的历史条件"（《费孝通全集》第十一卷，1985a：28－29）。根据中国的实际情况，"民族"概念本身包含了三个层次。

> 第一层是中华民族的"民族"，这是中国历史发展决定的，确确实实存在一个中华民族。第二层是组成中华民族整体的各个具体民族，……第三层是中华民族里各个民族内部的各种"人"，如广西金秀瑶山里的五种瑶人。（《费孝通全集》第十一卷，1985a：29）

在对广西金秀瑶山的研究中，费先生对民族关系的研究呈现更加深刻的认识。广西金秀的瑶族根据自称可以分为五种，从语言上看，他们可能分别有不同的来源，进入大瑶山之后，逐步凝聚成为一个民族共同体，但是又保留着各自的特色。大瑶山呈现的民族间"成分复杂、既有融合、又有分化"（《费孝通全集》第十二卷，1986a：

13）的复杂情况，在费先生看来，就像是中华民族的一个历史的缩影，一个"宏观研究中的微型调查"（《费孝通全集》第十二卷，1986a：14）。

在这些考察和思考的基础上，1988 年，费先生在香港中文大学发表了论文《中华民族的多元一体格局》，形成了他对民族问题的理论观点。这篇著名的论文既可以看作费先生一生对民族问题研究的总结，又可以看作此后所思考的重大问题的开始，对于理解费孝通晚年思想的转向具有重要的意义。

这篇文章认为，中华民族的形成是由一个"华夏"的核心，随着历史的进展，像滚雪球一般地将周围的异族吸收容纳进了这个核心并不断壮大，同时也不断渗入其他民族的聚居区，构成了一个你中有我、我中有你的不可分割的统一体，这个民族实体经过了民族自觉而称为中华民族。

对于理解费先生晚年思想尤其是社会学方法论的反思和转向，这篇文章有两点值得注意。

首先，费先生在本文中第一次正式提出了"自觉"的概念，并认为这是民族形成的关键所在。自觉是在"自在"的基础上产生的。费先生说：

> 汉作为一个族名是汉代和其后中原的人和四周外族人接触中产生的。民族名称的一般规律是从"他称"转为"自称"。生活中一个共同社区之内的人，如果不和外界接触不会自觉地认同。民族是一个具有共同生活方式的人们共同体，必须和"非我族类"的外人接触才发生民族的认同，也就是作为民族意识，所以有一个从自在到自觉的过程。（《费孝通全集》第十三卷，1988c：116）
>
> 中华民族作为一个自觉的民族实体，是近百年来中国和西方列强对抗中出现的，但作为一个自在的民族实体则是几千年的历史过程中形成的。（《费孝通全集》第十三卷，1988c：109）

费先生在此文章提出的"自觉"的概念与十年后（1997 年）提出的"文化自觉"的说法并无实质性的不同，只是在此时他还没有明确意识到文化与"自觉"之间的深刻联系。事实上，费先生之所以在 1997 年提出"文化自觉"的概念，也是直接与民族问题有关的。[①] 那年 1 月在北京大学社会学人类学研究所举办的"社会文化人类学高级研讨班"上，有个鄂伦春族的学员提出了这种人数极少的少数民族的文化存亡问题。鄂伦春族的狩猎文化很显然不能适应现代社会，但是狩猎文化就是鄂伦春族的标志。如果族人放弃这种文化，适应现代社会，那么还能称为鄂伦春

---

① "我在提出'文化自觉'时，并非从东西文化的比较中，看到了中国文化有什么危机，而是在对少数民族的实地研究中首先接触到了这个问题。"（《费孝通全集》第十七卷，2002c：347）

族人吗？所以这里有一个严酷的选择：是保存文化还是保存人？由此，费先生由民族问题进入了现代化和全球化问题的思考。

> 我近来正在思考一个令我烦恼的问题。……这个问题在国内人口极少的民族当中特别突出，但在我看来它并非只是这些少数民族特有的问题，而是个现代人或后工业化人类的共同问题，是一个值得我们研究文化的人重视和深思的难题。（《费孝通全集》第十五卷，1997b：49）
>
> 充满"东方学"偏见的西方现代化理论，常成为非西方政治的指导思想，使作为东方"异文化"的西方，成为想象中东方文化发展的前景，因而跌入了以欧美为中心的文化霸权主义的陷阱。（《费孝通全集》第十五卷，1997b：51）

其次，费先生在《中华民族的多元一体格局》一文中也提出了引导他余生一直在思考的问题：导致民族融合和中华民族凝聚的核心要素到底是什么？在此文中，他也尝试性地进行了解答：

> 看来主要是出于社会和经济的需要，虽则政治的原因也不应当忽视。……大多数的少数民族王朝都是力求压低汉族的地位和保持其民族的特点，结果都显然和他们的愿望相反。政治的优势并不就是民族在社会上和经济上的优势，满族是最近的也是最明显的例子。……如果要寻找一个汉族凝聚力的来源，我认为汉族的农业经济是一个主要因素。看来任何一个游牧民族只要进入平原，落入精耕细作的农业社会里，迟早就会服服帖帖地、主动地融入汉族之中。（《费孝通全集》第十三卷，1988c：141–142）

在这个阶段，费先生还是着眼于他一生秉持的社会经济分析。事实上，早在20世纪30年代《乡土中国》一书中，他就倾向于用生产方式的社会经济解释代替文化解释。在1985年的《社会调查自白》一文中，他还是在强调"土地"就是中国文化的根本特征。人是由土而来、归于尘土的自然循环的一部分，这种农业不是和土地对立的农业，而是和谐的农业。

随着90年代费先生转向重视文化的思考，他对这个问题的回答也发生了变化。实际上，从费先生一系列著作中很难搞清"文化"到底是如何第一次出现在费先生关于民族融合问题的思考中的。细读全集，有两处线索可以参考。

第一处是1996年《重读〈江村经济〉序言》一文中"意犹未尽"的思索。

> 热心于文字和语音结合的人们没有注意到"方块字"在中国几千年文化中

所起的积极作用，那就是阻挡了以语音差别为基础、由方言发展不同语言而形成分割为不同民族的历史过程。最清楚的例子是多语言和多民族的欧洲，到现在还不容易合成一体，在东亚大陆上我认为正因为产生了这个和语音脱钩的文字体系，汉族才能保存地方方言而逐渐统一成一个民族，而且掌握着"方块字"作为信息媒介的汉族才能起到不断吸收和融合其他民族的作用以成为当今世界上人口最多的民族，同时还起着多元一体的中华民族的核心作用。（《费孝通全集》第十五卷，1996a：275）

这是将中华文字作为凝聚力来源的一个重要因素。另外一处则出现在中国社会学学术史上必将成为重要事件的《孔林片思》一文中。

这个思想是我在山东游孔林的时候，突然有感而发的。人的思想有时候是很奇怪的，往往是突然受到启发而悟到的。我在孔林兜圈时，突然意识到孔子不就是搞多元一体的心态这个秩序吗？而他在中国成功了，形成一个庞大的中华民族。中国为什么没有出现像前捷克斯洛伐克及前苏联那种分裂的局面，是因为中国人有中国人的心态，而中国人的这种心态是怎样形成的，汉族怎样形成这样一个大民族，11亿人又是怎样会形成这样一种统一的"认同"（identity）？这不是偶然的，也不是一种空洞的概念，而是一种具体的东西，影响深远的东西。（《费孝通全集》第十四卷，1993c：244）

这已经很明确了，费先生从此开始在以儒学为核心的中国文化中寻找民族凝聚力的答案。他对传统文化的理解是"社会学"式的，即并不是从理论和文本出发、离开具体的人的行动来谈文化。例如他认为，解决香港问题的"一国两制"的智慧就来自中国文化，只不过"邓小平想到这一点，不一定是从理论上边想，他是从实际生活里边感觉可以这样做，后来实践也证明可以这样做。这就伟大了"。"我是看到了文化在里边发生作用，中国文化骨子里边有这个东西。在他身上，在一个特定的时候，这个东西发生了作用，他来了灵感。"（《费孝通全集》第十六卷，1998b：269 – 270）中国文化里有的"这个东西"，"必然有一种力量，一种容忍的同化力，也可叫它凝聚力"（《费孝通全集》第十四卷，1993e：294），具体而言，费先生认为是"和而不同"的包容性：

"和而不同"就是"多元互补"。"多元互补"是中华文化融合力的表现，也是中华文化得以连绵延续不断发展的原因之一。我在《中华民族的多元一体

格局》一文中，提出了中华民族形成过程中的"多元一体"理论，得到了学界同人的广泛认同。在中华文化的发展过程中，多元的文化形态在相互接触中相互影响，相互吸收，相互融合，共同形成中华民族"和而不同"的传统文化。（《费孝通全集》第十六卷，1998d：304－305）

这可以看作费先生为他文章中提出的问题找到的答案。在晚年绝笔之作《"美美与共"和人类文明》一文中，费先生又一次强调了他的答案。

> 中华民族在漫长的"分分合合"的历程中，终于由许许多多分散孤立的族群，形成了一个"你来我去、我来你去、我中有你、你中有我，而又各具个性的多元一体"。所以，在中华文明中我们可以处处体会到那种多样和统一的辩证关系。……儒家学说中又有什么东西使它成为一种联结各个不同族群、不同地域文化的纽带，从而维系和发展了中华民族的多元一体格局？（《费孝通全集》第十七卷，2004：545）

费先生从少数民族研究、边区开发研究到对中华民族的研究充分体现了他"从实求知"的治学气质，从志在富民到区域发展，再从挖掘少数民族的历史传统和特色文化到对中华民族多元一体的思考，一步步走来，由微观到宏观，由经济、社会到文化，其思考的问题、思考的广度和深度也像百川融汇一样，用他的"第二次学术生命"将"两篇文章"写得大气磅礴。这"两篇文章"是志在富民、务实求真的经验文章，但是贯穿于这两篇文章背后的，则是费先生一生恪守的"从实求知"的方法论原则。当然，在其生命最后的二十多年里，费先生对社会学、人类学的方法论反思也从来没有停止过，正是这种反思为社会学的发展和中国化留下了巨大的财富。

三 从实求知：社会学方法论的反思和转向

费先生早期对社会学的理解，是以人类学田野调查为中心的社会调查方法为主。[①] 社会调查不但是社会学获得认识的主要方法，也是社会学理论的主要来源。

---

① "所以社会学是以社会调查为基础的，通过社会调查，社会学的理论结合了社会实际。"（《费孝通全集》第九卷，1982d：277）"自然科学离不开实验，社会科学离不开社会调查。"（《费孝通全集》第九卷，1982e：297）

费先生说，自己早年缺乏系统深入的社会学训练①，所以才有晚年不断要进行"补课"的动力。费先生非常强调社会调查的作用，是建立在自己过去社会调查的经验基础上的。社会调查对社会学之所以重要，是因为它像"实验"是自然科学的关键方法一样，是社会科学的主要认识来源。在 80 年代，费先生讲"社会学"的时候基本上是在讲"社会调查"，他指出，社会调查对社会学的重要作用有这样几个方面（《费孝通全集》第九卷，1982f：303）。第一，方便运用比较方法来获得新知识。社会调查可以使我们进入我们自己不太熟悉的社会环境中去，这种"陌生化"更有利于我们发现"不寻常"的地方和问题。第二，社会调查的直接观察法经常会发现一些"意外的""出乎意料"的现象，而这些现象是我们认识社会的最为重要的线索。这些现象，只有在实地看到或遇到才会激发研究者的思考，这是实地调查的意义。② 第三，费先生也开始强调问卷调查、定量研究对社会学的重要意义。③

从早年一直到整个 80 年代的"行行重行行"，费先生"志在富民"的研究、对社会学学科重建的认识等努力都是建立在这种以社会调查为核心的"从实求知"的基础上。所谓"从实求知"，也就是他自己所谓"实事求是"的研究方法。

> 一切要从已发生的事实为基础，观察和描述"已然"。用可以观察到的事实为材料，进行比较和分析，探索在事物发展中可能发生的情况，做出设想，然后通过思考，引发出"或然"。最后以实践去检验其正确与否，经过历史的对证，得出"果然"或"不然"的结论。（《费孝通全集》第十五卷，1995a：1）

直到 1990 年，费先生看到了早年的英国同学 Sir Edmund Leach 的著作《社会人类学》一书之后，才展开了对自己从事一生的调查方法及方法论的不断反思。在此书中，Leach 针对费先生的《江村经济》一书提出了两个问题或者说是批评：一个是在中国这样广大的国家，个别社区的微型研究能否概括中国的国情？另一个是像中国人类学者那样，以自己的社会为研究对象是否可取？这两个问题构成了我们理解费先生在余生中对社会学方法论深入反思的总线索。

---

① "解放前我虽在一些大学里教过社会学的课程，但我个人的主要兴趣在于社会调查。在学校里所讲的大多是一些能利用我的调查资料的专题课程，对于社会学整个领域缺乏有系统的全面研究。"（《费孝通全集》第十卷，1983c：165）

② 在 20 世纪 80 年代的调查中，费先生经常举的例子是通过江村的姑娘"烫头"而发现乡村工业的端倪及其导致的家庭关系的变化（《费孝通全集》第九卷，1982b：242）。

③ 但是到 1988 年，费先生在《经历·见解·反思》一文的对答中，明确表示了对问卷式的社会调查的看法："我怀疑它们，我不能相信它们中大部分所根据的原始数据的可靠性，因为使用的指标常常不是从所研究的地方得来的。我们使用家庭、亲属关系等等的调查项目，但这些项目的定义来自什么地方？它们常常是根据其他地方的资料提出的，然后简单地应用在这里。那可能导致严重误解。"（《费孝通全集》第十二卷，1987c：439）

在 1990 年的《人的研究在中国——缺席的对话》一文中，费先生尝试着对 Leach 的问题进行了回答。对于第一个问题，费先生仍然秉持着他在这个阶段所理解的"从实求知"方法，认为江村的研究虽然不能代表中国，但是"从个别出发是可以接近整体的"，费先生用了他经常强调的"类型比较法"来为自己辩护。

> 把一个农村看做是全国农村的典型，用它来代表所有的中国农村，那是错误的。但是把一个农村看成是一切都与众不同、自成一格的独秀，sui generis，也是不对的。……所以我在这里和 Edmund 辩论的焦点并不是江村能不能代表中国所有农村，而是江村能不能在某些方面代表一些中国的农村。（《费孝通全集》第十三卷，1990b：345）

费先生认为，只要坚持不懈地进行更加多的乡村、更大区域的调查，就可以不断地在"类型比较"中"逐渐""接近"对整个中国农村的认识。实际上，费先生从英国学成回来之后所进行的云南三村的研究，80 年代所进行的小城镇－经济模式－边区开发－区域发展的研究，可以看作他以实际行动对这个问题的回答。

对于第二个问题，Leach 的意思是说，中国人研究中国社会难免会有偏见，有价值和感情的因素起作用而影响研究的客观性。这个问题的提问逻辑与第一个问题是相似的，但是费先生的回答却与回答第一个问题时的客观态度全然不同。

> 我自己知道我为什么要学人类学，……我的选择是出于一种价值判断。……我学人类学，简单地说，是想学习到一些认识中国社会的观点和方法，用我所得到的知识去推动中国社会的进步，所以是有所为而为的。如果真如 Edmund 所说中国人研究中国社会是不足取的，就是说，学了人类学也不能使我了解中国的话，我就不会投入人类学这门学科了，即使投入了，也早已改行了。（《费孝通全集》第十三卷，1990b：342－343）

这种态度激烈的回答费先生自己明显也不满意，这导致了他就此问题展开了漫长的方法论的反思。追索这个反思过程，有利于我们理解社会学方法论和社会学中国化的许多重要问题，也有利于我们理解费先生临终前几年提出的划时代的创见。要细致地理解费先生在此问题上的心路和思考历程，我们必须从他对于社会学核心问题的认识开始。

个人与社会的关系是费先生所受人类学、社会学训练中关注的核心问题，费先生也是在此基础上提出他早年最重要的两个学术概念之———"社会继替"。"社会继替"的理论基础是以马林诺夫斯基为代表的英国结构功能主义人类学，是"为了解决个人有生死、社会须持续的矛盾，也就是生物的个人和社会的集体之间的矛盾"（《费孝通全集》第十卷，1984f：447）。在费先生看来，生物人是社会的"载体"，而社会是生物人的"实体"（《费孝通全集》第十四卷，1993b：217），两者的关系犹如细胞与生命的关系一样。社会这个实体是出于个人的需要而存在，但是社会作为实体，有自己的发展规律，它的发展和绵续是通过个人的生死或者说社会的新陈代谢来实现的。

费先生的理论与马林诺夫斯基的不同之处在于，马林诺夫斯基倾向于认为社会结构及文化体系是用来满足人的基本生物需要及衍生的各种需要的手段，而费先生则更强调社会作为"实体"而独立于并限制人的生物需要的部分（《费孝通全集》第十四卷，1993b：231）。在这点上，他明确承认自己受到拉德克利夫－布朗以及涂尔干的影响，即社会构成一种和生物性质不同的实体（《费孝通全集》第十二卷，1987c：434）。这种观点是他在新中国成立前最为高产的以《乡土中国》《生育制度》为代表的系列著作背后的主要理论，"这种涂尔干式的社会观已成了我这一段时间的主要学术倾向"（《费孝通全集》第十四卷，1993b：231）。

在《生育制度》一书中，费先生发展了涂尔干式的社会实体论。这是他对此书最感自豪的一个贡献，也是他对于 Arkush 在《费孝通传》中把自己看成一个主要受西方理论影响的社会科学家而感到不满的重要原因。[①]

> 然而，当我特别被涂尔干的"集体意识"概念吸引的时候，作为一个中国人我发觉有必要把他的概念转成垂直的。他的概念像是一个平面的人际关系；而中国的整合观念是垂直的，是代际关系。在我们的传统观点里，个人只是构成过去的人和未来的人之间的一个环节。当前是过去和未来之间的环节。中国人的心目中总是上有祖先下有子孙，因此一个人的责任是光宗耀祖、香火绵绵，那是社会成员的正当职责。那是代际的整合。在那个意义上我们看到社会整体是垂直的而不是平面的。（《费孝通全集》第十二卷，1987c：434）

《生育制度》可以说是费先生早年的得意之作[②]，但是却未能得到他最为敬重的老师之一潘光旦先生的赞许。潘先生为此书写了一篇很长的序言，认为此书固然为

[①] 费先生对美国学者阿古什（R. David Arkush）写的《费孝通传》不满意的"最大的缺点"就是"他把我的思想作为一种受了西方影响的思想来分析，从西方的学术发展来评价我。他不理解我的东方'底子'，没有把我当成一个中国学者。我是中国人，我的基本看法，也是中国人的看法"（《费孝通全集》第十一卷，1985e：370）。阿古什写《费孝通传》的主要依据都是费先生的早期作品，其中最能体现"中国人的看法"的当属《生育制度》中的"反馈模式"了。

[②] "不过就在那时我写了一本我喜欢的理论性著作《生育制度》（1947年）。我喜欢那本著作。它是我最好的著作之一。"（《费孝通全集》第十二卷，1987c：404）

一家之言，但是"忽视了生物个人对社会文化的作用，所以偏而不全，未能允执其中"（《费孝通全集》第十四卷，1993b：232）。此后经历了"文革"、经历了80年代"志在富民"的行行重行行，费先生对个人与社会的关系进行了重新的反思之后，开始"多少已接受了潘光旦先生的批评，认识到社会和人是辨证统一体中的两面，在活动的机制里互相起作用的"（《费孝通全集》第十四卷，1993b：237）。

费先生所理解的潘光旦强调的"生物个人"，与马林诺夫斯基所强调的个人的"生物需要"是不同的。这个"新"的生物个人由两个方面组成，而不是此前费先生理解的"社会实体"的傀儡。一个方面是纯粹生物性的一面，作为生物人，就是自然生物演化的一个阶段，人的精神领域和人文世界当然也是这个过程的一个阶段。另一方面这个生物人有一个精神领域，能够"自觉"地认识这个自然演化的世界。费先生的这个思想是结合了潘光旦先生"中和位育"的新人文思想与他早年在清华的老师史禄国的思想的产物。

> 在读了史氏的理论后，油然而生的一种感觉是宇宙本身发生了有"智力"的这种人类，因而产生了社会文化现象，其后不可能不在生物基础上又冒出一种新的突破而出现一种后人类的物体。（《费孝通全集》第十四卷，1994：327）

费先生此时开始形成个人和社会关系的新观念：人是宇宙和自然的一部分，人类被赋予一种"自觉"的能力，所以可以说自然通过人类而变得有意识，而人类对自然、社会和自身的认识都是通过"自觉"而获得的。这种"自觉"并非"社会实体"的自觉，而是个人通过社会实体而变得"自觉"，是"我"的自觉。这种自觉就是所谓的"人文世界"，用史禄国的话来说叫作 psycho-mental complex，费先生将其译作"心态"。根据费先生自己的解释，心态是一种"文化的心态"，不仅包括了一个人的行动，更重要的是包含了背后的思想意识、感情、爱好，"不仅仅是我的讲话、我的行动，而且还有我讲话内容的意义，以及我很希望你们能听懂我的话的这种感情和志向"（《费孝通全集》第十六卷，1999b：405），这成为费先生晚期思想中理解个人与社会关系的核心概念。

费先生用这种观念审视和反思自己过去的研究，将"从实求知"的方法论赋予了新的意义。就是在这一年，1994年，费先生在《小城镇十年研究反思》中对自己"只见社会不见人"的研究进行了深入的自我反省。小城镇十年的研究又何尝不是"实"呢？但这在此时的费先生看来，这种实地调查还不够"实"。

> 我尽管主张实地调查，主张理论联系实际，但在我具体的社区调查中我始终是一个调查者的身份去观察别人的生活。换一句话说，我是以局外人的立场去观

察一个处在另一种生活中的对象。（《费孝通全集》第十四卷，1993b：233）

根据这些话，我们可以理解为费先生说的"从实求知"的"实"并不一定是实地调查就可以，新中国成立前的社区研究和改革后的富民研究都是这样一种"实"，是"只见社会不见人"的研究。真正的"实"是要找到社会实体下面个人的"自我感觉"，这是费先生所说的"心态"的意思。具体地说，这种"心态"既不是人与自然的"生态"关系，也不是人与人相处的"利害"关系，而是人与人相处如何理解对方、如何看待对方的"道义关系"①。这种心态、这种"道义关系"，就是费先生所说的"人文世界"，也就是"文化"的核心部分。

这样的人文世界，按照费先生对马林诺夫斯基的理解，既不能说完全就是自然的一部分，也不是与自然世界对立，而是把自然和人文世界的"联结处给填实了"（《费孝通全集》第十五卷，1995e：216）。人文世界来自自然，既是对自然的"加工"，又是自然通过人的"自觉"。在这种观念之下，人类的文化无论处在什么样的偏僻角落或者什么样的时代，无论在表面上如何千差万别，都有本质上的一致性，都有可以相互沟通和相互理解的基础，马林诺夫斯基功能学派的"心法"就是"众出于一，异中见同"（《费孝通全集》第十五卷，1996a：261）。研究者面对的主要任务，就不是客观的、"局外人"的观察，而是真正地了解。

> 研究者必须要有一种新的观点和境界，就是研究者不但要把所研究的对象看成身外之物，而且还要能利用自己是人这一特点，设身处地地去了解这个被研究的对象。（《费孝通全集》第十五卷，1995e：208）

这种"设身处地"的方法，就是在田野考察的基础上，一种基于自我"内省"的认识文化的方法。就是要到实地中去"体会"、去"呼吸一下清新的空气"，去了解这样一种"活生生的生活的一部分，充满着有哭有笑、有感情的举止言行，把文化拉回到了人的生活本身"，而不是把文化建立在奇谈怪论或者"无知"的基础上（《费孝通全集》第十五卷，1995e：206－207）。

在1996年的《重读〈江村经济〉序言》一文中，费先生对 Leach 的问题又进行了基于上述深刻反思的、学理上的回答。作为马林诺夫斯基的弟子，Leach 也承认，人类学研究文化的方法是基于"内省"："我们起初把别人看成是乖僻，但到头还得承

---

① "越来越感到我过去太偏重在社会结构的分析和描述这方面……我不能不想到我的启蒙老师派克教授早就指出的人同人集体生活中的两个层次：利害关系和道义关系。我拾了基层，丢了上层，这是不可原谅的。"（《费孝通全集》第十四卷，1993c：257）

认人们的'异相怪样'正是我们从镜子里看到自己的模样"（《费孝通全集》第十五卷，1996a：261）。费先生回顾自己生平三次人类学的田野调查，即广西金秀瑶山、云南禄村和江苏江村，发现其中用"内省"的方法认识地方文化时有着程度上的差别："我对所接触到的人、事、物能心领神会的程度确是不同的。"在家乡的江村基本没有任何困难，在禄村就要用"官话"来交流，而在瑶山，只能依靠说汉话的人帮助。费先生依然能够清晰地回忆起初进瑶山、被黑黝黝的一群人围住的那个"友好但莫名其妙的世界"。理性地分析这种"内省"的方法，可以看出，研究者过去的经验在认识新的文化时起着"参考体系"的作用。新体验与过去的旧经验相异，认识就得到了拓展。但是，在认识这些文化现象时，我们所赖以"参考"的经验是高度个人化的，而不像认识自然或社会经济现象那样有着普遍性的、定律或定理式的"参考体系"。之所以称之为"内省"而不是"学习"，就是因为这种认识拓展实际上是个人经验和体验的扩展，拓展的结果也不表现为知识或规律的发现，而只是一种新的体验、新的理解，是"我"和研究对象的心灵的沟通和融合：能够从研究对象的角度来理解研究对象的文化，此之谓"设身处地"。

至此，对于 Leach 所提的第二个问题，在马林诺夫斯基《〈江村经济〉序言》的启发下，费先生给出了一个理性、冷静而谦逊的答案："根据我的经验，只以传媒手段的语言来说，本土人研究本文化似乎占胜一些。"（《费孝通全集》第十五卷，1996a：264）这当然不是最终的答案。半年以后，在 1997 年，费先生即提出了他晚年最为重要的"文化自觉"的概念和理论，这不能不说有 Leach 提问的启发之功在内，而费先生最终的这个回答也远远超出了 Leach 提问的格局，进入了另外一个超越方法论讨论的学术和人生境界。

Leach 所提的第一个问题，即"微型研究"的代表性问题，费先生在不断反思之后的答案也与几年前"类型比较法"完全不同。随着在个人与社会的关系反思中对个人、对个人的行为、思想与感情的重视，费先生产生了对人文世界研究中个人与群体、个体与整体的关系的新看法。

> 在人文世界中所说的"整体"并不是数学上一个一个加起而成的"总数"。……每个人生活需要的方方面面都要能从这个人文世界里得到满足，所以人文世界不能是不完整的。……这样看来，如果能深入和全面观察一个人从生到死一生生活各方面的具体表现也就可以看到他所处的整个人文世界了。
>
> Leach 认为我们那种从农村入手个别社区的微型研究是不能概括中国国情的，在我看来，正是由于混淆了数学上的总数和人文世界的整体，同时忘记了社会人类学者研究的不是数学而是人文世界。（《费孝通全集》第十五卷，1996a：258－259）

在这种看法的引导下，费先生开始摆脱田野研究中寻找"典型"的困扰，也基本放弃了"类型比较"的努力。但是他仍然认为这种"以微明宏"的"微型社会学"的方法论思想存在着一些局限，比如不能解决"多维一刻"的时间、空间和文化层次上带来的问题，所以并不完全适用于自己以"应用"为主而不是以"理论"为主的研究①。这其中的未尽之意直到费先生去世前两年以93岁高龄所发表的专门论述社会学方法论的《试谈扩展社会学的传统界限》一文中才给了一个他自己感到满意的答案，这个答案可以看作费先生对"类型比较法"和"拓展个案法"的最终超越。

在这篇文章中，费先生虽然没有再去回顾促使他进行社会学方法论思考的那两个核心问题，但是他在文中的讨论一方面明显是对上述两个问题的回答，另一方面又超越了这两个问题，成为对社会学方法论的"中国式"思考。他将对方法论的考察几乎完全放在中国文化的传统中进行，提出了"将心比心"这一带有强烈中国色彩的方法论原则。

在这个全新的方法论思想里，费先生首先从个人和社会的关系方面出发，"端正"了"我"认识他人和社会的基本方式。人与人组成的社会的关键要素，并不在于现成的制度、法律、规章等方面，而是在于"人们日常的、细微的人际关系、交往方式、交往心态以及与之有关的风俗习惯和价值观念""一个社会、一种文化、一种文明，实际上更多的是建立在这种'意会'的社会关系基础上，而不是那些公开宣称的、白纸黑字的、明确界定的交流方式上"（《费孝通全集》第十七卷，2003a：450）。这些"只能意会、不能言传"的"不言而喻"的默契是人与人组成的群体和社会中最为关键的部分，就是费先生讲的"人文世界""心态"的核心，费先生将其视为区域发展研究，甚至"引进外资、企业改造、基层组织、民族关系、都市文化、社区建设"等研究中有待突破的重要部分。这种"心态"之所以重要，是因为社会制度和社会关系中的行动主体是"我"、是"讲不清楚的我"，而不是一些物体和动物。在费先生看来，社会关系的"两端"——都是"我"，都是主体的、第一人称的，而不能将这些行动主体看作和研究者这个"我"不一样的"我"。由此看来，社会学研究者所面对的不是作为对象的、宾格指称的"我"，而是同样具有主体性的"我"，即一个主体研究另一个主体或众多的主体。所以社会学研究"精神世界"或者"心态"的方法的关键，是不应该将研究对象视为一个客体。

---

① 社会学方法论的发展中，学者们对于个案研究的讨论的关键问题也在于重视个案研究的理论价值而非应用价值。例如"拓展个案法"也是建立在理论关注基础上的方法（卢晖临、李雪，2007）。费先生在此处的讨论正是这个意思（《费孝通全集》第十五卷，1996a：274－275）。

即使讨论别人的"心"的时候，其描述的口吻，也就像一种"设身处地"地类似于"主体"的角度在说话（有点像电影中的"主观镜头"），而不是所谓"客观"的旁观者的角度。像"三顾频烦天下计，两朝开济老臣心"的这个"心"中，就有这种感觉，这首诗透出的杜甫的心情，好像和几百年前的孔明获得了一种跨时代的"通感"，仿佛在直接感受孔明那种"良苦用心"。在这种陈述的习惯中，"将心比心"的说话法，就是顺理成章的了。"心"这个概念造成的这种微妙的感受，既有中文构词和语法的原因（没有明确的主格宾格），也反映了中国古代思想在方法论方面的一种特点，这是我们今天在一般的科学实证方法论之外，可以注意研究的一些新的领域。（《费孝通全集》第十七卷，2003a：458）

"心"的"主观性"特征决定了，要认识另外的"主体"，不能单靠"我们今天实证主义传统下的那些可测量化、概念化、逻辑关系、因果关系、假设检验等标准，而是要用'心'和'神'去领会"（《费孝通全集》第十七卷，2003a：458）。"别人的内心活动不能靠自己的眼睛去看、靠自己的耳朵去听，而必须联系到自己的经验，设身处地地去体会。"（《费孝通全集》第十七卷，2000：49）用心、神去领会的，是人心中所蕴含的由具有社会性和历史性的文化（《费孝通全集》第十七卷，2003c：510）所赋予的那种可以"心心相通"的"灵"和"慧"（《费孝通全集》第十六卷，1999a：397），也就是所谓"只能意会、不能言传"的部分。正是借助于这个部分，我们处于各个时代的人，都有条件可以"究天人之际、通古今之变"。这种贯穿时空、潜行心底的气蕴，赋予了不同时代、不同社会中的人以精神气质，也构成了群体得以凝聚、文化得以绵延的基础。至此，费先生在强调"心"的主观性特征及其重要性的同时，也算是从侧面又进一步回答了 Leach 的第二个问题。在这个不断回答、不断反思的过程中，费先生"从实求知"的方法论观念，从侧重社会转向侧重人，从侧重现实转向侧重人心，从侧重实证转向侧重理解和阐释，从侧重政策问题转向侧重理论和历史问题，对社会学的看法也发生了改变。

社会学是一种具有"科学"和"人文"双重性格的学科，社会学的科学性，使得它可以成为一种重要的"工具"，可以"用"来解决具体的问题……然而，社会学的价值，还不仅仅在于这种"工具性"。今天的社会学，包括它的科学理性的精神，本身就是一种重要的"人文思想"：社会学科研和教学，就是一个社会人文精神养成的一部分，可以帮助……以提高修养、陶冶情操、完善人格、培养人道、理性、公允的生活态度，这也就是所谓"位育"教育的过程。（《费孝通全集》第十七卷，2003a：438）

费先生强调的"心"的另一个特征，即心的"道德性"，使得研究者在认识别人的"心"的同时，也就是在"将心比心"的同时，将"我"和世界的关系变成了一种"由里及外""由己及人"的具有"伦理"意义的"差序格局"：己所不欲，勿施于人；以忠恕的态度由己及人、由近及远地去认识他人和世界。这种认识方式，既是在认识世界，又是在反思自己："包含着对认知主体的'人'本身的鞭策和制约"（《费孝通全集》第十七卷，2003a：459）。这使得费先生对 Leach 的第二个问题也给出了自己最终的答案。

> 这种观念，不同于我们今天很多学术研究强调的那种超然置身事外、回避是非的"价值中立"、"客观性"等观念，而是坦诚地承认"价值判断"的不可避免性（inevitability）；它不试图回避、掩盖一种价值偏好和道德责任，而是反过来，直接把"我"和世界的关系公开地"伦理化"（ethicization 或 moralization），理直气壮地把探索世界的过程本身解释为一种"修身"以达到"经世济民"的过程（而不是以旁观者的姿态"纯客观"、"中立"地"观察"），从"心"开始，通过"修、齐、治、平"这一层层"伦"的次序，由内向外推广开去，构建每个人心中的世界图景。（《费孝通全集》第十七卷，2003a：459）

费先生这个对方法论问题的回答，是他在实践中不断反思的结果。从对农村和边区研究中困惑的反思，到对自己经世济民、学以致用的责任感来源的反思，再到最后对中华文明的反思而达到的"文化自觉"，费先生借助中国传统的社会思想去理解过去的种种经验，犹如点亮了一盏灯，照彻了以往的研究历程和未来可能的社会学中国化的方向。这盏灯并不只是费先生自身经验反思的结果，而是中华文明在"复杂的社会结构中上通下达、一贯到底""气脉相通"的那种精神气质所孕育的结果。

四　文化自觉：精神世界中的"差序格局"

费孝通先生"在清朝末年出生，在小城镇里长大，在当时的教育体制中循级而进，'正途出身'，在国内和国外大学里学过所谓社会学和社会人类学，抗日战争时期在大学里当了教授"，此后"经过了一段坎坷不平的遭遇"（《费孝通全集》第十卷，1984b：263），在重新获得"第二次学术生命"时，已年届古稀。此后的二十多年，先生自嘲曰"笑我此生真短促，白发垂年犹栖栖"（《费孝通全集》第十卷，1984h：545）。所栖栖者，一方面在于撰写"志在富民"的"两篇文章"，另一方面

对于自己的一生也不断地进行反思，而由对自己生命历程的反思，扩展到对中国文化的反思，谱写了另一篇关于"文化自觉"的"大文章"。

费先生把反思叫作"自觉"，就是他所说的从"由之"的状态到"知之"的境界。追寻费先生晚年的精神世界，我们可以看到他本人的"自觉"与"文化自觉"呈现清晰的关系。

> 学术反思是个人要求了解自己的思想，文化自觉是要了解孕育自己思想的文化。因为要取得文化自觉到进行文化对话，以达到文化交流，大概不得不从学者本人的学术反思开始。学术反思到文化自觉，我认为是一脉相通的。（《费孝通全集》第十五卷，1998a：251）

费先生的反思始自1987年与美国人类学教授巴博德的一次长谈。当被问及"反右"和"文革"中的经历时，费先生除了表示自己当时思想处于混乱状态外，还指出这段经历使自己"逐渐了解真正的人"，因为人们谈话甚至用行动表达的观点都不一定是真正的观点，自己也学会了看清一些人的"真正的面目"。这些切身经历对自己思想的影响一直到1993年才比较清楚。

> （"文革"期间）我觉得仿佛是置身于一个目的在有如显示社会本质和力量的实验室里，……这个试验证明了那个超于个人的社会实体的存在。
>
> 但就在同时我也亲自感觉到有一个对抗着这个实体的"个人"的存在。这个"个人"固然外表上按照社会指定他的行为模式行动：扫街、清厕、游街、批斗，但是还出现了一个行为上看不见的而具有思想和感情的"自我"。这个自我的思想和感情可以完全不接受甚至反抗所规定的行为模式，并做出各种十分复杂的行动上的反应，从表面顺服，直到坚决拒绝，即自杀了事。这样我看见了个人背后出现的一个看不见的"自我"。这个和"集体表象"所对立的"自我感觉"看来也是个社会实体，因为不仅它已不是"社会的载体"，而且快已是"社会的对立体"。（《费孝通全集》第十四卷，1993b：217）

这段文字非常鲜明地显示出费先生晚年从"社会实体论"转向文化心态论背后的线索。那么，这种看不见的"自我"，甚至是"社会的对立体"的"自我"又是由哪些因素所决定的呢？

在这里，费先生的自我反思体现了一个社会学家的思考路径，即从认识自己开始，而认识自己的方法却是"我看人看我"，即在自己所处的社会关系和文化环境中认识自我。

　　费先生晚年经常提到自己的家人，提到父亲和母亲对自己的影响，这背后饱含了个人的感情。他在晚年不断提起前妻王同惠，似乎她还在冥冥中伴随着自己。费先生说，自己一生中遭受三劫，每一次都与死亡"接触、拉了手"，但无论是瑶山脱险、昆明逃跑还是"文革"抄家，费先生与王同惠共同翻译的《甘肃土人的婚姻》书稿"在60年风雨沧桑中""奇迹般地跟在身边，一直未曾丢失""它怎么就一直跟着我？找不出理由"（张冠生，2014：126 - 127）。

　　除了自己的家人，在费先生一生的师友中，关系最为密切的是潘光旦先生。费先生说自己和潘先生的关系可谓复杂，其中有世家关系、师生关系、同事关系、邻居关系、难友关系（《费孝通全集》第十三卷，1989b：190）。费先生称潘先生是"活字典"，极其称许他的学问。在"反右"和"文革"中两人共历患难，潘先生遭受迫害，在费先生的怀中去世。两位先生虽称师徒，亦是挚友。在费先生眼中，"潘先生发挥了儒家思想来讲人和人怎么样相处，怎么样才能处得好"（《费孝通全集》第十三卷，1989b：191），他不但讲得好，而且做得也好，"是个好人"，是个潘先生强调的"人伦"（潘光旦，2010：252）中的好人："不管上下左右，朋友也好，保姆也好，都说他好。"潘先生之所以能做到这一点，是因为他为人有"己"："懂得什么叫做'己'""自己能清楚地看待自己"，而且能够"推己及人"："一事当前，先想想，这样对人好不好呢？那就先假定放在自己身上，体会一下心情。己所不欲，勿施于人""他的人格不是一般的高。我们很难学到。造成他的人格和境界的根本，我认为就是儒家思想。儒家思想的核心，就是推己及人"（《费孝通全集》第十六卷，1999c：470）。

　　在费先生对自己的学术反思中起重要作用的另外几位学者都是费先生的老师，史禄国、马林诺夫斯基以及罗伯特·派克。通过回顾与前两位老师的交往经历及其思想，费先生系统地反思了自己关于个人与社会、个人与文化关系的思想，从史禄国老师那里发展了"心态"的概念，并以之作为补充马林诺夫斯基老师偏于人与自然的"生态"关系的理论。两位老师对费先生的影响，远不止学术上的。两位老师都流亡异国，对中国文化颇为尊重，与费先生颇有缘分。费先生不止一次提到史禄国为自己准备的一双高筒皮靴在瑶山遇险中保住了自己的双腿。而马林诺夫斯基对费先生的欣赏绝不止于学术研究上的。费先生越到晚年，就越多地回忆起与"马老师"交往的各种细节：马老师给 Firth 打电话，说"费孝通今后归我指导"；马老师闭目坐在躺椅里，凶猛地抽着烟，听自己一字一句地读论文；马老师这个"可怜的"单身老人，有时自称是自己的"叔叔"；马老师送自己的书上用汉字签了"马、马、马……他学会写这个字！""可我失去了所有他为我签名的书！"（《费孝通全集》第十二卷，1987c：396）；回国前马老师给的50英镑支撑了魁阁的工作；马老师给《江村经济》写的序言让自己一读再读，虽然他已去世多年，但是序言中的远

见卓识就如同当年座下亲炙一样指导着自己对方法论的反思。2000 年，费先生以 90 岁高龄，细读罗伯特·派克的《社会学这门科学的引论》（*Introduction to the Science of Sociology*）进行"补课"，写了一篇很长的《补课札记》。在这篇文章中，费先生并没有大段深入讨论派克的社会学思想，而是根据 Raushenbushi 写的派克传记，用了很长的篇幅叙述派克的个人经历以及如何进入芝加哥大学社会学系的。这其中的关键，是派克和汤麦史（I. W. Thomas）的"缘分"（《费孝通全集》第十七卷，2000：43）。在大段引述了汤麦史写给派克的仰慕钦佩的信件后，费先生说他"反复琢磨这些信件，发生了一种玄妙的感觉"。汤麦史的信中表现出对于两人关系的一种预感性的直觉，觉得遇上派克是"一生中的大事"；而派克则说"在汤麦史这个人身上初次找到了一个和我说同样语言的人"。这句话的意思背后既有叹知己之难得，又有最后"初次"见到"灯火阑珊处"那人的欢喜。费先生说：

> 派克把社会看成是一群能交谈的人组成的集体。交谈就是用同样语言说话。社会也就是通过共同语言交谈的这些人组成的。这些人达到了心心相印，互相了解，在行为上互相配合，才能完成一种集体行为，成为一个社会实体。（《费孝通全集》第十七卷，2000：44）

在这里，费先生将心比心，用自己的体验、用"心"领会两人的关系，其旨在于指出社会关系背后"心"所起的主导的作用，心的"主观性"（互相理解）和"道德性"（互相欣赏）对于理解社会关系乃至社会结构的重要意义。在这一点上，费先生是把汤、派两人的关系当作"理想型"来展示什么叫作社会关系中的"心心相印"了。

亲人朋友之外，费先生对家乡也表现出格外浓厚的感情。费先生第一个成功的研究是在江村产生的。从 1980 年三访江村开始，到 2002 年，费先生又到访江村 24 次（共 26 访），基本上每年一次。他的苏南模式、小城镇、外向型经济等理论看法以及对自己农村研究中忽视城镇环境建设、"只见社会不见人"等思想的反思都是在不断访问江村的基础上提出来的，1999 年第 23 次访江村时，还提出了集体企业向家庭工业转化的问题。可以说，江村是费先生思想和感情的寄托之所在，他需要不断"忙里偷闲"地回到江村去汲取营养和灵感。他说："每当我回到家乡，听到女同志讲的吴语，有如欣赏音乐，觉得飘飘然，令我入迷。"（《费孝通全集》第十六卷，1999d：497）他把自己比喻成一名离开土地的"农民工"（《费孝通全集》第十一卷，1985d：306），无论身在何地，都挂念着家乡。1981 年，他去澳大利亚讲学时，发现一位华人教授试验培育的一种高产平菇味道很鲜美，他就把种子带了回来，托人带到家乡去育种。经过当地一位干部的努力，竟然培育成功，家乡农民家家养菇而致富，并且取名曰"凤尾菇"（《费孝通全集》第十卷，1984a：250）。家乡农民养兔卖兔毛，费先生也对此极其挂心。兔子吃什么饲料、卖到哪里去对费先生来说都是极为重要的事。给江苏省委原副秘书长朱通华写信时时常提起"我的凤尾菇和小白兔"（《费孝通全集》第十二卷，1985f：86）。每次回乡，乡亲们总要托费先生"办点事"，比如一位公社主任要他想办法搞个车皮从山西运煤，还有吴江松陵镇的同志要费先生通过关系买卡车（《费孝通全集》第十卷，1984c：291）。费先生说：

> 我的祖祖辈辈在家乡育养了我，我虽则已由老而衰，但我没有忘记家乡，有生之日总想为家乡这片土地上多加上一点肥料，能长出比我这一代更有出息的子子孙孙。生命和乡土结合在一起，就不会怕时间的冲洗了。
>
> 我看，还是我的家乡好。（《费孝通全集》第十五卷，1996c：287）

由对家乡的这种感情出发，费先生对足迹所到之处最多的少数民族地区，乃至对大江南北的中国农村，都寄托了深厚的感情，这也是他"推己及人"的结果。他对西北地区生态恶化的情况心急如焚，对温州家庭工业兴盛、市场发达的盛况欣喜莫名；他看到香港的大厦里密密麻麻的"蜂窝工厂"，竟然突发奇想，"我当时只想摇身一变，变成个孙悟空，把香港工业大厦里的蜂窝工厂一口气吹到大陆上去"（《费孝通全集》第十三卷，1989c：217）。他在暮年余岁中像一个"高级宣传员"（《费孝通全集》第十二卷，1987c：430）一样往来奔波，受到这种感情和责任感的驱使，而这种责任感对于科学研究的影响也受到了学界的质疑而成为一个方法论问题。除了在方法论上对此进行反思之外，费先生也用内省的方法"反观"自己，这种带有强烈的感情和责任感的性格来自何处呢？

> 我这种在 Edmund 看来也许是过于天真庸俗的性格并不是偶然产生的，也不是我个人的特点，或是产生于私人经验的偏见，其中不可能不存在中国知识分子的传统烙印。随手我可举出两条：一是"天下兴亡，匹夫有责"，二是"学以致用"。这两条很可以总结我自己为学的根本态度。
>
> 想不到 2000 多年前的孔老夫子对我这一代人还会有这样深的影响。孔老夫子还不是主张少在看不到摸不着的玄理上去费脑筋？他周游列国还不是为了寻觅有用于社会的机会？务实的精神潜移默化，深入学术领域，结果使像我这样的人，毫不自觉这是古老的传统，而投身入现代的学科里，形成了为了解中国和推动中国进步为目的的中国式应用人类学。（《费孝通全集》第十三卷，1990b：348）

这个"觉悟"发生在 1990 年，自此而后，费先生直接将个人的经历、学术和反思与中国文化联系了起来，揭开了其晚年"文化自觉"论的序幕。

实际上，在世变方激的 1989 年，费先生就已经开始思考宏观的文化问题，指出 21 世纪应该是一个"经济上趋平、文化上趋同"的世纪。经济和科学技术的发展使得人们交流机会增多，但是交流的增加可能也意味着冲突和对抗的增加，而冲突和对抗增加的根源，可能是源于人们各自文化的隔阂（《费孝通全集》第十三卷，1989d：251 – 261）。所以说，此前时代的主题是人与自然如何相处，而此后的主题则转向人与人如何相处，这就是费先生在《孔林片思》一文中提出的由"生态"转向"心态"的问题意识的来源（《费孝通全集》第十四卷，1992：39）。在新世纪，人类的冲突仍然是以物质利益争夺为核心的冲突，所以费先生说这将是一个"危险的世纪"，是一个新的"战国时代"（《费孝通全集》第十六卷，1998d：300）。这里的悖论在于，冲突的危险恰恰来自一个人们在物质上越来越互相依存的世界。这个世界需要有心态的协调或者说是"道义秩序"的建立。

> 我认为人的社会有三层秩序，第一层是经济的秩序（economic order），第二层是政治上的共同契约（common contract），有共同遵守的法律，第三层是大众认同的意识。……这第三个秩序，即道义的秩序，是要形成这样一种局面：人同人相处，能彼此安心、安全、遂生、乐业，大家对自己的一生感到满意，对于别人也能乐于相处。我们必须要造就这样一个天下。……（《费孝通全集》第十四卷，1993c：243）

费先生的这种看法，是基于他所传承的马林诺夫斯基的文化论：人类的文化生于自然，服务于自然和人的需要，在本质上是一致的。人类可以通过内省和自觉的方法，通过认识自己的文化而认识异己的文化，通过自知以知人。而要做到这一点，必须先有对自己文化的认识，这是费先生对马林诺夫斯基文化论的发展，简单地说，就是对自己文化的"自知之明"，即文化自觉（《费孝通全集》第十五卷，1997a：1）。

文化自觉是费先生晚年"第二次学术生命"学习和思考的总成果，像百川汇海一样，其中既包含着对农村发展、民族关系等现实问题的思考，也包含着对个人与社会、个人与文化关系的理论和方法论的思考，还受到他自己的人生经历和历史责任感的驱使。费先生明确指出，文化自觉的意义在于反对经济学和社会学研究中将东、西方关系看作"传统"和"现代"关系的单线进化论思路，不能再将充满"东方学"偏见的现代化理论当作非西方政治的指导思想，"跌入以欧美为中心的文化霸权主义的陷阱"（《费孝通全集》第十五卷，1997b：51）。"在运用进化论思想的过程中，西方人类学家经常为了满足他们的理论需要，将非西方文化的各种类型排列为一个特定的时间上的发展序列，好像所有的非西方文化都是在成为西方世界的

'文化残存'（cultural survivals）。"（《费孝通全集》第十七卷，2001a：247）

在这个基础上，费先生对社会学的发展和社会学中国化的问题也提出了重要的观点，因为在他看来，社会学恰恰就是实现"文化自觉"的关键学科。

社会学本身就是一门使人"自觉"的学科，社会学的田野调查能够帮助我们明白个人与社会的关系。从这个意义上说，社会学的"田野"无所不在、无所不是。

> 人类学和社会学的田野不只是在少数民族地区，而是在所有的人和社会的实际生活中。我们每天都生活在人文世界里，到处都有"田野"。……为什么有些人看不到自己每天生活在其中的那个社会是怎么运行的，却要特意去找一个地方观察中国人的生活，其实他们忘记了自己也是中国人，把田野工作神秘化了。……我把这个田野扩大了一点，目的是想提示大家田野工作要从自己开始，要从听懂别人的讲话的意思为出发点。有人问我：在一些事物面前，你怎么看得出问题，我为什么看不出？这就是所谓的"悟"，悟就是心中有"我"，把我放进社会和文化里去。看不到人文世界的复杂性，就不懂得认识，也不可能解释好人的生活。（《费孝通全集》第十五卷，1995c：107）

要心中有"我"有"悟"，要能听懂别人的意思，就要有文化的自觉。在对吴文藻老师的纪念文章中，费先生着重谈了社会学中国化的重要意义。早在他初入燕京大学之门时，吴先生就试图用中文在课堂上讲授"西洋社会思想史"，由于缺少对应的中文词汇，吴先生为此付出了极大的努力。此时提出的"社会学中国化"的主张，是"为了纠正在中国大学里竟要用外语来讲授社会和人文科学的课程的怪事"，是要克服"半殖民地上的怪胎"。费先生回顾当时产生的现象有二：

> 一种是用中国已有书本资料，特别是历史资料填入西方社会和人文科学的理论；另一种是用当时通行于英、美社会学的所谓"社会调查"方法，编写描述中国社会的论著。……吴文藻老师当时对上述的两种研究方法都表示怀疑。（《费孝通全集》第十五卷，1995d：184）

力图重建中国文化基础上的社会学，是费先生晚年最为重要的努力之一。他念兹在兹，将早年的燕京、晚年的北大视为社会学中国化的基地，所以对北大也充满感情。他说：

> 算笔统账，首、身、尾三段都可以说我是北大的人。……我把主要精力放到北大，还是为了要在重建社会学中贯彻早年我在燕京学得的社会学中国化的

路子。……想不到这原来是旧燕归来，我从未名湖畔开始走入社会学这门学科，现又回到未名湖畔来继续谱写生命之曲的尾声。北大既包括了早年的燕京，当年抚育我的就是它，我没离开它给我的教导，晚年还是回到了它的怀抱。人生最大的安慰还不是早年想做的事能亲身见到它的实现么？北大，我感激你。（《费孝通全集》第十三卷，1988b：12 - 13）

在费先生看来，中国的社会学在中国文化的熏陶下首先要教人做人。他说，"不知道怎样当好人，就不会做个好公民"（《费孝通全集》第十三卷，1989a：181），社会学一方面教给人们如何去理解社会变化的规律、学习认识社会的研究方法，另一方面也在教导人应当如何在社会中生活、应当如何做人（《费孝通全集》第十七卷，2002a：331）。

如何做个好人，需要有充分的文化自觉。在90岁以后的几年里，费先生集中思考的就是中国文化的特点和凝聚力之所在。他概括总结了四个方面的特点。一是中国文化的继承性，即通过强调家庭的作用所塑造的中国人"上有祖宗、下有子孙"的传承意识，这是中国文化得以延绵不断的重要原因。二是中国文化的自然观，基于对人和自然的关系的认识，发展出一种"天人合一"的"态度"："实际上是我们'人'作为主体，对所有客体的态度，是'我们'对'它们'的总体态度。"（《费孝通全集》第十七卷，2003a：442）这种态度，发展出了后面两个特点。三是中国文化的包容性，即"和而不同"，"和而不同"就是"多元互补"，这不但塑造了中华民族的多元一体格局，也成为"一国两制"的理论基础，同时也成为费先生"美美与共""十六字诀"的文化基础。四是中国文化的基本精神气质，即"推己及人"。由己出发，亲亲而仁民，仁民而爱物，"其实也构成一个'差序格局'。问题的核心是：我们把人和人之外的世界视为一种对立的、分庭抗礼的、'零和'的关系，还是一种协调的、互相拥有的、连续的、顺应的关系"（《费孝通全集》第十七卷，2003a：442）。

能想到人家，不光是想到自己，这是中国在人际关系当中一条很主要的东西。老吾老以及人之老，幼吾幼以及人之幼，设身处地，推己及人，我的差序格局就出来了。这不是虚构的东西，是切切实实发生在中国老百姓的日常生活里边的，是从中国文化里边出来的。（《费孝通全集》第十六卷，1998b：274）

费先生所总结的中国文化的这四个特点，看上去是"各美其美"，即对自己文化的自信和自尊，但这四个特点又充分体现出中国文化包容、开放的根本特征，具有"美人之美"的文化基础。因此，只有充分地认识到自己文化的特点，充分地

"各美其美"，才有可能"美人之美"和"美美与共"，在一个"天下大同"的世界里获得文化的自决权和自主权。

这些浩瀚博大、美轮美奂的思想成果，是一个年逾古稀的老人用生命来书写和完成的。自1980年开始，费先生就有一种"来日苦短"的紧迫感，虽然他豪迈地自称"相逢如相问，老骥试霜蹄"，但是在行行重行行、看到祖国日新月异的发展而兴奋之余，总有一种人生将尽的遗憾："举头见春芽，心惊又一年"（《费孝通全集》第十二卷，1985f：101）、"行行未匝月，触目惜流光"（《费孝通全集》第十二卷，1985f：109）、"皓首低徊有所思，纸尽才疏诗半篇"（《费孝通全集》第十二卷，1986d：230）。1990年后，当费先生深入展开对文化的反思之后，这种遗憾便开始逐渐消失。在此年缅怀福武直的一篇文章里，费先生想到"人寿原不应以天年为限""作为生物的个人固然各有其自然的限度，但人之所以有异于其他生物者，即在天年之外又有可离其肉体而长存的社会影响，亦即固然之所谓立德、立功、立言"（《费孝通全集》第十三卷，1990a：298）。而这种能够使个人超脱生死、不朽长存的力量来自其所归属的文化，尤其是中国文化中"上有祖宗、下有子孙"的历史意识，这成为每个有生有死的中国人的最终寄托，同时"文化也得以一代一代延续下去"（《费孝通全集》第十七卷，2002b：336）。

在一篇读《史记》有感的散文里，费先生透露出了自己历史观的变化过程。费先生小时候读《史记》，觉得太史公"文中有我"，将自己的感受融入了所写的历史人物。"文革"期间，当费先生因言获罪，出现了与太史公类似的遭际时，"亲友侧目，门庭罗雀"，他真切地体会到了太史公"肠一日而九回，居则忽忽若有所亡，出则不知其所往"的心境。通过太史公和自己的人生阅历，也真切地体会到书中人物的"啼笑悲喜"。费先生将这种思接千载、心心相通的体验叫作"时间的空洞"（《费孝通全集》第十四卷，1993a：161）。如果说人与自然的"生态"史是一种进步的历史的话，那么人与人的这种可以跨越时间体验的"心态"史不就是一部传承、绵续的历史吗？在这个"生生不息、难言止境、永不落幕"的历史文化面前，人生的意义除了融入其中之外，又有什么其他选择呢？费先生的这种"自觉"正是所谓"我心光明，亦复何言"的儒家圣贤的境界。

这种非进步的历史观并没有减轻费先生身上那种与生俱来的热情和责任感，只是这种责任感由社会的发展变成了文化的传承："我现在越来越感觉到我这一生就像住在旅馆那样，最终是要走出旅馆门的，但是我走了以后，还会有新的客人进来，连续不断，这个新来的人和我是什么关系呢？"（《费孝通全集》第十七卷，2002b：336）他早年研究过士绅，到晚年自觉地将自己认同为中国历史上绵延不绝、以"继绝学"为己任的士大夫中的一员。他晚年曾干脆地回应一名英国教授对于自己身份认同的提问："我还是绅士，没变！"（王铭铭，2005）怀着这种想法，费先生

年龄越大，越显得有生命的活力。他说自己看陈寅恪的书，就是想到了两个字："归属"（《费孝通全集》第十六卷，1998b：259）。文化人要找的是安身立命的地方，就是在找归属，费先生一生不断地求索和反思，涓滴成流，也找到了自己的归属。

　　我回顾一生的学研思想，迂回曲折，而进入了现在的认识，这种认识使我最近强调社区研究必须提高一步，不仅需看到社会结构，而还要看到人，也就是我指出的心态的研究。而且我有一种想法，在我们中国世世代代这么多的人群居住在这块土地上，经历了这样长的历史，在人和人中和位育的故训的指导下应当有丰富的经验。这些经验不仅保留在前人留下的文书中，而且应当还保存在当前人的相处的现实生活中。怎样发掘出来，用现代的语言表达出来，可能是今后我们社会学者应尽的责任。对这个变动越来越大、全世界已没有人再能划地自守的时代里，这些也许正是当今人类迫切需要的知识。如果天假以年，我自当努力参预这项学术工作，但是看来主要是有待于后来的青年了。愿我这涓滴乡土水，汇归大海洋。（《费孝通全集》第十四卷，1993b：217）

五　余论

　　本文通过细绎费孝通先生的作品，追踪他在学术研究和学术反思上的心路历程，归纳出其晚年思想的转向并试图讨论和分析这种转向的深层原因。一个明显的结论是，作为一名强调田野调查和受到西方社会科学训练的社会学家，费先生的文化转向并不是一个"文化"现象，与中国近百年历史上众多早年崇尚革命与维新、晚年转向保守与传统的学者很不相同。费先生的学术成就在中国社会学界和人类学界首屈一指，无论是其早年对中国社会的深刻洞察，还是晚年对文化自觉的远见卓识，都代表了这两个学科过去百年来在中国的最高成就。正因如此，费先生本人的学术实践和反思道路远远超出了个人范围，对中国社会学乃至社会科学都具有重要的启示。

　　从具体的学术实践来看，费先生在乡镇企业、小城镇和民族研究中遇到了深层次的问题和挑战，这些问题和挑战使得他觉得单纯依靠西方社会科学的理论和方法不足以应对。这与他早年使用西方社会科学理论观察中国社会所取得的那些进展截然不同，是费先生立足于中国现实、不断深入之后才遇到的困境。在费先生看来，那些人与人之间的"只能意会、难以言传"以及不足为外人道的因素如果在一个地方的社会结构中起着重要的作用，甚至影响着一个地方的经济发展和社会稳定，社会学就应该正面对待和处理这些因素。这就是费先生转向心态和文化研究的现实原因。作为一个社会科学家，费先生首先将这个问题转变为一个社会学的方法论问题，即如何解决"只见社会不见人"的问题，然后又意识到，要见到"人"，必须要见到"心"，要见到孕育和培养"人"的文化。要对自己的文化和文化中的人加以研究，首先需要有"自知之明"，也就是需要有文化自觉。由此可见，20世纪90年代的"文化自觉"与80年代的"志在富民"之间，表面上相差甚远，实际上草蛇灰线，其间有着对于一个社会科学家来说必然性的联系。这种必然性随着中国社会科学的发展正变得越来越明显，这也显示出费先生作为一名先驱者和开拓者的意义所在。

解读中国社会深层次的关系结构和意义结构，站在一个"局外人"的角度是远远不够的。费先生现身说法，指出自己身上"志在富民""学以致用"的心志是根源于中国的古老传统，自己的社会科学训练再好，也不能冷静客观地摆脱这种与生俱来的热情和责任感。正是有了这种心志，让自己变成"局内人"，才能与研究的对象心心相通，才能体会到我们这个时代的"言外之意"。研究人而不重视"心"和"心态"，就是费先生自己所说的"不可原谅"的错误。要推进中国社会和中国人的"心"和"心态"的研究，就需要在方法论上有所突破，需要"拓展社会学的传统界限"。社会学的理论和方法都来自西方社会，要做到有所拓展和突破，需要从中国传统思想中寻找线索。费先生晚年推崇宋明理学，其良苦用心正在于此。

参考文献

陈占江、包智明，2015，《"费孝通问题"与中国现代性》，《中央民族大学学报》第1期。

费孝通，1938，《江村经济》，载《费孝通全集》第二卷，呼和浩特：内蒙古人民出版社。

费孝通，1948，《乡土中国》，载《费孝通全集》第六卷，呼和浩特：内蒙古人民出版社。

费孝通，1981a，《龙胜猕猴桃》，载《费孝通全集》第九卷，呼和浩特：内蒙古人民出版社。

费孝通，1981b，《三访江村》，载《费孝通全集》第九卷，呼和浩特：内蒙古人民出版社。

费孝通，1982a，《英伦杂感》，载《费孝通全集》第九卷，呼和浩特：内蒙古人民出版社。

费孝通，1982b，《怎样去了解中国社会》，载《费孝通全集》第九卷，呼和浩特：内蒙古人民出版社。

费孝通，1982c，《论中国家庭结构的变动》，载《费孝通全集》第九卷，呼和浩特：内蒙古人民出版社。

费孝通，1982d，《关于社会学的几个问题》，载《费孝通全集》第九卷，呼和浩特：内蒙古人民出版社。

费孝通，1982e，《建立我国社会学的一些意见》，载《费孝通全集》第九卷，呼和浩特：内蒙古人民出版社。

费孝通，1982f，《谈谈我是怎样搞调查的》，载《费孝通全集》第九卷，呼和浩特：内蒙古人民出版社。

费孝通，1982g，《严伊同学》，载《费孝通全集》第九卷，呼和浩特：内蒙古人民出版社。

费孝通，1983a，《家庭结构变动中的老年赡养问题——再论中国家庭结构的变动》，载《费孝通全集》第十卷，呼和浩特：内蒙古人民出版社。

费孝通，1983b，《再谈猕猴桃》，载《费孝通全集》第十卷，呼和浩特：内蒙古人民出版社。

费孝通，1983c，《〈社会学概论〉前言》，载《费孝通全集》第十卷，呼和浩特：内蒙古人民出版社。

费孝通，1983d，《小城镇　大问题》，载《费孝通全集》第十卷，呼和浩特：内蒙古人民出版社。

费孝通，1984a，《家乡的凤尾菇》，载《费孝通全集》第十卷，呼和浩特：内蒙古人民出版社。

费孝通，1984b，《〈美国与美国人〉旧著重刊前言》，载《费孝通全集》第十卷，呼和浩特：内蒙古人民出版社。

费孝通，1984c，《农民要买汽车》，载《费孝通全集》第十卷，呼和浩特：内蒙古人民出版社。

费孝通，1984d，《对苏北地区乡镇企业及小城镇发展的几点看法》，载《费孝通全集》第十卷，呼和浩特：内蒙古人民出版社。

费孝通，1984e，《小城镇——苏北初探》，载《费孝通全集》第十卷，呼和浩特：内蒙古人民出版社。

费孝通，1984f，《日译〈生育制度〉序》，载《费孝通全集》第十卷，呼和浩特：内蒙古人民出版社。

费孝通，1984g，《两篇文章》，载《费孝通全集》第十卷，呼和浩特：内蒙古人民出版社。

费孝通，1984h，《武夷曲》，载《费孝通全集》第十卷，呼和浩特：内蒙古人民出版社。

费孝通，1985a，《社会调查自白》，载《费孝通全集》第十一卷，呼和浩特：内蒙古人民出版社。

费孝通，1985b，《甘南篇》，载《费孝通全集》第十一卷，呼和浩特：内蒙古人民出版社。

费孝通，1985c，《潘光旦先生关于畲族历史问题的设想》，载《费孝通全集》第十一卷，呼和浩特：内蒙古人民出版社。

费孝通，1985d，《九访江村》，载《费孝通全集》第十一卷，呼和浩特：内蒙古人民出版社。

费孝通，1985e，《谈写作答客问》，载《费孝通全集》第十一卷，呼和浩特：内蒙古人民出版社。

费孝通，1985f，《关于〈小城镇　大问题〉的通信》，载《费孝通全集》第十二卷，呼和浩特：内蒙古人民出版社。

费孝通，1986a，《瑶山调查五十年》，载《费孝通全集》第十二卷，呼和浩特：内蒙古人民出版社。

费孝通，1986b，《为了西北地区更好更快地发展》，载《费孝通全集》第十二卷，呼和浩特：内蒙古人民出版社。

费孝通，1986c，《我国农村经济发展战略》，载《费孝通全集》第十二卷，呼和浩特：内蒙古人民出版社。

费孝通，1986d，《英伦曲》，载《费孝通全集》第十二卷，呼和浩特：内蒙古人民出版社。

费孝通，1987a，《发挥民族优势　开拓民族经济》，载《费孝通全集》第十二卷，呼和浩特：内蒙古人民出版社。

费孝通，1987b，《〈山水、人物〉自序》，载《费孝通全集》第十二卷，呼和浩特：内蒙古人民出版社。

费孝通，1987c，《经历·见解·反思》，载《费孝通全集》第十二卷，呼和浩特：内蒙古人民出版社。

费孝通，1988a，《〈费孝通学术精华自选集〉自序》，载《费孝通全集》第十三卷，呼和浩特：内蒙古人民出版社。

费孝通，1988b，《旧燕归来》，载《费孝通全集》第十三卷，呼和浩特：内蒙古人民出版社。

费孝通，1988c，《中华民族的多元一体格局》，载《费孝通全集》第十三卷，呼和浩特：内蒙古人民出版社。

费孝通，1989a，《教育是为了提高人的素质》，载《费孝通全集》第十三卷，呼和浩特：内蒙古人民出版社。

费孝通，1989b，《从私交到公关》，载《费孝通全集》第十三卷，呼和浩特：内蒙古人民出版社。

费孝通，1989c，《四年思路回顾》，载《费孝通全集》第十三卷，呼和浩特：内蒙古人民出版社。

费孝通，1989d，《从小培养二十一世纪的人》，载《费孝通全集》第十三卷，呼和浩特：内蒙古人民出版社。

费孝通，1989e，《宝鸡讲话》，载《费孝通全集》第十三卷，呼和浩特：内蒙古人民出版社。

费孝通，1989f，《秦淮风味小吃》，载《费孝通全集》第十三卷，呼和浩特：内蒙古人民出版社。

费孝通，1990a，《缅怀福武直先生》，载《费孝通全集》第十三卷，呼和浩特：内蒙古人民出版社。

费孝通，1990b，《人的研究在中国》，载《费孝通全集》第十三卷，呼和浩特：内蒙古人民出版社。

费孝通，1991，《应该说是有点缘分》，载《费孝通全集》第十三卷，呼和浩特：内蒙古人民出版社。

费孝通，1992，《孔林片思》，载《费孝通全集》第十四卷，呼和浩特：内蒙古人民出版社。

费孝通，1993a，《〈史记〉与书生私见》，载《费孝通全集》第十四卷，呼和浩特：内蒙古人民出版社。

费孝通，1993b，《个人·群体·社会——一生学术历程的自我思考》，载《费孝通全集》第十四卷，呼和浩特：内蒙古人民出版社。

费孝通，1993c，《略谈中国社会学》，载《费孝通全集》第十四卷，呼和浩特：内蒙古人民出版社。

费孝通，1993d，《顾颉刚先生百年祭》，载《费孝通全集》第十四卷，呼和浩特：内蒙古人民出版社。

费孝通，1993e，《面对世纪之交，回顾传统文化》，载《费孝通全集》第十四卷，呼和浩特：内蒙古人民出版社。

费孝通，1994，《人不知而不愠》，载《费孝通全集》第十四卷，呼和浩特：内蒙古人民出版社。

费孝通，1995a，《农村·小城镇·区域发展——我的社区研究历程的再回顾》，载《费孝通全集》第十五卷，呼和浩特：内蒙古人民出版社。

费孝通，1995b，《小城镇研究十年反思》，载《费孝通全集》第十五卷，呼和浩特：内蒙古人民出版社。

费孝通，1995c，《关于学习风气和田野工作》，载《费孝通全集》第十五卷，呼和浩特：内蒙古人民出版社。

费孝通，1995d，《开风气 育人才》，载《费孝通全集》第十五卷，呼和浩特：内蒙古人民出版社。

费孝通，1995e，《从马林诺斯基老师学习文化论的体会》，载《费孝通全集》第十五卷，呼和浩特：内蒙古人民出版社。

费孝通，1996a，《重读〈江村经济〉序言》，载《费孝通全集》第十五卷，呼和浩特：内蒙古人民出版社。

费孝通，1996b，《浦东呼唤社会学》，载《费孝通全集》第十五卷，呼和浩特：内蒙古人民出版社。

费孝通，1996c，《吴江的昨天、今天和明天》，载《费孝通全集》第十五卷，呼和浩特：内蒙古
　　人民出版社。

费孝通，1997a，《开创学术新风气》，载《费孝通全集》第十五卷，呼和浩特：内蒙古人民出
　　版社。

费孝通，1997b，《人文价值再思考》，载《费孝通全集》第十五卷，呼和浩特：内蒙古人民出
　　版社。

费孝通，1997c，《从京九铁路通车说开去》，载《费孝通全集》第十五卷，呼和浩特：内蒙古人
　　民出版社。

费孝通，1998a，《从反思到文化自觉和交流》，载《费孝通全集》第十五卷，呼和浩特：内蒙古
　　人民出版社。

费孝通，1998b，《中国文化与新世纪的社会学人类学——费孝通、李亦园对话录》，载《费孝通
　　全集》第十六卷，呼和浩特：内蒙古人民出版社。

费孝通，1998c，《我的一个梦想》，载《费孝通全集》第十六卷，呼和浩特：内蒙古人民出版社。

费孝通，1998d，《中华文化在新世纪面临的挑战》，载《费孝通全集》第十六卷，呼和浩特：内
　　蒙古人民出版社。

费孝通，1998e，《中国农村工业化和城市化问题》，载《费孝通全集》第十六卷，呼和浩特：内
　　蒙古人民出版社。

费孝通，1999a，《参与超越、神游冥想》，载《费孝通全集》第十六卷，呼和浩特：内蒙古人民
　　出版社。

费孝通，1999b，《我对中国农民生活的认识过程》，载《费孝通全集》第十六卷，呼和浩特：内
　　蒙古人民出版社。

费孝通，1999c，《推己及人》，载《费孝通全集》第十六卷，呼和浩特：内蒙古人民出版社。

费孝通，1999d，《回家乡　谈发展》，载《费孝通全集》第十六卷，呼和浩特：内蒙古人民出
　　版社。

费孝通，2000，《补课札记》，载《费孝通全集》第十七卷，呼和浩特：内蒙古人民出版社。

费孝通，2001a，《人类学与二十一世纪》，载《费孝通全集》第十七卷，呼和浩特：内蒙古人民
　　出版社。

费孝通，2001b，《进入二十一世纪时的回顾和前瞻》，载《费孝通全集》第十七卷，呼和浩特：
　　内蒙古人民出版社。

费孝通，2002a，《〈社会学精品原版教材系列〉序言》，载《费孝通全集》第十七卷，呼和浩特：
　　内蒙古人民出版社。

费孝通，2002b，《哲学社会科学的春天》，载《费孝通全集》第十七卷，呼和浩特：内蒙古人民
　　出版社。

费孝通，2002c，《关于"文化自觉"的一些自白》，载《费孝通全集》第十七卷，呼和浩特：内
　　蒙古人民出版社。

费孝通，2003a，《试谈扩展社会学的传统界限》，载《费孝通全集》第十七卷，呼和浩特：内蒙
　　古人民出版社。

费孝通，2003b，《暮年漫谈》，载《费孝通全集》第十七卷，呼和浩特：内蒙古人民出版社。

费孝通，2003c，《对文化的历史性和社会性的思考》，载《费孝通全集》第十七卷，呼和浩特：
　　内蒙古人民出版社。

费孝通，2004，《"美美与共"和人类文明》，载《费孝通全集》第十七卷，呼和浩特：内蒙古人
　　民出版社。

李友梅，2010，《文化主体性及其困境——费孝通文化观的社会学分析》，《社会学研究》第4期。

刘春燕，2010，《回归传统文化，重建道义秩序——儒家思想与费孝通晚年的学术再造》，载李友梅（主编），《文化主体性与历史的主人——费孝通学术思想研究》，上海：上海人民出版社。

卢晖临、李雪，2007，《如何走出个案——从个案研究到扩展个案研究》，《中国社会科学》第1期。

潘光旦，2010，《说"伦"字》，载潘光旦《儒家的社会思想》，北京：北京大学出版社。

王铭铭，2005，《费孝通的学术理想》，《书城》第5期。

张冠生，2014，《田野里的大师：费孝通社会调查纪实》，北京：海豚出版社。

文化自觉：超越社会分类的天罗地网

方　文[*]

我们首先成"人"，然后才是中国人或外国人、黄皮肤或黑白皮肤、非信徒或宗教徒。本文首先基于思想实验，构造一种始祖人的原初境况，凸显分类之于生存的基本价值；然后系统梳理社会认知意义上社会分类研究的典范路标，揭示社会分类之于社会秩序、社会支配和群际冲突的枢纽角色。论文最后呼唤以费孝通先生所提倡的"文化自觉"的胸怀，来消解所有可能的群际冲突。

一　始祖人的原初境况：一种思想实验

请设想一种原初境况，在人类整体的经验、常识和直觉框架刚萌芽时的境况，或者始祖人所遭遇的境况。这种境况不是唯一的或单独时点的传奇。人类生命体刚挣扎在莫名未知的混沌中，身边的万事万物晦暗不分。其生存急需，是要辨别和区分身边的所有可感物品，为之命名和分类，如同神农氏尝试百草。可因此推断，命名和分类乃是人类智慧萌芽的酵母。而为每个新生儿命名，至今依然是家族或家庭众望所系的迫切事务。正如旧约《圣经》开篇所言，万物在被造之后，给它们分门别类，乃是第一要务。这是宇宙秩序的源头。从此人类个体认知上的命名和分类，就同步地浸染了厚实的物种命运内涵，为物种共同体所共同敬畏、尊重和承继。

那是一种无言的境况。今天的众生，受语言繁杂的困扰，只有惊叹我们的始祖如何践行物以类聚的宏图！

我们的始祖，在阳光的直射和隐退中，在四季的轮换交替中，在自身肉体的衰败中，逐渐体知神奇的时间之流；同时在无边荆棘的开拓中，在步履蹒跚的远足中，在遥远繁星的凝视中，逐渐体知神奇的空间之广袤。时空感就同时侵入我们始祖的

---

* 方文，北京大学社会学系教授。

经验框架中。

对物的命名和分类的执着，也是自然史、博物学和形式逻辑的依归。其光辉灿烂的巅峰，是瑞典博物学家林奈的分类图式。根除神创论的魅惑，尘世间的万事万物，依照界门纲目科属种的精妙图式，各就其位，秩序严整。与之匹敌的，也许只有门捷列夫的分类图式——元素周期表。

物的命名和分类，是人为自然立法。其遵循的原则是形式逻辑法则。但即便如此精美的逻辑体系，仍有难题遗存！有些物品无法命名，如何处置？

在处置可感物品的时候，我们的始祖有时腰酸背痛，躺在草地或沙砾中，注目头顶上的星空，还有遥远的天际。那是一片超出日常感知的不可感的神秘世界，亦即今人所言的超验的神圣世界。对不可感物的敬畏、好奇和思量，油然而生。

在日常的辛苦劳作中，我们的始祖如果孤单一人，他/她也许会想象和期盼另外一个与自己类似的生命。如果幸运，他/她有人相伴，那就不得不面临同侪关系的麻烦。人类物种原初的三大认知难题，并置性地由此萌生人－物关系、人－神关系和人－人关系。可以大胆推断，以时空为经纬，对这三类分类难题的体察和感悟，构成我们的师祖原初经验体系的支架。

以命名和分类为核心，过往世代的人类常识或共感（common-senses）体系，缓慢累积了对物、对（诸）神以及对人之分类智慧。概言之，命名和分类（naming and categorization/classification），作为基本的生存策略和认知捷径（cognitive short-cuts），它为我们始祖，也为今天的众生，简化生存世界的复杂性，为生命掌控确定性、祛除风险奠定根基。

二 涂尔干：元分类图式

当涂尔干和莫斯在 1903 对澳洲土人的亲属制度和中国古汉人宇宙观激动不已的时候，源自始祖的共感分类体系，第一次被系统地严肃审视。尽管对其同代的（社会）心理学怀有疑虑甚至误解，涂尔干和莫斯还是洞悉了分类能力和分类范畴的社会本性。因为物品自身不会分类，而所有的分类范畴也只是人工制品。他们雄辩地论证物的分类再现了人的分类（涂尔干、莫斯，1903/2000：11，87）。由此，由形式逻辑所主宰的物之分类逻辑，就转化为以人之分类为中心的社会分类逻辑，其要义是确定包含关系（inclusion）和排斥关系（exclusion）（涂尔干、莫斯，1903/2000：3）。如此厚重的社会包容（social inclusion）和社会排斥（social exclusion）构念，呼之欲出，甚至也预示了包容范畴与排斥范畴之间的符号边界（方文，2005；方文，2014；Lamont and Fournier，1992；Lamont and Molnar，2002）。

大约 10 年之后，涂尔干要来清点人－神关系，或原始宗教议题（涂尔干，1912/1999），分类的精髓一以贯之。在这本杰作中，涂尔干洞察了分类难题的天机，挖掘出分类图式的原型，或元分类图式。他论证道，在所有的人－物、人－神和人－人分类实践中，人－神关系作为预设的分类原型，是分类实践内隐的枢纽（涂尔干，1912/1999：41－49）。不同民族普遍的创世神话和传说，是基本例证。整个世界首先被分成神圣世界和凡俗世界（the Sacred vs. the Profane），其唯一尺度是两者之间决然的异质性；然后才是凡俗世界中人－物和人－人的分类尝试。涂尔干圣－俗两分的分类原型，特别容易被误解为宗教信徒－非信徒之间的区分，其基本推论在于只有不同种类的宗教信徒才能体悟神圣世界，而非信徒则只能在经验界苟活。这种谬误，强化了信徒－非信徒以及不同种类的信徒之间的敌意和分离。

涂尔干圣－俗两分的分类原型，也被反思性地观照人之肉身。其英年早逝的天才弟子赫尔茨专注于人类右手的优越性（赫尔茨，2011：94－119）。依据赫尔茨的犀利解剖，跨文化普遍的，右手被认为亲近于神圣世界，对应高贵和圣洁；而左手则沉沦在凡俗世界的粗鄙淫荡中。而在常识里，垂直维度的人之躯干以肚脐为界也被区分，这契合当代具身认知（embodied cognition）的妙义。肚脐以上是德性和智慧的栖居之所，而肚脐以下则是淫欲和蒙昧之容器。小小躯体内部，每时每刻都在上演动天地泣鬼神的神兽之战！

在涂尔干的分类体系中，社会分类和社会秩序的勾连，若隐若现。直到 20 世纪 60 年代中期，认知人类学的大家道格拉斯才一语道破天机，使社会秩序的分类基础破茧而出（道格拉斯，1966/2008）。以洁净和污秽为切入点，道格拉斯俨然拒绝卫生学和病源学的观念。

　　　污秽是事物系统排序和分类的副产品……污秽就是分类的剩余和残留。（道格拉斯，1966/2008：45）

鞋子踩在地上不觉肮脏，但若翘在餐桌上则是污秽至极，甚至是大不敬。道格拉斯告诫在既定的分类秩序中，污秽无关物品本身的属性或特征，它只是摆错了位置，扰乱了既定的分类秩序。

面对物品无法分类的难题，道格拉斯也有聪慧的妙解。既定的分类系统如若无法识别这些物品，或者旧瓶无法存储这些新酒，那它就是毒酒，就是危险的致命之物，要被放逐、隔离或抛弃。请怀想对异乡人的恐惧，或者对陌生之物的拒斥！

概言之，社会分类以人－神关系为元分类图式，框定物品分类和人群分类之格局，为既定的社会秩序奠定根基，彰显社会包容和社会排斥，驱逐莫名的无法被涵盖的物品和人群，并视之为不洁和危险。

三 范·登·伯格：社会支配中的三元分类系统

涂尔干之脉，剥离了包裹社会秩序的厚重帷幕，让隐藏的社会分类显露真身。但难题依存。基于社会分类而建构的社会秩序公正公平吗？它是在消解既定秩序的不公，还是为既定的社会支配格局背书？它如何生产和再生产社会支配格局？

每项严肃尖锐的社会难题的破解，都在耐心恭候与之匹配的智者。主流社会理论教科书中被无端隐没的大家范·登·伯格，在 20 世纪 70 年代隆重出场（van den Berghe，1973；van den Berghe，1978）。

浸染在名家云集的哈佛社会关系系，1960 年荣获博士学位的范·登·伯格（与米尔格拉姆同年），并无意争宠，以求承嗣其恩师结构功能论的皇子名分（Homans，1984）。他胸有丘壑，反而离经叛道，沉醉在演化人类学和演化生物学的原典中，并满怀非洲各地鲜活的田野体知。人类暴政、不平等的支配和族群冲突让他刻骨铭心。范·登·伯格从核心家庭中的亲子关系入手，以求透视社会支配格局的源头。

亲子关系一直被虚构为尘世间最柔美温润的人际关系，它以关爱、呵护和承诺为轴心。但当代演化生物学的大家特里弗斯基于亲本投资论（parental investment theory），在 1974 年推演出亲子关系的黑暗里子，亲子冲突（Prarent-offspring conflict）无处不在，其动因是适应性的竞争（Trivers，2002）。

同时，范·登·伯格则另辟蹊径，从年龄分类入手，来戳穿核心家庭的温情面纱。基于亲子的权利不对称，范·登·伯格声言核心家庭就是微观暴政（microtyranny）！（van den Berghe，1973）。其言辞令人震惊、刺痛甚至厌恶。

> 最简而普遍的暴政模型就是核心家庭，它以最纯粹形式，涵括年龄和性别分化。（van den Berghe，1973：4）

年龄分类系统所隐含的成人对儿童的支配，或亲权（prental power）对子女权的不对称，依照范·登·伯格，是原初的不平等（the primordial inequality），是人类暴政的基本形式（van den Berghe，1973：91）。

年龄分类系统有自身的独具特征。第一，人类儿童漫长的成长期，或者延缓成熟（prolonged immaturity），使自身在体能和心智方面都处在相对不利的处境。他们被成人支配，有生物学和生理学的根基。第二，就生命历程的视角而言，这种支配形式还相对公平。因为每个成人都曾经历儿童期，大多数儿童也有机会长到成年。

范·登·伯格所辨析的第二元分类系统就是性别分类系统。基于性别分化的社会支配，亦即男性对女性的支配或男性统治（viriarchy），已受普遍关注。年龄分类系统和性别分类系统尽管相互分离，但共有生物学根基。范·登·伯格敏锐地觉察到在社会支配的形塑过程中，它们交互纠缠，共同建构社会支配链。成年男性对成年女性以及对两性儿童的支配链条，印证了俗语：是成年男性在主宰世界。

受惠于范·登·伯格的洞见，社会支配论的理论家斯达纽斯和普拉图敏锐地察觉成年男性群体并非同质性群体，其中存在深刻的分化。他们明辨地构造了从属男性目标假设（subordinate-male target hypothesis, SMTH）（斯达纽斯、普拉图，2011；Sidanius and Pratto，1999）。从属群体的成年男性，并没有享用统治和支配的快感，反而遭遇双重困境。因为亲本投资的逻辑，在择偶市场中，他们处境不利（Trivers，2002），难以找寻佳偶。这是第一重困境。同时在等级分明的支配体系中，他们是机构歧视和社会歧视的主要目标。这是第二重困境。因此，冷酷尖锐的社会事实在于"只是优势群体的成年男性在主宰世界"。

五年之后，范·登·伯格又揭示了第三元分类系统，即专断系统（arbitrary system）（van den Berghe，1978）。如果说年龄系统和性别系统还有生物学的道理可言，那专断系统的分类尺度，就全然是任意的、武断的、随心所欲的，令人触目惊心，毫无正当可言。但在社会支配剧的舞台上，其蛮横和粗暴被仔细地装扮文饰，涂抹合法可信的伪装。当人群被户籍、出身、肤色、地域、政治倾向、宗教偏好甚至性取向而不利区分的时候，他们毫无觉知地被低人化（infrahumanization）甚至非人化（dehumanization）。

值得警醒的是，范·登·伯格的三元分类图示，只是逻辑工具。它们同时并置地印刻在分类对象身上，并不预设相互的独立性和排他性。在社会支配的运演过程中，三元分类图示结成分类罗网笼罩众生。它们类似"污名丛"（the stigma Complex）（Pescosolido，2015），有"跨域性"（intersectionality）的特征（Collins，2015）。换成方法学语言，之于社会支配，三元分类图示虽然各自有自身的主效应，但同时有强健的交互作用。

四　泰费尔：群际冲突的最简分类

涂尔干的遗产和范·登·伯格的睿智，层层递进，凸显了社会分类之于社会秩序尤其是社会支配的枢纽地位。但在他们恢宏的理论论辩和民族志（包括宗教志）的历史比较分析中，分类的主体虚置，只是近乎空洞抽象的社会；也没有与之相配的严谨可复制的研究程序，尤其是实验程序。

如何在实验室里模拟人类的原初状态，让鲜活的研究参与者近乎完全剥离从出生时就逐渐累积的社会属性，仅仅彰显单纯的认知分类及其后效之间的因果关联，这是社会认同论的奠基者泰费尔殚精竭虑的焦点所在。

这项典范的实验研究的自变量就是社会分类，亦即泰费尔所偏好的构念社会范畴化（social categorization），因变量就是分类后效。自变量的实验操纵，基于两阶段任意武断的分类尺度，使实验参与者随机分配进两个虚拟的群体中，Kandinsky 群或者 Klee 群，并且随机地给他们每人分配一个群体身份号码，如 Kandinsky 5 或者 Klee 4；而因变量的测量则是考察他们在三种不同的分类语境中的绩点分配策略。这些策略，依照实验前的推想，可能有公平（fairness）、最大联合收益（joint payoff maximum，JPM）或者最大差异（difference maximum，DM）等。这三种不同的分类语境，涉及两个内群成员、两个外群成员，或者一个内群成员对一个外群成员，实验参与者只能通过分配对象的号码来进行绩点分配。泰费尔发现在给一个内群成员对一个外群成员进行绩点分配时，主宰策略是最大差异策略。其社会心理意涵就是内群偏好（ingroup favoritism）和外群敌意（outgroup hostility）（Tajfel，1970）。

泰费尔的"最简群体范式"（the minimal group paradigm）已经融入经典，并且成为群际过程研究的典范实验程序。最简群体常被误解为最小群体，但它和成员人数多少没有丝毫关系。可以尝试概括最简群体的三个基本特征：第一，群体的划分，或普遍意义上的社会范畴化，是基于任意的、武断的和随机的尺度和标准；第二，内群成员之间以及内群和外群之间没有任何直接接触，每个成员只是依照所分配的号码来感知自身和他人的群体所属；第三，群体的形成以及群际行为的表现，剥离了任何实际的社会负荷，也无法以任何具体线索来进行联想。一句话，最简群体成员，类似于原初状态下的互动情景，他处于"无知之幕"中，对自身和他人的社会属性、心理属性和生理属性一无所知，仅仅在认知意义上把内群所属和外群所属区别开来。泰费尔发现，仅仅是这种认知上的分类或范畴化，就足以充分地导致内群偏好（ingroup favoritism）和外群敌意（outgroup hostility），而不需要导入利益、资源或机会的竞争。

在前泰费尔时代，群际过程尤其是群际竞争和冲突研究的主宰范式，或者是还原主义的个体人格论范式，或者是现实利益冲突范式。但最简群体范式颠覆了所有这些充满直觉意味的模型。宏观的社会心理过程不能还原为微观的个体内过程，而所有表面上的利益竞争，都内隐社会分类的逻辑和动力学，无论这种分类是雄辩的还是武断的。

社会分类能力，在生命历程的初期就已萌芽。4~5 月大的婴儿开始有"认生"反应，亦即开始辨别至亲和外人。现在无法确知这些小天使是基于什么标准来成就如此伟大的使命的，先赋潜能？声调？容颜？互动频率感知？哺乳时的肤觉？而对 6~7 岁的儿童而言，即使他们对不同国家最多只有些许的经验知识，他们也能以自己的肤色为标准来明确地表现好恶（Tajfel and Turner, 1986: 15 - 16）。

生命初期就已萌芽的分类能力，也奇妙地体现在对自身姓名及其字母的偏好上。已经提及，跨文化普遍的，新生儿会被命名。这是每个生命最初获得的所有权，或最简所有权（mere ownership）。"姓 - 名字母效应"（name-letter effect）或"最简所有权效应"（mere ownership effect），在西文语境中已被重复验证，并且与自尊高度关联（Hoorens, 2014; Nuttin, 1985, 1987）。这种效应与 1968 年由扎荣茨所发现的"单纯暴露效应"（mere exposure effect）血脉相通（Zajonc, 1968）。而中文语境中的验证或否证有待实施。

最简群体范式所明示的最简分类线索（minimal cues）还有奥秘可究，这就是最简归属效应（mere belonging effect）。即使是陌生人之间，微不足道的共享线索如相同的血型或者星座，也会助益于社会联结，内化彼此的目标和动机（Walton et al., 2012）。

当代社会认知（social cognition）深入探究了分类主体的人观图像、加工过程和基本分类策略。分类主体作为能动的行动者，其人观图像（personhood）的具身隐喻是"被驱动的策略家"（the motivated tactician）（Fiske and Taylor, 2012; Taylor, 1998）。"被驱动的策略家"，意味着行动者有可资利用的多元信息加工策略，而这些策略的选择则基于行动者的目标、动机、需要、时间和社会语境力量。具体来说，行动者有时如"朴素科学家"（naïve scientist），对相关任务的信息进行系统而认知努力的加工，有时又如"认知吝啬者"（cognitive miser），在面临任务情景或问题情景时，进行启发式和认知节俭的加工。

"被驱动的策略家"的隐喻，在种种形式的双过程模型（dual-process models）中，有典范表征。而所有形式的双过程模型的共享特征在于，行动者在社会认知的发动、社会情感的表达和社会行为的实施中，存在联合行动的（co-acting）两套社会认知的加工子系统：第一套子系统是即时的（spontaneous）、自动的（automatic）、启发式的、认知节俭的（cognitive-effortless）和无意识的（unconscious），第二套子系统是延迟的（delayed）、可控制的（controlled）、系统的、认知努力（cognitive-effortful）的和特意的（deliberative）（Chaiken and Trope, 1999）。社会行动者往往更多依靠第一套子系统，因为它仅需要较少的认知资源，也更容易发动。但在有能力、动机和时间进行完备思考的时候，社会行动者就会依靠第二套子系统，因为它需要更完善的认知资源和认知努力。

而社会分类的基本策略则是（多重）二元编码（the binary codings）（Beyer, 1998; Chaiken and Trope, 1999）。行动者的主宰偏好是采用对立范畴来进行区分。二元编码策略或二元编码机制有两个直接后果。第一，在任何社会语境之下，基于特定显著的分类线索，在场的所有人以分类者为核心，被纳入内群和外群之中，依照特定的品质或维度而形塑我们－他们（我群体－他群体、内群－外群、局内人－局外人）之间群体符号边界。第二，行动者在共时和历时的分类体制下，基于交互性的范畴化过程，被纳入多重的二元编码的逻辑之中，他因此会负荷多重的群体资格。

五 "文化自觉"的培育

哪里有分类，哪里就可能存在刻板印象、偏见和歧视，当然也同时存在对分类权的争夺。这给所有的人类个体提出重大挑战。一方面，它提醒基于现实的种种线索对自身和他人分类的时候，分类者就倾向非公正地对待自身内群和外群成员。另一方面，人类物种中最超然的分类线索总是被忽视，这就是所有人类个体与群体都是物种命运共同体的一分子。这种对分类风险的体悟，是应该滋养和培育的心智品质，也是社会心理学的想象力和洞察力的主要体现。

所幸已经有睿智的大家已经深刻警醒世人，这就是"文化自觉"。费孝通在其晚年的多次讲演和论文中深入探究"文化自觉"。费先生不仅关注民族国家内部族群成员的互动，而且直面不同文化和不同文明共同体之间的对话。费先生先是确定了文化对话的规范原则："各美其美，美人之美，美美与共，天下大同。"在这项规范原则基础上，不同文化共同体的成员，应该培育"文化自觉"的气度。所谓文化自觉，就是生活在一定文化中的人对其文化有自知之明既不盲目复古，也不崇洋媚外。或者说文化自觉，在正向意义上，既强调文化自主性，又强调和而不同；而在反向意义上，既拒斥文化霸权主义，也反对我族中心主义。

文化自觉的理念，昭示确定的分类策略。在民族国家内部，所有政治体的成员应该强化以共同的文化资源和共同命运为基础的公民认同（citizenship identity）和文化认同（cultural identity），使之能超越不同利益群体之间的利益争斗和认同冲突。而在国际层面，所有人类个体应该强化自身和所有其他人类个体同享人类物种命运共同体的成员资格（the membership of Homo sapiens）的觉知。这也是康德的全球公民社会的理想。而如何培育所有人类个体的文化自觉，是社会心理学的重大挑战之一。

参考文献

道格拉斯，1966/2008，《洁净与危险》，黄剑波等译，北京：民族出版社。
方文，2005，《群体符号边界如何形成？——以北京基督新教群体为例》，《社会学研究》第 1 期。
方文，2014，《转型心理学》，北京：社会科学文献出版社。
费孝通，1999，《费孝通文集》第十四、十五卷，北京：群言出版社。

赫尔茨, 2011, 《死亡与右手》, 吴凤玲译, 上海: 上海世纪出版集团。

斯达纽斯、普拉图, 2011, 《社会支配论》, 刘爽和罗涛译, 方文校, 北京: 中国人民大学出版社。

涂尔干, 1912/1999, 《宗教生活的基本形式》, 渠东等译, 上海: 上海人民出版社。

涂尔干、莫斯, 1903/2000, 《原始分类》, 汲喆译, 渠东校, 上海: 上海人民出版社。

Berghe, Pierre van den. 1973. *Age and sex in human societies: A biosocial perspective.* Belmont, California: Wadsworth Publishing Company.

Berghe, Pierre van den. 1978. *Man in society: A biosocial view.* New York: Elsevier.

Beyer, P. 1998. "The modern emergency of religions and a global social system for religion", *International Sociology*, 13 (2).

Chaiken, S., and Trope, Y. (Eds.). 1999. *Dual-process theories in social psychology.* New York: Guilford.

Collins, P. H. 2015. Intersectionality's definitional dilemmas. *Annual Review of Sociology*, 41, 1–20.

Fiske, S. T. and Taylor, S. E. 2012. *Social cognition: From brains to culture.* New York: McGraw-Hill Higher Education.

Homans, G. C. 1984. *Coming to my senses: The autobiography of a sociologist.* London: Transaction.

Hoorens, V. 2014. What's really in a name-letter effect? Name-letter preferences as indirect measures of self-esteem, *European Review of Social psychology*, 25 (1), 228–262.

Lamont, M. and Molnar, V. 2002. The study of boundaries in the social sciences. *Annual Review of Sociology*, 28.

Lamont, M., and Fournier, M. (Eds.). 1992. *Cultivating differences: Symbolic boundaries and the making of inequality.* The University of Chicago Press.

Leyens, J. et al. 2007. Infra-humanization: The wall of group differences. *Social Issues and Policy Review*, 1 (1), 139–172.

Nuttin, J. M. Jr.. 1985. Narcissism beyond Gestalt and awareness: The name-letter effect. *European Journal of Social psychology*, Vol. 15: 353–361.

Nuttin, J. M. Jr.. 1987. Affective consequences of mere ownership: The name-letter effect in twelve European languages. *European Journal of Social psychology*, 17 (4): 381–402.

Pescosolido, B. A. 2015. The stigma complex. *Annual Review of Sociology*, 41, 87–116.

Sidanius, J. and Pratto, F. 1999. *Social dominance: An intergroup theory of social hierarchy and oppression.* Cambridge: Cambridge: Cambridge University Press.

Tajfel, H. 1970. Experiments in intergroup discrimination. *Scientific American*, 223, 96–102.

Tajfel, H., and Turner, J. C. 1986. The social identity theory of intergroup behavior. In S. Worchel et al. (Eds.). *Psychology of Intergroup Relations*, Chicago: Nelson-Hall.

Taylor, S. E. 1998. The social being in social psychology. In D. T. Gilbert et al. (Eds.), *The Handbook of Social Psychology* (4th ed. 2Vol. s) (Vol. 1), New York: McGraw-Hill.

Trivers, R. 2002. *Natural selection and social theory: Selected papers of Robert Trivers.* Oxford: Oxford University Press.

Walton, G. M., Cohen, G. L., Cwir, D. and Spencer, S. J. 2012. Mere belonging: The power of social connections. *Journal of Personality and Social psychology*, 102 (3), 513–532.

Zajonc, R. B. 1968. Attitudinal effect of mere exposure. *Journal of Personality and Social psychology*, 9 (2, Pt. 2), 1–27.

费孝通与社会科学发展的中国化

——江村调查给我们的启示

王　勋[*]

一　引言

非常感谢周晓虹院长的邀请，能够有机会从美国前来吴江参加这次"纪念费孝通教授'江村调查'80周年学术纪念会"。同时感谢北京大学社会学系、南京大学社会学院和中共吴江区委宣传部主办这次盛会，我非常赞同这次会议的主题"江村调查与社会科学的中国化"。

众所周知，费孝通先生是推动社会科学的中国化的典范。他很早就指出："我们真要懂得中国文化的特点，并能与西方文化作比较，必须回到历史研究里边去，下大功夫，把上一代学者已有的成就继承下来。切实做到把中国文化里面好的东西提炼出来，应用到现实中去。在和西方世界保持接触，进行交流的过程中，把我们文化中好的东西讲清楚，使其变成世界性的东西。首先是本土化，然后是全球化。"（费孝通，2003）他还说过："我只觉得自己是中国人，要认识自己的文化，自己的传统，自己的希望，自己十亿人希望的道路，中国要自己走，要自主，要文化自主。"

今天到会的各位专家有不少我所熟知的在推动社会科学，特别是社会学的中国化做出了重要贡献的著名学者，其中有最早参加第一届社会学讲习班的前辈刘豪兴老师，也有当年在南开大学社会学专业班的同学如李友梅校长、彭华民教授等，更有许多社会学的新秀，其中一些还是我的同门师兄弟和姐妹。和大家相比，我们在国外的同学远离故土，对推动社会科学的中国化少了不少必需的养分，后天不足。但是有句老话说得好，"虽不能至，心向往之"。我愿意和大家在江村调查与社会科学的中国化的大路上同行。

---

* 　王勋，美国威斯康星大学帕克塞分校社会学/人类学系教授。

二 我与江村和江村调查

从 1936 年费孝通第一次访问江村到现在已经 80 年了。在这 80 年间，费孝通 26 次访问江村，从事江村调查。在此期间，我也有幸 5 次访问江村。

我第一次访问江村是 1983 年 5 月至 7 月，我和其他三位研究生在费孝通先生的指导下从事江村调查，撰写我的硕士论文。众所周知，社会学作为一门学科在 1953 年院系调整后被取消了。1981 年，由费孝通建议并受教育部和中国社会科学院委托，南开大学举办了中华人民共和国成立后的第一期社会学专业班。该班学员共 43 名，是全国 18 所高等院校学生中选拔出来，学习期限一年，毕业后还要继续培养提高，以便从事社会学教学和研究工作。我十分有幸地成为其中的一员。专业班学习结束后，我又万分有幸地经教育部特批跳级通过研究生考试，成了费孝通先生在"文革"后亲自指导的第一批四名研究生之一，在他的直接指导下从事对"江村"及中国社会变迁的研究。费孝通的《三论中国家庭结构的变动》一文中对此有明确的记载。他写道："1983 年 5 月到 7 月，南开大学社会学系有四位研究生，在我的指导下，到江村进行社会调查，其中的王勋同志在 1984 年 4 月写了一篇论文《农民家庭职能和结构的新变化》。"（费孝通，1991）

在此之后我又先后四次访问江村。1985 年 7 月费孝通九访江村时，我和刘豪兴、沈关宝、李友梅陪同费孝通先生访问。除了江村，我们还在附近的吴江县所属的几个小镇进行调查。我的主要任务是在我的论文基础上进一步收集资料，为先生的《三论中国家庭结构的变动》的论文提供相关信息（费孝通，1991）。1987 年年初，美国芝加哥德堡（DePaul University）大学社会学系讲师黄丽丽带领 18 名学生访问中国，由上海大学文学院外办主任朱雨亭和我陪同到开弦弓村进行访问。1987 年 3 月 31 日，日本社会学家第二次访华组松户庸子、松园苑子和若林教子三人经费孝通先生介绍访问江村，陪同前来的有江苏省委政策研究室原主任朱通华和吴江县原副书记于孟达，我作为翻译全程陪同。2004 年年初，我第五次到江村，考察江村人口老龄化问题。

当年由费孝通先生指导论文的研究生有四位，除我之外，还有方明（中国香港）、宋丁（中国深圳）和林征宇（美国）。我们的江村调查从始至终都得到了费孝通的亲自指导。去江村前费先生就召集我们到他家里讨论调查计划。他为我们的调查目的和范围定了基调，我们四人分别调查的专题是乡村与工业、江村副业发展、江村教育和江村家庭。通过这四方面的调查，费先生希望能够写一本《江村五十年》。

在我们的调查过程中，费先生对如何进行实地调查给予我们许多具体而有效的指导。首先，他要求我们一定先要和村民们交朋友。只有和调查对象成了朋友后，他们才会把真实的情况和想法告诉我们；否则，我们的调查很可能流于表面，得到的情况也可能不真实。除此之外，他还向我们推荐了他认识的一些乡村干部和朋友。通过费先生的关系和这些熟人，我们的实地调查进行得十分顺利。

在调查方法上，费先生强调我们要做几件事。第一，他要求我们仔细阅读已有的关于江村调查的文献。其中包括他的文章、澳大利亚学者葛迪思的江村调查等。第二，我们需要阅读由开弦弓村提供的资料，如户籍、人口、生产、年度报告等，以便对整个村庄有整体的把握。第三，他要求我们根据调查的专题对不同调查对象进行深入的访谈。除此之外，费先生对我们提出的在深度访谈基础上做一个抽样调查，通过问卷形式调查近1/3农户的方案也非常支持和赞赏。

根据在江村三个月的实地调查，我们四个研究生写出了四篇硕士论文，分别是宋丁的《江村副业发展中的人力资源》、林征宇的《江村教育研究》、方明的《乡村与工业》和我的《农民家庭职能和结构的新变化》。我们的调查报告出来后，费先生对每篇论文都做了详细的批改，并提出了修改意见。

使我终生难忘的是费孝通先生的为人师表、虚怀若谷。当年我在他的指导下写硕士毕业论文时，费孝通先生不仅已是74岁的古稀老人，而且担当着众多重要的社会职务，可是他仍然逐字逐句地修改我的论文，先后在上面做了144个批注和修改意见。更使我感动的是，他接受了我对他在中国家庭的类型学上的建议。在他的评语中，费孝通先生写道："在论家庭结构上（王勋）对我的分类提出的批评是合理的。我正在研究这个问题，说过我们应重新考虑过去对大小核心、直系和主干家庭的概念，要从实际出发，看那种概念最能解释中国的社会细胞。这篇论文在这方面突破了我两篇对家庭结构的文章的框框，也为我的《三论中国家庭结构》提供了很有益的启发。在家庭的赡养职能上能对我的'二论'作了追踪的观察，即对实行生产责任制后的变化和产生的新的问题做出了很有系统的续篇，希望能把这一部分写成一篇专论，可以单独发表。"时隔三十几年，今天重读费孝通先生当年对我的鼓励和期待，仍然令我感慨万分。

需要指出的是，费孝通先生不仅希望我们的论文能够反映中国的实际社会生活和变迁，更重要的是他希能通这些研究进一步向国内和国际的读者介绍中国社会发生的变化。例如，费先生在我提供的资料基础上写了《三论中国家庭结构的变动》，并在香港中文大学召开的"第二届现代化与中国文化研讨会"上发表讲演，与国际学者交流。

三 江村调查给我们的启示

从 1936 年第一次的江村调查到后来 26 次访问江村，费孝通的研究课题不断地扩展和更新。从最早的对江村这个村庄农民生活的翔实描述到土地改革后农民生活出现的问题，从小城镇和乡镇企业发展研究到西部地区的开发，从和建立长江三角洲经济开发区到文化自觉理论等，可以看出江村调查的内涵远远超出了江村这一个村庄。纵观费孝通的研究实践，结合我本人在他的指导下进行的江村调查的体会，我觉得我们可以得到如下几点启示。

（1）经世致用。费孝通认为社会学家应该积极参与社会生活。他一贯提倡学术研究的"经世致用"。他从不把学术研究看成知识分子的个人嗜好或是单纯的谋生手段。他认为知识分子在社会生活和社会进步中承担着义不容辞的使命。他不仅仅对积累和发展社会学知识有兴趣，更看重如何把社会学知识应用于现实生活。因此，费孝通总是在关注中国社会急剧变革中出现的最敏感的问题，总是希望用社会学知识解释问题的发生和提出解决问题的办法。他提出的发展小城镇和乡镇企业，西部地区的开发和建立长江三角洲经济开发区等多项建议，先后被政府有关部门采纳。他为我们树立了"学以致用""知行合一"的典范。苏驼老师在一篇回忆文章中写道："费孝通参加南开大学社会学专业班结业典礼时，看到讲台对面写了一幅横标：'横下一条心，干一辈子社会学'。他在肯定学生们热情的同时，委婉地表达了另外一个意思：学习社会学终究是为了认识和了解中国社会，达到民富国强、改造社会的目的。他不赞成只在书斋里讨生活、为社会学而社会学的做法。"（苏驼、刘军强，2005）他呼吁知识分子必须面对中国社会实际存在的问题，否则所学知识只是死的知识。

费孝通早在 1979 年春天就明确地指出我们需要对当前现实的社会问题进行研究，为社会主义建设减少一些前进中的障碍，这是我们在这时候急切开展社会学研究的主要原因。我国的社会学的即以结合中国实际，为建设社会主义现代化国家服务为其目标。在他晚年时他说道："我们支持共产党，现在呢，我们互相监督出主意，我说六个字，出主意想办法，为了党，做实事，做好事，使我们学者工作成为建设社会主义的一个力量。一个中国知识分子应当为国家贡献自己的知识，为国家的建设出主意、想办法，做好事、做实事；学术工作虽然是知识分子一生工作的主线，但是它却离不开政治这个总的方向，只有把握住这个方向，才能达到目的。"（《费孝通文集》第十五卷，2001）

（2）神仙下凡问土地。费孝通认为，社会学家应该站在社会改革的前沿，发现和研究重要的社会问题。为了做到这一点，社会学家不应该只坐在书斋里苦思冥想，要经常走出去，看看老百姓真实的生活，与现实世界保持密切的联系。对社会的了解要以实地社会调查为基础。我几次回国路过北京想去看看他，都被告知，费先生出去搞调查研究了。最后一次见到他是 2002 年的夏天，已经 92 岁高龄的费孝通先生，依然不辞辛劳，和我们一起参加南开大学社会学本科生班毕业 20 周年的纪念活动和相关的学术讨论。费孝通相对地更注重典型调查。典型调查克服了深入性差的缺陷，通过对典型的全面、详尽的考察，深入认识事物的性质。

费孝通在中国社会科学院社会学研究所建所 20 周年上讲话，谈到自己如何治学，概括为四个字——从实求知。他说："20 年来，我一直没有停止过摸索。我要继续看书、看人、看社会。我们搞调查，不能脱离实际，要'从实求知'，我自己身体力行就是这四个字。从实际里面去求得知识，这是一个原则。"（费孝通，2000）这个原则是费孝通早在 20 世纪 30 年代在燕京大学、清华研究院和伦敦经济学院求学时就已经形成的为学方法。他写道："我的行文格调二十年代末已经形成，为学方法三十年代中期已经奠定，基本概念三十年代后期到四十年代前期大体建立。"（费孝通，1993）

在跟随吴文藻先生学习时，费孝通等就意识到了当时社会学界里流行的方式，一方面利用中国的史籍填写和论证西方理论，另一方面借用西方流行的问卷收集中国资料。他们认为这两种方式都不是了解和理解中国社会的研究方法。"早在 20 世纪 30 年代中期，以吴文藻、费孝通为代表的社会学家，运用社区研究方法，借用功能主义理论，就产生了一批实地社区研究成果，形成了为学界称道的'燕京学派'。这代表了当时社会学家们本土化的努力和成果。联系时代背景，我们可以理解当时社会学家们的这种努力并非一时冲动，而是在国家和民族危难中萌发的爱国主义思潮影响下的理性选择。"（苏驼、刘军强，2005）

（3）平实语言。费孝通提倡的社会学是人民的社会学，社会学家不但需要跟他们的学术同伴交流，更要和普通民众交流。读过他的著作的人都有同样的感受，那就是他能以最平实的语言把社会学理论、方法和实践与普通民众沟通，从来没有那些华丽的辞藻。费先生曾说过："我成为中国受欢迎的作家，我经常用具体例子说明我的观点，这样就能引起一般读者的想象，公务员、家庭主妇、学生由我这里开始接触社会学。"（Arkush，1981）联想到现在国内某些学人到处滥用名词如"田野调查""张力"等，觉得很有必要请他们读读费孝通的文章。

（4）看不见的理论。许多年以来，有部分学者认为费孝通搞社会调查很有一套，但是缺乏理论。我认为这实际上是一个误解。虽然费孝通先生在他的文章里很少引经据典，套用现成的社会学或人类学理论，但是他的研究课题和文章自始至终是受着功能派社会人类学的影响的。这也就是他自己所说的我的"基本概念三十年代后期到四十年代前期大体建立"（费孝通，1993）。

我最近接受英国伦敦大学常向群博士的邀请，为《全球中国比较研究》杂志以"韦伯与中国"为主题的特刊写一篇关于费孝通的佚稿《新教教义与资本主义精神之关系》的文章，对此深有感触。费孝通的这篇关于新教伦理的文章让我们看到了他对中国社会研究中始终抓住的一个重点，那就是如何理解和解释社会变迁以及如何在变迁中进行调适。费孝通先生总是在关注中国社会急剧变革中出现的最敏感的问题，总是希望用社会学知识解释问题的发生和提出解决问题的办法。从 1949 年前的《江村经济》《乡土中国》《乡土重建》《云南三村》到 1979 年后所研究的小城镇和乡镇企业发展、西部地区的开发和建立长江三角洲经济开发区、文化自觉理论等，虽然具体的研究专题发生了变化，但都是以社会变迁中的社会适应为重点。这实际上就是他一直运用而贯穿始终的功能派社会人类学的理论基础。

（5）两难两顾。费孝通曾说过"又要西方，又要中国，我两面都有了"。一方面，他提倡学术自立，认为社会学能帮助解决社会问题的基础是社会学研究社会发展的规律。他反复强调要用科学的态度对待社会问题，认为我们应当注意到个社会的个性。西方社会科学中的每一个概念，都有产生它的具体社会条件和历史条件。我们要发展社会学也要走自己的路，搞中国式的人民的社会学。社会学绝对不是西化和洋化。另一方面，费先生时刻不忘记和世界接轨。当年在评价方明关于乡村与工业的论文时，他就指出乡村工业这一研究课题具有世界意义。

费孝通提出要建立"文化自觉"。我们既要培育好、发展好自己本民族的文化，又不要闭关自守，隔离于世界文化之林，而应该努力融入世界这个大家庭。他认为，所谓"文化自觉"，即生活在一定文化圈中的人们对其所处圈子的文化有一定的"自知之明"，具体说来，便是了解自己文化的来历、形成过程以及所具有的特色和发展的方向。费孝通说："我们真要懂得中国文化的特点，并能与西方文化作比较，必须回到历史研究里边去，下大功夫，把上一代学者已有的成就继承下来。切实做到把中国文化里面好的东西提炼出来，应用到现实中区。在和西方世界保持接触，进行交流的过程中，把我们文化中好的东西讲清楚，使其变成世界性的东西。首先是本土化，然后是全球化。"（费孝通，2003）

费孝通先生在八十寿辰聚会上，针对他当年在伦敦经济学院老同学埃德蒙·利奇对他研究的批评曾经意味深长地讲了 16 字箴言："各美其美，美人之美，美美与共，天下大同。"在《推己及人》一书中，费孝通进一步表达了这一世界文化观："在世界上生活的各个群体，在认为自己的传统价值标准是'美'的之外，各群体之间还应当求同存异，相互理解，承认别人的传统价值标准也是'美'的，做到'美人之美'。在这个基础上，全人类建立起一套大家愿意共同实行的价值标准，达到全人类和平共处、'美美与共'的境界，实现'天下大同'。"（费孝通，2000）

四 结语

关于社会学的中国化，景天魁有一段精彩的评述，他写道："当代中国社会学应该具有的理论自信包括两个层面：一是坚信从中国土壤里生长出来的社会学，一定能够自立于世界学术之林；二是坚信中国社会学不仅能够回答中国自身的问题，也能够对回答人类面临的共同性问题做出贡献，因而具有普遍的学术意义。前者是社会学中国化，后者是中国社会学普遍化，二者虽然方向相反，但既是相互补充的两个方面，也是相互融通的两个阶段。"（景天魁，2015）我想，用这段话结束我的文章并用它作为进一步推动社会科学的中国化的呼唤应该是很恰当的。

参考文献

费孝通，1991，《三论中国家庭结构的变动》，载乔健主编《中国家庭及其变迁》，香港：香港中文大学社会科学院暨香港亚太研究所。

费孝通，1993，《八十自语》，载《逝者如斯—费孝通杂文选集》，苏州：苏州大学出版社。

费孝通，2001，《费孝通文集》第十五卷，北京：群言出版社。

费孝通，2000，《推己及人》，北京：大众文艺出版社。

费孝通，2003，《关于文化自觉的一些自白》，《学术研究》第 7 期。

景天魁，2015，《从社会学中国化到中国社会学普遍化》，《人民日报》11 月 23 日。

苏驼、刘军强，2005，《费孝通与南开大学社会学的创立》，《光明日报》5 月 17 日。

Arkush，David. 1981. *Fei Xiaotong and Sociology in Revolutionary China*. Cambridge：Harvard East Asian Monographs.

社会科学本土化的四种类型：以费孝通为例

谢立中[*]

2016 年是费孝通先生"江村调查"80 周年。"江村调查"在费孝通的学术研究历程中具有关键的地位，其成果《江村经济》一书不仅被马林诺夫斯基誉为"人类学实地调查和理论发展上的一个里程碑"（参见费孝通，2002：13），而且也被中国学者视为社会学中国化/本土化历程中的一项重要成就。本文根据社会科学本土化学者们的主张和实践，梳理了"社会科学本土化"的不同类型，试图以此分类模型来对费孝通先生在不同学术阶段所取得的成果及其在"社会科学本土化"方面所具有的含义重新加以理解，并对社会科学本土化的不同类型及它们之间的关系做一个简要的讨论。

一　社会科学本土化的四种类型

长期以来，"社会科学本土化"都是包括中国学者在内的非西方国家社会科学家们努力追求的一个目标。但是，对于社会科学"本土化"的意涵，不同的人则有不同的表述或理解。仔细考察一下在非西方国家里发生的社会学/社会科学"本土化"运动，我们可以看到，它们的主张和成果大体上可以区分为以下几种类型。

一是研究对象方面的本土化，也就是说，其研究对象从原来以西方社会为主转变为以非西方社会为主（甚至为唯一对象），但在其他方面，如基本概念、理论命题、研究方法等方面还未发生具有本土化意味的转变。我们可以借鉴中国社会学者的概念，把这种类型的本土化称为"对象转换型本土化"。这种类型的"本土化"可以说是非西方社会学国家里的社会学家在推动社会学"本土化"运动时的最初期待，也是非西方国家"本土社会学"形成的最初形态。例如，20 世纪初，中国社会

＊　谢立中，北京大学社会学系教授、教育部长江学者特聘教授。

学形成之际，许仕廉、孙本文、吴文藻、李景汉等中国社会学家所倡导的社会学"本土化"运动，其最初期待就是要使源于西方的社会学概念、命题和理论配上源于中国社会的经验材料。

二是不仅在研究对象方面完成了本土化，而且在某些基本概念、理论命题和研究方法方面也进行了一定程度的本土化，如从本土语境出发对西方原有概念、命题和方法进行了一定程度的改造或变通（从 family 中区分出"家庭""家族""宗族"等；从 community 中演化出"社区""社群"等；将 nation 和 ethnic 都称为"民族"等），或从本土话语资源出发提出了某些新的概念（如"差序格局""单位"等）、命题和方法，或通过对西方社会学原有的不同理论体系进行演绎、重构等途径建构起一些源于西方但又不同于西方社会学原有理论的新理论体系（如将英国社会人类学功能主义与美国芝加哥城市区位学派综合成一种中国化的新功能主义等）等，从而在不同程度上补充、修正和革新了该国/地区学者从西方引进的社会学说。我们可以将这种类型的本土化称为"补充—修正—创新型本土化"。从理论上说，非西方社会与西方社会在文化传统、历史经历、自然环境、规模结构等方面的差异，以及社会学家们在概念、命题的理解和使用方面所造成的变异，都使得研究对象的本土化迟早会导向理论概念和命题方面的本土化。其实，非西方国家社会学发展的绝大部分成果都可以归入此范畴。社会学在中国恢复重建以来由当代中国社会学家自觉尝试建构的诸多被认为具有本土化或"中国特色"的社会学说也都可以归入此类型的社会学说之中。

三是不仅在研究对象方面完成了本土化，而且在理论（概念、命题）方面也进行了激进或彻底的本土化，完全或基本上放弃了来自西方的概念和命题，用一套完全来源于该国/地区人民社会生活实践的本土性概念、命题替代了前者，但在思维或研究方法方面却还是沿用了西方社会学的思维或研究方法（如实证科学方法、诠释学方法、辩证方法等，尤其是实证科学方法）。用某些中国学者的话来说，就是用西方现代科学的方法来研究像中国这样一些非西方社会本土的社会文化内容（杨春华，2012）。我们可以将这种类型的本土化称为"理论替代型本土化"。例如，由杨国枢、黄光国、杨中芳等首先在台湾地区、香港地区发起，之后在大陆部分学者如翟学伟等那里得到延续的社会学/社会心理学领域的本土化运动，在一定程度上就是试图用西方现代科学的方法来研究中国人的社会、文化和行为，并试图用一些完全源于中国本土社会、文化和心理生活的概念来解释中国人的社会、文化和行为。

四是在上述第三种类型本土化基础上更进一步，不仅尝试在研究对象和理论（概念、命题）方面完成激进或彻底的本土化，而且在思维模式和研究方法方面也实现激进或彻底的本土化，用非西方国家（如中国）传统的思维模式和学术研究方

法来替代西方社会科学的思维模式和研究方法①，在研究对象、理论（概念、命题）体系和研究方法三个方面完全用"本土"替代"西方"，形成一种在研究对象、理论（概念、命题）体系和研究方法三个方面完全具有本土性质的社会学说，如儒家社会学、佛教社会学、道教社会学、伊斯兰教社会学等。我们将这种类型的本土化称为"理论－方法全面替代型本土化"。中国大陆近年来出现了一个自称为"大陆新儒家"的学者群，主张一种带有浓厚本土主义色彩的新儒家学说及其教义，其中也包含了一套具有高度本土性质的"新儒家社会学说"。这套学说若能加以系统表述，其成果在很大程度上也可以归入此处所谓"理论－方法全面替代型本土化"之列。其实，19世纪末、20世纪初康有为、梁启超和严复等受西方社会学启发后所阐释的那套"群学"，就非常类似我们此处所说的"理论－方法全面替代型本土化"理论。是故"大陆新儒家"学者近年来齐呼"返回康有为"，自是理在其中。

二　费孝通的社会学/人类学研究历程与本土化

纵观费孝通一生的社会学/人类学研究历程，我们可以看到，其成果正是上述社会科学本土化四种类型的分别体现。

《江村经济》一书是费孝通的成名作，也是他应用西方社会学/人类学理论来研究中国社会的第一个重要成果。虽然事前在江村进行的田野调查并非明确以马林诺夫斯基等的功能主义理论为指导，但事后以这些田野调查资料为素材，将其剪裁、整理成今天我们所看到的这样一本日后被马林诺夫斯基誉为具有里程碑意义的著作，却明确是在马林诺夫斯基功能主义理论的指导下展开的。作为一本在马林诺夫斯基指导下完成的博士论文，在这本著作中，费孝通应该说是严格地恪守了马林诺夫斯基功能主义的基本理论和方法论原则，如"功能论"（必须对社会制度的功能进行细致的分析）、"需要论"（而且要同它们意欲满足的需要结合起来分析）、"整体论"（"也要同它们的运转所依赖的其他制度联系起来分析"、研究单位的选择"应能提供人们社会生活的较完整的切片"）、"实证论"（以实地调查的方式来"正确地了解当前存在的以事实为依据的情况"）、"微型社区研究论"（为了对人们的生活进行深入细致的研究，研究人员有必要把自己的调查限定在一个小的社会单位内来进行。这是出于实际的考虑。调查者必须容易接近被调查者，以便能够亲自进行密

---

① 当然，对于中国传统的思维模式和研究方法到底是什么样的，从西学引进之日起至今，学者们仍然聚讼纷纭，见解不一。但对于中国人的思维模式和西方思维模式之间存在着很大差异甚至根本差别这一点上，学者们似乎存在着相当高程度的共识。

切的观察）等（费孝通，2002），还没有来得及对将这套马林诺夫斯基功能主义人类学理路与方法应用于中国这样一个文明大国所可能引发的一些理论与方法论问题进行思考。本书之所以被马林诺夫斯基誉为"人类学实地调查和理论工作发展中的一个里程碑"，并不在于其在理论或方法等方面对马林诺夫斯基的人类学有多少突破或发展，而主要在于其将原本主要被马林诺夫斯基应用于一些太平洋小岛部落社会的功能主义人类学理论和方法应用于中国这样一个文明大国，在研究对象的转换方面开展了首次尝试。因此，我们可以将《江村经济》大体视为中国社会科学在将西方社会科学理论引入中国后尝试进行"研究对象本土化"的一项重要样本。

随着对研究工作的逐步深入，费孝通开始意识到马林诺夫斯基功能主义人类学理论本身隐含的一些问题，或将其应用于中国社会研究时可能产生的一些特殊问题。例如，在理论方面，费孝通对马林诺夫斯基功能主义理论的一些论述产生了怀疑。在《从马林诺夫斯基老师学习文化论的体会》等文中，费孝通回顾了自己对马林诺夫斯基功能主义理论上述观点进行思考与探索的历程。他指出，马林诺夫斯基在将"因有提供食料和其他消费品的需要而形成经济制度，因有提供社会成员生殖和抚育的需要而形成家庭制度，因有提供社会秩序和安全的需要而形成的政法制度等"归结为"派生的或衍生的需要"，"似乎这些衍生的需要还是可以归根到基本的生物需要里"之后，"又感觉到文艺、娱乐、巫术、宗教、科学等制度没有配上需要，而另外列出一类需要，称之为'整合'的需要"。然而，至于整合的需要怎样和前两类需要整合在一起，费孝通认为马林诺夫斯基并未说清楚："总之，在马老师的文化框架里分列了三类不同层次的需要：基本（生物）、派生（社会）、整合（精神）三个层次。从字面上看第二层次是从生物需要里发生出来的。第三层次又似乎是另外加上去的附属品。我对这三个层次的需要论一直不太明白。"（费孝通，2001：158）将这三个层次需要的关系弄清楚就成了费孝通学术研究工作中长期关心的一个问题。按照费孝通晚年的追述，《生育制度》一书就是他试图修正马林诺夫斯基功能主义理论的一个重要尝试。在《生育制度》一书中，费孝通试图跳出马林诺夫斯基三层次需要论的框框，"根本放弃了把婚姻、抚育、家庭、亲属、宗族等一系列的文化现象看成是满足生物需要的文化措施"（费孝通，2001：158）。在写这本书的前后，费孝通的思想受到了涂尔干、布朗和派克等人的影响，逐渐倾向于将社会看成一个具有自己独立需要的实体，是"和生物界的人体脱了钩"的。费孝通说："我不同意马老师在《野蛮人的性生活》一书里描述的那个人文世界是这地方的土人为了满足生物需要而发生的。据马老师说，这地方的土人根本不相信性交会生孩子"（费孝通，2001：157）；"我认为人并不是为了满足性的生物需要，不得不生孩子，生了孩子不得不抚养和教育孩子，男女双方不得不结为夫妇，组成家庭，一直到不得不组成宗族或氏族。我认为人们结合成了社会，为了要维持社会的存在，

社会一定要有一定数量的成员去维持其分工合作的体系，而人是个生物机体，有生又有死，所以社会要维持其完整，使分工合作体系能继续不断发生作用和不断发展，就必须有一个新陈代谢的机制。这个机制我称之为'社会继替'。为了完成社会继替的功能，才产生婚姻、家庭、亲属等一系列社会制度，总称之为'生育制度'，包括生殖和抚育相联系的两节，维持群体存在的必要活动"（费孝通，2001：159）。费孝通的解释，使我们有理由将《生育制度》一书列为本文前述"补充－修正－创新型本土化"社会学的一个样本。

当然，必须说明的是，费孝通对马林诺夫斯基功能主义人类学理论和方法的反思和补充工作并非停留或局限在《生育制度》一书或写作时期，而是贯穿了自己的一生。其中最重要的一个方面就是对在将马林诺夫斯基功能主义人类学方法应用到中国这样一个文明大国时产生的重要问题，即从"对一个"微型的"基层社区（村落等）进行参与观察得到的研究结果可否推论到现代中国这样一个人数众多、历史悠久、文化复杂因而异质性很高的大国总体"这一问题进行探讨。对于这个重要问题，费孝通在不同的历史时期分别做出了不同的回答，提出了"逐渐接近"法、"类型"或"模式"比较法、"个体是对整体的复制"说、逐步扩展研究对象的空间范围等不同观点。这些成就同样可以归入"补充－修正－创新型本土化"社会学成果的范畴之中。限于篇幅，此处不再赘述。

随着对中国社会研究的进一步深入，也出于教学和学术研究的需要，费孝通开始尝试从理论上对中国传统社会的特性进行整体性的描述和说明。其代表性成果就凝结在我们熟知的《乡土中国》一书中。在这本书中，费孝通以自己多年实地考察的成果和日常生活体验为依据，运用中国人所熟悉的话语，对中国传统社会的特性进行了的总体性的描述和概括。在此过程中，提出了一整套具有高度中国本土化色彩的概念（如乡土社会、礼俗社会、差序格局、礼治秩序、无为政治、教化权力/横暴权力/同意权力、长老统治、名实分离/名实一致等）和命题（"土"是农业社会的特征，乡土社会中的成员无须借助文字沟通，中国社会的人际关系呈现出差序格局的形态，中国家庭的主轴是父子、婆媳之间的纵向关系，中国社会是礼治社会，等等）。虽然费孝通对"乡土中国"的论述仍然受涂尔干、滕尼斯等西方社会学家相关理论的影响（如"乡土社会/都市社会""礼俗社会－法理社会""差序格局/团体格局"等二元对立的形成明显受到涂尔干"机械团结/有机团结""共同体－社会"二元划分的启发），但其试图从中国人自己的文化和生活经验中提炼出一套比西方社会学/人类学理论可能更适合于描述、解释中国社会之概念和理论体系的倾向应该还是比较明显的。更为重要的是，我们可以说我们今天所看到的一些符合前述第三类本土化特征（用西方现代科学方法来研究像中国本土社会文化内容）的社会学研究在很大程度上正式沿着《乡土中国》一书开辟的方向前进的。据此，我们可以大体上将

《乡土中国》列为"理论替代型本土化"社会学说最初的样本之一。

众所周知，到了晚年，费孝通对社会学本土化的思考又有了一个质的飞跃，其成果集中包含在《试谈扩展社会学的传统界限》一文中。在《试谈扩展社会学的传统界限》一文中，费孝通虽然也论述了社会学要加强研究"人与自然之间的关系""文化与社会之间的关系"等问题，但其集中讨论的问题则是社会学要加强对人的精神世界的研究这样一个问题。费孝通明确指出现有社会学的一个重要局限就是对人的"精神世界"的探讨很不够；而人的特殊性就是人有一种"精神世界"；对人的精神世界进行深入的探究，对社会学的发展具有重大意义。因此，有必要鼓励这方面的研究。费孝通还指示性地提出了一些有关人的精神世界的具体研究课题，如要加强对人际交往过程中"意会"现象的研究、对"我"尤其是对"讲不出来"的"我"进行研究、对"心"的研究等。费孝通明确提出，要理解中国社会，就必须加强对中国人"精神世界"的探讨，在这方面，中国社会学的发展也许可以做出某种划时代的成就（费孝通，2003）。而要做到这一点，不仅要借鉴西方诠释学、现象学等方面的成果，而且也要借鉴佛教等中国传统文化中曾经用过的一些方法。在这里，费孝通已经开始触及西方思维模式和实证主义一类科学研究方法对于研究中国社会的适当性问题。虽然在这方面费孝通还没有走得像"大陆新儒家"甚至"新儒教"这么远，但我觉得其思考方向是与我们前述第四类社会学本土化（理论-方法全面替代型本土化）是非常接近的。而且，费孝通的这篇文章也确实正在引发人们朝这个方向去思考。

三 如何理解社会科学本土化四个层次之间的关系？

以上我们以社会科学本土化四种类型的分析框架对费孝通先生一生的学术历程做了一个粗线条的描述，认为费孝通一生的学术历程与我们所谓社会科学本土化四类型的分析模式大体相合。笔者试图以这样一种简化的方式来从一个特殊角度理解费孝通的学术历程及其成就。但是，无论是我们前面简要勾勒的社会科学本土化四类型分析框架，还是我们应用这一分析框架对费孝通一生学术历程所做的描述，都可能引出一个问题，即如何理解我们所说的社会科学本土化四个类型之间的关系。

毫无疑问，从逻辑上来说，在上述社会科学本土化的四个类型中，从第一类型（研究对象的本土化）经过第二类型（补充-修正-创新型本土化）、第三类型（理论替代型本土化）类型再到第四类型（理论-方法全面替代型本土化），是一个"本土化"的色彩越来越强、"西方化"的色彩越来越淡的思维进程。而对于一个以"本土化"为终极追求的人来说，这样一个本来属于事实判断的类型划分模型自然

也就也带有价值判断的含义，即将本土化色彩较强的那种学说类型在价值评判上也置于本土化色彩较弱的那种学说类型之上，而最后一种类型的社会学说则无疑具有应该获得最高的价值评判。这样一种观点，近年来在我国的人文社会科学领域频频出现。一些学者甚至明确地提出了"脱西返中"或"去西方化"的理论主张。对此，我有一些不同意见。

我认为，作为一种"理想类型"，本文描述的社会科学本土化四种类型只具有事实判断的含义，而不应该具有价值判断的含义。毫无疑问，在帮助人们更为适当地理解和解释中国社会等一类非西方社会方面，"理论－方法全面替代型本土化"社会学具有其他类型的社会学不可替代的作用，但这并不意味着，其他类型的社会学说在帮助我们理解和解释中国社会方面的价值就要低于"理论－方法全面替代型本土化"社会学。对于这一点，本文不拟从理论方面展开长篇大论，以下仅举一例来试加说明。

我的一位信奉道教的朋友曾经向我描述过他在家修炼气功时的一次经历。他描述说，那天他像往常一样，按照练功的要求端坐家中，很快便进入所期待的境界。他发现自己的灵魂离开了自己，沿着一条似曾相识的道路来到了一个自己向往已久的道家宫殿。一个道长出来将他迎入宫内，在那里和他做了长时间的交谈。末了，道长让他回去，但他不明白该如何回去。道长对他说："你从哪条道来，就沿哪条道回去。"他便努力回想自己来时经过的道路，终于回想起来并沿路返回到了家中。他睁开眼，发现自己确实回到了家中。

对于这一经历，我们可以有两种不同的理解和解释。第一种，可以是一种中国本土/主位立场的理解和诠释。设某位具有上述经历的人是一位真诚的道教信徒，相信之前道教师傅所教导给他的一切教义，那么，他将会按照道教的教义来理解和诠释自己的这场经历，确信自己已经修炼到了一个较高的层次，以至于自己的元神获得了可以离开所寄存的肉体去谒见教中前辈的能力，从而有了这么一次经历。那么，按照本土/主位立场倡导者的看法，我们在对这位道教徒的此次经历进行理解和诠释时，就应该进入他的意义世界中去，尽可能严格地按照他自己对自身经历的理解和诠释来理解和诠释他的经历，并以此来理解和诠释他的一些后续行为（例如，更频繁地修炼道家气功，更坚定地按照道教的其他教义行事，更热情地向周遭人士宣讲道教教义，等等）。对这样一种从本土/主位立场来进行的理解和诠释，我没有异议，完全赞成那种认为只有首先获得了这种主位理解，我们才能够对这位道教徒的经历和行为有适当的理解甚至预测的看法。但我认为，除了这种从本土/主位立场出发进行的理解和诠释之外，我们完全可以由第二种理解和诠释，一种可以被认为是从这位道教徒之外的外部/客位立场出发来进行的理解和诠释。而这也正是我当时在听完这位朋友的讲述之后，曾经试图对其讲述的经历所进行的一种理解和诠释。我当时对朋友经历所做的解释大意为：那天你在练功过程中意识进入了一种特殊的活动状态，由于长期按照道教教义及功法去修炼气功，道教教义的那些意象和话语已经渗入你的意识或潜意识当中，使得你在这些意识或潜意识的支配下经历了这样一场特殊的心理体验。我所做的这样一种理解和诠释明显是一种异于中国道家话语体系、属于现代/西方话语体系的理解和诠释。但是，谁能说这一理解和诠释是没有意义，或者说是一种会导致对上述道教徒"真实"经历之歪曲的理解和诠释呢？从社会科学而非自然科学研究的角度来说，谁能在上述从道教徒之本土/主位立场出发所做的理解与从笔者之西方/客位立场出发所做出的理解两者之间，毫无争议地判断出何种理解才是对上述道教徒经历之更为客观、真实、可靠的再现呢？

由此可见，从社会科学而非自然科学角度来说，无论是从本土/主位立场还是从外部/客位立场出发对人们行动及其社会后果做出的理解和诠释都是有价值的，而且我们难以做出绝对的判断，说在这样两类不同的理解和诠释之间，何者就一定要更为真实可靠。这也就意味着，就本文涉及的话题而言，从其他几种类型的社会学视角出发对某个非西方社会（如中国社会）现实所做出的理解和诠释，虽然和从"理论－方法全面替代型本土化"社会学（如某种还有待于创造的纯"儒家社会学"等）视角出发所做出的理解和诠释，思路和含义可能会差别很大，但也绝非毫无价值和脱离中国等非西方社会的现实。事实上，就任一社会的成员来说，对其自身行为和社会现实的理解都可以也应该包括上述两种视角，即自己人的"主位"（或曰"本土"）视角和他人的"客位"视角；同样，就任一社会的成员来说，对异域社会的理解也应该包括这两种视角，即他人的"主位"视角和自身的"客位"视角。正如吉尔兹所说的那样，一个试图去理解异域社会或文化的人，其任务并不只是简单地再现他人的世界，而是要在从他人视角理解他人的同时，也将他人看待世界的方法及逻辑，"用我们的方式来表达出来；这种知觉方式不似一个天文学家去数量星星，而更类似于一个批评家解释一首诗时的情形。不管它们到底是阐释什么，它的实质是用'我们的'词汇来攫住'他们的'观念"（吉尔兹，2000：11）。

因此，虽然从本土社会行动者的主位立场出发，通过把握本土社会特色的方式来理解某一社会，确实是我们理解和诠释该社会的重要视角甚至应该是优先视角（从这个角度来说，本土化色彩越强的理论对我们的助益可能会越大），但这并不意味着这种视角就是我们理解和诠释该社会的唯一视角。就像上例所表明的那样，即使是一些高度外部的、西方化、非本土化的理论视角对于我们理解某个社会的现实，也会具有不可替代的价值和意义，更何况一些已经在某个方面进行了本土化、只是本土化程度不高而已的那些"本土化"社会科学呢？据此而言，我认为，上述社会科学本土化四类型的分类模型只具有帮助我们进行事实判断的意义，而不具有帮助我们进行价值判断的意义。认为在帮助我们理解某个社会（如中国社会）方面，本

土化从色彩越强的理论就一定比本土化色彩较弱的理论更为适当这种看法值得质疑。否则，我们就可能会对包括《江村经济》《生育制度》《乡土中国》等作品在内的费孝通一生大部分著述，以及中国社会学迄今为止所取得的绝大部分成果做出不恰当的认识和评价。

参考文献

费孝通，1998，《乡土中国　生育制度》，北京：北京大学出版社。

费孝通，2001，《从马林诺斯基老师学习文化论的体会》，载费孝通《师承－补课－治学》，北京：生活·读书·新知三联书店。

费孝通，2002，《江村经济》，北京：商务印书馆。

费孝通，2003，《试谈扩展社会学的传统界限》，《北京大学学报》第 3 期。

吉尔兹，克利福德，2000，《地方性知识》，王海龙、张家瑄译，北京：中央编译出版社。

杨春华，2012，《社会学本土化的第四条道路》，《理论观察》第 3 期。

社会学的"中国知识"问题

冯 钢[*]

20世纪80年代初，中国社会学正处于恢复期，海外华语学术界则开始了一场关于"社会学中国化"的讨论。这场讨论的起因是台湾学界对社会学"西方化""美国化"的强烈反应，随后便得到中国香港、新加坡、美国、澳大利亚等地华语学术界的积极响应，并于1980年和1983年先后三次，分别在中国台湾地区、中国香港地区以及美国等地召开学术研讨会，共同就"社会学中国化"的含义、可能性、现状及未来走向各抒己见。

时至今日，海外华语学术界关于社会学"中国化""本土化"的讨论仍断断续续地持续着，但是对内地的影响却并不显著。内地社会学的教学和研究似乎并没有感觉到这样一种被称作"危机"的紧迫性，甚至也没有意识到这可能会是一个问题。

（一）

社会学不同于其他学科，当这门学科被公认为是一个社会所必需时，便意味着它是把脚下这块特定的土地作为自己的研究领域。当它在大学里被认为是一门必修课时，便是说这个专业的毕业生将是对其所处社会有着基本了解，且能运用所学知识从事对该社会进行研究分析从而对这个社会有所贡献的专业人才。因此，虽然社会学源自西方社会且成就于发达国家，但既然传入了中国，那就应该为中国社会所用，用以解决中国社会的问题，对中国社会发展有所贡献。然而，自从社会学在我国恢复以来，我们看到的却是大量沿用西方社会理论，套用西方学者所设计的方法，探讨西方学者所研究的问题。在大学的课堂上，我们用着西方的教材，采用西方的

---

[*] 冯钢，浙江大学社会学系教授。

教学方式，甚至提倡用西语授课。由此而来的结果是，我们学界大量的研究都只是在模仿西方的研究活动或验证西方社会已有的理论；我们社会学专业毕业的学生却未见得比一般人更了解他们所处的社会。难怪有人会说：我们所探讨的对象虽然是中国人、中国社会，但所采用的理论和方法却几乎全是西方的或西方式的；在日常生活中，我们都是中国人，但在从事社会研究时我们却都成了西方人。我们有意无意地抑制着自己中国式的思想观念和思维方式，使其难以表现在教学科研的历程中，而只是不加批判地接受与承袭西方的问题、理论和方法。在这种情况下，我们充其量也只能是亦步亦趋，以跟上国外的学术潮流为能事。在世界学术舞台上，最多也只能落得个"多我们不为多，少我们不为少"的境地。

当然，社会学乃至整个社会科学的西方化并非仅仅中国学术界的问题，而是一个有着深刻历史背景的全球性问题。从知识社会学的角度来说，这是一个与"全球化"息息相关的知识权力结构及学术霸权地位的问题，是资本主义"世界体系"在文化教育领域的反映。从这个意义上说，一个民族真正的独立并不仅仅只是在政治上、经济上摆脱霸权主义的控制，而且也意味着必须摆脱西方的知识垄断和学术霸权。社会学是一种"社会性知识"（social knowledge），较其他知识更具有对社会的控制作用。因此，"社会学中国化"在这个意义上说已经不仅仅是一个学术水准的问题，而且更是一个民族一个国家如何从根本上摆脱所谓"学术殖民主义"的问题或"知识殖民主义"的问题。

社会学的普遍性是建立在社会学是科学这一基本信念之上的，社会学这门学科从诞生时就带有明显的唯理主义自然科学观。从圣西门设想以"物理社会学"规范社会研究以来，社会学就一直沉浸在西方理性主义的传统之中。社会学的创始人孔德作为实证主义的鼻祖，从一开始就把社会学定位在以自然科学方法研究社会问题的基调上，并把社会学视为"科学之后"。从19世纪90年代到20世纪20年代，随着自然科学的迅速发展，西方社会思想的主题也发生了急剧变化，出现了用以实证经验为基础的社会研究取代形而上学的要求，Giddens称此为"大分裂"（great divide）时期。从此，解释派传统（hermeneutic tradition）被割断，取而代之的是强调社会学普遍性、形式理性和客观性的实证社会学（positivist sociology）。实证社会学相信，社会生活中的主观性问题对科学研究根本不能构成特别的问题，这些问题应该留给诗和哲学去讨论，因为"主观性意义"、"意愿"、"动机"或类似的"内在"经验是无法观察的，所以都应该从科学中去除，社会学唯一合法的研究对象只是"可观察的行为"（observable behavior）。这种倾向带来的直接危害就是消解了对"可观察行为"本身的意义解释，从而也就否定了社会行动的特殊社会文化背景。在凭借规范化、普遍化、形式化名目迅速向全球扩张的实证主义社会学取得了绝对统治地位的同时，也把战后获得了民族独立的非西方世界重新纳入了"知识殖民化"的进程。它给这些非西方社会带来的直接后果就是以这些"知识"为主体的文化教育和科学研究与当地社会需求之间形成明显的脱节现象。

（二）

学者与普通人看待社会现实的差异在于，学者并不是简单地用眼睛来看世界的，他是通过自己头脑中储存的大量专业知识来处理外部信息，是经过专业存量知识对其进行有效性解释来把握认知对象的。这种专业存量知识在我们头脑中就像一个储存系统，外部世界的每一现象都能在其中获得一个准确的对应位置，所以这个世界是因这个储存系统才成为可解释、可理解的。然而，我们用来解释外部世界的专业存量知识几乎都是外来西学，从小学到中学再到大学，不仅教学内容而且就连教学方式也都是西方的，换句话说，我们只能把中国特有的社会现象削足适履，以便勉强对应这个外来储存系统。譬如，费孝通说的"差序格局"在这个储存系统中就找不到相应的位置，因为"差序格局"是缘于血亲关系，而在西方的社会结构中血亲关系这个因素早在古代社会时就淡化了。

如此看来，社会学的学术本土化问题，实际并不只是研究中国本土问题和本土经验，而是如何建构"中国知识"的问题，是如何形成中国的知识储存系统，发展中国的社会理论。问题在于，"中国知识"从何而来？

也许有人会说，"知识来源于实践"。这当然没错，但太宽泛，容易说，却不知道如何做。我们每天都在中国社会中生活，都是生活实践。但是，却只有在费孝通说出"差序格局"这四个字时我们才获得了这种"知识"，而且是我们那么熟悉的"知识"，几乎等于大白话。难道在费孝通、潘光旦等之前，这种"中国知识"就不存在吗？当然存在，它就活脱脱地存在于中国人的社会生活之中，但却不存在于我们那个知识储存系统中。

其实，这类知识现象问题即使在西方学术史上也同样存在，只不过在我们这里是空间上的"中外差异"，而在西方则表现为时间上的"古今差异"。

譬如，福柯在《知识考古学》中已经发现，"知识"有两个层次：一个是浅层次的知识（connaissance），即我们通常理解的像经济学家、社会学家或法学家、精神病学家等提出来的理论思想；另一个是"深层"的知识（savoir），它不只是我们通常所说的科学的知识，而且更像一组假定的规则，是指一种"框架"，据此可以判定在某一领域中，哪些主张可以被视为"真理"而哪些却必须是"谬误"，即通常人们认为的"真伪系统"并决定赞成或反对的理由、何为相关的论点和证据。所以，浅层的假设正是从深层知识的"框架"中才获得了意义。这种深层的知识，似

乎就像对应于"市场"的"需求",它决定了种种理论知识的"供给"。

这让人想起康德所谓决定逻辑思维之或然疆界的,是固定的、综合的"先验知识"。福柯也欣然接受了"先验的历史"这个说法。在一个历史时期内的某个社会存在着一些基本条件,决定着哪些现象可以成为知识的对象,哪些知识通过哪些实践过程可以被视为"真理"。在《知识考古学》中,福柯竭力要从一些"不成熟的科学"中去发现这种"深层知识",比如精神病学、临床医学等,因为在那些"成熟的科学"中,这种"深层知识"已经隐藏得很深,不太容易被发觉。

如果说,对福柯而言,"深层知识"是在成熟科学中隐藏得太深了,因而必须到不成熟的科学中去"考古";那么,对我们这种在"空间差异"下的"深层知识"探究,也许更多的是外来知识的"屏蔽"所造成的困境。或者说,正是因为我们太迷信那种似乎确凿无疑的"科学",从而忽略了一些看似不怎么科学的"深层知识"。

几个月前,我应邀去中山大学哲学系做讲座,顺便参加了博士论文答辩。其中有一篇博士论文讨论的是"逻辑的文化背景",随后我便与写这篇论文的学生的导师聊天,讨论的问题是,在亚里士多德的形式逻辑进入中国人的头脑之前,古代中国人是如何讲"逻辑"的,如果我们不用"逻辑"这个概念,那么我们是否可能找出古代中国人"讲理"的学问?这其实就是一个"深层知识"的问题。假设一个人用亚里士多德的形式逻辑推论,另一个人用古代中国人的"讲理"方式对应,那么两人之间会出现什么状况?

(三)

这就让我想起一个案例,我曾经写过一篇文章,在台湾大学做完报告后有两位学者一直跟着我讨论这个有趣的案例。简单说,20世纪五六十年代,R村村民在政府号召下兴修水利建设了一个小水电站,村里有了电灯,村民用电按灯泡算,一个灯泡每月0.45元。"文革"开始后用电就没人管了,很多人就不缴电费。80年代初,因改革开放,村里有了一些加工厂,用电量大幅增加,要求用电管理正常化。于是,在乡政府主持下,R村与电站签订了一份协议,大致意思是,R村当年在水电站建设中做出了很大贡献,因此村民用电可享受"优惠电价",按当时的情况,每度电费0.09元。但是到了90年代,乡村工业经济发展迅速,用电量急剧上升,供电所对R村的"优惠电价"感到难以承受了,于是与R村协商希望调整电价,但R村村民不同意,最后供电所把R村告上了法院,从中院一直闹到高院,法院说法也不一致,无果。直到21世纪初,大小电站统一并网,供电所业务也归并隶属省电力公司，要求各地实行全国统一电价 0.53 元/度。R 村村民却仍然坚持"优惠电价"。这时，当地区政府出面召开协调会议，决定一次性给 R 村 30 万元，作为当年建设电站的补偿，并给每户村民补偿 80 元，此后 R 村必须按照全国统一电价缴费。然而 R 村村民不为所动，他们的回答是："别说 30 万元，300 万元、3000 万元都不够！"

显然，区政府的协调是基于一个"市场逻辑"，你建电站做出了贡献，我补偿你，你卖我买。村民却不理解你这个"逻辑"，他们有自己的"理"，"我建水电站不是用来卖的"，或者说，"你要买，我还不卖呢，多少钱我都不卖"。在此，你不能说他们"无理取闹"。

要理解 R 村村民讲的"理"，我们就必须回到 R 村村民建电站的那个"历史时期"，找到那时社会存在的特定条件，它决定了哪些现象可以成为知识对象，哪些知识在哪种实践中可以被视为"真理"。很明显，当时没有市场经济，经济原则是"再分配"和"互惠"，政府与村民之间是"保护人与被保护人或追随者"之间的互惠关系，相互之间交换的物品和服务是以不同需要为基础的；一般情况下被保护人或追随者是以劳动和忠诚来换取安全和物质条件；尤其重要的是这种互惠关系总是被视为一种关于权利与义务的道德关系，并依赖相应的道德观念作为这种关系的基础纽带；被保护人或追随者有强烈的意识，知道他们从这种关系中可以正当地期待得到什么，也知道可能要求他们做什么。

R 村村民在谈及建设电站时的情景，强调的是"吃苦"，言语中可以感受到这里面包含的不只是劳作，更重要的是忠诚；但是在这种"付出"的前提下他们"期待"的回报是什么？显然不是用货币能够计算的"等价"，而是一种包含着道德义务在内的"对等"，一种对他们付出劳作和忠诚的"承认"，在他们看来，"优惠电价"就是这种"承认"的标志。"对等"而不是"等价"，意味着如果"承认"了我的付出，那么一块钱也可以抵偿一部电视剧版权（如金庸向中央电视台索要的《射雕英雄传》版权费）；但如果没有这种"承认"，那么就会出现"别说 30 万元，300 万元、3000 万元都不够"的局面。

这是两种"逻辑"或两种"知识"之间的冲突，是体现在当下社会转型过程中的典型"问题"。

（四）

当今中国社会处于一个历史性的转型时期。中国的社会学面临着如何在这个转型期为中国的改革开放做出自己应有贡献的问题。我们认为，关键是把握中国社会转型的质性。任何一个国家的社会学专业任务都是运用专业知识来解决社会发展和

运行进程中出现的问题；因此，社会学专业知识要求主要体现在两个方面：一是通过对社会变革的认识来确定各种社会问题产生的原因及其性质；二是在社会运作过程中找到解决问题的社会自身逻辑。

我们目前这个社会确实存在许多问题，几乎每个人都能顺口说出一大串，比如三农问题、发展不平衡问题、环境问题、人口问题、贫富差距问题、教育问题、弱势群体问题、社会保障问题、政治腐败问题等。这些问题确实已经成为我国社会经济发展的严重制约因素，如果不加以解决，我们二十多年的改革成果就有可能付诸东流。但是，如何解决这些问题？以什么方式来解决这些问题？靠什么力量来解决这些问题？这个问题始终没有被提出来，更谈不上解决了。被改革开放释放了逐利活力的社会在"发展经济"的过程中产生了这样那样的社会问题，这些问题如果不是由"社会自身"来逐个加以解决，那就会形成问题的堆积和结构化，最终会堵死经济发展的道路。然而，由于我们缺乏相应的"中国知识"，不清楚这些问题产生的基础原因，因而就只能按照西方知识体系所"预期"的指引，把社会矛盾和冲突视为"不可避免"的现实，却忽视了从转型基础上探讨原因可能性。

由此，我想到了费孝通先生的一个概念，"离土不离乡"。这是费孝通在探讨乡村工业化时提出的一个概念，它与我们今天许多学者都在探讨分析的"外来农民工如何城市化"的问题形成对应。在费孝通看来，"外来农民工如何城市化"的问题与 20 世纪 40 年代史国衡先生在昆明研究农民进厂当工人类似，遇到的都是可想而知的问题和矛盾，解决方法也是"硬"办法：通过工厂体系的强制慢慢适应。但费孝通却从改革开放前夕的社办企业及后来的乡村工业化过程中发现了另一个解决问题的途径："不打散他们的家庭，而是把工厂搬到他们身边，这个变化对他们的思想产生什么作用……工业化放在一个地方，它对经济变化的作用，一般人都能看到。不容易看到的是农民怎样变成工人，他们的意识形态和精神世界怎样变化。我们的农村调查不能只停留在农民收入提高多少这些方面。还应当深入到精神生活里面去，进行触及灵魂的变化，这一点需要我们下更大的功夫。"（《费孝通文集》第十卷，1997：41－42）

费孝通在这里强调的不只是乡村工业化带来的经济发展，而是农民如何在乡村工业化过程中从精神文化层面上发生根本性的变化；他把这个"离土不离乡"看成是我们几千年来养成的乡土社会向工业化时代过渡的"比较妥当"的道路。相对于简单的农民进城务工来讲，费孝通更关注的是转型的两端之间那个顺利"过渡"，它不仅关系到现代化的"引领"，更重要的是联系到这种"引领"所面对的具体的中国乡土基础，即关于这种特殊"共同体"条件下农民生存状态的那些"中国知识"，它为解决现实条件下的具体社会转型问题提供了可能性。

传统意义上的"社会"实际上是指缺乏专业分工的同质社会，这种同质性社会实际就是我们通常所说的"共同体"（community），马克思说的"共产主义"（communism）是向共同体的回归，但这需要一个社会财富巨大增长的前提，这也意味着society 和社会主义 socialism 是一个必不可少的过程。中国社会学意义上的一个重要问题就是：共同体意义上的"社会"概念深入人心；而社会学意义上的"社会"甚至只是一个发展方向，或者说还是一个在逐渐形成过程中的概念。所以费孝通说：

> 要了解农民能单凭几个数字。要了解在他们脑子里的思想活动比获取统计数据更难。你懂得传统农业社会的基本特点，不懂得农民的过去，不懂得传统怎样支配他们的行为，就不懂得农民，更不会懂得正在变化中的农民。生产力变化背后是人的变化，生产力的发展冲击着人的社会关系。我们要抓住人的变化，抓住八亿农民的特点，把"土头土脑"的"乡下人"迈向现代化的一步步脚印通过研究描绘出来。（《费孝通文集》第十卷，1997：42）

可以说，从1936年的江村调查起，费孝通就在力图将把那些"土头土脑"的"乡下人"迈向现代化的脚印描述出来，而我们则接过了费先生的"画笔"，继续完成先生没有完成的这幅阔大画卷。

参考文献

费孝通，1997，《走出江村》，载《费孝通文集》第十卷，北京：群言出版社。

有关差序自我和费孝通教授的若干思考

王斯福[*]

自从费孝通教授 2005 年去世以来，中国发生了很大变化；而自从他对中国社会关系之乡土性根基做出开拓性的反思以来，中国发生的变化更大。在 1939 年出版的 *Peasant Life in China* （《中国农民的生活》）[①] 一书中，他最初提出了乡村工业的思想。不久以后，这一思想在《乡土中国》（1948 年）中得到了继续阐述。他的乡村工业思想的影响和他的个人声望在 20 世纪 80 年代和 90 年代的中国乡村工业化时期达到顶峰。如今，那个年代和那些政策已经被抛弃，国家转而支持以私有化的国有企业为基础的大规模工业化和城市的增长，人们将此称为"上海模式"。实际上，到 2011 年，在中国人口统计数据中，城市人口就已经成为大多数。自 2011 年以来，村庄城市化的政策得以施行，农业日渐成为一种大规模的商业性工业，农村居住模式也开始成为更为密集化的多层住宅模式，除了一些最偏远的地区以外，每个村落都开始被整合到城市的管辖范围之内。

我们完全可以提这样的问题：如果说《乡土中国》中还有什么没有过时的东西的话，那么这种东西是什么？下面，我将根据我所从事的许多项目给出我的回答。

一个项目就是把我在伦敦经济学院所教的两门课程写成教材，这两本教材很快就会出版，我希望在其英文版出版以后，中文译本很快也会出版。这两本教材是 *The Anthropology of China* （《中国人类学》） 和 *China in Comparative Perspective* （《比较视野里的中国》）。正如我将会解释的那样，在这两本教材中，费孝通的研究都是极其重要的。第二个项目是一本著作，现在已经完成，交给了一家出版社。这本书的主题涉及对文明思想之再思考。对这本书而言，至少是对中国文明与印度文明以及其他地方之文明的比较而言，费孝通的研究也是至关重要的。这三本书都是我与

---

[*] 王斯福（Stephan Feuchtwang），英国伦敦政治经济学院（LSE）人类学系教授。本讲演稿原为英文，译者褚建芳，南京大学社会学院人类学研究所副教授。

[①] 该书最初为英文版，后来译为中文时，取名为《江村经济》。

同事合著的，《中国人类学》是我与夏洛特·布鲁克曼合写的，《比较视野里的中国》是我与汉斯·斯坦姆勒合写的，他们在中国民族志方面都卓有建树、非常精通。《文明》一书是我与麦考·罗兰兹（Michael Rowlands）合写的，他既是一位人类学家，也是一位非洲研究学者和考古学家。现在，他对中国非常感兴趣。第三个项目是一项对中国四城市政府共同体形成的研究，主要靠六位研究者（其中三位是中国人）来进行，我于2011年到2015年对他们的研究工作进行了协调统合。对于这个项目来说，费孝通的研究并非至关重要的，但是，正如我将会指出的那样，当我们将其同阎云翔教授正在做的更为晚近的研究联系起来的时候，该项目仍然是与费孝通的研究相关的。

教　材

　　我们的《中国人类学》一书从人类学的视角列出了许多关键的概念和主题，然后用中国的人类学研究和民族志对之进行了检验。费孝通对有关道德个人和现代个体的经典概念的欧洲中心性提出了挑战，这对我们来说有着无与伦比的重要性。我将费孝通的"差序格局"译为"社会自我主义"（social egoism），并认为这一概念早在20世纪40年代就在许多方面预演了英语人类学80年代展开的有关关联（relatedness）和区分（dividual）的那些争辩，它说明一个人是通过与重要他人的关系以及维护这些关系的责任来界定自己的。不过，除此之外，就我们的这本书而言，还详细阐述了我们与费孝通的《乡土中国》的两位译者——韩格理与王政的一致意见，即在西方，一般社会理论所传递下来的东西实际上常常是一种地方性的知识——关于特定地方之特定人群的特定规律。费孝通的社会学要求我们这些西方人重新思考我们自己。我们总结道："费孝通在儒教亲属关系体系内设想出一种根本性的层级关系，并将其作为关系结构之自我中心的同心模型进行了详细阐述。这就创立出了一种可能是层级性的类型，该类型既不能被描述为'集体主义的'，也不能被说成是'个体主义的'。"

　　最令西方人类学感到不安的是，"差序格局"原则同时是一个一般性但并非普遍性的道德法则；它并不确定权利和义务，而总是具体特殊的；它是每个人的交互关系与层级关系的独特之网，而不能被简化为塔尔克特·帕森斯对传统性和特殊性所持的韦伯式和进化论式的看法。

　　另外，当我们转到有关中国和其他地方之亲属关系的研究时，费孝通的说法却并不能提供足够充分的民族志精确性。当然，它的确描述了性别和年资的层级性。但是，他关于"家"（jia）——在家户（household）的意义是"家"（family），同

时在更大的规模上也是亲属组织——的规模可以无限增长的思想却并未表明家谱在中国的重要性，也未说明血统如何能够变成分支性的信任关系。对一个既是人类学家又是历史学家的人来说，令人好奇的一点是，费孝通并未像陈奕麟（Allen Chun）那样的比他晚的人类学家和伊佩霞（Patricia Ebrey）那样的历史学家一样，指出祖先崇拜如何具有意识形态性质并且有着历史起源，在宋代由新儒家推荐给帝国朝廷。这一点本身就是中国亲属关系的一个关键的比较性特征。同时，根据莫里斯·布洛克（Maurice Bloch）和凯瑟琳·贝尔（Catherine Bell）的理论，仪式具有意识形态的性质，而这一点正是有关仪式之意识形态性质的一个例证。

"关联"是有关后来的人类学如何需要以费孝通的"差序格局"这个基本原则为基础并对之进行细致深入研究的另外一个例子。在对性别角色分化以及女性在中国这样的父系社会中所具有的重要性的研究方面，关联已经成为一个比较性的主题。在此方面，石瑞（Charles Stafford）走得颇远。他提出，在中国的父系社会内部，存在一个母系的内核。女性不仅维系着其丈夫之祖先的荣誉，而且维系着其娘家方面的亲属关系纽带以及其家户在对外交往中所建立的波纹状关系链环的其余部分。

换句话说，在我和夏洛特·布鲁克曼看来，费孝通教授的开创性思想是一个分离点，是摆脱欧洲中心主义的一条道路。在《比较视野里的中国》一书中，我与汉斯·斯坦姆勒也持这样的看法。正如我们这本书的封面所宣称的那样，该书表明（所有社会科学的）"为了避免欧洲中心主义或中国中心主义的偏见，分析性的概念是多么需要加以修正，要想达到对所讨论事项的完全理解，从中国文献与观察中得来的思想是多么必须加以吸收容纳"。在该书伊始，我们对马克斯·韦伯和费孝通这两位伟大的比较论者进行了比较，他们都把儒家社会与其他社会进行比较，并提出了各自的理想类型，用来表示他们眼中儒家社会的独有之处及其如何可能被转变成现代性。马克斯·韦伯是持欧洲中心主义立场的，而且这一点非常明显，而费孝通则持中国中心主义的立场，而且这一点同样非常明显。对我们来说，他们是典范，因为他们比别人做得要好，那些人宣扬的好像是普适性的社会科学真理，实际上却是一个特例，是从欧洲和北美洲得出的假设。费孝通和韦伯将儒家的道德自我与基督徒的自我进行了对比，在韦伯那里，这种基督徒的自我特别是指加尔文教徒的自我。但是，韦伯认为，加尔文教徒们生来就与资本主义的企业精神有一种选择性的亲和性，却在儒教中发现了一些与必需的企业精神相反的特性；而费孝通则在其差序自我（differential self）的基础上提出了一套改革乡村实现中国现代化的计划。我们得出的结论是，差序自我是一切社会生命都有的普适性事实，但我们有可能会提炼出一个中国社会特有的恭顺、注重等级和差序的自我。从哲学层面来看，与欧洲中心主义的希腊罗马基础形成对照的是，安乐哲（Roger Ames）及其角色伦理概念已经巧妙地进行了这一提炼（Ames，2011）。

文　明

费孝通用差序和恭顺的自我来刻画中国道德高尚者的特点，这对我和麦考·罗兰兹所写的有关文明的著作也至关重要。我们那本著作的一部分是以我们在上海和北京所做的讲座为基础的。让我们再次从比较的尺度来看，（费孝通所讨论的）角色等级及其所揭示的社会地位——这种社会地位不仅限于家族性的地位，而且包括联合性和政治性的地位——与印度文明中的亚种姓等级形成了对照。因此，费孝通的讨论开创了一个远比人类学家路易斯·杜蒙提出的等级类型化（the typification of hierarchy）宏大得多的比较路径，即对文明等级的人文类型进行比较。实际上，我们的著作所做的并非（中国角色等级及其所揭示的社会地位）与种姓等级的比较，而是另一种的比较，即中国文明与非洲文明的比较。在此之中，中国的一个特质就是，宇宙和政体都有一个急剧升降的等级体系，二者合并成一个单一政治中心里我们称为"天下政体"的东西；而在非洲文明中，诸多宇宙观有着一种相似性，构成了一个文明，包括许多等级升降平缓的政体和许多中心。就我们的新定义而言，文明由一个极具包容性的宇宙观或许多彼此交叠且类似的宇宙观组成。但是，要想确定这些宇宙观在中国现在和过去是什么，我们从费孝通那里学到的东西就不够了。我们必须把他甚至未曾提到的许多其他形式的自我修养与抱负也考虑进来。无论如何，他给了我们第一个线索，也激励着我们在此方面努力前行。

当代的和城市化的中国

正如我在本演讲伊始所提到的，中国现在是城市化了的。乡下不再是农民居住的地方了。很少有农民为了自己的生存而种地。几乎没有农民什么都种，相反，他们只种植蔬菜、饲养家禽和猪，然后拿来卖掉。几乎所有的村落都有许多户籍在村里，却在城镇里上班挣工资的人。大多数年轻人挣钱是为了他们自己的，他们可能会把其中一部分钱汇回他们村子里的家，但是，他们不再像以前那样在一个联合家户预算单位内工作。简言之，他们有着远比以前更强的个人主义色彩。因此，我问我自己，费孝通教授当初曾经承认的那个极度依赖持续面对面接触的差序格局中的差序自我现在到底剩下了什么？现在，面对面的接触远比以前更具有自愿性和偶然性。

在我们对居委会辖区内社区建设与社会管理政策的研究中，地方党支部非常积

极地招募志愿者参与社区活动和帮助照顾高龄老人、体弱多病者和贫困人群。此外，每一个这样的辖区里都有一个专门用于文化活动的大楼。但是，除了那些退休人员和需要国家补贴的人以外，大多数居民并未受到（这种政策的）影响，他们形成了他们自己的社团和拜访模式。他们在社会化与互惠方面的关系是被选择出来的，包括家庭关系和工作关系，就像詹妮特·卡斯腾（Janet Carsten）有关关联的研究提出的那样，这里的关系甚至更具选择性。所有这一切是否都意味着差序自我已经消失？

这里，我要谈谈另一位中国人类学家阎云翔了不起的经验性和理论性并重的著作。阎云翔对东北的一个村落下岬村自 20 世纪 80 年代以来村落生活的变迁进行了长期研究，提到了大量值得强调的变迁。其中，主要的变迁包括以下两点：

（1）在村里和最近的城里拥有两处住所的家庭有所增加；

（2）新娘在婚姻谈判中得到的东西越来越多，年青一代在建立他们自己的小家时拥有的东西也越来越多。

祖父母、父母和孙子女这三代人的关系仍在延续，但正如阎云翔所说，这种关系现在正在衰落，而不是上升。代际关系现在是照顾与感情上的关系，而不再（像从前那样）是共同预算的关系。于是，我们可以得出结论说"差序格局"已经变得不那么恭顺，而女儿的重要性则把石瑞所发现的隐蔽的母系制带到了明面上。一如既往，这里有一套更广泛的维系性的互惠关系网络。从这一切来看，我们不应得出差序自我业已消失的结论；相反，我们应该得出的结论是，差序自我已经发生了变迁。阎云翔在其最近的研究中竭力指出，在中国的乡村和城市，自我都一如既往的是一项工程，就像孔子的《论语》所宣称的那样（Yan，2016）。自我是在与其他人的关系上界定的，而在他们之间交往互动的表面，包括面子（或名声）的给予和制作，则是绵延一生的工作，而且不断在建构之中。

总之，差序格局是一种有关变迁且在不断变迁着的原则。费孝通教授开创了中国与西方社会生活比较的先河。他首创了差序自我的思想和关联性的思想，关联性很可能是人类道德的普遍具有的事实。但是，他并未明确地为社会科学做出这种推进，他只对适合中国及其改革的东西感兴趣。在中国，我觉得他的中国版本的差序自我作为一套道德原则似乎相当灵活多变。在中国的城市化进程中，这套原则已经发生了相当大的变化，而且在继续发生着变化。对中国的人类学而言，费孝通的研究至关重要，但我们发现情况不止如此，他的差序自我思想还为整个学院人类学做出了开拓性的贡献。

参考文献

Ames，Roger. 2011. *Confucian Role Ethics；a vocabulary*. University of Hawai'i Press.

Carsten, Janet (ed). 2000. *Cultures of Relatedness: New Approaches to the Study of Kinship.* Cambridge: Cambridge University Press.

Fei Xiaotong. 1992. *From the Soil: The Foundation of Chinese Society*, by translated Gary G. Hamilton & Wang Zheng (with Introduction and Epilogue), Berkeley: University of California Press.

Stafford, Charles. 2008. "Actually existing Chinese matriarchy", in Brandtstädter, Susanne and Santos, Gonçalo D. (eds.), *Chinese kinship: Contemporary Anthropological Perspectives*, Routledge Contemporary China Series, Routledge, Taylor & Francis Group, Abingdon, UK, pp. 137 – 153.

Yan Yunxiang. 2016. "Intergenerational Intimacy and Descending Familism in Rural North China", *American Anthropologist*, 118 (2): 244 – 257.

从"伦"到"差序格局":关系性与等差性

——潘光旦与费孝通的思想比较

翟学伟[*]

引 子

在中国社会学史上,一度有重要的社会学家提出一些富有启迪的见解,却几乎未能引起今日社会学人的重视,所以才会有一个再挖掘的过程。比如当西方社会科学进入中国时,一种叫作社会学的学科应该研究什么呢?估计现在最普通的回答是,当然是研究这个学科的教科书里所提到的那些内容。其中隐含的另一层意思是,社会学应该研究的是西方社会学家给我们圈定的那些范围。可事实是,在社会学进入中国之际,第一代社会学家就已经高瞻远瞩地担负起如何将这一舶来品转化为国人重新认识自己世界(天下)之视角和方法。其中的翘楚则是潘光旦。他通过对儒家社会思想的长期积累和思考,指出社会学之意在中国寻求到的相对贴切概念,可以有"群"和"伦"两个字。的确,社会学刚进入中国时被译为"群学",比如斯宾塞的《社会学研究》被严复译为《群学肄言》,只是后来因受日文翻译影响,改叫"社会学"。

由"群学"改为"社会学",虽有翻译与社会风气的原因,但确也同中国学者对"合群"的阐述与期待有密切的关系,即在当时知识界,对"群"的讨论有君民一体平等合力之意,而梁启超在《新民说》中又感慨道,中国人缺少这样的特征。那么以"群"来看中国社会,就不是一个特别合适的译法。比较而言,"社会"二字内涵更加丰富,有四民阶层及其有关秩序的意思(冯凯,2014)。所以无论是一种更妥帖的译法,还是其本身的意思,都最终被确定了。

其实,潘光旦当年很惋惜于英文 ethics——一种讨论道德的学科抢先被译成了

---

* 翟学伟,南京大学社会学院教授、教育部长江学者特聘教授。

"伦理学"。如果这个英文词不被译者捷足先登，那么社会学在中国的更好译法应该是"伦理学"或者"伦学"（潘光旦，2010a：252）。顺着这一意思推想下去，也许今日所谓伦理学取名"道义学"或"义理学"更合适，因为在潘光旦眼中，唯有社会学才更适合研究"伦"之"原理"，好比物理学研究"物"之"原理"一样。潘光旦指出：

> 所谓社会之学的最开宗明义的一部分任务在这里，就在明伦，所谓社会学之人化，就得从明伦做起。注意到了这样的一个起点，社会学才可以幸免于"人之为道而远人，不可以为道"的讥评。（潘光旦，2010a：264）

那么从学理上讲，为何明伦那么重要？潘光旦的理由是孔学中的仁义忠孝是模糊不清的，可"伦"字的含义却是清晰可辨的，它可以连接中国社会思想与西方近代以来的社会科学所讨论的各种内容（潘光旦，2010b：216－219）。

一 从"伦"到"差序格局"

我想，"伦"之所以可以成为社会学的内容而非只存留于中国思想史上的一个概念，显然不在于它含有儒家所倡导的社会道德与社会价值之意，或体现了儒家的为人处世之道，而是说它有自己的社会原理及社会事实方面的展示与特征。那么这样的展示和特征是什么呢？潘光旦对此下了一番功夫。在其一系列大纲讲义及有关论文中，他重点讨论了"伦"的演化。其中最为集中的讨论是其三篇前后呼应的论文——《说"伦"字——说"伦"之一》、《"伦"有二义——说"伦"之二》及《说"五伦"的由来》。

在第一篇中，潘光旦的重点是研究中国汉字"伦"的含义。由字而进入，而非从儒家倡导的价值观进入，其深意在于说明其社会根基是中国文明，而不限于儒家的阐述。为考察"伦"字，他采用了训诂法，即是拆字分析和同部首字排列，以便从根本上认识"伦"字的发生学。首先从拆字上看，"伦"的关键是"仑"，"仑"（侖）的组合是"스"和"册"。前者是条理之合，后者是条理之分，进而"仑"的意思就是条理和秩序。如果将此字与其他偏旁组合，就有了偏旁那一层意义的条理或序次。比如"论"是言字旁，那就是说话有条理，引申为辩论；沦，水字旁，表示水纹、文貌，也就表示序列；纶，绞丝旁，有纲、琴弦之意；抡，提手旁，有择的意思，引申选择和辨别；而伦，人字旁，表示人的类别和关系。由此不断地排列组合，我们从中得到了"伦""既从人从仑，而仑字又从스从册，스是合，册是

分，自条理或类别的辨析言之是分，自关系与秩序的建立而言之是合，便已包含了社会生活的全部"（潘光旦，2010a：254）。

有了第一篇的讨论做基础，潘光旦第二篇则开始讨论"伦"的社会学含义。大体上看，通过对中国大量古籍文献尤其是先秦文献的梳理，潘光旦发现"伦"有三层含义：一是泛指事物方面的条理、道理；二是类别；三是关系。三层含义为何说它只有二义呢？因为"伦"所表示的条理和道理一义过于泛指，以后就不大使用了。由此一来，"伦"的社会学含义就集中表明人的类别化与人的关系化。关于这两层意思，潘光旦主张它们可以被看作因果关系和静态与动态的关系。其中类别决定着关系，即没有类别就无所谓关系，或者说，关系的发生一定是先确定类别才可以发生的相互影响、相互联系。静态则是表述一种类别的品质或者属性；动态则是两个类别之间实现了辨识性的、自觉性的交往。为了证明"伦"有这两层意思，潘光旦引用并统计了大量的中国古人在书中的用法，说明这两种用法都是存在的，只不过在使用上有时间先后。开始是作"类别"讲，后来"关系"的含义越来越明显；亦有作者的偏向，如荀子偏于在类别上使用"伦"，而孟子偏重在关系上使用"伦"。或许是因为儒家，特别是孟子所起的作用，现在对"伦"字的理解，基本上是"关系"的含义。但潘光旦指出，这是件遗憾的事，因为他认为类别很重要，也就是人群总有品性、人格、才能等方面的差异。这些差异及其所受的教育即所谓社会学的人化。如果没有这样的品质差异，那么社会学对人的讨论就相当于在说一群蚂蚁、一群蜂、一群羊或者一群狼。这点构成了他对当时西方社会学的批判，因为西方社会学对人的假定也就是一群分子化的人，其社会学的含义就是讨论这群人如何在特定的社会文化环境中适应或改变（潘光旦，2010a：257 - 258）。所幸的是，中国的"伦"字所展示的基本含义可以修正这样的谬见：

> 类别事实上既不会不有，流品也就不能不讲，因为人是一种有价值观念而
> 巴图上进的动物。《礼记》上说："拟人必与其伦"，那伦字显而易见是指的流
> 品或类别。历代政治，最注意的一事是人才遴选，往往有专官管理，我们谈起
> 这种专官的任务来，动辄说"品鉴人伦"，那伦字显而易见又是指的类别与流
> 品，近来我们看见研究广告术的人，讲起一种货物的优美，也喜欢利用"无与
> 伦比"一类的成语，那伦比的伦字当然又是静的类别而不是动的关系。（潘光
> 旦，2010a：217）

潘光旦将"伦"字拉回到类别上来谈，其实也是为他论述儒家思想的生物学基础做准备。在他看来，孔门哲学中的人文思想和生物学之进化论的观点是吻合的，其暗含的意思是如果儒家思想的内在构成与西方的进化论不谋而合，那么我们就不

是以进化论来反对儒家思想，而是儒家思想是符合社会基本原理的。在潘光旦看来，它们之间的吻合性主要是都认可物种内部的差异性，简言之，即都是人，可人跟人不一样。

但作为社会学的研究，包括潘光旦在内的一批学者虽然都在力图凸显伦理思想的"社会性"方面，但思想、观念与伦理的痕迹太重，而没有回答社会现实。其实，这其间更为艰巨的任务是，"伦"的真实的社会性表现究竟在哪里？虽然潘光旦对此的重要提示是生物学中的许多观点与孔门社会哲学暗合，已经符合孔门哲学的经验基础，但随着社会学科自身的发展与更新，其中还有不少地方值得深究，因为要想证明社会学（而非社会思想）移植到中国可以叫作"伦学"，我们终将要回到"伦"是如何展现其社会学中的结构与行动的意义的。同时，这也有利于反观，若将西方社会学所重视的结构与行动放入中国文脉中，如何可能得到一个"伦"的视角乃至理论。

走出这关键性一步的学者是受潘光旦学说影响的费孝通。为此，我们先来考察一下费孝通的贡献。他说：

> 以"己"为中心，像石子一般投入水中，和别人所联系成的社会关系，不像团体中的分子一般大家立在一个平面上的，而是像水的波纹一般，一圈圈推出去，愈推愈远，也愈推愈薄。在这里我们遇到了中国社会结构的基本特征了。我们儒家最考究的是人伦，伦是什么呢？我的解释就是从自己推出去的和自己发生社会关系的那一群人里所发生的一轮轮波纹的差序。"释名"于沦字下也说"伦也，水文相次有伦理也。"潘光旦先生曾说：凡是有"仑"作公分母的意思都相通，"共同表示的是条理，类别，秩序的一番意思。"（潘光旦，1947；费孝通，1985：25）

在这一段话中，我们清楚地看到了费孝通的"差序格局"是怎么来的。为了进一步表明这一点，我们再来看潘光旦当年在上"儒家的社会思想"课时用的讲义提纲。在"伦字二义"的提纲中，有这样的介绍：

> 沦，水波为沦，从水仑声。《诗·伐檀》，"河水清而沦漪"，传，"小风水成文转如轮也"；《韩诗章句》，"从流而风曰沦，沦，文貌"，《尔雅·释言》，"沦，率也"，按犹律也，类也，大率也。《释名》，"沦，伦也，水文相次有伦理也。"（潘光旦，2010a：52）

也就是说，从"伦"到"沦"，再到水波纹比喻，最后到差序格局的提出，是一个水到渠成的表述，是一个古老的中国文字在现代中国社会学概念中的变种。

我认为其中最难能可贵的转换，不是说这里只用一个现代概念来替换中国的"伦"字，而是费孝通明确地指出了"差序格局"乃是"中国社会结构的基本特征"。这一表述意味着，一种儒家社会思想性的讨论从此开始向中国社会结构性研究的迈进，即此时的"伦"已不再局限于从字义到儒家社会思想方面的论述，而是走到了真实的社会特征中。至于这个社会结构是什么样子的，费孝通接着说：

> 伦重在分别，在礼记祭统里所讲的十伦，鬼神、君臣、父子、贵贱、亲疏、爵赏、夫妇、政事、长幼、上下，都是指差等。"不失其伦"是在别父子、远近、亲疏。伦是有差等的次序。在我们现在读来，鬼神、君臣、父子、夫妇等具体的社会关系，怎能和贵贱、亲疏、远近、上下等抽象的相对地位相提并论？其实在我们传统的社会结构里，最基本的概念，这个人和人往来所构成的网络中的纲纪，就是一个差序，也就是伦。礼记大传里说："亲亲也、尊尊也、长长也、男女有别，此其不可得与民变革者也。"意思是这个社会结构的架构是不能变的，变的只是利用这架构所做的事。（费孝通，1985：25）

在这一段文字中，我们看到由"伦"到"差序格局"再到中国社会结构特征所要实现的关系运行重点，正是其差序性以及由此造成的分别。请注意，这里的"差别"所表达的意思同"伦"在思想中表示的差别较大。"伦"在思想中的差别是类别上的，比如潘光旦刻意强调流品，强调出类拔萃，人才有高低，而回避等次上的差别。但费孝通这里的差别就是强调关系等级和远近。上面提到，潘光旦说"仑"字从"亼"从"册"，所体现的分合是社会生活的所有内容，而我们在此又看到唯有将"伦"字的关系之意再次深化为真实社会类别与等级时，"伦"字才真正实现了涵盖社会学所研究的所有内容。

二 以现代社会学看"伦"与"差序格局"

现如今，无论是当年潘光旦所希望建立的"伦学"，还是费孝通提出的"差序格局"，最终都不可避免地被套入现代社会学的框架。当下中国社会学界讨论的"差序格局"概念，大都是将其放入中国人的社会交往、社会网络及社会资本研究中去重新阐发的。但由于这样的嫁接性阐发，又或许是两类概念自身带有的共同特征，社会网络研究与差序格局研究面临的共同问题，都是偏重于对社会关系格局做平面性理解。这点在相当程度上限制了我们对"伦"字本意的思考。

以差序格局为例，由于差序用了水波纹做比喻，导致级差的含义被抹去（翟学伟，2009）。最终人们只能在其中看到亲疏远近的特征，尽管后来学者想将其等级意味挖掘出来（阎云翔，2006）。其实，社会网络研究本身所面临的问题也何尝不是如此，比如原本在一个社会结构或组织结构内部，诸如共同体、科层制等，级差是显而易见的，但改成社会网络的视角后，等级式微凸显的则是节点（node）（Wasserman & Faust，1994；Davis & Mizuhi，1999）、结构洞（structural hole）（Burt，1992）或者小世界（small world）（Watts & Strogatz，1998）等，或只看重平面网络信息的流向及信任关系。即使社会网络中也讨论等级和权力的问题，但均是从平面上看到的，即其中被确定的高位者的权威性更多地有赖于网络集中度的体现（Kapferer，1972），又或者可以用冥律（power law）概念来弥补这一缺陷。总之，在中国人与中国社会的研究框架中，"差序格局"与社会网络研究的合并倾向，很容易导致级差的消亡。如果以"亲亲、尊尊"来审视，就是"尊尊"不见了，只留下了"亲亲"。

所以要想讨论"伦"字中所体现的社会结构方面的类别与等级，更多可以用来做比较的，还是社会网络研究兴起之前的社会交换理论。社会交换理论的重点既包含微观层面的个体位置及其互动，也包含因位置不同而发生的互动差异所导致的宏观社会结构，尤其是社会不平等的形成。为此，这里有必要先回到布劳（P. Blau）的研究假定上来。

布劳的理论构造来自他对两类参数的设定。他认为，真实的社会结构来自社会位置的分布，而社会位置可以划分为类别参数与等级参数（布劳，1991：14），如表1所示。

表1　结构参数的基本类型

类别参数	等级参数
性别	教育
种族	收入
宗教	财富
种族联盟	声望
氏族	权力
职业	社会经济背景
工作地	年龄
住地	行政权威
工业	智力
婚姻状况	
政治联盟	

类别参数	等级参数
国籍	
语言	

据表 1，可以比较肯定的地方是，每一个体所处的社会位置上的特征都可统统归入这两种参数。至于其中这些参数是否确定，不同社会文化可以根据自己的特点进行增减。布劳的重点是想说，有了这两种不同类型的参数，就可以推演出社会结构的异质性与不平等，而很多社会学的理论命题都是从中得到的，并可以做出大量的实证检验。

但我在这里关注的问题是，由布劳划分出来的参数分类无论怎么看，都没有表达出"差序"的意思来，也就是说，其内在的划分方式方法与中国人所理解的"伦"中所包含的差异不是一种差异。一旦回到以"伦"来表示类别与等级，中国人所强调的"差序格局"就会出现。这就意味着，"伦"在类别与等级上形成的运行法则，同布劳看到的许多类别和等级的一系列理论命题是不一样的。尽管布劳在社会微观层面也考虑到了同心圈和交叉圈的交往特征（布劳，1991：188），也一样有关系距离的远近不同，但为何其中等级秩序的特征依然很难显现。我想，如果我们在"伦""差序格局"及布劳的"社会交换理论"中真的可能辨识出些什么，那就等于说中国社会结构乃至行动的特征便被找到了。

三　重回"伦"的结构性

由此，虽然"伦"是一个偏重思想性的概念，而"差序格局"是一个结构性的概念，但由于后者在很大程度上失去了等级地位，因此重回"伦"的结构性，将有助于恢复思想与现实的统一。为了挖掘"伦"的结构性特质，我们可以先从儒家讨论的"五伦"开始。五伦从社会学角度来看，其核心在于"角色"，近来又有学者将儒家整个思想框定为"角色伦理学"（安乐哲，2017），表明了角色在"伦"的体系中的至关重要性。但我在这里的解读方式不是伦理学的，而是社会学的，也就是尽可能构成社会学与儒家含义之间的对话关系：

我们首先从直观上看到，五伦是五对角色关系。这点看起来好像非常契合于套入社会学的角色理论中去理解，比如符号互动论、结构性角色理论、戏剧理论等，当然布劳的社会交换理论也没有忽略从角色开始推演他更为宏观的社会结构。他说：

> 社会结构的组成因素本身也是社会结构。客观的社会结构由各种社会结构组成，而后者依次又由社会结构组成，以此类推，直到最后，小群体的微观结构由个人的角色组成。类别参数以下面两种方式将个人角色和由这些角色构成的微观结构与宏观结构联系起来：多样的交错群体联盟和参与其所属的较大群体联盟。（布劳，1991：187）

可我认为，将中国人的角色关系及社会结构套在符号互动论中去讨论，并由此从微观上升至宏观，会导致我们对中国人与中国社会的误读。首先这里面存着一个逻辑起点的问题。

按照西方社会学的符号互动原理，讨论角色的起点在于"自我"的形成，由此学说衔接的是弗洛伊德（S. Freud）、詹姆斯（W. James）、库利（C. H. Cooley）及米德（G. H. Mead）等的"自我"概念。这是一个个体的出发点；而讨论五伦中的角色，则起点在于个人发生的自然属性。这是一个关系的出发点。衔接的是《易经》及儒家学说的宇宙假定。也就是说，在中国这边，有关"伦"所要讨论的起点是，一个人的生命是从哪里来的，而非一个人的自我是从哪里来的？最为常识性的回答是由父母所生。这就是说，一个人来到人世间，首先得益于男女结合，然后生育。于是，没有夫妇一伦便没有后人，有了后代才可以有父子一伦，然后就有了家族生命的延续。这是中国思想家重视五伦的合理性和正当性之理由。

五伦关系确立后，接着就是排序。从关系比例上看，所有人都能常识般地看出，这是一个强调家本位的排列组合，因为一共五种关系，家庭成员关系占了三种。至于哪对角色排在第一位，却又不是因为简单地依照男女结合才会有后代而径直将"夫妇"关系排在第一，尽管中国历史上不乏这样的排法。从中国历史上看，大多数朝代都刻意地将"父子"排在最前，即使父子有时不在最前，排头位的也是"君臣"，而不是"夫妇"。这样的刻意性正是在暗示另一种带有文化的、政治的关系顺序比生理性的或者想当然的顺序更重要。潘光旦对此总结道：

> 家庭为社会的核心，而父子兄弟的关系又为家庭的核心；所以在前后四个时代里，这两伦始终占有优越的地位，父子一贯的占第一位或平分第一位；兄弟于一度平分第一位之后，始终占有第二或第三位。夫妇与朋友二伦，在绝对的地位上虽始终只分占第四第五（夫妇在第一期曾占第三位），但并举的机会却一贯递增，到得最后一期，便几乎与前面的三伦可以分庭抗礼，并驾齐驱。（潘光旦，2010a：276）

这样的顺序安排显然是想表明在父权与君权的中国社会，纵向的关系比横向的

关系重要，而更为重要的是父子关系所具有的逻辑推广性，也就是许烺光（1990）由此提出了他的"父子轴"以及由此推论出的一系列中国人社会行为的基本特征。按照钱穆的观点，"中国全部文化传统乃尽在此五伦中"，五伦中"唯父子一伦最其主要，而孝道则亦为人道中之最大者"（钱穆，2004：222－223）。

讨论至此，我们还是先回到布劳的两类参数来分解一下五伦中的各伦归属。出于不同文化语境上的考虑，我这里先把五伦转换成英文中的五对角色关系来做一种比较，它们分别是 Father and son、elder and younger brother、husband and wife、sovereign and subject、friend and friend［这里的五伦译法是冯友兰在《中国哲学简史》英文版中的译法（冯友兰，2007：322）］。五伦一旦转化成英文，其等级性骤然大减。从英文词的这五种角色关系来看，elder and younger brothers、husband and wife、friend and friend 等所表达的是各自角色间的平等互动，属于类别参数，father and son、monarch and his subjects 因含有年龄上的或者职位上的上下关系，有等级参数的含义。其实如果我们在这里划分得再细一点的话，father and son 其实也在类别参数中，因为 father and son 也几乎平等，而唯有君臣才有等级地位。但回到中文语境来看，情况正好相反，父子、兄弟、夫妇、君臣都指上下尊卑关系，属等级参数，只有朋友一伦可以除外，有平等互动的意思，而在许多更加真实的场景中，朋友之间一旦称兄道弟，也是在等级序列中的。

依照中国宇宙观中的阴阳关系，从天地到父子，尊卑是先定的，而非互动出来的结果。人与人之间只有先明白地位之差才可以互动，否则就叫"乱了""反了"或"没大没小"。换句话说，如果我们在英文语境中来认识人与人之间最为重要的五种关系，我们很自然地就会在类别参数中来认识此种社会关系及其发展出来的社会结构，但中文中的"伦"所表示的关系，则不是角色互动那么简单，它们是序列优先（primacy of order）。比如英文的 brother 一词，包括加上 elder 和 younger，无论如何也没有等级的含义，但中国的兄弟以及由称呼上的"弟"到行为方式上"悌"（有时也作"弟"）便含有明确的等级及其相应的依从性行为。如果说，中国社会中的其他关系是五伦的放大，或者说中国社会的构造是由这五伦延展开来的，那么就等于说整个中国社会就是一个含有级差的社会。

这里需要注意的是，所谓的社会级差不是现代社会学中讨论的社会等级或者社会分层之意。后者的含义属于宏观社会结构性的讨论，它考虑的主要是职业分布、教育水平、经济收入以及社会声望等（边燕杰、吴晓刚和李路路，2008）；也不是韦伯对社会等级的划分，诸如财富、权力和荣誉等（韦伯，1997：260）。表面上看，财富、权力和荣誉与中国人所表达的级差很相似，但这三者其实是从社会结构的视角上看到的，不是从关系视角上看到的。比如说，如果一个儿子在社会上拥有财富、权力和荣誉，而此人的父亲没有，那么从社会学的地位分布指标上看，儿子的社会等级比父亲高。这是从社会统计意义上得到的，而在理论上也是将父亲和儿子各作为一个独立的人来测量的。但在伦的视角下，情况就不一样了，即便儿子通过个人奋斗拥有这些，可儿子的地位还是没有父亲高，因为"伦"的含义表示的是，此人的社会地位再高也是他父亲的儿子。在伦的理论中，父亲地位比儿子高预示着在特定的关系网络中，一个人的成就将连接着由近及远或由高到低的不同相关者来共同分享以及由此引发的连带作用。这就是所谓伦对关系所做的先定性。

可见，我这里要强调的级差是，中国人在社会关系上设定的一套特定的社会关系构成方式，而非分层与流动的方式。反过来说，中国人所建构的社会则不是从自我到角色再到社会的框架中来逐渐展开的，也不是在社会交换中根据交往双方所拥有资源的差异而得到的权力以及不平等。当然，角色概念也有事先设定好每一个人的位置之意，即表明个人一来到世上便被套入预先设定好的位置上。所不同的是，社会学的角色含义是交往中的"类"，而伦的角色含义是交往中的"等"。比如在类别参数中，"孙子"的意思是一种和爷爷相对应的平等互动关系，而在等级参数中，它的意思是低下的、低等的、无地位的、被贬斥等意思，通常可以用来骂人；反之，"老子"就是自我抬高的意思。

以这样的视角来看布劳的类别参数和等级参数，那么他几乎准备用来推论社会异质性的所有类别参数，在中国将全部变成等级参数，诸如性别、种族、氏族、职业、工作地、住地、工种、婚姻、政治联盟、国籍等（其中宗教在中国社会相对缺乏），哪一项都被等级化了。我们现在重新思考，如果一个社会是以等级参数在两人关系中开始做划分的，那么布劳由类别参数推导出的许多社会会发生异质性的命题均难以成立；如果关系中的不平等是先定的，那么权力的形成或许也不来自双方交换时的社会资源差异，而来自秩序本身的需要。

当然，我也注意到，关于儒家思想内涵是否有平等的含义，历来有些争议，现在又有学者在探讨儒家社会主义及儒家宪政民生主义时再次提出儒家关于人的平等性问题（甘阳等，2016），并以《论语》中的"不患寡而患不均"为证（秋风，2013：231）。其实，儒家的"均平"思想不是用来表达人人平等的意思，而是一种分配原则，即一个长者或者高位上的人面对同一伦中的若干成员，应当采用均等的方式进行资源分配；或者即便一个人不在高位，只要他明白以己为中心的关系有亲疏远近之分，他就可以用这一原则在同一层关系中做相同的资源交换或分配，又在另一层关系中做另一种相同的资源交换或分配（翟学伟，1996）。或者换一种说法，即使儒家希望中国人在资源分配时要等量地考虑到每一个人，也不是说由此就能在社会地位及其观念上得到平等的关系。父母子女或兄弟姐妹每日在餐桌上得到的饭量一样，包括家里一人不到，全家人都不开饭，或者父亲处理家庭内部矛盾尽量做到一碗水端平，但这些都不意味着这一家人的社会关系是平等的。

学界关于平等的讨论固然有经史关系问题和先秦与汉以后的演变问题，但从动机上讲，更多原因出在研究者太企求于儒家能和社会主义结合。退一步讲，即便有些学者说得有理，有关平等的话题依然是思想层面的讨论，还有些思想来源更多地涉及墨家与法家。从思想与社会之关系上看，从儒家思想到中国社会制度再到历史与现实生活，无论经史还是先秦到汉以后，或是从宗法到帝国，中国都没有过平等的社会基础，太平天国也没有。至于许多社会或家庭成员是否蕴藏着这样的期待与反叛，那是另一个问题。

四　潘光旦与费孝通的比较

瞿同祖关于中国社会的级差问题曾有过如下的看法。

> 儒家思想以伦常为中心，所讲在贵贱、尊卑、长幼、亲疏有别。欲达到有别的境地，所以制定有差别性的行为规范。"名位不同，礼亦异数"。贵贱、尊卑、长幼、亲疏各有不同。此种富于差别性的规范即儒家所谓礼，亦即儒家治平之具。故《礼记》云："礼辨异""所以定亲疏，决嫌疑，别同异，明是非"。荀子谓"人道莫不有辨，辨大于分，分莫大于礼"。又谓"礼者养也。君子既得其养，又好其别。曷谓别？日贵贱有等，长幼有差，贫富贵贱皆有称者也"。（瞿同祖，2003：355）

由此基本观点，瞿同祖对五伦的认识主要是：

> ……我们应当注意伦常与社会差异及礼的关系。第一，所谓伦常纲纪，实即贵贱、尊卑、长幼、亲疏的纲要。贵贱关系极为繁复，君臣足以概括之。家族中尊卑关系也不止一种，最重要的为父子、夫妻，最尊莫如父，妇人以父为天。长幼的关系则有兄弟。所以君臣、父子、夫妇、兄弟、朋友五种社会关系，只是从千万种社会关系中提纲挈领归纳所得的五种最重要的范畴而已。人与人的社会关系，皆不能溢出此种范围，家族的、政治的、社会的关系皆在其中。五伦之中除朋友一伦处于平等地位外，其余四种都是对立的优越与从属关系，……（瞿同祖，2003：300－301）

请注意这段表述大致包含了前述五伦的各基本观点，一是五伦囊括了几乎所有关系和等级（因为贵贱也可以放进去）；二是五伦涵盖了家族、政治和社会，那就是说，中国社会各个方面，尤其是重要方面都是用等级参数划分的；三是朋友一伦似乎有可能成为平等观念及其实践的突破口。按照伦的含义，朋友关系应该罩在兄弟关系中看，但如果不做这样的处理，那么朋友之间的对等性（或者叫作平等关系）将意味着伦之内涵的消失。

比较潘光旦与费孝通的观点，我们首先看到的是两位作为中国社会学的开创者，都不想囿于西方社会学理论所框定的内容，而希望能将中国思想与社会特征置入其中；其次，虽然潘光旦将儒家的"伦"字纳入社会学的体系中，但由于他过于关注对儒家思想本身的讨论，而对中国社会事实层面的讨论相对含混。似乎其意涵在于，只要通过"伦"字，就可以认识到中国人思想与社会的基本特征，从而忽略了对"伦"在社会结构与行动意义上的考察。另外，潘光旦比较看重"伦"的"类别"，似乎是有意地放弃对"关系"意义的讨论。这意味着，潘光旦至少在理论上很重视人在社会上的各种差异性。费孝通的"差序格局"虽然来自潘光旦的"伦"的研究，但却将潘光旦的社会思想讨论转化成了社会结构，这是差序格局的最重大的理论意义。我们自此可以从结构而非思想来讨论中国社会的性质。差序格局所具有的几个关键点如下。①维持了中国思想与社会的同质性方面，即表明了中国社会从微观到宏观、从己到天下、从小我到大我，都可以做同质性的推论，也就是一方面继续与儒家思想保持相通，认为修身、齐家、治国、平天下，也是一种差序格局的推论；另一方面在社会建制上与五服制度相统一，可以从社会学（人类学）的角度理解中国人的亲属制度以及更为广泛的社会关系。②揭示了中国社会的连续性，由此与西方社会的非连续性与异质性（团体格局）相比较。③不同的以自我中心为核心的格局之展开就是中国社会的网络性特征，并由此强调了个人关系，而非是人际关系，由此进一步得出了中国人公私不分的问题。④中国社会结构富有动态性，结构与行为之间具有互换性，比如中国人所使用的"推"，既是行为，也是结构，进而导致中国社会的家人、网络、圈子等都富有弹性，可以伸缩。

但由"伦"转化成"差序格局"后，也出现了一些自身的问题，首先，差序格局没有处理好"己"与"他人"的关系，即自我主义究竟在中国文化中意味着什么？用杨朱思想来解读是跨越性的，不是儒家一以贯之的考虑，而即使将自我主义看作儒家内部的一种特点，也是不合理的，因为这点不符合中国家庭伦理的基本特点，也不符合中国传统社会的实际表现。当然，作为农耕社会中的农民，其身上的"私"的毛病是显而易见的，但它更多的是家庭之外的一种表现，而非由自我建立的与所有他人尤其是家人的关系。其次，用水波纹的比喻导致了中国等级结构的消解。这是此概念最为关键性缺陷。虽然费孝通在《乡土中国》的字里行间隐含等级的意味，但因用了水波纹做比喻后，此概念更多地指向一种亲疏远近的关系网络中去，已无力表达关系体系中的等级高低特征。这一不足原本在"伦"的含义中都是

存在的。

但无论如何，潘光旦与费孝通对中国社会学都有过理论层面的思考，我们应该继承他们的思想，将中国社会学的理论性思考进一步推进下去。我们不能想象中国社会学如果没有思想和理论方面的推进，而只满足于碎片化的零碎假设与检验式的研究，会是什么样子。至于如何将"伦"的思想性与"差序格局"的结构性，以及其中所蕴含的"关系性"与"等差性"整合在一起，并将它们融入现代社会学的发展，乃至于同西方社会学理论构成对话，或许是我们这一代社会学人的任务。也就是说，社会学本土化还有很长的路要走。

五　结语：讨论的延伸

近来，关于"差序格局"这一概念，出现了一种观点，认为它其实不是中国社会的特征，而是一种常见的社会现象，包括在西方社会也一样（苏力，2017）。其实在我给国际学生上课时，学生也发出过这样的疑问。看起来，这样的观点几乎可以推翻差序格局用来形容中国社会结构的合理性，但实际未必如此。这其中有几个方面的问题需要思考。

首先，差序格局的概念始终是一个比较性的概念，单纯地使用差序格局或者团体格局，都可以用于描述各式各样的社会形态，即每一个社会在表现上都有关系的亲疏，每一个社会也都有自己的组织。只是当这两个概念比较起来共同使用时，它们的文化性特征才可以显现，也就是说，我们坚持用差序格局概念，是因为中国人即使进入团体格局，还是用差序格局来建构其社会关系，比如任人唯亲，拉山头，搞宗派；而反过来看，西方人的团体格局即使在回到亲属关系中也能比较个体化地处理彼此关系，或淡化亲疏关系，更不要说一般的社会交往。其次，任何从一个具体社会中抽象出来的概念，由于概念自身具有的抽象性与类型化特征，都不可能正好套在该社会的特征上，或只解释该社会的特征。除非我们不用概念，而是用坐标、量表或者文字去描述这样的社会。比如，"面子"长期以来都被海内外学者当作认识中国人性格的概念，可是一旦我们在社会科学领域中置入这个概念，质疑声不断，因为许多人都会由此认为"面子"是许多社会共有的现象，乃至于戏剧理论的创立者戈夫曼还专门写了研究"面子"的论文（Coffman，1955）。此时此刻，他所研究的"面子"显然不是为了解释中国人，而是想在普遍意义上建立一个概念。可见，概念形成的本身既有可能包含原本那些符合该社会特征的部分（当然差序格局本身缺少定义，更多的是从比喻和叙述中得到的），也会出现符合概念定义的那些社会特征或人群行为。反过来想，我们也可以同理认为，儒家说"仁"，说"孝"，看起来是对着中国文化说的，但作为概念的"仁"或"孝"，就不能对着西方文化说吗？如果真的不能，中国学者建立的本土概念只对应着本土说，那由此观念产生麻烦的就不是中国这边了，因为中国能够贡献出来的社会科学概念本身就极少，却是西方概念了。西方如此之多的概念有不少也是来自对自己文化的思考，它们能够轻而易举地被输出，就是因为它们已然有对自己的文化特征之概括转化成了概念，所以可以经常跑到其他社会或人群中去解释其他社会现象？比如"日神型""酒神型""哦狄浦斯情结""个人主义""理性""民主"等。这点给我们的启发是，"仁"或"孝"等，虽然产自中国文化，但作为概念后一样可以在西方文化中找到符合其定义的现象或者人们的表现。"仁"或"孝"，既可以对着中国人说，也可以看看其他社会符合这一概念的人有多少，结果也能看到西方有"孝子"，那儿也有"雷锋"。差别只是这样的解释是一个中国视角，他们不会去这样解释罢了，而他们的概念可以长驱直入，是因为他们的视角已经遍地开花。再次，在差序格局和团体格局当中，我们还可以看出一种社会价值导向，而非简单的现象概括。我们完全可以认为，西方社会也有"伦"字所具有"关系性"，也有"等差性"。这是事实，但他们在价值导向上非要认定"个体性"和"平等性"；而在中国社会，我们也能发生个体性，也有平等性，却在社会价值上非要强调"关系性"与"等差性"，这就是"伦"及"差序格局"概念的意义所在。什么意义？就是我们不单以社会现象作为概念是否合理的依据，还要看其相应的社会价值和制度（比如差序格局在很大程度上和修齐治平、家族主义与五服制度是吻合的）设立。于是，或许中国古代也有"七林竹贤"这样自由自在、逃避政治和社会现实的名士，但我们不会因此得出一种中国文化上的概括性特征，更多可能也只是在特定时代、特定思想、特定风气、特定人物上去谈论他们。正因为此，我认为，差序格局的价值不在于它是不是针对中国而言的，也不需要讨论它是否贴切地反映中国，却不反映其他社会，而是在于，它可以成为一种触发式概念，为我们对中国传统获得一种从思想到社会结构上的认识途径，至少这个认识比没有这个概念之前要清楚得多。

关于"伦"的研究还留给现代社会学的另一个思考点是，在现代性社会的框架内，我们回到儒家与中国传统社会，凸显差等方式的社会研究是否具有意义？对于这样的问题，大陆学界的一种倾向是试图论证儒家思想中有平等思想，或者当此论述很难自圆其说时，又转而论证等差之爱式的平等（甘阳等，2016）。可是，从"伦"的社会学分析框架上来看，儒家的所谓平等思想是没有的，包括孔子的"人皆可以为尧舜"或孟子的民贵思想也不是平等的思想。若以西方公平正义的价值理念来衡量，也可以直接回答它是不公平、不合理的，但这只是一个表层的认识。

其实西方人所寻求的平等社会主要来自天赋人权的价值理念。这样的理念面对社会自身客观上的不平等，会导致不断的抗争，进而产生阶级矛盾，或者说西方的

平等思想所带来的社会构成主要是阶级的、结社的、民族的斗争，或者社会性的、群际的、人际的冲突以及底层的、弱者的、边缘者的反抗乃至于各式各样的社会运动；而中国人所认可的从微观直至宏观的各式各样差等，带来的则是社会的有序与和谐，或者只是面和心不和的乃至面子上的维系，进而发生许多明争暗斗、表里不一等行为。对于一个追求和谐的社会来说，差等恰恰是基础，无论微观的家庭或组织内部，还是宏观的社会地区与阶层，只要个人、家庭、组织、地区等各尽其职、各尽其能地在自己的位置上做事，即是实现了"和而不同"的理想。和谐（harmony）一词的至关重要的隐喻是：一首美妙动听的乐章不能是齐奏或齐唱，而应是乐曲之分谱、不同器乐分奏、不同声部的协力，最终回归总谱并在一个指挥家的指挥下完成。当然和谐本身所需要的和弦又是自然律（天命）的。所谓"平等"社会则意味着，在机会均等的条件下，人人应该争当主唱，人人争奏同类乐器或者人人争抢乐团首席，进而激发了成就动机或者自我实现。这些竞争与冲突表现于外的行为便是争强好胜或者公开的斗争。由此可见，当社会假定人有等差时，该社会向往的是整体性和谐，而君王考虑的核心点是如何国泰民安，整个社会架构带有大一统的倾向。当社会假定人生来平等时，该社会向往的是社会必须赋予个人以平等、自由与权利，而当权者的相应治理方式是民主制度。所谓民主的含义，即包含了国家在统治意义上必须确保社会中应有斗争、竞争与反抗的机制（Skocpol & Fiorina, 1999）。可见，从现代社会学角度挖掘不同的传统要素对理解社会的运行是至关重要的。

参考文献

安乐哲，2017，《儒家角色伦理学》，济南：山东人民出版社。

边燕杰、吴晓刚、李路路，2008，《社会分层与流动：国外学者对中国研究的新进展》，北京：中国人民大学出版社。

布劳，1991，《不平等与异质性》，北京：中国社会科学出版社。

费孝通，1985，《乡土中国》，北京：生活·读书·新知三联书店。

冯凯，2014，《中国"社会"：一个扰人概念的历史》，载孙江、陈力卫主编《亚洲概念史研究》，第二辑，北京：生活·读书·新知三联书店。

冯友兰，2007，《中国哲学简史》（英文版），赵复三译，天津：天津社会科学院出版社。

甘阳等，2016，《专题：儒学与社会主义》，《开放时代》第1期。

潘光旦，1947，《说伦字》，《益世报·社会研究》第19期。

潘光旦，2010a，《儒家的社会思想》，北京：北京大学出版社。

潘光旦，2010b，《优生原理》，北京：北京大学出版社。

钱穆，2004，《晚学盲言》，桂林：广西师范大学出版社。

秋风，2013，《儒家式现代秩序》，桂林：广西师范大学出版社。

瞿同祖，2003，《中国法律与中国社会》，北京：中华书局。

苏力，2017，《较真"差序格局"——费孝通为何放弃了这一概念？》，《北京大学学报》第1期。

韦伯，马克斯，1997，《经济与社会》下卷，林荣远译，北京：商务印书馆。

许烺光，1990，《文化人类学新论》，台北：南天书局。

阎云翔，2006，《差序格局与中国文化的等级观》，《社会学研究》第 4 期。

翟学伟，1996，《中国人际关系网络中的平衡性问题：一项个案研究》，《社会学研究》第 3 期。

翟学伟，2009，《再论"差序格局"的贡献、局限与理论遗产》，《中国社会科学》第 3 期。

Burt，R. S. 1992. *Structural Holes：The Social Structure of Competition.* Cambridge，MA：Harvard University Press.

Coffman，E. 1955. "On Face-work"，*in Psychiatry*，Vol. 25.

Davis，J. A. & Mizuhi，M. S. 1999. "The Money Center Cannot Hold：Commercial Banks in the US System of Governance"，*Administrative Science Quarterly*，44：215 – 39.

Kapferer，B. 1972. *Strategy and transaction in an African Factory*，Manchester：University Press.

Skocpol，T. & Fiorina，M. P. 1999. *Civic Engagement in American Democracy*，New York：Russell Sage Foundation.

Wasserman，S. & Faust，K. 1994. *Social network Analysis：Methods and application*，Now York：Cambridge University Press.

Watts，D. J. & Strogatz，S. H. 1998. "Collective dynamics of 'small-world' networks"，*Nature*，393 (6684)：440 – 442.

较真"差序格局"

朱苏力[*]

"差序格局"或许是费孝通先生著作中引发后辈中国学者最多讨论和争论的一个概念。[①]《乡土中国》一书中有四章提到了这一概念,其中三章有多侧面的论述。[②]但费孝通对这一概念并未严格界定,语焉不详。[③] 事实上,当年此概念一出来,就有人质疑,费孝通也当即在学理上接受了这一质疑,并对这一概念做了说明和限定。[④] 在此后发表的一系列篇章中,仅"无讼"有一次极简地提及自己用过这个概念(费孝通,2007:54),未再有任何论述。在费孝通此后的漫长学术生涯中,就我的有限阅读而言,也不见他提及这一概念,没有更多的分析或阐述。[⑤] 费孝通的这一态度,与一些后辈学者的判断——差序格局是"极有意义的概念"或"蕴含着极大解释潜力的课题"(孙立平,1995),是"中国社会学史上的一个里程碑"(翟学伟,2009)——形成了强烈反差。由此引发了一个疑问:为什么?

通过语境化的文本阅读,我认为并将分析论述,差序化是每个人同他人交往并想象其生活世界的自然倾向;但人类个体普遍分享的这一主观倾向并不足以构成一种客观的社会格局;这个概念不具描述或概括历史中国,甚或乡土中国,社会格局的意义,并因此很难有作为社会学基本概念的学术潜能。费孝通当年使用它主要是为帮助当时中国读者理解,相对于这些读者无法直接感受甚或很难想象的西方近代工商社会,乡土中国的某些重要社会差异。换言之,费孝通使用这个概念是出于学

---

[*] 朱苏力,北京大学法学院天元讲席教授、教育部长江学者特聘教授。

① 比较重要且细致的分析讨论,可参看,孙立平,1995;阎云翔,2006;翟学伟,2009;廉如鉴,2010;张江华,2010。

② 差序格局概念及其分析讨论在《乡土中国》中并不仅出现于同名文章中,也出现在之后"维系着私人的道德"、"家族"以及"无讼"等各章中(费孝通,2007)。

③ 孙立平准确指出,费老是在一种类似于散文风格的文章中提出这个概念的,"没有对于概念的明确定义……基本上没有理论的概括和说明"(孙立平,1995:21)。又请看翟学伟,2009:155;廉如鉴,2010:47,55。

④ 文中着重号由笔者所加,下同。

⑤ 翟学伟也提及:"[费孝通]在自己后半生的岁月里很少提及此概念。"(翟学伟,2009:152)

术思想交流的功能主义和实用主义考量，而不是本质主义的。费孝通很快就放弃了这一概念，反映了他的学术敏感、精细和较真。

一 "差序格局"的文本语境

费孝通是从批评是乡下人"自私"、缺乏公德心起步引出"差序格局"概念的。"在乡村工作者看来，中国乡下佬最大的毛病是'私'。"随后，费孝通的批评转向了其他并非乡下佬的中国人："城里人……扫清自己门前雪的还算是了不起的有公德的人，普通人家把垃圾在门口的街道上一倒，就完事了……小到两三家合住的院子，公共的走廊上照例是尘灰堆积，满院生了荒草，谁也不想去拔拔清楚，更难以插足的自然是厕所。"（费孝通，2007：23）再后，虽未明言，他的批评显然指向公职人员："私的毛病在中国实在比了愚和病更普遍……从上到下似乎没有不害这毛病的……所谓贪污无能，并不是每个人绝对的能力问题，而是相对的，是从个人对公家的服务和责任上说的。中国人并不是不善经营……中国人更不是无能，对于自家的事，抓起钱来，拍起马来，比哪一个国家的人能力都大。"（费孝通，2007：24）

费孝通认为，中国人在社会实践中分享的这一共同点/缺点，反映了中国人在"群己、人我"界限划分上有问题。尽管也流露出鲜明的厌恶，但与人们通常习惯的道德伦理哲学批评有别，费孝通将这个问题社会学理化，认为，是乡土中国与西洋（近现代）社会不同的社会组织结构导致了中西民众的不同群己关系。西方社会的组织结构是"团体格局"，而在乡土中国则是由亲缘和地缘关系构成的"差序格局"。前者公私界限分明，社会由各自独立的个人个体构成；后者则是私人道德维系的，并以自我为中心铺开；费孝通以中西对家庭的不同理解例证了中国社会中群体边界的含混和伸缩自如。由于中国社会的基本格局由亲属关系或地缘关系确定，因此：

> 我们的格局……好像把一块石头丢在水面上所发生的一圈圈推出去的波纹。每个人都是他社会影响所推出去的圈子的中心。被圈子的波纹所推及的就发生联系。每个人在某一时间某一地点所动用的圈子是不一定相同的。……以亲属关系所联系成的社会关系的网络来说，是个别的，每一个网络有个"己"作为中心，各个网络的中心都不同。（费孝通，2007：25）

费孝通用许多典型的中国现象或说法，如人伦、天下归仁以及"推己及人"等，来印证中国的这种个体自我中心的差序"格局"。他还区分了中国的自我中心

主义和西洋的个人主义。即便在乡土中国，每个人都是自己网络的中心，但这不构成个人主义。个人主义同团体格局相联系，即团体不能侵犯平等的各成员的权利。中国出现的只是自我主义：在理论上是"古之欲明明德于天下者，先治其国，欲治其国者，先齐其家，欲齐其家时，先修其身……身修而后家齐，家齐而后国治，国治而后天下平"，但在费孝通看来却是，"中国传统社会里一个人为了自己可以牺牲家，为了家可以牺牲党，为了党可以牺牲国，为了国可以牺牲天下"（费孝通，2007：28）。

从上面的简单梳理可以看出，费孝通想借助社会结构帮助读者理解，为什么乡土中国人自私，缺乏公德心。在接下来的一章中，费孝通继续以团体格局与差序格局分别来解说西洋与中国的不同道德观念。他认为，在西方最重要的是以神与信众的关系，这也是西方国家中团体与个人关系的象征，"人受造平等且为造物者赋予了他们若干不可剥夺的权利"，政府执行神的意旨，政府也是社会契约的产物，这就产生了西洋的一些"笼统性的道德概念"，如权利，基督教不分差序的兼爱或博爱等。但在中国社会，费孝通认为，或许由于小农的自给自足，乡土中国人缺乏足够强有力的"团体"整合，因此不容易具体指出一个笼罩性的道德观念来。他特别分析了孔子最常提到的"仁"以及为什么"天下归仁"，认为：

> 仁这个观念只是逻辑上的总合，一切私人关系中道德要素的共相，但是因为在社会形态中综合私人关系的"团体"的缺乏具体性，只有一个广被的"天下归仁"的天下，这个和"天下"相配的"仁"也不能比"天下"观念更为清晰。……凡是要具体说明时，还得回到"孝弟忠信"那一类的道德要素。正等于要说明"天下"时，还得回到"父子、昆弟、朋友"这些具体的伦常关系。（费孝通，2007：33）

由于缺乏一个总体的抽象道德概念，费孝通结论说，中国人的道德都是私人的，而私人的或主观的世界必定是差序化的。

二　差序化地应对和想象世界是人的本能和必然

然而，以差序格局作为对乡土中国社会格局的描述或概括，很难成立。因为差序化是每个自然人无论中外应对和想象其生活世界的天然且基本的方式。尤其是在传统社会，由于血缘和地缘关系，人们自然甚至不得不以一种"爱有差等"的方式来理解并组织其主观世界，并据此同他人交往。

从生物学上看，一个人无论是富有爱心或缺乏足够爱心，都天然更疼爱自家的孩子，更多关心自己的亲人。因为所谓爱，这种自然情感的意味，就一定是对人要有所区别，也就是 discriminating，这完全可译为歧视，但不必像中文"歧视"这个词带有恶意。我们也可以将"一视同仁"定义为一种爱，一种更博大的爱，但那只是文字游戏。因为，老子早就尖锐地指出，就因为其一视同仁，因此天地对于万物，以及圣人对于百姓，就都是不仁的，就无所谓仁或不仁。① "对常人来说，爱如果不是爱一些人胜过爱其他人的话，就没有任何意义。"（奥威尔，2010：417）

除了人们的生物本能外，在古代交通不便的条件下，"爱有差等"也有突出的地缘根据。在中国这就是"远亲不如近邻"。《圣经》也要求"爱你的邻人"，尽管邻人被定义为遇到的任何需要帮助的人（《摩西五经·利未记》，2006：18；《新约·路加福音》，2010：29－36）。这种解释看来似乎很有超越性，也确实为其普世化解说创造了可能，但在古代社会，任何可能相遇的人都一定是地缘的。甚至即便今天，作为需要物质性互惠互助的人，即便不指望，也只可能存在于直接交往中，才会有经验意味的爱——如《圣经》中提及的撒玛利亚人对遭劫路人的救助、包扎和照料。

由于交往、交流和互惠是关键，这也就隐含着，所谓地缘关系并不真的是地缘，其隐含的是人们的交往和交流带来的各种物质或精神上的互惠。地缘对这一点曾有决定性影响。但这种影响如今会有种种改变，突出表现在交通通信日益便利的当今。爱有差等的人的天性没变，但当年的地理空间距离如今变成了心理情感距离。顾城的诗就曾提出了这个问题："你看我时很远，你看云时很近"；更早则有齐美尔的概括，"距离意味着心心相印的一个人他身在远方，陌生则意味着身边的这个人咫尺天涯"（Simmel，1950：402）。在互联网时代网络空间中，一方面"天涯若比邻"，另一方面则是"世界上最远的距离是我站在你面前，你却在玩手机"。每个网民都有以自己为中心、心理距离远近不同的邻人和路人，依然如一块石头丢在水面发生的那一圈圈推出去的波纹。

也从来都有努力克服这种以波纹做比喻的个人主观心理上的差序格局。在中国，春秋时期，与认定并坚持"爱有差等"的孔子的同时，墨子就倡导"兼爱""爱无差等"（吴毓江，1993：154－155），前面也提及老子主张"一视同仁"——"圣人不仁，以百姓为刍狗"。即便孔子，固然看到了人性无法改变，却也主张"泛爱众而亲仁"，以及"四海之内皆兄弟也"（杨伯峻，1980：4－5，125）。在西方，从基督教到近代的普世人权理论，从这一视角看，甚或包括某些动物保护主义者或环境保护主义者，也都属于这类。

但所有这些努力的效果都有限，且注定有限。因为，即便"一视同仁"，也从

---

① "天地不仁，以万物为刍狗；圣人不仁，以百姓为刍狗。"（参见朱谦之，1984：22）

来必须是在一个圈子或团体或社区或国家中，不可能漫无边际。"大爱无疆"也就一个词，与"金山"一样，不可能在经验上存在。即便你称爱所有的人，却还是会涉及"什么是人"的问题。胎儿？受精卵？或植物人？而且，为什么只是人呢？为什么不包括比某些先天痴呆的人智力更高的海豚或黑猩猩呢，狗以及其他可爱的动物甚或生物呢？人类中心主义一定是对于其他生物和大自然的一种区分/歧视，一种差序格局。

因此，即便那些"团体格局"的社会或国家，也会甚至必须建立并实践某些必要差序格局，无论对内还是对外。"团体格局"的社会或国家即便规定对公民同等保护，但在特定条件下，如资源稀缺之际，只要必要且为当时社会和统治者接受为"合理"，不仅有对老人、妇女、儿童、残疾者的优待，也会坚持基于国籍、年龄、性别的某些区别对待（歧视）——甚至"隔离但平等"。罗尔斯《正义论》的最重要理论贡献，其实并非正义的第一原则——平等原则，而是第二原则——差异原则（Rawls, 1970）。对外，每个国家也都会，也有理由甚至必须基于本国的意识形态或经贸或战略利益，选择同一些国家关系更近甚至结盟，疏离或敌视另一些国家，这同样是差序的格局。想想"盟国""价值观外交"；也想想我们中国与一些国家的加了各种定语的"战略伙伴关系"。

如果理解了差序化的普遍、必要和命中注定，就可以断定，差序一定不是仅出现在乡土中国人生活中的现象，即便其中某些做法在今天的我们看来不合理，是压迫性的，应予且必须废除。但这仍表明无法以差序来概括中国社会甚或乡土中国，至少不准确，这就弱化了这个词作为学术理论概念的意义。

更重要的是，由于费孝通强调，"每个人在某一时间某一地点所动用的圈子是不一定相同的。……每一个网络有个"己"作为中心，各个网络的中心都不同"，这就意味着乡土中国社会中的每个人都向外推出一串串波纹圈，只要将这个借隐喻展开的思想实验坚持下去，这个水面上就会有无数个相互重叠交叉的波纹圈，当每个人都在按自己的亲缘或地缘距离差序性同他人交往，这在什么意义上是一个或能有一个稳定且客观的社会的"格局"呢？因此我理解，差序格局只是费孝通对普通人日常行为格局或心理状态的一种概括。无论费孝通是否自觉，当他使用波纹这个隐喻之际，在有助于读者理解乡土中国人的行为和主观心理特点之一时，也解构了乡土中国社会有客观的"差序格局"之可能！

三 中西之别，还是古今之别？

由于乡土中国人对世界的差序化理解，费孝通认为，没有产生甚或不可能产生西方团体格局中产生的那种"笼罩性的道德观念",即个人对团体的道德要素,如公务,履行义务的理念。他甚至认为儒家强调的"忠"——至少在早期——只是臣子对国君的私人道德。为支持这一论断,他特别用孟子的两段对话来例证,即便古代中国的君王,在同他人交往时,依据的也是私人道德维系的差序格局,并首先关注私人间的道德(费孝通,2007:34)。例一,有人问孟子,如果舜的父亲杀了人,舜能否不让执法者抓捕其父。孟子的回答是,执法者应当抓捕舜的父亲,舜不得制止,但舜可以放弃王位,和父亲一起浪迹天涯,逃匿抓捕。例二,在舜继位之前,舜的弟弟象想谋害舜,但舜继位后没有惩罚象,相反给了象封地,只严惩了舜的其他对手如共工等人。有人问,舜的这种做法是否不公,孟子回答说,舜不记恨弟弟,而是亲近和关爱他,这是仁人所为;舜分封弟弟象,这对受封地的民众并无害处,因为实际治理封地的是舜派出的官员,象仅仅享用富贵而已。

费孝通对这两个例证的分析都有道理,但都太简略了,至少有点随意或任意①,尽管鉴于作者的写作对象和篇幅限制,费孝通攻其一点不及其余的写作手法非但可以理解,而且必须理解。但在此还是值得指出两点。一是孟子的这两段论述中,不同程度上都涉及了国法与亲情的冲突;类似于、尽管不全等于自然法与实证法的冲突。这种冲突,自古以来各地(国或文明)都有,但在早期人类社会尤为显著。古希腊社会中的典型例证是,安提戈涅不顾自身生命危险有意冒犯城邦禁令去埋葬死去的叛徒哥哥(索福克勒斯,2004)。黑格尔认为这反映了"城邦体现的具普遍精神意义的伦理生活"与"家庭体现的自然伦理生活"之间的冲突(黑格尔,1981:284),两者都是"绝对本质性的""是最高的伦理性对立"(黑格尔,1961:183)。换言之,在人类早期,很难说公德和私德哪个就一定是绝对优先的或更高的。

这两个例子即便为真,也都在夏朝之前,也即历史中国的部落或部落联盟社会时期,也即还没出现疆域性的政治国家的历史中国。从结构功能主义视角看,公共职业的道德伦理只会在政治性公职出现后才会应社会和国家的需要而发生。用4000多年前历史中国的传奇来反衬近现代西方社会中的政治职业伦理,这就把古今之别混淆为中西之别了。

历史中国后来有大量记录为证,当治国成为一种职业性政治活动之际,相应的

---

① 这后一个例子中,费老先生有意攻其一点不及其余,省略了其他可能性。很重要的一点是,在王位继承上,舜与象是竞争对手;但一旦王位继承尘埃落定,面对来自共工等人的威胁,"兄弟阋于墙,外御其侮",舜出于政治考量,完全有理由也有可能主动与弟弟象携手——毕竟"政治就是把敌人的人搞得少少的,把自己的人搞得多多的"。

公职道德伦理就出现了。在公元前 719 年的鲁国，我们就有了"大义灭亲"的故事①，尽管在这之后，儒家仍主张普通人日常生活中仍可以"亲亲相隐"（杨伯峻，1980：139）。我们也记得大致与孟子同时的公孙痤向魏王力荐公孙（商）鞅的故事：若不任用，就处死鞅；但随后公孙痤立刻通知鞅尽快离魏（司马迁，1959：2227）。这表明当事关国家利益之际，政治家已经甚至必须将家与国分离，先国后家，先君后臣/友，突破基于血缘亲缘以及其他人缘的利害考量。这一点在后世中国一直持续发展。当忠孝难两全是，对官员就演化出制度化的"夺情"制度（参见唐长孺，1983：433 - 448；黄修明，2007）。

一旦把时间这个变量带进来，我们就会发现，政治领袖混淆国事/家事或公事/私事，在早期西方社会并非逸事。就以《荷马史诗》讲述的著名的特洛伊战争为例。首先是，因自家弟媳妇海伦跟着特洛伊王子帕里斯私奔了，希腊盟军总司令阿伽门农就组织发动希腊各城邦盟军征讨特洛伊，这固然率性、浪漫，但太缺乏政治理性了，全然违背了政治公职和军事行动的道德伦理："主不可以怒而兴师，将不可以愠而致战，合于利而动，不合于利而止。"（《孙子兵法新注》，1986：131）就算这背后或许是阿伽门农想借机统一希腊，或可有此一辩，但就在与特洛伊军队激战之际，阿伽门农贪恋美色，强行霸占了希腊盟军第一号英雄阿喀琉斯俘获的女奴，导致阿喀琉斯愤怒退出战斗，这再一次表明阿伽门农并不理解自己，作为盟军总司令，必须平衡一下私人和公共利益的必要。阿喀琉斯在这一刻的"冲冠一怒为红颜"，退出战斗，尽管完全可以理解，却仍然是公私不分。

特洛伊城邦同样分享了希腊盟军的这种政治缺陷。特洛伊人知道这场战争很不地道：他们的王子帕里斯违反了当时人们的道德法典，诱骗海伦；事实上，当时特洛伊人也很讨厌海伦；甚至，即便能打赢这场战争，特洛伊人也没有任何实在的收益。但就因帕里斯是本城邦的王子，是特洛伊军队主帅的弟弟，传统的家族忠诚就高过了城邦的生死存亡，结果是特洛伊的毁灭。特洛伊的政治军事领袖显然也不理解自己对城邦的政治责任（《伊利亚特》，1994；波斯纳，2002：132 - 133）。

四　学术之外

并非批评或质疑费孝通，我更是在理解费孝通。因为随后一章，面对他人的质

---

① 卫国老臣石碏的儿子石厚与很得卫庄公宠爱的儿子州吁搅在一起，干了许多坏事。州吁甚至杀了继位君主，夺取了王位。为除掉祸害，石碏割破手指，写了血书，派人送到陈国，要求陈国抓捕并处死途经陈国的州吁和自己的儿子石厚。卫国的各位大臣主张只杀首恶州吁，免死从犯石厚，石碏还是认为，不应从轻惩处唆使协助州吁犯罪的石厚，不能舍大义、徇私情。石厚最终被处死（参见杨伯峻，2009：121 - 128）。

疑，费孝通就特别强调：

> 我知道"差序格局和团体格局"这些生疏的名词会引起读者的麻烦，但是为了要标明一些在已有社会学辞汇里所没有确当名词来指称的概念，我不能不写下这些新的标记。这些标记并没有使我完全满意，而且也有容易引起误会的地方。……我为了要把结构不同的两类"社群"分别出来……我并不是说中国乡土社会中没有"团体"，一切社群都属于社会圈子性质，譬如钱会，即是实，显然是属团体格局的；我在这个分析中只想从主要的格局说，在中国乡土社会中，差序格局和社会圈子的组织是比较的重要。同样的，在西洋现代社会中差序格局同样存在的，但比较上不重要罢了。这两种格局本是社会结构的基本形式，在概念上可以分得清，在事实上常常可以并存的，可以看得到的不过各有偏胜罢了"。（费孝通，2007：36－37，着重号为引者所加）

换言之，费孝通没把差序格局作为对中国社会甚至中国乡土社会的精确概括或描述，也没把团体格局视为西洋现代社会的全部。费孝通坦承自己"说了不少关于'团体格局'中道德体系的话，目的是在陪衬出'差序格局'中道德体系的特点来"（费孝通，2007：32）。他认为在概念上区分这两种格局和两种组织不算多余，"因为这个区别确可帮助我们对于社会结构上获得许多更切实的了解，免除种种混淆"（费孝通，2007：37）。费孝通知道自己在做类型比较；必须强化反差，即便对"真实"有所扭曲，因为只有这样，作者才能有效传达，令当时绝大多数不可能直观感受因此很难理解甚至很难想象西洋社会的中国读者在一定程度上能够了解中国与西洋不同的社会结构差异。这种功能主义的，也是实用主义/语用主义的考量，即便有误，只要利大于弊，就仍然是合理和必要的。

若仔细阅读上下文，我们还可以甚至必须感到，其中不时透露出费孝通对当时政治社会弊端的抨击，体现了他深厚的社会关切，其要点却不是批评中国人自私缺乏公德心：

> 我见过不少痛骂贪污的朋友，遇到他的父亲贪污时，不但不骂，而且代他讳隐。更甚的，他还可以向父亲要贪污得来的钱，同时骂别人贪污。等到自己贪污时，还可以"能干"两字来自解。这在差序社会里可以不觉得是矛盾；因为在这种社会中，一切普遍的标准并不发生作用，一定要问清了，对象是谁，和自己是什么关系之后，才能决定拿出什么标准来。（费孝通，2007：35）

《乡土中国》写于1947年秋季学期（费孝通，2007：88），作为系列随笔和评论发表于留美政治学博士张纯明主编的《世纪评论》。费孝通回忆当时社会的"通货膨胀已经使国民经济接近崩溃，贪污盛行、是非不分的风气也弥漫整个社会"。而且，这一刊物也并非纯学术刊物——它宣布追求"以超然立场，评论当前政治、经济、社会、文化等重要问题"（智效民，2013）。可以想象，世事、刊物的追求以及预期的读者都会影响费孝通的写作和表达，他笔下不可能不（甚至必然）渗入了他的感怀。

还有一个影响因素，其实非常显著，也完全正当和合理，但许多学人或许出于忌讳不愿直面甚或有意遗忘了。这就是，用差序格局来概括乡土中国还反映了当时作为自由派知识分子的年轻的费孝通对于欧美社会完全有根据和理由的赞赏。

五　中国也不只是乡土的

差序格局概念同乡土中国联系，但历史中国并不只是乡土中国，即便"乡土中国"决定性地影响了普通中国人理解并遵循的秩序和道德。《乡土中国》的第一句就挑明了这一点："从基层上看去，中国社会是乡土性的。"（费孝通，2007：6）若仅关注"差序格局"这个词，就可能有意无意忽略了费孝通对自己视角的这一重要限定；也很容易忽略后来费孝通强调的历史和现代中国的多样性和复杂性，特别是"从这基层上曾长出一层比较上和乡土基层不完全相同的社会，而且在近百年来更在东西方接触边缘上发生了一种很特殊的社会"（费孝通，2007：6）。这后一社会好理解，即城市社会、工商社会或陌生人社会。但从这基层上长出的那层与乡土基层不完全相同的社会究竟是怎样的呢？费孝通在此书中聚焦的是乡土中国，他没有展开更多的论述。

但为理解"差序格局"，我们则有必要予以想象性重构。我认为，费孝通未能展开讨论的这个社会就是至少到春秋战国时期就已从中国乡土社会中逐渐成长起来的政治文化精英，他们是一个社会阶层，但在一定意义上已自成一个社会。特别在秦汉之后，由于统一的大国中央集权治理的需要，统一文字、官话、"罢黜百家，独尊儒术"的教育，从选举到察举再到科举的政治精英选拔制度发展，创造了历史中国的政治文化精英群体。他们在国家政治、军事和管理的长期实践中不但形成而且一直实践着团体格局，并形成相应的政治职业道德伦理，尽管这种实践还是会受乡土的影响。

这类例子太多了，这里只能简单勾勒。例如，儒家一贯强调"君君臣臣"，反对犯上作乱，孟子在谈论尧舜的国法/人情冲突时也曾"公私不分"，但我们一定不要忘了，孟子对后世影响最深远的那些断言，如"民为贵，社稷次之，君为轻"，以及武王伐纣不过是"诛独夫民贼"（杨伯峻，1960：328，42）。这些说法都表明孟子完全理解并自觉坚持了（通过对"君"重新定义）一种团体格局的道德体系，即国王和臣子都必须对天下百姓负责，而不能盲目忠君。与之同时的荀子也明确强调"天之生民，非为君也；天之立君，以为民也""列地建国，非以贵诸侯而已；列官职，差爵禄，非以尊大夫而已"（高长山，2003：538－539）。前面也已提及老子的"圣人不仁，以百姓为刍狗"。有了这些历史的铺垫，我们才能逐步理解汉初政治精英中逐步确认的"王者无私"这一基本原则①，以及此后的各种甚至令普通人不可思议的政治实践②。

不只是皇帝，这其实有一个长时段的政治精英群体。通过自幼学习各种与农耕几乎毫无干系的历史和经典，大量接触、理解并分析有关家、国和天下的知识和问题，历史中国的许多政治文化精英的眼界，从一开始就超越了亲缘和地缘。他们的理想是"学而优则仕"，但不只是当官，不是在本乡本土当官，而是要参与全国政治，精忠报国，换言之，要"治国平天下"。长期的学习和入仕相当程度上隔断了他们同家乡亲友的亲缘地缘关系，却在政治文化认同和心态上把分散于全国各地的他们整合起来了，令他们胸怀祖国和天下，由此创造了治国平天下可以且必须依赖的这个精英阶层甚或团体。虽源自乡村，但他们已不再或不仅仅以自己为中心的差序格局来理解和想象他们的世界了。不是全部，但许多人有了深厚的"家国情怀"。经过精英制度的筛选，再经官僚制的长期精细打磨，他们成为治理国家的官僚，他们不再仅仅属于自己生活过的任何一个具体的农耕社区或地域，而更多属于这个国家，这个文明。"先天下之忧而忧，后天下之乐而乐"并非只是对历史中国政治精英的规范要求，也并非个别精英的自勉，在相当程度上，这已成为他们许多人的日常生活方式，是他们思想情感的当然寄托。③

甚至不只是帝王将相。以帝王将相为中心的中国史通常忽略（因此不是"湮灭"）的一个很可能并且只可能主要坚持团体格局的普通人群体会是历史中国的军

---

① 西汉初年，在专权的吕后死后，周勃与陈平等合谋，一举谋灭吕氏诸王，决意拥立代王刘恒。周勃曾要求同刘恒私下商议此事，宋昌掷地有声地回应道："所言公，公言之；所言私，王者无私!"（班固，1962：105）司马迁《史记》中记为"王者不受私"（司马迁，1959：415）。

② 典型的措施之一是，拓跋氏北魏在长达100年间一直坚持一个残忍的却仍然具有宪制意义的措施，即一旦某王子被立为储君，北魏皇帝就赐死其母亲。这种制度源自汉代为防止"子幼母壮"，后党干政，最多也只是一种临时性的有宪制意味的实践。但在北魏早期被制度化了。其功能在于消除各部落之间的政治猜忌，保证稳定的子继父业的王朝政治，避免重大政治冲突和意外事变；它全面增强了继位者的政治合法性。这是北魏这个部族国家从一个文化族群国家转型为一个有稳定疆域的国土国家、从一个族群相对单一国家转向一个多族群整合和认同的国家，从而能全面有效治理农耕中原而不得不采用的宪制措施（参见田余庆，2003）。

③ 典型例证是历代政治文化精英的诗文中常常把前朝的时空当作当下的时空，出现一种令人难以想象的时空穿越。如南宋政治文化精英在中原王朝失去控制近500年后仍"身在沧州，心在天山"。

队。我未做任何考证，也没检索可能有的系统研究，但仅从我个人曾经的军旅生涯，以及从中国帝王将相史中的只言片语，辅之社会科学的理论，可以想象并推断，历朝历代尤其是长期驻守在北部边塞的军队，由于战争的威胁，由于艰苦的环境，由于军队组织战斗力的要求，一定要求，同时生活环境自然会塑造军中强烈的团队精神和组织纪律。士兵大多年轻，来自全国各地，他们相互间本来没有什么亲缘和地缘关系，因此很难在军中有差序格局发生和维系的可能；相反，一定会形成并不断强化军队中"团体格局"以及与之相应的责任伦理。想想《孙子兵法》告诫军中主帅应严格分离政治理性与私人情感；想想商鞅以军功激励民众"勇于公战，怯于私斗"①；想想曾令"天子为动，改容式车"的细柳营周亚夫（司马迁，1959：2074 - 2075）；想想"士卒不尽饮，广不近水，士卒不尽食，广不尝食"的飞将军李广（司马迁，1959：2872；班固，1962：2447）。

因此，在历史中国，"差序"最多只是如费孝通所言，农人从基层看上去的社会格局，这是农耕塑造的他们日常生活的必需，也是他们对社会的合理想象。但这从来不是也不可能是历史中国政治和社会的全部格局。

六 "修齐治平"

——差序？或非差序？

上一节即便不完整地勾勒了从乡土基层中长出却与乡土社会不完全相同的另一层或另一个社会，而这个社会的主要责任又是政治的，是治国，不是齐家；那么，就一定应当迟疑一下，能否用"差序格局"来解说或理解修身、齐家、治国、平天下。这是儒家的经典解说②，好像四者构成了一个不断扩张的同心圆，也有许多学者至今这么坚持和相信，即便他们认为很难。我很迟疑，因为，这可以是儒家当年对世界秩序的一种有理由的初始想象，也是他们的真诚确信和追求，但有什么理由相信后世中国王朝就会沿着儒家的话语前进，就不能或不会在政治实践中重新定义修齐治平？实在历史从不坚持初衷，因为历史并无初衷。③

鉴于"乡土"的主题，费孝通没公开挑战对家国天下的传统理解，有些地方甚

---

① "有军功者，各以率受上爵，为私斗争，各以轻重被刑。"（司马迁，1959：2230，2231）

② "'天下国家'，天下之本在国，国之本在家……"（杨伯峻，1960：167）"古之欲明明德于天下者，先治其国，欲治其国者，先齐其家，欲齐其家时，先修其身……身修而后家齐，家齐而后国治，国治而后天下平。"（李学勤，1999：1592）

③ "一件事的起因和它的最终的用途、它的实际应用，以及它的目的顺序的排列都全然不是一回事；……在重新解释与正名的过程中，以往的'意义'和'目的'就会不可避免地被掩盖，甚至被全部抹掉。"（尼采，1992：55 - 56；Foucault，1984）

至接受了传统的理解。但也就在此书中，费孝通对家庭和家族的分析却不时表明，在他心目中和理论中，家、国、天下虽有勾连或深刻影响，却是断然不同的秩序领域，三者在应对各自领域的不同问题时，会形变甚至畸变，因此不可能始终套用一些通用原则或普世规则来有效应对。他认为，乡土中国的家庭和村落社区基于亲缘地缘发生，不仅有养育后代的责任，而且承担了其他多种社会功能，因此家庭的事业追求趋于尽可能弱化人情。在"男女有别"一章中，费孝通就解释了为何必须如此①，即便齐家永远避不开人情。治国则与齐家非常不同，必须更政治，更理性，更"无情"，必须始终坚持"克己（情感和欲望）复礼"，遵从天理，恪守祖制和国法，最多只允许也只可能在天理国法许可的范围内，容忍些许人情。而"平天下"，中原王朝有效应对或治理中国北方游牧群体，从历史中国的长期实践来看，从来都必须更多诉诸和依靠国家的政治、经济和军事实力，尽管不是全部，但常常需要"汉家大将西出师"，常常是"铁马冰河入梦来"！

费孝通不可能在《乡土中国》中直书治国或平天下，免得跑题；但仅在齐家这一点上，他还是足够清晰地阐明了，由亲子构成的生育社群，即核心家庭，在乡土中国，由于生育之外的各种社会需求，如何变成了一种家族型的社会组织。

> 中国乡土社会采取了差序格局，利用亲属的伦常去组合社群，经营各种事业，使这基本的家，变成氏族性了。……在中国乡土社会中，不论政治、经济、宗教等功能都可以利用家族来担负，……要经营这许多事业，家的结构不能限于亲子的小组合，必须加以扩大。而且凡是政治、经济、宗教等事物都需要长期绵续性的，这个基本社群决不能像西洋的家庭一般是临时的。家必须是绵续的，不因个人的长成而分裂，不因个人的死亡而结束，于是家的性质变成了族。（费孝通，2007：39）

据此，他指出：

> 中国的家是一个事业组织，家的大小是依着事业的大小而决定。如果事业小，夫妇两人的合作已够应付，这个家也可以小得等于家庭；如果事业大，超过了夫妇两人所能担负时，兄弟伯叔全可以集合在一个大家里。（费孝通，2007：39）

也正是由于种种社会需求和压力，因此可以甚至必须如此判断：在社会历史中，

---

① "稳定社会关系的力量，不是感情，而是了解。"（费孝通，2007：42）

无论谁喜欢或不喜欢，认为正确或错误，历史中国的家庭不会遵循任何人关于家庭的定义，相反它在具体历史语境中的现实形态将规定或改写家庭的定义，改写个人与家、国、天下的关系。事实是，在《孟子》和《大学》的表述之前，更在被后世视为真理之前，儒家经典之一《左传》对个人与家国天下的关系就有非常不同的表达。① 之后，在中国社会生活中，也一直有此种这种"异端"。想想霍去病的"匈奴未灭，何以家为！"（司马迁，1959：2939）想想范仲淹"不以己悲……先天下之忧而忧，后天下之乐而乐"，岳飞"敌未灭，何以家为？"顾炎武"知保天下然后知保国"，以及历史上其他违背了"修齐治平"的神圣序列的表达（范仲淹，2007：195；脱脱等，1977：11394；顾炎武，2007：723）。② 这类看似桀骜不驯的错误，在历史的焙烤中，也许尚未硬化为透着神圣光环的儒学"真理"，却仍然令多少后人敬仰，甚至潸然泪下（Nietzsche，2001：110 - 112，151）——人们不但有权，更以他们的行动，拒绝有关修齐治平的规定！如果谁试图从儒家的论述或初衷去揭示"修齐治平"的本质，试图从起源来发现其最纯真无瑕的可能性和始终如一的坚定性，就一定无法理解一再被历史偷梁换柱的修齐治平的逻辑——如下面这种文本主义者的困惑。

> "修齐治平"四者并提，前两者是个人的，后两者是公共的。有前两者，才有后者。这是儒家的基本看法。儒家思想有这个作用，它划清了公与私的界限。西方讲公共领域和私人领域，修齐、治平，恰好是这两个领域。但西方的这两个领域分得比较清楚，《大学》的修齐、治平，一贯而下，似有公私不分的倾向。是不是所有的人，所有的家，都修了齐了才能治国平天下呢？这似乎说不通。（余英时，2012：206）

从话语层面不可能理解，修身、齐家、治国和平天下之间在历史中国的实在关系。它们最多只是在儒家当年的话语中，以及在被坚守的顽固想象中，是一个同心圆，但在非话语的政治社会实践领域中，历史中国早已将身、家、国、天下塑造成自有独立关注的制度领域。

---

① 最突出的就是春秋时期郑伯称"蘩不恤其纬，而忧宗周之陨"（杨伯峻，2009：1451 - 1452），以及春秋鲁国的漆室女"吾岂为不嫁不乐而悲哉！吾忧鲁君老，太子幼"（张涛译注，1990：120）。这两件记载若为真，那就分别先于孟子的"身、家、国、天下"之表述约150年和约50年，早于《礼记》编撰者戴德、戴圣的年代5～6个世纪。

② 另请见："忠臣有国无家，勿内顾，"（李天根，1986：612）"祖国陆沉人有责，天涯飘泊我无家。"（秋瑾，2004：111）

七 结语

置身于《乡土中国》的语境，我从多个方面分析了，费孝通文中展现的，在乡土中国人尤为显著的差序化社会交往不足以构成一种可同团体格局并提的社会"格局"；差序性交往在乡土中国人中确实是非常普遍的现象，但这并非中国所独有；历史和文化中国也并非只有差序格局，甚至未必是历史中国的主流；即便这种现象在近代化进程中的中国人当中仍很普遍，但若严格遵循费孝通的理论和逻辑，可以推断，也应更多归因于当时仍乡土主导的中国。因此，"差序格局"并非对中国社会组织格局很有用的一个概括性或描述性的概念。我个人认为，费孝通是将差序格局用作一个提示，而并非作为一个学术概念。

按道理说，本文就应到此打住。但如果费孝通只是功能性地使用差序格局这个语词，那么就还有一个问题值得思考，为什么一些中国学者会执着于一种本质主义的阐释和理解，难道仅仅因为误解？

我觉得一个重要因素是当代中国学人都有一个强烈心结——希望发现中国的独特，并经此在社会科学上有理论贡献。这个心结岂止可以理解，其实值得赞扬。只是，我们有无可能仅仅通过理解和描述中国社会的某个现象，就获得这种贡献？如果一个真正富有启发性的概念总是同一个理论，一个重要的社会学概念总会同一种关于或有关社会的理论相伴，那么，如果不是深入理解中国社会并在理论思维层面重新结构中国社会，就难有实实在在的理论贡献。

甚至，若不首先沉下心研究问题，过强的理论贡献心气还可能引出一种猎奇心态，把学者引向某种学术歧途、邪路和死胡同。很可能局促于一些社会现象，以及指涉这些现象的语词，而不是认真考察、发现并抽象这些语词所指涉的那些社会现象中可能具有的一般意义。在我阅读的不多文献中，曾一度颇成气候的"单位"研究最后还是附着于被称为单位的那些社会实体，有不少很有意思的研究，却与"单位"无关，或很难说有关。我的意思是，似乎没有单位这个中文概念，这些研究也完全可以独立存在，无论是当年的工厂、学校或机关。由此带来的一个后果是，随着如今中国社会的变化，"单位"分化了，这个语词就有可能在时下的研究中消失。"关系"也没能获得诸如"社会资本"的地位，尽管在中国这两者常常重合，重合度还颇高。"面子"的命运也不令人看好。更糟糕的是，有时这些中文词语甚至成为一些外国学人向中国人或向其本国学人证明他/她了解中国的一个符号或信号。

我们必须理解概念对于理论发展的意义。如果库恩关于理论变革是结构性的观点是对的，那么大致可以断定，没有理论重构，所谓新概念很可能就只是个新词。

"除非必要，勿增实体。"若能用相对简单的现有理论和概念来解说陌生的社会现象，也许就应避免创造重复或相近的概念。因为，新词不大可能推进理论，即便并不追求也非意图，其更实在的社会功能也趋于包装，以一种似是而非的突破和发展甚至繁荣来给学术交流增加噪声。

过强的理论贡献心气可以源自完全对立的心理预设。一是普世主义的，认为中国学人一定能从中国发现什么外国没有的，来发展完善充实现有的主要由西方学者创造和推进的理论。二是特殊主义的或文化相对主义的，即相信或希望中国的种种不同源自中国与西方的某些本质性差异。近水楼台先得月，中国学者因此可以更便捷地发现并开发这种中国性，引发理论的革命。这两种预设没法说谁对谁错。任何心理假定都只是起点，它也许会影响努力的方向，却很少能真正决定之后的一系列学术努力，无论是经验调查还是分析判断、理论概括甚至行文表达。发现或开发金矿的人常常不是住在金矿附近的人。是的，费孝通先生撰写了《江村经济》。但这个例子本身是柄双刃剑——撰写这本书的并不是一位长期生活在江村的人，而是一位因养病暂住江村的读书人，一位特定意义上的"外人"。

最后，我认为这些心理预设很强硬也无碍，只要不过分顽固，乃至能对经验始终保持高度敏感和尊重，最后的研究发现或结论就未必有太大差别——只是这个"不过分"的限定不可或缺。

参考文献

奥威尔，2010，《甘地随想录》，载《奥威尔文集》，董乐山译，北京：中央编译出版社。

班固，1962，《汉书》，北京：中华书局。

波斯纳，2002，《正义/司法的经济学》，苏力译，北京：中国政法大学出版社。

范仲淹，2007，《范仲淹全集》（上），成都：四川大学出版社。

费孝通，2007，《乡土中国》，上海：上海世纪出版集团。

高长山，2003，《荀子译注》，哈尔滨：黑龙江人民出版社。

顾炎武，2007，《日知录校注》，陈垣校注，合肥：安徽大学出版社。

黑格尔，1961，《法哲学原理》，范扬、张企泰译，北京：商务印书馆。

黑格尔，1981，《美学》（卷3，下），朱光潜译，北京：商务印书馆。

黄修明，2007，《中国古代仕宦官员"丁忧"制度考论》，《四川师范大学学报》（社会科学版）第3期。

李天根，1986，《爝火录》，杭州：浙江古籍出版社。

李学勤，1999，《十三经注疏·礼记正义》（下），北京：北京大学出版社。

廉如鉴，2010，《"差序格局"概念中三个有待澄清的疑问》，《开放时代》第7期。

《摩西五经·利未记》，2006，冯象译注，Oxford University Press.

尼采，1992，《论道德的谱系》，周红译，北京：生活·读书·新知三联书店。

秋瑾，2004，《感时二首》，《秋瑾选集》，郭延礼选注，北京：人民文学出版社。

司马迁，1959，《史记》，北京：中华书局。

孙立平，1995，《"关系"、社会关系与社会结构》，《社会学研究》第 5 期。

《孙子兵法新注》，1986，北京：中华书局。

索福克勒斯，2004，《安提戈涅》，《索福克勒斯悲剧四种》（《罗念生全集》2），上海：上海人民出版社。

唐长孺，1983，《魏晋南朝的君父先后论》，《魏晋南北朝史论拾遗》，北京：中华书局。

田余庆，2003，《北魏后宫子贵母死之制的形成和演变》，《拓跋史探》，北京：生活·读书·新知三联书店。

脱脱等，1977，《宋史》，北京：中华书局。

吴毓江，1993，《墨子校注》，孙启治点校，北京：中华书局。

《新约·路加福音》，2010，冯象译注，Oxford University Press.

阎云翔，2006，《差序格局与中国文化的等级观》，《社会学研究》第 4 期。

《伊利亚特》，1994，罗念生、王焕生译，北京：人民文学出版社。

杨伯峻，1960，《孟子译注》，北京：中华书局。

杨伯峻，1980，《论语译注》，北京：中华书局。

杨伯峻，2009，《春秋左传注》，北京：中华书局。

余英时，2012，《为了文化与社会的重建》，《余英时访谈录》，北京：中华书局。

翟学伟，2009，《再论"差序格局"的贡献、局限与理论遗产》，《中国社会科学》第 3 期。

张江华，2010，《卡里斯玛、公共性与中国社会——有关"差序格局"的再思考》，《社会》第 5 期。

张涛译注，1990，《烈女传译注》，济南：山东大学出版社。

智效民，2013，《〈世纪评论〉与 1947 年的中国政治》，《江淮文史》第 6 期。

朱谦之，1984，《老子校释》，北京：中华书局。

Foucault, Michel. 1984. "Nietzsche, Genealogy, History." In *The Foucault Reader*, ed. by Paul Rabinow, Pantheon Books.

Nietzsche, Friedrich. 2001. *Gay Science*, ed. by Bernard Williams, trans. by Josefine Nauckhoff, London: Cambridge University Press.

Simmel, Georg. 1950. *The Sociology of Georg Simmel*, trans. and ed. By Kurt H. Wolff, New York: Free Press.

Rawls, John. 1970. *A Theory of Justice*, Boston: Harvard University Press.

从"差序格局"到"美美与共"

——兼论"差序格局"及其与"公共性"的关系[*]

仇立平[**]

一 问题的缘起

在中国社会学的发展史上,费孝通先生于20世纪40年代提出的"差序格局"概念极具原创性地揭示了传统中国社会结构的特征;60年后,费孝通先生又提出了"文化自觉",并在论述"各美其美,美人之美,美美与共,天下大同"过程中,深刻揭示了西方个人主义存在的局限性。从"差序格局"到"美美与共"的思想历程,反映出费孝通先生学术思想的发展。近年来,随着"公共性"讨论渐成学界瞩目的焦点,开始有社会学者将"差序格局"与"公共性"联系在一起进行分析,本文试图考察的问题也受到这些研究的启发和影响(李友梅,2010;李友梅等,2012)。

重新阅读费孝通先生的"差序格局"论述,不难发现"差序格局"中的"己"是"自我主义",而不是"个人主义"(费孝通,1985:21);"一切价值是以'己'作为中心的主义;并且为了一己私利,可以牺牲家庭,为了家庭可以牺牲国家,为了国家可以牺牲天下"(费孝通,1985:27)。这段论述或许是一些学者立论的依据,即认为当代中国社会因为"差序格局"存在不可克服的局限性,只有重建个人主义才能达到社会"公共性"的建构(李友梅等,2012)。但是笔者的问题恰恰也在此,费孝通先生对"差序格局"的批判是否符合历史事实和经验事实?由此延伸的问题是"差序格局"与"公共性"之间的关系到底如何?

引起笔者思维"紊乱"的首先是发生在20世纪初影响深远的我国的五四运动。

---

[*] 仅以此文献给我的社会学引路人费孝通教授。

[**] 仇立平,上海大学社会学院教授(退休)。

"打倒孔家店"和吃人的封建礼教,"救救孩子"①的启蒙思想唤醒了广大青年和爱国人士,费孝通先生概括的"差序格局"赖以存续的人伦关系正是五四运动所要批判和推翻的,因此五四运动被誉为现代中国"个性解放"的一场革命。对于20世纪50年代出生的一代人来说,对他们世界观有着重要影响的除了五四运动以外,还有大量鼓吹个性解放的文艺小说,除了鲁迅小说和当时能够翻译出版的西方古典小说之外,影响最大的可能是著名作家巴金的"激流"三部曲《家》《春》《秋》和以18世纪传统中国为背景的中国古典小说《红楼梦》。

巴金笔下的主人公觉新在小说中是一个被旧制度埋葬、失去反抗性格的青年人,是旧礼教制度下的牺牲者,但同时又不自觉地扮演了一个维护者的角色。《红楼梦》的作者曹雪芹被认为具有初步的民主主义思想,他通过小说深刻地批判了孔孟之道和程朱理学及其建立在其基础上的婚姻制度、奴婢制度、等级制度等。问题在于巴金笔下的觉新等和曹雪芹笔下的贾宝玉、林黛玉、薛宝钗,他们各自的"差序格局"中的"己"是费孝通先生所说的"自我主义"还是已然萌芽的"个人主义"?尽管这是一个有待讨论的问题,但无论曹雪芹还是巴金,他们塑造的主人公的悲剧都是被"差序格局"中的传统人伦关系所扼杀的"己",这些主人公虽然也是费孝通先生所说的成为"差序格局"的中心或"原点"的"己",但并没有走向为了一己私利牺牲家庭甚至国家,而相反地表现出"己"已经完全被泯灭了(最终离家出走的贾宝玉恰恰是因为初具个人主义萌芽,给予摇摇欲坠的传统大家族以致命打击)。五四运动的实质是要把"己"从"差序格局"层层缠绕的人伦关系中解放出来,即人性的解放。②在经验生活中,虽然中国人自私自利的恶习依然存在,但是如费孝通先生所说的为一己私利而牺牲家庭最多是"小概率"事件,而这样的"小概率"事件在崇尚个人主义传统的西方国家也依然存在。因此,费孝通先生在对"差序格局"中"己"的界定在现实生活中很可能是多面向的,而不仅仅是"自我主义"。

为了有助于问题的讨论,本文还是在目前学术界公认的有关"差序格局"的认识上,即尽可能在费孝通先生"差序格局"原意上探寻差序格局中的"己"为什么会导致极端的自私自利,为了一己私利不惜牺牲家庭甚至国家,而不能走向与"差序格局"相关联的"身家国天下"这一最大的"公共性"。

传统中国社会"身家国天下"是历史的神话还是客观的存在,如果是客观存在,这样的"公共性"是在哪个层面上断裂的?"自我主义"为何会导致费孝通先

---

① 见鲁迅小说《狂人日记》。

② 若有可能对这些小说主人公的"差序格局"进行详细研究,就有可能进一步拓展和深入诠释费孝通先生"差序格局"的意义。

生所说的"为了一己私利，可以牺牲家庭，为了家庭可以牺牲国家，为了国家可以牺牲天下"？如果费孝通先生的命题存在的话，是什么原因使得个人为了一己私利而牺牲家庭，乃至更大的共同体？如果把"身家国天下"看作中国社会的"公共性"，它与建立在个人主义基础上的"公共性"有什么不同？这些问题不是本文完全能够回答的，笔者只是在梳理费孝通先生"差序格局"的基础上，提出一些看法，或许对理解上述问题有所裨益。

二 差序格局及其内在的张力

费孝通先生对"差序格局"是这样描述的："我们的格局不是一捆一捆扎清楚的柴，而是好像把一块石头丢在水面上所发生的一圈圈推出去的波纹。每个人都是他社会影响所推出去的圈子的中心。被圈子的波纹所推及的就发生联系。每个人在某一时间某一地点所动用的圈子是不一定相同的。"（费孝通，1985：23）"差序格局"是建立在"人伦关系"的基础上，即"从自己推出去的和自己发生社会关系的那群人里所发生的一轮轮波纹的差序"（费孝通，1985：25）。

这种人伦关系就是传统中国社会的"五伦"关系，即君臣、父子、兄弟、夫妇、朋友关系，并以忠、孝、悌、忍、善作为人伦关系准则。费孝通先生认为，（孔子）先承认一个"己"，推己及人，但对"己"要加以克制，克服于礼，克己修身，由此才有可能按照"同心圆的伦常"外推了，从而形成"从己到家，由家到国，由国而天下"（费孝通，1985：25－26），即所谓的"身家国天下"。但是费孝通先生还认为，与"外推"在条理上相通的"差序格局"还可以"内推"，即"内向和外向的路线，正面和反面的说法"，因此这种差序的推浪形式，模糊了群己关系的界限，而不像西方社会那样权利和义务是截然分明的（费孝通，1985：27）。

综上所述，差序格局的特点是：①"差序格局"建立在五伦关系基础上，并受传统中国伦常关系准则的制约；②"己"是"差序格局"的中心的，但"己"不是主张平等观念的个人主义，而是自我主义；③以"己"为中心的"差序格局"具有极大的伸缩性，可以组成由无数私人关系搭建的网络，但群己、国家天下界限模糊，导致公私不分；④"差序格局"的道德起点是"推己及人、克己复礼"，既可以外推形成"身家国天下"，但若不能"克己"，也可以"内推"，为了一己私利罔顾家庭或国家的利益。

中国传统社会结构之所以表现为"差序格局"，主要是因为乡土社会是一个熟人社会，建立在血缘、地缘基础上的乡土社会必然是一个熟人社会，农耕社会的一个重要特征是土地——农民的根本，因此"安土重迁，黎民之性；骨肉相附，人情所愿也"（《汉书·元帝纪》）。只要不发生战乱和严重灾害，农民就会一辈子固守乡土。即使发生有限的社会流动，也是按照血缘、地缘关系展开的。在近现代工业化发展过程中，无论是在中国还是在西方，农民进城最开始依靠的是以家庭或家族为基础的血缘关系和地缘关系，即所谓"强关系"。差序格局之所以能够存在，最重要的是对"己"的克制，即克己复礼，是构建以"己"为中心的差序格局社会关系网络的道德体系出发点（费孝通，1985：31）。

费孝通先生非常看重"己"在"差序格局"中的核心地位，他之所以认为差序格局的内向和外向在条理上是相通的，就在于能否"克己"，只有"克己"才能外向或外推，最终形成"身家国天下"的格局，但若不能"克己"，为了一己私利，就会牺牲家庭甚至国家和天下。

值得注意的是，费孝通先生在论述"差序格局"时是将其"嵌入"乡土社会的权力结构中，或者说差序格局与乡土权力结构是同构的，它既有不民主的横暴权力，也有民主的同意权力，以及"两者之间还有教化权力"，费孝通先生之所以将教化权力放在横暴权力和同意权力之间，在笔者看来，横暴权力和同意权力都具有教化的功能。费孝通先生用"长老统治"来概括乡土权力结构，并认为"同意权力"既非民主又异于不民主的专制，"用民主和不民主的尺度来衡量中国社会，都是也都不是，都有些像，但都不确当"（费孝通，1985：70）。显然，费孝通先生并不完全否定差序格局所具有的权力结构，但不能完全采用西方的民主尺度去衡量。

虽然"差序格局"能够反映乡土中国的社会结构的重要特点，但是，在当时，费孝通先生对"差序格局"基本上持批判否定的态度，认为"差序格局"下的乡土社会，无论是私人生活还是在个人与国家乃至天下的关系中，充斥着极端自私自利（费孝通，1985：21）；差序格局的自私建立在传统的伦理道德基础上，认为自我主义来自杨朱学说甚至儒家思想（并不限于拔一毛而利于天下不为的杨朱，连儒家也包括在内），儒家与杨朱的区别在于能"推己及人""克己复礼"（费孝通，1985：26）；"群"对"己"的利益的侵害是无法避免的（费孝通，1985：28）；虽然认为差序格局具有内向和外向的路线，但更强调为一己私利而"毁家、毁国、毁天下"。[①]

费孝通先生提出的"差序格局"这一概念极具洞察力，中国社会学和人类学对其丰富内涵的挖掘和阐释正在不断激发学术灵感，并由此成为后进学者进一步认识

---

① 如果考虑到费孝通先生撰文的时代背景，直言"一个人为了自己可以牺牲家，为了家可以牺牲党，党可以牺牲国，为了国可以牺牲天下"，或许是与对当时国民党政权的腐败独裁不满有关。费孝通先生晚年的一次访谈中说："他（指蒋介石）就是个流氓，上海的黄金荣，是个厉害的流氓，大流氓。他用低下手段，用的是邪的一面。"［参见《朱学勤访谈费孝通》（人民网）http://culture.people.com.cn/GB/27296/3359558.html。］

和分析中国社会的基础。很多学者或借用或在此基础上进一步延伸，对中国社会做了很多有价值的研究。但也有学者指出，"差序格局"缺少严格的界定（翟学伟，2009），是在一篇类似于"散文"风格的文章中提出的（孙立平，2004：248），这意味着"差序格局"这个重要概念仍然存在着充分讨论的空间。

以笔者所见，"差序格局"对传统中国人际关系如波纹状发散的诠释，形象地揭示了以传统伦理为基础的乡土社会的重要特征，但是费孝通先生关于"差序格局"的核心"己"是"自我主义"的判断以及进一步认为，为了一己私利，可以牺牲家庭、国家和天下，无论在理论上还是在经验上还存在一些可以讨论的问题。

费孝通先生认为"差序格局"中"己"是自我主义的，理论上的主要依据是包括儒家在内的杨朱学说，认为杨朱倡导的"拔一毛而利天下不为也"是"一毛不拔"的极端的自私自利行为，显然这里存在着对杨朱学说的误读。

在《列子·杨朱》篇中，杨朱曰："古之人，损一毫利天下，不与也；悉天下奉一身，不取也。人人不损一毫，人人不利天下，天下治矣。"对此，贺麟先生（1996：201）认为杨朱学说是取利他主义和利己主义的"中端"，即既不损己以利人，也不损人以利己；吕思勉先生（2005：47）在评价杨朱"不利天下，不取天下"时指出："以哲学论，亦可谓甚深微妙；或以自私自利目之，则浅之乎测杨子矣。"现代有学者认为，杨朱思想是合理的利己主义（Kim，2003），并由此展现出个人本位与个体权利意识，以及对君主制的挑战与反叛（柯卫、马作武，2009）。因此，杨朱的"贵己"或"为我"，不能简单地认为是自私自利。用现代话语表达，人人都能做到既不损人利己，也不损己利人，则"天下治矣"。但是人们往往将杨朱学说中的"不与"与"不取"割裂开来，以笔者的认识来说，杨朱学说恰恰与现代个人主义有着类似的特征。

金耀基先生（1995：40－47）在《中国人的"公"、"私"观念》中对传统中国的公私观做了全面的分析，他认为中国人的道德虽然维系着私人与私人的关系，即"私德"，但向来重视的却是"公"的理想，公的价值；公是正面的，被肯定的，私是负面的，被否定的；但是这种追求"公"的道德理想并没有落实为日常人伦行为；所以为了达到"公"，才要"克己"，甚至要"存天理、灭私欲"，但是"去我绝己"实际上是挖掉了"个人主义"的根苗，"私"的合理存在是现代政治民主中不可或缺的重要因素。金先生还认为，中国传统社会构成的公私法则，只是因为套用西方的概念来比附而产生的不必要的混乱和歪曲。若从长时段看中国传统社会，可能看到更多的是"公"对"私"的"剿灭"，"封建礼教"对个性的泯灭，才会有五四运动喊出打倒"孔家店"。但是，近代学者在诊断中国羸弱时，都说成是因为中国人重"私"，西方人有"公"。

关于"己"的自我主义或中国人自私性的讨论，廉如鉴、张岭泉（2009）认为主要发端于 20 世纪 20 年代有关社会性质的大讨论，无论是费孝通先生还是梁漱溟先生都认为中国人际关系建立在伦理基础上；但是与费孝通先生观点相反的是，梁漱溟先生认为中国人不自私，"互以对方为重"，认为个人很难为了自己牺牲家人、家族，更多的则是相反的情况（廉如鉴，2010），家族主义是中国人的主要心理和行为取向（杨国枢，2005：26），并且公与私不仅具有相对姓，也具有一定的绝对性（贺雪峰，2006）。按照费孝通先生的逻辑也可以这么理解，对于"个人"来说，"家"就是"公"，对于"家"来说，"国"就是"公"，对于"国"来说，"天下"就是"公"，如此才会有"天下为公"，公与私还是有可以辨认的界限。

"仁""忠""孝"是费孝通先生在"差序格局"中诠释最多的儒家思想，实际上也是儒家思想的核心，但在费孝通先生的解读中，主要看作建立在私人关系基础上的道德行为，并且构成了中国人自私自利的伦理基础，甚至圣人孔子都不可能做到像耶稣那样牺牲自己成全天下。显然，费孝通先生对儒家学说的认识仅是一家之言。

费孝通先生认为儒家学说在中国传统民间社会的道德实践中主要规范的是"私人"关系，但是，儒家思想并不局限于私人关系，"天下归仁""天下为公""天人合一"也可以看作传统中国伦理中私人与社会乃至自然的关系的认识。当然，这种公私观决然不同于西方，与私人关系相对应的"天下"，恰恰是中国传统伦理中的"私"与"公"的关系，而不是现代社会中个人与国家之间的关系，两者并不具有可比性（金耀基，1995：47）。

"仁"是中国古代一种含义极广的道德范畴。"仁"的最初含义是指人与人的一种亲善关系，黄现璠（中国现代民族学奠基人之一）认为"克己复礼为仁"的"仁"字，宜作"人"解。孔子把"仁"定义为"爱人"，并解释说，"夫仁者，己欲立而立人，己欲达而达人""己所不欲，勿施于人"。孔子在回答子张问仁时还说，"能行五者于天下，为仁矣"，五者为恭、宽、信、敏、惠。孟子发挥了孔子的思想，把仁同义联系起来，把"仁义"看作道德行为的最高准则。其"仁"，指人心，即人皆有之的"恻隐之心"，仁爱之心；其"义"，指正路，"义，人之正路也。"（朱熹）儒家仁学的"一以贯之"的践行之道即是"忠恕"。"忠"与"恕"实则一道，即两者有着相互补充、相互规定、相互包含的意思，而"恕"更为基本。循此"一以贯之"之道，不仅可以处理好个人与个人之间的关系，而且"齐家、治国、平天下"亦可从中引申出来。

"差序格局"是在五伦关系基础上演绎出来的，贺麟先生（1996：52 - 55）对五伦的解读为我们提供了另外一种面向。他认为，五伦关系要比西方文化更早地注重人的价值，"五伦说特别注重人，而不注重天（神）与物（自然），特别注重人与人的关系，而不十分注重人与神及人与自然的关系"，个人不能脱离家庭、社会、国家而生存；五伦关系中存在的等差之爱是一种合理的存在，即使如"四海之内皆

兄弟"，也如美国培黎（R. B Perry）教授所说的那样，"当你说一般人都是你的兄弟时，你大概不是先把一般人当作亲弟兄看待，而是先把你的亲弟兄当作一般人看待"。

贺麟先生的"等差之爱"与费孝通先生的"差序格局"具有异曲同工之妙。贺麟先生进而认为，三纲说中具有"与西洋正宗的高深的伦理思想和与西洋向前进展向外扩充的近代精神相符合的地方"，这些相符合的地方"可任意拈取例证"。贺麟先生也承认五伦关系的信条化、制度化，发生强制的作用，将会损害个人的自由与独立。

三　"差序格局"再诠释：对儒家伦理的反思

从现有文献看，费孝通先生在提出"差序格局"概念后，很少再对这个概念专文进行详细诠释，即使在 1978 年中国社会学重新恢复以后，费孝通先生在一些讲话中虽然多次提及他所说的"差序格局"，仍然认为中国的人际关系依然是"差序格局"般的以"己"为中心向外推，但是再也不强调"己"的极端自私自利。相反，晚年费孝通先生又重新审视了构成"差序格局"基础的儒家伦理，并给予积极的评价。有学者认为，费孝通先生晚年对儒家伦理的肯定，实际上是费孝通先生对"差序格局"的反思，即"新差序格局"，认为晚年费孝通先生思想发生了深刻的转变，"从早年认为传统文化中的自我主义之于现代性有着消解性作用转向晚年希望以传统文化中的儒家伦理化解现代性所呈现出的生态危机和心态危机"（陈占江、包智明，2015）。

以笔者之见，如果将"差序格局"理解成中国人特有的生存方式或人际关系，晚年费孝通先生虽然没有直接对差序格局进行新的诠释，但实际上是将其纳入中国传统文化尤其是儒家伦理的层面上进行考察，因此，"差序格局"不仅是微观层面上人际关系的操作，它更反映出宏观层面上"差序格局"背后的文化逻辑。

晚年费孝通先生对儒家伦理的肯定性诠释主要表现为以下几个方面。

（1）以儒家伦理为基础的"差序格局"在现实生活中还是会发挥积极作用的（费孝通，2003）。费孝通先生指出，扬己和克己或许是东西方文化差别的一个关键（费孝通，2002），中国传统文化里克己复礼，"己"是应当压抑的对象，克己才能复礼，复礼是取得进入社会、成为社会人的必要条件。在费孝通先生看来，这种对"己"的克制，"并没有像西方人那样觉得不愉快"，相反，无论大事还是小事，都遵循"礼节"才能"成就以'义'为中心的君子社会"，"礼"虽然不同于法律和规则，但并不是不讲规则，是通过生活实践造就的秩序，所谓"和为贵"就是做事要"恰到好处"。

费孝通先生还简单地概括了传统文化对礼的秩序建构及其社会治理，认为通过历代知识分子对 "礼" 的不断反思，到宋明时期，已经改造成为一种可以 "化人文" 于天下的文明秩序了，这种深潜在中国人日常生活中的文化，已经积淀成人们司空见惯了的生活方式了（《费孝通全集》第十七卷，2009：515）。因此，费孝通先生虽然承认我们在理论上对中国文化的本质上认识得还不是很清楚，但是 "它确实是从中国人历来讲究的正心、诚意、修身、齐家、治国、平天下的儒家所指出的方向发展出来的，这里边一层一层都是几千年积聚下来的经验性东西"（费孝通，2003）。

（2）晚年费孝通先生对 "差序格局" 演绎又做了新的解释。他认为人们对 "己" 的节制未必是痛苦的，建立在 "和为贵" 基础上的道德秩序，具体表现在文、行、忠、信这四个教化的方面上，认为这四个字基本上体现了文化的历史性与社会性（《费孝通全集》第十七卷，2009：514）。费孝通先生所言的历史性和社会性既包括载有文化传承的历史典籍、社会生活的实践，也包括人与人关系的忠诚和信任。尤其值得关注的是，晚年费孝通先生非常强调 "推己及人" 在 "差序格局" 中的作用，他在对中国文化的反思过程中，一再提到做事不能光顾自己，要想到别人，就如中国文化所强调的 "老吾老以及人之老，幼吾幼以及人之幼，设身处地，推己及人，我说的差序格局就出来了"（《费孝通全集》第十七卷，2009：349）。虽然，费孝通先生没有进一步对 "差序格局" 进行外推，但在其逻辑上必然是和他所强调的中国人历来讲究的 "正心、诚意、修身、齐家、治国、平天下" 这些儒家所指出的方向相连的，只是 "现在是我们怎样把这些特点用现代语言更明确地表达出来"（《费孝通全集》第十七卷，2009：349）。

（3）费孝通先生在论述 "和为贵" 的社会秩序建构时，提出一个问题，即 " '和' 的局面怎样才能出现呢"？他认为 "化解的办法" 就是求同存异，人与社会的矛盾 "既要有强制，也要有自律" "不能单靠社会控制的强加式的外力，还要有自我控制的内力"，并且认为与西方文化不同的是 "乡规民约" 就是一种内力，是与法律的外在强制不一样的，因此，克己复礼的 "礼" 是更高境界的乡规民约（《费孝通全集》第十七卷，2009：201）。费孝通先生（《费孝通全集》第十七卷，2009：512 - 513）进而认为，中国人的宗教与西方是不一样的，是 "以世代相传、香火不断的那种独特的人生观为信仰"，从而代替了宗教，生命只是时间里的一个过客，在时空中有一段属于个人的，而不像西方文化那样生与死是可以分离的。

显然传统中国文化中个人与自然的关系与西方文化是不一样的。"西方文化基于主客二分立场发展出一种侧重经验分析逻辑推理的理路，目标在于获取主体对客体的控制和支配；中华文化则立基于物我两忘的互为主体性（inter-subjectivity）之上，倾向历史综合直观隐喻的路向"，或如韦伯所说的，西方文化旨在理性地支配世界，中国文化趋向于理性地适应世界（苏国勋，2006）。

我们在日常生活中也会经常遇到这样的现象，当个人遇到不可克服的境遇时，通常会把它归为"做事在人，成事在天"，并且退而求其次满足于"知足常乐"。

费孝通先生在 20 世纪 40 年代就认为"知足安分是传统的美德"，这是物资匮乏的条件下人类相处的一个准则，否则的话就会"侵犯别人的生存，引起反抗，受到打击，不但烦恼多事，甚至连性命都保不住"。但"知足安分"受到生理条件的限制，当人在饥饿时很难做到"克己"，在贫乏的条件下，为了生存会产生抢劫、掠夺、剥削——因此"从权力到财富""那是桑巴特给中世纪经济的公式"（《费孝通全集》第十七卷，2009：385）。对于中国人来说，只要不是处在生理决定"饥饿线"下，知足常乐"不但成了道德标准，也是个处世要诀"，是中国传统文化的基本精神，这与"贪得无厌"的现代资本主义文化里的精神是相反的（《费孝通全集》第十七卷，2009：383 - 384）。

（4）晚年费孝通先生把"中和位育"放在一个极其重要的位置上，他反对西方文化中的"天人对立论"，无止境地向自然索取，即所谓的"物尽其用"，"主张像潘光旦先生论述的'中和位育'那样在自然、历史和社会中找到适合人的位置"（《费孝通全集》第十七卷，2009：527）。费孝通先生自谦，直到晚年才体会到潘先生的"良苦用心"（《费孝通全集》第十七卷，2009：200）。

"中和位育"出自《中庸》："喜怒哀乐之未发，谓之中；发而皆中节，谓之和。中也者，天下之大本也；和也者，天下之达道也。致中和，天地位焉、万物育焉。"费孝通先生认为，"中和位育"可以说代表儒家文化的精髓，成为中国人代代相传的基本价值取向。潘光旦先生早在 20 世纪 30 年代就对"中和位育"做了很好的解释，位即秩序，育即进步。位者，安其所也；育者，遂其生也（《费孝通全集》第十七卷，2009：200；潘乃谷，2000）。

在此基础上他还阐述了社会学在"位育"教育中的重要作用，认为社会学可以帮助社会成员更好地认识、理解自我和社会之间的关系，提高修养、陶冶情操、完善人格，培养人道、理性、公允的生活态度和行为，"是建设一个优质的现代社会所必不可少的"（《费孝通全集》第十七卷，2009：438）。

尤其令人感动、读来潸然泪下的是费孝通先生在 1999 年写的怀念潘光旦先生的《推己及人》中对潘先生的描述和评价。费孝通先生说，"潘先生这一代人的一个特点，是懂得孔子讲的一个字：己，推己及人的己"，做好自己，对得起自己。按照他的解释，对得起自己不是做给人看，不是去争面子、争荣誉，不是对付别人，"这可以说是从'己'里边推出来的一种做人的境界"，甚至遇到"文革"这样的冤屈，潘先生也"看得很透彻，懂得这是历史的必然"，因为潘先生真正做到"推己及人""从'己'字上出来的超越一己荣辱的境界""觉得毛泽东有很多苦衷没法子讲出来"。费孝通先生在评价潘光旦先生时还说，关键的问题是两代人的距离，即怎样做人在两代知识分子之间差别很大（《费孝通全集》第十七卷，2009：472 – 474）。其中隐含的话语就是中国传统文化的中断，费孝通先生自述从小就开始接受新式教育，但尽管如此，依然受到传统文化的浸润，而以后的几代人更不可能理解潘先生的人格操守。以笔者之见，潘先生达到的对"己"的超越，和潘先生提倡并实践的"位育"有关。费孝通先生认为，这个精神就是"礼"，并想把"礼"翻译成 Sportsmanship，认为"礼"很接近于哈佛大学 Mayo 教授所谓 Social Skill，即承认自己的地位，自动地服从于这个地位应有的行为，也就是"克己"（费孝通，1993），这种"克己"也是"位育"的结果。

费孝通先生晚年虽然没有直接阐述"差序格局"的意义，但是他在论述人和自然的关系时又提到了"差序格局"。费孝通先生（《费孝通全集》第十七卷，2009：442）认为任何自然的关系，是人作为主体对客体的"态度"，这种态度具有某种"伦理"的含义，是从人这个中心一圈圈推出去，构成了一个"差序格局"。基于东亚文明的历史和文化传统的"协调、共处、'和为贵'的哲学基础"，才能避免西方文化人和自然的零和博弈和对抗。

综上所述，根据"差序格局"逻辑外推，建立在"中和位育"基础上的"克己"所构造的"差序格局"既能导向"正心、诚意、修身、齐家、治国、平天下"，也能达到人和自然的统一，即更高层面上的"差序格局"：个人 – 社会 – 天下（自然）。这些又和中国特有的"和为贵""知足常乐"等传统文化有着紧密的关联。在此意义上，也可以说是一种"新差序格局"，从而在自然、历史和社会中找到个人的位置。

四　对西方个人主义的批评：扬己和克己是东西方文化的重要区别

从 20 世纪 40 年代提出"差序格局"到 20 世纪末，费孝通先生对"差序格局"赖以建立的中国传统文化有了新的思考，从早年以批判为主到晚年以肯定为主，费孝通先生思想发生了很大变化。那么是什么问题使得费孝通先生的思想有那么大的转变？

阅读费孝通先生晚年的文章，可以发现，发生在 2001 年的美国 9·11 事件对他影响很大。费孝通先生说："2001 年美国的 9·11 事件对我有很大的震动。在我看来这是对西方文化的又一个严重警告，而且事件后事态的发展使我很失望，这种'恐怖对恐怖'的做法，让我看到西方文化的价值观里太轻视了文化精神的领域，不以科学的态度、实事求是的精神去处理文化关系，这是很值得深刻反思的。"

（《费孝通全集》第十七卷，2009：350）

面对世界政治格局发生的新变化，费孝通先生重新阅读西方古典文献和古代中国文献以及陈寅恪、梁漱溟、钱穆等先生的著作（费孝通先生自述，他从小受的是新式教育，没有读过私塾，认为自己要补读这些文献）。在对中西文化比较研究的基础上，费孝通先生晚年最重要的思想就是"文化自觉"以及与此有关的"各美其美，美人之美，美美与共，天下大同"。

费孝通先生认为，近代以来，西方文化一直处于强势地位，产生了殖民主义、种族主义、极端民族主义、文化沙文主义、单线进化论等形形色色的自我中心主义思潮，这是西方"社会中某些势力的自我膨胀"所致，其中虽然也有包括马林诺斯基在内的一些学者对西方文化中自我中心主义思潮进行反思，也是西方"文化自觉"的一个表现（《费孝通全集》第十七卷，2009：542）。

如同在分析"差序格局"一样，费孝通先生依然把"己"作为最主要的核心问题。但是费孝通先生晚年对西方个人主义有了新的认识，不再简单地认为个人主义就是个人权利的平等，相反，对西方个人主义中隐藏的"利己主义"进行了深刻的批判。

费孝通先生首先在全球化背景下讨论西方个人主义所表现出来的自我中心主义，认为全球化也是各种"问题"的全球化，但是在面对全球问题时，西方国家出现很大的局限性，不能从根本上解决全球化引起的问题，在解决一些问题的同时又引起新的矛盾；在西方强势文化的扩张条件下，"自我中心主义""西方至上主义""殖民主义""极端国家民族主义""种族主义"等思潮，成为诱发20世纪两次世界大战的催化剂，也是造成很多国际性问题的重要原因。"时至今日，世界上极端主义和以暴制暴所造成的种种事端，依然摆脱不掉'以我为中心'的影子。"（《费孝通全集》第十七卷，2009：537）

在论述人与自然的关系时，认为在西方文化中存在一种偏向，作为西方文化"铁打基石"的个人主义，在它取得了现代化的进步同时，不仅把人和自然对立起来，而且也把文化与自然对立起来（《费孝通全集》第十七卷，2009：305），因此在费孝通先生看来，这种双重对立是与个人主义有关的。

费孝通先生进一步分析，现代西方文化中的"个人"，在"天人对立"西方文化中，"人"已经成为西方文化强调的利己主义中的"己"，既不是生物人，也不是社会人，而是一个"一切为它服务的'个人'"，认为"这个'己'是西方文化的核心概念"，即在西方"大多数人中存在着严重的以利己个人主义为中心的文化价值观"。相对于西方文化，东方传统文化里"己"是可"克"的，克己才能复礼，复礼是取得进入社会，成为社会人的必要条件。因此，扬己和克己正是东西方文化差别的一个关键（《费孝通全集》第十七卷，2009：307、310）。

如前所述，在对待个人欲望的满足方面，费孝通先生指出，中国传统文化中的"知足常乐"和现代资本主义文化中的"贪得无厌"形成鲜明对照，"知足常乐是在克制一己的欲望来迁就外在的有限资源；贪得无厌是在不断利用自然的过程中获得满足"。两种不同的价值观分别来自农业社会和工业社会，"从土地里生长出来的是知足常乐"（《费孝通全集》第十七卷，2009：383）。

正是在对人与自然，文化与自然双重对立批判的基础上，费孝通先生尖锐地揭示了西方个人主义存在的利己主义倾向，即以利己个人主义为中心的文化价值观。如何克服人与自然的矛盾，由天人对立走向天人合一，解决全球化与不同文明之间的关系？他认为，必须超越现有的一些思路，在更高层次上重新构建自我文明和他人文明的认识（《费孝通全集》第十七卷，2009：537），真正做到"文化自觉"，每个文明中的人都要对自己的文明进行反省，做到"自知之明"，明白它的历史发展过程以及发展趋势，并认为文化自觉不是"文化回归"，不是"复旧"，同时也不是"全盘西化"或"全盘他化"（《费孝通全集》第十七卷，2009：525－526）。

费孝通先生在论述中华多元一体格局的形成时，指出了"和而不同"格局的形成所体现的文化的包容性，在笔者看来实际上也和"和为贵""推己及人""知足常乐""克己复礼"等传统价值观有关。他认为这种"多元一体格局"的形成已经包含各美其美和美人之美，善于从不同文明中发现美的地方，才能真正地美人之美，"形成一个发自内心的感情深入的认知和欣赏，而不是为了一个短期的目的或一个什么利益""设身处地，推己及人，我说的差序格局就出来了"（费孝通，2003）。

因此，早年费孝通先生揭示了"差序格局"中的"己"所具有的自我主义，但同时也揭示资本主义文化具有的"贪得无厌"的利己主义倾向；晚年费孝通先生更把西方的个人主义看作以利己个人主义为中心的文化价值观。在与中国传统文化比较的基础上，进一步提出了"文化自觉"以及"各美其美、美人之美、美美与共、天下大同"思想，这既是实践的归纳，也是对未来理想的追求。

五　问题与思考

晚年费孝通先生对中国传统文化的再诠释，赋以"差序格局"新的含义，尤其是提出"文化自觉"以及"各美其美、美人之美、美美与共、天下大同"等学术思想，在中国学术界引起极大的反响，引领了中国社会学的深入研究和新的思考，很多学者对费孝通先生的社会学思想进行研究和拓展，发表了很有卓见的观点。但在讨论过程中也存在一些需要进一步研究的问题，例如，如何全面正确地理解费孝通先生的社会学思想，不仅要关注费孝通先生早年的思想，也要分析晚年费孝通先生

思想的发展；如何理解"差序格局"中的"己"，"己"与"自我中心主义"、"个人主义"之间的关系？自我中心主义的"己"为什么会导致为了个人可以牺牲家庭、国家？为什么晚年费孝通先生对"差序格局"中"己"的诠释反而认为能够通过"克己"达到"各美其美，美美与共"，从而比西方文化铁打基石的"个人主义"（即不是通过"克己"而是在人和自然对立的文化中，掠夺资源满足个人需求）更具有文化自觉？以及由此延伸出的"差序格局"与公共性建构之间的关系，"差序格局"与农民主动性的关系等（李友梅，2010），都成为值得进一步讨论的问题，但是这些问题绝非一篇论文所能完成的，以下问题的讨论主要是围绕本文的主题引发的思考。

（一）差序格局"外推"或"内推"的"受阻"

有关早年费孝通先生对"差序格局"诠释出现的内在张力，一些学者已经注意到其中的一些问题，并展开了讨论。笔者也在前文做了一些分析，如对"杨朱学说"的误读，将"杨朱学说"既"不损己利人，也不损人利己"理解为极端自私的"一毛不拔"，实际上也是后世儒家学派为了批判攻击道家学派，对"杨朱学说"的断章取义而谬传天下。同时，早年费孝通先生对中国传统文化的批判，更有可能是反映当时费孝通先生作为左翼知识分子的立场，但是费孝通先生最终还是一个英美实证主义者。[①] 他在晚年对儒家学说的再诠释，恰恰是回归中国学术界主流对儒家学说的评价，在这个意义上，费孝通先生认为传统中国文化对"己"的克制要比西方对"己"的纵容多得多，因此，"扬己"还是"克己"成为中西文化的重要差别，并且也是差序格局"外推"或"内推"的重要原因。

国内学者曾经对早年费孝通先生"差序格局"存在的内在张力进行讨论。除了前文廉如鉴等学者认为个人很难为了自己牺牲家人、家族，更多的则是相反的情况以外，廉如鉴（2010）还认为，费孝通先生关于中国人"己"是自我主义的判断来自20世纪20年代的大讨论，属于一种"绝对自私论"，当时潘光旦先生也持相似观点，即他所描述的"独夫品行"，在生存困境中甚至会卖妻鬻子。但是，就如梁漱溟指出的那样，绝不能把中国人之"缺乏公德"视为"自私"，因为在中国文化下，原本是没有"是否自私"这个问题的，中国人的行为动机是在"名分"、"伦理"、"礼义"和"私欲"之间游移选择，不是在"利公""利他"和"利己"之间游移选择。廉如鉴认为评价一个人的道德水平是和一定的社会构造有关的，在西

[①] 据费孝通先生回忆，在他年轻时有过一段时间被"欧陆革命"吸引过去，费孝通先生称"被吸引的时候不容易。有一个 tension，张力"，并且说："（1927 年）我的中学同学都死掉了，都被杀掉的，把他们沉到长江里面去的。"［参见《朱学勤访谈费孝通》（人民网）http://culture.people.com.cn/GB/27296/3359558.html.］

方社会构造下,"是否自私"是和西方社会构造勾连的,能否做到"克己复礼""循规蹈矩"是和中国社会构造相连的,就如我们不能用"是否尊亲敬长"来评价西方人的道德水平。在中国文化体系下,不论是"大传统"还是"小传统",都没有重视个人的权利、利益、欲望,而是强调个人对于家族和君亲师的义务。因此,早年费孝通先生的判断是来自西方的道德框架,但同时也说明"克己"是传统中国基本的道德底线。

翟学伟认为"差序格局"具有的收放自如的格局,在逻辑上难以说清楚,因为中国社会最小的单位不是个人而是扩大家庭,个人在家庭的世代关系中只是其中的一个环节,个人对家庭既是"贡献者",也是"依附者""个体既无法在家庭中以自我为中心,又无法独立于他的家庭",不可能出现为了个人而牺牲家庭,而是为了家庭牺牲个人,这也是中国社会被看作集体主义的原因。(翟学伟,2009)。周飞舟(2015)也认为为一己私利而牺牲家庭、不顾父母,没有任何正当性。

翟学伟(2009)在概述相关文献时指出,费孝通先生点出了"差序格局"与中国的"五服图"、儒家的"修齐治平"与"忠恕之道"之间的联系,都隐含着由个人向天下扩张的过程。但是,"差序格局"难以表现出家国乃至天下连续性的原因,在他看来,主要是差序格局能否与"修齐治平"的士大夫情怀勾连起来,古代社会科举制的存在和开放性使得"微观层面的个人与家庭事业,开始同宏观的社会结构有了直接的勾连"。

在笔者看来,这种古代社会"中国梦"不仅影响着一般的读书人,也会对村落社会的凡夫俗子产生广泛影响,因为,科举考试"成功者"的荣誉不仅属于个人或这个家庭,更属于宗族,所谓"光宗耀祖"实际上是宗族的荣耀。就这个意义来说,少数个人或家庭在科举考试的成功,并由此具有家国天下的情怀,很可能对全宗族有影响。

翟学伟(2009)从科举制上解释"差序格局"和家国天下的关系,实际上提出了一个更深刻的问题,即中国的科举制的瓦解,是差序格局无法外推到家国天下的因素。从清帝国来看,满族入主中原后,很快就恢复了科举制,以笼络汉族知识分子。科举制被废止发生在清末的改革,即当时中国面临三千年来未有之大变局。联想到费孝通先生这代学人的时代背景,他所说的差序格局所具有的向内的通道根本原因在于近代中国的"礼崩乐坏","只有当这些道德礼俗失效时,一个人才会为了自己牺牲家族、君父、朋友"(廉如鉴,2010)。

在笔者看来,更深刻的原因在于近代中国传统共同体的崩溃。传统中国公与私的断裂或许是在近代中国面临西方现代文明的"入侵"而发生的,即共同体的崩溃。当传统中国"国家"不能保卫"子民"的安全时,或者脱离了"民惟邦本"的宗旨,沦为散沙的中国人为了维护个人的生存和安全而凸显出"私"的一面。

中国近代以来的历史表明，只有包括国家在内的共同体的崩溃，才有可能是近代中国自我中心主义或利己主义泛滥的重要原因。正如托克维尔（1992：35）在法国大革命中所观察到的，在这场从政治制度到社会关系的剧烈动荡中，"不惜一切代价发财致富的欲望、对商业的嗜好、对物质利益和享受的追求，便成为最普遍的感情。……它很快便会使整个民族萎靡堕落"。当整个社会成为一盘散沙、个人不能得到共同体的庇护时，沦为原子化的个人必然会采用最原始的方法维持自己的生存，其中也包括费孝通先生所讲的因"饥饿线"引发的共同体的崩溃，社会也就可能变成霍布斯意义上的"自然状态"。"人类的弱点是利己主义，精神的自我贬低随之而来。一直存在的人类弱点被他们的孤立所强化，这种孤立来源于平等人社会中旧社会的那些纽带的解体。"（刘小枫、陈少明，2006：1）

新中国成立后一直在努力建立与政治和日常生活上有关的各类"组织"或生活共同体。单位制、街居制、公社制的建立意味着人民群众都纳入共产党领导下的新型共同体，这种以集体主义为导向的共同体在一定程度上为曾经是一盘散沙的中国人提供了高度组织化的生活方式，但是其中依然存在着传统文化的痕迹，邻里互助、邻里相望是基层社会民众的联系方式，家庭依然是人们生活的基本单位。"运动"虽然是政治斗争的主要形式，但也成为日常生活动员群众的方式。例如，"文革"前在上海一些大城市中，每周星期四大扫除就是在"爱国卫生运动"下形成的一种新的共同体生活。每逢星期四，居民小组长就会招呼在家的居民出来打扫卫生，居委会干部也会不时到居民家里检查卫生。当时的社会风气已经能够做到路不拾遗、夜不闭户。虽然有些学者认为这是在高度控制下产生的，甚至是违反个人意愿的（郭圣莉，2006）。但是，这种高度控制至少在日常生活领域里，必须能够与民众的需求结合在一起，并且采用民众接受的方式才能发挥积极的作用。

遗憾的是在"文化革命"阶段，在砸碎一切旧制度的口号下，"破四旧，树新风"，使已经处于岌岌可危的传统文化被打扫得一干二净，人的自私得到充分的释放，并且影响至今。

改革开放 40 年来，我们实际上依然走在重建共同体的路上，虽然很难判断未来的共同体将会是怎样的，但是以下要素可能是必备的：法治、权利平等，以及在此基础上建立的包括社会公德在内的伦理道德体系等。

（二）公与私

虽然在中国传统文化主张的是"公"对"私"的"剿灭"，但人有私心是天然的，甚至是与生俱来的，就如道金斯（1998）所论述的那样，求生和发展是一切动物与生俱来的，基因具有的"利他性"也是为了整个种群安全和繁衍，因此，人生来是自私的。在某种意义上，人类的自私是社会发展的原动力，甚至人类的一些基本道德，例如保护妇女儿童实际上也是基于人类繁衍的自然法则，只是被人类社会建构为"普世价值"，这也是人与其他动物世界的重要区别。

而且，人的自私在一定社会结构的安排下，会使它朝着有利于共同体的方向发展，涂尔干（2013）所概括的"机械团结"社会和"有机团结"社会，都能说明利己性和利他性的高度统一。在"有机团结"社会里，人们要想养家糊口，过上幸福生活，只有兢兢业业地做好自己的工作，这种以"自私"为出发点的对工作的敬业精神，在为自己和家庭提供基本的生存条件甚至高质量生活的同时，也为他人提供了各种有质量的产品或服务。只有那些通过"不劳而获"手段，其中包括利用权力攫取他人劳动成果才是不正当的，将破坏利己性和利他性的高度统一。

对于费孝通先生早年认为"差序格局"中的"自我主义"会导致极端的自私自利，模糊了公共利益和私人利益观点，正如前文金耀基先生指出的，中国人的道德虽然维系着私人与私人的关系，即"私德"，但向来重视的却是"公"的理想，公的价值，从长时段看中国传统社会，可能看到的更多的是"公"对"私"的"剿灭"。贺雪峰（2006）认为，中国传统社会的公与私不仅具有相对性，而且具有一定的绝对性。同居共财的家，是中国人基本认同的"私"的单位，在"家"以外，通过软硬两套规范的约，逐步构成为另一个超出家庭的基本的私，但这个超出家庭的基本的私，较家庭这个私的范围要广，因此也就相对家庭成为公。

因此，在传统社会乡村，相对于家的私产，也有属于宗族共享的族产。如果要化族产为私产或私用的话，将会受到族规的惩罚。所谓公私不分、化公为私通常发生在维系宗族关系的伦理纲要受到破坏之后。

在笔者看来，正是"差序格局"本来有的伦理道德规范受到破坏，才会出现"差序格局"逻辑"破坏了经济、政治、文化和学术之间本应存在的边界"（李友梅等，2012），也可以说，当传统的伦理道德规范被破坏后，"差序格局"也就徒有其表。"差序格局"内含的儒家伦理与市场之间的关系在很多研究中得到一定程度的验证。在东方社会普遍缺少马克斯·韦伯所说的以新教伦理为基础的资本主义精神的条件下，东亚一部分国家和地区实现现代化，与以儒家思想为主导的东亚文化有着密切的关系。例如，杨朱学说中的"不与"与"不取"实际上也是很多人的价值取向。孟子所说的"有恒产者有恒心，无恒产者无恒心"，在一定意义上与韦伯在《新教伦理与资本主义精神》中的"敬业精神"具有类似的意义。日本社会存在的很多专心于一种产品的"百年老店"，就是因为这种"恒产恒心"才能在市场竞争中坚持下来。中国市场化发展过程中出现的很多问题，就如很多学者所指出的主要是产权问题，对私有财产保护不力，甚至出现大资本和政治权力联盟，即所谓的权贵资本，侵占其他人的利益（吴敬琏，2012）。

因此，中国市场经济的发展，培育和壮大中间阶层，更关键的问题是保护个人利益和个人私产。在这种情况下，虽然"差序格局"存在着自身的局限性，但是就像一个刚刚出生的具有先天不足的婴儿，只有等他成长起来，在成长过程中才能慢慢治愈其先天不足。在笔者看来，如果在以儒家文化为主导的东亚国家和地区里，不少家族企业能够取得成功，那么"苏南模式"和"温州模式"中的家族企业在逻辑上应该也能在全球竞争中脱颖而出，这里的问题实际上是家族企业和企业治理模式之间的关系。在全球范围，无论是西方发达国家还是东亚国家和地区，家族企业比比皆是，家族企业的治理模式也有多种形式，有成功的也有失败的，因此，必须进行具体的"企业诊断"才能正确归因。从实践中看，江浙一带的私人企业在创办过程中，家族起到了积极作用，因此不能轻易否认"差序格局"的积极影响。

同样的，在中国农村通向现代化的过程中，进城"农民的主动性"是否受到"差序格局"的影响，成为一个被质疑的问题（李友梅，2010）。从实践上看，农民进城打工的原始动力就是为了能过上更好的生活，不仅为自己，也为父母，为家庭。那么多的农民工将苦苦赚来的血汗钱在维持生存以后，将结余下来的钱都用来回家乡盖新房，娶媳妇，尽管新房外面光光亮亮，内部装修简陋，无非是为了家族或家庭的"面子"，或者如费孝通先生在《生育制度》所讲的家族的繁衍。在笔者看来，这种农民的"主动性"恰恰是来自"差序格局"中的伦理准则，光宗耀祖的面子和家庭的兴旺发达。更何况，农民外出打工至少一开始依据的是"差序格局"中血缘、姻缘和地缘关系中的人脉。因此，进城"农民的主动性"至少一开始是来自"差序格局"内含的伦理准则，并借助"差序格局"走进城市。

（三）"公共性"的困境及其文化基础

晚年费孝通先生"文化自觉"的思想、对儒家思想的再诠释以及对西方个人主义的批判，都在一定程度上涉及公共性的话题，尤其是"差序格局"与公共性之间的关系。费孝通先生早在20世纪40年代提出"差序格局"时就明确指出，"差序格局"是双向的，既可以向内，也可以向外，关键是能否"克己"，而且在那个时代，费孝通先生已经批评了资本主义文化的"贪得无厌"。晚年费孝通先生回归对儒家思想的主流认识，在对比西方文化后，认为中国人要比西方人更能做到"克己"，从而有可能达到向外延伸的扩展，符合费孝通先生对"差序格局"的诠释。

从社会学对"公共性"的理解上，国内一些学者在贝拉等批判美国社会"普遍存在"的"工具主义个人主义"基础上，对"公共性"做了比较全面的诠释，认为"公共性"是"以个人为基础并以超越极端个人主义即利己主义（selfishness）为旨趣"的，"是特定空间范围内的人们的共同利益和价值"，个体能够在符合理性的法律而批判性地参与公共活动，维护公共利益和价值取向的精神，在程序公开、开放和公平的条件下，通过平等对话达成共识，实现从私人向公众的转化；"公"或者

"公意"在参与中达成才具有公共性。该文研究成果无疑具有很重要的意义。但是，在笔者看来，如果该文能够在此基础上进一步分析建立在"工具主义个人主义"基础上的当下美国社会的"公共性"，是如何克服"极端个人主义"或面临的"困境"，或许对当下中国"公共性"的建设更有启示。

托克维尔（1992：71）在分析法国（城市显贵）资产阶级小团体时指出，个人主义是"为了自己使用而编造出来的"，在他们祖先时代"并不存在不隶属任何团体而敢自行其是的个人"，奉行的是小团体只图私利，事不关己，忘却了"公民的正当的自豪感"。托克维尔把这种情况称为"集体个人主义"（collective individualism），并认为"集体个人主义"将为"真正的个人主义做好了精神准备"。托克维尔的分析与费孝通先生所说的西方社会是"团体格局"相吻合的。但是，以笔者的理解，至少在托克维尔的描述中，在传统法国社会，个人在团体中的地位类似于"差序格局"中的"己"，都是不能自行其是的个人。在托克维尔那里，由集体个人主义转向"真正的个人主义"，即具有公民意识的个人主义，最终建立全社会的"公共性"，需要经历资本主义发展或现代性获得的漫长过程，不可能一蹴而就。这种现代性的获得包括马克思所说的"残酷"的工厂规训、法律规训等，以及"残酷"规训引发的无产阶级的反抗，最终在阶级妥协的条件下达成的"公共性"。

在这个过程中，法律、民主是建立"公共性"的必要条件，基督教精神所倡导的道德伦理对西方"公共性"的建立起到了引导作用。但是，即便如此，托克维尔所希望的"真正的个人主义"在当下美国也是一种建立在"工具主义个人主义"基础上的"公共性"，大行其道的还是晚年费孝通先生所指出的以利己个人主义为中心的文化价值观，邻避运动就是一个很好的例子。显然，在此基础上的"公共性"如何弥合"集体个人主义"引发的群体甚至阶级矛盾，唯一可选的就是在法律的框架下不同利益群体的协商和妥协，由此才能达成"共识"或"公意"，这种"共识"或"公意"是相互妥协的结果，是相对的。其实民主的本质就是协商和妥协，而不是以个人或群体、阶级的意志强加于对方。

同时，即使在西方学者那里，他们也认识到社会"公共性"的建立都和特定的文化联系在一起。贝拉等（2011：34）指出，一个民族的文化必然会对该民族成员共同命运的意义产生影响，美国文化也不例外。成功、自由和公正都可以在圣经宗教、共和主义和现代个人主义三条文化主线找到渊源。贝拉的观点实际上也说明美国"公共性"是建立在特殊的文化基础上的。与西方"公共性"相关的"人生来平等"曾经在基督教文明中是以"在上帝面前"为前提的，对于"异教徒"来说是不可能享受到这种"普惠"的。从西方国家的民主发展历程中可以发现，"人生来平等"是一个渐进的过程，并且这个过程还没有完成。就以美国民主为例，普选权的真正实现也只是在20世纪70年代，自那以后美国黑人才获得了真正的选举权。

以儒家伦理为核心的"差序格局"对中国社会公共性的建构到底有没有意义，如果从终极意义上看，或许建立在"差序格局"基础上的公共性只是其中的一个阶段或者是初级阶段。

张江华（2010）认为，即便在西方，类似于差序格局亲属关系的亲疏及其责任与义务也是社会构成的重要原则。"中国所谓的公共领域，实际上由私人领域扩张与转化而来，或者受到私人领域的支配，这也使得中国社会的公共性供给在相当程度上依赖并取决于处于'差序格局'中心的某个个体或某一批个体的道德性"，虽然张江华教授也指出，"差序格局"昭示的实际是中国社会的"卡里斯玛"性质，因此中国的现代转型是一个遥不可及的梦。笔者基本上同意他的判断，但同时认为中国的公共性至少农村社会公共性的最初阶段是建立在"差序格局"的基础上，或者说"差序格局"的因素将参与农村公共性的建设，但是中国的现代转型是否是遥不可及的，还有待观察。

如果将"公共性"的建设看成一个历史过程，中国公共性建设的初始阶段虽然一开始是建立在张江华教授所说的具有"卡里斯玛"性质的"某个个体或某一批个体的道德性"，但是有无可能经由费孝通先生晚年依然赞赏的"乡规民约"，将"卡里斯玛"的权威转变为一般制度？瞿同祖先生（1981）虽然研究的是古代中国法律，但对建立在差序格局基础上的初始阶段的"公共性"或有启发。他说，礼的社会实践功能，"足以维持儒家所期望的社会秩序""所谓礼治，断不是说仅凭一些抽象的伦理上道德上的原理原则来治世之谓"，也就是说，礼治是建立在一整套法律制度基础上，而不全然是道德说教。"卡里斯玛"在韦伯的视野中是被看作"革命性力量"，李猛（2010）在论述韦伯理性化的内在"悖谬"时认为，"普遍历史最大的悖谬或许还没有到来"，理性化的命运注定是"当一己的个性吞噬了所有的个性后，一同毁灭"，如果价值理性和"卡里斯玛"都是革命性的力量，都能重新塑造个体，使其摆脱"传统"的限制，那么这样的人无疑是"卡里斯玛"式权威。虽然，笔者也很向往理论上设想的中国公共性"宏图"，但或许我们不得不经历一个真正的具有现代性取向的"卡里斯玛"时期。

就如前面指出的任何社会的"公共性"都和一定的历史和文化相联系。被马克思界定为"亚细亚生产方式"的东亚社会，在这块"沃土"上生长起来的"公共性"将会如何？已经进入发达国家的日本和韩国社会的"公共性"或许能给以启示。与欧美社会相比，日、韩社会的"公共性"具有自己的特点。日本学者认为，在东亚文化基础上建构起来的社会公共性，对公共性的理解更强调其实用性，它是作为公共事业等公共权力活动正当性的词汇而被使用的；公共性的主体是由"官""公"加以承载的，不存在与公权力相对抗的市民力量，在公共性的演进过程中，"官"始终扮演了承载者的角色，日本在民族国家建构过程中，奉行的是"立公灭私""损私奉公",战后自发结社仍未成为趋向,未能走向公共性的自主道路,依然由官宪国家代表公共性(参见田毅鹏,2009)。

日本学者在对近代上海的公共性与国家进行考察后认为,地域社会的形成有赖于对于地域共同体意识的认识,但是,私领域与非私领域界限有些暧昧不清,并根据国家与社会的关系的变化,会加以调整,即当国家的力量相对弱时,社会就占领了大部分公领域,反之就会退缩。国家与社会的关系基本上呈现出协调状态。这种现象被日本学者称为国家与社会之间的"机能的同型性"结构,即都致力于地方的安宁和协调。因此,"要求在历史背景与西欧差别很大的中国出现同样性质的事物,原本就是不可能的事"(小浜正子,2003)。魏斐德(1999)也有类似观点,他指出,尽管西方学者在对中国城市的考察过程中发现了哈贝马斯所说的公共领域的类似物,但其重要区别在于西方的公共领域产生于"国家与社会剧烈的两极化发展形式",作为自由人组合的社会是与国家相对立的,这是中国传统思想所没有的。因此,"将哈贝马斯的概念应用于中国之尝试"是"不恰当"的。熊万胜等(2012)的研究表明,即使在中国最开放最发达的大城市上海,"以关系为本位来建构自主性空间依然是市民的基本策略",是一种不同于西方图景的中国式出路,尽管关系本位与传统的伦理本位有很大的不同,但还是相联系的。正如王斯福(2009)所指出的,费教授在20世纪40年代提出的大问题是,农业国家的地方自治怎样才能够成为一个现代国家内部的负责任的地方领导权,并有力阻止中国作为现代的民族主义国家蜕变为一种横暴的从上至下的权力。他所提出的具体但同样重要的政治问题是,对于家庭原始的忠诚怎样才能同时发展成为为了公共利益的社会意识和责任。

相关研究表明,当下中国农村秩序重建过程中,差序格局依然是不可或缺的力量,儒家文化在农村还是有广泛的影响。传统的亲缘关系与现代社会、经济关系的交织、融混是一种现实的存在;利、权、情的动态合作秩序的建立,表明"以差序格局为基础建立起来的公共秩序""已基本实现了工业化之后所作的改变和适应"(杨善华、侯红蕊,1999),因此,"差序格局"在建立公共秩序中依然具有积极的作用。王斯福(2009)指出,"至关重要的是,随着无情的经济关系的重要性在广泛而极大地增长,新的差序格局已经演变成为情感与期望的大堡垒(a large fortress),这其中包括邻里、朋友与家庭之间的信任以及对公共利益的追求;同时,它已经扩展成为做生意和形成政治联盟的方式"。

中国城市"公共性"的建立或许比乡村更复杂一些,既有传统因素的影响,更有市场经济带来的深刻影响。中国社会治理转型的逻辑是强国家逻辑、市场逻辑和平民主义逻辑,市场逻辑或许不能改变强国家逻辑的性质,但有可能改变强国家逻辑的表达方式,也有可能将民粹式的平民主义引导到具有理性倾向的平民主义(张虎祥、仇立平,2016)。因此,中国城市尤其是大城市的"公共性"将呈现多元模

式，而不是单一的。

笔者认为，晚年费孝通先生提出的"各美其美、美美与共"将有可能成为建立世界"公共性"的基础。如果将集体个人主义定义为建立在个人主义基础上的集体共识或利益，由此上升到国家共同体层面上，也就成为"国家个人主义"。费孝通先生的睿智就在于站在全球化的高度，认识到这样的个人主义对文明秩序的危害，即在世界范围内不断发生的纷争，基本上是"国家个人主义"通过对外扩张，导致其他共同体的崩溃，以获得更多资源满足自身的需求。因此，从这个角度来看，费孝通先生晚年提出的建立在"文化自觉"基础上的"各美其美，美人之美，美美与共，天下大同"具有深刻的历史和现实意义。苏国勋教授（2006）曾对费孝通先生提出的文化自觉思想做出了高度评价，即相对于基督教文化和伊斯兰文化，中国文化的长处就在于费孝通先生所诠释的中国文化的"和合思维方式和行为方式"，"信仰上宽容、豁达、包容异己、海纳百川的胸襟"应和了中国传统文化中的"毋意，毋必，毋固，毋我"和"中和变通"的哲学思想，使得中华民族"避免了欧洲发生的十字军东征和伊斯兰圣战式的、惨烈的宗教屠戮"。可以看出，费孝通先生的"文化自觉"及其"美美与共"思想是得到历史和实践验证的，将其简单地看作"浪漫主义情愫"（李友梅，2010）至少是不慎重的。当今世界大国实现的"和平共处""斗而不散"，从而维持了"二战"后世界大体和平的局面，或许也和这样的思维有关。

回到本文研究的核心问题，笔者认为无论是"自我中心主义"还是"个人主义"都不可能避免自私自利，是和一定的文化相联系的。建立在高度理性基础上的"公共性"，从而克服极端个人主义，虽然是人们向往的，但是实践中的西方社会"公共性"更多的是建立在"工具理性"的个人主义基础上，由工具理性个人主义基础上的"公共性"转变为道德理性个人主义基础上的"公共性"，将是一个漫长的历史过程。同样，中国社会"公共性"的建设不可避免地要受到"差序格局"及其中国传统文化的影响，也将是一个漫长的过程。

费孝通先生一生给我们留下了社会学思想的宝贵财富，就如费孝通先生经常说的那样，社会是很精致（脆弱）的。晚年留下的"费孝通之问"应该成为中国社会学研究的重要课题，它包括两大问题。

（1）今天中国的社会结构不是1949年新中国成立时凭空创造出来的，它是过去几千年社会结构演化的继续，是和过去的社会密切相关的，是建立在中国社会自身演化的内在逻辑之上的，是中国文明演进中的一个连续过程的一个阶段（《费孝通全集》第十七卷，2009：449），在马克思主义进入中国后变成了毛泽东思想，后来又发展成了邓小平理论，这背后一定有中国文化的特点在起作用，可是这些文化的特点是什么，怎么在起作用，我们都说不清楚（费孝通，2003）。

（2）全球化是与以"己"为中心来看待人，以"天人对立论"来看待世界有关的，人文学和社会科学面对着一个新的挑战：怎样为确立文化关系的"礼的秩序"做出贡献（《费孝通全集》第十七卷，2009：521）？

参考文献

贝拉等，2011，《心灵的习性：美国人生活中的个人主义和公共责任》，翟宏彪等译，北京：中国社会科学出版社。

陈占江、包智明，2015，《"费孝通问题"与中国现代性》，《中央民族大学学报》（哲学社会科学版）第 1 期。

道金斯，1998，《自私的基因》，长春：吉林人民出版社。

费孝通，1985，《乡土中国》，北京：生活·读书·新知三联书店。

费孝通，1993，《中国社会变迁中的文化结症》，《乡土重建》，台北：风云时代出版公司。

费孝通，2002，《文化论中人与自然关系的再认识》，《群言》第 9 期。

费孝通，2003，《文化自觉与社会发展（笔谈）》，《文史哲》第 3 期。

费孝通，2009，《"美美与共"和人类和平》，载《费孝通全集》第十七卷，呼和浩特：内蒙古人民出版社。

费孝通，2009，《对文化的历史性和社会性的思考》，载《费孝通全集》第十七卷，呼和浩特：内蒙古人民出版社。

费孝通，2009，《关于"文化自觉"的一些自白》，载《费孝通全集》第十七卷，呼和浩特：内蒙古人民出版社。

费孝通，2009，《经济全球化和中国"三级两跳"中对文化的思考》，载《费孝通全集》第十七卷，呼和浩特：内蒙古人民出版社。

费孝通，2009，《试论扩展社会学的传统界限》，载《费孝通全集》第十七卷，呼和浩特：内蒙古人民出版社。

费孝通，2009，《土地里长出来的文化》，载《费孝通全集》第四卷，呼和浩特：内蒙古人民出版社。

费孝通，2009，《推己及人》，载《费孝通全集》第十六卷，呼和浩特：内蒙古人民出版社。

费孝通，2009，《文化论中人与自然关系的再认识》，载《费孝通全集》第十七卷，呼和浩特：内蒙古人民出版社。

郭圣莉，2006，《城市社会重构与新生国家政权建设——建国初期上海国家政权建设分析》，天津：天津人民出版社。

贺麟，1996，《文化与人生》，北京：商务印书馆。

贺雪峰，2006，《公私观念与中国农民的双层认同——试论中国传统社会农民的行动逻辑》，《天津社会科学》第 1 期。

金耀基，1995，《中国人的"公"、"私"观念》，载乔健、费孝通主编《中国人的观念与行为》，天津：天津人民出版社。

柯卫、马作武，2009，《杨朱思想的法学解读》，《法学评论》第 3 期。

李猛，2010，《理性化及其传统：对韦伯的中国观察》，《社会学研究》第 5 期。

李友梅，2010，《文化主体性及其困境》，《社会学研究》第 4 期。

李友梅、肖瑛、黄晓春，2012，《当代中国社会建设的公共性困境及其超越》，《中国社会科学》第 4 期。

廉如鉴，2010，《"差序格局"概念中三个有待澄清的疑问》，《开放时代》第 7 期。

廉如鉴、张岭泉，2009，《"自我主义"抑或"互以对方为重"——"差序格局"和"伦理本位"的一个尖锐分歧》，《开放时代》第 11 期。

刘小枫、陈少明，2006，《回想托克维尔》，北京：华夏出版社。

吕思勉，2005，《先秦学术概论》，昆明：云南人民出版社。

潘乃谷，2000，《潘光旦释"位育"》，《西北民族研究》第 1 期。

瞿同祖，1981，《中国法律与中国社会》，北京：中华书局。

苏国勋，2006，《社会学与文化自觉——学习费孝通"文化自觉"概念的一些体会》，《社会学研究》第 2 期。

孙立平，2004，《转型与断裂：改革以来中国社会结构的变迁》，北京：清华大学出版社。

田毅鹏，2009，《东亚"新发展主义"研究》，北京：中国社会科学出版社。

涂尔干，埃米尔，2013，《社会分工论》，北京：生活·读书·新知三联书店。

托克维尔，阿历克西·德，1992，《旧制度和大革命》，冯棠译，北京：商务印书馆。

王斯福，2009，《社会自我主义与个人主义》，《开放时代》第 3 期。

魏斐德，1999，《市民社会和公共领域问题的论争——西方人对当代中国政治文化的思考》，载邓正来等编《国家与市民社会：一种社会理论的研究路径》，北京：中央编译出版社。

吴敬琏，2012，《当前中国面临的最严重危险是权贵资本主义》，《领导文萃》第 7 期。

小浜正子，2003，《近代上海的公共性与国家》，上海：上海古籍出版社。

熊万胜等，2012，《个体化时代的中国式悖论及其出路》，《开放时代》第 10 期。

杨国枢，2005，《中国人的社会取向：社会互动的观点》，载《中国社会心理学评论》，北京：社会科学文献出版社。

杨善华、侯红蕊，1999，《血缘、姻缘、亲情与利益》，《宁夏社会科学》第 6 期。

翟学伟，2009，《再论"差序格局"的贡献、局限与理论遗产》，《中国社会科学》第 3 期。

张虎祥、仇立平，2016，《中国社会治理的转型及其三大逻辑》，《探索与争鸣》第 10 期。

张江华，2010，《卡里斯玛、公共性与中国社会：有关"差序格局"的再思考》，《社会》第 5 期。

周飞舟，2015，《差序格局和伦理本位——从丧服制度看中国社会结构的基本原则》，《社会》第 1 期。

Kim Chong Chong. 2003. "Egoism in Chinese Ethics", in A. S. Cua（eds.）*Encyclopedia of Chinese Philosophy*, New York：Routledge.

初稿完成于 2016 年 5 月 4 日

修改稿完成于 2018 年 6 月 26 日

差序格局：自我主义抑或关系人

郑　震[*]

　　费孝通在《乡土中国》一书中所提出的差序格局已经成为研究中国社会的重要概念之一，这一概念的逻辑基础就是费氏所谓的自我主义。因此辨明自我主义的理论内涵和现实意义就成为理解、使用乃至发展差序格局概念的重要前提。然而人们不仅很少引用费氏的自我主义观点，而且明确质疑这一观点的文献也很少（廉如鉴，2010）。不过，我们还是可以看到一些批评。例如，翟学伟以"中国社会的最小单位不是个人，而是扩大的家庭"来反驳自我主义的理论（翟学伟，2009）；与之相似的是，周飞舟认为："差序格局的核心并非'己身'，而是一个不可分割的、一体的核心家庭。"（周飞舟，2015）其实质是力求以梁漱溟的伦理本位来取代自我主义这一逻辑基础，从而将差序格局和伦理本位融为一体；廉如鉴则系统梳理了学者们的反自我主义的理论思路，究其根本不外乎聚焦于家族、责任和伦理等因素在前现代中国社会中的重要地位（廉如鉴，2010），而他本人则进一步指出，中国传统文化没有充分重视个人的权利、利益和欲望，所强调的则是个人对于诸如君亲师这样的他人的义务（廉如鉴，2010）；而潘建雷则着重指出费孝通所批判的儒家推己及人思想中的"我"不是个体本位的，而是社会人，也就是说儒家所要推出去的是一个社会性的个体，而不是一个自私的自我（潘建雷，2010）。这些观点可以说从前现代中国社会中的现实状况和主流价值观的道德要求两个层面反驳了费孝通有关差序格局的自我主义论断，不能不说已经对自我主义的偏见给出了有力的回击。

　　然而，人们对于费氏自我主义概念的批判尚没有能够厘清问题的根本症结所在，对于诸如道德理想（儒家伦理）和现实状态之间的关系也还阐发得含混不清，而自我主义和西方个人主义的关系问题也还是缺乏理论上的明确判断，人们甚至也还不同程度地被西方二元论的思路困扰。至于将梁漱溟的伦理本位带入差序格局的尝试，尽管在克服自我主义方面不失为一个有力的举措，但是伦理本位的社会理论意义依

---

　　* 郑震，南京大学社会学院教授。

然有待挖掘①，这当然就不再仅仅局限于伦理这个具体的文化现象了。正是基于这一状况，本文将试图阐明费孝通差序格局理论的内在逻辑和基本视角，并通过辨析和批判费孝通对儒家思想的解读来澄清儒家思想对社会世界的基本判断，以期为理解传统和现代中国社会提供一些切近的思考。

一 费孝通的挑战

费孝通认为，在与现代社会不同的乡土社会中，中国人的社会关系主要是差序格局的，也就是以个体自身为中心向外一层层地推出去，就如同一块石头丢在水面上所制造出的一圈圈波纹，由内向外扩展开去，凡是"被圈子的波纹所推及的，就发生联系"（费孝通，2005：32），而这些圈子网络的中心总免不了有一个"己"，这种以"己"为中心的结构模式显然不同于那种界限分明的团体成员之间的关系。费氏称后者为团体格局，并认为这是西方人之间的主要关系形态，它强调每一个成员都要遵循事先规定的权利和义务，从而以成员的同等身份联系在一起，即便有所谓的等级之分，也是事先规定好了的（费孝通，2005：31）。正是基于这样的观点，费氏指出："以'己'为中心，像石子一般投入水中，和别人所联系成的社会关系，不像团体中的分子一般大家立在一个平面上的，而是像水的波纹一般，一圈圈推出去，愈推愈远，也愈推愈薄。在这里我们遇到了中国社会结构的基本特性了。"（费孝通，2005：34）

不过这里作为中心的"己"并没有被视为西方个人主义意义上的个人，而是一种自我主义的表现（费孝通，2005：36）。因为费氏认为，西方式的个人主义的个人是针对团体格局的团体而言的，个人主义的个人应当符合两种观念，即团体中地位平等的观念（如国家公民在法律面前人人平等）和宪法的观念（它强调宪法所赋予个体的权利和义务，而团体对个人的控制也只能在这个层面发生）。相较之下，乡土社会中似乎并没有这一套，所以乡土社会中的个体也就不是西方个人主义意义上的个体了。然而，如果区别仅仅在这里（这正是费氏的立论所在），那么讨论还

---

① 梁漱溟认为："中国之伦理只看见此一人与彼一人之相互关系，而忽视社会与个人相互间的关系。——这是由于他缺乏集团生活，势不可免之缺点。但他所发挥互以对方为重之理，却是一大贡献。这就是，不把重点固定放在任何一方，而从乎其关系，彼此相交换；其重点实在放在关系上了。伦理本位者，关系本位也。"（梁漱溟，1987：93）与费氏一样，梁氏也强调中国人缺乏西方式的团体生活以及与之相关的公共观念（梁漱溟，1987：68），但是梁氏的伦理本位实与费氏的自我主义在某些方面大异其趣，其关键就在于梁氏把重点完全放了关系上，而费氏却要从自我出发去解释关系。廉如鉴等认为梁氏与费氏的分歧在于中国人是否是自利取向的（廉如鉴、张岭泉，2009），这一观点依然还停留在事实判断的层面，尚缺乏理论的抽象与深度。

只是在西方政治哲学的层面展开，也可以说还只是在政治观念形态的层面展开，即乡土社会中的中国人并没有在西方的意义上在观念上赋予个体这样抽象的社会身份和地位，所以乡土社会的个人不是个人主义的个人。但是这就忽视了个人主义的另一个面相，也许是更加基础性的面相，即本体论和方法论上的个人主义，它将个体视为社会逻辑的出发点，从而用一种还原论的姿态来消解或解释社会关系的复杂性。这是费氏的自我主义概念没有解决的问题，事实上他丝毫也没有撇清与这一问题的干系。从一个自私的我出发向外层层推演，从而形成社会关系的结构，这样的社会逻辑不是个人主义的又能是什么呢？我们可以说，如果真的存在费氏所描绘的这样一个乡土社会，那么它只是没有将个人主义发展成一种政治理念，但这并不妨碍个人主义的逻辑在行动者的实践中大行其道。然而，乡土社会真是这样一种社会吗？

要厘清这个问题，就不能不探讨费氏对儒家思想的解释。之所以从儒家思想谈起，不只是因为费氏在他的著作中大量涉及了孔子的思想，更重要的是，我们并不认为孔子的思想仅仅是一种高于现实的道德要求，它同时还包含对现实的实然洞察，这恰恰是许多学者所忽视的问题，而费氏对这一问题的判断则充满误解。人们往往简单地将儒家的伦理思想视为关于中国传统社会的应然判断，而将其与实际的社会状况区分开来，最多也只是谈论这两者之间在多大程度上能够彼此符合（例如儒家伦理对中国人的教化在多大程度上是有效的）。这完全低估了孔子思想的理论意义，将其视为一种道德判断，不能不说是失之肤浅了。虽然人们总是强调儒家思想与现实之间并不完全吻合，但是人们却忽视了儒家思想在某个方面所展现出的对现实的敏锐洞察力，这就是人在根本上是什么的问题。也正是因此，我们从费氏对儒家思想的阐发来讨论我们的议题，就不单纯是有关乡土社会主流价值观的辨析，而是已经切入乡土社会中实际的自我存在的问题，在这个方面孔子向我们显示了其作为一位优秀社会学家的潜能。

费氏认为，儒家的开山人物孔子的思想与他所谓的自我主义的差序格局是完全一致的，所以"孔子最注重的就是水纹波浪向外扩张的推字。他先承认一个己，推己及人的己，对于这己，得加以克服于礼，克己就是修身。顺着这同心圆的伦常，就可向外推了"（费孝通，2005：35－36）。这样，影响了中国社会两千年的孔子的思想就成了差序格局概念的重要支撑之一，在儒家思想教化下的中国人不仅从实然的角度而且从应然的角度也理所当然地要奉行差序格局的原则了。于是自我中心主义就成了传统中国社会关系格局的理所当然的逻辑出发点，自私的中国人至此怎么也走不出狭隘的私人偏见。如果不是那么自私的话，孔子为什么还要主张克己复礼呢？可见中国人的私似乎是铁定了的事实了。以至于费孝通还要将孔子和拔一毛而利天下不为的杨朱相提并论，所不同的只是孔子还晓得从私己推向他人，而杨朱就只能是咬着自己不放的死心眼了（费孝通，2005：36）。

然而问题也就随之而来，孔子所谓的"己"真的就是一个局限于一己之私的自我吗？克己复礼的观点真的就可以推论出自我主义吗？总之费氏的确是将"克己"和他所理解的西方式的"克群"相对立，在差序格局中是没有后者的（费孝通，2005：39－40）。这就使得中国人无法摆脱私人关系的局限，进入西方式的群体之公中。这里应当分两个层次来看这一问题，首先，孔子乃至儒家思想有没有一个与私相对立的公的概念，孔子所主张的推出去的"己"究竟是私还是公？其次，如果孔子也谈公，那么这个公是不是西方意义上的公？

二　差序格局中的"己"：公与私

要弄清以上问题，就需要从孔子思想最基础的方面入手，这自然要谈到"仁"的问题。事实上，"仁"并不是孔子思想最基础的概念，正如孔子的弟子有子所言："其为人也孝弟，而好犯上者，鲜矣；不好犯上，而好作乱者，未之有也。君子务本，本立而道生。孝弟也者，其为仁之本与！"（《论语·学而》）对父母的"孝"和对兄长的"悌"构成了"仁"的基础，而孝悌的基础又是什么呢？孔子认为孝悌的情感其实来自人性的自然抒发，它们以"直"的方式表现出来，因此就是最基础的自然本性，当然也就不可能还有什么别的人性论基础。[1] 这也就是为什么冯友兰要将孔子所说的"仁"解释为"真性情"（冯友兰，2000：58），毕竟"仁"的基础就是人的真情实感，对孔子而言没有这样的人之常情是不可能有"仁"的。所以孔子才说："巧言令色，鲜矣仁！"（《论语·学而》）虚伪和仁德是不可能彼此相容的，尽管一味的直率也会因为人性中粗鄙的一面而带来糟糕的后果。子曰："好直不好学，其蔽也绞。"（《论语·阳货》）所以孔子主张"克己复礼为仁"（《论语·颜渊》），甚至像孝悌这样的自然本性也要以礼来规范，"孟懿子问孝，子曰：'无违'。樊迟御，子告之曰：'孟孙问孝于我，我对曰，无违。'樊迟曰：'何谓也？'子曰：'生，事之以礼；死，葬之以礼，祭之以礼。'"（《论语·为政》）

所以我们的讨论就应当从孝悌开始，在这样一种人性的直率表现中体会孔子对人的理解。[2] 孝与悌作为直接流露出来的自然本性，显然不是一种个人主义式的自我

---

[1] 宋人有主张将孝悌视为"行仁之本"而非"仁之本"（参阅朱熹，2006：59），从而将仁视为孝悌的本质，而孝悌不过是"仁"的根本或出发点。这种观点显然是受到孟子有关人性之四端思想的影响，但恐怕与有子"本立而道生"的原意不符（参阅杨伯峻，1980：3）。但即便有这样在言语上的穿凿，宋代理学家也还是不否认孝悌与人性之间的本质关联，正如程颐所言："性命孝悌，只是一统底事，就孝悌中便可尽性至命。"（朱熹、吕祖谦编，2008：262）

[2] "仁"与"人"本来是没有区别的，也许正是孔子的阐发将两者区别开来，但是我以为将它们放在一起理解才可以真正领会孔子的苦心。

确认，家庭对于农耕文明的基础性和重要性在此获得了最充分的体现。你可以说这是孔子对于时代脉搏的精准洞见，也可以说是孔子对其所代表的利益和存在的再生产，总之孔子并没有错误地从个人出发来建构他的思想世界，因为在那个时代那个个人主义意义上的个人幻觉还没有存在的条件。对父母的孝和对兄长的悌显然都是关系性的，也就是说，在人性中固有地包含着关系性的先天逻辑。他人总在"我"的人性中，他人与"我"的关系构成了"我"最核心的存在，"我"不可能独立于这些他人而成为一个"我"，所以"我"的意义也不可能先于这些他人而产生，"我"的意义就是"我"和他人之间的无法排除的先天联系，它们决定了"我"在一种没有扭曲的状态下会自发地指向他人的存在，这些他人就是自己家庭之中的亲人。孔子以一种先天本性的人性论思想确定了关系主义的基础地位，这成为其社会逻辑的出发点，也成为其理解和解释世界的基本原则之一。但是孔子对人性的理解显然并不仅仅局限于这些善的或积极的方面，人性中成问题的因素正是规范和约束的必要性所在，它们并不是和积极的因素割裂开来的对立面，而是与之共属一体，所以孔子说："好仁不好学，其蔽也愚；好知不好学，其蔽也荡；好信不好学，其蔽也贼；好直不好学，其蔽也绞；好勇不好学，其蔽也乱；好刚不好学，其蔽也狂。"（《论语·阳货》）这段话恰恰印证了孔子有关过犹不及的思想是与其人性论思想直接对应的，人性中所有闪光的方面也必须恰如其分，不合乎于中和之道就将转向其对立面。不过这里似乎存在一个问题，如果仁是孔子思想的基本概念之一，而孝悌又是仁的基础，那么仁的基础似乎过于狭隘，而无法承担起超出家庭之外的社会责任。毕竟对父母和兄弟的爱即便并非一种自私的本性，也还是无法解释人们为什么要去爱家庭以外的人，这个难题似乎直接影响了儒家思想的逻辑合理性。对此孔子创造性地提出了推己及人的思想。在《论语》的"里仁篇"中记载了这样一则小故事："子曰：'参乎！吾道一以贯之。'曾子曰：'唯。'子出，门人问曰：'何谓也？'曾子曰：'夫子之道，忠恕而已矣。'"（《论语·里仁》）这里的忠和恕都是对推己及人思想的解释，可见推己及人在孔子思想中的重要地位，只有做到忠恕之道才可以说是做到了仁。其推演的逻辑正是基于亲爱自己的父母和兄弟，并意识到别人也是父母或兄弟，所以在同情心的指引下将对自己亲人的爱推广至对家庭以外的他人的爱[①]，不如此便无法使孔子的思想成为一种真正意义上的社会思想。这也就是为什么孔子一方面要反对私欲和私利，它们使

---

① 冯友兰说："仁以同情心为本，故爱人为仁也。"（冯友兰，2000：60）有关同情心和仁的关系，孟子给出了清楚的表述，这便是所谓的"恻隐之心"与仁的关系。孟子说："恻隐之心，仁之端也。"（《孟子·告子章句上》）

人局限于一种自私自利的狭隘状态，从而无法将本性中的善良自由发挥成一种博爱的精神；另一方面与之密切相关的是，孔子要援引礼的约束，通过一套行为的规范来迫使个体行推己及人之爱。

所以孔子的仁爱思想就获得了自由与规范这两个方面的内涵（参阅冯友兰，2000：59、60），一方面，仁爱是一种自发的追求，它象征着人性是对与他人之积极关系的自由的展现，这也就是所谓的"为仁由己，而由人乎哉？"（《论语·颜渊》），"仁远乎哉？我欲仁，斯仁至矣"（《论语·述而》）之类的话语所意味的；另一方面，鉴于人性中依然存在着消极的方面，这就导致人性的自发展现往往失之过度或不及，并且很容易陷入物欲的诱惑之中，从而误入歧途。所以仁本身又要求一种外部的约束①，这当然不是法律式的外在强制，而是与自发的追求相调适的礼的规范，所以子曰："克己复礼为仁。一日克己复礼，天下归仁焉。为仁由己，而由人乎哉？"（《论语·颜渊》）这样对仁爱的自发追求就与礼的约束巧妙地结合在一起，它相信人的本性中有其向善的欲望，正是这种欲望促使个体寻求一种规范性的表达，以避免本性的狭隘所导致的过犹不及的状态。我们姑且将孔子人性论思想中的理想主义成分放在一边，这种对人性的先验预设和高调期望也正是儒家思想在法家思想的批评面前显得过于理想化的地方。让我们回到关系主义这个议题，仁爱的关系主义实质是由共属一体的自由与规范来加以揭示的，它既是自发的关系性追求，也是对社会关系的规范性调节，而这一调节的实现又期待着个体的自发努力。没有这种自发的追求规范化的约束也就转化成一种单纯的外部强制，从而违背孔子以仁爱来为西周礼乐制度奠定基础的意图。所以子曰："人而不仁，如礼何？人而不仁，如乐何？"（《论语·八佾》）仁义和礼乐是不可分割的，它们并不是内在自发和外在强制之间的关系，而是超越内与外二元对立的共属一体的状态，仁的思想从来就不是二元论的，它只有在礼乐秩序中才能获得一种具体的展现。因此仁和礼并不彼此外在，也不是彼此联系的两个孤立的项，而是同一过程的不同形态，礼不过是具体化的仁，仁的自由与规范在礼中具体呈现出来。否则空谈仁义却让人无所适从，空谈礼仪只会堕入虚伪的形式之中。尽管礼的规范性特征使之成为一套社会化的规矩乃至条文，但这些规矩却只有在仁爱的主导下才可能具有意义，它们在根本上就是合乎于人的本性之善的具体设计，是人的本性所流露出的规范化需求所推动的社会化建构。因此对于孔子而言，礼乐制度所描绘的规范化的社会秩序不过是对人之存在状态的一种本己的关怀和展

---

① 这不是一种没有任何内在基础的外在性，而是基于内在可能性的外在的具体化建构。事实上，孝悌本身所隐含的等级和规范的意味就已经暗示礼的人性论基础。

现，这种规范性的要求正是体现了人们不得不生活在一起或者说彼此联系或依赖的本体论事实，以至于如果人性中没有对此种规范性的召唤，就无法理解人们如何能够聚族而居、相互合作或彼此依赖，并建构起那样宏大的礼乐制度。①

至此我们不难看出，对于孔子有没有一个公的概念，以及孔子所主张的推出去的"己"究竟是私还是公的问题，其实本没有什么可争论的，孔子思想最为反对的莫过于私，或者更具体地说与孔子所理解的公义相对立的私人的利益。孔子所谓的克己不是因为"己"全然是私的，而是要把自我中私的一面给克服掉，从而使得自我中公的一面得以充分展现出来。沿着这样的逻辑，孔子自然不会主张把一个私己推向他人，推己及人的"己"其实是具有最基本的无私本性的己。虽然较之更加广泛意义上的公，人性之公的确也难免一些私的意味，这就是有子所谓的"孝弟也者，其为仁之本与！"（《论语·学而》）中的孝悌，它们的确还是局限于自己的家庭，但家庭之超出个人的意义已经表明这里存在着最基本的公义，正如程颐所言："父子之爱本是公"（朱熹、吕祖谦，2008：263），这一点被费孝通完全忽视了。②

三 乡土社会中的"己"与"群"

关于儒家思想如何处理群己关系的问题，其实上一节有关公与私的讨论已经为我们展露端倪。不过我们并不急于给出结论，而是尝试围绕孔子的另一个重要概念来加以深入辨析。这个概念就是"让"。孔子主张将礼的实践理解为"让"，这实在是对礼乐制度的仁义本质的绝佳诠释。子曰："能以礼让为国乎？何有？不能以礼让为国，如礼何？"（《论语·里仁》）在孔子看来，以礼让为国是对待礼仪的关键所在，礼仪作为一种政治制度，必须体现为以礼让来治理国家，而礼治的表现就是合

---

① 荀子发展了孔子思想中有关人性消极方面的观点，从而否定了人性中有善的可能性。这使得荀子不可能像孔子那样从人性出发来推演出仁爱乃至礼乐，不可能以基于人性的仁爱为礼乐制度的产生奠定基础，所以荀子只能从后天的社会现实中寻找礼乐制度产生的机制，这为我们带来了一种功利主义的解释："礼起于何也？曰：人生而有欲，欲而不得，则不能无求，求而无度量分界，则不能不争，争则乱，乱则穷。先王恶其乱也，故制礼义以分之。以养人之欲，给人之求，使欲必不穷乎物，物必不屈于欲，两者相持而长，是礼之所起也。"（《荀子·礼论》）这固然部分地背离了孔子的初衷，但多了几分现实主义的想象，如果不考虑荀子的性恶论所具有的先验人性论色彩，荀子的礼论的确为一种社会历史性的关系主义立场开启了方向，这正是社会学的方向。

② 人性论固然是孔子思想的时代局限所在，将父子和兄弟之间的社会关系形态赋予先天人性的意味，的确不能与现代社会学共鸣，但是这个被冯友兰称为"真性情"的所谓人之常情则已经从儒家的视角谈论人之所以为人的根本所在。

乎于仁德的让。之所以要合乎仁德，就在于没有仁爱之心恐怕只会被自私的欲望左右，置他人的利益于不顾者是很难会有所让的，所以仁爱是让的基础和保证。另外，无节制地让无异于软弱和没有原则，其结果只能是对正当性的损害，从而成全贪得无厌的私欲，这是无法将国家治理好的，所以仁德又是让的标准和限度。因此孔子也说："当仁，不让于师。"（《论语·卫灵公》）这个合乎于仁德的"让"不能不说是把对他人存在的考虑置于礼乐制度的核心，这套制度的形成正是基于人与人之间无法回避的关系性，而适度的"让"正使得调节社会关系和化解社会矛盾不再只是一种空洞的口号。行礼其实就是一种妥协，是每一个人为了他人而做出的让步，是一种仁爱的表现，如果能够真正地贯彻这样的原则，那么对利益的争夺也就不那么迫切，围绕利益所可能引发的争执也就有可能被化解于未萌。① 不过在儒家思想的眼中，这当然是依据社会等级所实践的让，是每一个人根据自己的社会地位所执行的一套以他人为定向的规矩。这种等级化的思想无疑契合现实的分化，也使得儒家所倡导的礼乐制度具有较强的可行性，从而避免了墨家无等差的兼爱思想的过于理想主义和脱离现实的毛病。② 正如荀子所言："欲恶同物，欲多而物寡，寡则必争矣。故百技所成，所以养一人也。而能不能兼技，人不能兼官，离居不相待则穷，群而无分则争。穷者患也，争者祸也。救患除祸，则莫若明分使群矣。"（《荀子·

---

① 鉴于当时的社会状况，有关私欲和私利的问题似乎不可避免地成为儒、墨、道、法等先秦重要思想的核心议题，尽管各家的态度往往大相径庭，但总免不了要为之殚精竭虑。孔孟耻于言利，以至于和私利相对立的公利也没有被作为立论的显性依据，只是作为隐含的诉求而存在于字里行间。正如朱熹所言："循天理，则不求利而自无不利；徇人欲，则求利未得而害之已随之。"（朱熹，2006：264）冯友兰则指出："孔子乃无所为而为，墨子则有所为而为。"（冯友兰，2000：71）然而儒墨两家在这一问题上的分歧真有那么大吗？主观上的"无所为"不代表实际后果上的无所为，过分拘泥于当事人的主观认知有可能永远也无法走出儒墨之间在这一问题上的无谓争论。正因为孔孟对功利主义的逻辑采取彻底抵制的态度，把功利主义基本等同于利己主义来加以批判，以至于一旦谈及利益似乎就可能误入歧途，这种谈利色变的做法的确是对当时社会的一种极端反抗的结果，但未免也有矫枉过正之嫌。正因为孔孟在对待利的问题上采取过于激进的态度，才导致儒家与墨家之间深深的误解，毕竟墨子的功利主义其实不过是一种利他主义的功利主义（墨者所代表的底层民众的立场使之不可能不具有一种更加务实的心态，这也就是为什么他们不齿于言利的关键），墨家对利己主义也同样是持批判态度的。事实上，墨家和儒家在对待私利的批判立场方面显然是高度一致的，这也使得它们之间的分歧远比当事人（如孟子）所想象的要小得多。不过孔孟对功利主义逻辑的彻底拒斥也的确为我们带来一种带有理想主义色彩的思路，那就是不以事情的利益得失作为行动的主观依据（这种依据显然是墨家所看重的），其最具代表性的表述就是守门人所说的"知其不可为而为之"（《论语·宪问》）。这种不考虑利益得失、不以后果为重的高度理想主义的道德主义立场在一个物欲横流的时代不能不说是一种深刻的拒斥和照亮人心的光芒。

② 这种脱离现实和此前我们所谈论的功利主义的务实之间并不矛盾，正是底层劳动者所经受的社会压迫与剥夺促发墨翟对普遍的公利和无等差的爱的寻求，超越等级的压迫和剥削正是底层人民的利益所在。只是与孔孟思想的彻底反功利主义相比，墨家的功利主义是务实的，而与儒家思想的等级主义相比，墨家要求超越一切等级划分的平等主义主张则就显得曲高和寡、过于高远了。

富国》）围绕等级名分所形成的礼仪制度可以有效地避免由于欲多物寡所引发的争斗，使人们在组成群体的同时可以各取所需而不会陷入无法合作的境地。合群对于人的生存而言无疑是必要的，在群体中每个人根据自己的品德和智能来划分等级名分，从而实现一种各尽所能的分工，这就意味着最大的公平（《荀子·荣辱》）。在这一点上，荀子的确充分领会并发展了孔子以礼让为国的思想，意识到孔子所谓的"让"其实是要求每一个人都不要跃出自己的位置，要求每一个人都要尊重他人的合理存在（其合理性来自品德和智能），在与他人的关系中筹划自己的行动，从而在真正意义上实践一种为他的存在。这同时也就意味着为我的存在，在为他的存在和为我的存在之间不应当树立无法逾越的藩篱，否则就将陷入自我反对的混乱之中（既然人与人之间在根本上不可避免地联系在一起，那么侵犯他人合理的存在就无异于在损害自身的合理存在）。为我的存在总是一种为他的存在，就如同他人的存在总是为我的存在一样，而在实践中避免个体在某种意义上损害这一基本状态的关键就是以仁爱为本质的"让"，这就是儒家思想的理论与实践的统一。①

所以在孔子的精神世界中，一切都是围绕人与人之间的关系来展开的，关系被视为社会现实的基本状态，也是理论思考的基本逻辑，这就是思想和现实之间的彼此契合。其实，孔子推崇西周礼乐制度本身就是一种对现实的理解，他坚信这套制度契合社会生活的现实，完全适合于人们彼此依赖的共同体状态，在一个礼崩乐坏的时代依然有其现实的意义。人们固然可以像墨子和韩非那样批评儒家思想的保守和固执，这样的批评的确也一定程度地击中了要害，但是儒家思想虽然没有也不可能主导春秋战国的政治，但这并不意味着孔子所创立的儒学不过是韩非口中的软弱无用的过时把戏。相反，过分依赖法家思想的秦朝最终在暴政中毁灭，这也给中国古代的统治者一个活生生的教训，那就是单凭严刑峻法和冷酷无情固然可以获得一时的效能，但却无法长久地保持人心。儒家从人心入手所倡导的礼乐教化不能不说是契合社会现实的内在需求（更确切地说是一种关系性需求，毕竟"社会的需求"

---

① 在孔子的眼中，现实中的统治者的行动恰恰背离这一基本的事实，他们对私利无止境的追求使为他成为一种戕害，从而损害了人们彼此相互依赖的现实基础，这无异于一种自我反对。我们当然无意于否认围绕个人或集体的私利所展开的斗争和冲突也同样是一种关系状态，因此它们同样可以用来证明关系的基础意义。但这样的关系状态显然不利于共同的生存，因为它们的后果是对他人合理存在的侵犯和损害，这直接破坏了合作与依赖的可能性，迫使人与人之间陷入互相对立的关系状态之中。这的确是一种关系，但它在性质上不同于孔子作为其自身理论出发点的关系（孝悌），孔子的所有思想都是为了排除这种消极关系的影响，并将它作为出发点的积极的关系发展成一种共生的理念。

容易被误解成一种社会的实在论)①，一个人与人之间原本就无法彼此独立的共同体是不能仅仅依靠法律的外部强制来维持其秩序的，更不可能依靠严刑峻法来维持持久的运转。既然人们不可能不生活在一起，那么社会关系的协调运转就成为一种几乎所有人在没有任何统一协调的情况下参与建构的强大的支配性诉求，这在根本上是因为它无疑有利于绝大多数人的利益，甚至是有利于所有人的共同利益，是不得不生活在一起的基本前提之一。孔子所提出的以推己及人的博爱精神为指导的仁爱思想显然更加有助于以一种貌似自发的方式来调节社会关系并缓和社会矛盾，它专注于征服人心而不是外部的威慑，从而可以最大限度地合法化社会的关系秩序，这也许就是孟子所谓的："以力服人者，非心服也，力不赡也；以德服人者，中心悦而诚服也，如七十子之服孔子也。"（《孟子·公孙丑章句上》）这也许就是为什么儒家思想自汉武帝之后日益受到统治者的推崇，甚至成为统治者加以歪曲利用的统治利器（这显然已经背离孔孟的理想）。孔子对于社会现实的关系主义理解及其从关系的角度对建构合理社会秩序的思考的确触及了社会的肌理与时代的脉搏，这使得他的思想在片面中不乏现实意义，直至今天依然富有启发。

至此已经不难回答儒家所谓的克己和费孝通所谓的克群是不是水火不容这个问题了，答案无疑是否定的。因为孔子所谓的克己复礼的礼就已经透露出群的意味，"让"意味着克己已经超出个体的狭隘范畴，个人总是与他人彼此联系的群体中的个人，与此同时，"让"从来就不是个人的妥协，而是彼此相让的群体文化，"让"的等级性不过是这一群体性的另一种说法，只有当人们遵循自身的社会地位共同有所克己，礼的意义才真正得以实现。礼是适用于社会群体的社会行为规范，克己复礼是要求个体的行为要合乎于群体的期望和社会秩序的要求，从而达至一种和谐的社会关系。这里"己"与"群"从来就不是二元对立的关系，事实上孔子所谈论的仁的概念本身就已经蕴含社会规范性的面相，作为仁之基础的孝悌不能不说已经透

---

① 更不要说作为西周礼乐制度之基础的农耕文明及其宗法制度并没有随着春秋战国的分裂和战乱而消亡，以家庭为核心的宗法制度虽然在分封制度的瓦解中受到了冲击（西周的分封制度无疑是基于伦理和政治相结合的家族宗法制度而建立起来的，分封制度的瓦解和中央集权的建立使得家族制度的政治色彩在很大程度上淡化了，只有最高统治者的家族依然保持着宗法的完整特征。秦以后的某些朝代依然保留部分分封制度，但那显然不是主导的政治制度，其对宗法制度的影响并不是决定性的），但这远远不是毁灭性的（家族关系作为基本社会单位的地位依然没有改变，家族内部的伦理和等级关系依然是社会关系中的基本环节，家天下的基本格局依然延续，这些都使得一种变样的宗法制度依然有其存在的意义）。这也就是为什么礼乐文化并没有随着秦汉大一统帝国的建立而退出历史舞台，与之密切相关的儒家思想也日益受到统治者的重视。事实上，西汉的开国皇帝刘邦登基不久就忙着制定礼法的事情便充分说明了这一点，礼乐制度的社会控制意义由此可见一斑。《资治通鉴》中记载："帝悉去秦苛仪，法为简易。群臣饮酒争功，醉，或妄呼，拔剑击柱，帝益厌之。叔孙通说上曰：'夫儒者难与进取，可与守成。臣愿征鲁诸生，与臣弟子共起朝仪。'帝曰：'得无难乎？'叔孙通曰：'五帝异乐，三王不同礼；礼者，因时世、人情为之节文者也。臣愿颇采古礼，与秦仪杂就之。'上曰：'可试为之，令易知，度吾所能行者为之！'"（《资治通鉴·汉记三》）

露出最为基本的社会约束意味，这就使得礼并不是一种单纯的外部约束，它和仁的思想是共属一体的，在人性中就已经包含着对与他人之积极关系的欲求①，礼不过是将这一欲求的对象彻底放大成一种社会大群体的规范（在孔子的时代这当然是直接指向贵族统治阶级的），以防备人性中还存在的消极方面（过犹不及），并确保个体能够跃出家庭之公（换个角度也可说家庭之私）去推己及人。正是在此种共属一体的关系中，儒家的克群正是通过克己来实现的，群己的二元论并不存在于孔子的思想之中。无论说孔子所谈论的个人是一个社会性的人还是自我中心的个体，其实都还是没有摆脱西方二元论视角的判断（个体与社会的二元对立），孔子笔下的人是关系人②，只不过孔子将家庭关系视为是人的最为基本的关系属性，并以此为前提来探究更为广泛的社会关系③。所以说孔子思想的道德要求全然是私人性的，这只能是一种误读。费孝通所引用的"君子求诸己，小人求诸人"则完全无法推论出自私的意味，孔子要求君子首先要严于律己，而不是事事总去要求别人，这和费氏的差序格局中的那个"己"实在不是一回事。

既然孔子和儒家谈的还是公义的调子，那么这是不是一种西方意义上的公呢？问题也许就出在这里，费氏从他所谓的团体格局中的"公"出发，自然无法认同在与西方社会结构截然不同的中国传统社会中也还有它自己的公，这个"公"自然是和宗法制度与家天下的思路密不可分的，作为农耕民族的中国人自然不可能绕过家庭或家族来谈论所谓的公与私，就像被基督教征服的西方人不可能在家庭的意义上谈论公一样。费氏正是站在西方的立场上来点评孔子的思想和他所谓的乡土社会，由于这个以家庭关系为基本单位的乡土社会不可能脱离家庭来做文章，所以它也就

---

① 之所以用"欲求"来描述，就在于孔子强调个体对此种规范性的自发追求。

② 也就是说，关系所意味的是人的存在状态，是人的存在本身，是人之所以为人的最基本的条件。因此我们也可以将"关系人"这一概念更加完整地表述为"以关系为存在的人"或"存在于关系中的人"，这里的"存在"都是本体意义上的（这丝毫也不意味着什么永恒的绝对，"本体"只是意指某种社会历史性的基本状态或基本形式）。所以我们将"关系人"这一概念翻译为"human being in relationship"。

③ 值得注意的是，在孔孟所谈论的爱有等差中，亲人和贤者并没有显示出先后之分，例如孟子说："仁者无不爱也，急亲贤之为务。……尧舜之仁不遍爱人，急亲贤也。"（《孟子·尽心上》）这个问题似乎完全没有被费孝通及其批评者们注意，以至于将儒家思想完全简单化了。尽管这并不意味着家庭关系对于孔孟而言不是一种具有基础地位的关系属性，但是它的确表明孔孟意识到单纯的家关系似乎不足以支撑一种外推的动力，这就需要具有道德感召力的贤人来充当一种制衡的力量。就此而言，那种单纯以家庭关系为前提的推论模式只能是一种侧重于现实状况的考量。与此同时，另一个重要的问题是，儒家所谓的爱有等差是包含着社会等级的意味的，正如孔子所言："道千乘之国，敬事而信，节用而爱人，使民以时。"（《论语·学而》）这显然是要求最高统治者区别对待士大夫阶层（人）与普通百姓（民）。这种社会等级的思路显然是费孝通的差序格局概念所未能充分考察的，这大概也是差序格局概念在理论上需要解决的一个重要问题，毕竟差序格局中的人们总是生活在一个等级社会之中的，差序格局的关系结构与社会等级关系结构之间不可能是彼此独立的。如何在一个整体中来探究这两个分析层面之间的内在联系，无疑是发展差序格局理论的一项重要任务。乡土社会中的个体如何处理其与不同社会等级个体之间的差序关系无疑是解决这一问题的关键所在。

难免被费氏视为一个越不出私德的社会了。

　　孔子所关心的公私问题显然与费氏所关心的问题无法完全重合，孔子试图在以家庭关系为基本关系的前提下来解决社会的公私问题①，其出发点是家庭关系中的个体，而不是一个先于家庭关系的个体，后者只能是西方个人主义意义上的存在者。正是在一种隐含着方法论个体主义的自我主义的误解之下，孔子所谈论的道德也就只能是费氏眼中的私德，而这样的私德在费氏所谈论的现代社会中似乎变得一无是处。这其中最极端的例子也许就是费氏所援引的《孟子·尽心上》中有关瞽瞍杀人的例子。桃应问曰："舜为天子，皋陶为士，瞽瞍杀人，则如之何？"孟子曰："执之而已矣。""然则舜不禁与？"曰："夫舜恶得而禁之？夫有所受之也。""然则舜如之何？"曰："舜视弃天下，犹弃敝蹝也。窃负而逃，遵海滨而处，终身䜣然，乐而忘天下。"这段对话似乎成了儒家没有团体道德的铁证，因为孟子显然不希望舜以对待一般国民的方式来对待他的父亲，在费氏看来现代社会所要求的团体格局似乎是要主张一种大义灭亲的立场的，而身为儒家重要人物的孟子也还是不能摆脱孔子有关子为父隐、父为子隐的家庭人伦视野。其实姑且不说这个故事完全是一个假设，孔孟在这一问题上的立场显然有着费氏所无法理解的诉求，这就是大义灭亲和家庭人伦各自的社会意义的问题。以破坏家庭人伦来换取社会秩序是否是一种得不偿失，这的确是一个难以回答的问题。然而即便是年轻的费孝通所推崇的西方世界的思想家，也未见得就一定会赞同以制度化的方式来强迫人们采取大义灭亲的立场，孟德斯鸠就曾经明确地指出过那种要求家人之间互相告发的法律是违反人性的更大的罪行（孟德斯鸠，2012：565）。②

---

①　孔子不是也不可能是以个人原子为逻辑前提的，个人只有在家庭关系中才能够获得其现实的意义，这本身也契合宗法制度下的人的观念，孔子将孝悌视为人性的基本构成正是在根本上为这种观念奠基，我们可以称之为一种关系主义（不是像一些学者所理解的那样强调人际关系在行动中的重要性，而是强调人本身就是关系性的存在）。

②　我们当然不会主张一种先天的人性论的解释，而是担心威胁和颠覆最基本的家庭人伦关系对于社会风俗和秩序可能造成更大的灾难。不过应当指出的是，儒家在处理亲情和法律之冲突的问题上，并没有一边倒地偏重于对亲情的维护，这可以从《礼记》这部儒家重要经典所记述的"公族之罪"问题中一窥端倪。这就是所谓的"公族之罪，虽亲，不以犯有司，正术也，所以体百姓也"（《礼记·文王世子第八》）。足可见司法的严肃，不应当因为亲情的重要而被侵犯，即便是一国之君也不能例外，更何况这关系到国家的团结和稳定。但礼制也为协调和缓解司法与亲情之间的冲突提供了一些重要的仪式，从而使得国君的亲情和司法的尊严各得其所。因此，当有族人犯法之后，"公曰'宥之'，有司又曰'在辟'。公又曰'宥之'，有司又曰'在辟'。即三宥，不对，走出，致刑于甸人。公又使人追之，曰：'虽然，必赦之。'有司对曰：'无及也。'反命于公。"（《礼记·文王世子第八》）这样，既充分表达了国君对于族人的亲情，同时也以无法挽回的既成事实维护了司法的尊严。面对族人因犯罪而被处决的现实，国君自然也可以合乎礼制的方法来表达自己的情感，这就是国君"素服居外，不听乐，私丧之也，骨肉之亲无绝也"（《礼记·文王世子第八》）。可见儒家在处理公族之罪的问题上，显然充分尊重了司法的严肃性，只不过他们并不反对亲人对有罪的族人表达合礼的亲情，这两者在儒家看来显然都应当受到尊重。由此可见，儒家在看待家庭人伦和司法之冲突的问题上，并不是没有限度的，而以礼的方式来调节和缓解两者之间的矛盾关系，不能不说是有其深层次的理性思考和社会意义的。

四　关系主义与关系人

至此我们可以明确地指出，儒家思想及其所思考的社会并不是费孝通意义上的自我主义的社会，中国人的差序格局较少可能是一种自我中心主义的格局，而传统中国社会也不可能即便只是在一种主要的意义上为我们提供一种私人的道德和私人的关系。因为如果真是这样的话，我们就很难理解为什么这样一个私人的社会会孕育出一定程度地破坏宗法制度的中央集权的郡县制度；为什么这样一个由私人关系所搭建起来的社会会产生无法用私人关系来加以充分解释的文官选拔制度（科举制）①；为什么儒家思想要宣扬一种超越家庭之爱的推向陌生人的爱，如此等等。这些都只有通过对中国社会历史文化中的"公"的理解才可能获得一种重要的解释（尽管还存在着其他的解释因素），而不是先入为主地以为只有西方的"公"才是真正意义上的公。

正是出于那种西方式的视角，以及隐约透露出的近代中国流行的对传统历史文化的批评倾向，在费氏的眼中儒家所讲的孝悌忠信也就只能是一种私人关系中的道德要素了（费孝通，2005：45）。它们和为了一己之私牺牲群体的利益，以及为了小群体之私而牺牲大群体的利益在逻辑上是相通的（费孝通，2005：38）。也就是说，儒家的推己及人终究还是免不了以私废公的逻辑，只不过这个私会随着水波纹的扩展而发生相对的变化，"站在任何一圈里，向内看也可以说是公的"（费孝通，2005：39），只不过这里的公终究还是脱不了私的逻辑，还只是自己人的公，而不是设定好的并不因为某种相对性而可以转化为私的公共团体的公（费氏称为乡土社会所没有的现代国家观念）。我们姑且不说中国人身上的自私自利与儒家思想有多少因果渊源，将一种现实状况完全归咎于某种思想，或者说这种思想其实本来就是这种现状的折射，这些都可能过于简单化，毕竟社会现象的因果解释是极其多样和复杂的。我们此前的讨论也已经表明，以孔子为代表的儒家思想的出发点或者说理论的基础并不是一个自私的我②，而是最基本的社会关系（家庭关系），并且儒家并

---

① 家天下的思想固然可以赋予其某种意义上的"私"，但是这并不能否认这个带有象征性意味的私所折射出的是超越一个个具体家族的社会意义上的公，科举制超越狭隘私人关系的公共性意义是不可否认的，也正是因此，它才能够成为支撑中国古代社会统治关系的合法性和社会结构稳定性的重要支柱之一。

② 对于孔子而言，人性中自私的一面是不足以为社会生活奠基的。不过即便孔子承认人有其自私自利的本性，这也并不意味着孔子主张人还有西方式的个人主义的一面，毕竟孔子并没有西方式的内外对立的世界观，人性的善与恶都还是在天人合一的精神中来展现的。我们可以将这里的善理解为一种与他人之间的积极关系，而恶则代表一种消极的关系，关系性始终是孔子思想的基调。

不缺少公的思想，只不过这的确是一个以家庭为原型的农耕社会的公，它在家的喻义中来拓展公的意味，但这并不妨碍建立起某种国家意义上的公，毕竟国与家是不分的，天下依然还是天子的家。我们在此所关心的是费孝通理论缺陷的又一个重要方面，这就是认为传统社会中的中国人为了自己可以牺牲家，为了家可以牺牲国，为了国可以牺牲天下（费孝通，2005：38）。我们已经充分指出了他将这些现象与儒家思想相连通的不恰当性，在此我们尤其要质疑的是主张传统社会中的中国人是可以为了自己的私来牺牲任何意义上的公的观点。这一论断并不符合以家关系为基本单位的农耕社会的主导关系格局，它实际是在主张一种极端利己主义的个人主义的行为逻辑，农耕文明在很大程度上并没有为这样的行动取向提供广泛的社会条件。①

我们并不否认中国人有自私自利的个体，他们的确会为了个人的一己私利而牺牲家。因此我们充其量只能谈论大多数人在多数情况下可能会更加倾向于怎样的社会关系格局（具体的社会思想往往正是与这样的主导格局联系在一起）。传统社会中的中国人更多的是从对自身存在具有内在规范性的家关系出发来看待社会世界中的人与事（而不是从一种个人主义或集体主义的错觉出发）。用所谓的社会人来解释这一现象依然还停留在西方式的二元论错觉之中，它最多也只能是对现实的一种二元式的分析建构，这也就是为什么我们主张采用关系人这一定义，它更加切近于人的现实存在状态（个体与社会都是对这一状态的分析性抽象），而孔子的思想也恰恰敏锐地把握住这一点。也正是因此，中国人更多的是为家而"牺牲"个人②——至少从小家的角度而言这并没有问题，如果他们在面对更大的社会群体之公时可能会有所犹豫（儒家讲的推己及人的重要性和困难性在此显示出来，毕竟在小家和大家之间多了一层并非可以忽视的喻义），那么他们在面对家庭之公时则较少是犹豫的。毕竟这个家庭的社会关系是他们存在的基础，是他们自我认同的核心要素之一，在多数情况下也是他们社会存在的首要的利益所在。家无疑是农耕民族的生命中难以抛却之重，也正是因此当那个作为天下的大家面临危难之时挺身而出，在逻辑上对于大

---

① 这倒不是说在游牧文化和基督教影响下的西方社会中，个人主义就具有本体论的地位。包含极端利己主义在内的整个个人主义立场只不过在那里具有更加充分的观念化空间（即人们更容易产生这样一种错觉，尽管它很少被这样理解），但是按照个人主义信仰行事并不意味着在本体论上肯定个人主义，行动在本体论上依然还是关系性的（既不是个体的行动，也不是社会的行动，而是人与人、人与物之间的关系行动，主客体二元论不过是对这一关系分析建构的一种实在化的错觉），个人主义的价值观依然是一种社会历史性的关系建构，或者说一种在存在的关系性中被建构的错觉。

② 之所以要加上引号，就在于"牺牲"这个提法本来就不恰当，它还是把个体的利益和家庭的利益完全对立起来。乡土社会中的个体与家庭在利益上更多的时候是共属一体的，尽管对立的情况也并非不可能。

多数人而言固然面临从小家越向大家的困难，但也并非完全不可能。①

　　杨朱那样的人在一个农耕社会中自然成不了主流，儒家思想正因为在个体的问题上与杨朱拉开了距离才得以契合社会结构的期待。墨家则站在与杨朱相对立的另一极，以其儒家意义上的过犹不及而同样被历史的潮流所遗忘或压制。这本身就为我们暗示了中国传统社会的主导形态，它的实际状况更加有助于人们洞见人之存在的关系本性，它的观念形态总是处于极端个人和极端超个人的两极之间，既没有在思想上迷恋这样的两极对立（西方式的思维风格②），同时也正是因为它的主导形态没有为人们提供产生这样极端幻觉的社会历史条件。在我们看来，以家庭关系为核心单位和社会原型的中国传统社会形态既没有为催生个人与社会对立的二元思维提供主导性的现实条件，它同时也使得与其相契合的主流思想在精神上呈现出一种以家庭关系为主导的温和形态（过犹不及的中庸思想），而正是这一温和的形态在实质上更加契合人的现实生存状态（关系性的存在），只不过在不同的社会历史情境中不同的具体关系可能成为这一状态的主导。在传统中国社会中是家庭关系成为主导；而在西方现代社会中则是超越家庭的团体关系扮演着重要角色，它同时也为个人主义的滋生提供了可能性。当每一个个体至少在形式上和观念上成为具有平等权利的团体成员的时候，个人的原子性和团体的客观性似乎成为可以想象的事实，但这只是将观念的错觉视为事实的判断，从而陷入主客体二元论的误区之中。正如钱穆所指出的，西方的游牧和商业文化的确较之农耕文化更容易产生一种内外对立的世界观（钱穆，2011：弁言第2页），这种世界观在经历了基督教对家庭观念的破坏以及对信徒的个人主义教育之后，显然更容易接受一种超越家庭的大团体与个人之间的二元论思维，这也就使得现代西方人更加难以洞见人之存在的关系性事实。传统中国社会对家庭关系的重视使之缺乏产生广泛的个人主义思路的条件，它同时也一定程度地压制了那种完全超越家庭隐喻的社会团体的生成。虽然关系性的存在不只是家庭的，但是家庭地位的凸显已经足以使人们洞见关系性生存的基本意义，这至少部分地解释了为什么中国本土文化的主流精神都是关系主义的，而现代中国人所要做的正是要使此种关系主义至少部分地摆脱家庭的隐喻，关系主义本身并没有错，只不过以家庭为主导的关系主义的确有其社会历史的局限性。

---

①　如何更加直接地成为一个大家的成员就成为问题的关键，天子的天下对于普通百姓而言的确有些遥远，但是对于投身于天下治理之中的士的阶层而言则显然成为一个更加切身的课题。在中国的传统社会中士的阶层的确起到了承上启下的作用，这也许就是为什么翟学伟要强调读书入仕是联结小家与大家之间的现实通道的原因吧（翟学伟，2009）。

②　我们当然不是说墨子的兼爱思想可以等同于西方意义上的团体结构思想，尽管兼爱超越了对个体特殊性的任何考量。正是在这个意义上，我们称之为极端超个人，但这丝毫也不意味着墨子是一个二元论者。我们只能说墨子的道德要求具有二元论的极端性，但他在本体论上却不是二元论的。有关这一问题可参阅郑震，2014：结论第1节。

五 结束语

中国人很早就已经将"关系"纳入了自身的视野，并将其转化为一种日常生活的常识洞见，从而成为日常行动中不言而喻的实践倾向。这并不意味着每一个人都因此而具有仁爱之心，或者能够将推己及人的逻辑彻底地加以贯彻。这些要求对于芸芸众生而言也许过于高远，以至于现实不可避免地蕴含着自私的算计，但正如我们的研究所表明的，这并不意味着一种自我主义的盛行，而是在一种关系主义的基调中揭示了现实的复杂与多面。不过即便如此，以关系的方式来思考生活，并将他人的存在与"我"的存在紧密地结合在一起，却已经在中国人的文化基因中成为难以抹去的烙印，即便有现代西方个人主义价值观的深刻影响，也还是无法彻底取代这一在民族的历史中深深打下的烙印，它以一种潜意识的方式回避了深刻反思的必要，在准意识的算计中畅通无阻。

当然我们自然也不能将中国人的关系主义世界观完全归咎于思想的塑造，毕竟这些思想从中生成的社会历史土壤从来就是每一个中国人所生活的日常生活世界，正是每一个日常之人参与建构了这个世界的宏大格局，就此而言思想的影响至少就其体现的世界的基本特征而言，更像是一种再生产式的强化，而不是最初的动力。不过思想既是对世界的理解，也是对世界的批判与改造，其所包含的规范性意味显然是对现实本身的一种积极的干预，它试图将其所理解的消极的现实加以排除，并引导人们走向其所推崇的合理现实，这表明任何伟大的思想都不只是现实的傀儡，它总是试图强化或塑造它自身引以为豪的存在，并以此来改变这个世界。就此而言，儒家思想在再生产以家庭关系为基础的社会关系结构的同时，凸显了人伦政治的社会历史意义，创造性地将一种以推己及人的仁爱思想为核心的关系主义世界观纳入日常生活的建构之中，从而参与了对社会关系结构的生产和再生产。无论这一推己及人的仁爱思想有没有或在多大程度上成为中国人的文化基调，有一点是可以肯定的，那就是它在散布一种关系主义世界观方面意义深远，而这一散布显然从属于一个更加普遍的理念，那就是天人合一。

参考文献

费孝通，2005，《乡土中国》，北京：北京出版社。

冯友兰，2000，《中国哲学史》上册，上海：华东师范大学出版社。

廉如鉴，2010，《"差序格局"概念中三个有待澄清的疑问》，《开放时代》第7期。

廉如鉴、张岭泉，2009，《"自我主义"抑或"互以对方为重"——"差序格局"和"伦理本位"

的一个尖锐分歧》，《开放时代》第 11 期。

梁漱溟，1987，《中国文化要义》，上海：学林出版社。

孟德斯鸠，2012，《论法的精神》，北京：商务印书馆。

潘建雷，2010，《差序格局、礼与社会人格》，《中国农业大学学报》第 1 期。

钱穆，2011，《中国文化史导论》，北京：九州出版社。

杨伯峻，1980，《论语译注》，北京：中华书局。

翟学伟，2009，《再论"差序格局"的贡献、局限与理论遗产》，《中国社会科学》第 3 期。

郑震，2014，《另类视野：论西方建构主义社会学》，北京：中国社会科学出版社。

周飞舟，2015，《差序格局和伦理本位：从丧服制度看中国社会结构的基本原则》，《社会》第 1 期。

朱熹，2006，《四书章句集注》，金良年译，上海：上海古籍出版社。

朱熹、吕祖谦编，2008，《近思录》，查洪德注译，郑州：中州古籍出版社。

"费孝通问题"与中国现代性

包智明　陈占江[*]

费孝通一生经历了 20 世纪中国社会发生深刻变化的各个时期。在亲历中国从农业社会到工业社会再到信息社会的"三级两跳"中（《费孝通全集》第十七卷，2009/2000），费孝通对社会变迁和时代精神给予了热情的关注，进行了深入的思考。然而，由于历史、政治的原因，费孝通的学术生命曾一度中断长达 23 年。改革开放后，费孝通重获新生，先后经历了两个不同的学术阶段。在费孝通的三次学术生命中[①]，其所处的历史情境、所经历的人生遭遇以及所面临的具体社会问题无疑有着极大的不同，而这种差异不可避免地对费孝通的学术研究和思想演进产生了某种程度的影响。在研究主题上，费孝通的第一次学术生命主要关注城乡关系与乡土重建，第二次侧重研究区域经济与小城镇发展，第三次则致力于反思全球化与倡导文化自觉。费孝通在不同的历史时期有着迥异的研究主题，其学术关怀似乎呈现出较强的跳跃性和断裂性。这种研究主题的跳转使得费孝通的研究者更多地将目光停留在费孝通学术谱系的断裂处。

通观既有的费孝通研究，大致可以将之分为三种路向：一是从费孝通提出的某个概念或理论出发，研究该概念或理论提出的历史背景、援用的思想资源以及之于中国社会的解释效力；二是从某一文本切入，试图管窥并勾勒费孝通某一历史时期的思想图景或对文本关涉的主题予以阐发；三是将目光聚焦于费孝通研究主题的跳转抑或思想转向上，力图在费孝通思想的"断裂地带"挖掘出个体的生命历程、广阔的社会现实以及学者的知识生产三者之间的隐秘勾连。前两种路向居于费孝通研究的主流，第三种路向的研究已初现端倪。上述三种路向从不同的角度诠释费孝通的思想，极大地推进了费孝通研究。然而，在推进费孝通研究的同时也因缺乏

---

* 包智明，云南民族大学人文社会科学院院长、教授；陈占江，浙江师范大学法政学院讲师。

① 费孝通的学术生命可分为三次：第一次从 1924 年至 1957 年，第二次从 1979 年至 1998 年，第三次从 1999 年至 2005 年（参见《费孝通全集》第十四卷，2009/1994；潘乃谷，2006）。

对费孝通学术思想的总体性理解而造成某种误识,即费孝通的研究主题不停转换,似乎缺乏一以贯之的学术关怀和问题意识。这种误识很大程度地影响对费孝通思想深入、完整、准确、允当的理解乃至费孝通思想谱系的重构。那么,费孝通的学术思想究竟有没有内在的连续性,是否缺乏贯通始终的学术关怀?笔者在深入阅读费孝通的著作文本以及梳理费孝通学术脉络的基础上发现,费孝通穷其一生都在探究和追问一个根本问题,即在中国现代性进程中怎样找到传统与现代之间的接榫之处和契洽之点,如何在传统与现代之间保持富有张力的平衡并最终迈向一个美好社会。本文将费孝通的这一"终身问题"简称为"费孝通问题",并尝试以历史分析和文本分析相结合的方法,考察"费孝通问题"的形成背景、研究理路及其隐含的内在紧张。

一 超越左与右:"费孝通问题"的学术旨趣

1840 年鸦片战争的爆发惊醒了中华帝国沉浸其中的"天下"迷梦,被迫卷入由西方国家主导的现代化洪流。积贫积弱的残酷现实和在世界体系中的边缘地位彻底动摇了中国知识分子对自身文明传统怀抱的信心和优越感。无论是戊戌年间的维新主义者、五四时代的自由主义者抑或稍后的社会主义者,均将中国的文化传统视为"现代化"最大的敌人,在思想上选择了往而不返的激进倾向且一波比一波更烈。彼此之间尽管也有极大的分歧,但却有一个共同的假设:只有破除一分"传统",才能获得一分"现代化"(余英时,2006a:188)。在救亡与启蒙的双重变奏中,反传统成为中国近现代知识分子的主流倾向。在绝大多数知识分子一心向西、追慕西方的同时,也有一部分知识分子因民族主义情结的驱动,为中国传统文化的生存和绵延殚精竭虑,致力于中国传统文化的复兴和再造。面对西方文化的强势侵袭,这些知识分子在大体延续张之洞"中学为体,西学为用"思维模式的基础上,主张以儒家思想为基础,适当吸收外来文化的优异质素,以实现中国传统的创造性转化。更有甚者,少数知识分子持有"天不变道亦不变"、保教优于保国等论调,陷入了极端保守主义。概而观之,晚清以降的中国知识分子一直挣扎于古今中西之间,徘徊在激进与保守两端。生于 1910 年、卒于 2005 年的费孝通经历了中国从传统向现代最为急剧而深刻的社会转型。作为站在"传统—现代的连续体"上的"过渡人"(金耀基,1999:78),费孝通始终生活在传统与现代的双重世界中,受中国传统文化与西方现代文明的熏陶、浸染。传统与现代、中国与西方之间的文明冲突对费孝通产生的冲击在很大程度上影响着费孝通的问题意识、叩问方式以及解答路向。

不言而喻,任何一位伟大的思想家都是在涵养时代精神的基础上致力于他所处

时代最紧要、最根本问题的叩问和解答。如果说激进主义和保守主义是20世纪中国时代精神的两个维度，那么费孝通的问题意识和学术关怀不可避免地受到这种时代精神的镌刻和形塑。费孝通在晚年回顾自己的学术历程时曾写道："在我的一生中，我们国内从'器用之争'到'中西文化论辩'甚至到目前海内外儒家文化、小传统与现代化关系的争论，文化传统与现代化的问题一直没有间断地影响着学术思考。"（《费孝通全集》第十六卷，2009/1997a：51）20世纪的中国知识界充满了各种纷争，自由主义、保守主义、激进主义等思潮涌起、涨落，但种种论争无不陷入传统与现代、东方与西方等紧张的二元对立之中，无不是以西方现代性为视角或判准理解中国。费孝通极少直接参与上述论战或争鸣。然而，费孝通以自己的学术方式对时代精神和中国现代化保持一贯的反思和批判。正是在此基础上，费孝通形成了自己的问题意识即本文所说的"费孝通问题"，也因此成就了费孝通在现代中国思想图景中的别样风姿。"费孝通问题"包含两个层面：一是中国的现代性是否必然地要沿袭西方现代性模式；二是中国的历史文化传统与现代性之间是否有着不可调和的矛盾和冲突。观其实质，"费孝通问题"追究的是在中国现代性进程中中国传统文化在西方外来文化面前能够做出怎样的抉择以及如何保持传统与现代之间的融通和平衡问题，旨在超越一直在古今中西之间挣扎、徘徊的现代中国知识分子始终未能走出激进与保守的两难困境。

"费孝通问题"形成的一个重要背景是20世纪20～30年代的社会史论战。始自1927年并于30年代中期达至鼎盛的社会史论战的焦点是当时中国的社会性质是封建社会、资本主义社会抑或半殖民地半封建社会以及中国社会是否必然经历从原始社会、奴隶社会、封建社会、资本主义社会再到共产主义社会等五个阶段。这次论战从根本上关怀的是"中国向何处去"这一问题，而这个问题衍生的根源则来自西方的冲击，体现出中国知识界在西方强势文明面前的集体困惑。当时正在燕京大学和清华大学读书的费孝通没有直接参与这场论战，但这场论战对费孝通的学术影响无疑是至关重要的。费孝通后来的一系列著作均可视为对这次论战"迟到"的回应。费孝通根据田野调查撰写而成的《江村经济》《禄村农田》等著作间接否定了社会史论战中一些无谓的论争。在《江村经济》的姊妹篇《禄村农田》中，费孝通明确指出："国内论社会变迁的人，因为受西洋19世纪传下来的进化论派的影响太深，常认为社会形态的变化是有一定不变的程序；从甲阶段到丙阶段，一定要经过乙阶段。这个程序是放之四海，证之今古而皆准的。依着这个'铁律'，若我们要知道一个社区的前途，只要能在这不变的程序中，找到它现有的进化阶段，过去未来，便一目了然。因之在30年代社会史论战曾闹得锣鼓喧天。不幸的就是，他们所奉行的'铁律'并没有事实的根据。社会变迁并不若他们所想象那样简单……虽则我不能同意他们的方法，但至少得承认有一点值得我们注意的，就是他们不把社会变迁看成偶然事件的积累，而认为确有轨迹可寻。他们的弱点只是在把历史的轨迹看得太单调一些罢了。"（《费孝通全集》第三卷，2009/1944：169）在费孝通看来，社会史论战预设了一个前提即以单线性的社会进化论和一元性的西方现代性为判准，这个前提抹杀了世界历史的多元性和复杂性。中国社会的性质和走向究竟如何不应由西方标准去衡量和判定，而只能取决于中国的社会结构和文化传统。

"费孝通问题"形成的另一个背景是 20 世纪 30 年代的乡村建设运动及其论争。众所周知，30 年代的中国乡村经济日益衰败，社会陷入失序。"乡村崩溃论"一时甚嚣尘上，乡村问题成为当时知识界的重要话题。1933～1935 年，由胡适担任主编的《独立评论》刊载了许多反映农村危机相关问题的文章，农村破产"已经成了普遍的呼声"。知识界就乡村问题和乡村建设方案出版了上百部专著，发表了数千篇论文（艾恺，2011：164）。一些知识分子纷纷走出书斋、深入民间，投入拯救乡村、复兴乡村的建设实践中。其中以晏阳初和梁漱溟分别领导的"定县实验"和"邹平实验"在当时最具影响力。1920 年，留美归来的晏阳初开始投入平民教育工作，认为中国农民患有"愚、贫、弱、私"四大病症，应对农民进行文艺、生计、卫生和公民"四大教育"，以培养农民的知识力、生产力、强健力和团结力，从而造就"新民"。基于这一认识，晏阳初在河北定县开展了多年的乡村建设实验。20世纪 20～30 年代，梁漱溟在广东、河南、山东均进行过乡村建设的实验，其中以山东邹平的实验最为成功。梁漱溟认为中国问题的内涵虽包括政治问题、经济问题，但实则是一个因西方文明冲击而产生的文化失调问题。梁漱溟试图通过乡村建设复兴儒家文化并实现民族自救的目的，然而在结果上却陷入了"乡村运动而乡村不动"的困境（梁漱溟，2011：402）。晏阳初和梁漱溟的乡村建设运动在一定意义上分别代表了文化上的激进主义和保守主义。在费孝通看来，以晏阳初为代表的学者将农民诊断为患有"愚、贫、弱、私"的四大病症，将农民视为需要加以改造的对象。这种单向度的思维方式不仅抹杀了农民的主体性，而且忽略了乡村的社会结构以及由此衍生的历史文化。晏阳初等的思想及其实践不仅不能够拯救农民，反倒有可能贻害农民，以西方现代化逻辑为支撑的文字下乡、司法下乡因与乡村的社会结构和文明体系不相适应而产生种种问题。在费孝通看来，这种忽视农民主体性和以"人工的方式"试图引导乡村变迁的努力终将难以为继（《费孝通全集》第一卷，2009/1933a）。对于梁漱溟的"邹平实验"，费孝通当时未予置评。但两人对于中国问题的诊断却存在极大的分歧，梁将中国问题的症结归于文化失调；而费则认为中国问题的根本在于人地矛盾，恢复农村企业是缓解这一矛盾的根本措施。

在某种意义上，无论是社会史论战还是乡村建设运动都是中国知识分子在传统与现代、中国与西方之间为民族的绵延和复兴所做出的学理思考和现实抉择。这种思考和抉择因西方的冲击或民族情结的影响而陷入激进与保守截然对立的二元困局。费孝

通认为，无论是激进取向还是保守取向都"似有出路，又似乎都不是去处"，也注定不能为"中国向何处去"这一问题提出现实可行的方案（《费孝通全集》第二卷，2009/1937a：57）。费孝通希望在激进与保守之间正确处理传统与现代、中国与西方之间的关系，超越激进与保守的单极思维。费孝通早年的担忧和希冀一直延续到生命的终点。进入耄耋之年的费孝通依然为中国现代性过程中"去传统化"和"文化回归"的单极倾向痛心疾首，在多个场所一再呼吁人们要重视自身的历史文化传统，对其应有"自知之明"，既不要走"复旧"之路也不要"全盘西化"或"全盘他化"，而是要正确处理传统与现代、中国与西方之间的文化关系（《费孝通全集》第十六卷，2009/1997b）。可以说，超越左与右是"费孝通问题"的根本旨趣。

二 活历史与小传统："费孝通问题"的研究理路

如何理解传统与现代之间的关系是近代以来中国知识界研究的重要议题。基于不同的政治立场、价值取向抑或学术背景的学者在这一议题上大多陷入激进或保守的两端选择。作为受过完整西方社会科学训练的学者，费孝通并未像绝大多数学者那样采取价值判断式的空泛讨论抑或以西方理论作为药方诊断中国病理的方式介入上述议题，而是选择直面中国社会、深入中国基层的实地研究，以求对时代问题做出回答。费孝通在主张实地研究的基础上，从活历史和小传统的双重角度研究和理解中国现代性进程中本土传统的形态、功能以及在与西方现代文明互动过程中所引发的变迁。简言之，以实地研究为一体，以活历史和小传统为两翼的研究进路构成了"费孝通问题"的内在理路。"费孝通问题"的研究理路从根本上否弃了当时支配中国知识界的单一现代性的话语体系及其前提预设，而将多元现代性作为研究中国的逻辑起点。

（一）作为方法的实地研究

实地研究作为社会学人类学研究的基本方法之一，要求研究者与研究对象深入接触，通过观察、询问、感受乃至领悟达致对研究对象的理解。费孝通负笈英伦师从马林诺夫斯基（Bronislaw Malinowski）之前已经接受实地研究的理念及其训练。这主要受益于吴文藻、美国芝加哥学派代表人物罗伯特·派克（Robert E. Park）的影响。20世纪早期，以吴文藻为首的燕京学派提出了"到实地去"的研究主张，而这一主张与1932年派克应吴文藻之邀来华讲学是分不开的。派克注重实地研究的理念及其学术实践对吴文藻、费孝通等产生了极大的触动和吸引。在费孝通等看来，实地研究不仅可以避免无谓的论争，更是在变迁日益迅捷的社会中获得真知识、了解真实世界的有效路径。费孝通在与郑安仑的通信中详细阐述了"到实地去"的初衷："'到实地去'是我们认为最正确的求学之道。这一点也许和我国传统的见解不十分相合。以前的学者认为学问在书本上，这种见解有两点是不很正确的。第一点，他们假定我们需要的知识是已经为前人所获得；第二点，他们假定前人所获得的知识是已经写在书本上了……实地研究包含着几个重要的意思：知识是人对于事物的认识，事物本身是常在变迁的，所以任何人类已有的知识却需要不住地修改和增添。获得知识必须和知识所由来的事物相接触……尤其是现在中国的社会科学，因为国外文字书籍的输入，以为靠了些国外学者在实地所得的知识，可以用来推想中国的情形……我们可以不必和人家争论中国文化是否尚是处于封建或是半封建阶段。我们的回答是：且慢用外国名词来形容中国事实，我们先得在实地详细看一下。"（《费孝通全集》第二卷，2009/1937b：9）在费孝通看来，生活是知识的源泉，在变动的社会中，真知识的获得必须从活生生的现实中去找寻、探求和捕捉，而不是从文本典籍、主义教条或圣贤口中获得。秉持经世致用理念的费孝通认为学术研究必须接受当前社会生活中所发生的实际问题且研究的材料必须来自对实际生活的观察，如此才能应付实际的问题，去表证或否定一项理论的正确性（《费孝通全集》第六卷，2009/1948a）。

费孝通认为实地研究是获得知识、认识社会的有效途径，而对于统计方法应用于中国社会研究的有效性则予以否定。在评《杨宝龄的〈美国城市中俄籍摩洛根宗派之客民〉》一文中，费孝通指出："社会生活中有很多，甚至最重要的地方是无从统计的，因为统计需要不变的单位，而社会现象中要求到这些单位是不容易的，有时是不可能的。"（《费孝通全集》第一卷，2009/1933b：112-113）尤其对于中国这样一个由农业文明向工业文明转型且区域、民族之间差异极大的社会而言，统计方法的应用范围是极为有限的。费孝通笃定地认为实地研究是研究中国社会的有效方法，并终其一生予以应用。从学术史意义上，费孝通将实地研究方法开创性地应用到本土领域，不仅改写了人类学家只能在异域进行研究的传统，而且对于重新认识一个具有悠久农业文明却因西方冲击而被迫走上现代性道路的中国而言尤其有着革命性的意义。

（二）作为视角的活历史

"到实地去"是燕京学派的研究主张并被付诸实践。然而，如何在实地进行研究则是费孝通等必须探索的问题。广西大瑶山、江苏开弦弓等地的田野调查可以视为费孝通的探索性实践。马林诺夫斯基将费孝通以开弦弓调查为基础写作的博士学位论文《江村经济》视为人类学史上的里程碑，并从中看到了费孝通初步形成的方法论思想。马林诺夫斯基在为该书所写的序言中指出："吴教授和他所培育的年轻学者首先认识到，为了解他们的伟大祖国的文明并使其他的人理解它，他们需要去阅读中国人生活这本公开的书本，并理解中国人在现实中怎样思考的。正因为那个国家有着最悠久的

没有断过的传统，要理解中国历史还必须从认识中国的今天开始……研究历史可以把遥远过去的考古遗迹和最早的记载作为起点，推向后世；同样，亦可把现状作为活的历史，来追溯过去。两种方法互为补充，且须同时使用"（马林诺夫斯基，2007：9）。在马林诺夫斯基看来，从活历史研究中国是理解中国社会必不可少的路径。当时的费孝通或许并未有意识地从活历史的角度来研究中国社会，《江村经济》在他看来也不过是"无心插柳"的产物。然而，马林诺夫斯基却从这部"无心插柳"之作敏锐地看到了人类学的"革命"，即人类学必须跨越文野之别和今昔之隔、完成自身解放。数十载之后，费孝通在重读马林诺夫斯基所写的《江村经济》序言以及反思年轻时在广西大瑶山、江苏开弦弓以及云南禄村等地所做的田野工作时对马林诺夫斯基所提出的活历史有更深刻的体认并对其做了进一步的发挥。费孝通认为，"真正的'活历史'是前因后果串联起来的一个动态的巨流……'活历史'是今日还发生着功能的传统，有别于前人在昔日的创造，而现在已失去了功能的'遗俗'。传统是指从前辈继承下来的遗产，这应当是属于昔日的东西。但是今日既然还为人们所使用，那是因为它还能满足人们今日的需要，发生着作用，所以它曾属于昔，已属于今，成了今中之昔，至今还活着的昔，活着的历史"（《费孝通全集》第十五卷，2009/1996b：273）。由此可见，从活历史研究中国社会，事实上就是要从中国人的日常生活出发研究中国社会，也只有如此才能准确认识中国的历史与现实、理解中国现代性进程中传统与现代的关系，破除习见之陈蔽、理论之误判以及"主义"之谬识。

在西方现代性的话语体系中，变化是现代性的本质特征。正如马克思、恩格斯（1972：254）所说的那样，"一切固定的东西都烟消云散了"。中国曾经是一个相对封闭、较少流动、变迁缓慢的乡土社会，在外力的裹挟下走上现代性道路的中国将如何处理自身传统与异域文明之间的关系，如何解释遭遇"三千年未有之大变局"的中国在现代性进程中所面临的困境和问题，这些显然不是通过本土传统知识或西方现代理论能够有效解释的。在费孝通看来，唯有从活历史的角度研究中国现代性，才能准确把握中国现代化的核心问题和基本规律，洞悉传统与现代、"变"与"不变"之间的内在关联。作为一个功能主义者，费孝通认为西方传统的功能论将社会视作一个平面的整体而忽略了历史因素，无法有效地解释社会现实。费孝通开拓性地将活历史纳入研究的视域，从而完成了西方传统功能论向历史功能论的创造性转换，在解释中国社会时无疑更具包容度与诠释力（乔健，2007）。

（三）作为切入点的小传统

大传统（great tradition）和小传统（little tradition）概念是美国人类学家罗伯特·芮德菲尔德（Robert Redfield）在研究墨西哥乡村社会时提出的。芮德菲尔德认为，任何一种文明总会包含两个传统：其一是一个由为数很少的一些善于思考的人们创造的大传统，其二是一个由为数很大却基本上不会思考的人们创造的小传统。前者是在学堂或庙堂之内培育出来的，而后者则是自发生成并在诞生于其中的那些乡村社区的无知群众的生活里摸爬滚打挣扎着持续下去（芮德菲尔德，2013：95）。台湾人类学家李亦园借鉴了芮德菲尔德的概念，研究中国文化时指出中国文化的结构里有着具有权威的一套经典性的以儒家为代表的人生观和宇宙观，另外还有一套在民间流行、表现在民俗信仰的人生观和宇宙观。前者称为大传统，后者称为小传统。在李亦园的基础上，费孝通对小传统做了进一步的发挥，将小传统分为"地上"和"地下"两个层次。费孝通指出，在民间的生活中有种种思想信仰和活动，那些未为士大夫欣赏、未能被大传统吸纳进去的文化依旧在民间活动，凡是到民间去观察的人还能看得到，而且在民间是公开的，不受限制的，这就是所谓的"地上"的小传统。还有一部分是犯了统治阶级的禁例，不能公开活动，亦不易为外人所发现，但在民间的思想信仰里依然保留着。此为所谓的"地下"的小传统（《费孝通全集》第十五卷，2009/1996：277-278）。在费孝通的学术实践中，小传统一直是其研究中国社会的切入点，深入社区、深入基层、深入民众的日常生活中，从民众的小传统中理解中国社会文化的特质、结构及其变迁。由于欧风美雨的影响，中国旧有的大传统受到剧烈的冲击而新的大传统尚未形成，大传统嬗替、转型的过程中充满了不同话语体系之间的矛盾、冲突以及由此导致的流变性和复杂性。"礼失求诸野"，中国传统文化究竟在中国社会有着怎样的状态、发挥着怎样的功能、发生了怎样的变化，显然既不能从书本上寻找也无法通过无谓的论争予以辨析，而必须从小传统出发，也只有深入小传统才能发现中国文化的深层结构以及支撑中国现代化的基本动力。从小传统入手研究中国，与从外部视角、西方视角理解中国相比，更能把握中国现代化的深层律动和基本脉搏，更能准确地理解中国现代性进程中传统与现代之间的关系。

如何研究中国，直到今天仍是一个争议不休的论题。费孝通较早地从观察活历史和小传统的基本载体——社区出发研究中国社会，成为"社区学派"的开创者之一。然而，始终缠绕在社区学派的一个质疑即是"在中国这样广大的国家，个别社区的微型研究能否概括中国国情？"这个疑问由英国著名人类学家埃德蒙·利奇（Edmund Leach）提出，他对费孝通的"微型社会学"做出了"尖刻的评论"。费孝通在《人的研究在中国——缺席的对话》一文中对利奇的质疑做出了明确的回应并对自己的方法论思想做了进一步的阐明和概括（《费孝通全集》第十三卷，2009/1990）。在费孝通看来，对于中国这样一个正处变迁之中且幅员辽阔、民族众多、区域间经济文化发展不平衡的国家而言，以社区研究为基础，采用类型比较法和追踪研究法不仅可以"逐步接近"中国社会的真实、完整的面貌，而且也是实现对中国社会的准确认识和完整理解的较为现实可行的路径。综合上述分析，"费孝通问

题"的研究理路包括两个维度：一是以"现在"为原点不断向前回溯调查对象的历史，在时间上沟通历史与现实、过去与现在，以构建研究对象具有连续性的活历史；二是以"社区"为基点，深入民众的日常生活，以小传统为切入点研究中国社会文化及其变迁，并在空间上不断向城镇、区域、国家乃至寰球等层次扩展，以实现微观与宏观、局部与整体之间的联结。

理念决定行动，方法提供路向。费孝通留给世人的印象似乎总与行走分不开，甚至可以说行走成了费孝通学术研究的风格。费孝通一生"行行重行行"，足迹遍及除西藏（因健康问题）、台湾（因政治问题）之外的中国各地。通过实地调查，费孝通相继提出了乡土复兴论、乡镇企业论、小城镇理论、区域经济模式论、中华民族多元一体格局论、文化自觉论等理论。这些理论无不是通过实地研究的方式，从活历史和小传统的视角发现、提炼和升华出来的；这些理论也无不贯穿着费孝通的一个基本思想即中国的现代性必须在传统与现代之间进行融通和保持平衡。与中国传统学术采取"六经注我"或"我注六经"的方法相比，费孝通走出了文本阐释学的封闭循环而阔步迈进了田野这一知识的最终来源。与中国现代学术不加批判地移植和沿用西方研究方法相比，费孝通在借鉴西学的基础上实现了创造性的本土转换。更为重要的是，费孝通抛弃了主流的从上往下、由外向内看的研究路径而直面中国社会，从中国人的活历史和中国文化的小传统的双重角度研究中国现代性。可以说，费孝通的研究理路与"费孝通问题"具有高度的同构性和内在的统一性，更能接近中国社会的原貌和机理。

三 困境与超越："费孝通问题"的内在张力

德国社会学家马克斯·韦伯（Max Weber）在《新教伦理与资本主义精神》《儒教与道教》等著作中提出了一个影响深远的"韦伯命题"，即在他看来只有西方才能走上现代性道路，包括中国在内的东方由于具有浓厚的传统主义而缺乏新教伦理那样的文化力量，既无法内生出现代性也无法自发地走上现代化之路。韦伯将包括中国在内的东方和传统视为现代性的他者。这一带有西方中心主义色彩和断裂性思维的判断不仅宰制着中国知识分子的历史观和文化观，也在某种程度上影响了中国现代化的历史实践。近代以来，中国知识界关于现代性的论争聚讼纷纭却共享一个前提预设即西方现代性的逻辑具有普适性，是世界历史发展的必然规律（汪晖，2008）。中国现代性的历史实践也一直试图纳入西方现代性的逻辑，但屡遭挫折。在上述背景中，"费孝通问题"旨在从文化主体性和历史连续性的视角重新反思中国现代性。

（一）"费孝通问题"的内在张力

近代中国的历史因西方的冲击而出现断裂。中国知识分子将目光紧紧盯在历史的断裂处而忽略了历史脉络中的内在联系，传统也因此遭到低估乃至拒斥（沟口雄三，2011：73）。在历史翻转之际和西方强势文明面前，中国知识分子先后在器物、制度乃至文化根本上意识到传统文化之不足（梁启超，1992：532－533），反传统成为相当一部分中国知识分子的共同欲念，甚至认为摈弃传统、实现西化是中国现代性的必经之途。在激进的"反传统"和"去传统化"思潮及其实践面前，费孝通从活历史和小传统的双重视角研究传统与现代之间的关系，并试图在两者之间寻找对话和融通的可能性。

在第一次学术生命中，费孝通以英文写作的博士学位论文《江村经济》鲜明地表达出自己的观点："强调传统力量与新的动力具有同等重要性是必要的，因为中国经济生活变迁的真正过程，既不是从西方社会制度直接转渡的过程，也不仅是传统的平衡受到了干扰而已。目前形势中所发生的问题是这两种力量相互作用的结果。"（费孝通，2007：13）在第二次学术生命中，费孝通根据"行行重行行"的调查材料，提出了诸如苏南模式、温州模式、珠江模式等区域经济发展模式，并从中看到了文化传统在经济发展中的作用。在论述苏南模式时，费孝通指出："在苏南模式中的社区所有制在一定意义上也是家庭所有制的发展……在生产队的具体运作中，我看到了传统大家庭的影子。一大二公，何尝不是大家庭甚至推而广之到一个家族的指导思想？家长做主，统一指挥，有福同享，有难同当，又岂不是一个家庭或家族的根本组织原则么？从这个角度看去，社队企业的发生，它的经营方式、招工和分配原则，无处不能从传统的大家庭模式里找到对应。"（《费孝通全集》第十三卷，2009/1989b：215－216）在第三次学术生命中，面对传统的衰落，费孝通依然认为传统已经嵌入到中国现代性之中："像我们今天的这个'中国'，虽然是在一场摧枯拉朽的革命之后建成，但我们今天的社会结构，并不都是1949年建国时一下子凭空创造出来的，它是过去几千年社会结构演化的继续，是和过去的社会有密切相关的。建国时期几亿人口的思想、文化、价值、理念都是从此前的历史中延续下来的。谁也不可能把一个社会中旧的东西突然'删除'、'清洗'，变成空白，再装进去一个什么全新的东西。我们中国的革命，形式上是'天翻地覆'、'开天辟地'，实际上，它是建立在中国社会自身演化的内在逻辑之上的，也是中国文明演进的一个连续过程的一个阶段。建国50多年后的中国社会，还是跟过去的社会密切相关，社会的方方面面的历史文化积累过程是不间断的、永恒的、全方位的。"（《费孝通全集》第十七卷，2009/2003：449）在三次学术生命中，费孝通一直强调中国现代性必须也只能建基于中国的历史文化传统之上。作为一名自由主义知识分子，费孝通对激进

的现代化论调作了严肃的批评并间接地提出自己对中国未来走向的思考，即中国社会的发展必须建立在既有的社会结构和文化传统之上，而不是另起炉灶或以西方逻辑来主导中国的现代化实践。易言之，文化的历史性和社会性决定了社会变迁注定不是一个彻底告别传统、辞旧迎新的过程，而是一个建立在社会自身演化的内在逻辑之上、传统与现代相互角力和冲突的过程。

面对"反传统"和"去传统化"的激进情势，费孝通吁请人们能够重视自身的历史文化传统。然而，传统是一个相当泛化的概念，既非"僵死的遗产"亦非铁板一块的实体（张灏，2006：12）。费孝通意识到历史文化传统与现代性之间存在融通之可能的同时也看到了二者之间所存在的潜在冲突。这种冲突主要表现为中国传统文化与西方现代文明之间的价值层面的冲突。"差序格局"理论可谓凝结了费孝通对于这一问题的思考和判断。在《乡土中国》中，费孝通以差序格局和团体格局分别概括中国和西方的社会结构特点并进一步比较中西文化的差异。在费孝通看来，西方社会有如田里捆柴，扎、束、捆之间界限分明，而中国社会则如以石击水所产生的不断外推的同心圆波纹，人与人之间界限模糊。前者即所谓的团体格局，后者则为差序格局。差序格局是一个富于伸缩性的网络，无论是向内回缩还是向外伸展均以"己"为中心。在现实生活中，一个人"为了自己可以牺牲家，为了家可以牺牲党，为了党可以牺牲国，为了国可以牺牲天下"（《费孝通全集》第六卷，2009/1948b：130）。差序格局衍生出以"己"为中心的自我主义，而自我主义则是中国人建构和维系社会关系或社会圈子的基本纽带。费孝通认为，中国传统文化既不内含西方意义上的博爱精神也无西方流行的个人主义的生存空间，公与私、群与己之间的界限模糊含混。在中国人的思维世界中，"利己"和"差序"原则占据核心地位并构成中国人社会行动的基本逻辑。这一逻辑从根本上与现代社会所追求的公平、博爱、自由、法治等理念相抵触，既消解了市场经济的公平秩序、阻碍了公共空间的自发生成，也与现代制度和组织相冲突。

通过对差序格局的阐述，费孝通试图说明中西文明存在根本差异，而这种差异也决定了中国在现代性进程中无可避免地将遭遇诸多困境。费孝通笔下的乡土中国已渐行渐远，"差序格局"却依然深嵌于中国社会，自我主义、圈子文化、人情伦理、潜规则思维等影响着公德意识、民主制度、司法公正、公民社会等现代性要素的生成和培育（马戎，2007）。在第二次、第三次学术生命中，费孝通似乎忽略了"差序格局"文化的存在和影响而开始转向重新评估传统，并希望以传统文化中的"推己及人""中和位育""天人合一""克己复礼"等儒家思想化解现代性蕴含的生态危机和心态危机。尤其值得注意的是，晚年费孝通赋予"差序格局"新的内容和意涵。在他看来，"我"与世界的关系已经是一种"由里及外""由己及人"的具有"伦理"意义的"差序格局"，而从"心"出发的这种"内""外"之间一层层外推的关系应该是真诚、共存、协调、和睦、温和、宽厚、利他、建设性的，符合"天人合一""推己及人""己所不欲，勿施于人"等人际关系的基本伦理道德（《费孝通全集》第十七卷，2009/2003）。从"差序格局"到"新差序格局"，费孝通思想发生了深刻的转变，即从早年认为传统文化中的自我主义之于现代性有着消解性作用转向晚年希望以传统文化中的儒家伦理化解现代性所呈现出的生态危机和心态危机。这种看似矛盾的思想转向实际上延续了费孝通的一贯理念，即中国现代性必须在传统与现代之间保持富有张力的平衡，才能在顺应世界发展潮流的同时避免西方现代性固有的危机。

费孝通在延续其一贯理念的同时却也陷入了难以摆脱的紧张。这种紧张最突出的表现在对"差序格局"的诠释中出现了前后难以自洽的矛盾。费孝通早年认为"差序格局"是"现代性的敌人"，以孔子为代表的儒家道德系统"绝不肯离开差序格局的中心"（《费孝通全集》第六卷，2009/1948b：129），它从根本上阻碍着中国现代性的生成和发育；到了晚年则指出"差序格局"与农民的主体性一起构成了中国农村通向现代化目标的重要力量，冀望儒家伦理在利益冲突日益加剧的现代社会能够走出"差序格局"的中心，而在人与人之间实现普遍主义的利他和仁爱，以之克服西方工具理性扩张所导致的心态秩序崩解（李友梅，2010）。费孝通的思想转向引起了一些学者的注意。目前有两种观点颇具代表性：一种是"超越说"，另一种是"回归说"。前者认为费孝通晚年完成了自我超越，触摸到中国文化里深嵌于其中的否定性逻辑，看到了中国文化自身的包容性和柔韧性（赵旭东，2010）；后者则认为费孝通晚年从生态研究向心态研究的转变促使其对儒家文化的回归，并试图从儒家文化中寻找化解文明冲突和心态危机的思想资源（李友梅，2010；刘春燕，2010）。问题在于，费孝通在20世纪40年代所界定的"差序格局"文化在中国社会生活中依然强劲，旧的"差序格局"中的"自我主义"内涵很可能化解"新差序格局"的"相互理解"诉求（李友梅，2010）。在笔者看来，无论是"超越说"还是"回归说"，都未能合理地解释费孝通思想转向抑或矛盾的根由。在现实与理想、实践与理论、传统与现代、学术与社会之间，"费孝通问题"隐含多重张力。作为终身求解这一问题的研究者，费孝通在急剧的社会转型和矛盾的精神世界中某种程度地陷入了思想困境。

（二）"费孝通问题"的张力之源

启蒙运动以降，"现代性"逐渐成为西方社会科学的核心主题和逻辑起点。马克斯·韦伯、马克思、涂尔干（Emile Durkheim）、齐美尔（Georg Simmel）等经典社会学家植根于西方的文化传统和社会实践，探寻现代性的历史起点、内在动力、社会逻辑和多维面向等问题，对现代性议题做出了异彩纷呈的论述。经典社会学家在现代性的论述上各有侧重、视角不同，但在现代性内涵的理解上并无根本分歧。

在他们看来，现代性建立在以"进步"的目的论为内涵的线性的时间观念之上。在费孝通的思想认识中，中国现代化并非一个自在自为的过程，亦非充满乐观主义的线性叙事。中国现代性的逻辑深嵌于中国的历史文化传统之中，其逻辑展开始终纠缠于"古今中西"之间。

在中国社会的"三级两跳"中，中国现代性的历史实践呈现出多重悖论和深层危机。在政治上，戊戌变法、辛亥革命、五四运动、新民主主义革命、"文化大革命"等均将传统视为革命或改革的对象，破旧立新的现代化进程却始终无法摆脱传统的羁绊，甚至传统成为上述运动得以展开、铺陈的力量。在经济上，西方讲求规模化、科层化的工业组织形式和发展模式在中国曾一度成为低效率的渊薮，而立基于乡土社会、规模较小、组织松散的乡镇企业、私人企业却成为改革开放后相当长一段时期内中国经济高速增长的引擎。在文化上，那些有益于道义秩序重建、克服人性异化的传统不断遭到破坏，而之于中国社会发展有着负面功能的传统却又顽固地盘踞在中国人的思维世界中。在某种意义上，中国现代性的悖论内植于中国现代性的逻辑之中，是中国在借鉴和学习西方制度和文化过程中出现的"非预期后果"。在中国现代性呈现多重悖论的过程中，生态危机和心态危机愈益凸显。"我们中国人讲人与人的相处讲了3000年了，忽略了人和物的关系，经济落后了，但是从全世界看人与人相处的问题却越来越重要了。人类应当及早有所自觉，既要充分认识人与环境的关系，更要明白人与人之间怎样相处才能共同生存下去。"（《费孝通全集》第十四卷，2009/1992：41）在费孝通看来，中国现代性的双重危机是近代以来在救亡图存的努力中中国传统文化发生转型和裂变的结果。在转型过程中，中国对西方现代文化的借鉴和吸收不仅"匆忙、被动"且"存在着很多粗糙和不协调之处"，尤为严重的是对"天人合一""推己及人"等价值观的抛弃（《费孝通全集》第十七卷，2009/2003）。基于这一认识，费孝通晚年希望以"新差序格局"化解心态危机，将"文化自觉"视为化解现代性危机的一剂良方。

"新差序格局"和"文化自觉"思想是费孝通晚年"补课"和"反思"、从生态研究转向心态研究的重要成果。晚年费孝通既因年龄和身体限制无法像早年那样深入田野也因对中国现代性实践产生了诸多困惑而开始转向"补课"和"反思"。费孝通重读陈寅恪、梁漱溟、钱穆、马林诺夫斯基、派克、史禄国（Sergei M. Shirokogorov）等学者的著作，对中西文化尤其是儒家文化有了新的、更深层次的认识。在此过程中，费孝通将个人的研究历程与中国现代性的历史实践结合起来予以反思，深感心态研究的重要性和迫切性。在费孝通看来，20世纪90年代以降，国与国、族与族、教与教之间冲突不断，"全球性的战国时代"正在来临。全球性冲突的背后不仅隐含着生态失调也暴露出严重的心态矛盾。"这个时代在呼唤着新的孔子""新的孔子必须是不仅懂得本民族的人，同时又懂得其他民族、宗教的人。他要从高一层的心态关系去理解民族与民族、宗教与宗教和国与国之间的关系"。(《费孝通全集》第十四卷，2009/1992：43）在费孝通的理想中，"新的孔子"不仅超越了国族利益，而且在沟通不同文明、促进世界文化从多元走向一体的过程中起到桥梁作用。在传统文化衰落、现代性危机炽盛之际，费孝通并未像绝大多数知识分子那样，或者陷入"悲愤的传统"或者流入"反传统的传统"（杜维明，2013：345－353）。那么，中国现代性的实践逻辑如何能够超越现代制度与传统文化相颉颃的困境而在一定程度上实现互构与共生？费孝通在1995年春考察上海浦东新区时指出，新制度应促进旧思想的变化，以使制度与思想之间相互匹配、相互支援，如此才能迎接和顺应现代化和全球化的挑战。"我们要以土用洋（学洋的好处），以土为本，以洋为用"，否则"开发区会有变成殖民地的危险"（《费孝通全集》第十五卷，2009/1996a：352）。费孝通的回答无疑带有"中学为体，西学为用"的底色。"文化自觉"是费孝通晚年提出的化解现代性危机、超越传统与现代二元对立的路径和方案。那么，传统文化在当代中国文化的"大传统"和"小传统"中究竟占据怎样的地位及其对中国现代性发挥着怎样的功能？中国的文化传统在西方现代性的冲击下到底是发生了深刻的断裂还是保持一贯的连续？身处现代性困境，接受西学训练、承续儒家思想余脉的费孝通对这些问题的回答显然是想象多于实证，甚至陷入了某种程度的矛盾之中。

"费孝通问题"的张力不仅孕育于激烈变动的社会世界之中，也孕育于作者隐秘而矛盾的精神世界间。在晚年的一次朋友聚谈中，费孝通如是说道："我的本质还不是农民，而是大文化里边的知识分子，是士绅阶级。社会属性是士绅阶级，文化属性是新学熏陶出来的知识分子。"（《费孝通全集》第十六卷，2009/1998：264）跨越两个世纪、人生历程近百年、始终保持士绅身份认同的费孝通未曾像钱穆那样以宗教信徒般的情怀"一生为故国招魂"（余英时，2006b：16），却对以孔子为代表的特别是早期儒家思想的历史语境正当性和合理性做出了超过任何其他现当代学者的最强有力的解说，真正延续和拓展了儒家思想（苏力，2007）。费孝通一生似乎都在"行行重行行"，讲求经世致用，期许"志在富民"，而其隐秘的精神世界却充满着对传统的复杂情愫。1943年年初访美国的费孝通写下了一系列文章，美国的所见所闻不禁引发了费孝通浓郁的乡愁和对传统的怀恋。在《鬼的消灭》一文中，费孝通如是写道："传统成为具体，成为生活的一部分，成为神圣，成为可怕可爱的时候，它变成了鬼……写到这里，我又衷心觉得中国文化骨子里是相当美的。能在有鬼的世界中生活是幸福的……这就是鬼，就是我不但不怕，而且开始渴求的对象……流动，流动把人和人的联系冲淡了，鬼也消灭了。"（《费孝通全集》第三卷，2009/1945：485－489）在费孝通的眼里，鬼是传统的隐喻，表征着历史和生命的绵延，在绵延之中，生活的意义得以寄托，而在高速流动、快速变迁的现代社会中，鬼与传统一俱消亡。无疑，传统构筑了费孝通的意义世界。然而，积贫积弱的中国现实让费孝

通理性地意识到："即使我承认传统社会曾经给予若干人生活的幸福或乐趣，我也决不愿意对这传统有丝毫的留恋。不论是好是坏，这传统的局面已经走了，去了。"（《费孝通全集》第五卷，2009/1947：8）这种复杂的心绪费孝通晚年表现得更为明显。1987年10月，费孝通在与美国人类学教授巴博德（Burton Pasternak）的谈话中再次表露心迹："如果我能选择，我有理由宁可回到旧日，回到一个富有的又平均的农民的世界……我会生活在一个熟悉的世界里，享受有人情的生活。但是我明白那简直是不可能的了。"（《费孝通全集》第十二卷，2009/1987：428）1989年，费孝通在朋友们的陪伴下游历秦淮河。在目睹夫子庙变成熙熙攘攘的市场，至圣先师的牌位下香火鼎盛、炉烟滚滚与男女饮食、众声喧哗共处并存的景象时，费孝通禁不住发出"可怜的是，传统中国里受排挤的商品经济，只有受庇于庙会寺观才能形成交易中心。夫子庙、城隍庙、玄妙观之弃圣入俗，其可奈何？"（《费孝通全集》第十三卷，2009/1989a：271）的浩叹。1999年，在纪念潘光旦诞辰100周年座谈会上，费孝通流露出对儒家伦理的追慕和儒家伦理在现代社会中近乎绝续的深切遗憾（《费孝通全集》第十六卷，2009/1999a）。然而，为传统被冲刷得太厉害而痛心疾首的费孝通却又笃定地认为，中国文明是连续的，"文化是代代相传的，是有子有孙的"（《费孝通全集》第十六卷，2009/1999b：460）。

之于传统，费孝通无疑有着爱恨交织、欲说还休的复杂心态：他渴望回归到富有人情、悠然自得的传统社会中，同时又理性地看到现代性之不可避免的降临；对传统有着深刻的反思和批判，同时又对之怀有深切的追慕和眷恋；认为儒家伦理在现代社会中日益式微，同时又坚定地认为传统文化始终存留在中国人的意念和行为中。这种矛盾的文化心态在某种程度上反映出费孝通在精神世界与社会世界之间的紧张。这种紧张深深地潜隐在"客观历史的断裂与心史的延续"（杨清媚，2009：141）之间。一言以蔽之，在现实与理想、实践与理论、传统与现代、学术与社会之间，"费孝通问题"隐含着多重张力，而"社会 - 学术 - 人格"三者之间的持续互动则构成了"费孝通问题"的张力之源。

四　余论：音调未定的现代性

综观费孝通的学术研究，其研究主题的选择与所处时代面临的紧要问题直接相关。在第一次学术生命中，救亡与启蒙是中国社会面临的根本问题，费孝通对中国社会结构的特点、中国传统文化的特质进行了深入研究，指出中国现代性必须建基于自身的社会结构和文化传统之上；在第二次学术生命中，富民与强国是中国社会面临的紧要任务，费孝通"行行重行行"，为现代化"出主意、想办法"，努力找寻历史文化传统与现代性之间汇通和融合的可能性；在第三次学术生命中，中国社会面临着共生与共荣的深层危机，费孝通忧思的是在全球化和现代化情境中不同社群、国族之间如何实现"美美与共"。费孝通研究主题的选择与时代问题紧密相关，而其问题意识则是建立在对中国现代性的反思和批判之上。中国现代性开启以来，传统与现代、中国与西方的二分法是中国现代历史中的持久主题，也是中国现代历史叙事的基本框架（汪晖，2010：408）。费孝通以实地研究为基本方法，从活历史和小传统的双重角度切入，对中国现代性做出了极富洞见的"同情之理解"，在某种程度上完成了对传统与现代、中国与西方的二分思维及其叙事模式的超越。

费孝通始终强调中国现代性的逻辑必须建立在历史连续性和文化主体性之上，在传统与现代之间保持一个富有张力的平衡。然而，在传统与现代、中国与西方、历史与现实、情感与理智、共相与个性之间努力寻找化解传统与现代冲突之道的费孝通最终却陷入了无可逃遁的紧张。这与其说是费孝通个人思想中的张力，毋宁说是处在民族认同与现代性诉求结合处的知识分子的共有困境（李友梅，2010）。这种共有的困境深嵌于中国现代性的悖论与危机之中。传统与现代之间的时间断裂、东方与西方之间的文明冲突、世界体系中核心与边缘之间的单向度拓殖将中国现代性引向了一条充满彷徨、困顿、苦涩、焦虑以及崎岖、坎坷的道路，谱写了一曲眷恋与怨恨、希望与失望、飞扬与落寞、乐观与悲观循环交织的音调未定的现代性变奏。① 在这音调未定的现代性变奏中，始终跳荡着激进主义和保守主义的音符。历史实践则表明：盲目效仿西方、彻底否定传统、割裂历史的发展模式不仅不能纳入西方的现代性逻辑，反而可能导致更为深重的社会危机；同样地，过于推崇传统、一味强调中国的"特殊性"不仅不能引领中国向美好社会迈进，反而可能因保守、狭隘而重蹈历史的覆辙。历史这艘从不以人的意志为转移的航船常常触及不可探测的暗礁，而悲剧则在于中国现代化的"设计者"总是试图为历史筹划出一条既定且明的方向和道路。

在 21 世纪前夕的一次谈话中，费孝通如是说道："我现在有了'轻舟已过万重山'的感觉，但还在船上做事情。中国正在走一条现代化的路，不是学外国，而要自己找出来。我为找这条路子所做的最后一件事情，就是做'文化自觉'这篇文章。'五四'这一代知识分子生命快过完了，句号画在什么地方，确实是个问题。我想通过我个人画的句号，把这一代知识分子带进'文化自觉'这个大题目里去。这是我要过的最后一重山。"（转引自张冠生，2000：645－646）费孝通的这段话既

---

① 朱维铮（1995）认为，中国并不存在一以贯之的儒家传统，儒家传统也不能等同于整个中国文化传统，传统本身是一个过程，在不同的空间和时间中，其内容和形式有所不同。朱维铮将中国传统称为"音调未定的传统"。同样，现代性在不同的时空中表现亦有所不同，对于现代性的界定和诠释，中外学者对之聚讼纷纭、莫衷一是，可谓"音调未定的现代性"。

表明了他的学术心志也总结了他的思想历程。费孝通已经迈越了其学术生涯中的"最后一重山"，但中国现代化之路却仍关山重重。如何在传统与现代之间实现融通、保持富有张力的平衡并最终迈向一个美好社会，这一所谓的"费孝通问题"在中国现代性进程中仍将是一个历久弥新的"问题"。值得庆幸的是，费孝通以其一生的努力和探索为我们奠定了起点。

参考文献

艾恺，2011，《最后的儒家》，王宗昱、冀建中译，南京：江苏人民出版社。

杜维明，2013，《现代精神与儒家传统》，北京：生活·读书·新知三联书店。

费孝通，2007，《江村经济》，上海：上海人民出版社。

沟口雄三，2011，《中国的冲击》，王瑞根译，北京：生活·读书·新知三联书店。

费孝通，2009/1933a，《杨宝龄的〈美国城市中俄籍摩洛根宗派之客民〉》，载《费孝通全集》第一卷，呼和浩特：内蒙古人民出版社。

费孝通，2009/1933b，《社会变迁研究中都市和乡村》，载《费孝通全集》第一卷，呼和浩特：内蒙古人民出版社。

费孝通，2009/1937a，《读曼海姆思想社会学》，载《费孝通全集》第二卷，呼和浩特：内蒙古人民出版社。

费孝通，2009/1937b，《伦市寄言》，载《费孝通全集》第二卷，呼和浩特：内蒙古人民出版社。

费孝通，2009/1944，《禄村农田》，载《费孝通全集》第三卷，呼和浩特：内蒙古人民出版社。

费孝通，2009/1945，《鬼的消灭》，载《费孝通全集》第三卷，呼和浩特：内蒙古人民出版社。

费孝通，2009/1947，《乡土重建》，载《费孝通全集》第五卷，呼和浩特：内蒙古人民出版社。

费孝通，2009/1948a，《真知识和假知识》，载《费孝通全集》第六卷，呼和浩特：内蒙古人民出版社。

费孝通，2009/1948b，《乡土中国》，载《费孝通全集》第六卷，呼和浩特：内蒙古人民出版社。

费孝通，2009/1987，《经历·见解·反思——费孝通教授答客问》，载《费孝通全集》第十二卷，呼和浩特：内蒙古人民出版社。

费孝通，2009/1989a，《秦淮风味小吃》，载《费孝通全集》第十三卷，呼和浩特：内蒙古人民出版社。

费孝通，2009/1989b，《四年思路回顾》，载《费孝通全集》第十三卷，呼和浩特：内蒙古人民出版社。

费孝通，2009/1990，《人的研究在中国》，载《费孝通全集》第十三卷，呼和浩特：内蒙古人民出版社。

费孝通，2009/1992，《孔林片思》，载《费孝通全集》第十四卷，呼和浩特：内蒙古人民出版社。

费孝通，2009/1994，《我的第二次学术生命》，载《费孝通全集》第十四卷，呼和浩特：内蒙古人民出版社。

费孝通，2009/1996a，《再话浦东》，载《费孝通全集》第十五卷，呼和浩特：内蒙古人民出版社。

费孝通，2009/1996b，《重读〈江村经济〉序言》，载《费孝通全集》第十五卷，呼和浩特：内蒙古人民出版社。

费孝通，2009/1997a，《人文价值再思考》，载《费孝通全集》第十六卷，呼和浩特：内蒙古人民出版社。

费孝通，2009/1997b，《反思·对话·文化自觉》，载《费孝通全集》第十六卷，呼和浩特：内蒙古人民出版社。

费孝通，2009/1998，《中国文化与新世纪的社会学人类学》，载《费孝通全集》第十六卷，呼和浩特：内蒙古人民出版社。

费孝通，2009/1999a，《推己及人》，载《费孝通全集》第十六卷，呼和浩特：内蒙古人民出版社。

费孝通，2009/1999b，《重建社会学与人类学的回顾和体会》，载《费孝通全集》第十六卷，呼和浩特：内蒙古人民出版社。

费孝通，2009/2000，《经济全球化和中国"三级两跳"中对文化的思考》，载《费孝通全集》第十七卷，呼和浩特：内蒙古人民出版社。

费孝通，2009/2003，《试谈扩展社会学的传统界限》，载《费孝通全集》第十七卷，呼和浩特：内蒙古人民出版社。

金耀基，1999，《从传统到现代》，北京：中国人民大学出版社。

李友梅，2010，《文化主体性及其困境——费孝通文化观的社会学分析》，《社会学研究》第4期。

梁启超，1992，《梁启超文选》（下），北京：中国广播电视出版社。

梁漱溟，2011，《乡村建设理论》，上海：上海人民出版社。

刘春燕，2010，《回归传统文化，重建道义秩序——儒家思想与费孝通晚年的学术再造》，载李友梅主编《文化主体性与历史的主人——费孝通学术思想研究》，上海：上海人民出版社。

马克思、恩格斯，1972，《共产党宣言》，载《马克思恩格斯选集》第一卷，北京：人民出版社。

马林诺斯基，2007，《〈江村经济〉序言》，载《江村经济》，上海：上海人民出版社。

马戎，2007，《"差序格局"——中国传统社会结构和中国人行为的解读》，《北京大学学报》（哲学社会科学版）第2期。

潘乃谷，2006，《费孝通先生的第三次学术生命》（上），《社会学家茶座》第2辑。

乔健，2007，《试说费孝通的历史功能论》，《中央民族大学学报》（哲学社会科学版）第1期。

芮德菲尔德，2013，《农民社会与文化》，王莹译，北京：中国社会科学出版社。

苏力，2007，《费孝通、儒家文化与文化自觉》，《开放时代》第4期。

汪晖，2008，《现代中国思想的兴起》（第1卷上册），北京：生活·读书·新知三联书店。

杨清媚，2009，《在绅士与知识分子之间——费孝通社会思想中的乡土、民族国家与世界》，中央民族大学博士学位论文。

余英时，2006a，《中国近代思想史上的激进与保守》，载《钱穆与现代中国学术》，桂林：广西师范大学出版社。

余英时，2006b，《一生为故国招魂——敬悼钱宾四师》，载《钱穆与现代中国学术》，桂林：广西师范大学出版社。

张冠生，2000，《费孝通传》，北京：群言出版社。

张灏，2006，《危机中的中国知识分子》，高力克、王跃译，北京：新星出版社。

赵旭东，2010，《超越社会学既有传统——对费孝通晚年社会学方法论思考的再思考》，《中国社会科学》第6期。

朱维铮，1995，《音调未定的传统》，沈阳：辽宁教育出版社。

现代性的另类追寻

——费达生 20 世纪 20~40 年代的社会改革研究

金一虹　杨　笛[*]

在所有有关费达生（1903~2005 年）的传记和报道中，她都被称为"蚕丝专家""蚕丝教育家"，民间对她亦有中国"丝绸之母""当代黄道婆"之誉。费达生的历史贡献和地位，实则不应仅限于专业技术方面的成就，在 20 个世纪 20~40 年代的中国，她还是一位重要的社会变革推动者、一位立足本土现实寻找中国工业化道路的实验者、一位试图改变女性在现代工业技术体系极度边缘化地位的践行者、一位现代性的另类探索者。

费达生之弟、著名社会学家费孝通先生对她的历史贡献有更全面的评价，说她"不但在技术上把中国的生丝（品质）提高了，而且她在实验怎样可以使中国现代工业能最有效用来提高人民生活程度"（费孝通，1947）。

费达生于 1920 年毕业于江苏省立女子蚕业学校（下文简称女蚕校），后留学日本高等蚕丝学校学习制丝技术，1923 年毕业归国回到女蚕校任教，1924 年担任女蚕校推广部主任，她的合作组织以及企业经营管理知识是在日后实践中学得的，她最初的志向也仅是技术救国、实业救国，通过先进技术的推广应用以挽救在世界性竞争中不断落败、几近"穷途末路"的中国丝业。她是在推广技术的艰难实践中认识到改良中国蚕丝业所遇到的困难，既是技术的，也是生产和分配制度的（费达生，1934a），甚至首先不是技术问题，而是经济社会制度问题，因此，要振兴中国的丝业，单靠技术改进是远远不够的，"一定须有一个适当的制度"（费达生，1933），由是开始了她边推进技术改造边寻找"适当制度"的社会改造之路。费孝通曾说，在农村改革实验方面，"姐姐一直走在我前面"，因此他经常向姐姐学习和讨论，尤其感兴趣的是"怎样去解决技术现代化和经营社会化的问题"（费孝通，1947）。

---

* 金一虹，南京师范大学金陵女子学院教授；杨笛，南京师范大学金陵女子学院讲师、历史学博士。

一 乡村合作实验：先行者的历程

20世纪二三十年代的中国，一批中国知识分子领导的教育机构、社团发起过一场轰轰烈烈的乡村建设运动，以复兴日趋衰落的农村经济，实现"民族再建""民族自救"，以晏阳初领导的中华平民教育会和梁漱溟领导的山东乡村建设研究院影响最大。和这些团体普遍带着预先设计好的乡村再建的宏大蓝图、高屋建瓴式地指导村建不同，费达生和她小小的女蚕校推广部①，既无系统理论预设，也无宏大规划，更没有强大的声势和庞大的组织团队，作为一个专业技术训练出身的人，她只是遵循实验主义的路线——实验—改进—推广—继续实验，实验明白了再规划、再动手，这既是她的局限，也竟成了她的优势：她对中国特别是中国农村的经济社会问题能敏锐捕捉，对问题的认识和所提出的解决方案又那样求真务实，这是因为她的每一个实验性行动都是在与中国彼时现实问题迎头遭遇后的积极回应，而且是和农民共同探索中做出的回应，而新的改造蓝图遂由此而逐渐铺开。因此，费达生和她推广部的乡村实验并不因为实验主义取向而落伍，也不因其实验过后再筹划的路线图而格局狭小。

女蚕校推广部在送技术下乡和推动乡村经济合作运动方面在全国都有先行的意义。民国期间的农村合作运动尽管在各实验区搞得轰轰烈烈，但推动农民生产合作却是30年代以后的事。以中华平教会为例，由于早期中心放在平民教育，所以直到1932年才在定县建立第一个消费合作社（刘纪荣，2008），而费达生则从20年代就开始了组织农民生产合作的实验——1924年女蚕校推广部即在江苏吴江开弦弓村建立了育蚕改进社，实行稚蚕共育和蚕茧共售，揭开农民合作生产之序幕。1929年年初，该村正式建立的生丝精制运销合作社则是一家完备意义上的农民工业生产合作社，为农村生产合作社的先行者。

（一）技术下乡之始末

女蚕校推广部从1923年就开始送技术下乡，实为中国知识界"技术下乡"和"工业下乡"之肇始。

在某种意义上说，女蚕校下乡向蚕农推广良种和改良土丝生产的先进技术也是被逼出来的。一方面，中国农村养蚕制丝仍然沿袭古老传统技术，早已落后于世界，

---

① 女蚕校推广部成立于1923年，胡咏絮为第一任主任，费达生为副主任。1924年，费达生接任推广部主任之职，长达十多年。

非有一场强有力的技术革新不足以挽救中国蚕丝业的颓势；另一方面，中国早年的职业教育通常无法打通理论与经济生产之间的通道，心怀振兴中国蚕丝业之志的女蚕校校长郑辟疆痛感纵然掌握了最先进的蚕丝技术，若不能落地也枉然。而技术何以落地？"若未设法输入农村，其何能生效？"（转引自高景岳、严学熙，1987：183）。遂在她执掌女蚕校期间，成立推广部，将面向广大农村蚕农推广新技术的重任授之于该部。另外，农村对新技术的巨大需求，形成促推广部送技术下乡的拉力。根据开弦弓村村志记载，1923 年该村开明士绅陈杏荪①主动通过震泽区议会邀请女蚕校蚕业推广部到开弦弓村定点推广养蚕科学技术（开弦弓村村志编纂组，2015：24），费达生直到 99 岁高龄时还记得，当年陈杏荪来震泽镇，以"一躬到地"式的鞠躬虔诚邀请他们下乡（沈汉，2003：241），1924 年春推广部胡咏絮、费达生等四人到开弦弓村把蚕业指导所正式建立于村落②，从此开始了在开弦弓村一系列具有开创意义的实验，费达生也从此和农村合作事业结下不解之缘。

在开弦弓村建立第一所蚕业改进社，只是推广部"落子"农村的第一步。费达生和她主管的推广部以开弦弓村经验为模本，在江苏太湖流域一带建蚕业指导所、帮助周边农民组织蚕业合作社，最多的时候由女蚕校推广部建立的蚕业指导所有 24 处之多（李哲、石明芳、林冈，2009：71 - 72）。30 年代官方开始倡导"推行蚕业改良事业"，江苏省农矿厅和各县建设局等官方机构也在各地同样开办蚕业指导所，有鉴于此，女蚕校便将已有指导所的指导事务交由地方部门管理，仅留下无锡洛社一个指导站作为学生的实习基地。只是官方机构的办事效能普遍不高，以无锡县为例，该县 1934 年 4 月"奉命成立"苏省模范蚕桑实验区，之后忙于调查规划、征收"改进费"、设立机构，一时声势浩大（《无锡县蚕桑模范区二十三年总结报告》，1935），仅仅到了秋天就以"蚕汛欠佳"、厅方要"撙节开支"为由，"令饬裁并"了 30 余所指导所（《无锡概览》，1935，转引自高景岳、严学熙，1987：289 - 290）。各地行政机关在未收到应有成效之后，"不得不继续救助于女蚕校"。费达生深知作为一个非官方的小型推广机构所拥有的资源极其有限，但只要农民有需要，推广部"愿意在任何需要的地区随时增设蚕业指导所"，特别是帮助那些苦于技术落后又缺少专业人才的贫困地区蚕农，解决了多年养蚕失败问题，并帮助他们开办养蚕合作社。所以及至 1935 年，女蚕校推广部指导工作已深入苏锡常各地区（李哲等，2009：72）。

---

① 陈杏荪一手创办了开弦弓村的小学，是该村国民小学校长和村长，村民尊称他"大先生"。他是开弦弓村养蚕和制丝合作运动的积极推动者和最重要的组织者。

② 郑辟疆和母亲是对费达生一生影响最大的两个人，郑校长于她既是导师，也是重要的事业伙伴。为了全心身投入中国蚕丝事业，他们直到 1950 年才结为夫妇。此时郑辟疆已年届七十，费达生也四十有八了。

（二）从"土种革命"到"土丝改良"：乡村合作的进路

费孝通曾说，在研究社会制度之间的功能关系时，研究变迁的顺序是特别有意义的（费孝通，2005：184）。以此观察费达生的乡村实践，可以看到一个农村合作组织是依何种顺序推进的？最初，费达生和她推广部同仁的目标仅仅是"送技术下乡"，做现代技术和农民之间的桥梁。但是在克服推广新技术的艰难过程中，她深刻感知农民的"保守性"更多基于小农家庭在经济上的脆弱性。除了蚕病和落后的生产技术，他们还要承受高利贷、茧行、丝行的道道剥削，由是萌发起用合作经济组织来抵抗资本剥削的想法。但从家庭生产中发育出合作组织，需要从初级形态培育起。她们在开弦弓村的合作实验，就是从一个类似"互助组"的"蚕丝改进社"开始的。这个改进社第一年由村里 20 户往年养蚕失败的人家，加上本村积极促进合作实验的开明绅士陈杏荪共 21 户组成，通过"共同催青""稚蚕共育"[①] 的合作方式科学育蚕，使参加改进社的蚕农都得到了好收成，其"茧质之佳，茧量之丰为历年所未有"[②]。在使用新种和新式养蚕取得一定成效后，推广部又将改进社工作推入下一个蚕茧销售的环节。通常茧行利用鲜茧存放时间短的特点任意压价欺诈蚕农。自 1925 年始女蚕校蚕业指导所开始在蚕农中提倡鲜茧共售，并在各合作社提倡设评茧台，使社员交茧时可以得到合理议价。

但是养蚕属于农业，合作程度毕竟有限，且利润微薄，费达生痛感"农民辛苦了一年，劳动的结果却给了茧商，至于丝商，不很费力而获得大利，在我们看来是一种不公平……所以我们就进行农民合作烘茧和制丝"，让"由茧成丝这一节所获得的利益，仍旧回到农民手中"。但是"制丝是一项现代工业，它的成效是系于技术"，所以要达到农民自己来缫丝，会遇到许多复杂问题，故"制度和技术二者之间，须有适合的配置"（费达生，1934a）。费达生在这里所说的技术，是改良制丝的新技术，所说的制度则是合作制度。

推广部的"科学育蚕"与"改良土丝"几乎是同步进行的，女蚕校推广部与震泽市公所合作设立的土丝传习所仍以开弦弓村为改良土丝的试点，经土丝传习所免费培训，农妇们缫丝技术进步神速，改良土丝因质量高于一般土丝，售价也提高了，农户参与的积极性遂大为高涨。

但是烘茧所需的烘茧机、改良土丝使用的脚踏式缫丝机都需要资本，对一般农户来说，改良丝车造价昂贵，因此推广部建议当地蚕业团体集体购买，轮流使用

---

① 催青，即以一定恒温孵化蚁蚕。稚蚕共育，即在幼蚕时期将各家的蚕放在一起，统一使用良种、共同消毒、共同孵化，各家轮流负责，便于技术指导和相互监督。

② 引自苏州大学档案馆藏《女蚕》，1924 年第 13 期。

（李哲、石明芳、林冈，2009：34），这在一定程度上又促进了蚕农间的合作。

这一从原茧生产到原材料粗加工（烘茧）再到制丝，是由农及工的过程，既有工业生产链条的延伸，也有从合作的初级形态（互助组）向企业化合作生产方向的发展。

（三）开启乡村建厂和合作生产的新篇章

尽管改良丝质量和售价都好于土丝，但仍无法适应现代工业大机器生产的要求，1928 年改良丝价格跌到低谷，村民们了解到，除非有以蒸汽引擎为动力的机器生产，否则丝的质量就达不到出口标准。于是一个用合作工厂代替家庭手工业的动议就形成了。1929 年 2 月 23 日开弦弓村有限责任生丝精制运销合作社正式成立，这是第一个农民自办的机械制丝厂，预示一个新型乡土工业组织的诞生，是"把合作经营的原则引入中国农村经济的最早尝试"（费孝通，1990：4）。

"合作社'集合社员鲜茧、精制生丝运销外洋，以节省社员消费，增加生产利益'为目的，共有社员 429 名，基本包括开弦弓村全部住户和邻村村民 50 余户。（合作社）以 10 元一股，当年共入 700 多股，并选举陈杏荪为合作社理事主席。这个以现代工厂制度代替家庭手工业的合作工厂，从 1929 年一直运营到 1937 年末，它曾"生产出中国最好的生丝"（李哲等，2009：73）。

这一微型乡村工业组织的创立，其意义远超于一村一社。正如日本学者古田和子所评价的："开弦弓村开设的一座小规模的缫丝厂，虽是农村发展迈出小小的一步，却是现代中国极有价值的试验。"[1]

国民政府中央合作研究班在实地考察了开弦弓村后所写的报告中称，该合作社"份子健全，组织完密，自选育蚕，至于缫丝，无不采用科学方法，以至业务发展有蒸蒸日上之势，非独为一县一省生产运销合作社之楷模，抑亦全国之标榜也"（徐绍阶，1930）。

根据开弦弓村村志记载，1928 年秋，是"费达生提议创办股份生丝合作社，陈杏荪等负责组织"（开弦弓村村志编纂小组，2015：8）。费达生在会同其他热心人士在合作社筹划、贷款、工程设计和机械试验组装、技术培训等方面都做出重要贡献，因此陈杏荪称"女蚕校校长郑紫卿[2]先生及推广部主任费达生先生实为敝社之慈母"（陈杏荪，1933：4），而费达生则认为农民是这个合作社真正的主体，他们非常聪明，"像这样复杂的合作事业，现在一切都已经由他们自己办理，我们除运

---

[1] 1929 年 5 月 23 日和 8 月 23 日，先后有两位日本学者访问开弦弓村，参观生丝合作社。古田和子的评价参见开弦弓村村志编纂小组，2015。

[2] 郑辟疆，字紫卿。费孝通称他"是个富于战略思想的人，他所主持的浒墅关女蚕校不愧是中国蚕丝改革的发动机"（费孝通，1990：4）。

销及技术上加以指导外，一切都归农民自己负责"（费达生，1933）。

（四）设计建立农工一体、合作形式的代缫丝制

考虑到一村范围内建立现代机器生产的制丝合作社，受到资金、动力、原材料供给的限制，费达生设计了一种在蚕丝生产中心地带建立中心代缫丝所，再设若干代缫分所，由代缫丝所与周边养蚕合作社订立合同，代为烘茧、缫丝，仅收取加工费的合作代缫丝制。这样，一方面"使丝业能安定在农村中，使其成为维持农民生计的一项主要副业"；另一方面实行农民本位的分配原则，以使农民免受资本层层盘剥压榨；同时也有利于改善生丝品质，提高产品竞争力（费达生，1934a、1934b）。

从 1933 年到 1937 年年底，费达生通过租借、改造停产制丝厂等方式，亲手组建了玉祁、平望、震泽三个代缫丝所，她一人兼任三厂经理，穿梭往来，忙得不亦乐乎。代缫丝所除了使用彼时最先进的"女蚕式立缫车"以保证制丝技术领先，同时也在合作分配制度方面做出创新，即在最大限度保障蚕农利益的基础上，"使蚕农和丝厂实现共赢"。

从 20 世纪 20 年代到 30 年代，以开办小规模的开弦弓丝厂开始，到参加周边地区大型丝厂的改造工作，从土种革命、改良土丝到机械蚕丝代缫，费达生和推广部同仁们的努力使得这一地区形成了一整套从养殖到加工的合作系统，"使得中国近代的蚕丝生产在真正意义上实现了近代化，并取得了可以和日本蚕丝业相竞争的自信和实力"（李哲等，2009：90、92、83）。

二 在"乡村小道"和"工业通衢"之间

有学者将 20 世纪三四十年代中国的两种工业化模式之辩比喻为"工业通衢"和"乡间小路"之争（刘长亮，2005）。不可否认，现代工业技术主要来自国外，而当时缫丝工业技术则主要来自日本。从日本学习先进制丝技术归来的费达生为什么不选择一条欧美和日本都走过的发展都市大工业的"通衢大道"，而偏要不畏崎岖、走一条艰难的"乡间小路"呢？

费达生坦言，若要"按照资本主义的方式来组织新的工厂容易得多"，但"如果我们把工业从农村引向别的地方，像很多工业家所做的那样……农民实际上就会挨饿""如果中国工业只能以牺牲穷苦农民为代价而发展的话，我个人认为这个代价未免太大了"。[1] 就费达生个人而言，留学归国之初就有日资丝厂向她发出邀请，

---

[1] 转引自费孝通（2005）。费孝通在《江村经济》一书中指出女蚕校是江村变革的推动者，文中"变革者说"应指其时女蚕校推广部负责人费达生。

其间还有实力雄厚的私人企业希望她留厂工作，但都遭到她的拒绝，她自问："我应该为资本家的利益工作而使人民更加痛苦吗？"她之所以选择"乡间小路"，是基于非常质朴但异常坚定的民本思想："一切科学上的发明，应当用来平均的增加一般人的幸福，不应当专为少数人谋利，甚至使多数人受苦""以养蚕制丝而言，我们愿意尽我们先得的知识用来促进农民一般的利益"。（费达生，1933）

（一）"把丝业留住在农村"

19 世纪末期以来，随着国际资本新一轮殖民扩张，中国已从一个昔日丝绸大国沦为原材料生丝的出口国，又受日本以技术优势和低价倾销策略的挤压，生丝出口也"殆成穷途末路之势"①，而在世界性经济危机爆发之时又要被迫接受国际资本的危机转嫁。30 年代中，由于国际生丝需求锐减，中国缫丝工业几乎全行业破产，丝厂一家家倒闭，实则受冲击最烈、遭受苦难最深重的莫过于以蚕丝业为重要副业的中国农村和农民。

在蚕桑发达的江浙地区，制丝是农村地区重要的手工业，在某种意义上可以说丝业就是农民的生命线。但因土丝出品不齐、质脆易断，不适合欧美转速很快的织绸机，逐渐被工业机器生产的"机丝"取代。在曾以出产土丝纤度最匀净著称的"梅村丝"的无锡一带，土丝已几近绝迹（《江浙粤丝业调查》，1917）。广大蚕农只能出售蚕茧，任由茧行压榨。农村手工制丝业有从农村消逝的危险。

面对这一危势，费达生大声疾呼："把丝业留住在农村""安定在农村"，使其成为维持农民生计、繁荣农村的"一项主要副业"（费达生，1934a），费达生这一主张似乎和工业生产分工日趋细化、生产链条不断跨域延长的大趋势相悖。但对有着鲜明农民本位取向的费达生来说，使"蚕丝业乡村化，即所以救济农村"，却是再合理不过的（费达生，1932）。

费达生主张把丝业留在农村，并不是要保留手工缫丝的落后生产方式，而是要利用最新式的技术；也不是延续小农家庭经营的模式，而是通过合作社的组织形式，在农村建立一个"最小规模，最大效益的工厂单位"。在《提倡乡村小规模制丝合作社》一文中，费达生详细论证了这一模式的合理性和可行性：一方面蚕丝业本身就具有半工半农的性质，乡村制丝合作社亦具有乡村性，因此无论从土地、人工、接近原料产地等因素都决定了它的创办成本要远比在城市设厂为低；另一方面合作社制丝的蚕茧来自本社社员的折股，无须大量资金周转；另一个优势则是乡村经济富于弹性，遇到不景气时犹能维持，不若城市工业资本家，必须有利可图才愿让企业继续运转下去，而工厂一旦倒闭，以工资维生的工人将陷入极大困境；第四个理

---

① 到 1936 年，日丝在输往美国的生丝中已占到 97%，而华丝仅占 1.90%（尹良莹，1989）。

由也是最主要的，小型乡村合作社可以维持农村经济的安定。费达生说，如若丝业脱离乡村而城市化，非但不足挽回农村衰落，反而加速农村人口的离散，因此救济农村，就要发展乡村工业，吸引人口，特别是留住优秀的农村青年（费达生，1932）。

费达生之将丝业留在农村说，并不是纸上画卷，她力推开弦弓村成立生丝生产合作社，就是对这种理想的践行。费孝通在他成于 20 世纪 40 年代的《乡土重建》一书中，又从理论上对留住丝业的意义做了进一步阐述，指出分散在无数乡村的乡土工业一方面"帮着农业来养活庞大的农村人口"，另一方面"在已经成熟的西洋侵略性的工业经济的滩头，要确立我们民族工业阵地"，即使在策略上，"大概不能避免走上复兴乡土性工业的路子"（费孝通，2012：69、70、73）。

（二）对小型乡村生产合作社的争议与质疑

开弦弓生丝精制运销合作社的实验引来广泛的社会关注，有赞赏，也有质疑和争议。

分散的乡土工业能否输入现代技术？农民能否以合作形式组织起来？费达生在开弦弓村的实验已经证明了，小而分散的乡土工业绝非与先进技术不相容。在当时中国都市丝厂都还在使用 1862 年欧洲老式大蓑直缫机器和童工打盆、手工剥茧等落后工艺时，开弦弓生丝制作合作社在建厂之始就已经使用了先进的小蓑复摇丝车，生产出达到出口标准的优质生丝（李哲等，2009：77 - 78、81）。1935 年开弦弓生丝合作社再次更新设备，并对制丝工艺进行系列改革，生产出"金蜂牌"商标的优质生丝，被出口局列为最佳产品（开弦弓村村史编纂小组，2015：26 - 27）。开弦弓村生丝合作社遵循自治自为的原则，在费达生与女蚕校推广部的发起帮助下，走上了自我发展的道路。

对开弦弓生丝合作社的实验，社会学家吴景超在 30 年代委婉地说"并不圆满"（吴景超，1939：306），陶孟和则说，开弦弓合作社的成功，只在社会与生产两方面，而在价格、市场、金融诸方面"还不得不受现存组织的压迫"（意即和正规工业组织相比不具竞争力）（转引自费达生，1934a）；而澳大利亚人类学家葛迪斯在 1956 年访问江村后则直接说这一"通过农村缫丝工厂实现合作的尝试并不成功"（葛迪斯/费孝通，1986：350 - 351）。今天学者亦有认为，开弦弓村合作社的变革意义只在乡村社会生活层面，而合作工厂本身"未获真正成功"（汪和建，2001）。

所有判定开弦弓生丝合作社"不圆满""不成功"的依据，一般来自开弦弓生丝合作社对经营遭受挫折的据实以陈的报告。确实，开弦弓生丝合作社除第一年（1929 年）赢利一万多元外，其余年份都在亏损经营。"生不逢时"的合作社在第二年就遭遇国际生丝市场价格的暴跌，尽管他们成功地生产出了高质量的丝。更直

接的是资金问题，开弦弓生丝合作社的资金部分来自社员入股（只占2%），80%来自女蚕校以技术担保向农民银行贷的款，其余是向女蚕校借锅炉和机器等折算。在1930～1936年工厂不是没有盈利，但盈利必须用于每年的还贷和购买生产资料，因此合作社盈利未达预期。但费达生并不认为开弦弓生丝合作社经营是失败的。她强调亏损并不是赔本性质，而是用于还贷和付息；她认为一个经营实体开始几年负债经营实属正常，每年亏损数千元也还在可控制可维持范围。事实是由于开弦弓合作社因所产厂丝的质量在同行中领先，1935年以后生丝合作社的业务转向兴旺（开弦弓村村志编纂组，2015：27）。更重要的是，农民合作社的主要目标在于"维持工作机会"，只要每个人能有工作做并获得工资，虽然合作社负债经营，村民仍然是"愿意极力维持的"（费达生，1933）。

实际合作社遇到的最棘手问题是，尚显稚嫩的合作经济组织在遭受经营困境时能否经受考验。开弦弓的股东们在1929年每股分得红利10元，此后再也没有分得红利。社员们入股盈利的愿望未能实现，其直接反应就是不再继续向工厂缴纳股金（实际上社员们只缴纳了认购股金的一半），也不愿按规定向企业提供鲜茧。其次是机器对人的挤出效应——原来这个村至少有350名妇女从事缫丝工作，而现在同等量的工作只需要不到70人就能轻易完成，将近300名妇女失去了劳动机会。

被机器"挤"出的妇女劳动总要寻找出路。1929年，本村蚕农将自家生产的5/6的蚕茧都交给了合作社，自家只留下1/6，但到了1932年，自家留下的蚕茧占到2/3。本来工厂机器生产已经取代了手工缫丝，但在1930～1936年，部分农家又恢复使用脚踏丝车缫制土丝，以至合作社得不到足够的蚕茧供应。尽管土丝的质量和价格无法和机制丝相比，但农村妇女认为，闲着也是闲着，摇出土丝多少能换些钱补贴家用。基于劳动与技术的替代作用，当剩余劳动没有转移机会又太过廉价时，已经淘汰的传统技术随时可能卷土重来。

尽管费达生并不把生丝合作社遇到的困境看作是合作生产的失败，但她也对一村一社的合作社规模过小、信用不足的局限进行反思，设计在已有育蚕合作基础的较大区域，成立规模较大（200车左右）的生丝代缫所与50～100车的代缫分所联合成系统，即超越一村一社的更高形式的合作模式（费达生，1934a、1934b）。

三 以合作体制对抗巨型资本

从费达生的相关论述中，我们可以感受到她对资本的趋利性有一种"总体性焦虑"，对巨型资本的扩张无度亦抱有很深的警惕。

（一）巨型资本垄断之忧

费达生不是一般意义上反对资本，相反，她深知资本要素对于工业化和技术更新的作用不可替代，多年来她一直想方设法为农民合作组织争取农民银行的低息贷款。[①]

费达生也从不拒绝与工商资本合作。当年推广部为解决经费不足的困难曾与合众蚕桑改良会[②]合作，由合众蚕丝改良会承担在无锡设立蚕业指导基地的费用（费达生1981年口述，转引自高景嶽、严学熙，1987：171）。费达生也和丝界企业保持良好的合作关系，推广部曾帮助多个企业进行技术改造和人员培训。

但费达生始终对资本保持着高度警惕。她曾明确表示：复兴中国的丝业，不能指望营业丝厂的资本家，因为企业必定要逐利和满足股东的盈利目的，资本主义愈发达的地方，资本跟着利息而流动的速率愈大（费达生，1934a）。她在以玉祁代缫丝所经理身份接受《申报》记者采访时，再次强调了合作制代缫丝厂与资本经营丝厂的本质差别："向来丝厂之组织，举凡原料、制丝、推销、悉操资本家之手""资本挂帅，经营者仅知商业图利"，而代缫丝所的合作性质决定了它"不似资本家之剥削"。她强调玉祁缫丝所的两大特点：一是厂址设于农村，雇用附近农民作女工，籍使农民经济宽裕，生活安定；二是实行工厂学校化，谋多数工作人员之幸福。

女蚕校于20世纪30年代准备自筹资金建实习丝厂，商请无锡永泰、乾森、瑞纶、乾泰四厂集体贷款，而实力最雄厚的永泰则愿单独贷款并要求学校将制丝科设在永泰，还邀请费达生留在永泰工作。考虑到"制丝教育和技术改进应服务于国家，不能为一家独享技术优势以谋利"，女蚕校和费达生拒绝了永泰的要求，坚持向四家企业集体贷款（李哲等，2009：53）。

费达生对巨型资本保持高度警惕，除了出自她对资本逐利本性的认识，也出自在农村合作运动中与商业资本博弈的经验。对近代农村合作运动研究普遍采用国家与社会的二元分析框架，分析民间社会团体与国家政权交相更替主导农村合作运动的复杂过程（刘纪荣，2008）。实际农村合作运动在民间社团和国家外还有工商资本第三种力量，且力量不容小觑。1928年在南京国民政府的直接推动下，苏省开始由地方政府力量主导的农村合作运动实验，以图全面控制蚕丝业。省农民银行也直接组建合作社，仅在无锡地区由农行组建的合作社就有34个（王丰亮、陆渭民，1936）。尽管有学者指出，国家控制的合作社具有"中农化"趋势（陈意新，2005），贫苦农

[①] 省农民银行负责人王志莘在实地考察了开弦弓村的丝业改良和听费达生介绍生丝制造合作社计划后，十分赞赏，贷款很快如数拨付。参见李哲等，2009：73。

[②] 中国合众蚕丝改良会是1918年上海江海关在生丝附加税项下拨出经费所创办的，由中国、日本、意大利、法国等派员组织（《江苏省立育蚕试验所汇刊》，1919）。

民仍得不到低息贷款。尽管农行向合作社发放贷款不多，但比之国家资本进入之前，农民仅有向高利贷借贷一条黑道，银行资本的进入还是具有积极意义的。

银行资本的侵入对工商巨头如江南"丝业大王"薛寿萱垄断丝业是不利的，于是他运用雄厚的商业资本，在农村中遍设指导所、组织合作社。当时由永泰控制的蚕丝指导站及"蚕农合作社"在无锡及邻近县竟达三四百处之多。工商资本比官方资本更厉害，第一它全面控制了蚕种，规定社员必须使用"永字"牌蚕种；第二控制了原材料，蚕农必须把鲜茧出售于永泰系各茧行（高景嶽、严学熙，1987：323），显示了巨型资本垄断市场的贪婪和惊人能量。

（二）以农村工业合作"抗拒巨型工业化"

女蚕部推广部作为一个非营利的民间社团，在国家资本和工商资本之间又应何为？是否有一种制度性力量既能利用资本发展工业又能限制资本的无度扩张？费达生认为，必须在中国本土上建筑起一个"包满着可以滋长繁荣条件"的"新的社会组织"，这个组织就是合作制度，它是"农村工业抗拒巨型工业化"之"唯一值得推行之制度"，她坚信在与"世界资本主义经济制度相竞争时"，合作制可能"走出一条生路"（费达生，1933、1934a）。

在1936年"江苏省蚕业讲习会"的一份讲稿中，费达生强调农村合作社的宗旨和运作特点是，"以经济事业为手段，从根本上改进社会；以平等为原则，不论资本多少，权利义务相同；民主精神、集体合意处理合作社会事务；以'自作为制度，大家合力管理自己的事情'，概言之，农村合作社是"多数人团结起来，为解救自己的痛苦，谋自己的幸福起见，以经济事业为范围或手段，以平等为原则，以人为标准，以民族精神而形成一种自治制度"（费达生，1936），从而从原则上与商业资本所办的合作社区分开来。

费达生也坦言，农村合作运作存在很多困难，首先是农民低度的社会化和自利心；其次合作组织管理权分散，对市场不如资本主义企业那样反应敏捷。最重要的是合作运动既然基于服务和人道主义，就要"以博爱心优待劳动者"，不能像追逐利润的企业一样"勒逼劳动者，或榨取最高限度的劳动工作"，因此同时兼有股东身份的合作社员"不得不牺牲一点"个人利益。最后，合作社作为一个社会组织，还负有维护"公道、道德、平等"等很多使命，这对从小规模做起的合作社，是一个注定要遭遇许多困难的事业（费达生，1936）。

费达生主导的农村生产合作社"运用资本主义机械"，但"不以利润为目的"，在与资本艰难博弈之际，她喊出"打倒利润主义"的口号（费达生，1933）。女蚕校推广部——一个公开宣称"对本身赢利不感兴趣"的非营利组织，在与国家资本、商业资本控制的合作组织的三方博弈中，坚持以非营利合作体制对抗资本，可以说是相当另类的。

当然，她深知与巨型资本相比，民间合作社的力量是多么弱小，所以要以扩大联合来增强力量。按照费达生的设想，农民合作社应由地区－县（市）－省继续扩大发展为全国性的联社。与官办和私立合作社只想控制生产链下游的原材料供给不同，费达生希望农民的合作运动能向上延伸，包括蚕丝业购买、贩卖、利用（经营）、信用等全部业务（费达生，1936）。她和她的同人也一直不懈地推动合作组织从村级向区域扩展并建构更广泛的合作体系，但日本侵略者的战火使这一实验戛然而止。

四　未曾列入正式议程的性别议题

清末民初，中国举国上下洋溢着对国家现代化的热情，而在各种对现代性的想象中，性别是现代中心议题之一，但大多限于开放女子教育、社交、婚姻自由和女子参政等制度文化，而对于经济组织与科技系统中性别关系之现代变迁则几无涉及。但是农村经济在引进现代机器和新的组织形式后，将给男人女人带来什么不同影响？在从乡土工业中生长起来的民族工业体系中，妇女应该处于什么位置，扮演什么样的角色？这些并未进入那一时代设计中国现代化的知识精英们的视野之内。费达生并不是一个自觉的女性主义者，在她的实验性变革计划中也并未明确设置性别议题，但以上问题都是她在实践中必然遇到且不能不做出回应的。从费达生的实验性探索来看，让农村妇女分享工业化带来的福利、让妇女掌握新技术从而走出工业生产和技术的边缘地带，一直是她改造社会、改造生产经济体制的隐性主题。

（一）感知现代变迁中的性别化差异，发现妇女的力量

费达生于无声间将性别议题楔入了技术和经济生产组织的变革之中。显然是受到了她具有女权思想的母亲的影响。她的母亲杨纫兰毕业于上海务本女校，是第一批受到西方新式教育的女性，她曾为金天翮写于1903年、被称为中国第一部倡导女权的黄钟大镛之作《女界钟》写序，痛诉旧制度下女子"顺从以外无道德，脂粉以外无品性，并臼以外无能力，针绣以外无教育，筐筥以外无权利"；她呼唤女权，让妇女"出之于奴隶之阱，而登之于平权自由之乐土"（杨纫兰，2003：6－7）。她深恨自己因多育和体弱多病，不能坚持做一个职业妇女，因此教导女儿说"你不要回到厨房里去"，鼓励女儿到社会上去为社会服务（费达生，1992：118；余广彤，2002）。

费达生的性别意识也源自自身的性别体验。她在《我们在农村建设事业中的经验》① 一文中，提到两个机器替代劳动、结果却迥然不同的案例。一是太湖流域干旱，地方政府提供了电力打水机低价租给农民。因为有了电力抽水机替代，农夫们不再需要踏水车抗旱了，于是闲下来赌博，以至于农妇们纷纷来乡公所哭诉其丈夫、儿子因为上赌场把家产"荡"尽了。二是开弦弓生丝合作社使用机械缫丝，替代了数百农妇的手工缫丝工作，但妇女们"不会觉得无事可做而去胡闹"，她们继续繁忙，去打理旁的家事（费达生，1933）。为什么技术变迁对男女两性带来如此不同的影响？为什么女人不会因为机器替代了工作就空闲下来？为什么她们对家庭有做不完的劳作和无限的责任？费达生未能从社会理论的角度给予解释，但她从农村生活实践知道，妇女因不能继承土地，是家庭中的"无田地者"，妇女是作为家庭重要劳动资源供给者嫁到男系家庭的，她们的生产技能和陪嫁（布匹、纺车和织机等）一样重要。在开弦弓村，母亲嫁女时都要给女儿带一张蚕种到婆家，这张蚕种如同给新媳妇的考卷，养得好就好，养不好要被视为丧门星，在人前抬不起头。也有因蚕病负债还不起，上吊跳河，家破人亡的（余广彤，2002：39）。

费达生深切体会到，笼统的"蚕农"身份下是存在性别差异的，"养蚕、做丝都是妇女在搞"（费达生，1992：118）。她在推进合作的过程中看到妇女自身蕴藏的力量，看到可能建构起的主体性。开弦弓村制丝厂成立并不是纯粹外部力量推动的结果，开明士绅推动、村民办社的积极性是重要的内在动因。陈杏荪在开弦弓村合作社三年报告中，记录了合作社倡导规划、筹资建设的过程，除了费达生、孙伯安等有名有姓者，尚有"由杏荪等召集同志，不数日得赞助员四百余户……"（陈杏荪，1933：3）之说。在这一段"创业叙事"中，"同志"是无性别标记，或想当然是男性家长，而费达生的口述回忆却将隐形的女人们呼唤出来了——她说当妇女们生产的改良丝带来比土丝高1/3的收益后，"这一下500户人家都要做丝了，你是女的，我也是女的，你能做好丝我也能做好。于是我们想到了办个工厂"（费达生，1992：117－119）。换句话说，点燃办厂这把火，开弦弓村的女人也是重要推动者。这一对妇女在经济生产领域的主体性认识有不同寻常的意义。

在历史上纺织作为一项"妇工"，对中国经济起到的作用，远不止于"维系"农耕经济。据史学研究，在很长一段历史时期，男人耕种的粮食和女子织造的织物对农家纳税来说，具有相同的价值（白馥兰，2010：187）。但是在父系本位的经济体系中，"男耕女织"中的"女织"依然被视为"助耕"而带有附属性，女性创造

---

① 据《费达生传记》作者余广彤论证，费达生本篇是费孝通执笔，费孝通以费达生名义发表的文章，除此篇还有：1934a，《复兴丝业的先声》，《国光》第2卷第2、3期合刊；1985，《建立蚕桑绸的系统观点》，《江苏蚕业》第2期。

的劳动价值无形中也被贬抑。

费孝通和黄宗智有关农村经济变迁的研究，都肯定了妇女劳动对维系中国小农经济的重要作用。费孝通强调是"男耕女织"的性别分工模式维持了"不饥不寒"的小农生活、缓解了现代化危机，"女织"为主的家庭手工业一旦遭到破坏，必将带来农村经济的崩溃和社会结构的"脱栓"①。黄宗智则强调，正是由于小农家庭充分利用了妇女、儿童和老人这些低报酬、低机会成本的"辅助性"劳动，才长期维系了中国"过密化"的农村经济（黄宗智，2000：64、80），但是在这些男性学者论述中，"女织"仍然是边缘、辅助性的劳动。身为女性的费达生，由于女性身份体验使她具有男性学者所不具有的性别敏感。如她认为纺织业（包括丝织业）起码在中国的工业体系中应有与重化工业有同等重要的价值。她曾撰文批评，丝业一遭受危机，就被指已经走到尽头、没有希望、（国家）不必提振；而钢铁业同样因经济危机而极不景气却没人说钢铁业没有前途（费达生，1934a），在庞大的工业体系中，女性化的纺织业位置低于男性化的钢铁、重化工业——行业也是具有"性别化"的等级属性，受到国家区别对待。因此，费达生为复兴中国的蚕丝业鼓与呼，在某种意义上也是对中国现代经济体系结构性地将女性为主的经济活动置于边缘状况的一种抗争。

传统乡村妇女的蚕丝技艺都是靠母女相传、凭经验摸索的。费达生认为，传授给妇女先进技术，不仅可以提升妇女的家庭地位，也将改变她们在农村整个生产体系中的位置。所以推广部在每一个合作项目开始之前，首先要做的就是对妇女进行技术培训。从 1924 年开弦弓村推行土丝改良始，费达生每年都从村里招收练习生到女蚕校学习 3 个月；1925 年又通过震泽土丝改良所先后为开弦弓村培训了 70 余个技术骨干。② 1929 年，在筹办开弦弓村生丝制造厂期间，边建厂房边在社员中培训合作社未来的管理人员，经数月培训"教得练习生 8 人，均系女子"（费达生，1930）。

（二）催生第一代农村妇女的"挣工资者"

1929 年，伴随村办制丝合作社的汽笛声，开弦弓村诞生了本村第一批挣工资的劳动者。工业化对农村妇女带来的重要影响，首先在于实现了从"农妇"到"女工"的身份转换。妇女对家庭有了直接的贡献，且因工农业生产的价值差，使妇女务工所挣的收入相当可观。这显然有利于她们家庭地位的提高。

但是现代工业需要有高度流动的劳动，甚至需要将劳动者从乡土社会、从家庭中

---

① 费孝通之"脱栓"一词，指乡土社会传统有机配合所维持的小康生活被破坏，并说"第一个脱栓的齿轮是乡土工业"（参见费孝通，2012：70）。

② 该传习所为震泽丝业公会所办，开弦弓村得以派 70 人受训，陈杏荪认为是因为推广部试点而独享的优先权（参见陈杏荪，1933：2）。

剥离出来。如何看待农村妇女的离乡和被从家庭中的剥离？也许目睹太多农民被迫背井离乡的苦难，费孝通先生认为农民被迫离乡是"可咒诅"的，因为它不仅使大量农民失业和流离失所，而且破坏了原乡土社会结构的"成全性"，包括农民家庭的完整性（费孝通，1946）。尽管费孝通在40年代做昆明工厂调查时也发现，相当一部分女性进厂的动力是以离家工作来应对家庭冲突的压力（费孝通，1940）——这一发现其实很有意义，说明至少有一部分妇女离乡进厂，是出于对家庭中不平等关系的反抗。也许他从结构功能主义的立场看，农民家庭、邻里关系的"整全"和"契洽"比个体从固有关系中抽离的自由更重要。应该看到，费达生在这一点上的立场与费孝通是有区别的，她显然并不否定妇女自主离乡，甚至积极促成妇女外出就业。1930年无锡永泰丝厂在开弦弓村招收了32个青年妇女，她们成为该村第一批离乡务工的妇女，这32个女青年就是费达生亲自陪同永泰丝厂厂长邹景衡招收的。①1935年，费达生任代缫丝厂经理时又吸收了138名开弦弓村的青年女性；抗战胜利后，她又安排村里30多个女青年进无锡和浒墅关实验丝厂做工（开弦弓村村志编纂组，2015：75）。

妇女离土又离乡的意义不可低估，妇女不仅成为"挣工薪者"，甚至成了家庭的主要"养家者"。当时在开弦弓村相当一部分家庭中，形成了"男耕女工""男内女外"的新性别分工，对传统性别角色规范的颠覆意义也是不言而喻的。

当然，费达生一方面肯定农妇成为制丝工人"在经济上是极为有利的事"，同时也看到这一变化可能会带来旧的社会关系的解组和失调，如打破了婆媳、夫妻之间原有的平衡。费达生说，意识到自己现在所做的农村工作，既是"建设"也是"破坏"，因此每在引进一个新技术到农村中时，她将持"十二分的谨慎"；但对于变迁中不可避免的"社会失调"，费达生又说，只能"硬一硬心肠"，让"未来的光明来照亮目前的黑暗"（费达生，1934b），含蓄地表达了她对因工业化变迁带来家庭关系、性别关系的改变所持的积极态度。

（三）建立对女工友好的生产空间

工厂体制是最具性别化和等级化的空间。在劳动密集型的丝厂底层劳工全都是女性，她们被称作"做丝阿姐""不当人看待的"。费达生曾参观上海丝厂，亲眼见到缫丝女工在条件恶劣的车间里长时间工作，未成年的女孩做打盆工②，管工手握皮鞭在车间来回巡视，甚至用烫水浇打瞌睡的小女孩……她见此痛心至极，决心将来一定要改掉这种野蛮的管理制度，增进工人的劳动福利。她在玉祁制丝所担任经

---

① 参见陈杏荪，1933：73。永泰丝厂招工历来以苛刻闻名，费达生的引荐应该起到重要作用。
② 打盆就是将茧入锅内，用竹手剥茧，提捞丝绪，然后转入缫丝锅内。打盆工多用童工。

理后，便大刀阔斧地进行了改造。丝厂取消了童工打盆，全部用煮茧机煮茧，把工人工作时间由原来的 12 小时减至包括学习时间在内的 10 小时；同时适当提高了工人工资，建立奖金制度，做到女工工作时间减少而报酬还比一般丝厂高。她提倡工厂学校化，建立医务室、食堂、员工俱乐部、教室、哺乳室、浴室及女工宿舍，改善了工人的福利待遇。对费达生的改革措施，厂主吴申伯对产品质量表示满意，但不满费达生提高工人福利拉升成本。费达生为保持工人工资福利不降，千方百计以提高机器效率、降低生产成本（如增加丝蒪转速、降低煤耗）、加强技术培训、提高生丝品质，最终保住了工人已争取到的福利（余广彤，2002：83 - 86、79）。

女工的利益始终是费达生最关心的，每当与资方在劳工福利方面无法协商达成一致的时候，费达生不会妥协。抗战胜利后，中国蚕丝公司接收了日资的瑞丰丝厂[①]，并任命费达生担任经理。她踌躇满志地希望按照玉祁制丝所模式办成一个模范丝厂。但她有关盖工人食堂、宿舍、托儿所的计划均被中蚕公司否决，费达生愤怒于官僚资本只管赚钱，不管工人死活，一年后她在争得给工人发了年终奖后即愤然辞职（余广彤，2002：133 - 137）。

在辞去第一丝厂的经理职务后，费达生不甘放弃建模范丝厂的理想，她力促新运妇女指导委员和女蚕校合作贷款，在女蚕校的废墟上重建了苏州实验代缫丝厂。实验丝厂中女工宿舍、医务室、合作社、缝纫室，工人识字班一应俱全，还办了菜圃和猪圈以增加工人的营养。新运妇女指导委员会的机关刊物《妇女新运杂志》总结道：实验代缫丝厂都是"女先生"管理，工厂经营管理模式"体现了厂方对女工的爱护"，不仅生产出达到出口国际水平的生丝，而且"改变了二百三十六个农妇的经济命运""大大抬高了每个人在家庭中的地位"（彭昭仪，1948）。

对于费达生而言，工厂并不仅是一个生产空间，还是一个生产以人为中心的社会关系的场所。她提出把企业办成"改良工人生活、技术和教育的工厂"（全衡，1939），就体现了这种理念。尽管她无法从根本上改变劳资关系，但只要在她管理的权限范围之内，她一定会努力将工厂办成对女工友善的生产空间。

（四）田野和工厂中的"女先生"：进入技术管理层

对东西方权力关系而言，科技乃是西方优越性话语的核心要素（白馥兰，2010：7），而对性别体制而言，科技和管理也是体现男性优势的领域。整个一部中国早期工业技术史，就是一部男性工业之子和技术精英的历史。费达生和她执教的女蚕校则通过自己的社会实验，改写了妇女完全被此高度男性化领域排斥的现状。

---

① "中国蚕丝公司"是宋子文以农林、经济两部名义联合建立的一个官僚资本垄断机构，中蚕公司接受了日伪华中蚕丝股份有限公司的全部财产。转引自高景嶽、严学熙，1987：444。

在女蚕校开办早期，作为一个女子职业学校，头两届毕业生都无法进入任何专业部门工作，通过"技术下乡"，在乡村这个远离工业现代化中心的边缘地带，一批女性技术人员逐渐赢得了在技术和生产领域的表现机会。在开弦弓村，村民们都尊称费达生为"费先生"，表达了对她专业权威的高度认可。她对蚕丝业的成就和贡献也为她在技术界、实业界赢得了权威地位：1934 年，江苏省蚕业改进委员会聘她为"吴江蚕桑改良区"副主任；1938~1941 年，四川省丝业公司聘她为制丝总技师；1939~1945 年，她被新生活运动妇女指导委员会聘为乐山蚕丝实验区主任；1946 年 2 月至 1947 年 2 月，被中国蚕丝公司聘为苏州第一丝厂厂长，1947 年女蚕校实验代缫丝厂建成，她又兼任厂长①……费达生并不是行走在蚕丝技术领域的"独行女侠"，费达生和女蚕校一直在努力培养一批女性主体的专业技术队伍，竭尽所能地给女性成长的机会和空间。在她一手创建和经营管理的代缫丝厂中，从经理到车间技术员，几乎都是"女先生"。她任教的女蚕校培养了一批女性技术管理人才。这些女性因为既有专业知识，又有很强的实践能力，逐渐为政府专业机构和企业所接纳。据 1929 年统计，女蚕校毕业生在农矿厅以及吴县隶属机构担任总事务主任 2 人，主任技术员 8 人，技术员 34 人（李哲等，2009：47）。1927 年无锡乾牲丝厂聘请了两名女蚕校毕业生担任技术员，这是企业第一次向专业技术学校毕业的女生开启大门。1932 年女蚕校开学不久，无锡丝厂的经理们就迫不及待地要求女蚕校制丝科的学生提前毕业，以参加工厂的技术改革和担任车间管理人员。费达生和制丝科教师杨志超亲自把 11 个学生送到丝厂，其中仅乾牲一厂就聘用了 8 个学生（高景嶽、严学熙，1987：334、530），女性制丝专业技术人才受企业欢迎程度可见一斑。

那些"每天早晚都在乡间路上奔波"、在农村基层从事蚕桑指导的技术员们，她们以特别能吃苦和丰富的经验构筑了技术系统的基础。费达生曾感叹："历尽千辛万苦，真正踏踏实实苦干的都是女性"（全衡，1939）。这支活跃在乡间和工厂的女性技术工作者队伍也引起国外的关注，甚至引起竞争对手的恐慌。日本《以上海为中心的中部支那蚕丝史》中写道："这个有一批身穿短衫窄袖的青年妇女在农村指导养蚕，促进蚕丝改良。他们的勃兴，势将成为日本的劲敌。"（余广彤，2002：132）

日本学者池田宪司说，费达生"从束缚女性的旧社会里脱颖而出，以蚕业指导员的身份培养出不少后辈，她打破了当时传统的蚕丝业行业结构，办成了许多合作社；还办成若干个新式蚕种制造场和制丝工厂"（池田宪司，2002），这是对她部分颠覆了技术、生产体系男性主导格局的一个公平的评价。

---

① 费达生兼任实验代缫丝厂厂长直到 1956 年，此后先后任苏州工业局副局长、江苏省丝绸工业局副局长、苏州丝绸工学院副院长等管理职务。参见余广彤，2002：218 - 220。

五 结语：现代性的另类追求

就"另类现代性"（other modernities）概念的初始意义而言，"另类"透射出西方中心的视角。所谓"另类"，意即对某种标准化的偏离。无论是起步于乡间小路的工业化理想、以合作制抵抗巨型资本的垄断性扩张以限制其逐利本性……费达生的社会实验无不是对西方现代性模式的偏离。实际作为一位变革实践者的费达生也并未有意识地去追求"非西方化的现代化道路"，她只知道中国要走出在国际资本竞争角力中不利的困局，没有什么现成的模式可供选择，变革的道路必须从中国社会最深处的土壤中生长出来。

她"用了一生的岁月想从改进农村的副业和工业，来帮助农民提高他们的生活"（费孝通，1947），她之所以"放弃安闲的小姐生活，在烈日暴风中奔波"，以一种近乎"宗教般的热忱"去寻找适合中国的道路，如她自己所说：一个为社会服务的人，定要有一种"社会价值的鉴别力"（费达生，1933）。她所追求的社会价值是让中国通过现代化而独立强大。小时候母亲曾指着一个日资丝厂对她说："将来你们长大把它收回来！"这个种子从小就种在她的心里，在她负笈东瀛，向这个觊觎中国领土主权的野心勃勃的"教师"学习之时，心中想兹念兹的是有朝一日能"和日本做殊死的竞争"（费达生，1934a）。另一个强大动力是她对民本主义和社会公平的追求。她说："我想的新制度的原则是很简单的，就是要使每个参加工作的人，都能得到最公平的报酬。"因此她说，"我们工作的意义绝不是限于使农民增加一些金钱上的利益。它应该指向一种新的公平的社会组织，一种平衡的文化"（费达生，1933）。

实际上 19 世纪以来中国的思想界从未停止过对西方中心的现代性的抵抗，正如汪晖所说："抵抗性深藏在中国现代思想的各种不同的、甚至相互对立的脉络之中，构成了中国现代性的特征之一。"（汪晖，1997）费达生即使在这样一个抵抗殖民现代性的脉络中，也仍然表现出她不同于众的"另类"。因为既往单一现代性的定义，不仅是西方中心的、市场中心的、非生态化的，而且是男性中心的。对于费达生而言，以实验示范模式为女性在现代经济生产体系中争取一定位置，也是她楔入现代化工程中的另类议题，她以一生的岁月对现代性做出了"另类"探寻。

今天我们面临更复杂的现代选择——全球化使得资本在全世界都拥有了巨无霸式的主导地位；在中国，乡土社会已被城市化巨轮强力碾压为村落碎片和"田园记忆"；在已走过黄金期的乡镇企业已被看作一种消失中的奇怪"物种"（或说是"过渡性杂种"（樊纲、陈瑜，2005：937－952）之时，如何回过头看待费达生当年的

社会实验？如何评价她那近乎无望的抵抗？她的另类探索对今天有什么意义？这一问题的复杂性已经超出本文所能包容的体量，我们只想说，费达生从她公平社会的理想以及技术和社会组织变革必须造福于广大民众的理念出发，无所畏惧地探索过、实验过、奋斗过，我们在表达对她的崇敬之余，也留下许多需要今后思考的新议题。

参考文献

白馥兰，2010，《技术与性别：晚期帝制中国的权力经纬》，江湄、邓京力译，南京：江苏人民出版社。

陈杏荪，1933，《吴江县震泽区开弦弓村生丝精制运销有限合作社三年经过概况》，吴江：吴江县震泽区开弦弓村生丝精制运销合作社（吴江市档案馆藏）。

陈意新，2005，《农村合作运动与中国现代农业金融的困窘——以华洋义赈会为中心的研究》，《南京大学学报》第 3 期。

池田宪司，2002，《费达生与中国蚕业改革》，周德华译，《国外丝绸》第 2 期。

樊纲、陈瑜，2005，《"过渡性杂种"：中国乡镇企业的发展及制度转型》，《经济学》第 4 期。

费达生，1930，《吴江开弦弓生丝制造的今夕观》，《苏农》第 1 卷。

费达生，1932，《提倡乡村小规模制丝合作社》，《国际贸易导报》第 4 卷第 6 期。

费达生，1933，《我们在农村建设中的经验》，《独立评论》第七十三号。

费达生，1934a，《复兴丝业的先声》，《国光》第 2 卷第 2、3 期合刊。

费达生，1934b，《改良吴江县蚕丝业计划》，《纺织周刊》第 4 卷第 44 期。

费达生，1936，《养蚕合作》，《江苏建设月刊》第 3 卷第 3 期。

费达生，1947，《缫丝工业与合作运动》，《工业合作》第 34、35 期合刊。

费达生，1992，《蚕丝春秋》，载于苏小环主编《50 位中国女性的人生自述》，太原：山西人民出版社。

费孝通，1940，《劳动者的地位》，《今日评论》第 5 卷第 1、2 期合刊。

费孝通，1946，《人性和机器（续完）》，《再生》第 107 期。

费孝通，1947，《关于"城""乡"问题——答复姜庆湘先生》，《中国建设》第 5 卷第 6 期。

费孝通，1990，《做人要做这样的人——读〈蚕丝春秋〉书后》，载余广彤《蚕丝春秋》，南京：南京出版社。

费孝通，2005，《江村经济——中国农民的生活》，北京：商务印书馆。

费孝通，2012，《乡土重建》，长沙：岳麓书社。

高景嶽、严学熙，1987，《近代无锡蚕丝业资料选辑》，南京：江苏人民出版社、江苏古籍出版社。

葛迪斯，W. R.，1986，《共产党领导下的中国农民生活——对开弦弓村的再调查》，戴可景译，费孝通《江村经济》，南京：江苏人民出版社。

黄宗智，2000，《长江三角洲小农家庭与乡村发展》，北京：中华书局。

江苏省立育蚕试验所汇刊，1919，《江苏省立育蚕试验所汇刊》第 1 期。

开弦弓村村志编纂组，2015，《开弦弓村村志》，南京：江苏人民出版社。

李嘉瑗、黄公迈，1917，《江浙粤丝业调查》，《农商公报》4 月号。

李哲、石明芳、林冈，2009，《苏州蚕桑专科学校简史》，苏州：苏州大学出版社。

刘长亮，2005，《乡间小路与工业通衢——费孝通乡村工业思想评述》，《河北大学学报》第 1 期。

刘纪荣，2008，《国家与社会视野下的近代农村合作运动——以二十世纪二三十年代华北农村为中心的历史考察》,《中国农村观察》第 2 期。

彭昭仪,1948,《苏州实验代缫丝厂》,《妇女新运》第 8 卷第 1 期。

全衡,1939,《蚕丝业专家费达生先生》,《妇女生活》第 8 卷第 6 期。

《申报报社》,1934,《费达生谈玉祁制丝所系改良丝质》,《申报》12 月 24 日,第 10 版。

沈汉,2003,《蚕丝人生:费达生女士口述》,载李小江主编《让女人自己说话:独立的历程》,北京:生活·读书·新知三联书店。

汪和建,2001,《社区经济社会学的建构——对费孝通〈江村经济〉的再探讨》,《江苏社会科学》第 6 期。

汪晖,1997,《当代中国的思想状况与现代性问题》,《天涯》第 5 期。

王丰亮、陆渭民,1936,《无锡县合作社调查报告》,《农行月刊》第 3 卷第 8 期。

吴景超,1939,《中国农民的生活》,《新经济半月刊》第 1 卷第 11 期。

《无锡县蚕桑模范区二十三年总结报告》,1935,《江苏建设月刊》第 2 卷第 3 期。

徐绍阶,1930,《本省唯一之模范生丝合作社》,《江苏党务周刊》第 24 期。

杨纫兰,2003,《同邑杨女士序》,载金天翮《女界钟》,上海:上海古籍出版社。

尹良莹,1989,《近百年来我国蚕丝业之改进与发展》,《蚕丝文集》,新北:正中书局。

余广彤,2002,《蚕魂:费达生传》,苏州:苏州大学出版社。

蚕丝业同业组合中央会,1929,《支那蚕丝业大观》,东京:冈田日荣堂。

"云南三村"调查及其当代意义

张云熙[*]

　　《云南三村》是费孝通先生将他与张之毅先生从 1938 年至 1943 年在云南的实地研究报告——《禄村农田》、《易村手工业》和《玉村农业和商业》全部结集，题为《云南三村》。《云南三村》是《江村经济》的继续，如果说《江村经济》是对一个农村社区的社会结构和其运作的素描，在解剖这一只"麻雀"的过程中提出了一系列有概括性的理论问题的话，那么《云南三村》则是在《江村经济》的基础上，对这类理论问题寻求进一步的解释依据。在《江村经济》中，费孝通着重探索的土地制度、中国工业变迁过程、城乡关系和农林副业的发展，在《禄村农田》、《易村手工业》和《玉村的商业和农业》都得到了深入分析和发展。

一 《云南三村》研究背景

　　1937 年卢沟桥事变爆发后，为保护中华民族文化和教育之精华免遭灭顶之灾，华北和东南沿海的大批高等学府和一些科研院所纷纷西迁。一时间，形成了中国历史上空前的文教大迁徙运动。在这一波澜壮阔的大迁徙中，有 70 多所高等院校迁到西南大后方，其中有 13 所迁往云南，并大多集中在昆明。时年 28 岁的费孝通，也经越南河内来到因战时高校内迁而知识分子云集的昆明。经吴文藻先生的介绍和安排，在云南大学获得了他的第一份教职。没有经过更久的休养，两个星期之后，他便开始他在伦敦受训后的第一次田野调查。

　　1938 年，费孝通在云南挑选了三个不同类型的乡村即禄村、易村、玉村来观察土地权集中与其他因素如手工业、资本积累、家庭组织等的关系。1938 年和 1939 年费孝通与其学生张之毅两次对云南省禄丰县大白厂村（简称禄村），进行了实地调查，

　　* 张云熙，云南省社会科学院农村发展研究所助理研究员。

1940 年写出调查报告《禄村农田》，此后费孝通的学生张之毅对恐龙山镇九渡村委会的李珍庄（简称易村），和玉溪市红塔区的中卫社区（简称玉村）进行了调查，形成调查报告写出《易村手工业》和《玉村农业和商业》。1945 年由芝加哥大学出版社出版，后来收入英国 Kegan Paul 书局的国际社会学丛书里。1987 年，三份报告由费孝通重新编写，取名《云南三村》，1990 年由天津人民出版社出版。《云南三村》被视为费孝通先生的代表作之一，费孝通本人对云南三村的经历始终没有淡忘，1990 年，八十高龄的他花费 20 天的时间考察了当年的研究地。云南三村在其晚年的思考中也未缺席，它在费孝通自己的总结性文章中曾被多次提及。在费孝通看来，"从《江村经济》到《云南三村》，还可以说一直到八十年代城乡关系和边区开发的研究，中间贯串着一条理论的线索。《云南三村》是处在这条线索的重要环结上，而且在应用类型比较的方法上也表现得最为清楚。因之，要理解魁阁所进行的这些个社会学研究，最好看一看这本《云南三村》"（费孝通、张之毅，2006：06）。

从江村到禄村，从禄村到易村，再从易村到玉村，费孝通都是有的放矢地去找研究对象，进行观察，分析和比较用来解决一些已提出的问题，又发现一些新的问题。通过对三个村庄及江村的比较研究，得出了他对中国农村发展和农村工业化、现代化的基本看法：中国农村的基本问题是贫困问题，解决这个问题必须从土地制度入手，在农业发展的基础上，发展农村其他产业，积累发展工业的资金。他认为，乡村工业化是解决中国农村问题的重要途径之一，也是中国工业化的一部分，这个观点的提出，已经被中国农村变革的进程所证实（丁元竹，1992：78）。

二 《云南三村》研究重点

（一）土地制度的分析

《云南三村》是以土地为主线进行各有侧重的分析。费孝通认为："中国农村的基本问题是贫困问题，解决这个问题必须从土地制度入手。"《禄村农田》就是从土地制度入手，"研究禄村人民从利用农田而发生的一套社会关系"（费孝通、张之毅，2006：14）。在该书中，费孝通分析了禄村的农作、劳动力的利用以及农田的分配和经营方式。费孝通认为，禄村土地制度的基础是雇佣关系，而不是租佃关系。禄村大部分农田在少数人手中，而大部分人不是没有田，就是很少有田，不能单靠自有农田上的收入来维持日常生活。于是禄村的有田阶层往往会雇用少部分本村的劳动力进行耕种，大多数有田者，则利用区域间的农期参差性，雇用外地的劳力到本村耕种。外地劳力由于地处边远，生活程度落后，所以他们到禄村打工的工资一般比雇用本村农民的工资低。换句话说，本村的有田阶级由于可以雇用到便宜的劳动力，放弃了他们自有劳动力的机会，他们在劳动力的竞争上，被外来的劳动力撵出了农田的范围。这部分劳动力又不愿意到禄村以外的地区打工。所以，禄村在农田上的劳动力是一种来而不往的流动，这也造就了禄村雇工自营的效益要比出租田地的利益高，由此也导致禄村人宁愿少得也不愿劳动的经济态度。

费孝通对易村则侧重于手工业的研究，然而研究的起点依然是易村的土地制度。易村的情况与禄村有很大的不同。从土地的质量和数量来看，易村都远不如禄村好，再加上受到水利、交通等因素的限制，易村人在土地的经营上费力多而收益少，即使在农忙的时候土地也难以消耗所有的劳动力，既然土地容不下大量的资本，多余的资本也不能向农田以外寻求利用，所以促进了易村手工业的发展。由此使得易村无论是佃租关系还是雇佣关系都不发达。

对于玉村而言，玉村人对土地的利用主要是耕地和种菜。张之毅通过对玉村的调查发现，玉村是人多地少的村子，在经营农田之外还经营商品性菜地，因此菜地在玉村占有十分重要的地位。由于土地少，由本村出租土地的人也很少，在村内租地的机会就更少了。拥有土地较多的人家并不多，与其出租土地还不如雇工自营。好在还有菜地，可以吸收大部分劳动力，而且净收益也算不错，所以玉村穷人主要在菜地上获得收益，而富人则通过经营田地获得收入。

费孝通对三个村庄调查都是从土地入手，分析人与地之间的关系，从而进一步分析土地经营的方式，最终的落脚点在现有人地关系的基础上，农民是如何来维持生计的。在禄村土地可以基本满足人们生活的需求情况下，禄村人是一种宁愿少得也不愿劳动的态度，而易村面对贫瘠的土地资源的情况下，通过发展乡村手工业来维持生计，玉村人则通过发展商品蔬菜、发展农副业来维持生计。

从江村到禄村，从禄村到易村，再从易村到玉村，费孝通都是有的放矢地去研究，最终形成了经营权和所有权是土地政策的基本观念。所谓的"耕者有其田"，倡导者初衷是防止地权集中，欲图以农田经营权来限制所有权，使农民不致遭受分配不均之害。但是，费孝通认为它并不能达到预期的目标。他指出，在人多地少的条件下，在解决土地所有权分配问题的基础上，要最大限度地将农村的劳动力解放出来，减少人对地的压迫与依赖；同时增加农民的收入，改善农民的经济状况。在这样的背景下，费孝通又分析了农户的生计。

（二）农户家计分析

农户家庭是农业社区的细胞，费孝通早在瑶山调查时就发现"花瑶"中最基本的社会组织是家庭。在《江村经济》中他指出："江村的基本群体就是家庭，一个扩大的家庭。这个群体的成员占有共同财产，有共同的收入预算，他们通过劳动过着共同的生活。"在《云南三村》的研究中,他进行具体入微的家计分析,并且做出了农户家计支出的费用结构和因素分析,包括最基本的日常生活费用品,如食、衣、住方面的支出。单就农民的收入和支出情况调查而言,禄村研究提供了一个几乎无可挑剔的范本。费孝通通过家计分析的研究为认识当地农民生活提供了一个认识框架,成为他进行本土化社区分析的重要组成部分。

通过调查不同类型村庄人口的消费和积累情况,由此认识当时内地农村的生活水平和生活习惯,费孝通发现影响农户消费积累的因素是极其复杂的,但其中有几个因素是共有的,包括家庭的生计来源、交通因素、与市场的联系程度等。其中生计的来源起着十分重要的作用。比如,对于禄村的农户而言,生计来源主要依靠农田,是一个自给自足的程度很高,所以禄村人不想在消费上充实人生。少劳作、少消费,空着时间,悠然自得。对于易村人而言,衣食住行和其他日用品能自给自足的项目很少,大部分靠外面供给,所以在生计的压迫下不得不在农业之外另谋生财之道。对于玉村人而言,他们的谋生手段很多,除了经营商品性蔬菜外,还进行养鸭、织布、手艺、商贩、杂工等,从事的生计活动和市场发生了很大的关系。因此,玉村人往往并不向往着节约,对消费积累的观念是随聚随散。玉村人懂得在资金积累的速度上在经营利润的厚薄上,农业远不是商业的对手。要实现这一目标,外在的手段是发展乡村工业,用工业来吸收农村的剩余劳力与游资,减少农村人口,增加农民收入;内在的措施是集合土地经营权,提高农业生产效率,实现农业生产的规模化、机械化、现代化。

(三) 乡村工业的发展

"乡村工业化是解决中国农村问题的重要途径之一,也是中国工业化的一部分。"(丁元竹,1992:78)费孝通在对《云南三村》的研究就中延续了他对农村工业发展的关注,他认为,农民并不一定局限于土地和农业之中,农村也不是一定要和工业化格格不入。在《云南三村》的研究中,贯穿着工业发展的重要线索。这条线索与前述那条"线索"即农民怎样富裕的问题,其实不冲突。费孝通的一个基本出发点,就是通过在农村发展不同形式的工业,以使广大农村的农民能够富裕起来。工业这条线索有时是显性有时是隐性的。在江村的调查中就成为重要内容的乡村工业,在云南农村中却不多见。费孝通在云南考察"内地农村"的工业,《云南三村》中的易村手工业是一个重要的标志性成果。

所以费孝通在《云南三村》中就指出:"中国农村这种不求人自给经济,把很多工业活动普遍地分散到各个农家。"比如,易村的编制竹篾器的工业,就是在农闲的基础上用来生计困难的工业,这种工业关系着农业技术和人民生计复杂问题。还有一种将农业中所积累的资金,利用过剩的资本,发展作坊工业,易村的造纸业

就是这样产生的。家庭手工业与作坊工业最大的区别在于是否能够吸收资本，家庭手工业不能吸收资本，比如编制竹篾器，不需要值钱的设备，不需要投入大量资本，主要成本是劳力。家庭作坊比如易村的造纸业，需要相当的设备和材料的投入。两种不同的工业模式产生的作用是不同的，家庭手工业是救济的作用，而家庭作坊成为攫取土地权的魔手，因为家庭作坊所产出的资金不能反复地再生产，最后还是投入土地上，最终导致贫富对立。

因此，费孝通认为，乡村工业的发展绝不可以以纯粹的体力做动力的生产方式，也绝不可以是每家每户作坊各自为政的生产方式，而是要在技术上和组织上变质。这种变质是指在技术层面上，引进现代的科学技术和组织形式，使之发展成为现代的乡村工业；在人文层面上，即乡村工业的发展要以"合作"为根本原则，将家庭手工业和作坊工业在组织上进行某种合作。使乡村工业成为合作性质的组织，这样可以防止生产资料集中于少数人之手，从而使广大农民都可以分享到乡村工业发展的好处。由此看来，费孝通的思想与其说是一种经济思想，倒不如说是一种文化思想，是传统的"民本"思想在工业化时代形成的以人为本的发展观，其中浓缩的是知识分子的社会责任感和对弱势群体的浓浓的人文关怀。

（四）重视社区的变迁

在对《云南三村》的社区研究中，费孝通指出："现代工商业对传统农业社区的挑战和威胁是不可避免的，从农业社区到工业社区的变迁过程是社区发展之必然趋势。"他特别谈到，农民流入城市变为工厂工人这种角色变换所引发的一系列问题，应放在社会结构变迁的背景下去探讨，传统农业社会中劳力与劳心的隔离标志着身份的高低，这种分化带进了工厂导致工人与职员的对立，阻碍了工业生产所需的分工合作。费孝通主张要消除传统农业社会对工业社会变迁产生的消极障碍因素，应当到中国传统文化中去寻找对策。

三 《云南三村》的再研究或追踪

在《云南三村》之后有部分学者对其进行了追踪研究或再研究。比如，钱成润等（1995）的《费孝通禄村农田五十年》、宝森（2002）的《中国妇女与农村发展——云南禄村六十年变迁》以及张宏明的《土地象征——禄村再研究》。通过对这些文献的阅读后认为，《费孝通禄村农田五十年》属于跟踪研究的范畴，它记录了从20世纪30年代末一直到改革开放后1993年禄村的变化，尤其是对十一届三中全会以来禄村经济发展和村民的生活状况进行详细的记录。书中专注于经济的发展，提到工业化的苗头虽然在禄村已经出现，但是发展不顺利，受市场和当地建筑行业管理体制变化的影响，禄村的建筑队散伙，民营企业也仅有几家比较稳固。但是全书缺乏明确的理论支撑，而且所记录的内容的详细程度也不能与当年费孝通的记录相比拟。也许由于缺乏理论的支撑，所以对资料的解释流于一般化，但重要的是，在对历史背景和文化行业的简单勾勒为我们留下了珍贵的历史资料。

对禄村研究的还有加拿大的宝森，她于1989年首次到达禄村，研究成果于2002年出版。她从国外盛行的社会性别的角度来研究妇女与农村发展的关系，在一定程度上弥补了原有禄村研究中不重视女性视角的缺憾。本书关注的不仅仅是一个村庄缠足、纺织、农地制、农业与非农就业、贫困与富裕、婚姻家庭、人口变迁、政治文化的历史，更为重要的是以女性视角分析以上诸多领域中存在的社会性别关系和社会性别。值得注意的是，作者并未拘泥于费孝通以往的研究，而是用批判的态度重新审视了他的研究定论，从而证实或更正了费孝通曾经为我们建构的种种社会性别印象（李斌，2008：126）。张宏明则认为，宝森的研究更极端地强化了禄村研究中的经济主线（张宏明，2005：12）。

张宏明的《土地象征——禄村再研究》则是保持了国内跟踪研究重视资料连贯性的特点，而且从学理上阐明了研究框架之间的延续与变化的时代意义，研究的重点是土地制度和公共仪式。在禄村历史上，土地从屯田向军田、民田的转变，公共仪式中洞经活动与花灯活动的变迁，都透露出国家与地方社会关系的变化，实际上此书对人们了解中国的土地制度提供了新的视角。

四 《云南三村》的当代意义

费先生的社会研究方法发轫于中国社会的激变及他的学术价值观和人生观，基于中国文化和社会结构的特点，也基于他师承派克和马林诺夫斯基的渊源（丁元竹，1992：43）。由《云南三村》所引发的关于费孝通的学术讨论对于当今学术的意义如下。

（一）社区研究的中心是理论

"社区研究的中心是理论"，费孝通指出，"社会调查除记录所观察的事实之外别无其他责任，而社区研究则要用理论来解释所见的事实"。马林诺夫斯基强调人类学从发展普遍规律方面而言，是科学而不是互不相关的材料堆积。费孝通受到了这种思想的影响，从这点出发，他认为搞调查的人必须带着理论下去，接受检验（丁元竹，1992：45）。此前他一直认为，实地调查者需要事实而非理论。在写《江

村经济》时，他感到很遗憾，因为实地调查工作是在没有理论指导的情况下进行的，而所收集的资料是互不相关、没有联系的，在云南的调查中他就更强调检验理论、提高理论。费孝通认为在实地调查时没有理论作导线，所得到的材料是零星的、没有意义的。社会学的实地研究以假设开始，以假设终，在先前实地研究中得出的结论，可以成为下一次实地研究的指导性的东西。比如：《云南三村》的基本思想来源于《江村经济》，它拓展了《江村经济》的基本思想，"用手工业崩溃和现代工商业势力的侵入来解释江村土地制度的现象，是我个人的一种见解。这种见解可否成立，单靠江村的材料是不足为凭的。可以这个见解当作假设，在不同形式的农村社区里加以考核。

（二）类型比较法

关于类型比较法的探讨是目前对《云南三村》、更宽泛地说是对费孝通学术方法讨论较为集中的方面。可以说"类型比较"的理论方法是费孝通本土方法论中最具特色的卓越贡献之一，是整个社区研究工作中的指南（官欣荣，1995：62）。当年费孝通发表《江村经济》时，"Leach 曾经在 Social Anthropology 一书向费孝通发难，解剖这么一个小小的农村何以戴得上中国农民生活这顶大帽子，当时的批评是可以接受的，中国有千千万万个农村，并千姿百态各具一格又有哪一个能够称得上是代表中国农村的典型资格呢？"（费孝通、张之毅，2006：06）费孝通为了解决这个问题，继江村这一类型的农村村庄研究之后，接下来又研究了禄村以及在他的指导下由张之毅调查的易村、玉村等其他类型的村庄，为的就是引入类型比较思想，克服单个个案研究与整体关照之间的矛盾（赵金才，2012：60）。单个社区研究的讨论经常需要扩展到面上，即这些理论概括的成果在多大的地域范围内是正确的，具有普遍性和全局性。但是，单个点上的研究必须面对反事实问题，反事实的逻辑所得出的基本结论是，一个个案不能验证反事实假设，只有多个个案才有可能，之所以单一个案无从解决反事实问题，是因为单一个案无从进行比较，有比较才有区别（赵金才，2012：60）。类型比较法，可以逐步地扩大实地观察的范围，不断进行比较分析，逐步认识中国农村的各种类型和结构，由多点到更大的面，由局部接近全体。包智明就指出，比较思想对以下议题卓有成效：理解不同社会体系之间，哪些是共同特性，哪些是独特之处；比较不同文化或历史情境下相对的社会命题，在这其中，类型比较研究在经验实践中可以有效排除因果关系或为因果关系提供替代性的解释（包智明，1995：61）。为此，费孝通在个人社区研究史中，一是扩展社区数量，通过村落类型学如《云南三村》的方法认识整个乡土社会；二是在层次上，通过向上提升，以集镇或者城市社区为单位比较考察中国社会结构概貌。

（三） 以社区作为研究对象"综合的实地研究"

费孝通的社区研究就是一种"综合的实地研究",这种综合特性源于他的学术价值观和他的方法论思想,而且是在他多年的学习和调查实践中形成与发展起来的(风笑天,2005:38)。与传统的人类学、社会学所进行的实地研究相比,费孝通赋予了这种社会研究方法以许多新的内容,并形成了一套独特的方法体系,因而被许多国外学者看成是社会学、人类学的中国学派的一个重要特色。

其特色主要表现在三方面。第一,费孝通60多年来所进行的一系列实地研究,由点到面、由个别到一般、由局部到整体地统一于"认识中国"的整体研究之中,构成"将整个中国当作一个大社区"来展开实地研究的不同环节。第二,费孝通是从实地研究中提出理论,并将之作为展开进一步实地研究的指导,费孝通的研究方法和理论探讨在实地研究中达到和谐的统一。第三,费孝通在实地研究中广泛采用人文的和实证的方法,并大大拓展了传统实地研究方法的内涵和外延。费孝通对他自己的理论也这么总结道:"我一生的学术工作是以农村调查开始的,其后进入小城镇研究,近年来又开始区域发展的探索,统称为一生社区研究的历程。"(费孝通,1993:04)

五 结语

费孝通"半个世纪的社会学实践和探索,走出了一条独特的社会学研究的道路""对费孝通先生的社会学实践的研究,对于了解中国社会学发展的一条大致的轨迹,理解社会学中国化道路的艰辛和漫长,明确进一步开拓中国农村社会学研究的路子,都有着启发"(莫晓颜,1988:35)。相信,不仅对于社会学领域来说是如此,在政治、经济、教育等多个领域中,都有着广泛、深入地研究费孝通及其学术探索的必要。正是因为如此,长期以来国内费孝通研究才得以形成今天较为广泛引人关注的研究局面。

参考文献

包智明,1995,《比较社会学与人类学的关系》,《世界民族》第2期。

宝森,2002,《中国妇女与农村发展——云南禄村六十年变迁》,南京:江苏人民出版社。

丁元竹,1992,《社会科学实际上还是在探索阶段——读〈云南三村〉》,《云南社会科学》第3期。

费孝通,1988,《学术因缘五十年——编云南三村书后》,《读书》第2期。

费孝通，1993，《中国城乡发展的道路——我一生的研究课题》，《中国社会科学》第 1 期。

费孝通、张之毅，2006，《云南三村》，北京：社会科学文献出版社。

风笑天，2005，《社会学研究方法：走向规范化与本土化所面临的任务》，《华中师范大学学报》（人文社会科学版）第 6 期。

官欣荣，1995，《从"云南三村"看费孝通社区研究与本土方法论的贡献》，《云南学术探索》第 1 期。

李斌，2008，《村庄历史与社会性别——试评《中国妇女与农村发展：云南禄村六十年的变迁》，《山西师大学报》（社会科学版）第 7 期。

莫晓璈，1988，《文明社会的现实探索——费孝通五十年学术生涯概述之七》，《社会》第 7 期。

钱成润等，1995，《费孝通禄村农田五十年》，昆明：云南人民出版社。

袁方，1997，《四十年代云南社会学的发展》，《云南社会科学》第 5 期。

张宏明，2005，《土地象征——禄村再研究》，北京：社会科学文献出版社。

赵金才，2012，《费孝通与云南三村》，《社会工作》第 3 期。

从《乡土重建》来看作为"文化中间人"的费孝通

杨渝东[*]

一 问题的提出

费孝通先生的形象似乎总是与"乡土"相关联，他在国内最著名的著作，也许就是《江村经济》和《乡土中国》了。确实，费孝通在其学术生涯之初，以"乡土中国"为主要切入点，开启了"人类学"在中国这个文明社会的旅程。值得注意的是，当时的中国文明，已经不再"郁郁乎华哉"而受四邻朝拜，反是呈现出一派"江河日下，日薄西山"之颓态。创造了现代人类学的西方，也经历了第一次世界大战不久，陷入了文明历史兴衰循环论的悲观情绪当中。费孝通受教于燕京大学和清华大学，先于他从西方学成归国的学人正在南方为中国是否走"全盘西化"的道路大打笔墨官司（赵立彬，2005）。"东方"与"西方"之间的关系怎样、应当如何成为当时知识分子的一项集体关怀。在如此氛围下跨越东西的时空去学习一门对文化进行研究和反思的社会科学，费孝通可谓"先天性"地就带有"文化比较"的潜意识。因此，虽然他"无心插柳"，从中国的"乡土"迈入了人类学的大门，但随着他不断在东方和西方之间穿行，"乡土"逐渐从贫困的经济状况演化为乡村文化的"乡土性"，"乡土性"又演变为东西文化的整体比较。这样的学术历程使费孝通成为中西文化间的使者，借用曾为费孝通立传的张冠生的话来说，也就是使得费孝通具有一种"文化中间人"（张冠生，2000：227）的形象。

不过，费孝通这一"文化中间人"的形象在很大程度上并没有得到学界的重视，对其重要意义也缺乏必要的讨论。大多数学者把注意力放在跟国内现实问题有

---

* 杨渝东，南京大学社会学院文化人类学研究所副教授。

关以及牵涉到中国社会整体品质的"乡土性"上，而对在此基础上的文化比较却不太关注。有学者就曾指出，"费孝通与同时代美国人类学界的学术对话，并不仅仅是在'中国研究'的基础上展开的，而这一点恰被今日中国社会科学界遗忘得最彻底"（杨清媚，2010：214）。笔者认为，描述和分析这一形象不仅对全面把握费孝通的学术贡献具有一定的价值，而且有助于我们看到"文化"的关怀如何"内嵌"于民国时期的社会科学建设当中。

在费孝通年轻的时代，正值西学东渐的高潮期，很多人都为传播西方现代社会科学和学术思想做出了贡献，比如吴文藻、孙本文、杨开道、黄文山、陈序经等。在一定程度上，我们也可以把他们称作"文化中间人"。费孝通与这些文化中间人有颇多的共同经历，比如都曾负笈海外，学习西方的社会科学知识，回国后大力介绍西学，将之付诸中国的实地研究，并在此基础上谋求建设中国自己的社会科学之路。不过，如果说这些特征是众多"文化中间人"的共同特点，那么身为其中之一的费孝通还有自己扮演此角色的独特之处，而正是这些独特之处，使他更完整地赋予了"文化中间人"应有的含义。

费孝通的独特之处有三，也是三个不同的层次。第一，费孝通是最早采取社会科学的研究方法，用东方和西方读者各自能读懂的语言介绍彼此的社会与文化的，起到了"文化桥梁"的作用。从1938年在伦敦写就《江村经济》，到1943~1944年在美国不知疲惫地编译《云南三村》的前两部分，再到1946~1947年再访英伦时发表的文明演说，费孝通向西方读者描绘了中国乡村的状况与对其变迁的期待。他在美期间和访英归国后，不断地向国内读者一篇一篇地发表他在西方社会的见闻以及对此富有文化比较色彩的评论，这些文章后来编辑为《初访美国》、《重访英伦》和《美国人的性格》等小册子。

第二，费孝通始终坚持着一种文化比较的表述方式，将东西文化看作相互对照的镜身，任何一种文化想要看清自己，都必须先看看自己在对面镜子中的模样。从《江村经济》含蓄地反对西方现代化理论简单运用到中国乡村，到《初访美国》直白地对比中国和美国的差异，再到《乡土中国》与《乡土重建》时而隐晦时而鲜明地指出中西文化之不同，都让读者感受到东西文化的危机与张力在费孝通心中的分量。这使得他的学说形成一种独特的风格，与其说是在单说中国或者单说西方，不如说是在演绎一个"两者之间"的故事，只不过有的时候两者同时出场，相互比较（如《乡土中国》的若干篇文章），有的则是把其中的一个暂时隐匿，我们看到的只是另一个故事（如《江村经济》）。

对于这一点，费孝通母校伦敦经济学院的人类学教授王斯福（Feuchtwang）做了这样的述评："《乡土中国》一直在比较两个不同的社会，其中一个社会是属于他自己的。费的比较立基于他的个人经验和研究。他在美国生活了差不多一年，在英国也住过两年，读过美国社会学家研究美国社会的书。他于1947年发表了第三本书《美国人的性格》。因此，对比较的双方，他有丰富的经验支持。这在当时并在现下也是不寻常的。更不寻常的是，在一个通常只有西方社会科学家拿他们研究的非西方社会来和他们自己的社会进行比较的时候，他作为一个外人对西方社会做出了评价。"（Feuchtwang，2009：19）

第三，费孝通在文化间做的比较，都维系于他对整个人类文化未来的关怀之上，对此他表现出冷静而理性的"中间人"色彩。相对于同时期正倡导建设文化学，并主张全盘西化的陈序经来说（夏和顺，2010），费孝通不是现代化理论的盲目支持者；而对于与陈序经论战的"折中派"，费孝通无疑有同情的成分，不过他与这些人也有截然的区分，那就是少了"应然式"的呐喊，而多了实然性的论说——先告诉人们中西方社会的现实与文化特征，再来谈文化间的比较，从方法上更正了文化论战的错误，也从内容上补充了论战的缺陷。

在对待文化的态度上，费孝通带有相对主义的倾向，强调每一个文化都具有自己的合理性。但与相对主义完全将文化价值束缚在单一文化空间和主体当中不同，费孝通相信文化是动态可变的，可传播，也可相互影响。费孝通对文化变化的态度，可套用《易经》中的一句话来说明，那就是"生生谓之易"。变化是要去生长那些有生命的东西，而克制那些无生命甚至迫向死亡的存在。在费孝通看来，文化间的现状已经走上了一条绝路，自卑的自卑，自大的自大，相互隔绝，而如若各自看到对方文化价值的优势，发觉自己文化的不足，不同文化间是可以打破隔阂的，而建立一种普遍性的价值体系，不同社会的人可以借此而"共生"。如果比较一下梁漱溟认为世界文化要按"先西方，次中国，终印度"之道路发展的观点（梁漱溟，2010），不难看出费孝通的立场更具有现代人类学的色彩。这种立场，借用费孝通晚年提出的一个重要概念来说，说明早年在不断的文化穿行中他已经具有"文化自觉"的学术态度（费孝通在《美国人的性格》中就曾使用过"民族自省"这个概念）。

不过，相对于晚年落笔轻巧的"文化自觉"，费孝通早年的文化忧思表达的是更为深层的紧张感。晚年费孝通坦言，这种知识追求与文化差异的紧张源自对国家和民族命运的深切担忧。虽然这种担忧反映的是当时中国知识分子的一种"集体意识"，但由于他"偶然"地从乡村社会的研究进入对中国社会的认识当中，就使得他个体的化解紧张之道带有更浓厚的乡土味道。恰如王铭铭所言，中国的乡村已经成为西方社会以"东方学"的方式想象东方文明的象征。

在近代的西方观念中，中国乡村往往被以"概化"的方式来认识，并成为西方文明发展程度进步于中国文明的一个证据，对之的描述也要更多地满足他们既有的想象和表述模式，费孝通对此不是没有感受。他曾多次提到1938年在英国出版《江村经济》之际，英国出版商借口销路的问题而把书名改为《中国农民的生活》，这件事显然给他留下了非常深刻的印象。这本在他后来的归类中仅仅属于"社区调查"（还未达到"社区研究"）范畴的著作，只是从一个小小的乡村对了解中国社会作出了初步的尝试，却被出版商为了迎合西方读者的口味改成了表述"中国"农民生活的书，无疑反映了作者本人的观念与掌握知识主导权的西方观念之间的巨大差异。对此，费孝通作何感想，他未曾明言，不过也促使他在此后的研究中迫切地想要说明如下问题：①中国的乡村究竟是怎样的状况；②中国的乡村何以构成中国社会的基础，体现怎样的文明心态；③中国乡村将如何变迁，其文明形态又将如何对西方社会的"重建"发挥效用。费孝通文化交互主体性的心态在此一览无余。

因此，《江村经济》出版后的 10 年，是作为"文化中间人"的费孝通关注集中所有精力、关注东西文明及其出路的 10 年。费孝通于 1948 年提出的"乡土重建"就不仅仅是在谈中国乡村的重建之路，而且也是在谈中国社会如何可能在接受现代文明的进程中走出一条与西方社会不同的路，这条路或许能为同样需要"重建"的西方社会提供一些借鉴。这也使得他的论述在中国与西方、过去与将来、趋同与相异的复杂关系中带有一定程度的"理想化"色彩。不过，正是借助这样的"理想化"，一个抽象的中国整体"社会"的理想型轮廓才得以从乡村的具体研究中凸显出来，乡村因此不再是现代文明的被动接受者，不再是"弱者"的象征，也不再是西方人眼光中落后中国的缩影，反而成为主动向西方文明困境提供一条"逃逸之道"的社会载体。

对于费孝通鲜明的"文化中间人"形象建构的过程，本文将在最后一部分简要交代。为凸显这个形象的轮廓，本文把重点放在他乡土重建的昭告上，铺陈其文化比较的观点。本文将首先进入费孝通 1947 年在其母校——伦敦经济学院演讲时的那篇发言稿"中国社会变迁中的文化症结"。也许面对的是刚经历过"二战"浩劫、心有戚戚焉的英国听众，在这篇表面上为中国文化"把脉"的文章中，费孝通实际上也为西方文化作了"义诊"，表现出极其冷静的"文化自觉"态度。这种态度与早年他提供给英国人的关于中国乡村的"中国农民的生活"结合起来，或许构成了某种程度的暗示——改变英国人看待中国乡村和建构在其之上的中国文化的立场。也就是让他们看到中国乡村在建构现代文明中的潜在意义，即相对于西方建构其"抽象社会"的各种自上而下的理性化机制，中国乡村社会具备了自下而上的理性化潜能，并在此过程中为社会重组造就了另一种结果。费孝通的这种文化信念，显然与自 20 世纪初期开始"贬抑"乡村社会的西方与中国学者构成了鲜明对照。因此，要了解费孝通的"乡土重建"的心路，探究 20 世纪上半叶国内社会科学界对乡村形象的"创造"过程就显得十分有意义，这也是本文第二部分将要重点讨论的内容。本文的第三部分将重新回到《乡土重建》当中，从一个文化比较的角度整体性地理解费孝通对乡村经济问题、乡土社会的基本维系纽带以及中国社会结构关系的研究，可以说，这些研究中一以贯之的乡土逻辑为"乡土重建"的主要思想提供了最根本的支持。费孝通由此所形成的中国社会变迁的理想必然具有其独特的一面，虽然他的构想没有演变为现实，但是这种由比较而形成的"理想型"秩序，仍然对我们反思当下中国乡村在所谓"发展"过程中面临的诸多困境具有重要的价值，也为我们构想西方社会的种种弊端提供了依据，而这正是这个"没有世界的世界"需要加以反思的。

二 摆在《乡土重建》前的中西文化比较的序言

1946 年 11 月，为躲避国民党的白色恐怖，费孝通接受英国文化协会的邀请，安置好妻女，只身前往他已阔别 8 年的英国。英国是费孝通人生旅程上的重要一站，曾在他遭受第一次身心劫难时接纳过他。他在那里度过了匆匆两年的求学生涯，并从现代人类学的开创者那里获得了博士学位。这样的经历让费孝通对英伦有一种"私心的关切"，对此行他自然满含憧憬。不过，在这离别的 8 年中，英伦饱受战争的摧残而满目疮痍，此时虽距"二战"结束已一年有余，但"重建"之路尚遥不知期，这也使得费孝通的憧憬当中多少夹杂着一些担心。距出行还有 7 个多月时，费孝通就写下"行前瞩望"，他用诗的语言描绘了英伦留在他脑海中的痕迹，"我爱这初秋的风光，树上挂着果子，地上敷着丰收"，但从友人的来信中，他又隐约感到这些景致已经化作"可待成追忆"的过往了。

费孝通感性的流露总是伴随着理性的思考，他的私心关切丝毫没有妨碍他对英国遭此厄运的社会历史分析。这个时候，恰是他自认为经过了第一期的中国乡村社区研究（1938～1943 年）之后进入带有通论性的社会结构分析的阶段，受赴英机会的触动，他在探究维系"乡土中国"秩序的一般性纽带的余暇，对象征着现代工业文明的英国社会的现状做了一些批评性的反思。在这篇"行前瞩望"中，费孝通把"煤、铁、水"当作理解英国近代历程的三个元素符号，铁是铸造机器的主要金属，煤是锻造铁和为机器提供动力的能源，水则为开辟殖民地、建立大帝国、获得原材料和贸易市场提供了交通的渠道。反观费孝通此时重点关注的中国乡土社会，英国显然跟仍以"土"为基本元素的中国已有不小的差异。虽然根据英国历史学家汤普森的说法，"直到 1760 年，英格兰仍然是一个农业国形象"（汤普森，2001：6），但此后的 200 年英国完成了"金"克"土"的文明进程，英国土地经营与城市工业一样实现了资本化的运作，资本农场将大量失地农民赶入城市的工厂，农业人口急剧减少（侯建新，2002）。到 20 世纪 40 年代，英国的农村人口仅占全国人口的 20%，城市人口则占到了 80%，这个人口比例正好与中国当时的人口比例相反。

面对这样一个有私人情结又创造了巨大物质财富的国度，费孝通在爱慕之余，又看到了正是它给世界带来的巨大灾难。他认为，殖民地的扩张给英国带来的特权阻碍了它在技术上的前进，为维持自身的经济优势又不懈余力地阻挠别国的进步，从而给世界带来了毁灭性的战争。可见机器和财富并不能保证人类的幸福，究其根源，可用他此前不久的文章"人性和机器"当中的一个观点来概括，"西洋虽然发明了机器，可是还没有发明机器来促进人类幸福的社会机构"。财富成了目的，机器把人退化为工具，人与人的联系纽带被转化为货币交换关系，这与以"土"为元素的文化中，人－土地－作物三者构成的"天人合一"的自然循环迥然有别。如此看来，英伦初秋的丰收只是不合自然节律的机器生产的点缀而已。

带着文明比较的忧思，费孝通踏上了英伦的旅程。他在那里仅待了三个月。在此期间，他看到战争为英国重构阶层关系提供了契机：民众选掉了战争期间的领袖保守党人邱吉尔，将更具平民色彩的工党扶上台；因拉斯基教授的败诉案而掀起关于陪审团的去贵族化的争论；工党实行战后物资限量供应制，确保各阶层都能够获得生活的保障；而贵族阶层也在此时主动出让他们的一部分特权，缩小了与其他阶层间的距离，让一个分化严重的社会在灾难面前出现了某种程度的"整体性"。与这些政治上的成熟相伴的，却是因战争导致的物资极度匮乏。赴英前曾把"煤"作为理解英国之要素的费孝通没有想到，这年冬天，他会因英国煤荒而坐在冰冷的壁炉前打发时光，并以在国内的妻女同样没火烤而聊以自慰。三年前在美国访问时他每天都喝一杯牛奶补补身体，而这时牛奶只够未成年的学生饮用。面包和衣服同样紧缺，不得不向战时的盟友美国求助。关键时刻，美国却抛弃了带有道义经济色彩的罗斯福新政，转而以"金元加大棒"而著称的杜鲁门主义来对付工党，这不仅让英国人失望，而且也让身为外人的费孝通备感失望。费孝通在访美期间，对文化多样且自下而上建立起民主政治体制的美国实施罗斯福新政充满着期待，概括说来，或许他所期望的是这样一个历史不同于欧洲的多元文化共同体能在世界新秩序中注入与欧洲民族国家的个体化原则有所区别的要素与理念，这将使得工业文明的主导国能在世界秩序重组的时候，不仅实现自身的福祉，同时兼顾到全人类的共同价值与利益。显然，这种理想在他访英期间面对美国的落井下石化作泡影，这不禁让他高声悲叹："美国，美国，为了你发愁的岂只是英国的工党！"（《费孝通文集》第二卷，1999a：510）。显然，他已经感觉到美国行将走上英国曾经对待世界的老路。

对西方工业文明前途的失望与出国前的忧思叠加起来，让费孝通忧心忡忡。他感到中国的前途已与西方联系在一起，既然西方的出路渺不可见，那么中国社会的变迁又将往何处去？1947 年 1 月 30 日，在他离开英伦的半个月前，伦敦经济学院给了费孝通一个公开演讲的机会，他向母校的校友们说明了自己的忧虑。这篇演讲稿虽然名为"中国社会变迁中的文化症结"，谈的却是中西文化的比较，展望的是两者共同的未来，在费孝通归国一年之后，又成为他探究中国乡村社会出路的《乡土重建》的序言。把一篇中西文化比较的文章，安排来作中国乡土重建论述的序言，表明了费孝通的苦心：乡土重建可以为解决中西文化的困境提供一条出路。从中国乡村找到解决中西文化困境的出路，可理解成在中国解决现实问题的同时为西方提供一个可参考的模式。那么在费孝通看来，中西文化的困境又各是什么呢？对此，我们需从这篇序言中去寻找答案。

费孝通指出，文化是人们从共同经营的社会环境中发展出来的一整套生活方式，其核心是潘光旦先生的"位育"理念，它给人们提供了潜移默化的做事的道理与方法，让社会呈现出自身的特性。社会环境是指将自然或者物的世界包融在内的人类秩序结构，在这篇文章里，费孝通突出了其中的物质层面的意义，将经济问题作为讨论社会变迁的重点，并试图阐明在这样一个社会环境的转变过程当中，文化又将何为。显然，虽是在母校做演讲，费孝通阐述的文化观却与他的老师马林诺夫斯基存在很大的不同，后者从需要体系解释文化，追求文化的一致性，费孝通则试图比较与不同的"位育"环境相适应的文化之间的差异。在当时讲中国社会的变迁，已经离不开"西方"这个概念；同时，告诉西方听众他这样一位中国学者如何看待西方文化，也是其演讲的一个主要目的。因此，费孝通这篇讲稿实际上既是在借西方谈中国，也是在借中国谈西方，而最终的目标却是在东西之间探究为人类建立一个新的世界格局和文化秩序的可能性。

前面说过，当时的英国物资极度紧缺，然而费孝通却在演讲中郑重地提到，西方的经济是一种"丰裕经济"，中国的经济是一种"匮乏经济"。这两个概念并非费孝通首创，它们最早是西方经济学家为描述自身与土著社会的经济状况而发明的，反映了西方对自己在经济成就上的过度自信（Sahlins，1972）。时过境迁，听到一个中国学者再提"丰裕经济"，台下尚有"丰裕"回忆的英国公众可能会觉得这是一个莫大的讽刺，而费孝通或许也是想借用这样一个与现状颠倒的概念来强化西方公众对自己演讲的印象，并督促他们对自身的文化加以反思：丰裕经济为何导致了如此匮乏的现实？也从这个问题出发，费孝通更多想讨论的是中西与经济形态相关联的文化症结。

在他看来，所谓匮乏经济的含义不仅仅是绝对的"穷"，还包括没有发展的机会，物质的积累受到了限制；"丰裕经济"也不仅仅意味着绝对的"富有"，还包括物质上的充分扩张。维系匮乏经济的是节制欲望的知足观念，而丰裕经济背后则是由"无魇求得"的精神在支撑。中国匮乏经济的形成源自其生产条件上的结构性限制。农业生产的周期性使得农田既要供养产出时期的农民，也要供养他们在闲作时期的生活；庞大的人口数量使得劳动力充斥，阻碍了技术的革新，导致技术落后—劳动力价值低下—技术停滞的循环往复。在这种经济条件下，人与物的关系无法超越人在经营团体行为时所确定的道义规范体系，因为物的生产必然要围绕人的生活来展开。物的数量有限，个人想要在满足自己生活的同时又不妨碍别人，就只能"知足"和"克己"。有了"克己"，剩余的物品方就可以与人分享、馈赠或用于集体性的仪式活动。因而，"克己"即为"礼"，"礼"既是维系中国人伦结构的日常秩序的习得性体系，同时又是儒家经典所尊奉的仪式典范，两者并不是表征与典范的关系，而是同一个整体性的不同表达。在个人伦结构中，家与亲属体系构成核心，并遵循"礼"的方式"一表三千里"地扩展成俗民社会；儒家典范体系则以"礼"来维系其教化与象征的秩序（费孝通重视"士绅"在两者之间发挥的作用，在此讲稿中他没有述及，详见《乡土重建》中的"基层行政的僵化"和《皇权与绅权》）。在物质匮乏的位育环境下，配合着"礼"的价值体系，构成了中国社会文化的理想型，那就是在对人与人关系的关心中实现社会完整，"可以说不论人对自然的利用到什么程度，人和人相处相得还是和人生直接有关的问题"（《费孝通文集》第四卷，1999b：306）。这种社会完整的状态，也就是人与团体纽带的维续，"在这个程度上个人觉得和团体相合，而且在作这整体的一部分时，个人从团体中获得他生活需要的高度满足"（《费孝通文集》第四卷，1999b：307）。

朱苏力先生几年前发表的一篇论文中，详细论述了费孝通在近代将儒家思想社会科学化过程中所做的贡献。他指出"这种并不雄辩却令人无法拒绝的生活逻辑展示和合理性分析论证，在费孝通的著作中，可以说随处可见"（苏力，2007：15），因此评价道，"费孝通先生却对以孔子为代表的特别是早期儒家思想的历史语境的正当性和合理性做出了超过任何其他现当代学者的最强有力的解说"（苏力，2007：4）。苏力在注意费孝通对儒家思想与社会生活相关联的整体性思考的同时，还提出费孝通能如此构想的原因，"真正建构费孝通与儒家传统之联系的很可能是他们共同面对的那个农耕社会"。不可否认，苏力的这个判断具有一定的合理性，但他忽视了费孝通对中国社会的整体性关照与他面对着西方工业社会也直接相关。费孝通拿西方来看中国，既有学术认识的目的，也有探寻中国社会之出路的现实关怀。在思考的过程中，费孝通的心情是矛盾的，从学术认识的角度出发，他看到了"中国传统价值观念是和传统社会的性质相配合的，而且互相发生作用的"，在这样一个完整的社会中，可以"给予若干人生活的幸福和乐趣"；而站在现实关怀的角度，费孝通却无奈地承认"这传统的局面已经走了，去了"，究其原因，乃是"在一个已经工业化了的西洋的旁边，决没有保持匮乏经济在东方的可能"（《费孝通文集》第四卷，1999b：307）。在发表这个演讲的十多年前，由芝加哥来华的派克老师就曾对费孝通他们说过，中国文化是一个"已经完成了的"文化，费孝通此时算是对老师的评价做出了自己的诠释。从他的诠释中，我们不难体会到，中国文化的症结是外生的，而不是内生的，在这个关心人与人关系而达至社会完整的文化之外，出现了一个积极向外扩张的丰裕经济，正是它的"力量"冲垮了匮乏经济"尚礼"的防线。

如果说费孝通在乡土研究的基础上结合儒家思想来说明中国社会的完整性，表明了他在社会理论上的"文化自觉"，那么他对西方丰裕经济的分析更是对此态度的一种发挥。丰裕经济意味着对物的占有，背后则是对物的强烈欲望，这就促使人们去了解自然，关注物品"用"的一面，由此产生比匮乏经济高明得多的科学和技术。但是，科学与技术一旦自成体系，就不顾人当初创造它们的目的，变成以自"我"为目的了，于是科学技术进步太快而超出人的控制。伴随着技术的进步，物品生产得越来越多，而为了生产它们人却要为此投入更多的时间和精力，无暇享受使用物品的快乐。由此，工业生产关系凸显出来，成为人与人关系的主轴，它与其他人际纽带的异质性使得社会出现了解组，维持人与人之间的关系亦不再是日常性的习惯，而是需要经过专门培训才懂得遵守的制度，进而国家用"法"对这套组织化的方式进行了系统的解释与巩固。因此，在丰裕经济中，追逐更多的物成为核心，以无限来衡量有限，越丰裕却感觉越匮乏，于是人与自然的关系凌驾于人与人的关系之上，造成了对人的漠视，竞争亦遂在个人、组织、国家的层次上都赢得了它价值上的合法性。国家间的竞争发展到极端，就酿成了世界大战。通过这样的比较，费孝通告诉台下的英国听众一个非常直白的道理，他们是现实的丰裕而观念中深藏着匮乏，中国人是现实的匮乏却常常感到丰裕。西方文化的困境是内生的：生产是为了填补一种类似无底洞的匮乏感，人成为满足于此的目的，人与物关系的颠倒使得用一种"超人"的标准来衡量活动的价值，于是社会的完整遭到破坏。对此，费孝通不无惋惜地说："回念我们被视为古旧的中华文化，几千年来这问题（指社会完整——笔者）久已成为思想家的主题。东西相隔，我们的传统竟迄今没有人能应用来解释当前人类文化的危机。人类进步似乎已不单应限于人对自然利用的范围，应当早扩张到人和人共同相处的道理上去了。"（《费孝通文集》第四卷，1999b：307）

在演讲中，费孝通还提到了涂尔干，指出他曾预感到了西方出现的危机。实际上，涂尔干早期非常关注的一个问题与费孝通对西方文化做出的诊断颇为相似：经济行为从诸多行为中分离出来，并取代了其他行为而成为人类行为的主导的时候，就似乎变成了一个最与道德无关的领域，那么如何能够从中产生出维系新社会的道德来（涂尔干，2000）。他在后期对职业道德伦理和宗教生活的关怀，都与对此问题的回答直接或间接相关。不过，与涂尔干从西方民族国家内部的经验提出的社会失范的分析不同，费孝通认为中国社会的危机不是一种文化内部的，而是中西文化矛盾的体现。中国乡村经济在世界体系下瓦解，失去了维持基本生计的物质，农民进入城市和工厂，却与这种对人极其严格的规范、管束乃至榨取格格不入，"位育"环境已与他们习惯的生活方式严重失调。可以说，在西方丰裕社会因其文化自身的困境导致其迅速解组的同时，中国社会也在这股外部力量的冲击下失去了自身的平衡。

对于这样的现状，费孝通表现出他文化自觉的态度。一方面，他明确地指出以人与人纽带为核心的中国文化，虽然在物质上不丰裕，但是不会给世界带来灾难，阐明了这种文化能为西方提供一层思考和实践社会何为的维度；另一方面，他并没有完全否定掉西方的文化，而是西方与中国各自发挥自己文化的优势，吸收别人的长处，建立起一个更完善的秩序格局。费孝通晚年在谈到世界文化的关系时曾说过"美人之美，美己之美，美美与共，天下大同"，而对他这十六个字的最好诠释竟是他早年在这篇演讲稿中的最后一段话："中国社会变迁，是世界的文化问题。若是东方的穷困会成为西方社会解体的促进因素，则我们共同的前途是十分暗淡的。我愿意在结束我这次演讲之前，能再度表达我对欧美文化的希望，能在这次巨大的惨剧之后，对他们文化基础作一个深切的研讨，让我们东西两大文化共同来擘画一个完整的世界社会。"（《费孝通文集》第四卷，1999b：307）

这段话，我们虽然不能在他演说的时候当场听到，但也可以想见他表达这种文化期待的气魄。在发表此次演说之前的十年间，费孝通的研究大多数与中国乡村有关，站在乡土社会的立场上对工业文明说出这样一番振聋发聩的话，足见他对最自己熟悉的乡土社会有了新的感悟。这种感悟不同于他在十年前撰写《江村经济》时，仅仅将江村看作被西方工业破坏的中国乡村的代表，也不同于他在《云南三村》中寻找新的村落类型时，仅仅从经济层面来看待禄村的自营耕作，他是将乡村提高到了一种文明形象的高度，来谈论它在塑造整个世界秩序中所占的分量。可以说，这是自近代以来，中国乡村被西方和中国知识分子当作社会科学对象以来的"最高礼遇"。

费孝通如此看待中国乡村和文化，显然与中国乡村当时的形貌与知识分子对乡村形象的塑造有很大不同。要理解费孝通在此问题上的重要贡献和他何以形成这样的观念，我们需要对自近代以来乡村形象的集体塑造过程和他早期的乡村研究中怎样有别于这样的集体塑造进行简要的回溯，只有这样，我们才对他把这篇演讲当作序言的《乡土重建》的后续篇章的内容会有真正的理解，也更能够理解费孝通的文化中间人具有怎样的意义。

三　近代以来社会科学中对中国乡村形象的塑造

近代以来，中国社会的整体性社会危机在乡村得到了"变本加厉"的展现。经济方面，由于现代工业的进入导致小农经济破产、土地兼并的情况越来越严重，大多数农民失去了赖以维生的资源；政治方面，随着现代民族国家向基层进行权力渗透，乡村的原有权威结构遭到瓦解，新的权威又无法保障村庄的利益，出现了投入越多，乡村社会秩序却越发混乱的政权建设"内卷化"的现象（杜赞奇，2010）。此外，加上战争、自然灾难频仍，乡村社会整体出现了经济凋敝、秩序混乱、人口流失等现象。与此同时，伴随着民族国家兴起而带有社会关怀的社会学和民族关怀的人类学成为新的知识生产的方式，除了学科自身的发展之外，学者们更为关心的问题就是中国令人担忧的现实，于是千疮百孔的乡村成为刚刚引入不久的社会科学的研究对象，也就是自然而然的事情。

如果说中国社会学的兴起与西方存在着类似之处，都是以解决社会变迁中出现的主要社会问题为契机，那么它们的不同之处在于中国社会科学不得不以后来者的身份，陷于弥漫于当时中国思想界中西文明二元格局的争论当中。在这个二元结构中，中国处于"古老""传统""保守""静止""停滞""落后"的一极，而西方处于"新兴""现代""革新""运动""发展""禁止"的一极。这种不利的位置，使得当时的政治家和知识分子为争取建立新秩序的合法性，努力学习并引进了西方的观念与学说，其迫切程度，甚至在某些先进概念的内涵尚模棱两可、模糊不清的时候，仍然被当作一面动员的旗帜高高地举了起来。也正是在这样一种二元结构的思维和改造社会的紧迫当中，乡村以及生活在其中的农民被按照知识界对中国的想象进行了塑造，因为农村的生活与这些想象中国的观念几乎是丝丝入扣的。实际上，在"科学"意义上的乡村调查开始之前，以这样的二元观来看待中国乡村早就已经在整体性的中西文化对比中出现了。19 世纪末和 20 世纪初，西方有大量的外交官、军事家、传教士、学者和探险家来到中国，他们以带有"东方学"的眼光对中国社会进行了审视，并在一种"异文化"的猎取过程中满足了对自身所代表的文明的夸耀。在清末之前，西方人更多关注着中国的城市，此后由于种种原因，西方人开始关注起中国的乡村来（王铭铭，2007）。在诸多人物当中，曾在中国山东生活多年并促成美国政府退还庚款建立清华学堂的美国传教士明恩溥（Arthur Smith）应是一个典型代表。

从 1872 年到达天津到 1926 年因夫人逝世离开中国，明恩溥在中国一共待了 54 年。他将自己的绝大多数精力投入到乡村的传教事业当中，并写下在美国影响巨大的《中国乡村生活》和《中国人的素质》等著述。虽然他并没有受过社会科学的系统训练，不过长期近距离地"参与生活"还是让他接触到地痞、乡绅等乡村中的各色人物，使他能对他们的生活作详细的观察，收集到了关于他们的故事，这让他的描述非常具有人类学田野民族志的味道。他始终认为，要认识中国，乡村是一个窥孔，即便在貌似美国人类学三四十年后的民族性格研究的《中国人的素质》一书中，他仍不忘提醒西方读者，"我们必须把乡村作为中国社会生活的单元"。为了表明自己的写作立场，他还作了如下声明："正是以一个中国乡村为立足点，这些文章才得以写成。这些文章的宗旨，并不是要展示一个传教士的观点，而是展现一个不带任何先入之见的观察者的所见所闻。"（明恩溥，1999：5）不过，这个"客观"的声明，并不能掩饰明恩溥以带有个人独特风格的"刻薄"对中国乡村以及由此概括出来的中国人性格加以评判（李景汉，2005）。或如李景汉先生所说，他的"刻薄"中存在着善意的一面，不过我们也无法否认，他的"刻薄"与站在西方人的立场上看待中国有非常直接的联系。

譬如，对于非常熟悉的乡村，他所做的界定就是"中国乡村是这个帝国的缩影"，显然，在一个整体衰败、文明自信一溃千里的帝国末年，选择同样凋敝的乡村来扮演其缩影的角色实在是太合适不过了。这样的乡村，明恩溥的总体印象是"没有美感可言的"。人满为患，居住条件很糟糕，建筑用的砖颜色蓝灰而没有光泽，更像是精制的面包，里面还充满了气洞；乡村格局凌乱，谈不上有任何"布置"，道路弯曲无常，宽窄不一，房屋也是随意地落脚在路的两旁，高大树木也不能为房屋遮阴；这些房屋格局千篇一律，屋内更是混乱，农用器具散落一地，睡炕也坑洼不平，只有灶上的王爷像用流传千年的神话传说绵延着"克己"的古训（明恩溥，1999）。明恩溥在"客观"地描述中国乡村生活的方方面面之前，已经用这样的话语来塑造了中国乡村的形象，而这几乎是混乱不堪的暮年中华帝国的写照。尽管明恩溥的观点并不是如他自己声明的那么客观，但他试图从文明心性的角度去认识中国社会的整体特质的立场，仍然告诉我们他所在的年代，中国乡村依旧表现出超越自身的特质，这也许就是中国古代"社会"的独特之处。

在明恩溥描述有关中国乡村的实地观察的同时，严复正大力从英文直接翻译西方的社会学著作，讨论"天演"和"伦理"的关系问题（杨雅彬，2001）；梁启超则在"华夷之辩"的争论中首次提出了"中华民族"的概念，中西社会思想从不同的角度和层次关注到了中华帝国的未来。不过，像明恩溥那样深入乡村去获取关于中国社会的知识，在中国是社会学体制化之后才开始的。由于在这段短暂的历史过程中，构建中国"社会"最为重要的士绅阶层遭遇到生存的合法性危机，由他们来联系平民与皇权并使得基层社会具备某种超越性的纽带机制被切断，国家变成了独一无二的主宰力量，此后关于社会的思想遂都隶属于有关国家建设的政治学范畴（王铭铭，2007）。在社会学大学体制化的初期，它最多的就是作为政治学学科下的一门课程来教授的（姚纯安，2006）。到了20世纪20年代中期，中国社会学虽从依附的地位中摆脱出来，进入相对独立的学科发展阶段，但这一时期，中国社会学受到美国社会学的重大影响，其表现一为当时主要的社会调查都是由美国人创办的教会大学的教授们主持的（韩明谟，1996），二为当时主要的社会学系的主任都由留美归来的学者担任（杨雅彬，2001）。美国社会学也受到国内农村社会解组的影响，已经从早期关注的移民、种族、美国化等问题，开始投入自身农村社会的研究。这样一种无历史承载的工业化国家看待乡村的视角创造出统计色彩极为浓厚的"农村经济社会学",正符合中国的国家与知识分子认识现实的需要,于是像明恩溥那样关注文明心性的参与观察逐渐式微,而农村社会问题的调查则蓬勃展开起来。

于是,中国乡村便成为"问题"社会,除了因 1917 年俄国革命之后,马列主义在中国迅速传播而引起的关于农村社会性质的大讨论之外(杨雅彬,2001),"问题"更多集聚在通过实地调查而展现出来的乡村社会与现代生活格格不入的各个方面,对此,我们可以拿最早以中文发表的农村调查报告《沈家行实况》来说明。沈家行是上海郊外的一个小乡村,1923 年秋沪江大学社会调查班的学生在美籍教授白克令(H. S. Bucklin)的指导下,对该村进行了较为细致的调查,并于翌年八月由张镜予编辑在商务印书馆出版《沈家行实况》,列入沪江大学勃朗丛书的第一种(张镜予,2005)。该报告分为两编十一章,第一编两章,讲调查的目的、方法与过程,由白克令亲自撰写;第二编九章,分别从家庭、宗教生活、地方行政与惩罚、教育、农工商业、健康与公众卫生、娱乐与居住等方面描述该村的基本状况,由参与调查的师生合作完成。在独自完成的第一编中,白克令介绍道,此次调查效法于 1914 年美国的春田调查(The Springfield Survey)。在他看来,春田调查是 20 世纪初期美国雨后春笋般兴起的都市社会调查中的一个典型,可以算作是调查方法由错误百出迈向科学正确的一个转折,目的是了解这个位于伊力诺伊州的都市的实际状况,实现社会的改良,提高公民对生活的满意程度。该调查涉及以下九个方面:公立学校、精神缺陷者、疯狂者及醉酒者的待遇、娱乐、居住、救济事业、工业状况、公共卫生、惩治制度和城市行政。如何把这样一套美国都市的调查方法和目的应用于中国乡村呢?白克令显然意识到了这个问题,他指出这需要"略加改变"。不过,他说的改变实际上只针对具体问题而言,调查的总体框架却基本上照搬了春田调查的设计。《沈家行实况》描述的八个方面中有六个方面与春田调查相似或相同,只有家庭与宗教生活这两项不同,而这两项的加入也有如下原因,"就我们看来,如果在我们的调查报告里,不把家庭与宗教生活包括在内,则对于该村的生活和需要,仍旧不能了解。所以我们就请了二位课外的学生,写了第三、第四两章(指家庭和宗教生活两章——笔者)"(张镜予,2005:9)。在其他六个方面中,各篇作者在直白的描述之后,都针对该村生活的"问题"提出了自己的"建议事项",这些建议实际上无非是以现代都市生活的标准教导村民应当怎么做,比如"该村小学校,应给村民以选举知识及公民的权利和责任""希望该村得着教育的帮助,兴盛富厚,不久将成为商业的中心""将来的沈家行,即可由农村而转为商业中心,则该村之为父母者,不应再使他们的儿童去从事农业,除非他们对于农业能够一定发展"等。

在这里,笔者并不是要对这项调查作出任何批评,而是试图从中认识到当时较为普遍的乡村调查的某些特点,它们或多或少可以折射出研究者给予乡村的共同想象。首先,乡村生活被按照现代的分类范畴划分为家庭、行政、经济、卫生、教育、

宗教、娱乐等方面，然后再按数量化的标准和行为观念的开化程度对之加以衡量。在乡村生计陷于困境的局势下，经济方面的问题显得尤为突出，导致 20 世纪 30 年代的社会学家都普遍关注农村的经济调查。其次，乡村的社会生活被切开后，又被当成科学观察和描述的对象，调查者只是真实客观地反映每个方面的状况，而不加以任何理论的分析与探讨。再次，这种让事实本身说话的方式，并不能掩饰研究者们普遍赋予乡村的悲观色调，在他们的意识中，乡村是失去主体性的，亟待外界的改造，静默的事实表述无非是乡村在改造过程中被动形象的另一种呈现方式。最后，我们不得不认为，在表面上冷静的文字背后，实际上涌动着知识分子重塑乡村秩序的热切期望。

对于最后一点，费孝通不会提出什么异议，不过对于前面三点，费孝通的态度就未必如此了。虽然费孝通没有直接对沈家行调查作出什么评论，不过他对当时颇为泛滥的此类调查表明过自己的态度。在《禄村农田》里，他就这样说道："以前有很多国内举行的社会调查，依我们所知道的，是在调查之前，预先制定了调查表格，表格中的每项每字的意义，事先预为规定，然后把表格发给调查员，由调查员依表格上的项目，去找人来回答。这些填好的表格汇集起来，再找人统计一下，有了结果，由'专家'根据这些数字来推论所调查的社区的形态。这种方法我们认为极不宜采取的。"（《费孝通文集》第二卷，1999c：314）费孝通指出，拿着这些既有的概念和项目去套乡村社会的现状，张冠李戴，不仅无法理解乡村社区的真实面貌，反而会使得本为善意的乡村改良措施走偏方向，起不到真正的效果。1937 年前遍及全国各省的乡村建设运动就犯了相同的毛病。

20 世纪 20~30 年代，全国掀起了声势浩大的"新农村建设""乡村生活运动""乡村自治"等改造乡村的运动。有人曾做过统计，当时致力于乡村工作的社会组织大约有 700 个（艾凯，2003）。其中，晏阳初在河北定县和梁漱溟在山东邹平所开展的乡村建设运动是规模最大、影响也最为广泛的两个。[①] 不过，虽然两者都是乡村建设运动的典范，但他们对于中国乡村的认识却截然不同。在美受过教育的晏阳初先生将上述改造乡村的认识理念在实践中发展到了极致，而去佛从儒的梁漱溟先生则基于中西文化的整体性比较，不仅看到了乡村自救的可能性，甚至还认为中国乡村创造的文明将最终取代西方对世界文明加以主宰的格局。

晏阳初的乡村运动始于他早年开展于赴法华工中的平民教育工作。1920 年由美归国之后，他开始在都市下层群体中推广平民教育，并视之为救国之根本。1923

[①] 据梁漱溟的回忆，当时除了这两个地方的乡村工作比较有名之外，另外还有两个影响较大的乡村运动，都在江苏。一个是由俞庆棠女士在无锡创办的江苏民众教学学院，后改称江苏教育学院；一个是黄炎培在昆山主持的中华职业教育社，在徐公桥搞农村实验区（梁漱溟，2006a）。

年，他在北平成立"中华平民教育促进总会"之后，将工作重点转移到中国农村，并与乡村教育部主任傅葆琛制定乡村平民教育的目标，如完全消除文盲，引入卫生保健方法，实行农业改良，等等。不久，晏于北平结识了河北定县翟城村的有识之士米迪刚，从早年平民教育的成功中赢得了很高的声望与广泛的社会支持，再加上他个人的基督教背景和海外联系，他很快得到了米的信任，确定了在定县开展乡村教育运动和农村教育实验的计划。1926 年 10 月后，晏与若干"博士"同人陆续进入翟城村和定县其他村落，在详细地考察规划后，先后开展了系统的乡村实地调查、进行平民学校实验、兴办生计巡回学校、组织"社会式教育""家庭式"教育、组建公民服务团、创办农村刊物、进行文艺教育培养、推广新的科技和农业制度、组织村民合作社、建立乡村保健卫生制度等等一系列的乡村改良运动（吴相湘，2001）。

晏阳初认为，中国农村生活主要有四大缺点，即愚、穷、弱、私。他的乡村运动主要就是针对这四大缺点，采用四大教育连环进行相辅相成的办法，从根本上将农民从阴暗无助中解脱出来。这四大教育连环就是"以文艺教育救愚、生计教育救穷、卫生教育就弱、公民教育救私"。为使这个连环有效运作，晏阳初设立了平民文学部、艺术教育部、生计教育部、卫生教育部、公民教育部等机关，并制定了一个长达十年的工作步骤，以"三三四"的时间安排完成一个循环。即从 1930 年开始，"第一期三年，注意文字教育与县单位的教育系统。第二期三年，注意农业改进与生计建设。第三期四年，注重公民教育与地方自治。卫生教育则贯穿于十年间"（吴相湘，2001：161）。

在晏阳初所开出的这张方子中，乡村的落后被更加具体化了，这里的"落后"并非"明恩溥式的"近乎绝望的描述，也不仅仅是一个整体的判断，而是一个一个既可实际感知又可科学量化的特征，它们涵盖了乡村生活的多样性和丰富性，并且成为中国乡村从悲观走向乐观的起点。说它不是"明恩溥式"的，是因为这里的观念结构已经从东与西、"落后"与"现今"的二元对立悄然演变成线性发展观，空间上的对立和隔绝转化为时间上连贯相通的可能性。只不过这种连贯相通并没有赋予在直线上代表"过去"的乡村的价值以任何主体性意义。文字、技术、学校、资金，都成为映照中国乡村落后的象征性符号。就拿孜孜不倦地改造乡村的这些知识分子来说，他们大多在西方受过高等教育，接受过现代观念形态，同时又在美国财团的资助下从事这项运动，很多理念都源于自己的知识体系下想当然的"意识形态"。因此，虽然他们在定县进行了深入的社会调查，并根据调查结果来展开活动，但实际的效果并不是十分理想，因为一方面客观事实的描述（李景汉，2005）并不反映"社会运作的真实机制"，而另外一方面更为重要的是，农民生活的价值本身被客体化了，从而没有得到一个与改造者相同的地位。乡村改造运动的执行者和实施者并没有建立起主体与主体的关系。

　　在邹平同样从事着村建运动，并长期重视东西文化比较的梁漱溟对此就有比较敏锐的观察。他指出，定县的平民教育机构实际上是外在于乡村"社会"的，"它只是派一人到那个地方找一个房子，成立一个学校，再有许多人来学"，而"办学的人是主动的，来学的人是被动的；则学校只是学校机关，够不上说是一种乡村组织"。这样所导致的后果就是"它没把领袖和乡民合到一块，组织在一起"（梁漱溟，2006b：178）。在梁看来，他与晏阳初最根本的不同，就在于晏认为乡村应从"外救"中获得新生，而他却强调乡村必须"自救"才有出路。一字之差，反映了他们各自不同的价值取向。晏不重视乡村"落后"背后的文化根源，只重经验调查得到的数据，拿它与现代生活标准进行比较，找准"落后"的病状，然后一一下药施救。梁则侧重从文化的基础入手，去探讨中国乡村"败相"的根源，"眼前社会事实固须知道，而单看眼前事实是不能发现他的意义的；要从其来历背景而有以测其前途将要如何才行"（梁漱溟，2006a：8）。不过，这种探究不仅没有让他对中国乡村文化彻底失望，还让他看到了乡村文化体系的意义所在。正因为如此，他才强调乡村文化的"自救"，强调把他的乡农学校真正建到农村里头。这个"自救"的含义，显然不是指乡民自己救自己那么简单，而是要用乡村原有的文化价值来对乡村秩序进行重建，进而建构起在这个秩序基础上更大的中国社会，甚至也包括都市。

　　梁的独到之处在于能从破败中看到希望，这种眼光来自他长期的文化比较立场。在梁看来，中国文化与西方文化的不同之处在于，中国是伦理本位的社会，而西方是个体主义的社会。伦理本位源于家庭/族生活，而个体主义来源于团体生活。家庭生活产生了个人关系的亲疏远近，个人隶属于这些关系，从而产生处理关系的"礼"的体系，"礼"又进而演变为国家层面的法律和民间生活的道德伦常，从而中国能在无为而治中绵延两千多年的社会秩序。团体生活（主要指的是西方传统的教会）则强调团体内部的关系，同时个人与个人间摆脱了家庭纽带，而靠共同的信仰结合在一起。一旦当共同信仰瓦解，个人转向世俗生活，就产生在平等个人基础上的权力和义务，并由此产生阶级，阶级相争便生成近代西方的民族国家（梁漱溟，2005）。这种阶级上的分化，也是中国社会所缺乏的。因为跨域家庭的个人横向连接很难大范围产生，阶级分化就不会出现，所以大家以家为中心，各顾其业，形成"职业分立"，士农工商都能为人生前途确定方向，虽无宗教在精神上安排归属，但也能在亲情乡谊和可选择的生活道路中平淡自若。

　　"伦理本位、职业分立"是梁漱溟归纳的"中国文化要义"，它们的基础都在于乡村，在那里创造了一个静止不动、自我协调的社会。这套社会秩序使得中国基层社会能够在没有国家权力直接干预的情况下，"理性"地自我存在两千多年。在梁看来，这是世界上其他地方所没有过的，也是中国文化"早熟"的表现。这种"早熟"，体现在浸染在这种文化中的人"散漫"地达到了与世和谐而安然地生活方式，懂得"向里用力"地求生存，从而实现了无争宁静的社会秩序和人生状态。当这种文化价值遇到以个体主义为中心，以物质积累为目的，以与外界竞争求生存的西方文化时，就出现了困境。乡村的"败落"便源自于此，因此是一种文化失调的表现。但是，这并不等于说，中国乡村就能抛弃原有文化体系走上西方文化安排的道路，因为乡村原有的价值本身仍有它的意义。因此，乡村建设要走的路，实际上是在整个国家政治无力、经济凋敝的情况下，通过新的社会组织建设，恢复乡村的文化体系和价值理念，以之为基础和中心，在政治和经济上谋求组织性的适应，从而建立一个文化上成熟和政治经济稳定有序的社会（梁漱溟，2006b）。

从这些分析来看，梁漱溟与费孝通同样采取了文化比较的方式来看待中国乡村文化和西方文化的关系。不过，与费孝通不同的是，梁漱溟的文化观是按人与物、人与人、人与超然世界的关系来逐层设想的，前一种文化是后一种文化的前提，后一种文化是前一种文化演化的必然结果。因此，在他看来，中国与印度文化都是没走第一步，就分别预先走了第二步和第三步，结果都面临着第一步迈得快的西方社会的挑战。西方社会的第一步虽然走得好，但却在上面止步不前，走到了极端与崩溃的边缘。所以中国社会要想摆脱危机，就要先走第一步。这显然与费孝通的共时态的文化主体观与发展观不同，而且如费孝通在多年之后对梁漱溟做的评价那样，"其本质是属于全面接受西方文明才能回到儒家的人生态度的迂回战略"（《费孝通文集》第十一卷，1999d：340）。

对于晏阳初的乡村建设运动，费孝通的批评则更为直接一些。1948年，在《评晏阳初〈开发民力建设乡村〉》一文中，费孝通指出了晏阳初乡村建设的种种问题。首先，将农民的困苦都认为是农民没有出息；其次，对农民生活所做的结论，来自对"中西书籍的专研"，而不是"实地观察的结果"。农民并非对自己的生活没有自己的看法，农民也并非要识字后才自觉，而是先自觉，才需要识字。最后，如果不从土地制度上加以根本的改革，那么晏阳初的"社会工作"都必将会失败（《费孝通文集》第五卷，1999e：503－511）。

以上从中国的乡村描述、调查、改造运动等方面来看，20世纪前三四十年的中国乡村和农民生活的形象已经呈现出多重面相：外国传教士眼中灰暗惨淡的景象，知识分子力图按国外方式进行调查的对象，乡村建设运动的对象，中国文化的"表征"。虽然这些形象是基于不同的"视角"得出来的，但它们都没有能够完全地展现中国乡村社会的运作机制（包括梁漱溟的理论），由此也无法呈现出乡村的实际结构及其崩解，乡村的实际问题所在。但是，它们也为我们看待费孝通笔下的中国乡村的社会概貌及其"重建"提供了重要的理论参照，让我们更深刻地理解费孝通在《乡土重建》中乡村社会秩序重建的跨文化比较的意涵。

四 作为文化比较的《乡土重建》

1947 年春，从英国回国不久的费孝通搬回了清华因胜园，在那里他开始对自己早年的乡村研究进行系统的反思和进一步阐发。从当年 4 月开始直到第二年 8 月，他将这些思考写成文字陆续发表在《大公报》上，并于第二年辑集成册，由储安平的观察社出版，便成为这部《乡土中国》续篇的《乡土重建》。

与之前的乡土研究作品不同，《乡土重建》在前面讨论过的那篇文化比较的序言之后，并没有直接谈乡村，而是首先谈乡村之外的城镇与都市，以及它们和乡村之间的关系问题。然后，费孝通把主题转到了中国政治结构及其与乡村政治的关联。在这之后，费孝通才把笔锋转回到乡村的经济与重建问题，分析了在这样一种城乡关系与政治结构之下中国乡村经济层面的基本特征、症结和出路。这样一部表面上针对中国乡村经济问题并探寻其解决之道的作品，实际上包含着费孝通从研究中国的乡村转向研究中国的社会整体的思想轨迹，而这后一个目标既是费孝通早年所受的人类学功能主义的延续与提升，也是费孝通自己在学术探索过程中的一种突破。

费孝通早年接受的功能主义熏陶，要求对文化的整体进行探究，也就是说任何一种文化，它都是内在地构成一个功能性的体系，相互作用、相辅相成地支配着人们的生活。研究者要理解这些人的生活，就必须把观察到的文化现象用一种整体的架构加以表述，而不能个别性地来看待它们的意义。然而，功能主义所忽视的问题就是，即便将文化现象各个部分的描述铺陈开来，是否就解决了对"文化整体"加以表述的问题？此外，像中国这样的文明社会，"文化整体"所指代的对象是什么？"乡村"可以代表中国的"形象"，但是它是否构成了中国文化的整体？

显然，在费孝通的研究历程中，他一直在思考这些基本问题。再加上人类学学科本身的文化比较取向，和他在中西文化间穿梭的经历，让他在思考这些基本问题时，总是关联着其他一些问题，比如文化差异问题该如何解释？如何在"文化整体"的表述中来谈文化的差异？中国的"乡村"与西方的"工业"在人类当代文明的构建中各应扮演什么样的角色？费孝通对这些问题的思考似乎最终都落脚在中国乡村的经济问题上，因此当他谈乡村经济的时候，实际上都反映出他对文化整体与相互比较的关怀。对此，我们可以通过《乡土重建》之前费孝通的研究历程略做梳理。

在《江村经济》和《云南三村》中，费孝通从个别性村庄的经济状况来看中国乡村的生活。其中，费孝通探寻中西文化差异和各自文化价值的思考就隐含在他的行文之中。比如在《江村经济》谈到将工厂引入中国乡村中，他就明确地提到工业下乡，不应仿照西方的资本主义模式，而应以乡村原有的结构和纽带为基础，谋求乡村自己的福祉，他这样说道："机器用来增添人类的幸福，不幸的是，它被用来为相反的目的服务。但我仍然相信，试图把这些工具引进中国的改革者的责任，是寻找一种正当的办法使用机器。对我来说，最重要的是，人不应该成为机器的奴隶。换句话说，把机器当做一种生产资料的人应该拥有机器。这就是为什么我坚持合作的原则。要按照资本主义的方式来组织新的工厂容易得多，但我为什么要这样做呢？我应该为资本家的利益工作而使人民更加痛苦吗？从技术改革所得到的利益应该归于参加生产的人们。"（费孝通，1997：159－160）

如果说这段文字还只是费孝通描绘的一种理想，那么在《禄村农田》中他提出的"闲暇经济"，就是对比西方的经济伦理而提出的一种非理性经济的中国内地农村的经济观念模式。西方的经济伦理是宗教伦理的衍生，物质生产的最大化不是为了现世的满足，而是求得来生的荣耀。西方人的现世生活是苦的，工作的合理性在于上帝对个人来生的拣选。在禄村，生产是以现世的生活为目的的，为了获得日常的舒适与闲暇，即便投入生产还能增加产出，地主们也不愿下地干活，而只愿雇用小工为其劳作。因此，"闲暇经济"中的现世生活是快乐的，物质虽然没有达到最大化，但是人却能从有限的满足中获得最大的快乐（费孝通，2006）。

在这些作品之后，费孝通到美国做了一年的访学，在这段时间中，除了把他在中国的功能主义作品翻译成英文出版，他还和美国人类学者有较多的往来，受到了美国式文化人类学的影响。在《初访美国》一书中，他将自己透过一个"外人"的眼光所看到的美国的"文化性格"描绘得淋漓尽致，譬如在"鬼的消灭"一节中，他说道，美国这样一个没有"鬼"的国家，让他这样一个从小在"鬼"故事中长大的人感到非常不习惯，因为鬼的意义在于融合了时间，让生命的流逝在某一刻变得静止，"生命在创造中改变了时间的绝对性：它把过去变成现在，不，是在融合过去，现在，未来，成为一串不灭的，层层推出的情景——三度一体，这就是鬼，就是我不但不怕，而且开始渴求的对象"。美国社会的快速流动和代际隔膜让寻求人生之美的静止变成了妄想，"鬼怎能在美国这种都市里立足？人像潮水一般地流动，不要提人和人，就是人和地，也不会发生死不了的联系"（费孝通，1994：114）。

显然，费孝通接受人类学训练以来的文化比较的关怀，在美国得到了完全绽放的机会。与英国人类学注重社会与功能的取向不同，美国人类学的五大哲学传统（亚当斯，2006）为其确定了从观念形态与精神模式中去解释人类生活的取向。这两种学术传统似乎是相互背离的，曾经在中国教授过费孝通的英国结构功能主义大师拉德克利夫－布朗就明显地排斥文化这个概念（Stocking，1995）。但这种背离，在费孝通身上并没有发生，反而显得相得益彰，这显然与费孝通自身文化比较的关怀有关。从美国回国之后，他就结合早期功能研究的风格和美国人类学的关怀，写就了《乡土中国》一书。如果读者读过《初访美国》，那么就不难发现，《乡土中国》的写作也许潜在地就是对应着费孝通对美国的理解与想象。

因此，回到《乡土重建》这本《乡土中国》的续篇，我们就不难发现，费孝通还是从社会结构的角度来看中国社会，但其中其实隐含着他的文化关怀，其表现主要有三点，首先，前文已经重点讨论过的那篇序言，直接谈论中西文化的差异与融合的愿望；其次，从结构性的整体上来把握中国社会的特征，而不是仅仅从乡村看中国，带有从社会结构来看文化特征的取向；最后，在为乡村寻找出路的时候，又将他在《江村经济》中提到的工业下乡的方式和意义做了阐释，而这与之前的中国社会的整体和中西文化的比较是直接相关的：社会整体结构的调整为工业下乡提供了条件，中西文化比较为这种乡村工业的文化意义找到了基础。前面已经对第一点做了详细分析，下面笔者对第二点和第三点进行讨论。

从整体来看待中国社会，费孝通选择了两个与乡村社会相关的角度，一是城乡关系，二是政治结构与基层政治运作。在城乡关系中，费孝通指出中国存在着乡村、城镇和都市三级区划，后两者是外在于乡村的区域单位。按照理想的模式，这三类单位应当是相辅相成、互相补充的，如同美国纽约这样的大都会，形成了区域的经济中心，并能辐射到周边的镇乡，与之共同构成一个完整的经济区域体。然而中国的都市、城镇和乡村的关系完全不是这种形态。首先，拿城乡关系来说，城镇里面住的是靠地租利息过活的地主和高利贷者，还有一些为他们服务的手工业者，几乎不是一个生产机构；他们对农村是一种压榨和剥削的关系，在农业再投入有利可图的情况下，还愿意把资金投入乡村添置地产，但随着都市生活的高档产品进入城镇，他们则更多地把资金投入其中，或倒买倒卖，或自己消费，很少投入乡村；不仅如此，为应付增加的开支，他们还会增加对农村的盘剥。因此，城乡关系是一种相克的关系。对农民意义的是供商品交换的集市，传统上它们与城镇还是有区别，很多地方城镇的规模都比作为地方物品集散中心的集市要小。其次，都市与城乡的关系更是一种盘剥关系。像上海这样的都市并非是区域经济自然而然的产物，而是国外经济力量进入后催生出来的，它们与区域内的城乡并不是一种互通有无、相互补充的关系。相反，都市中的很多买办将城乡中的大量原材料低价买入，再转手输出到国外；这些廉价的原材料制成的工业产品又高价流回都市，再由买办卖到城镇，吸收资金。城镇的有钱人羡慕都市生活，经不住诱惑，消费量激增。为了支付突增的开销，就不得不向农村伸手。于是都市就将无数根麦管插入乡村，将乡村的水分吸干。这就是地域关系下中国社会的整体结构，乡村的凋零就与此有直接关系（《费孝通文集》第四卷，1999b）。

在政治结构上，费孝通从皇权、绅权和民权的关系结构来加以分析。他指出，带有集权色彩的皇权实际上受到两重机制的约束，一重是无为政治，另一重就是绅权。皇帝想要实现自己的意志，不得不靠为数众多的官绅，而后者为了维护自己的集团利益，又必须限制皇权的无限扩张。因此绅权实际上是国家政治最重要的力量。皇权通过它下达到民意，而民意也通过它上及至皇帝。这样一种有效的政令民意的沟通畅达，构成政治结构的基础，这就是费孝通提出的"双轨政治"。如果哪个皇帝急切地有所作为，那么他势必在自上而下的轨道上开快车，会导致自下而上的轨道崩解，于是政治就会出现危机。绅权在双轨政治扮演着重要的角色，既限制皇权，又教化平民，又在儒家理想下建立起师表的典范。不过近代以来国家建设中推行的保甲制，却将原有的结构打破，保甲长成为政府政令下达的服从者而不敢有丝毫的反抗，民众也对之极度不信任，于是"双轨政治"堵塞，乡村政治遭到严重破坏，地方秩序大乱，生计也就难以为续。

在这样一种区域经济关系和政治结构中，中国乡村的经济关系沦落为一种"瘫痪"状态。在费孝通看来，其中最主要的原因在于，中国乡村原本就不是纯粹的农业社会，而是一个农工合作的社会。所谓"农工合作"，就是一部分时间从事农业，大约有 2/3 的时间在从事手工业、养殖业、运输业等副业，补贴农业。它的生成，跟中国这个人多地少的社会有密切关联，因为土地上的产出往往无法满足农民家庭生活的需要，这就迫使他们从事小型的手工业活动，从中获得一定的收入，在粮食不足的时候保证生活所需。但从近代以来，乡村农业受到城镇的盘剥，手工业产品更是没有出路，这两个主要的经济来源都受到严重影响，同时地方政治又陷入混乱，于是乡村的凋敝就自不待言了。

在费孝通看来，造成这种凋敝的两个原因，都可以通过乡村工业来解决。第一个原因是土地制度。不在村地主控制着大量的土地并收取地租利息，但在乡村日渐凋敝的情况下，如果不想大规模的革命让他们一无所有，他们的唯一出路就是寻找新的经济来源，从而将土地占有变相地转变为与村民共享。那么他们就可以将手中资源转化为资金，投入乡村工业中来，让村民共同享受其利益，这样就能解决困扰着土地的矛盾。第二个原因是都市的国外工业品挤兑了乡村工业产品的销路。如果能在乡村建立工业、提高产品的性能和质量，那么也能和都市经济相融合，而不只是成为都市的附庸。据以上原因，费孝通为乡村工业之路提出了一系列建议，包括成本、合作社、资金来源、分配、储蓄等，其中最根本的一条，就是乡村工业要成为为农民生活牟利的机构，而不再是添加他们困苦的来源。

从以上的分析中我们不难看到费孝通立足于乡村观察的社会整体观。无论我们是否同意费孝通的观点，但有一点是值得明确的，那就是从乡村所在的整体性结构及其相互关系的运作中来理解乡村，从中凸显乡村的价值和意义，这也是费孝通文化关怀中最为重要的理念。而且，他在每个层次上其实都在进行文化间的比较，比如谈到中国都市时，他的参照对象是西方都市的区域经济结构；谈到中国的绅权意义时，他提到了西方民主制所缺乏的基础；而最为重要的是，在他谈到工业下乡的

时候，他不仅仅是在谈一个简单的经济目标，而是在谈现代西方工业和传统中国乡村如何在文化上相互契合的问题，他心中所期待的也并不是解决中国乡村的问题，而是从文化相互性的关怀中，解决制度安排与民生关系的问题，这恰是中国和西方都没有很好解决的问题。

五　"文化中间人"的意义

以上讨论中对费孝通作为"文化中间人"的形象，笔者提出了一些浅见，下面再简略地对费孝通的"文化中间人"的意义加以探讨，以作为本文的结论。

就凭费孝通浩渺无边的著述而论，要冠以他任何一个单一的形象，都是不充分的。本文也仅仅是从某一个角度看到他的侧影而已。不过，既然提出了这个形象，那么就必须说一些关于它在学术意义上的想法。

首先，在费孝通早年，"社会"崩解，文化成为救命稻草；而在离费孝通去世后不久的今天，"社会"发达，而文化却消解了。在中国，社会与文化似乎总是不相谋面的两张皮。曾有学者指出，费孝通所在的中国人类学北派偏向于做以社区为中心的"社会学"研究，关注中国乡村的家族、经济、政治等，而缺乏文化。这似乎也在暗示早年华中和华南的人类学只有"文化"而没有社会。然而，从笔者上面的探讨来看，费孝通对中国乡村的"社区研究"是从来没有离开过文化的比较的。"人生"与"人心"的问题，在他的研究中也从来没有真正地分离过，社会与文化是他言说的两个方面。"文化中间人"包含着费孝通重社会机制分析与文化比较的融合，他明白社会与文化原是一体，文化要使人知道"生生"的意义，而社会则要用相关的机制安放与维系这些意义。因此，费孝通的"社会学"包含着他"文化学"，这为他的"文化中间人"形象提供了基础。

其次，费孝通是以一贯的文化自觉心态来扮演"文化中间人"形象的。现代人类学的旨趣是"观察他者以反观自身"，这句话容易给人一种拿"别人的价值来衡量自己"的印象。费孝通的策略却是在各自社会与文化中去探寻各自的社会机制与文化特征，找到它们的合理性，这样在文化比较中就不难为文化间的差异找到理由，并具有很强的说服力了。费孝通所提供的这种分析策略，虽然展现的是东西方文化，但是可以放到任两种或多种文化当中的。这样，文化自觉的前提就是文化的"他觉"，在"自觉"和"他觉"之间，实现人类学者真正扮演"文化中间人"的作用。在关于费孝通"心史"的论著中，有学者以王铭铭提出的中国人类学研究"三圈说"将费孝通的主要学说加以空间结构化（杨清媚，2010），在一定意义上也说明费孝通本身就是在"文化之间"来思考和言说的。

　　最后，费孝通这样一种"文化之间"的立场，是与他对于人类整体的关怀密不可分的。从《乡土重建》中我们看到，费孝通的布局谋篇一反民族志从小谈到大、从"内"谈到"外"的风格，而是先谈西方与东方，再谈都市与城镇，最后才回到乡村上面，谈如何重建。这样的安排，既可理解为费孝通是在借西方的危机来讲如何让中国不要蹈西方的覆辙，也可理解为费孝通是在借中国乡村的重建来谈西方文化重建所面临的困境。综其两者而言，费孝通所持的立场，依然是一种超越个体"文化式"的文化比较与关怀。如果说费孝通的学术目标早年是在认识中国，使之摆脱困境，晚年则志在富中国之民的话，那么他对西方文化的关怀实际上也是一以贯之的。

　　本文通过对费孝通《乡土重建》的研读，力图展示他这"文化中间人"的历程与特征。人类学尊重他者的价值观赋予了他审视自身文化的"超然性"，使他不自觉地就克服了中国文化为低等、西方文化为高等的文化等级观，而这是很多当时接受西方知识体系的人有意识或无意识持有的观念。因此，当他在描述中国社会和文化时，他能够以一种文化主体的心态来审视西方文化对于中国社会的价值，也能透过中国人的眼光看到西方文化的缺陷。因此，不管是谈经济、政治还是信仰，他都没有将中国与西方放在线性发展的观念上，认为西方就是中国的未来。相反，从工业下乡的论述中，他就深刻地揭示出中国乡村这样一种明恩溥眼中灰暗远古的角落，实际上是可以容纳西方现代进步的工厂的，同时还能赋予其关怀于人，而不是关怀于物的新价值，这是中国社会与文化的根源。但是，费孝通也没有妄自尊大，认为中国文化凌驾于西方之上，他所做的只是以社会结构与价值理念的分析，来看文化"位育"的可能性。因此，笔者在此认为，费孝通在早年就有了今天人类学家所谓的"主体间性"（克里福德、马库斯，2006）的立场，并为人类整体的文化未来再进行思考。

　　当我们审视费孝通从20世纪80年代开始他的第二段学术生命时，我们就不难发现，他几乎延续了他第一阶段的研究内容和模式：将第一阶段最后想关注的城镇问题在"行行重行行"中不断地加以考察；在很长一段时期反思早期的学术生涯和倡导补课之后，提出了"文化自觉"的理念，其含义无非是将其早年的学术关怀放入这样一个更加全球化的时代，并加以总结和升华。我们将他的全部学术经历串成一个似乎不曾中断的整体，以一个文化中间人的形象去看待他，就会发现，费孝通"美美与共，天下大同"的文化理想，或许在他早年的《江村经济》《乡土重建》中已经悄然埋下了伏笔。

参考文献

艾凯，2003，《最后的儒家》，王宗昱等译，南京：江苏人民出版社。

杜赞奇，2010，《文化、权力与国家》，南京：江苏人民出版社。

费孝通，1994，《芳草天涯》，苏州：苏州大学出版社。

费孝通，1997，《江村农民及其生活变迁》，西安：敦煌文艺出版社。

费孝通，1999a，《重访英伦》，载《费孝通文集》第三卷，北京：群言出版社。

费孝通，1999b，《乡土重建》，载《费孝通文集》第四卷，北京：群言出版社。

费孝通，1999c，《禄村农田》，载《费孝通文集》第二卷，北京：群言出版社。

费孝通，1999d，《论梁漱溟先生的文化观》，载《费孝通文集》第十一卷，北京：群言出版社。

费孝通，1999e，《评晏阳初〈开发民力建设乡村〉》，载《费孝通文集》第五卷，北京：群言出版社。

费孝通，2006，《云南三村》，北京：社会科学文献出版社。

韩明谟，1996，《中国社会学调查研究和方法论发展的三个里程碑》，载潘乃谷、马戎主编《社区研究与社会发展》，天津：天津人民出版社。

侯建新，2002，《农民、市场与社会变迁——冀中 11 村透视并与英国乡村比较》，北京：社会科学文献出版社。

克里福德、马库斯（编），2006，《写文化》，高丙中等译，北京：商务印书馆。

李景汉，2005，《定县社会概况调查》，上海：上海世纪出版社。

梁漱溟，2005，《中国文化要义》，上海：上海世纪出版集团。

梁漱溟，2006a，《这个世界会更好吗》，上海：东方出版社。

梁漱溟，2006b，《乡村建设理论》，上海：上海世纪出版集团。

梁漱溟，2010，《东西文化及其哲学》，北京，商务印书馆。

明恩溥，1999，《中国人的气质》，北京：人民大学出版社。

苏力，2007，《费孝通、儒家传统与文化自觉》，载黄平主编《乡土中国与文化自觉》，北京：生活·读书·新知三联书店。

汤普森，E. P.，2001，《英国工人阶级的形成》，钱乘旦等译，南京：译林出版社。

涂尔干，2000，《社会分工论》，渠东译，北京：生活·读书·新知三联书店。

王铭铭，2007，《村庄窥视法的谱系》，载王铭铭《经验与心态》，南宁：广西师范大学出版社。

韦伯，1987，《新教伦理与资本主义精神》，于晓等译，北京：生活·读书·新知三联书店。

吴相湘，2001，《晏阳初传》，长沙：岳麓书社。

夏和顺，2010，《全盘西化台前幕后——陈序经传》，广州：广东人民出版社。

亚当斯，2006，《人类学的哲学之根》，黄剑波等译，南宁：广西师范大学出版社。

杨清媚，2010，《最后的绅士——以费孝通为个案的人类学史研究》，北京：世界图书出版公司。

杨雅彬，2001，《中国社会学史》，北京：社会科学文献出版社。

姚纯安，2006，《社会学在近代中国的历程（1895—1919）》，北京：生活·读书·新知三联书店。

张冠生，2000，《费孝通传》，北京：群言出版社。

张镜予（编），2005，《社会调查——沈家行实况》，载李文涛主编《民国时期社会调查丛编——乡村社会卷》，福州：福建教育出版社。

赵立彬，2005，《民族立场与现代追求》，北京：生活·读书·新知三联书店。

Feuchtwang, S. 2009. *Social Egoism and Individualism*，载马戎等编《费孝通与中国社会学与人类学》，北京：社会科学文献出版社。

Sahlins, M. 1972. *Stone Age Economics*. Aldine De Gruyter.

Stocking, G. 1995. *After Tylor*. The University of Wisconsin Press.

知识、心态与社会生活

——费孝通的宗教观与"人的研究"及其当代意义

褚建芳*

纵观费孝通先生一生的著述，我们可以发现，费先生对宗教的专门论述并不多见。迄今为止，费先生仅有两篇文章专门讨论宗教。[①] 这两篇文章费先生都写于学术生涯的早期。然而，在费先生的许多著作和文章中，都有对宗教的论述。这些论述散见于不同的文章和著作，围绕的主题也不相同。尤其在费先生晚年，曾多次提到心态层面的问题，比如"文化自觉""作为文化更高层次的艺术""天人合一""和而不同"的秩序观念等，其中不少论述实际上涉及宗教的内容。可是，他却不提"宗教"这样的说法。这是为什么？显然，这与费先生对宗教的看法，即其宗教观密切相关。那么，这种宗教观对于当今包括人类学在内的"人的研究"学科而言，有什么启发意义？本文的前半部分将主要通过梳理分析费先生有关宗教的论述来探讨他的宗教观；接下来，本文将就费先生宗教观（对宗教问题的关注）对我们今天的"人的研究"的意义与启发进行探讨。

一 费孝通先生的宗教观

1. 作为知识体系的宗教观念

在费先生看来，宗教实际上是一套以超自然信仰为基础的活动。[②] 然而，这种

---

* 褚建芳，南京大学社会学院人类学研究所副教授。

① 这两篇文章分别是费孝通先生于 1941 年为田汝康的《芒市边民的摆》写的序（田汝康，2016：6 - 20）和最近刚刚发现的费先生早期文章《新教教义与资本主义精神之关系》（轶文）（费孝通，2016）。

② 宗教和巫术虽然从概念上说有所不同，但在费先生的论述里，几乎总被放到一起进行论述，而不作区分。我想，这很可能是因为两者都是一种"以超自然信仰为基础的活动"，而且都有使个人人格和社会得以完整的功能。因此，本文在讨论费先生的宗教观时，自然也包括他对巫术的理解。

超自然信仰也是人的信仰，因而宗教属于自然的范畴，可以用科学方法来研究。对宗教的科学研究所关注的并非超自然力量——鬼神的有无，而是人们对于这种力量的信仰。关于这种信仰，费先生同意涂尔干的主张，将其视为一种观念，比如有关上帝的观念，认为造成这种观念的现实基础就是社会。但是，在作为实体的社会和作为对社会反映的宗教观念之间，并非完全一致的对应关系。也就是说，观念并不必然要把实体原模原样地反映出来。为此，费先生提出，我们可以把观念与人们的生活需要结合起来，用生活方式的不同来解释宗教观念的不同，用生活方式的改变来解释宗教观念的改变。他认为，这就是曼海姆所提倡的知识社会学的工作（田汝康，2016：6－12）。

可见，在费先生眼里，宗教观念实际上是人们用以应对生活需要的一种手段或工具。对于生活中的具体信仰者而言，这种观念并不仅仅是与超自然力量有关的信仰，还来自人们对包括自身在内的世界实体的感知，是人们对其所身处其中的世界以及该世界与自己的关系的认识——人们对超自然力量的信仰实际上涉及人们对世界与人的关系的认识。这种认识表现为一套知识体系，可以对信仰者的价值观和行动起到定向和指导作用，为人们提供了认识世界、应对生活问题的心理框架和精神意义之锚。从这个意义上说，宗教观念与科学技术一样，都是更大范围的知识体系的一部分。

由于不同时间不同空间的人群有着不同的生活方式，因而其对世界及其同自己关系的感知和认识也会有所不同。换句话说，不同时间不同空间的人们的宗教观念可能会有所不同。从这个意义上说，宗教观念这种应对生活需要的知识体系其实是一种格尔兹意义上的地方性知识（local knowledge）。不过，这种不同的地方性知识都有一个共同的功能，即使人格和社会得以完整（田汝康，2016：15）。

2. 发挥功能的知识体系

应对生活需要，使人格和社会得以完整，实际上就是宗教这种知识体系所具有的一种功能。对于这种功能，费孝通的老师马林诺夫斯基将其归纳为两方面，一是使得个人的人格得以完整；二是使社会得以整合。费孝通对此表示赞同，并认为这是人类集体生活的必要条件。但他从另外一个角度提出一个问题：这种功能是否必须要靠超自然信仰——宗教和巫术——才能实现？（田汝康，2016：15）

为了回答这个问题，费先生回到中国的儒家和老庄的生活态度中寻找启发。他发现，在儒家和老庄的生活态度中，超自然的观念"不但不占重要位置，甚至于可以没有位置"。这说明超自然观念并非是人格得以完整的唯一力量，而只是其中的一种。同样，通过对没有宗教信仰的集体社会活动的考察，费先生发现，对于社会的整合以及个人社会意识的维持来说，超自然信仰也并非唯一的力量。比如，费先生还提到，民主精神也能起到一种维持社会团结的作用。^① 因此，费先生总结说，宗教和巫术确实具有一定的功能，但这种功能并不是宗教和巫术所独有的，"一些与超自然信仰无关的活动也可以满足同样的需要"（田汝康，2016：15 – 18）。

可见，在费先生看来，宗教与诸如儒家和老庄的生命态度以及民主精神等一样，都是能使人格与社会得以完整的知识体系的一种。他讨论宗教的目的，也并非仅仅谈超自然信仰本身，而是将其作为了解人类社会生活整体的切入点。

3. 功能与心态

对于费先生而言，人格不仅限于具体的个人的人格，而且包括群体乃至整个社会的人格，即他后来谈到他的老师史禄国时所使用的 ethnos 和 psycho-mental complex，他自己则将其大致称为"心态"。

在费先生看来，个人的人格需要完整，社会的人格的也需要完整。对于这种完整来说，最重要的就是心态的完整、和谐。因此，作为使得这种完整得以实现的一种机制，宗教所起到的实际上可以说是一种"心态"层面的作用。^②

在谈到这种心态时，费先生的着眼点更多在于价值观上面，尤其是人们对自己所处社会文化的价值的认同和对他人所处社会文化的价值的认同。这就是他晚年常常提到的"文化自觉"和"各美其美，美人之美，美美与共"的意思。

4. 作为一种范式的宗教研究

从前面的论述中可以看到，在费孝通先生的眼中，宗教之所以值得关注，关键在于其功能。也就是说，宗教的意义在于其所具有的功能，即宗教能够满足生活中个人与社会的需要，使个人的人格得以完整，使社会得以整合和团结。然而，这种功能却并非宗教的"专利"，生活的其他层面比如民主精神，也具有类似的功能，只不过其强弱有所不同。因此，费先生主张一种更大范围的宗教研究，他称为"宗教研究的扩大"。这种研究自然并不限于宗教研究本身，但其所采取的视角和关注的焦点却与宗教研究相同，即对"人格及社会完整体系"进行研究。对此，费先生指出：

> 除非人类学自甘成为一种古董，落后的"初民"科学，它自决不能再研究完整体系时以宗教范围为已足了。反过来说，人类学在宗教研究中已为研究各种完整体系立下了一个基础。他们已得到了研究这一问题的一套方法和概念。

---

① 在晚年，费先生还曾提到一种更高层次的文化——艺术，认为这种文化同样可能对人的心态起到完整体系的作用（方李莉，2005：2 – 40）。

② 宗教当然不等于心态，但在费先生那里，其对于人的生活来说，显然属于心态或精神的层面，与"民主精神"等属于同一层面。其功能自然也主要是对人的心态所起的作用。

百尺竿头，只余一步了。（田汝康，2016：20）

在我看来，这种扩大的宗教研究实际上是一种研究范式，即采用从宗教研究中得出的有关"人格及社会完整体系"的方法和概念，对世界社会的各种完整体系进行研究。这种完整体系既包括宗教，也包括政治、经济、科学、艺术等。

5. 作为生活系统一部分的宗教

在另外一篇文章"新教教义与资本主义精神之关系"中，费先生对现实生活的关注体现得更为明显。在马克斯·韦伯对新教伦理与资本主义精神关系的论述中，最关键的一点就是社会的转型或变迁，而费先生则敏锐地发现并抓住了这一关键点。从对欧洲中古生活系统的考察和描述开始，费先生讨论了十五六世纪欧洲社会从中古向近代转型中新旧交替的情况。他认为，在十五六世纪的欧洲，一方面出现了新兴的商业活动，另一方面农村遭到破坏，教会出现堕落。因此，当时的人民都感受到世纪末的痛苦和烦闷，外有宗教和经济的冲突，内有理想和生活的矛盾。旧有的宗教观念不能适应新兴的社会状况，新的势力亦苦于没有伦理的基础，不能充分发展。这种矛盾和冲突酿成了宗教改革，从而导致与资本主义精神相契合的新教教义的产生，使中古欧洲得以完成向资本主义新时代的过渡。

在费先生那里，对宗教与资本主义精神之间关系的讨论之所以有意义，重点并不在于对孰因孰果的追究，而在于对宗教生活与经济生活如何调和的问题进行考察，而这种考察则旨在理解与解释人类社会的变迁。在费先生看来，宗教生活与经济生活之间的调和是在一个更大的整体中发生的。这个更大的整体就是生活系统。在费先生的分析中，生活系统是一个非常关键的概念和视角。在费先生看来，生活系统大致可以分为两方面：一是生活所藉以构成系统的思想、信仰等；二是决定生活内容的经济状况、社会背景等。费先生将前者归为精神生活的范畴，把后者归为物质生活或经济生活的范畴。他认为，这两者都是生活系统的组成部分，而生活系统则有一种朝向调和与统一的趋势。所以，任何一种生活受到外界的物质或精神的影响而发生变迁时，同一生活系统下的各部分都"不能不发生调适的作用，因而引起其他生活的变迁"（费孝通，2016）。

于是，我们看到，在费先生那里，精神生活是生活系统的一部分，与以物质为主的经济生活范畴相对，而宗教则是精神生活的一部分。宗教需要与精神生活的其他部分相调和，进而与物质生活相调和，共同形成整个生活系统的统一。因此，在费先生看来，宗教并非独立存在自成一体的，而是与精神生活的其他方面乃至物质生活一起，构成了更大的生活系统。对宗教的研究，自然也就需要从考察整体的生活系统来进行。而且，宗教研究的意义恰恰在于通过这种研究可以揭示其对整个生活系统的调和统一所起的作用。

6. 小结：完整体系视角的宗教观

综上所述，我们可以发现，费先生眼中的宗教实际上是人的社会生活的一部分，是一套应对生活需要的知识体系。他对宗教的讨论也是基于其对人的社会生活所起的功能——使个人人格与社会得以完整——而不是宗教本身进行的。从这个角度上说，我们可以把费先生的宗教观概括为一种完整体系视角的宗教观。从他晚年对"文化自觉"、"和而不同"以及"美美与共"等价值概念的关注与阐述来看，可以说这种宗教观贯穿于费先生的整个学术生涯。

二 费孝通的宗教观与"人的研究"及其对功能主义人类学的超越

把宗教视为完整生活体系的一部分，注重考察其与生活体系其他部分之间乃至其与整个生活体系之间的关系与调和，这显然看到了社会结构各组成部分之间的"函数关系"或"功能"，有着鲜明的拉德克利夫－布朗式的结构功能论的色彩，而与费先生的老师马林诺夫斯基的只见人而不见结构的功能论人类学不同。然而，在费先生那里，作为完整生活体系一部分的宗教与该体系的其他部分比如艺术、政治、司法、经济、亲属关系等，都表现为人的活动。这里的人并非抽象的哲学意义上的人，而是日常生活中的广大群众，费先生称为"人民"。因此，在费先生的研究中，宗教研究以及对生活系统其他部分的研究都是以"人"为中心展开的。从这个意义上说，费先生把人类学和社会学的研究称为"人的研究"。这一视角显然不同于以拉德克利夫－布朗为代表的英国结构功能主义人类学只见结构不见"人"的传统，而带有鲜明的马林诺夫斯基功能论人类学的色彩。因此，费先生的宗教观既注重社会结构，又不忽视结构中的人，实际上把功能主义和结构功能主义人类学结合起来，形成了某种形式的超越。

不仅如此，从费先生的宗教观中，我还看到了对功能主义与结构功能主义人类学的另一种形式的超越。

在我看来，作为一个学派和学术范式，功能主义与结构功能主义人类学①自诞生以来，就一直受到人类学内部的质疑、批评和挑战，也一直有后来的学派和范式试图对其进行超越。但是，真正对其有所超越的，并不在后来的其他学派中——在我看来，他们的批评和超越的努力更像是一种旨趣的转移，而不是真正的超越。真

---

① 在人类学中，常常将其泛称为"功能主义人类学"。因此，在后面的行文中，若非单独讨论功能人类学与结构功能人类学的不同，本文将用"功能主义人类学"一词代表两者。

正对其有所超越的，恰恰来自这个学派的内部，来自马林诺夫斯基和布朗的学生们以及学生的学生们。其中，最具代表性的当属埃文斯－普理查德、利奇和费孝通。这种超越的最重要的一点就是对社会变迁的解释。埃文斯－普理查德虽然没有直接讨论社会变迁，但他对努尔人分分合合的分支制度（segmental systems）的描述似乎可以暗示一种社会变迁的可能，即当分裂和联合的趋向无法调和时，就有可能发生社会变迁。不过，在他的描述和讨论中，社会结构和平衡是根本性的，从而使他对社会变迁的暗示显得力不从心。比埃文斯－普理查德稍晚一些的利奇通过对缅北克钦人政治体系的描述，提出一种被称为"钟摆模式"的理论，用以解释当地社会的一种政治变迁。不过，"钟摆模式"的核心和基础仍然是社会结构与平衡。因此，利奇对社会变迁的解释仍然显得不够给力。相比之下，来自中国的费孝通明确提出了了解变迁和指导变迁的目标，并且试图通过对中国不同乡村类型的观察和描述，来实现这一目标。费孝通解释社会变迁的模式可以用"调和－失调－变迁"来概括。这种模式显然来自他早期对宗教作为一种完整体系这一看法。

在回应人类学界对功能主义无力解释社会变迁的这一批评时，著名人类学家克利福德·格尔兹对功能主义人类学进行了修正，认为功能主义人类学并非不能解释变迁。之所以造成这种误解，是因为以前的功能主义人类学者们把社会与文化混淆在一起。在他看来，社会与文化之间并非总是同构或和谐的，相反，两者之间往往可能存在某种断裂。正是从这些断裂本身，我们可以看到某些推动变迁的主要动力（格尔兹，1999：165－195）。

可以发现，格尔兹的解释与费孝通的解释之间存在某种相似性：两者都强调协调与断裂。不过，费孝通强调的是社会系统内部各个组成部分之间以及它们同整个社会系统之间的协调与断裂，而格尔兹强调的则是社会与文化之间的协调与断裂。此外，费孝通、格尔兹两人的看法还有另外一种不约而同的相似性：费孝通认为人的生活系统包括物质和精神两个方面，两者相互作用，若不能调和，就可能引发变迁；格尔兹也认为，社会存在一个基本的结构，在这结构下面，还有一个根本性的价值体系，而结构就是以价值体系的形式运行的。而且，格尔兹也相信结构与价值体系两者可以独自发生变迁并相互影响（转引自 Bellah，1963）。

值得注意的是，格尔兹也是一位韦伯论者。他的解释人类学实际上可以追溯到韦伯的解释社会学，而韦伯对社会变迁的关注自然也影响到了格尔兹（Keyes，2002）。与韦伯相似，费孝通做研究的目的，恰恰在于理解自己的社会文化，从而实现改造社会、使人民富足的目标。从这个角度上说，我们可以从费孝通的宗教观及其研究中看出解释人类学的端倪。

三 "人的研究"与"直面现实的人类学"

我认为，人类学应当是研究人的科学，这也应该正是费孝通先生使用"人的研究"这一称谓的原因之一。当然，研究人的科学很多，并不限于人类学。但在"人的研究"中，人类学无疑有着独特的视角和优势，当然也应该有相应的担当。具体来说，有担当的人类学应该是直面现实的"人的研究"的人类学。而费孝通先生的人类学实践恰恰就是这样的人类学。

1. 立足于现实社会生活的关注和思考

费孝通先生对作为范式的完整体系研究的关注是与其对现实社会生活的关注密切相关的。他坚信，"社会生活本身归根到底是一切社会知识的来源"，应该到"活生生的人们社会里去研究人类社会"（《费孝通文集》第十二卷，1999/1990：417－429）。因此，他积极提倡和践行实地调查的方法，希望借此实现"了解中国社会"和"改造社会、为人们服务"的目的。

在他撰写这篇序言的时代，正是第二次世界大战爆发的时代。对此，生活在中日战火中的费先生自然有着深切而直接的感受。对此，他说：

> 试观目前，战争、残杀、疯狂和失常随处都表示从经济关系上已造成了的世界社会还缺乏一个完整体系。……这个新体系的创造自是我们每个人生命所倚的严重事业。（田汝康，2016：20）

这种对现实生活的关注不仅体现在这篇序言中，而是贯穿了费先生的整个学术生涯。比如，早在 1939 年出版的《江村经济》一书①中，费先生就集中力量描述中国农民生活的基本方面，而在为此书所写的序中，费先生的指导老师马林诺夫斯基（Bronislaw Malinowski）也曾指出，"（该书）有意识地抓住现代生活最难以理解的一面，即传统文化在西方影响下的变迁。……费博士看到了科学的价值在于真正为人类服务""吴教授和他所培育的年轻学者首先认识到，为了解他们的伟大祖国的文明并使其他人理解它，他们需要去阅读中国人生活这本公开的书本，并理解中国人在现实中怎样思考的"（费孝通，1986：3）。留英回国后，费先生不仅时刻关注着中国人的现实生活，写出《禄村农田》《乡土中国》《生育制度》等著作，而且满

---

① 该书最初由英国 Routledge 于 1939 年出版，书名是 *Peasant Life in China*（《中国农民的生活》），在中文译本出版时，才定名为《江村经济》。

怀热忱地带领学生们投身到对当时人民现实生活的实地调查中去，以至于常常心甘情愿地为学生们刻印文字，帮他们出版调查报告。田汝康先生的《芒市边民的摆》就是这种成果之一。即便在"文革"期间，费先生也没有忘记对人们现实生活的关注和思考，他写出了有关知识分子的文章，参与设计和指导了针对中国少数民族现实生活的调查和识别工作，并写出了相关文章。恢复学术生命后，他积极倡导社会学的实地调查，写出《从实求知》《行行重行行》等著作，提出"迈向人民的人类学""文化自觉""和而不同"以及"各美其美，美人之美，美美与共，天下大同"等概念和主张。所有这些都说明在费先生那里，现实生活是最重要的，对现实生活的关注是包括人类学在内的人文社会科学所应有的根本关怀。

费孝通先生对社会转型与变迁在马克斯·韦伯《新教伦理与资本主义精神》一书中重要地位的敏锐发现和把握并非偶然，因为他在此前就已经对社会转型和变迁非常关注。比如，《江村经济》就是一部专门讨论社会转型与变迁的著作。其实，早在《江村经济》之前，甚至在费先生在燕京大学读本科时，他就已经非常重视对社会转型和变迁的考察和讨论，他的本科毕业论文《亲迎婚俗之研究》就是以此为主旨的。因此，我们似乎可以这样说，《新教伦理与资本主义精神》对社会转型或变迁的关注是与费先生的关注点契合的，费先生从《新教伦理与资本主义精神》里找到了知音。费先生从生活系统和调和的角度对《新教伦理与资本主义精神》展开的讨论，也是基于他自己此前的关注和思考进行的。比如，在1933年的一篇文章中，费孝通先生就提出了"文化失调"的模式：

> 社会问题起于文化失调……新的文化特质引入之后，不能配合于原有的模式中，于是发生失调的现象。文化本是人类的生活方法，所以文化失调就在社会中各个人的生活上引起了相似的裂痕，反映于各个人心理上的就是相似的烦闷和不安，这种内心的不安逼着大家要求解脱，于是就有所谓社会问题。苟有一二人提出了解脱烦闷的方案，为一般人接受，就发生社会运动。由社会上众人共同的努力，把拟定的方案实现了，在个人方面言，是烦闷和不安的解脱，在社会方面言，是社会问题的解决；在文化方面言，是文化的重行调适，就是社会变迁。（《费孝通文集》第一卷，1999/1933：79）

这一讲法与他在《新教教义与资本主义精神之关系》一文中提出的"生活系统"的调适说法十分相似。当然，在这篇文章里，费先生所讲的"失调"和"调适"都是从文化层面而言的。而且，费先生此时还没有明确提出"生活系统"的概念。但是，文化的"失调"和"调适"必然意味着有一个对各个部分起协调或整合作用的"系统"。这个系统就是费先生在文章中所说的"模式"，也可以说是他在

《新教教义与资本主义精神之关系》一文中所提到的"生活系统"的思想雏形。

当然，费先生对社会转型和变迁的关注是紧紧结合中国社会生活的现实进行的。正如杨清媚所说，在费先生那里，关于整个中国现代化转型的问题萦绕不去，它不仅仅是经济与社会的关系，而且也是人的精神结构如何适应新的社会状况和时代状况的问题。费先生和他同时代的学者看到的是中国整个的社会状态，和资本主义生产下的现代性之间的差别，这个差别对他来说是一个很大的焦虑（杨清媚，2016）。

在我看来，费先生对于中国社会现实生活的关注，自然离不开其所处时代背景的影响：当时的中国仍然处在外有世界列强压迫、内有社会剧变的状况，积贫积弱、民不聊生，有志之士纷纷以各种方式进行富民强国的努力。费孝通当然也不例外。所以，他后来说道：

> 我自己知道我为什么要学人类学，……我原本是想学医的，但是后来放弃了成为一个医生的前途。因为，那时我自觉的认识到"为万民造福"比"为个人治病"更有意义。……我是出生于 20 世纪初期的中国人，正是生逢社会的剧变，国家危急之际。从我的这种价值判断出发，我之所以弃医学人类学是可以为朋友所理解的。我学人类学，简单地说，是想学习到一些认识中国社会的观点和方法，用我所学到的知识去推动中国社会的进步所以是有所为而为的。（费孝通，1999/1990：43 - 44）

除了社会现实处境的影响以外，这种价值取向还受到传统的烙印以及所受教育的影响：

> 我这种在 Edmund 看来也许是过于天真庸俗的性格并不是偶然产生的，也不是我个人的特点，或是产生于私人经验的偏见，其中不可能不存在中国知识分子的传统烙印。随手我可举出两条一是"天下兴亡，匹夫有责"，二是"学以致用"。……务实的精神潜移默化，渗入学术领域，结果使像我这样的人，毫不自觉这是古老的传统，而投身入现代的学科里，形成了为了解中国和推动中国进步为目的的中国式应用人类学。在一定意义上说，这种学派的形成并不是出于任何个人的创见，很可以说是历史传统和当代形式结合的产物。（费孝通，1999/1990：545 - 546）

急剧动荡的社会变迁，国家危亡、民不聊生的社会现实，使得从小受到"天下兴亡匹夫有责""学以致用"等价值观影响的费孝通为自己立下了推动中国社会进步的志向。为了推动中国社会的进步，首先要做的就是对中国社会的现实有一个准

确的认识和把握。在费先生写作《芒市边民的摆》序言和《新教教义与资本主义精神之关系》的那个时代，社会转型和变迁是最鲜明的特色，而人格与社会体系的完整，则恰恰是时代和社会生活所急需的。

2. "迈向人民的"人类学与"人的研究"

对于从事人文社会科学的学者而言，学以致用的方式就是把所学到的知识应用到自己所处的现实社会中去，以此推动社会朝着更好的方向发展。对此，费先生指出："科学必须为人类服务，人类为了生存和繁荣才需要科学……为了人民的利益，为了人类中绝大多数人的物质和精神生活的需要，科学才会在人类的历史上发挥它应有的作用。"（《费孝通文集》第七卷，1999/1980：418）基于这种认识，费孝通先生把自己一生的奋斗目标和著作言行中贯穿的主导思想定义为"志在富民"[①]。在晚年，他认识到中国社会的问题已经不再是"富民"，而是要解决"富了怎么办"的问题（《费孝通文集》第十一卷，1999/1989：546），于是，他开始关注"心态"和价值观的问题，提出诸如"文化自觉""和而不同"以及"各美其美，美人之美，美美与共，天下大同"这样的概念和思路。从这个意义来说，费先生一生的思考和写作其实概括为"志在福民"更为贴切。在温饱问题尚未解决的阶段，"福民"主要体现为"富民"，即让人民富起来；而到了温饱问题得到解决的阶段，"福民"则主要表现为让人民有更好的心态，更加安居乐业。

可见，费先生时刻关心着人民的社会现实生活，努力做到与时俱进。不仅他本人如此，他还期待和鼓励中国其他从事人文社会科学的学者们做到这一点。[②]

要想准确了解人民的社会现实生活且能与时俱进，就要掌握和运用一套切实可靠的实地调查方法。这一点恰恰是人类学田野工作的专长。因此，为了学习人类学的这种方法，费先生当年曾经放弃了和同学竞争去美国密执安大学留学的机会，选择到清华大学学习人类学（费孝通，1999/1987）。事实上，正如费先生本人的总结，他一生的主要目的和唯一目标就是了解中国和中国人，从而为解决中国的问题出力。这也是他一生注重实地调查、主张且力行"从实求知"的出发点。

值得注意的是，费先生这里所说的中国人并非中国少数精英阶层，而是处于中国最基层的占人口绝大多数的普通民众——人民。在他看来，真正有意义的人类学应该是"迈向人民的人类学"。这是一种学以致用的人类学，属于应用人类学的范

---

① 这样的论述在费先生 1990 年以后的各种论述中多次出现。比如费孝通，《八十"三问"》（《费孝通文集》第十一卷，1999/1989：545 – 546）；费孝通，《加强智力扶贫》（《费孝通文集》第十二卷，1999/1992：256 – 259）等。

② 比如，1999 年 2 月，在与北京大学社会学人类学研究所研究人员的谈话中，费先生曾说："（你们这辈人）脑筋一定要灵活些，要能跟上这个时代的变化，这是一个变化很大、很快的时代。"（《费孝通文集》第十五卷，2001/2000：3）

畴，其目的是造福人民，为广大人民的利益服务。这种人类学并不把研究对象视为与自己不同的低等人群，而是尊重他们自己的立场、意愿、智慧和主动性，与他们一起，共同探求对其社会文化的客观事实的了解和问题的解决之道。在这种人类学的实地工作——人类学更喜欢称之为"田野工作"——中，调查者和调查对象之间已经不是传统意义上的调查者和被调查者的关系，而是一种共同工作的关系（《费孝通文集》第七卷，1999/1980：426－428）。

可以看到，费先生所青睐和倡导的"迈向人民的人类学"非常重视"人"这个主体及其社会生活。从这个意义上说，这种人类学可以说是一种"以人为中心""以生活为中心"的人类学。我想，或许正是在这个意义上，费先生这种人类学研究称为"人的研究"。事实上，他本人的研究也坚持"以人为中心"，注重探寻和发现对象人群自身的智慧——这是一种内生和自发的智慧，属于一种地方性的知识，从而找到问题的解决之道。他把宗教视为人的一种生活方式，从功能的角度探讨其对"完整体系"的贡献，可以说正是这种"人的研究"的路径的体现。

3. 宗教、"心态"观照与"直面生活的人类学"

对现实生活中的具体信仰者——某种意义上的当地人——来说，宗教究竟意味着什么？这是作为"人的研究"的人类学必须考虑的问题。许多宗教研究把宗教作为独立的或自成一体，把注意的焦点放到宗教的教义或仪式本身，却未注意到宗教是信仰者整体生活系统的一部分，对于他们来说，宗教其实意味着一种生活方式。费孝通先生对宗教的关注和视角，恰恰可以使我们认识到这一点，从而能够从日常生活方式的角度去观察和思考宗教。因此，我们需要一种更具包容性的"迈向人民的人类学"。在这种人类学中，人及其社会生活才是关注的中心，而宗教则被理解为一种生活或生活的一部分。因此，这种人类学更加"直面生活"。

在这种更加"直面生活"的人类学眼中，宗教有着更广大、更本质的意义，即它是一套使个人人格得以完整、使社会得以整合的价值体系，属于社会精神气质——格尔兹意义上的 ethos——或心态层面的范畴。

对费先生所重点关注的中国人的社会生活而言，典型的宗教——佛教、道教、基督教、伊斯兰教——的活动在人们的生活中并非显著成分，甚至一些超自然特征明显的信仰——鬼神信仰、萨满信仰等在人们社会生活中的比重也不高。这或许是费先生一生对宗教的专门论述并不多见的一个原因。

然而，在中国人的社会生活中，对人格和社会完整起作用的类似于 ethos 的信仰却不少，比如对"天"、"伦"、"命"、"运"以及"中庸"、"和"等观念的信仰。对此，费孝通先生论述颇多，认为这些观念反映的是中国人独有的一种有关人与自然以及人与人之间关系的知识体系和价值体系，可以为世界不同民族相互理解、和平共处提供启发（《费孝通文集》第十五卷，2001/2000）。

当今时代，费孝通先生当年见到的那种世界大战虽然并未出现，但不同国家、地区、民族和信仰群体之间的矛盾冲突仍很尖锐，不同人群之间各种各样的偏见仍然普遍存在，影响社会安定的因素仍然很多。所有这些都需要有一种能起到完整、调和作用的力量，宗教是其中一种，但是，其他具有宗教功能的力量也值得我们给予关注和研究。所以，费孝通当年提倡的扩大的完整体系研究仍然十分必要！

参考文献

方李莉，2005，《费孝通晚年思想录：文化的传统与创造》，长沙：岳麓书社。

费孝通，1986，《江村经济：中国农民的生活》，南京：江苏人民出版社。

费孝通，1999/1933，《中国文化内部变异的研究举例》，载《费孝通文集》第一卷，北京：群言出版社。

费孝通，1999/1980，《迈向人民的人类学》（1980 年 3 月在美国丹佛接受应用人类学学会马林诺斯基奖的大会上的讲话），载《费孝通文集》第七卷，北京：群言出版社。

费孝通，1999/1987，《经历、见解、反思：费孝通教授答客问》，载《费孝通文集》第十一卷，北京：群言出版社。

费孝通，1999/1989，《八十"三问"》，载《费孝通文集》第十一卷，北京：群言出版社。

费孝通，1999/1990，《人的研究在中国：缺席的对话》，载《费孝通文集》第十二卷，北京：群言出版社。

费孝通，1999/1992，《加强智力扶贫》，载《费孝通文集》第十二卷，北京：群言出版社。

费孝通，2001/2000，《创建一个和不同的全球社会》，载《费孝通文集》第十五卷，北京：群言出版社。

费孝通，2016，《新教教义与资本主义精神之关系》（轶文），《西北民族研究》第 1 期。

格尔兹，克利福德，1999，《文化的解释》，纳日碧力戈等译，王铭铭校，上海：上海人民出版社。

田汝康，2016，《芒市边民的摆》，福州：福建教育出版社。

杨清媚，2016（发言稿），载于王铭铭、苏国勋、渠敬东等《费孝通先生佚稿〈新教教义与资本主义精神之关系〉研讨座谈会实录》，《西北民族研究》第 1 期。

Bellah，R. N. 1963. "Reflections on the Protestant Ethic Analogy in Asia", *Journal of Social Issues*, 19 (1): 52 – 60.

Keyes. 2002. "Weber and Anthropology", *Annual Review of Anthropology*, Vol. 31, pp. 233 – 255.

吴文藻与中国社区研究

朱晨宇[*]

费孝通先生在江村初次展开调查距今已有 80 周年。今天我有幸在此与各位前辈一起纪念江村调查，不免怀想起费先生那一代学人的开创之功。他们在艰难的年代里筚路蓝缕，为中国社会学奠定了坚实的基础，他们坚韧的品质将与他们广博的学识一道，激励我们在社会学的知识天地中不断探索。但仅仅追怀费先生一人的贡献似乎又有英雄主义学术史观之嫌，因此我们不妨将费先生的工作放置在更广阔的学术脉络中再讨论其价值与贡献所在。本文即打算从这一思路出发，展示费孝通所在的燕京学派的奠基人——吴文藻先生对中国社会学的规划与思考及其对当时及后世社会学之发展产生的影响。

一 社会人类学的中国时代

吴文藻之前的中国社会学大致有两种研究路径：一是阅读、评注译介进入中国的西方社会学著作，并参读中国传统文献中包含社会思想或具有社会史色彩的部分以为补充和比较，大体上是一种借助传统治学方法、局限于文本内部的研究，可称为"士大夫社会学"；二是教会大学开设并被其他学校模仿的社会学课程，往往辅有对社会问题的调查以为社会服务和传教的先导工作，这类研究直接挪用西方社会学的概念范畴和研究方法来研究中国社会，可称为"传教士社会学"。吴文藻认为"士大夫社会学"满足于浮文玄想，难以对社会之真实情况发生认识，故需要依靠西方"学理之精密"加以矫正；而"传教士社会学"虽然有相对系统的方法和实地求证的精神，但疏于对方法和对象的关系加以探察，最终以调查方法获得有关中国社会的认识不免流于片面和表面，因此还处于"自发社会学"的阶段，未达科学之

* 朱晨宇，南京大学社会学院 2014 级本科生。

境地——吴文藻以照片和电影的比喻说明过这一问题："社会调查譬之照相，社区研究譬之电影。照相所代表的生活是横断的、一时的、局部的、静态的；反之，电影所代表的生活是纵贯的、连续的、全形的、动态的……单就这一层说，这研究已走在时代之先。"（吴文藻，2010：206）因此，在美国完成学业回国后，吴文藻便以燕京大学为平台，开始探索社会学中国化的理论与实践路径。

吴文藻在社会学中国化这一方向的努力，始于对国内社会学教学的改革。吴文藻相当反感当时的社会学教学"始而由外人用外国文字介绍，例证多用外文材料；继而由国人用外国文字讲述，有多讲外国材料者"，以至于"民族学和社会学在知识文化的市场上，仍不脱为一种变相的舶来物"（林耀华、王庆仁、陈永龄，1994：79），于是便在自己的教学中使用汉语，并大量引征中国材料，还为每一门课编订了中文教材。除讲授从国外引进的课程门类外，吴文藻还在梁启超讲授的《先秦政治思想史》课程的基础上开设了《中国社会思想史》课程，务求能够借助传统思想资源启发学生对中国社会现实的理解，以为学习"舶来品"课程的参考（吴文藻，1982：50）。后来，吴文藻又发现仅在教学中做出改革是不够的。社会学如欲达到真正的中国化，尚要求国内学者建立具有本土特色的研究方法，并用以研究具体真实的本土对象。在改革社会学教学的基础上，吴文藻又开始为建设本土社会学方法寻找理论框架的工作。在此期间，吴文藻大量阅读国外社会学、人类学的经典著作及前沿文献（由于在美国留学时自修了德文和法文，吴文藻得以阅读德法两国的社会学作品。因此曼海姆、齐美尔等当时尚未在英语世界成名的作者也很早就进入了吴文藻的学术视野），并依靠在美国接受专业训练时的知识储备，写就了大量译介国外理论的文章，供社会学者和学生参考。

后来，吴文藻在理论回顾的基础上提出应以社区研究的方法来研究中国社会。在吴文藻及同事、学生的宣传和推动之下，社区研究在社会学界得到了广泛的接受，几乎成为当时社会学研究的统一范式："1937年1月，中国社会学召开第六届年会，主题为'中国社会学之建设'。在年会上，赵承信宣读的《社区研究与社会学之建设》一文，提倡以社区实地研究作为中国社会学建设的路线。同时，与会成员一致通过陈达提出的'国内各大学积极推行社区研究'议案。在抗日战争期间，社会学界逐步实现了该决议案，社区研究变成了占时中国社会学的共同风气，发展并推动了社会学的中国化建设。例如，在抗战后方的大西南出现了清华大学国情普查研究所、华西大学边疆研究所、燕京大学社会学系农村实验室、南开大学边疆人文研究所、云南大学-燕京大学社会学研究室等一批社区研究机构。"（宣朝庆、王处辉，2006：89）当时的社会学者也写就了一大批高质量的、反映中国社会实际的作品，这些作品至今仍有很高的学术价值。国内社会学的兴盛得到了国外学界的注意，马林诺夫斯基就称这一时期为"社会人类学的中国时代"，而以吴文藻为中心的燕京学派则被他称为"中国学派"。

除了推介新理论、新方法，吴文藻还格外注重人才培养和学术交流。吴文藻擅长因材施教，并为有天分的学生联系合适的外国导师，以扶助其学术发展；吴文藻还注意延请外国学者来华讲学，并与之商讨合作办学、研究的事宜。在费孝通的回忆中"吴老师不急于个人的成名成家，而开帐讲学，挑选学生，分送出国深造，继之建立学术基地，出版学术刊物，这一切都是深谋远虑的切实功夫，其用心是深奥的。"可惜后来抗战爆发，吴文藻苦心经营社会学的种种计划都失去了实现的机会。

二　社区研究的来源、意涵、计划、实施

吴文藻所提倡的社区研究方法是推动社会学在 20 世纪 30 年代快速发展的重要力量，也是我们理解其学术思想的关键所在。我们可以推测，正是因为有了社区研究这一相对成熟、统一的研究方法，国内社会学研究成果的比较和学科知识的积累才变得更加可行，由此带来的学科内部一致性也使得社会学获得了更高的声望和社会认可度。我们不妨对吴文藻这一主张的思想来源、研究计划及实施状况以及该主张的局限及后来面对的主要批评作一梳理，以求进一步理解社区研究的意涵、价值和它所关涉的核心问题。

吴文藻在美国留学期间修读了大量课程，其中人类学和社会学是他兴趣的集中所在，也是他着力学习的重点。除在哥伦比亚大学大量修习社会学、社会思想、人类学课程外，吴文藻还到纽约新社会研究新校、自然历史博物馆人类学分馆研讨班补充学习、扩大见闻。这段学习经历使得吴文藻深刻理解了社会学和人类学的联系、分野及各自出现的社会历史背景，这对吴文藻后来理论及方法的抉择都起到了重要影响。据吴文藻回忆："所有这些（学习经历）都使我进一步了解了人类及其文化的起源和发展，也使我初步意识到人类学与社会学之间密切的关系以及把这两门学科结合起来进行研究的必要性。"（吴文藻，1982：45）其后来提倡的社区研究方法即带有明显的文化人类学色彩。

吴文藻有意为定型中的"本土方法"寻找理论框架时选择了拉德克利夫－布朗主张的功能主义学说，"就我所了解的西方社会学或人类学的学派有许多，而我则选择了英国功能主义学派的理论和方法。为什么要选择英国功能主要学派的理论和方法呢？主要是我认为它和我提倡社区研究的主张吻合……功能观点，简单的说，就是先认清社区是一个整体，就在这个整体的立足点上来考察它的全部社会生活，并认清这社会生活的各方面是密切相关的"（吴文藻，1982：49），兼用派克主张的人文区位学说。吴文藻认可两种学说对研究中国社会的积极意义，但并未全然接受

之，而是在借用时加以探讨和改造，并尽可能论证其有效性的边界。在对待功能学说时，吴文藻虽然认同其为社会科学方法中"最先进者"，单并未对其有效性抱有毫无怀疑的信心：功能学说乃是特定历史条件与马林诺夫斯基、布朗二人努力的产物，自然有不可避免的局限性。功能学说长于描述一定社会的形态与结构，但疏于理解社会的变迁，因此当英国原有殖民地的情况剧烈变动时，功能主义人类学便和支持它的殖民事业一起衰落了（吴文藻，2010：356-362）。在对待派克以来的人文区位学说时，吴文藻敏锐地看到其关注的对象仅限于美国都市中的社区，而忽视了广大乡村、半乡村社区的状况。虽然派克强调美国文明实质上是本于工商业的都市文明，研究都市是十分必要的，但仅由研究都市之成果了解包含都市与乡村的美国社会不免有偏废之嫌。吴文藻则发现美国在社区研究的源流中，都市研究和乡村研究实际上并存的，二者在方法上亦相互促进（吴文藻，2010：200-207）。后来派克来华讲学时建议在中国展开研究要格外注重乡村，"都市是西方社会学的实验室，乡村是东方社会学的实验室；现代西方的社会问题是都市社会问题，而东方的社会问题是乡村社会问题"（吴文藻，2010：195），吴文藻亦深以为然。

在以上种种准备之后，吴文藻便以多场讲演及《现代社区实地研究的意义和功用》《社区的意义与社区研究的近今趋势》《中国社区研究计划的商榷》三篇文章正式提出自己对中国社区研究原则与计划的意见。吴文藻就"现代社区实地研究"中提到的四个概念详细阐述了社区研究的意涵。①现代乃就过去而言，意指社区研究的主要目的在于研究一定社区当下的状况，虽然研究者需要参考方志和其他历史材料，但研究的目的终究不同于历史学者。②社区是一个核心概念，乃就社会而言："社会是描述集合生活的抽象概念，是一切复杂社会关系全部体系之总称。而社区乃是一地人民实际生活的具体表词，它有物质的基础，是可以观察得到的。"人民、一定的地域、人民的社会心理、人民的生活方式或曰文化是社区最重要的四个要素。其中人民是社区特征的体现者，而地域和社会心理是社区得以形成的基础（这就和孟德斯鸠以来直到维达尔的地理决定论区分开来），文化则是社区研究中最值得关注的内容。若要求分析的便利，文化又可以被粗分为物质文化、象征文化、社会文化、精神文化四种。但就其保存和运作而言，文化是一个不可分割的整体。③实地乃就书本而言，强调对社会的认识需要在真实的社会情境中获得。④研究乃就调查而言，是指对社会和文化的详尽观察、切身体会，并强调对观察所得的种种材料做出合乎情理的解释，以区别于调查的横断性、片面性和单纯的描述性（吴文藻，2010：432-438）。

吴文藻还就中国社区研究提出了分步骤的、详细的计划，以为日后社会学发展实际研究方面的议程。简言之，吴文藻希望不同研究者使用社区研究这一相对通用的方法分别研究不同社区，得出一批可比较的研究成果，在对这些成果进行综合的基础上对中国社会之复杂状况产生较为全面的认识。除部落形态的边疆民族社区、地缘集合形态的乡村社区及尚在形成中的都市社区，吴文藻还希望有研究者能对海外华侨社区进行研究，以为社区社会学研究奠立实际的基础（吴文藻，2010：460）。在更进一步的计划中，吴文藻还试图将中国视作一个大社区，而与其他文明的形态、特征进行比较，这一部分计划便跨出社区社会学而进入比较社会学了（吴文藻，2010：473－480）。社区研究计划的实施大多在"工作站"时期展开，吴文藻虽然没有亲自参与实地研究，但对指导学生的研究工作一直十分热心，直到后来不得已赴重庆担任公职为止。据李培林分类，社区研究计划实施阶段的成果大致可以分为文化人类学作品和社会人类学作品两类，前一类有林耀华的《义序的宗族研究》、杨庆堃的《邹平市集之研究》、田汝康的《芒市边民的摆》、许烺光的《祖荫下：中国人的文化与人格》等，后一类有杨懋春的《一个中国的村庄：山东台头》、费孝通的《中国农民的生活——长江流域农村生活的实地调查》、张之毅的《易村手工业》、史国衡的《昆厂劳工》等。这批作品题材丰富、内容翔实，基本上代表了当时中国社会学研究的最高水平（李培林，2008）。

三 社区研究与社会学中国化

社区研究虽然在理论建设和实际研究中都取得了相当的成绩，但并不意味着它没有自身的局限。社区研究后来也遭到了尖锐的批评。但需要澄清的是，批评固然能够揭露某一理论或主张的局限，但批评的内容亦有有效与无效之分。批评者自身即容易犯下"外在论谬误"和"政治谬误"，因此其批评也可能有失公允。外在论谬误是指批评某一理论或主张没有实现其未尝列入本来意图的目的，而合适的做法是详细考察理论或主张的知识意图，并考察它是否实现了这一意图，以评价其内在一致性。政治谬误是指因为理论或主张（可能）引发的政治后果而对之加以批评，合适的做法是区分理论或主张的知识效力和对社会产生的实际影响并分开批评（贝尔特、席尔瓦，2014：11－13）。下文围绕针对社区研究"批评与反批评"的讨论或许可以借助上述学术批评方法展开。

中国社区研究的主张和成果面世后即吸引了艾德蒙·利奇、布朗、马林诺夫斯基等社会人类学同行的注意和评论，但真正做出系统、深刻批评的当属汉学家兼人类学家弗里德曼。弗里德曼和之前的评论者一样十分认可中国社区研究扩大人类学方法适用范围的尝试，但弗里德曼认为以吴文藻为首的中国学者所使用的功能主义方法并不适合理解中国社会的实际状况。由于中国是一个"有历史的文明社会"，以往强调共时性、适合分析简单初民社会的方法并不适合研究中国；而且出于研究

的便利，将中国划分为无数社区并分别研究，只能得出一些碎片式的认识，对于理解中国大型社会结构的运作机制（这极可能是中国社会的独特性所在）没有帮助。"一言以蔽之，弗里德曼认为，小地方的描写无以反映大社会，功能的整体分析无以表现有长远历史的文明大国的特点，社区不是社会的缩影。"（王铭铭，1997）弗里德曼的批评的确指出了社区研究所指向的核心问题：第一，在吴文藻设计的研究计划中，社区与整体性的社会究竟是何关系？这一关系在社区研究的认识论预设和实际的研究方法中是怎样得到反映的？第二，吴文藻在此计划中有什么样的知识意图？是希望通过"以小见大"的方式由社区认识中国社会的整体性特征，还是满足于对异质社区的认识的综合（或并列）？

第一个问题是吴文藻一直没有澄清的。吴文藻在《现代社区实地研究的意义和功用》一文中探讨过社区与社会的关系："社会是描述集合生活的抽象概念，是一切复杂的社会关系全部体系之总称。而社区乃是一地人民实际生活的具体表词，它有物质的基础，是可以观察得到的。"（吴文藻，2010：432－433）在此表述中，社区与社会的关系类似实体表现和精神法则的关系，社区可以反映社会，对大量社区的研究可以得出有关中国社会"高度概然性的结论"；而在筹划具体的研究时，社区和社会的关系又呈现为地方社会和整体社会的关系，地方社会文化与经济功能上的联系使得它们组织成一个更大的社会实体（吴文藻，2010：468－474），此时试图通过社区来认识社会，即会出现弗里德曼所指出的认识论断裂——在此种预设下，如欲对社会产生有效的认识就必须在设计中考虑社区间性的问题，而这正是吴文藻有所失疏之处。

有关第二个问题，吴文藻并无集中自陈。我们只得靠其他论述来尝试厘清这一问题，而这样做就需要借助"社会学中国化"的线索，以揣摩吴文藻的学术抱负和知识意图。吴文藻发表《社会学刊》总序可被视为社会学中国化主张的正式提出，而社会学中国化的步骤和构想则散见于吴文藻的各类讲演和论文中。总结起来，除建设本土学科的组织外，社会学中国化的目标主要有以下三个：一是建立适合本土对象的研究方法，并使用此方法对中国社会展开实际的研究；二是联结中国经验和西方知识库存，以为世界社会科学共同体做出立足中国本位的贡献；三是理解中国社会的真实状况，以为社会改良和社会建设的先导。

吴文藻在设想社区研究时的确考虑到了当时中国社会的宏观状况，其之所以选择社区研究的方法，很大程度上与此考量有关。吴文藻认为当时中国的首要问题在于西方冲击下社会的解题，内地城市扩大、乡村激变，边疆民族地区日益离心，再加上中国古来就具备的地域差别，中国社会的面貌可谓无比复杂。或者是，中国还远不是盖尔纳笔下消灭地方性而建成同质性社会的民族国家，以往流行于西方国家、用以研究成形工业社会的方法并不适用于中国。在此种情况下欲对中国社会产生全面的认识，在短期内是极其困难的，擅论全国情况如何者往往落于空疏。合适的方法是将情况各异的地域划分为不同社区再行研究（吴文藻，2010：457-460），以社区研究的方法充分研究中国社会的复杂性和异质性，如此方能对中国社会产生有限而相对真实的认识，避免"片面和夸大其词的看法"（吴文藻，2010：437）。此外，吴文藻还清楚地认识到社会学方法适合研究都市，而乡村和边疆地区的社会形态相对封闭、简单，近似初民社会，宜应用或借鉴人类学方法，因此在中国展开社区研究务必要结合两者的方法（吴文藻，2010：463）。因此，社区研究主张中"划区"和结合人类学社会学方法的计划，是吴文藻针对本土研究对象——复杂、异质的中国社会——而做出的。

吴文藻对中国社会学抱有相当大的期许，其对于社会学发展的设想不止在本土完成学科建设、仿照西方大学增设一门分支完备的社会学，而是希望中国社会学人能以自身之力为社会学的进步做出贡献。在吴文藻看来，中国当时正处于社会变迁的过程中，国内社会学正有大显身手的机会，能将中国变迁的鲜活经验联结到西方社会学已有的知识库存。且体量巨大、人口繁多的中国，对世界格局必然有重大而深刻的影响，对中国的状况详加考察，亦是关心人类命运的体现（吴文藻，2010：432、460，558、568）。欲实现对中国社会变迁的研究，除了以实地得来的资料与历史资料进行比较外，还需要借助社区研究成果间的比较："我们可以把受欧化程度深浅不同的社区，逐一加以考察，并将考察的结果加以比较。"（吴文藻，2010：473）简言之，如要在短期对中国社会变迁产生较为有效的认识，就需要借助社区研究方法将历时性的比较转化为共时性的比较。

吴文藻社会学中国化的第三个目标是以社会学方法理解中国社会，为社会建设做"为政由学始"的准备。吴文藻早年即积极参加爱国运动，后来赴美留学时也参加了爱国组织大江社，鼓吹中国独立和中国革命，并树立了"以学术服务国家"的志向。及至后来知识日趋完备、思想日趋成熟，吴文藻的爱国热情已转变为一种经过思考的知识社会学预设："（吴文藻经过吸收曼海姆的思想）将功能主义的动力解释从一种无意识的冲动（人的冲动或者社会的冲动）转化为能被人所自觉并主动把握的理性认识（具体为思想与意识形态），这种转化使有计划的社会变迁成为可能。"（杨清媚，2015：114）因此对于吴文藻而言，以学术服务国家不再是一个简单的信念，而是成了据以指导行动的原则。对于"社会建设"的目标而言，社区研究得出的具体的、具有地方特征的知识是十分适宜的——因为政策之能产生实际效果，总需要符合地方的实际状况（吴文藻，2010：436-437），因此在这一目标上吴文藻满足于社区研究所能取得的"局部成果"，并不希求能通过对中国社会的整体性知识服务于社会建设或社会计划的全国性设计。

我们从以上讨论可以看出，吴文藻选择社区研究为研究中国社会的主要方法，

乃是出于对中国实情的认识和对学科假设深思熟虑的考虑。对于社会学中国化的三个分支目标，社区研究方法皆能承当起历史性的学科使命。前述弗里德曼对中国社区研究的批评固有切中要害之处，但于吴文藻主张的"内部一致性"而言，似乎又有苛求之嫌。

四 社区与文化：超越民族国家？

民族与国家的关系是贯穿于吴文藻思想历程的又一主题。吴文藻目睹了民族主义在世界范围内的扩散，对他而言民族–国家的观念并非先赋的、自然而然的思想背景，因此他能够对民族主义和民族国家产生对象化的认识。在《民族与国家》一文中，吴文藻辨析了民族与国家的概念——民族乃就相似的文化而言，国家乃就一体的政治而言。一民族建立一国家的"叫嚣"并非一个国家迈入现代的唯一道路，也不是所有可能的道路中最好的选择。吴文藻后来虽然没有继续这一主题的研究，但区别看待民族与国家的观点一直隐含在其他论述和主张中。例如，据其自传回忆，蒋介石在抗战期间做了"中华民族是一个"的定论，顾颉刚等学者亦为此撰文，而吴文藻从事实从学理出发认为这是谬论，并对此相当反感。在规划社区研究时，吴文藻也主张先认清民族、地域间的差别，再寻找其文化与功能上的联系，并在对民族、地域间联系已有一定认识的基础上推行国家建设的工作（吴文藻，2010：569–590）。此外，吴文藻还撰有《民主的意义》一文，文中主张承认社区与国家的区别，在社区范围内推广可行的民主制度，以免民主沦为国家宣传层面中空虚无实的精神或口号。此文中多少包含吴文藻对抗战后重新建设国家中国家–地方关系的考虑。综合上述主张，我们或许可以推测吴文藻并不认同民族国家的现代国家建设路径，其社区研究的主张或许也有为国家观念的推行寻找更加真实、稳固之基础的考虑，在此我们又一次看到他"为政由学始"的用心。可惜吴文藻先生再无机会申明自己对于国家、民族与民族国家的观点，我们也只好通过先生留下的文字姑妄推测。但吴文藻先生对民族、国家关系的思考对于我们一定有所启发。

五 结论

社区研究方法开创了"社会人类学的中国时代"，也承当起了社会学中国化的学科使命。吴文藻先生选用社区研究法的背后，是其开辟新研究领域及建设社会学学科的良苦用心。先生深知研究方法的有效性有其社会–历史条件的限制，并能在仔细考量研究对象特征与学科发展程度的基础上仔细建立理论基础、探索实用的研究方法，并试图推动学科立足中国本位而为世界作出知识贡献。先生的"中国化"自觉、敢于与西方对话的学术勇气及甘于投身人才培养而作自我研究之牺牲的器量，都是值得我们追怀和学习的。

参考文献

贝尔特、席尔瓦，2014，《二十世纪以来的社会理论》，瞿铁鹏译，北京：商务印书馆。

李培林，2008，《20 世纪上半叶社会学的"中国学派"》，《社会科学战线》第 12 期。

林耀华、王庆仁、陈永龄，1994，《吴文藻传略》，《民族教育研究》第 2 期。

王铭铭，1997，《小地方与大社会——中国社会的社区观察》，《社会学研究》第 1 期。

吴文藻，1982，《吴文藻自传》，《晋阳学刊》第 6 期。

吴文藻，2010，《论社会学中国化》，北京：商务印书馆。

宣朝庆、王处辉，2006，《从社区研究看社会学的中国风格——以学科理想与知识建构为视角的分析》，《河北学刊》第 1 期。

杨清媚，2015，《"燕京学派"的知识社会学思想及其应用——围绕吴文藻、费孝通、李安宅展开的比较研究》，《社会》第 4 期。

提高和收获：追忆随费老四访江村若干片段

杨善华[*]

1981 年，中国社会学恢复和重建才不久，我那时还是社会学学术队伍中对社会学这门学科认识还十分肤浅的新兵，在上海社会科学院社会学研究所工作。这时忽然听到一个消息，费孝通教授要四访江村，而且还要从南开大学哲学系（后来在此基础上组建了社会学系）以及上海和南京的高校、科研单位中抽调人手，组织一支科研队伍，在江村开展社会调查。

我们所当时获得了一个名额，这样难得的机会如果不抓住真的会很遗憾，不过我也不好意思直接向领导请战。结果没想到这件好事落到了我的头上，这真是令我喜出望外。

据我保存的江村调查笔记本的记载，我到吴江县城的时间是 12 月 17 日上午（我手里保存的油印的"江村信息"第 1 期记载，研究工作开始于 12 月 15 日，而这应该是中国社会科学院社会学研究所的吴承毅、张之毅等领导和专家到吴江的时间），我兴冲冲地搭乘长途汽车从上海经平望赶到当时的吴江县城松陵镇县政府招待所，才得知我到晚了，大部队已经到盛泽镇去考察丝绸工业了。直到晚上他们回来我才与大家会合。

参加这次调查的有中国社会科学院社会学研究所的林友苏；复旦大学分校社会学系的老师沈关宝[①]，学生李亚宏、张钟汝、徐亚丽、韩志锋和赵善阳；南京大学哲学系的宋林飞，江苏社会科学院社会学所的领导甄为民，哲学所的金一虹、情报所的黄鸿康，经济所的邵湘华；南京师范学院政教系的李振坤老师；江苏省委党校的陈源泉；南开大学哲学系边馥芹（在江村调查期间适逢南开大学的研究生入学考试，边馥芹因为调查不能回校应试，当时南开大学的杨心恒老师把试卷带到了江村，边馥芹就是在杨心恒老师的监考下完成了试卷，这样的对学生的关爱和因此而出现

---

  * 杨善华，北京大学社会学系教授。

  ① 沈关宝教授已于 2016 年 1 月 29 日去世，此文亦是笔者之悼念。

的制度上的通融现在肯定是不可能了）等。复旦大学的刘豪兴老师也参加了调查，但我记得他因学校有事晚到了几天。吴江县的参与人员有吴江县政府办公室副主任杜庆云和庙港公社广播站站长张明远。[①]

对我来说，这应该是第一次正规的学术训练和田野调查，所以我很投入，因此也获得了难能可贵的经验和提高。下面就是当年调查的若干片段。

一　内外有别

20 世纪 30 年代费老调查的开弦弓村（江村是它的学名），在 1958 年成立人民公社后变成了开弦弓生产大队（"文化大革命"时改为立新大队）和荷花湾生产大队（"文化大革命"时改为红卫大队）的一部分（1 队到 5 队，10 队）。因为开弦弓大队的 9 个生产队都包括在这次调查的范围之内，所以我们的活动据点就依托开弦弓的大队部，住在大队部的一层，厕所在户外。记得房间有点漏风，不过开弦弓大队提供的被褥很厚，所以睡觉不冷，每天三顿饭也由开弦弓大队派专人做。

12 月 23 日，是我们结束在县城的培训后在村里调查的第一天。记得上午我们来到开弦弓大队部的办公室，我看见一块黑板上密密麻麻地写着开弦弓大队的各项统计数据。搞调查的当然要将这些相对宏观的数据记录下来以了解村庄全面的情况，所以我赶紧拿出笔记本来记。结果一个大队干部看见了，就走过来对我说，这些数据不要抄，这是骗老外的。我这才明白，原来这些数据是编的！而开弦弓大队领导给我们介绍的各项数据才是真实的！

散会之后，我才通过当地干部了解到这个"老外"是美国人类学家南希·冈萨勒斯，她因为费老的《江村经济》而慕江村之大名，一心一意要到江村来调查。经由美中学术交流委员会排队等候，在 1981 年终于成行。殊不知，她的到来让吴江县和开弦弓村在接待上伤透了脑筋。因为开弦弓村除了 1956 年接待随费老二访江村的澳大利亚学者格迪斯之外，据我所知还没有接待过要在村里住的外国人。安全、保密、涉外政治影响、食品卫生甚至厕所都是问题。开弦弓大队因此在大队部二层专门建了一个有抽水马桶的厕所供冈萨勒斯专用。最有意思的是，冈萨勒斯走之前提出要在村民家里做客吃顿饭。可是在 1981 年，我们亲身感受到开弦弓村绝大多数农户经济上的窘迫，村里的环境和费老于 20 世纪 30 年代在江村调查时相比，几乎没有什么变化，房子大多数还是那个时候的老屋。所以，最后大队干部商量的结果是让冈萨勒斯坐在村民家的客堂里，饭菜还是在大队部做好，然后由大师傅拿到村民

[①]　这是我保存的"江村"社会调查基地首期调查人员通讯录上开列的名单。

家，从厨房窗口一盘一盘传进去，然后再由村民从厨房一盘一盘端出来。因为冈萨勒斯的到访，"内外有别"就变得如此生动和具体，我们听了都哈哈大笑。

二 不要"想当然"地认为农民一定是什么样的

虽然我自己有差不多10年的黑龙江生产建设兵团知青经历，但是在去江村前，我对江南农村和农民的了解可以说依然还是一张白纸。我想当然地认为，农民勤劳节俭，一分钱也要掰成两半花，在收支上一定会把账算得清清楚楚。没想到一入户调查，问起农民开支，他就说，百把十元吧，但是这百把十元究竟是多少，再问他们就不知道了。绝大多数农民都没有记账的习惯，而且他们说经常是卖了鸡蛋，就将这现钱随手买了食盐、酱油、肥皂等日用品了。我这里还保存着开弦弓大队第7生产队1980年年终社员分配的明细方案，该生产队一共26户，其中超支倒欠队里钱的一共13户，占了50%，超支最多的1户欠了203.28元（13户超支一共欠钱867.86元）。分配兑现的12户（还有1户既没有超支但也没有收入）中，收入最高的1户分钱193.35元，收入最低的1户只得了1.20元，这样一种收入状况记账确实也没有什么意义。我由此给自己的解释是，当农民基本处于收支相抵甚至还入不敷出的时候，是无所谓算账的，因为算账的目的本是要增加盈余。再说当时开弦弓村的很多农民其文化程度也很低，算账在操作层面也很难完成。

因为在开弦弓村调查的时候，正好赶上村里一场婚礼，我们观察了婚礼的全过程，所以我的另一个发现是，虽然开弦弓村的农民在日常生活中省吃俭用，但是在这种时候还是相当讲排场的。这也让我很费解，按我当时的想法，这些钱贴补在日常生活中，把日子过得好一点岂不是更实惠。而且这又是一桩村内婚，男方的家和女方的家相距也就500米，两人青梅竹马，一起长大。但事实证明我又想错了。双方在行婚礼的时候，所有步骤都完整无缺。我跟着迎亲队伍到新娘家去迎亲，发现新郎在新娘家见到自己老丈人的时候，恭恭敬敬奉上一笔钱（我们询问这笔钱的意义，村民告诉我们说这叫"奶水钱"，是新郎感谢老丈人和老丈母娘对新娘的养育之恩）。20世纪80年代初还没有100元的大票，票额最大的人民币是10元，还是那种红票。新郎奉上的这一沓钱蛮厚的，我估计有300元。新郎的老丈人接过钱后在那儿喜滋滋地一张一张数票子，我就在边上几乎是目不转睛地盯着看（现在想想是有点不礼貌，不过那时候我觉得这是很难得的观察机会），终于那老丈人被我看得不好意思了，就一再对我解释："这是规矩，这是规矩。"这句话让我豁然开朗。在乡村中，规矩（用我们的话来说就是社会规范）是最重要的，因为它是不成文的制度，谁破坏了规矩，就要受到惩罚，这种惩罚就是让他们丢面子，而丢面子的结果是在社会竞争中有可能被边缘化甚至跌入社会的底层，这是处于熟人社会中的农民所无法接受的，所以他们必须按规矩办事，甚至互相攀比，目的就是维护甚至提高自己在村里的社会地位。因为这样一个原因，所以就是花钱再多，他们也在所不惜。

三　调查中要获得真实情况是很不容易的

为了搞好这次调查，调查基地建立了领导小组，领导小组由三人组成——甄为民、沈关宝和杜庆云。沈关宝老师受命在领导小组中直接负责调查这一块。因为大家都没有什么调查和研究经验，所以在拟定调查提纲的时候，他坚持群策群力，发挥大家的作用。我手中还保存着当年的研究提纲，其中沈关宝老师自己拟定的是人口和土地两个方面。其他人拟定的是干部、家庭婚姻、农业与教育等。当时说好虽然调查员采取分组包队的形式开展调查，但是每个人在入户时必须将这些方面都问到（其实以我现在的调查经验，这样一种做法很难，因为各个方面要问的问题太多，实在照顾不过来）。因为这样的调查效率太低，后来沈关宝老师就与我们商量，组织一次全村的入户调查，摸清人口特征方面最基本的底细。这样我们就一起设计了一张人口普查表，这张人口普查表只包括姓名、年龄、生肖、性别、职业、职务、文化水平、劳力状况等8个变量，这是每一户中所有人都要填的。另外，每户还由户主填一张家庭成员基本情况表，这张表就更细一点，还包括所有家庭成员的政治面貌、健康情况、婚姻状况、人口变动以及理想子女数等。

我的笔记本记录了当时的分工情况：徐亚丽负责红卫（荷花湾）1队、2队、3队；黄鸿康负责红卫4队、5队、10队；金一虹负责立新（开弦弓）1队、2队、3队；李振坤负责立新4队、5队；杨善华负责立新6队、7队；赵善阳负责立新8队、9队。应该说，就是这次入户调查帮助我们了解了开弦弓最基本的人口情况（虽然因为指标不多，信息量相对有限），而且相对来说也是最准确的情况。后来由我执笔的有关江村婚姻家庭的调查报告也是在这样的调查基础上完成的。但是我在这次调查中还是碰到了一个以往根本想象不到的困难。那是我调查一个90多岁的阿婆，脑子倒还清楚，应对也还切题。我就拿着个人调查表（其实就是一张窄窄的纸条）挨个提问，第一个问题是"您今年多大年纪了"，结果老阿婆的回答是"我忘记了"。我因为听周边邻居说她90多岁，所以觉得问问生肖，若是老阿婆还知道，那还可以推算。结果老阿婆的回答是"我不知道"。这两个问题的失败让我深切地体会到在江村获得真实信息的不容易。由于我们缺乏经验，在调查时没有随问随填，有的表上的相关信息在现场就没有填上。结果回来一检查发现是空白，只能再去跑

第二趟。这样的事我们也没少干。

不过这样入户调查的好处是让我们跑遍了江村的家庭，了解到每个家庭的生活情况，后来，由于跑得勤，我们和村民或者生产队干部也交上了朋友，自己觉得对江村的了解在逐步深入，不再是一些表面肤浅的印象了。

四 好男好女不出村

这次调查我负责家庭婚姻这一块，所以关注当地的婚姻风俗是必不可少的。费老 1936 年调查时在村里曾了解到"上山丫头"和"回乡丫头"的说法，其实就是表亲结婚（舅表或者姑表），所以他嘱咐我们也关注一下。这样，大量村庄内的婚俗就进入了我们的视野。当然第一有意思的是我们参加的上文提到的婚礼。这一桩村内婚之所以成功，一是因为新郎在 1977 年恢复高考后考上了师专，毕业后就在家乡的中学当老师，身份变了；二是男家有一门"显赫"的亲戚（虽然有点远）——项老，他也是庙港人，在 20 世纪 30 年代曾随费老的姐姐费达生在江村办丝厂，与费老家有约 50 年的情谊，1949 年后在对外贸易部工作，是做"京官"的。这次四访江村，其实他也随费老来了，只不过不在名单中。这次婚礼他是主婚人，这让新郎新娘两家都觉得倍有面子。连带着和项老一起来江村的我们这些调查组成员都沾了光——我们被邀为贵宾出席婚礼，喝的是江村招待贵客的糯米薄锅巴白糖茶①，吃的是冷盆热炒兼备的城市规格的宴席，而不是江村婚宴通行的八大碗。女方呢，家庭背景我们不是很清楚，看新娘家中房屋好像一般，但是新娘相貌不错，这在江村的相亲过程中无形之中也提升了等级。所以这桩婚姻就为"好男好女不出村"这一婚俗做了清楚的注脚。

至于"上山丫头"和"回乡丫头"，我们在村里调查时了解到，近亲结婚的害处已为村民了解，所以在村里已经看不到了。

对于村中看重"村内婚"的原因，我们也做了调查，据村民说，从历史上看，这是因为 1949 年前太湖上土匪很多，小村子很容易遭到土匪抢劫，而像开弦弓这样的有四五百户人家的大村就比较安全，所以此地历来就是小村嫁到大村，开弦弓的女子下嫁到外村就被认为不光彩。从地理上看，江村地区原来没有公路（我们进村调查的时候是从震泽坐船到开弦弓村，单程至少要 40 分钟）、铁路与外界相通，比较闭塞，村民们无事不出村，男女青年在同村找对象，互相知根知底，便于了解，

① 后来我将江村喝茶的"差序格局"写成"江村茶道"一篇短文，发表在上海 1983 年 7 月 1 日出版的《采风》报上。

也便于选择一个理想的对象。

但是，1981 年年底至 1982 年 1 月我们在开弦弓村调查时，村中年龄在 30 ~ 55 岁而仍为单身的男子（包括离婚和丧偶者）共 78 人，占男青壮年总数的 15.4%。如果我们只看错过找对象结婚时间的这一类（共 29 人，其中 1 人未被调查，1 人有对象，故还剩余 27 人），那么这中间因家庭生活困难、住房紧张而对不上象的有 11 人，有病或有生理缺陷的有 9 人，出身不好（地主或富农子弟）的有 3 人，因父母早死无人张罗、自己老实不会找对象的有 2 人（还有其他原因的是 2 人）。因此，经济和身体是他们找不着对象的主要原因。由"好男好女不出村"这一风俗推出去，那么这些人假如不找外来的媳妇或当招女婿，那就只有打一辈子光棍。记得有一次我和沈关宝老师走在村里的路上，看着两边逼仄、破旧的老屋，想着开弦弓的村民在新中国成立后对城市建设所做出的实际是超越他们能力的贡献，不禁同声感叹："我党 30 年来在农村的政策成就不大。"所以回到上海，我执笔起草家庭婚姻方面的调查报告时，就把调查报告的题目定为"从'男多女少'现象看江村的婚姻和家庭问题"。

五　社会学一定要见人

"社会学一定要见人。"这是费老 1982 年 10 月五访江村和我谈话，回答我问题时从自己 50 年学术生涯的体会中得出的精辟结论。这句话我一直牢记在心，也是直到自己开始采用深度访谈的方法来做社会调查时才对这句话的含义有了日益见深的认识和理解。

这次随费老五访江村，其实是四访江村的继续。1982 年 9 月中旬，我接到费老秘书林友苏的来信，说费老 10 月又要去吴江，想看我们四访江村时所收集的家庭婚姻情况的调查资料。我就回信给费老说明情况，提及我执笔的调查报告已经被甄为民同志拿走，刊登在《江苏社联通讯》上，不过我手中还有一些资料（我在江村调查时曾根据大队的户籍册做了江村家庭结构的示意图，并根据各队会计的指认，确定了每一户的当家人），包括这篇调查报告的底稿，如果费老想要，我就给他寄过去。因为那次费老好像是要去香港做一个学术讲演，讨论中国家庭结构的变动（还有一个目的就是 1983 年开始的以吴江四镇为切入点的小城镇研究做准备），所以他收到我回信后就指示林友苏让我去吴江，帮他做些补充调查。这样，我就在 10 月下旬随费老到了吴江。

我的补充调查做完后，费老对此应该还是满意的。因为他对我说："你既然来了，也不要白来一趟，就写篇东西吧。"我那时不管是对学术的理解还是研究积累都处于起步阶段，也就刚刚脱离了完全的空白，所以心里不免忐忑，怕写出不像样

的东西，让费老看了不高兴。不过马上又想，我来不就是学习吗，写得不好也正常，正好可以让费老帮着看看。这样，我回房间就开干。因为手中的江村家庭结构图和当家人，我想了个题目："江村的家庭经济支配权及其转移"，写了大约有4000字，写完就交给了费老。第二天费老就把我找去，说看完了，谈谈。我意识到这是很难得的与费老谈话的机会，可以亲聆他的教诲，所以就绷紧了神经，全神贯注地听他评论。他第一句话就说，文章的优点是没有废话，写得紧凑，但是他后边的评论就抓住了我的痛脚，让我汗颜。我看到自己的稿子上有费老用铅笔画的杠杠，他就看着这些杠杠问，第一个问题涉及统计，因为对当家人我有个简单的频数分布的统计，然后他就说："我不关心多数，我只关心这些百分比很低的是什么情况，为什么会是这样。"用现在的话来说，费老这样的发问是典型的逆向思维，是在研究中发现问题的好方法，可是惭愧的是，这一点被我忽略了，所以我没有答上来。第二个问题涉及村中的婆媳关系，因为在江村有外来媳妇欺负婆婆的，我就想当然地认为舆论一定会批评媳妇，就加了一句"周围邻居颇有微词"，哪知费老就追着问，这"颇有微词"的微词是什么，其实这只是我的猜测，所以我只能老老实实向费老承认我不知道。我由此得到的教训是写文章一定要凭事实说话，这一点我记了一辈子。

谈完文章，我看还有点时间可以说点别的，就鼓起勇气，问了他一个我一直想问的问题。因为我知道费老是马林诺夫斯基的学生，马林诺夫斯基是文化人类学的功能学派的奠基人，但是我在1981年中国社会科学院社会学研究所主办的社会学讲习班中了解了帕森斯，我知道帕森斯是结构功能主义的代表人物，就想当然地以为他们两者之间有共同之处，所以我就说："费老，你怎么看帕森斯和他的理论？"费老沉吟了一会就给了一个当时让我觉得有石破天惊之感的回答。他第一句话是"我不喜欢帕森斯"，第二句话是"帕森斯的理论是见林不见木，但社会学一定要见人"。由彼时至今我可以说在社会学的学术海洋中已经沉浸了30多年，心中也早就认可了费老的说法，知道若是一种理论试图解释一切社会现象的时候，其结果必然是什么都不能解释。并且，任何一种理论都不可能完美无缺，都会有自己的局限。但是费老跟我说这番话的时候是1982年，我知道1980年与1981年两次讲习班请的几乎都是美国的老师，而且，80年代中国社会学恢复和重建的时候，美国社会学的影响——不管是理论还是方法——真的是随处可见。所以，费老这一充满真知灼见的见解充分表明了他在理论上的高度敏锐和思考的独立和缜密。

光阴荏苒，弹指已过去了30多年。虽然之后我学术成长的轨迹使我不再可能得到像江村调查这样的学习机会，但是江村调查是我学术成长的起点，这是毫无疑问的，也是我永远铭记在心的。在纪念费老初次江村调查80周年的时候，我愿以此文表达一个后辈对社会学宗师当年的指点和提携的深深的感激。

费老教我怎样做移民调查

——从《江村经济》到黑龙江移民调查

李德滨[*]

一

我的《江村经济》一书，是费孝通教授亲手送给我的：那是 1987 年 3 月 4 日在北京大学附近一个饭店，费老与北大副校长周尔流等听取黑龙江省移民调查汇报座谈会上。费老刚刚拿到戴可景译的中文版《江村经济》新书样本，当场送我一本，并题写"德滨同志惠存，费孝通，1987 年 3 月 4 日"。它使我欣喜若狂，终于盼到这本久仰的大作，且是作者亲授亲题，是久旱逢雨的那种感觉。

早在 1980 年第一期社会学讲习班时，我就听说过这本大著。但《江村经济》为什么被人类学称为里程碑式著述？为什么被列为人类学必读经典之著？为什么费孝通因此著而获人类学最高奖——赫胥黎奖？即《江村经济》的学术价值在哪里？当时我并不知道，我是后来在美国人类学家南希·冈萨勒斯"点拨"下才得以解疑释惑的。

那是 1981 年 8 月 11 日，费孝通带领几位年轻社会学者（我是其中一员）去国际俱乐部会见冈萨勒斯，并与之座谈。冈萨勒斯 9 月将去江村调研访问，此次座谈是她调研前的"热身"准备。座谈中，她集中谈了《江村经济》的学术价值。在《江村经济》未面世前，国外人类学研究对象是未开化的野蛮社会，多为原始部落的人群，研究他们的生存状况、社会生活特质和人类演化进程。《江村经济》突破了这个传统研究框架，运用人类学的观察视角和方法研究文明社会，研究现代人的生活，把人类学的研究对象和范畴拓展了，即人类学不仅可以研究未开化的野蛮社会、原始社会，也可以研究文明社会、现代生活。正如马林诺夫斯基在《江村经

---

* 李德滨，哈尔滨市社会科学院研究员，兼任海南三亚学院特聘教授、中国再发展研究院特聘研究员。

济》序中所指出的：“本书让我们注意的并不是一个小小的微不足道的部落，而是世界上一个最伟大的国家。”澳大利亚悉尼大学人类学系威廉·葛迪斯在《共产党领导下的中国农民生活——对开弦弓村的再调查》引言中对《江村经济》评价道：“该书确实在一系列学者中产生了强烈的影响。因为它不仅是一个社区的社会经济情况调查的早期范本，而且还证明了以文化社区作为调查对象的这种研究工作的价值。过去，这种调查多限于原始社会。”《江村经济》跨越了“文野之别”，开创了人类学研究的新天地，打破了人类学只研究野蛮民族的局限性。费孝通为人类学开创了一个新的时代，也就是对人类学里程碑式的贡献（李德滨，2015）。可以说，这本书对于我研究黑龙江移民既有启蒙功能又有指导意义。

<h1 style="text-align:center">二</h1>

我的黑龙江移民调查是在费老倡议并指导下进行的。1980 年第一期社会学讲习班即将结束时，费老交给我研究黑龙江移民的任务。我跟他讲黑龙江移民调查我不知道怎么做。他教我从个案做起，先找熟悉的人谈，再一点点扩大，要一个人一个人地谈，每个问题都要抠细。先区别类型，寻找共同点和不同点，明显不同的就是一种类型。要把类型的特征抽出来，然后再作比较分析。这同他的江村调查思路是一样的。

返哈后遵照费老的建议，我就移民做了一些个案调查。主要是找些熟悉的同志与朋友，了解他们是哪年来到哈尔滨的？是通过什么途径来的？为什么要来哈尔滨？遇到些什么问题？怎么解决户口、工作、婚姻、家庭等问题？这种个案调查，使我练了身手。1981 年在第二期中国社会学讲习班，费老找我了解移民调查情况，并嘱咐我要把移民调查做大。后来，费老去内蒙古呼和浩特作调查，我有机会随同。这使我目睹了他同上层领导和与基层群众作调查的方法和技巧，给了我很多从书本上学不到的知识和启迪。

后来我就遵循费老教我的思路和方法，到黑龙江的农场、农村、工厂、城镇，无论是山区、林区（大、小兴安岭地区，东南山地），还是边区、矿区（煤矿、金矿、油矿），跑遍了白山黑水，进行不同社区、不同个案的社会调查，取得大量第一手国情资料。

社会调查是发现问题、求得解决问题办法的金钥匙。比如我在呼玛金矿和桦南金矿的移民调查中，发现“黑人”“黑户”“黑孩子”是 80 年代初较为普遍的社会问题。我就围绕户籍制度化后，其功能僵化所暴露出的社会问题，进行了专题调查和个案调查，写出《宋佳萍为什么出走》和《桦南金矿职工家属没有户口的调查》等，以引起社会有关方面的关注。

在黑龙江移民的大型调查中，我写了近 10 个移民调查报告。第一篇代表作就是《解放后黑龙江移民问题探讨》（李德滨，1983）。论文发表后，引起了学界较大反响和关注。1983 年夏，费孝通在哈调研期间谈到此文时指出，它使研究黑龙江移民有了大纲。1984 年费老在亚洲议员会议上作了题为《中国人口的合理安排》发言。为论证中国人口移动问题的重要性，发言中曾两次引用该文中的观点和数据，并在文后注明此文。移民问题专家、原国家计委经济研究所副所长田方先生发表《加强对我国移民问题的研究》一文，在《红旗》杂志内部版发表时，曾用一个章节篇幅介绍和评价《解放后黑龙江移民问题探讨》。文章在《社会》杂志公开发表时，编者指出"这是一篇好文章"（田方，1983）。通过分析指出，"我觉得此文最可贵之处，作者真正深刻地调查了移民移动的种种原因"，并且"作者让深入的调查答复了这些问题"。田先生还在后来的文中写道："李德滨同志所写的《解放后黑龙江移民问题探讨》，正是触发我下决心利用余热进行这项有意义的课题研究的。"老先生紧接着编纂了《中国人口迁移》等四部人口迁移的书。我国著名人口地理学家胡焕庸教授在其大著《中国人口地理》（上册）中，在探讨自流人口时，两段大段引用该文，并加注（胡焕庸，1984：346），胡老称赞该文"甚佩卓见"。美国出版的英文版《中国社会学与人类学（1984—1985）》一书将该文译成英文收到书中，这是中国社会学重建后第一次将中国移民问题研究介绍到英语世界的读者中。

三

我的移民研究代表作为《黑龙江移民概要》（李德滨，1987），是新中国成立后国内移民研究的开山之作。由费孝通教授题写书名的《黑龙江移民概要》出版后，得到国内学术界一流学者专家的好评，费孝通教授认为该书"在我指导下的《民族地区与发展研究》课题中，是一项有一定水平的学术成果"。著名人口地理学家胡焕庸教授认为，此书"内容充实丰富，十分难得，确实是一本内容可贵的好书！""也是不朽之作，可喜可贺"。他并将此书列为他的研究生和客座进修高级研究人员的必读物。中国社会科学院人口研究中心马侠教授评价该书，"全书结构严谨，资料丰富，分析细致，论点有见地"。人口统计学家、中国人口研究中心王维志教授认为："这本书的特点是收集了丰富的历史资料和许多实地调查资料。从历史上、统计上以至语言、宗教、民俗上等各方面作考察，既真实可靠，又具体细致。""我认为这是一本好书，有很大的学术价值。"著名经济学家熊映梧教授在美国进行学术访问，专门向夏威夷东方人口研究中心推荐此书，并做交流。中国社会科学院规

划局局长陈道、北大教授袁方等也都对此书作过肯定评价。

该书出版后，《黑龙江日报》《生活报》以及学术刊物纷纷发表评论文章。其中山东省人口研究所所长路遇《一部研究移民问题的重要著作——黑龙江移民概要》一文，指出该书是第一部"从历史到现状系统全面地研究一个地区移民问题的专著""奠定了这部书在人口迁移研究领域里的重要地位""具有很强的现实意义"（路遇，1988）。

为此，我先后接待了国外的一批慕名来访学者，如日本学者若林敬子、中村则弘、早濑保子、沈洁，美国学者苏道锐、巴博德及苏联学者等。日本学者若林敬子曾两次来中国访问我，她在日文专著《中国的人口问题》一书中曾介绍过《黑龙江移民概要》一书，该书获得哈尔滨市第二届社会科学成果一等奖。

我的关于黑龙江移民研究引起了媒体关注，首先是时任《生活报》总编的冯东海，在1988年4月13日生活报头版头条刊发《从净迁入省变为净迁出省，黑龙江人口迁移一反常态——转折性变化犹如社会指示器，内含深刻意义；经济发展，改变人文环境，已成吸引人才当务之急》，文中提出"这一信息来自我省人口问题专家李德滨刚刚写就的一篇论文"。紧接着于5月22日在头版又刊发《为"盲流"正名——人口问题学者李德滨答问记》，阐发我提出的"盲流"实际上流而不盲、为"盲流"摘帽子的新见解。《黑龙江日报》1988年6月3日头版刊载孙岩、李立华关于全省生产力标准大讨论的综述文章《反思、警醒、奋起》。其中有两段是评介我的研究："这三次发展经济较大机遇的失去给我省的影响是深远的。人口学者李德滨对我省人口迁移变化的研究结果更使人看清了这一问题。""他认为，新中国成立后30年，我省净迁入人口700多万。但从1980年起，我省人口由净迁入变为净迁出。6年净迁出量为40万人。过去大批人口从关内迁到黑龙江，其原因在于关内人口增长快，生产发展慢，迁出地把剩余人口挤了出来；现在情况变了，原来的迁出地生产力上去了，经济发展了，人就相对不显得多了。黑龙江在开发阶段，处处要人，而现在发展慢了，正在开发和生产的矿产资源在减少，农村多种经营上不去，乡镇企业发展不快，生产的这种状况决定了人口倒流。"关于我这一阶段黑龙江移民研究，学界也有很多评述，比如《社会学研究》刊发王颉关于中国社会学十年评述文章《社区研究十年》，其中有一大段评述我的学术见解："有的同志对黑龙江省的人口移动与经济发展进行了研究，黑龙江省历来是全国人口移动十分突出的省份，仅1970年至1978年8年间就有178万人流入黑龙江的农村、矿区、村区和城市。由于近年来黑龙江省采取了限制人口迁入的政策，加之关内省份农村实行责任制较早吸引了一部分移民返回原籍，近年来移民数量有所减少，但是移民数量仍在40万以上。人口的迁移促进了黑龙江省经济的发展和资源开发，因而人口封闭政策不利于黑龙江省开发与建设。同时也应看到在黑龙江人口迁移过程中涌入了大量自流人口，确实存在着一定盲目性和无政府性，对计划性经济有着冲击破坏的一面。所以，如何看待黑龙江省的移民问题，一些同志存在着疑虑，在认识上也存在着矛盾。李德滨认为，在经济开发的新的条件下，应抛弃那种自流人口没好人的陈腐观念。从一个省或地区的意义上看，无论是自然增长，还是机械增长，其人口总量相应发生了变化。而省际迁移并不导致全国人口总量的增长，这种人口迁移有助于人口布局趋于合理。因此，从一个国家的全局来看，每个省或地区控制人口增长，限制的应是自然增长，而不应限制人口的迁移和流动。因为离开了这种人口移动，全国早已形成的人口不合理的结构就难以改变。显然，正是大量外省人口的迁入，既改变了黑龙江人口密度太低的状况，又在某种程度上减轻了迁出地人口负担，正是在接受迁入人口这一点上黑龙江为全国作出了自己的贡献。若从社会经济效益看，移民给迁入地带来的利大于弊——使缺乏劳力的地方得到补充和解决；大批人才迁入等于使迁入地节省了大笔抚养费和教育费。从宏观意义上说，今天的黑龙江同 700 万迁入人口的伟大贡献息息相关，充分肯定黑龙江人口迁移的作用和贡献对于黑龙江的建设和发展，对于综合治理我国人口问题都是具有重要意义的。"（王颉，1989）

四

我的移民问题研究始于黑龙江移民研究，被美国译成英文出版的《解放后黑龙江移民问题的探讨》，就是第一批成果。《黑龙江移民概要》的出版，可以说是第一阶段研究成果的凝缩。后延伸到中国移民研究阶段。从 1990 年我申报国家社会科学基金会课题《中国近代移民问题研究》获准为标志，将移民研究从黑龙江移民研究阶段推进到中国移民研究阶段。《中国近代移民问题研究》课题最终成果为《近代中国移民史要》（李德滨，1994）。我国著名移民问题专家田方先生，称此书"是对中国近代移民研究的重要贡献，是一部具有较高学术价值和应用价值的新著，是对边缘学科填空补白的拓荒之作"。区域经济学家牛德林教授评价，"该项成果，在本研究领域居国内领先地位，接近国际的前沿，在国内外学坛享有盛誉和良好影响"。人口经济学教授郝守忠在评述文章中写道："从人口学来讲，中国有史以来迁移资料是比较零乱的，特别是近代以来，更缺乏这方面的系统研究。作者紧紧抓住每个时期中国移民在流量、流向与类型上所体现出来的特征，探讨其移民的原因和作用，总结其历史经验和教训，揭示中国移民规律。比如对新中国成立后移民基本经验作了高度概括，从移民规律性方面揭示移民的客观性、条件性、向上性、递进性；从移民的基本原则上概括了系统性、求是性、生态平衡性和文化性原则；从移民关系上探讨与移民有关的十个基本关系。作者正是通过对移民变迁的探讨，为中国近代移民研究梳理出一条基本线索。""提出了许多有价值的见解，这对于当代中国的改革开放，发展社会主义市场经济可以说是有着不可估量的重要意义。"

在移民研究阶段中，我还出版《跨世纪的人口流动浪潮》（李德滨，1995），还发表了一系列论文。比如发表在《社会学研究》上的《黑龙江移民类型探讨》，发表在《人口研究》上的《当代中国移民基本经验》等。

五

作为费孝通牵头的国家七五重点课题《边区少数民族地区发展研究》，该课题是从黑龙江移民研究为起点的。故从 1982 年起，费孝通每年至少要听取我们一次调研汇报，具体指导课题研究，一直到 90 年代初。他的这个研究课题最终成果，先后以两种出版形式出现，一是北京大学出版社出版的《边区开发论著》（潘乃谷、马戎，1993），二是香港牛津大学出版社出版的《中国边远地区开发研究》（潘乃谷、马戎，1994），我写的 5 万字的《当代黑龙江人口迁移与社会发展》是该成果的首篇。

关于黑龙江移民研究，费孝通在此书中写道：

> 我在内蒙古和黑龙江最初遇到的还是人口流动这个老问题。内蒙古解放时只有 600 万人，80 年代初是三个 600 万。而黑龙江是三个 1000 万。就是 30 年中原有的人口占三分之一，自然增长的人口占三分之一，外面进入的人口也占三分之一。我感到这是一个应由社会学、人口学、经济学及其他学科共同来研究的问题。人口流动是个现实存在的问题，要因势利导，不能硬挡，应当发展这个趋势的积极方面，防止与矫治其中的弊害。
>
> 首先我们应当找出不同性质的各种形式的人口流动，然后分析哪种流动会和当地社会发生哪些矛盾；再进一步观察、了解矛盾产生和发展的过程，研究如何使人口流动为发展经济文化服务，符合社会主义建设的需要。这就是我们当时提出的研究任务。我们打算在一两个省区开始作局部调查研究，探索出经验，逐步扩大到其他各省区，摸出大西北人口流动的总规律。
>
> 我们研究的目的还是在于开发大西北。开发大西北，人口是开发的主要因素之一。人力资源问题有两方面：一是当地的力量应该样使用，一是还需要吸收什么力量。要有全国一盘棋的观点，从大局着眼去解决这个问题。我们对人口流动问题的研究是从黑龙江省盲流问题入手，然后转入内蒙古自治区。（潘乃谷、马戎，1993：7）

马戎在该书导言中写道："黑龙江的移民调查是在费教授指导下，自 1983 年开始组织，由哈尔滨市社科所的几个同志具体实施的。在课题进行期间他们出版了《黑龙江移民概要》等阶段研究成果，本书的第一章就是课题组成员调查研究的一个总结，由黑龙江的李德滨同志撰写。"（潘乃谷、马戎，1993：13）我用了近 5 万字对黑龙江移民研究成果作了全面系统的分析。

应该提到的是，我还将移民研究延伸到人口流动研究中去，在《社会学研究》《经济日报》《社会》发表一批人口流动研究的论文。《当代中国流动人口的特质与成因》就是先发表在《社会学研究》（1993 年第 4 期）上，后被译成英文，刊载在英文版《中国社会科学》（1994 年第 4 期）上。

不难看出，我的移民调查研究自始至终都是在费老指导下进行的。用人类学与社会学为中国现代社会服务，是费孝通教授毕生追求的目标，也是《江村经济》的宗旨与精髓。作为费老及费学的追随者，我愿以此激励自己，用社会学与人口学为中国现代化作贡献。

参考文献

胡焕庸，1984，《中国人口地理》（上册），上海：华东师范大学出版社。

李德滨，1983，《解放后黑龙江移民问题探讨》，《社会》第 1 期。

李德滨，1987，《黑龙江移民概要》，哈尔滨：黑龙江人民出版社。

李德滨，1994，《近代中国移民史要》，哈尔滨：哈尔滨出版社。

李德滨，1995，《跨世纪的人口流动浪潮》，哈尔滨：黑龙江人民出版社。

李德滨，2015，《开弦弓村：观察中国农村变迁的窗口》，《中国社会科学报》10 月 21 日。

路遇，1988，《一部研究移民问题的重要著作——黑龙江移民概要》，《山东人口》第 2 期。

潘乃谷、马戎（主编），1993，《边区开发论著》，北京：北京大学出版社。

潘乃谷、马戎（主编），1994，《中国边远地区开发研究》，香港：牛津大学出版社。

田方，1983，《加强对我国移民问题的研究》，《社会》第 6 期。

王颖，1989，《社区研究十年》，《社会学研究》第 3 期。

关于农村研究主题的思考

——从费孝通先生的《江村经济》谈起

张乐天[*]

一

1936 年，费孝通先生首次赴开弘弓调查，了解长三角地区农民的生活情况。两年以后，在马林诺夫斯基的指导下，费孝通先生完成了他的博士学位论文《江村经济》。整整 80 年过去了，但是今天，当我们认真阅读《江村经济》，其殷殷的爱民之心、严谨的科学精神、智慧的主题把握仍然给我们以震撼！

中国是一个传统农业大国。农民问题是理解中国最重要的问题，农村研究承担着准确解读中国的历史使命。然而，农村的经济、社会、文化如此错综复杂，以至于从事农村研究的学者或者会质疑研究主题的意义，或者因找不准研究主题而迟迟不敢走向村落。

牵牛要牵牛脖子。要做好农村研究，就要抓住不同时期农村的主要问题；唯有这样，研究者才可能准确理解农村、解释农村，研究成果才可能具有更重要的现实意义。

1936 年，费孝通先生在开弘弓调查，他发现了什么？他发现，在经历了 20 世纪初期的经济繁荣以后，到 1930 年年初，开弘弓一带的农村经济几乎接近崩溃，开弘弓也成为"一个站在饥饿边缘上的村庄"。许多农民一年四季辛苦劳作，却难以维持最起码的温饱。

经济问题、劳苦农民大众的生计问题深深地吸引了费孝通先生的注意力。这是什么样的经济问题？费孝通先生看到，到 20 世纪 30 年代，开弘弓一带村落中的经

---

[*] 张乐天，复旦大学社会学系教授。

济问题已经不是村落内生的问题，而是深深受制于外部环境的影响。他告诉我们，村落的经济、村庄人民的生活既受到传统经济的约束，又受到"新的动力"的左右，"强调传统力量与新的动力具有同等重要性是必要的，因为中国经济生活变迁的真正过程，既不是从西方社会制度直接转渡的过程，也不仅是传统的平衡受到了干扰而已。目前形势中所发生的问题是这两种力量相互作用的结果。例如对我们观察的这个村庄的经济问题，只有在考虑到两方面的情况时才能有所理解，一方面是由于世界工业的发展，生丝价格下跌，另一方面是以传统土地占有制为基础的家庭副业在家庭经济预算中的重要性。对任何一方面的低估都将曲解真实的情况"（费孝通，1986：1）。

于是，费孝通先生简明地提出了《江村经济》的主题："本书将说明这个正在变化着的乡村经济的动力问题。"（费孝通，1986：1）马林诺夫斯基对费孝通先生的研究主题十分赞赏，并按人类学的解读稍作扩展，他在序言中说，《江村经济》"有意识地紧紧抓住现代生活最难以理解的一面，即传统文化在西方影响下的变迁"（费孝通，1986：序言1）。

在《江村经济》中，费孝通先生以简洁明快的语言，全面描述了长三角地区一个村落社会生活的各个侧面，分析了村落经济的运行与困境。更重要的是，他在研究的基础上，指明了中国农村的出路在于发展农村工业，发展农村工业的路径在于"合作"。他写道："最终解决中国土地问题的办法不在于紧缩农民的开支，而应该增加农民的收入。因此，让我再重申一遍，恢复农村企业是根本的措施。""在这个村庄里，我们已经看到一个以合作为原则来发展小型工厂的实验是如何进行的。与西方资本主义工业发展照，这个实验旨在防止生产资料所有权的集中。尽管它遇到了很多困难甚至失败，但在中国乡村工业未来的发展问题上，这样一个实验是具有重要意义的。"（费孝通，1986：202）

二

费孝通先生提出的乡村发展之路被战争打断了。如果说当年开弘弓经济受到了"世界工业的发展"的影响，那么，1949年后，开弘弓及其所在的长三角地区的村落受国家这种"新的动力"所左右。国家嵌入改变了长三角地区农村可能的农村工业化道路，开始了"先集体化，后工业化"的实践。国家嵌入通过农业合作化、人民公社化把传统村落改造成为"社会主义新农村"。陈锡文先生在我的《告别理想——人民公社制度研究》序中开头就写道："从1958年人民公社成立到1984年人民公社解体，中国农村在人民公社制度下度过了整整26年。在这一时间中，中国农村的发展

或停滞、中国农民的希望或苦难，都与公社制度直接相关。"（张乐天，1998：序1）毫无疑问，在计划经济时代，中国农村研究的主题是"制度"，而"制度"主题的展开表述可以是"国家嵌入与村落传统互动"中的村落社会文化演化。

人民公社从一开始就存在着内生的矛盾。国家不得不长期通过阶级斗争的强制来平衡公社中的张力，维系公社制度。但是，正如我在《告别理想——人民公社制度研究》中所说的，"任何一种社会制度都不可能依靠强制长期维持，当与革命相关的强制随着革命的结束和时间的延展而日益弱化的时候，公社也就日益走向了它的终结"（张乐天，1998：415）。

三

20世纪80年代初，长三角地区实行了联产承包责任制，人民公社被乡镇体制取代。对于突如其来的变革，农村流行的看法是"我们自由了"。"自由了的"农民义无反顾地走出村落，到外面去寻找"发财"的机会。80年代末，浙北地区流传着一句话，"十亿农民十亿商"，这话有点儿夸张，却十分形象地反映了农民纷纷外出的情形。

意识形态的变化令人惊讶。老板成为光荣的称号，道德难以阻挡金钱的力量，"不管虾路蟹路，能发财就是好路"。

农民的潜力充分地发挥出来，创造了发展的奇迹。一时间，浙北的一个小镇竟然办起了客车厂，盐官城入口处，一幅广告赫然醒目："天下奇观海宁潮，海宁汽车天下跑。"

30多年来，长三角农村工商业经济的发展与转型从根本上改变了村落的存在方式，村落不再是集生产、生活、消费、休闲于一体的社会生活共同体，对于许多人来说，村落只是"晚上睡觉的地方"。有的村落在进行了"社区化改造"以后，连村落的外部形态都消失殆尽，农村出现了标准的城市化社区。

30多年来，农村出现的事情令人目不暇接。乡村企业老板换了好几茬，很多人命运坎坷，只有少数人"平安着落"；农村的住房不断翻新，但是，西式洋楼、日式小别墅总与简陋的旧屋形成强烈的对照；老人们在田地里劳作，在村文化活动室打麻将，但总有个别老人"不想活了"，毅然喝农药了结自己的生命；年轻人有越来越多读大学的机会，暑假里，陈家场一位读外语的本科生在村里办起了英语补习班，听着孩子们朗朗的读书声，我总是疑惑地想，这是农村还是城市……

30多年来，"自由了的"个体农民以自己的方式"闯天下"的想法、策略与实践深深地影响了长三角农村社会变迁的进程，这种"源自个体"的力量必然使农村变得流动、复杂、多元与多样。面对这样的农村实际情况，我们如何可能发现研究的主题？

很多年来，我一直困惑着，尽管做了许多有关联民村的新的调查，但一直没有做新的联民村研究。

重读费孝通先生的《江村经济》，让我有所醒悟。早在 20 世纪初期，长三角地区的农村就已经受到外部世界的影响，特别是该地的半经济作物地区是如此，那里种桑养蚕，盛产高品质的白丝，为西方发达国家所瞩目。因此可以说，近 100 年来，长三角农村最重要、最关键也是"最难以理解的一面"就是"传统文化在西方影响下的变迁"①。这种变迁的主题随着农村本身的变化而改变，费孝通先生的《江村经济》中的主题是"经济"，计划经济时代的主题是"制度"，改变开放以后，在长三角农村中，农村变迁的主题应当是"农民"，是农民作为个体的"人本身"。换句话说，费孝通先生笔下的变迁是经济转型，计划经济时代的变迁是制度转型，改变开放年代的变迁是"农民转型"。

四

1980 年前后，长期被束缚在土地上的农民一旦被"松绑"，就立刻怀着强烈的冲动脱离土地，走出村落，到"外面"去寻找机会，去追逐那朦胧却诱人的美好。有人"发财了"，"发财"的喜讯像一阵风，掠过十里桑园；有人"倒霉了"，"倒霉"是命不好，但阻挡不了农民们前赴后继的身影。

在人民公社时期，农民个体都被"淹没"在公社里，农村发展的界标由集体组织的变迁铸成；改革开放以后，说起农村的变化，我们听到的是一个个传奇！这是一个农民个体有机会发挥自己的潜力创造历史的时代。如果说计划经济时代的农村史是国家以绝对优势打造的单调的历史，那么，改革开放以来的农村史就是无数农民共同打造的复调的历史。每一个个体的故事有如一个个各具特色的音符，音符的复杂组合奏响了气势恢宏的农村社会变迁交响曲。

个体农民的故事具有历史价值，因为每一个个体的故事都是农村历史演化长卷中的某个点、某种色调。

那么，这部农村社会变迁交响曲的主旋律是什么？

---

① 有趣的是，在马林诺夫斯基的眼里，我们之所以要化极大的努力去理解这种变迁，恰恰因为正是这种变迁构成我们每一个人置身于其中的"现代生活"！另外，这里所谓"西方影响"主要应当指西方发达国家的现代经济、社会、文化的影响，马克思主义也是西方现代文化的一部分。

农民走出村落，打工、经商、办企业……他们不得不面临生命的三重挑战。其一，他们将遭遇陌生人，并必须与陌生人打交道。其二，他们将遭遇市场、知识、企业等，这个世界充满诱惑，也处处有风险。其三，他们将遭遇城市的生活方式。

这一切都是来自现代的挑战。

此时，农民个体是怎么样的？

农民生于村落、长于村落；村落养育了农民的身体，也不可避免地在每一个人身上打上了"农民"的烙印。曾经，农民是"无个体自我的存在"，每一个人自出生时就注定了其在家庭、宗族与村落中的位置。新中国成立帮助农民们从家族制度中脱嵌出来，并在这种意义上促成了农民的个体化。但是，国家不久就把个体农民都纳入国家整体中，建构了国家自我。国家自我从一开始就与国家意识形态同构，并以后者为依托。以阶级斗争为纲的意识形态消解后，国家自我也随之终结了。个体自我被"松绑"激活，个人欲望强劲地激励农民们去冒险，农民有史以来第一次主动地"冲进"了具有现代风格的现代世界中。

于是，我们发现了改革开放以后长三角农村的主要问题：打着村落烙印的农民与现代性之间的互动，换个说法，农民离开村落，接触市场、陌生人、城市生活方式以后的应对方式。当农民们遭遇外部世界，他们的思想与观念，他们的选择与策略，他们的应对与行动，这一切构成了改革开放以来长三角农村的社会史。

参考文献

费孝通，1986，《江村经济——中国农民的生活》，戴可景译，南京：江苏人民出版社。
张乐天，1998，《告别理想——人民公社制度研究》，上海：东方出版中心。

"发展"之路：发展经济学视野下的
"农民工"研究反思

周燕玲　陈映芳[*]

从 20 世纪 80 年代初至今 30 多年来，国内"农民工"研究学术成果可谓十分丰盛、硕果累累[①]，这既是社会科学领域对人类历史上如此急遽的人口迁移事实的一种自觉回应，也是遭遇"社会问题"时为减除社会不公、保护社会经济发展的主动求索。学界的集中努力促使了该问题的学术意义阐发及公共领域、政策领域关注，同时近年的热度下降也暗示，关于此问题的讨论似已陷入瓶颈。在"农民工"境况未获得实质改善、问题依然尖锐的事实面前，作为公共问题参与的行动主体之一的学界应进行反思，对当前的研究从认识论、范式到政策系统的作出检视。从既有文献来看，社会科学界对此问题的重视仍很缺乏。[②]

在此主旨下，本文试从认识论角度探讨既有"农民工"[③]研究的局限及其可能的出路。本文通过分析既有"农民工"研究文献发现，研究的局限与国内的"城市化"逻辑有相当的同构性，并在整体上带有较浓厚的早期发展经济学意蕴，而国际上对"发展"的反思和发展经济学的新进展可为我们突破此认识困境提供参考，以达成我国社会总体"发展"的真正使命。

---

[*]　周燕玲，上海交通大学国际与公共事务学院博士研究生；陈映芳，上海交通大学国际与公共事务学院教授。

① 按中国知网的统计（截至 2015 年 11 月 10 日），以"农民工"为主题的现有文献共计 10.8 万篇，这还不包含以"农村剩余劳动力""农村流动人口""乡城移民"等数万篇以其他不同名称指代同一群体的文献和著作。

② 对农民工研究领域进行总体性反思的既有文献较少，其中王道勇对农民工的主体地位不足的研究范式进行了批评（王道勇，2014）。

③ 作为一个被建构的群体，中国"农民工"指具有农村身份迁移到城市做工和生活的人。本文所述"农民工"研究是指针对该群体的研究，既包括以"农民工"为关键词的研究，也包含"农村剩余劳动力""农村流动人口""乡城移民"的相关研究。

一 国家主导的"发展主义"的投影：现有 "农民工"研究存在的问题

国内"农民工"研究肇始于20世纪80年代初围绕"农村剩余劳动力"的转移和出路的讨论，90年代已成为一个社会问题导向的，经济学者、农村研究、人口学、公共管理、社会学等多个学科参与的领域。过去10年间，特别是2007～2012年，以"农民工"为主题的文献以年均万篇以上的规模出产。最近3年虽有所减少，但数量仍然庞大。"农民工"研究已成为一个极其庞杂、不乏精品同时又存在跟风之作和强同质性作品的领域。

通过浏览分析近年相关既有研究，本文发现现有的"农民工"研究在认识论、思维范式方面相当程度上存在以下问题。

（一）"农民工"的"劳动力"化

农民工研究最初即是作为农村"剩余劳动力"进入研究视野的。至今，"农村剩余劳动力转移"仍是讨论城市化及农民工问题的重要视角和理论范式。很多关注宏观经济调控、经济增长的学者弱化了"农村剩余"，将农民工作为"劳动力"而讨论其对于国家经济增长、产业经济、区域经济、城市经济等的关联，将其设定为既定的前提、常量，或化约为数字，对其跨地域流动进行分析。以经济性指标代表"地方"，以劳动力（或人力资源）数量和质量（学历、年龄等）标识"农民工"，这些成为较常用的方法。

"农民工"的"劳动力"化对社会学、人口学的影响，还体现在价值意识中将农民工之"劳动力"身份视作第一身份。这已反映在"农民工""流动人口""外来人口"与等不同概念的构建意蕴中。首先，"农民工"的区域流动和迁移大多被认为取决于作为"劳动力"能达成交易的价格，而"经济理性主义"之外的职业选择与流动目标未被考虑。其次，城乡二元体制、户籍制度之不公平与城市吸纳、接纳"农民工"的正当性，是建立在他们于城市是否"有用"及其"经济贡献"的大小为基础的论述上的。并且，城市向农民工支付一定的"社会权益"时，他们作为"人"甚至作为"劳动力再生产"的主体的天然的权利（包括性爱、婚姻、生儿育女等的权利）和核心家庭利益都成了可以被忽略（牺牲）或可以被延期实现的次要价值。在此意义上，即便研究者认为城市应吸纳"农民工"，其背后的逻辑也是一种经济逻辑，换言之，这种吸纳是一种经济吸纳，而非社会吸纳。

（二）"农民工"的去主体化

已有学者注意到，所谓"农民工"的研究中，城市主体性得到充分体现，但进城农民工没有话语权，处在作为弱者、他者的被动地位，较多作为一个被客体化、被论述的对象；存在部分学者对农民工群体的形象进行有倾向性的塑造和构建，并依此在政策层面进行干预。如此，农民工的真实状态可能只是被部分呈现，产生"影像—真实"之间的偏离（王道勇，2014）。

现有国内研究中，较多是论述结构性、制度性因素，"人的城市化"问题被视为制度化的户籍与社会保障问题。近年有学者开展了针对农民工本身意愿的调查和实证分析，但其自身除"劳动力"身份之外的生活逻辑、乡城观念、个体意识和需求等较少得到研究者的真正关心。

此外，"农民工"群体内部的异质性少被关注，区域性、族群性、文化程度、职业等多被忽视。大部分研究仍将其作为一个单一的、基于城乡二元和户籍分类的一个群体，"农民工"概念据此得以整体性构建。除了第二代/新生代农民工、女性农民工（打工妹）等之外，在其他维度和方面，关于农民工群体的内部分化、差异化、类型化研究尚不多见；仅有少数研究涉及基于职业、经济收入、居城意愿的分化，但此类分类多是为了更好地制定社会吸纳政策或社会保障政策，缺乏基于类型化的系统性、学科化研究。

（三）绝对城市偏好

在被掺入发展主义进化观、城市乌托邦等各种想象要素的"城市主义"下，城市象征经济、科技、文化以及社会"先进""发达""美好"的符号，也被理解为人类聚居的高级形态、生活空间的未来归宿（陈映芳，2012a）。该意识形态仍相当程度地主导着现有研究的认识前提和预设。

首先在于"城市化"被赋予了毋庸置疑的正当性（陈映芳，2004）。在"人的城镇化"和"新型城镇化"的很多研究中，农民工被认为虽然不能于被"严格控制人口规模"的"特大城市"中获得身份和权利，但仍"被'小城镇'化"，或"被'上楼'"。"城市性"被扩大为一种人人都需习得的生活方式，"市民化"亦从一个权利赋予的概念逐渐带有一种政治动员意味的复杂修辞。"被市民化"漠视了农民工的主体权利和能力。

其次，农民工进城被定义为一个对城市的单向"适应""融入"过程。在"传统－现代""农村－城市""农民－市民"的二元划分下，城市性一定优于乡土性，城市性应当取代乡土性，农民工进城工作生活就是一个被整合、被同化于城市社会的过程。既有研究中农民工的"城市融入、融合、适应"是个颇具热度的议题，这固然有益于将现存的城市排斥性制度非正当化，但无差异化地期冀"农民工"改变其经济活动方式、居住方式、社会交往、族群文化、身份意识等，或将此异质性简单问题化，是徒劳的"同化"思路，也是建立在对"农民工"的客体化及片面认知之上的。面对城市社会学经典的"城市与异质性"议题，现有研究多停留在"同化—非同化"的层次，尚未探讨"未必以同化为必要条件的共生是如何形成的问题"（广田康生，2005）。

以上三个问题的逻辑可能在于：首先，在精英主义、威权主义和现有强国家政体及其研究体制下，农民工被"去主体化"；其次，在此基本条件下，发展主义、现代主义推动了研究者绝对城市偏好思维的形成；最后，两者结合的结果即农民被工具化、劳动力化。

二 现实背景的同构性：国家的"发展" 战略及其"城市化"逻辑

现有研究中"农民工"的"劳动力"化、主体性缺失及城市价值的绝对化的论述路径、模式，并不是凭空形成的。要理解这一点，首先需要将"农民工"问题放回到其产生的背景——中国独特的"城市化"进程中，继而我们可以发现，对于作为国家发展战略的"城市化"，"农民工"主要是作为一种功能要素被考虑的。这为农民工研究提供了一种类似规定性的框架，并产生了持续影响。

（一）"城市化"战略演变的简单回顾

本文将新中国成立以来国内的城乡关系变化以及城市化、城镇化的演进大致分为三个历史阶段。

（1）20世纪50年代至70年代——非城市化。20世纪50年代，为实现工业化，中央实施了以统购统销为核心，以农业集体化和户籍制度等为制度保障的刚性制度体系，此"二元经济体制"确保了工业对农业、城市对乡村的长期的巨量攫取，形成了制度化的城市与乡村社会经济的不平等、不均衡发展格局（辛逸、高洁，2009；厉以宁，2008；陆益龙，2008）。城乡隔离，包含人在内的要素流动受到极大限制，"无城市化""非城市化"的工业化被学者认为是社会经济失衡的表征（穆光宗，1990）。

（2）20世纪80年代——小城镇化。20世纪70年代末施行农业生产责任制，商品经济复苏。1980年，中央提出"控制大城市规模，合理发展中等城市，积极发展小城市"的城市发展方针，并于1984年以法规的形式确认。社会学家费孝通（1984）

提出"小城镇、大战略"思想，成为改革开放初期农村城镇化的主流思想之一。较多经济学、农村研究学者也认为农村工业化、离土不离乡是"农村剩余劳动力"转移的主要出路（宋林飞，1982；冯兰瑞、姜渭渔，1987）。1978 年到 1993 年，中国的市镇人口由 17245 万人增加到 33351 万人，城市化率由 17.9% 提高到 28.1%。[①]

（3）20 世纪 90 年代至今——城市化。20 世纪 80 年代末期，伴随乡镇企业经营问题和"农村病"现象（"三农"问题），小城镇战略地位受到质疑。1989 年，国家的城市发展方针中"积极发展小城市"的表述消失。小城镇战略被认为不利于突破城乡二元体制，缺乏规模经济、聚集经济效应，难以担负国家现代化使命（顾益康、黄祖辉、徐加，1989；柯淑娥，1996）；同时，城市化越来越被认为是一种值得追求的目标和价值，城市化率等指标被提出，城市化取代小城镇化成为新的战略（高佩义，1990；任远，2000）。特别是 90 年代之后，土地城市化成为 GDP 和财政快速增长的重要推动力，特大城市和大中城市的地域规模迅速扩大（李培林，2013）。政府的热推下，中国城市化取得了巨大成就，城市化率从 90 年代初的 26% 激增至 54.8%（2014 年）。

近年，在既有城市化基础上中央政府提出"新型城镇化"战略，期望进一步提高城市化率，同时规避以前城市化过程中出现的诸多问题。现任国务院总理明确提出，"城镇化是实现现代化的重大战略选择"，是扩大内需、推动经济增长的潜力与动力（李克强，2012）

（二）作为国家"发展"战略的"城市化"逻辑

不难看出，20 世纪 50 年代以来各阶段城市化思路、制度安排、资源动员的多次切换（甚至骤然更迭），均是国家根据情势及相应的"发展"战略有意倡导并通过政府自上而下行政推动的。中国的城市化选择，是国家更大发展战略的一部分（赵燕青，1990）——这不仅适用于 20 世纪 90 年代之前，也适用于 90 年代以来的20 多年。早在 90 年代振兴"城市化"浪潮时就有学者特意说明，"我国实现城市化不只是为了人口城市化，给数亿农村人口转化为城市人口寻找出路，而首先是通过工业化、城市化来改变传统的社会经济发展格局，加快经济结构的质态演变，促进国民经济全面发展和社会整体进步"（柯淑娥，1996）。这样国家"发展战略"到90 年代之后愈加依仗于城市化及其经济效益，依仗于政治动员，以至有学者感叹，"纵观古今中外，从来没有一个国家像中国现在这样对城市化如此重视，如此依赖

[①] 按中国知网的统计，截至 2015 年 11 月 12 日，以"农村剩余劳动力转移"为主题的文献共计约 2 万篇，这些文章在 2000 年后急速增加，于 2007 年前后达至顶峰后平缓减少，近年年均 1000~2000 篇文献出产。

城市化推动经济增长，如此从中央到地方由各级政府强势推动'新型'城市化的发展。近几年，席卷全国的'新型'城市化运动已构成世界城市化发展史上的'中国奇观'"（王桂新，2013）。

这种有战略意识的城市化路径选择基调，还在于对大城市的行政保护和控制。"严格控制大城市（近期为"特大城市"）规模"成为新中国成立后贯穿各个时期城市化政策、制度安排的统一思路。这与提高城市化率、增加城市人口、刺激经济增长无疑存在一定张力，历史上不同的城市化战略选择也呈现两者此消彼长的竞争关系。然而经过近 20 年的磨合，两者共同构成了现有"城市中国"发展的强逻辑（陈映芳，2012b）——所造成的事实是，大城市被行政等级体制、政策资源倾斜等得以保护和支持（发展经济）（Henderson，2009），同时又以大城市及特大城市的脆弱性、负荷为由，采取了选择性的吸纳机制对相当一部分"城市新移民"进行排斥。国强与民富这一对原并不完全对立的目标，在两者话语权的极大悬殊下产生了另一种效果——党国的利益、经济发展成为不二的强意志，而生活者主体的自由、权利意愿被有意无意忽视，人的生活乃至命运被随意安排——该逻辑十几年来在经济发展的激励下得以持续强化，已成为包括农民工问题在内的诸多城市问题、农村问题背后的一种制度安排。

至此我们发现，研究路径与现实背景产生了"奇妙"的同构效果。但本文关注的重点不在分析学术研究与国家意识、战略、逻辑的关系，而欲说明在此两者背后的认识逻辑（如学科支持）；假设存在这样的学科，通过对该学科发展历程的考察，能由此观照、反思现有农民工研究，为丰富理论范式、拓宽思维和方向提供借鉴。

三　学科资源："农民工"研究之问题与早期发展经济学理论

发展经济学兴起于第二次世界大战后至 20 世纪 50 年代，是一门应用经济学分支学科。它提出的"发展"概念及其理论在世界范围内均有深远影响，也使得自身成为"专业中的专业"（埃斯科巴，2001）。然而，其兴起背后的政治和意识形态斗争、"发展"理论的本身缺陷及对现实的（缺乏）解释力、学科内部不同范式的发展变化等，使得发展经济学在快速发展的 50 年代、60 年代之后（特别是进入 80 年代后）频频遭遇挑战和质疑。

（一）早期发展经济学对中国城市化战略的理论支持

发展经济学于 20 世纪 80 年代初经济学科兴起时被引入国内，其时经济发展和增长研究正成为热点，经济增长理论、刘易斯二元经济学说、工业化理论、罗斯托起飞学说等公开进入学术视野，遂在国内产生了"很大影响"（谭崇台，1990）。而"发展"专业化、体制化的一个世界级重要推动角色——世界银行，被认为在80年代对中国经济战略的制定有巨大作用（傅高义，2013）。而今，发展经济学的一些基本术语不仅为学术界接受，甚至为普通百姓所使用（王爱君，2008）。这些说明了其在国内社会各界的影响力。

在发展经济学的主张与中国经济发展实践的关系上，学者多认为前者对后者产生较大作用。在此基础上，本文在分析中国"发展"战略、城乡关系和"城市化"战略时发现，其基本思路与早期发展经济学的主要理论在很大程度上存在一致，并认为发展经济学对中国城市化战略提供了重要的学术理论支持。

1. 资本决定论和农村剩余价值获取

早期结构主义发展经济学家都十分重视投资和资本积累对经济发展的决定性作用。在哈罗德－多马增长模型、索罗的新古典经济增长模型、罗斯托在经济增长阶段论、罗森斯坦－罗丹"大推进"理论、纳克斯"贫困恶性循环"理论都支持了这一观点。还有学者从实证分析中证明了资本积累在经济增长中的贡献在发展中国家比在发达国家要大得多。基于此，发展经济学家把发展战略的重点放在如何筹措发展资金上，在国内主要是通过从农业部门抽取剩余为工业发展提供资本（郭熙保、马媛媛，2013）。

中国于20世纪50年代至70年代的"非城市化""去城市化"战略及城乡二元体制基本符合早期结构主义发展经济学家的"唯资本论""唯工业论""唯计划论"（谭崇台，2001）主张。80年代以后的市场改革并没有摆脱"资本依赖"，中国经济的高速增长是靠投资来推动的，至今在经济战略中占有相当重要的地位。

2. 工业第一主义、城市偏向和地区不平衡理论

"二战"后，工业化事实上成了一股世界潮流，是无论哪个经济学派别都不会反对的关于经济发展的必要（甚至是充分）的条件（许宝强，2001）。20世纪50年代诞生的刘易斯二元经济发展模式、普雷维什和辛格的贸易条件恶化论、赫尔希曼的联系效应理论、库兹涅茨对经济增长与行业结构的历史经验分析，支持了工业化和城市（如托达罗认为工业化城市化是同一过程）优先发展战略，农业发展几乎完全被忽视了（谭崇台，2001）。60年代，由于农业的停滞，其重要性逐渐被认识，但"仍然被城市偏向（urban bias）所支配，因为资源配置给农业部门主要是……使用这些资源来支持城市工业增长……不是为了在那里生活和工作的人民"（Lipton，1977；引自谭崇台，2000：4）。或者说，农业和农村经济的全面发展关键是为了解决城市失业（姚开建，2011）。

作为该方面的代表性学说，刘易斯的"二元经济理论"（或称"劳动无限供给下的经济发展学说"）认为，工业化过程中发展中国家经济同时存在着传统农业和现代工业，现代工业部门的资本积累就是利用农业部门大量低收入的、存在过剩（隐蔽性失业）的劳动力。

1950 年至今，中国基本奉行了"工业化""城市偏向"的发展战略和政策，其在 80 年代前后的差异在于，"工业化"在不同的非农产业（重工业/轻工业、资本密集/劳动密集、第二产业/第三产业）的比例调整，以及是以何种方式保护和支持城市（隔绝/劳动力供给，计划/市场，就业保护/扩大就业，等等）。1980 年以后所采取的沿海先行战略、大城市优先发展，与地区不平衡发展理论（如佩鲁之"发展极"、缪尔达尔的"地理上的二元经济结构"）一致，并在事实上大大加速了中国的城市化、大都市化进程（此前被认为城市化滞后于工业化）。

（二）早期发展经济学对农民工研究的影响

发展经济学对农民工研究的影响主要表现在两方面：一是它影响了经济发展战略、城市战略思路及其实践，在中国较特殊的"实践环境的规定性"下，进而影响到相关研究的思维和论述模式；二是它具体渗入农民工研究中，其本身的学科范式、理论就构成了农民工研究的重要部分。

发展经济学学科范式的工业化、城市化下，"剩余"农业人口转移（labor transfer）或乡 - 城人口流动（rural-urban migration）本身即发展经济学的核心命题和经典议题之一。本文第一部分已提到，"剩余农村劳动力"研究不仅至今仍是国内农民工研究领域的重要部分，还是最早的研究路径，其思想来源正是西方 20 世纪 80 年代以前占据主流的发展经济学理论。

"中国发展经济学第一人"谭崇台教授在其《发展经济学》教程中对西方发展经济学关于"人口流动"的理论观点做了如下概述：20 世纪 50～60 年代，由于资本决定论、工业第一主义和城市偏好，发展经济学家们一般肯定这种人口流动对经济发展的积极作用，其关注点在于如何加速这种人口流动；60 年代末至 70 年代，随着城市失业问题日益严重，人口流入城市的速度和规模远远大于城市工业部门的劳动力吸收能力，发展经济学家们开始主张应控制农村劳动力向城市转移，以缓和城乡不平衡和城市失业问题（谭崇台，2001）。

从早期发展经济学中，我们可以发现既有农民工研究问题（劳动力化、去主体化、绝对城市偏好）的产生所依据的是以下认识论和理论资源。

1. 增长主义

发展经济学家大都承认，20 世纪 80 年代之前的早期发展经济学基本将经济增长（economic growth）和经济发展（economic development）混用，把经济增长作为主要目标，甚至是唯一目标（姚开建，2011；郭熙保、马媛媛，2013）。而衡量经济增长，往往以国民生产总值（GNP）、国内生产总值（GDP）或后进阶为其人均值（real per capita GDP）为尺度，世界丰富多元的发展中国家及其同样具有丰富多元需求的人们，几乎享有同样和单一的衡量是否"贫穷"或"需要发展"的标准。发展的目的"是必须围绕'制造更大蛋糕'的任务来把社会能量激励起来。……由于集中于增长而导致的不论什么不平等都被增长战略家视为不可避免"（古莱，2003：103），"非收入"标准和价值被忽视或让渡。

2. 整体主义（国家本位主义）

基于增长优先的理念，发展经济学家自然将其所研究的对象放在作为经济增长的"国家"整体上。如 20 世纪 50~60 年代的结构主义者认为，由于发展中国家的经济具有刚性、滞后、短缺、过剩、低供求弹性等结构性的特点，必须实行政府干预和国民经济计划化，而当时的凯恩斯学说的宏观分析模式为其做出了榜样。罗斯托的经济增长阶段论，即是其中宏大理论的代表。

70 年代前后发展经济学转向新古典主义寻求支持，侧重于充分发挥市场作用和"矫正价格"。然而，无论是从重计划到重市场，从工业优先到恢复对农业的重视，还是从内向发展到对外开放贸易，甚或深化金融，仍都是从"全国经济"角度出发的政策建议，自上而下进行的经济规划。加之在发展中国家多为专制或威权政治体制，即便冠以"自由"为名的市场经济，也是在国家政府、经济学家等专家的操作之下有条件地实施的。"发展"的话语被垄断，"被发展者"（如"农民工"）千差万别的生存需求和策略无疑被忽视或"约化"了。

3. 从规训对象到人力资本化

早期发展经济学认为资本是经济发展的决定性因素，而人（劳动力）是丰富（甚至过多的）、取之不尽的资源，无须重视。他们还先验地认为，发展中国家的农民是懒惰、固执的，并具有"行为刚性"（叶初升，2005）。在当时城市主义背景下，工业化不单能带来经济增长，更有助于"训练人口"，使其"习惯工厂的纪律（discipline）"，传播"理性"（埃斯科巴，2001）。

20 世纪 70 年代左右，发展经济学改变前一阶段"重物轻人"的思想，转而关注人力资源对经济发展的战略意义，甚至将其看成经济发展的决定性因素。"物质资本"（physical capital）时代向"人力资本"（human capital）时代转变；知识、技能的进步和动机的改进，劳动力的"生产能力"就更高。发展中国家人力资源"数量上大量不得其用，质量上'素质'差"，给经济发展带来巨大压力；因此需对农民们进行"体力"和"智力"的投资，教育投资效率等进入发展经济学的分析视野（谭崇台，2001）。

四 发展经济学对"农民工"研究的启示

20 世纪 80 年代开始，发展经济学便遭到经济学界内外的猛烈攻击。其现实背景如下。一是在其发展战略指引期间，发展中国家的经济社会状况并未显著改善，反而更加复杂化、社会矛盾愈加尖锐。例如农业停滞，1948～1960 年，整个发展中国家人均粮食产量年平均增长率为 0.6%，1960～1970 年为 0.1%。二是贫困和收入分配不公，绝对贫困的改变很小，持久的普遍贫困更加常见，贫富差距扩大。从社会结构看，不少发展中国家的二元结构并不如刘易斯所预期的那样，通过农业剩余劳动力向城市工业的自发流动会走向一元化，而是变成更为复杂的四元解构或双重二元结构。从经济绩效看，国民经济低效率运转而缺少生气，人民生活水平提高很慢（谭崇台，2000：4－12）。发展战略带来的大规模的欠发达和贫穷，是难以言说的社会不平等，是日益增多的营养不良和暴力事件（叶敬忠，2015）。由于与发展中国家实际运行效果的反差，早期发展经济学从而"被证明远远没有它生气勃勃的年轻时期所乐观地期望地那么有用"（Seers，1979），并在事实上衰落了。

斯科特在《国家的视角——那些试图改善人类状况的项目是如何失败的》（2004 年）中揭开了"第三世界的发展过程中充满了大型农业项目和新城市失败的残骸"，如巴西的巴西利亚建造项目、坦桑尼亚农村的强制定居化及埃塞俄比亚的强制移民项目。这些项目中不乏推动者为了提升国家现代化、改善人民生活的诚意和苦心，也是符合现代化和发展图景、开放学习西方国家技术和经验、有世界银行、西方及本国专家科学设计并实施的，但无一成功——不但经济未能如其所愿地增长，社会反而更加复杂而难以控制，甚至出现饥荒和暴力抗争——这些项目最后演化为形式化、表面化或微型化，或成为恶性事件的导火索。他认为："几乎任何一个新的示范的首都城市都会同时产生与官方结构相并行的另一个'无序'和复杂的城市，这个城市使官方的城市能够正常运行——这是它实际存在的条件。也就是说，黑色的双生子并不仅仅是怪胎和'非法的事实'，它代表了那些官方的城市正常运行所不可缺少的活动和生活。……越是严格计划的经济就越会伴随着大规模的'地下的、灰色、非正规'经济……强制不许国家居民流动的努力会在禁止人口流入的城市形成大规模、非法的和未登记的人口。"（斯科特，2004：355－356）

斯科特所述的"发展项目"并非孤例，早期发展经济学指导下的发展实践也还有其他样本，但这样的发展思想和方法引发的问题远大于已解决的却是难以回避的事实，时至今日仍争议不断。经济学界内外对此进行了反思和批判。

有的认为其问题在于"（国家）直接控制教条"和结构主义，期以新古典主义经济学代之；有的认为新古典主义的发展经济学脱嵌于发展中国家的政治、社会现实，应回到古典主义的传统，向政治经济学和制度经济学寻求支援。在左右摇摆中，有人发现发展经济学理论根基、学科范式的微观基础有重大缺失。

有学者发现，此类发展思路背后是"简单化"①"极端现代主义"（Harvey，1989）的意识形态，不受限制的权利以及软弱的市民社会造就了其实现，其问题在于忽视和矮化了地方社会和自然极其复杂和多样化的现实经验与互动实践。很多学者开始对"发展"概念进行解构，并认为"发展"的话语和理论均是权力建构的结果，其西方中心主义倾向明显，以世界银行和西方专家为代表的"发展""专业化"力量已凌驾于发展中国家的地方知识和实践之上，照此发展思路，发展中国家难以改变自身困境及其边缘和依附的地位，作为目标的"发展"，与其说是"指路明灯"，不如说是一种"幻象"或者"迷思"（参见 Hirschman，1981；许宝强、汪晖，2001；孙早，2002；叶初升，2005；等等）。

发展经济学界固然有其学科局限和研究的路径依赖，但发展经济学家无疑在经济学框架内做出了相当程度的反思和调整，亦能认识到广泛的"发展"批判所表达的关怀。发展经济学学科尚在，但在国际学术界其基本思想发生了很大变化，其中不少方面已形成共识，与本文相关的内容如下。

1. 新的"发展"观

对"发展"的认识转变可体现在不同时期的关于发展经济学的学科定义中：从刘易斯（1984）所说的"发展经济学的对象是1980年人均产值不超过2000美元的各国的经济结构和运转情况"，到林毅夫（2003）定义的"探索其缓解贫困，进入可持续经济发展轨道的可能性"，与迈耶（Meier，2001）以"经济和社会的成长和变化"为议题的发展经济学。

自80年代起，多数发展经济学家承认经济增长和经济发展有区别，后者是表明质量的，还包含价值倾向。发展经济学将发展和增长区别开来，是其理论的第一次飞跃（姚开建，2011）。改善穷人的生活状况，保证基本需求的满足，创造就业以及较公平地分配收入和财富，成为经济发展的目标。如迈耶在总结"发展"思想的演进时展现的，在早期收入指标之后，"非收入指标（人类发展指数）""消除贫困""赋权和能力""自由""可持续发展"相继被纳入"发展的目标"中（Meier，2001）。如阿玛蒂亚·森批判将发展视为"残酷"的"BLAST"（blood，sweat and tears）态度，主张将发展视作多元价值、合作精神和人们自主力量不断扩张的"友善"过程——GALA 态度（getting-by with a little assistance）（Sen，1997）。

---

① 数据引自《2004年中国乡镇发展报告（摘要）》（http：//www.ahnw.gov.cn/2006nwkx/html/200411/%7B970F468A－978C－4AA2－8E0F－F926942BA004%7D.shtml）。

2. 微观化与多元性

在早期崇尚结构刚性、政府控制和宏大理论的结构主义之后，发展经济学于 70 年代、80 年代后先是偏向新古典主义，而后向古典主义、新制度主义拓展，新增长理论、新古典政治经济学、新马克思主义、博弈论、信息经济学等理论范式均成了发展经济学可供汲取的资源。因此，对制度的关注、尽量贴合现实经验、广泛的领域和分散的论题、跨学科视角和多元的分析工具，成为国际上新一代发展经济学的特点。

向主流靠拢转向的发展经济学也因此从"高度概括的模型"向"分散化的微观研究"转变（Meier，2001）。论述发展中国家经济如何增长、结构如何调整的国家本位主义、整体主义视角著作的影响力在减少，研究取向的微观化趋势明显，大都从经济主体行为分析和微观机制入手，构建解释发展问题的基本模型（叶初升，2001）。例如，对贫困、贫困群体及其行为机制、制度结构的直接关注增加；世界银行 1980 年、1990 年、2000 年的"世界发展报告"均以消除贫困为主题，而 1980 年之后诺贝尔经济学奖获得者中与发展经济学相关的阿玛蒂亚·森（1998）、安格斯·迪顿（2015）均以研究"贫穷"闻名的。

3. 从农村、农民出发

对发展经济学发起抨击的代表性学者拉尔在《发展经济学的贫困》（1983 年）中即明确反对忽视农村发展，以牺牲农业和农民利益为代价的工业化战略，而应抛弃集中控制教条，彻底消除农业激励措施方面的任何扭曲现象。人们逐渐从绝对"城市偏好"和将农业"工具价值"化中走出来，从农村、农业为出发点思考所谓经济发展。继舒尔茨（1963）较早地发现农民的理性和自主之后，斯蒂格利茨认为，农民的"决策单位不是个人而是家庭"，这是"理解不发达国家经济行为的关键"（Stiglitz，1988）；而农户的生产决策和消费决策不可分割；在信息、市场种种不完全、不确定等约束条件下，农民的"理性"可能不完全是价格敏感，而是对自身福利的综合增进（叶初升，2005）。

日本经济学家速水佑次郎基于菲律宾乡村的调查将作为经济组织形式的"社区"引入发展经济学研究视野。他认为由于发展中国家信息不充分的程度特别大，造成了普遍的市场和政府失败，发展中国家的"经济体制"应是市场、国家和社区（"协商"为基础）三个"组织"的结合。日本的制度即是一种拟社区组织的关系。重现"社区"的意义在于从追溯生活者（如农民）的生活、生计的现实逻辑和机制出发理解经济的发展。他告诫，不理解这种关系的功能和机制，试图（用国家或市场）改革或替代是危险的（速水佑次郎，2003）。

4. "人"的发展理论（阿玛蒂亚·森的学说）

印度经济学家阿玛蒂亚·森构建的人学化的发展理论，不仅为国际学界对发展经济学的反思指明了方向，并已得到联合国和世界银行的积极提倡和运作。[①] 他重现了经济学重视现实人类生活分析与价值判断的古典传统，将人类再次置于我们分析的核心。他认为"经济学……根本的考虑还是我们所过的或是不能过的生活"（斯威德格勒，2003：355－357）。

在关于饥荒、贫困的研究中，阿玛蒂亚·森（2002）发现贫困不仅仅是收入问题，而且必须被视为是对基本可行能力（capabilities）的剥夺；而饥荒是产生于深层的剥夺问题——权利（entitlement）失败。权利与他们的可行能力之间存在着功能性联系，而可行能力直接影响平等（"基本能力平等"，basic capabilities equality）、社会排斥（可行能力剥夺中的"关系特征"角度）及自由（人们主导自己生活的可行能力）。

人的"可行能力"和"权利"概念是以其"理性"思想为支撑的。他认为判断理性的原则是"合理审视"，并与身份认同相关。在合理审视之下，许多被主流经济学的自利理性或一致性理性判为"非理性"的行为具有明显的理性性质。

森强调"主体"的角色（一个自由、富有推理能力的"自我"形象），及在相关可行能力选择过程中的理性自由。即便对于一个社会来说，人类生活何为美好也没有固定的标准，基本可行能力菜单的构成是一个社会选择工作，即建立在合理审视基础之上的公共讨论的力量。最终，是应该也能够作为"主体"的人来讨论的（周文文，2006）。

上述一系列研究本身即代表了一种反思态度和新的路径取向的可能：反思"增长主义"甚或"发展主义"，应是由所谓"发展中国家"的人民为主体进行"发展"观再构建的过程。值得注意的是，在中国的语境下，本文提出的发展之路的反思和重建并非主张保守主义、返回传统，而是在正视现代化价值理想和近代以来的现代化社会过程（陈映芳，2012a）的前提下，调整当前发展的意涵、路径、主体、方法、节奏的呼吁。

在新的"发展"意涵下，反对城市主义，不是完全排斥城市化，而是跳出"传统—现代"的二元对立，在"乡－城"的极端之间，让农民、乡－城移民（农民工）重新掌握主体权利进行生存和"发展"的选择，给予其不同的（不）发展模式（城市化、城镇化、农村化）相同的权利和地位，为处于"国家"和"市场"蚕食下的"社会"腾留空间。

---

① 除肯定发展经济学为指导中国经济发展具有较大作用的观点（谭崇台，1990；叶初升，2001；郭熙保、马媛媛，2013）之外，亦有主张：①应科学地看待、批判地运用西方发展经济学思想（谭崇台，1990）；②应建立中国发展经济学。但这些主张均不排斥"发展经济学对中国经济改革发展实践具有影响力"的观点。

参考文献

埃斯科巴，2001，《权力与能见性：发展与第三世界的发明和管理》，卢思骋译，载许宝强、汪晖
　　选编《发展的幻象》，北京：中央编译出版社。

陈映芳，2004，《"城市化"质疑》，《读书》第 2 期。

陈映芳，2012a，《"转型"、"发展"和"现代化"：现实判断与理论反思》，《南京社会科学》第
　　7 期。

陈映芳，2012b，《城市中国的逻辑》，北京：生活·读书·新知三联书店。

陈映芳，2014，《权利功利主义逻辑下的身份制度之弊》，《人民论坛·学术前沿》第 2 期。

费孝通，1984，《小城镇　大问题》（续完），《瞭望周刊》第 5 期。

冯兰瑞、姜渭渔，1987，《农业剩余劳动力转移模式的比较研究》，（《中国社会科学》第 5 期。

傅高义（Ezra Feivel Vogel），2013，《邓小平时代》，冯克利译，北京：生活·读书·新知三联书店。

高佩义，1990，《未来中国的城市化发展战略》，《经济学家》第 6 期。

古莱，德尼，2003，《发展伦理学》，高铦等译，北京：社会科学文献出版社。

顾益康、黄祖辉、徐加，1989，《对乡镇企业——小城镇道路的历史评判——兼论中国农村城市
　　化道路问题》，《农业经济问题》第 3 期。

广田康生，2005，《经济学与社会学——研究范围的重新界定：与经济学家和社会学家的对话》，
　　马铭译，北京：商务印书馆。

郭熙保、马媛媛，2013，《发展经济学与中国经济发展模式》，《江海学刊》第 1 期。

柯淑娥，1996，《中国城市化道路的选择》，《中国农村经济》第 9 期。

李克强，2012，《协调推进城镇化是实现现代化的重大战略选择》，《行政管理改革》第 11 期。

李培林，2013，《小城镇依然是大问题》，《甘肃社会科学》第 3 期。

厉以宁，2008，《论城乡二元体制改革》，《北京大学学报》第 2 期。

林毅夫，2003，《市场、国家和社区三位一体与经济发展》，载《发展经济学——从贫困到富裕》，
　　序言一（速水佑次郎撰，李周译），北京：社会科学文献出版社。

刘易斯，阿瑟，1984，《发展经济学的现状》，《国际经济评论》第 12 期。

陆益龙，2008，《城乡体制改革：下一个改革目标——体制改革 30 年经验总结》，《甘肃社会科
　　学》第 5 期。

穆光宗，1990，《民工潮与中国的城市化》，《社会科学家》第 6 期。

任远，2000，《以大都市为主导的城市化战略思考》，《现代城市研究》第 5 期。

森，阿玛蒂亚，2002，《以自由看待发展》，任赜、于真译，北京：中国人民大学出版社。

斯科特，詹姆斯，2004，《国家的视角——那些试图改善人类状况的项目是如何失败的》，王晓毅
　　译，北京：社会科学文献出版社。

斯威德伯格，理查德，2003，《经济学与社会学——研究范围的重新界定：与经济学家和社会学
　　家的对话》，安佳译，北京：商务印书馆。

宋林飞，1982，《农村劳动力的剩余及其出路》，（《中国社会科学》第 5 期。

速水佑次郎，2003，《发展经济学——从贫困到富裕》，李周译，北京：社会科学文献出版社。

孙早，2002，《发展经济学演进中的西方中心主义和主流化倾向》，《经济学家》第 4 期。

谭崇台，1990，《十年来我国对发展经济学的研究和应用》，《中国社会科学》第 2 期。

谭崇台，2000，《发展经济学的新发展》，武汉：武汉大学出版社。

谭崇台，2001，《发展经济学》，太原：山西经济出版社。

王爱君，2008，《发展经济学研究三十年回顾》，《光明日报》10 月 7 日。

王道勇，2014，《农民工研究范式：主体地位与发展趋向》，《社会学评论》第 4 期。

王桂新，2013，《城市化基本理论与中国城市化的问题及对策》，《人口研究》第 6 期。

沃勒斯坦，2001，《发展是指路明灯还是幻象?》，黄燕堃译，载许宝强、汪晖选编《发展的幻象》，北京：中央编译出版社。

辛逸、高洁，2009，《从"以农补工"到"以工补农"——新中国城乡二元体制述论》，《中共党史研究》第 9 期。

许宝强，2001，《发展、知识、权力》，载许宝强、汪晖选编《发展的幻象》前言，北京：中央编译出版社。

许宝强、汪晖选编，2001，《发展的幻象》，北京：中央编译出版社。

姚开建，2011，《经济学说史》第 2 版，北京：中国人民大学出版社。

叶初升，2001，《发展经济学的逻辑演变与中国经济发展的实践进程》，《中州学刊》第 1 期。

叶初升，2005，《寻求发展理论的微观基础——兼论发展经济学理论范式的形成》，《中国社会科学》第 4 期。

叶敬忠，2015，《发展的故事》，北京：社会科学文献出版社。

赵燕青，1990，《战略与选择：中国城市化道路回顾》，《城市规划》第 3 期。

周文文，2006，《伦理·理性·自由：阿马蒂亚·森的发展理论》，上海：学林出版社。

Harvey, David. 1989. *The Condition of post-modernity: an Enquiry into the origins of social change.* Basil Blackwell Press.

Henderson, J. Vernon. 2009. Urbanization in China: Policy Issues and Options, 14 November.

Hirschman, A. O. 1981. "The Rise and Decline of Development Economics", in A. O. Hirschman ed., *Essays in Trespassing: Economics to Politics and Beyond*, Cambridge University Press.

Meier, G. M. 2001. "The Old Generation of Development Economics and the New", in Meier, G. M., and Stiglitz, J. E., eds., *Frontier of Development Economics: the Future in Perspective*, Oxford University Press.

Seers, D. 1979. "The Birth, life and Death of Development Economics", *Development and Change*, 10 (4): 707 – 719.

Sen, Amartya. 1997. "Development thinking at the beginning of the 21st century", *Economic and Social Development into the 21st Century* (ed. by Louis Emmerij), Washington: Inter-American Development Bank.

Stiglitz, J. E. 1988. "Economic Organization, Information, and Development", in Chenery, H. and Strinivasan, T. N., eds., *Handbook of Development Economics*, Vol. 1, Elsevier Science Publishers.

村落过疏化与乡土公共性的重建

田毅鹏[*]

自人类步入现代社会以来，伴随着工业文明的勃兴和巨型城市的崛起，以乡村为中心的传统文明结构开始发生根本性变动。在工业化和城市化的拉动下，农村人口不断流入城市，城乡人口结构发生巨大变化。都市的人口密度越来越高，而乡村尤其是那些偏远村落，则成为人口稀少的过疏地域，并由此而走向衰落。无论是欧美早发现代化的发达国家，还是后发的非西方发展中国家，都大体经历了这一过程。正是在这一意义上，我们可以说"都市的兴起和乡村衰落在近百年来像是一件事的两面"（费孝通，2007：254），成为时代变迁的重要标记。在现代工业社会，"对农民来说，农业的历史是痛苦的发展史，因为他们的精神状态和传统制度很难适应工业社会的需要，似乎有一种经济的和社会的衰退规律在威胁着农村社会"（让·雄巴尔-德洛夫，1985：59）。那么，工业化和城市化背景之下的乡村地域过疏现象为什么会发生，其进程到底会对现代社会产生哪些影响，则是学术界多年来密切关注的问题。本文试从公共性的研究视角，探讨村落过疏化背景下乡土公共性危机的发生及表现，并寻求重建之道。

一　村落过疏化与乡土社会的衰落

所谓过疏，主要是与"过密"或"适疏"相对而言的概念，是指因地域人口的减少，导致维持此地域最为基础的生活和生产的人口条件出现了困难。学界一般将这一变化过程称为"过疏化"，把处于此种状态的地域称为过疏地域。

---

* 田毅鹏，吉林大学哲学社会学院教授、教育部长江学者特聘教授。

（一）村落过疏化的发生

1. 工业化、城市化对乡村人口的吸纳

一般来说，过疏化现象的出现是以工业化和城市化进程为直接背景的，其发生具有一定的历史必然性。无论是早发现代化的英国、法国，还是后发外生现代化发展中国家国家，都必然经历这一进程。历史上，作为工业革命的发源地，英国是世界上最早针对工业化进程中的人口流动而实行城乡区域政策的国家。在小农众多的法国，"城市和矿区的工业化，它引起劳动力的大量集中，使乡村的手工业和一切以木材为燃料的工业归于消灭"（潘什梅尔，1980：137）。工业主义的触角所至，使得农村人口剧减，并迅速走向凋敝。在东亚，日本大约是在 20 世纪 60 年代经济发展奇迹后出现了乡村过疏化现象，到 70 年代和 90 年代，韩国和中国部分偏远的乡村也先后走向过疏化。

除了工业化和城市化对乡村社会的冲击和破坏之外，随着土地制度的变革、农业技术的进步，以及农业经营规模的大型化，也导致大量农业人口的离农化，从事农业经营和生产的农家的户数逐渐减少，进而引发农业地域的衰落。"农村人口减少，不仅由于城市和工厂的招工，同时也受到乡村内部农业变化的刺激。一向吸收大量劳动力的作业，如葡萄种植、养蚕业、经济作物（亚麻，大麻），几乎一个接着一个消失或紧缩（潘什梅尔，1980：137）。

2. 乡村居民对城市生活的向往和认同

乡村过疏化现象的发生不仅是经济快速发展背景下工农业产业间差别扩大的结果，同时也与乡村农民自身生活和文化观念的城市面向的变革直接相联系。由于交通发达，电视及网络的普及，有关城市文化和生活的信息可以毫无障碍地传播到乡村世界，农民足不出户便可体验到都市生活方式和文化的魅力。此外，乡村昔日自给自足的自然经济逐渐被商品经济打破，农民的日常生活开始与城市建立起较为密切的关联，村落的经济结构和消费结构都发生了巨大变化。工业与农业间的收入差距在明显拉大，尤其是后发现代化国家为实现现代化，采取优先发展重工业的策略，致使城乡之间长期存在着二元结构，更扩大了城乡间的差距。在城市与乡村强烈的对比反差中，农民的思想、行动和生活方式都发生了面向都市的变动，从而使农民尤其是青年农民产生了强烈的脱离乡村，面向城市观念。正是在这一意义上，可以说乡村过疏化现象的发生不仅仅是现代城乡社会经济结构直接作用下的产物，同时也是农民主动选择的结果。

（二）村落过疏化的后果及性质

乡村过疏化现象发生的初期，主要表现为人口数量减少。但随着过疏化问题不

断严重，出现了"经济凋敝""就业机会缺乏""村落世代维系困难""村落组织崩坏"等现象，导致乡村社会走向衰落，主要表现为以下几个方面。①地域产业和经济发展停滞。伴随着乡村农业生产的衰落和人口的大量外流，地方财政逐渐恶化。全球化背景下的贸易自由化，大量农作物从国外输入，导致农产品价格低迷，农产品生产经营收益极低。②乡村公共服务设施落后。因政府的公共事业投入急剧减少，包括医疗、教育在内的各种公共服务事业开始萎缩，经常为医生不足和教师不足等地域问题所困惑，为了追求更好的医疗和教育条件，大量乡村人口开始外流。③乡村的老龄化。在这场由传统乡村向现代城市的空间转移过程中，青年人是当然的主力，其离乡入城的行动将过疏地域送入高龄化的世界。④过疏地域公共交通系统的危机。由于人口减少，过疏地域的交通系统也面临挑战。一些客运线路因乘客剧减而无法运营，开始减少甚至废止。由于公共交通的废弛，居民购物也极不方便，过疏地域的商业街也走向萧条。⑤农村村庄聚落的荒废。房屋大量闲置导致作为人类文明重要存在形态的乡村聚落景观也面临着存废的挑战。

由此可见，过疏化背景下的乡村社会衰落，其性质极其复杂，我们不能简单地将其视为一种经济衰退现象，也不能将其理解为一种单纯的人口流失问题。要把"过疏"概念作为生产和生活组织机构——农村社会崩坏现象来加以总体把握，同时关注村民意识衰退现象的发生。在分析过疏问题时，要特别注意从地域的产业、生活和意识三个方面来加以分析理解（安达生恒，1973：19）。可见，这一城乡社会的剧烈变迁乃是人类社会步入现代社会后在工业化和城市化的背景下所面临的一种根本性的文明变局。在此变局之下，城乡"两种生活方式的这种分道扬镳，越来越形成了两个社会的分离"（潘什梅尔，1980：139）。

早在民国时期，即有学者指出乡村过疏化的直接后果造成了乡村社会衰落："故都市之发达，常伴以农村倾危，凡农村之人口，都市收之；农村之才智，都市用之；农村之储蓄资本，而都市攫取之；农村之生产物品，而都市消费之，农村之利得，而都市龙断之；然其所赐赐于农村者，则仅老弱之人，与奢侈之习，以及放纵之行为耳。以农村之牺牲，求都市之发达，其不落于倾颓衰灭也，乌可得哉！"（曲宪汤，1933）

二 村落过疏化与乡土公共性危机的表现

如前所述，过疏化村庄走向衰落不是一种单纯的经济现象或人口移动现象，而是现代社会所面临的一种总体性结构变动。在人类文明史上，任何一个称得上"文明"的社会，无论是发达的城市社会还是偏僻的乡土共同体，都应拥有较为发达的

"公共性体系"。公共性之所以能够作为文明社会存在和发展最基本的条件而存在，主要是因为就公共性的性质而言，其对社会具有极广的利害和影响。而且其影响不是限于特定的集团，而是面向社会全体，是"某一文化圈里成员所能共同（其极限为平等）享受某种利益，因而共同承担相应义务的制度的性质"（李明伍，1997）。从一般意义上讲，公共性的内涵比较复杂，既包括其共同体内部自生的公共性，也包括由政府承载的公共性。在现实中，如果一种公共性的体系结构被破坏，那么其共同体公共性的结构必然遭到严重的削弱。值得注意的是，走向过疏化的乡土公共性危机的特殊性在于，因短时间内的人口大量外流，其地域足以支撑起社会正常运行的人口数量和社会关系状态发生了变化，出现了"过疏地域的社会何以可能"的问题。

（一）村落共同体内部自生公共性的危机

在漫长的农业文明发展岁月里，村落作为一个真实的生活共同体和生产共同体，在乡土公共性构建进程中发挥了重要的作用。村落共同体自生的公共性主要是围绕村落共同体"共助"体系而展开的，既包括村落生活中的"共助"，也包括生产中的"互助"。值得注意的是，村落共同体的公共性构建功能的发挥实际上是以村落的人口、土地、生产及生活体系健全的前提下存在的，如果村落因人口大量减少而陷入危机，基于生活和劳动过程而建立起来的社会联结走向解体，其公共性生产的能力势必要大打折扣。

1. 村落共同体生活"共助体系"的危机

从理论上看，村落共同体的"共助系统"主要是借助于"家共同体"和"邻人共同体"而展开的，它构成了乡土社会最重要的社会关联。这里所说的社会关联，主要是指村民之间的具体关系及建立在这种关系上的行动能力（贺雪峰、仝志辉，2002）。在乡土社会常态运行的条件下，依靠这些社会关联，村落社会的秩序得以实现。在村落过疏化的背景下，村落共同体中那种源于生活中的"共助系统"则不可避免地走向危机和衰落。

早在公元纪年前，孟子在其"井田"遐想中即描绘出"乡里同井，出入相友，守望相助，疾病相扶持"（孟子，2012）的温馨图景。19世纪80年代，德国社会学家滕尼斯关于共同体的基本理论建构实际上是以村落共同体为原型而展开的。在滕尼斯看来，共同体应该是"持久的和真正的共同生活，社会只不过是一种暂时的和表面的共同生活"（滕尼斯，1999：54）。"一切亲密的、秘密的、单纯的共同生活，被理解为在共同体里的生活。社会是公众性的，是世界。人们在共同体里与同伙一起，从出生之时起，就休戚与共，同甘共苦。人们走进社会就如同走进他乡异国。青年人被告诫别上坏的社会的当。"（滕尼斯，1999：52-53）"在共同体里，尽管有种种的分离，仍然保持着结合；在社会里，尽管有种种的结合，仍然保持着分离。"（滕尼斯，1999：95）稍后，韦伯论及社群互助基础的问题时，在承认"家共同体"是最为普遍分布的一种"经济共同体"，具有相当持续且紧密的共同体行动能力的同时（韦伯，2004：259），率先提出"邻人共同体"概念，认为"家是一种满足一般日用的财货需求与劳动需求的共同体。在自给自足的农业经济里，遇到紧急的状态、极端的匮乏与危机而有非常需求时，其中很重要的一部分必须仰赖超越家共同体之上的共同体行动，亦即"邻人"（nachbarschaft）的援助"基于长期或暂时的居住或停留而形成近邻关系，从而产生出一种长期慢性或昙花一现的共同利害状态"（韦伯，2004：261-262）。这种"邻人共同体"构成了"社群"的原始基础（韦伯，2004：265）。

在传统的农业时代，村落共同体生活的"共助体系"具有超强的稳定性，它在很大程度上维持了村落活力与秩序的存在。但在工业化、城市化背景下的乡村过疏化则瓦解了这一"共助系统"赖以存在的基础，导致"家共同体"走向凋零。虽然在村落人口外流的过程中，存在着举家迁徙的类型，表现出家共同体超强的"连带"和"内聚"特性。但不可否认的是，更多的家庭所面临的情况是，青壮年劳动力离乡进城打工，而老人、妇女、儿童在乡村"留守"这样一个更为复杂的"分离"过程。

（1）"家共同体"的凋零

在城乡关系发生剧烈变迁的过程中，农民兼业问题值得特殊关注。走向兼业的农民，在保有农民身份的同时，也是某项非农职业的从事者。伴随着兼业行为的发展，兼业化的一个重要社会后果是，"家"的结构发生了重要变化，进而对传统的村落结构产生巨大冲击。在通常情况下，城郊农民可以通过通勤方式实施兼业，并不影响其家庭结构的完整性。过疏地带的农民选择兼业，则必然要以破坏"家庭"的完整性为代价。因为进城兼业打工地点距离较远，过疏化村落的兼业者无法回村居住，必须离开村落，长期居住在工作地。由此，兼业者需要长时间离家，导致村落中的青壮年不能照顾家庭，也无法参与村落事务，成为村落社会的"缺场者"。此外，兼业者的空间和场域是交错的，久而久之，农村的场域逐渐服从城市工作的场域，兼业者的观念将发生巨大变化。

由于常年外出打工兼业经营者基本上是青壮年劳动力，势必导致过疏化村落家共同体的残缺和凋零，出现大量留守人群，严重地破坏了村落共同体内部的"共助"体系，出现了"共助"能力的危机。据全国妇联发布的我国农村留守儿童、城乡流动儿童状况最新的研究报告，目前全国农村留守儿童数量为6102.55万，占农村儿童总数的37.7%，占全国儿童总数的21.88%。与2005年全国1%的抽样调查估算数据相比，5年间全国农村留守儿童增加约242万（中国教育报刊社，2013）。

（2）邻人共同体的解体

村落过疏化的另一重要后果是村庄空心化。村民大量外流，导致很多村落房屋的大量空置化，一些外出打工的农民纷纷把家安到了城（镇）里，造成农村的旧宅子"人去屋空"。村庄房屋大量闲置不仅仅是资源的浪费，更使昔日的村落邻里关系联结遭到破坏，甚至走向解体。村庄青壮年劳动力的奇缺使得村落传统的礼俗活动无法正常举行。

2. 基于劳动生产而生成的互助体系的解体

在传统的乡土熟人社会中，基于生产劳动而形成的村落互助行为非常普遍。主要表现为农户间的自愿互助、帮工帮畜、帮农具等形式。

在村落走向过疏化的过程中，因劳动力短缺，生产停滞，土地荒芜，村庄长期基于劳动生产而生成的互助体系也开始走向解体，主要表现为：①在乡村劳动力大量外流的过程中，伴随着家族的衰落和凋零，传统的基于血缘的生产互助行动被大大弱化；②由于乡村精英和青壮年劳动力的大量流失，"造成了乡村结构的进一步疏松，使得分散的小农在资金、技术、信息等资源的获得方面都处于不利地位"（武小龙、刘祖云，2014）；③过疏化村庄的农业生产衰落凋敝，村落集体经济不发达，村共同体的共同利益大大弱化，在乡农民逐渐变为孤立的、原子化的"理性小农"，合作能力下降，包括水利灌溉、道路硬化等乡村公共问题都无法得到有效解决；④农业生产经营规模的大型化和农业技术的普及和应用，虽然对于农村劳动力紧张局面有所缓解，但消解了农户间传统的合作机制。

3. 村落老龄化与村庄"共助"能力的衰退

村落年轻人大量外出的直接后果是村落的老龄化。在年轻人大量流出、家族崩坏的社会背景下，作为现代性直接后果的老龄化问题没有首先在现代文明的中心地城市出现，而是在传统村落的穷乡僻壤率先发生。家共同体的凋零导致基于家庭的"私的抚养"体系已大大弱化，过疏地域老人社会生活支持体系将不可避免地面临严重的危机。结合过疏地域老龄化演进的一般趋向，我们会发现过疏地域老人问题的严重性在于：长期以来村落社会赖以存在和发展的"依赖结构"已被严重破坏，而危机中的村落又很难在短时间内走向"终结"，从而将过疏地带的村落置于进退维谷的窘境，这或许是过疏地域老人问题认识及解决艰难之所在。应该说，老年群体间也存在大量的互助行为，但毫无疑问，这种构成要素单一的互助行动具有明显的局限性。由于老年群体自身所具有的诸多不可克服的局限性，其互助、共助的能力亦大打折扣。

（二）以政府为载体的"公助系统"的危机

在现代国家体制下，政府有义务为其城乡居民提供包括医疗、教育、社会保障

等基本的公共服务，构成一个庞大的"公助系统"。但在村落过疏化的背景下，因村庄人口急剧减少，包括学校、医院等由政府承载的"公助系统"将不可避免地发生运行危机，陷入进退维谷的窘境。

1. 过疏乡村公共服务体系运行的"人口门槛"

在城乡公共性建构的问题上，人口居住密度指标一直是一个最重要的影响因素。著名的城市研究者雅各布斯曾专门论述"密度"对于城市的重要，她认为，对于城市来说，"人流的密度必须达到足够高的程度，不管这些人是以什么目的来到这里，其中包括本地居民"（雅各布斯，2005：221）。对于雅各布斯的上述观点，我们可以有多样的解读，但有一点是不可否认的，即密度对于城市的公共事业运行和市场消费的展开提供最为基本的支撑条件。如果没有一定程度的人口作为支撑，城市社会的存在几乎是不可想象的，事实上乡村社会也是如此。20世纪60年代，欧洲一些国家曾确定乡村公共服务设施的人口数量基准，其基本情况是：一所小学需要的门槛人口在5000人左右，一个医生需要至少为2000人服务才能有规模效益，一个由3个医生组成的医疗小组可服务8000人，一个化学药剂师需要的门槛人口约为4000人（龙花楼，2012：197）。

以人口门槛理论来评价过疏乡村以政府为载体的"公助系统"，我们会发现，在村落人口大幅度减少的情况下，政府设在乡村的公共服务设施难以充分利用，公共服务的人均成本也空前增大，其应用效能也直线下降。同时，那些公共服务设施的维护也存在着困难，消解了农村社区公共服务发展的现实基础。以过疏化地域的医疗服务体系为例，人口大幅度减少，导致政府主办的医疗服务机构难以为继。据统计，20世纪60年代，在日本典型的过疏地域岛根县，"共有国民健康保险诊疗所49个，但其中有5个因缺乏医师而无法开业。此外还有29个诊所因交通不便和经营困难等问题，虽表面上开业但实际上处于休诊状态。这样，49个诊所中至少有34个难以发挥作用"（内藤正中，1968：13）。由此，日本社会虽然已实行70岁以上老人医疗免费的制度，但山区医生短缺、医疗设备不足使这一制度在"过疏地带"形同虚设。根据日本厚生省的定义，所谓"无医地区"主要是指没有医疗机构的地域，具体言之，即是以此地域的中心场所为圆点，其半径4公里的区域内居住50人左右，不容易利用医疗机构的地区。据昭和48年的统计，"京都府下自昭和44年迄今，共有83个无医地区，其中有30个属于过疏地域。今天这种无医地区的数目虽然在减少，但地域医疗供给不足的现象却依然存在（益田庄三，1979：150）。

人口过疏化同样威胁到乡村教育的正常发展。在乡村走向过疏化的背景下，人口大量外流导致农村学校难以保持基本的生源和优质师资，注定要走向衰落。农村学校的衰落反过来又推动更多的求学者告别乡村进入城市教育机构。由此，乡村学校将面临不可调和的危机。虽然乡村走向过疏化是一个短时间内发生的现象，但其走向终结却是一个长期性的问题。由此，过疏地带农村中小学的发展面临着两难困境：一方面，学龄儿童的大幅度减少导致学校生源不足，教师资源匮乏，教学质量急剧下滑，难以为继；另一方面，如果政府主管部门采取合并策略，整合资源，可以在一定程度上提高教学质量，但又会导致因撤校而产生大量失学儿童。

2. 过疏化乡村公共服务市场化路径的阻滞

近年来，在新公共管理的理论视域下，城乡公共服务市场化改革成为一种值得注意的新趋向。在新时期的中国主要表现为大力推进政府向社会力量购买公共服务。凡是社会能办好的，尽量交给社会力量承担；凡适合市场、社会组织承担的，都可以通过委托、承包、采购等方式交给市场和社会组织承担。采取这样的形式，既能加快解决公共服务产品短缺问题，又能形成公共服务发展新机制（李苑、邱小敏，2013）。毫无疑问，改变城乡公共服务提供主体一元化的格局，发展服务提供市场化和多元化的供给格局，有利于改变政府垄断服务资源、公共服务低水平徘徊的局面。值得注意的是，在公共服务市场化改革的进程中，我们必须区别城乡差异、一般农村与过疏化乡村之间的区别。因为在人口大幅度减少、村落组织走向衰败的情况下，过疏化乡村缺少市场化操作的必要条件。正如有的学者所言："市场化的目标是要激活公共服务的供给机制，使公共服务的提供具有竞争性。而农村的公共服务体制，目前恰恰很难出现多元的提供主体，因此无法形成竞争格局。实际上，很多公共服务和公共物品，在农村是很难形成竞争格局的。因为农村消费能力有限，市场几乎没有主体愿意为农村的这些设施或服务承担经营风险。"（汪锦军，2013）可见，由于过疏化地域的消费缺少足够的居民数量支撑，难以形成、发展成规模，一般的市场化机构很难进入，现有的服务业也会因亏损而从地域退出。

（三）村落价值认同的式微

在滕尼斯的笔下，包括村落在内的前工业时代的共同体拥有某种共同价值观，"精神共同体在同从前的各种共同体的结合中，可以被理解为真正的人的和最高形式的共同体"（滕尼斯，1999：65）。共同体内部成员的集体认同既建立在对其乡土自然环境、人文景观传承而萌生的自豪感的基础之上，同时也是伦理本位下熟人社会教化和相互约制的结果。但在乡村走向过疏化的进程中，这些千百年来培育起来的村落价值认同却受到前所未有的冲击。

1. 对现代城市文化及生活的崇拜，使村落成员对故乡失去了应有的信心和认同，产生了大量的"故乡丧失者"

关于乡村文化自信丧失的发生机制和演化进程，已有很多学者论及，其观点认为城市文化相较于农村文化而言，具有无可比拟的优势，正是在这种强烈的反差中，乡村丧失了其固有的优势和自信，"今之教育机关，所设立于都市，高深学府，故无论矣，即同一之中小学校，亦以立于都市者，较之立于乡村者设备完善，教授适法，因之欲高深而完美之教育者。势不得不离乡村而之都市，此教育都市化之足致农村于衰退也。""乡村人才，均负笈都市，久惯都市生活，对乡村风况，自生鄙弃心理，掉头弗顾，而蛰伏乡村之较智分子，亦思一展胸怀，趋赴都市，待价而沽，以期发回能力，农村人才，闾巷一空""其他如娱乐之设施，备之都市，医药之精良，集于都市，交通之中心，必以都市，语言之通行，亦不能根据于方言俗音，而准行乎都市之口音也。至礼仪节文，在都市与乡村，文野判然，是故一举一动，一采一汰，莫不以都市为准，而乡村之甩脱，乃自然之结果也"（曲宪汤，1933）。

法国社会学家布迪厄结合历史上法国农村的溃败，揭示了农民的自卑情结是如何作用于乡村衰败过程之中的："人们往往哀叹这种农村人口的流失是一种社会灾难。将集团的女孩嫁给——一般是高攀——城市居民，这一事实表明，这个集团有意无意之间接受了城里人对农民的实际价值和预期价值的看法。城里人心目中的农民形象虽说有时受到压制，可总是一再出现，这种形象甚至强加到农民的意识之中。……在每个个体的层面上。都可以感受得到这种内部溃败，而这种溃败正是这些人相互孤立的背叛（他们所属的集团）的根源。"（布迪厄、华康德，1998：319）

2. 从"熟人社会"到"无主体熟人社会"

村落人口大量减少导致乡村传统的"熟人社会"变成了"无主体熟人社会"。众所周知，传统的乡土社会是典型的熟人社会，村民生于斯、长于斯，通过血缘、地缘和业缘关系，建立起密切的互动关系。但乡村社会的过疏化，却使村庄熟人社会的主体结构发生了变化，出现了"无主体熟人社会"。

所谓"无主体"，在这里主要有两层含义。一是指"主体长期缺场"，即指"目前乡村大量青壮年劳动力长年的异地化生活，已导致乡村社会的日常生活运作不具'熟人社会'的特征，我们不妨将这种'病态'的熟人社会称为'无主体熟人社会'"（吴重庆，2012a）。"主体长期缺场"的社会后果在于，乡土社会内传统的社会互动关系遭到破坏，社会联结残缺化，对村落的文化价值认同亦必然走向错乱。二是指"主体继承者"的缺失。近年来，农村研究界提出了新生代农民工概念，认为自20世纪90年代中期以来，农民工群体已经出现代际分化，他们的流动动机存在着很大的差别，社会特征也不尽相同。故我们可以将20世纪90年代开始进城务工的人称为新生代农民工（王春光，2001）。从发展的视角审视新生代农民工现象，多数学者的结论是，无论在关系上还是生活上，新生代农民工都已不属于乡土社会场域，他们基本上生活在城市，有时也游走于城乡社会之间。从其未来发展的轨迹看，他们已不可能成为乡土文化的"认同者"和"继承者"。故在乡村走向过疏化的进程中，传统乡村世界那些无形的文化遗产将失去承载的基本载体，导致文化传统及技能代际传递链条的中断。

三 过疏对策与乡土公共性的重建

面对工业化、城市化背景下人类文明结构的空前剧变，各国学界都给予了密切的研究和关注。法国社会学家孟德拉斯曾提出"农民的终结"等命题，断言："20亿农民站在工业文明的入口处：这就是20世纪下半叶当今世界向社会科学提出的主要问题。"（孟德拉斯，2005：1）学界之所以关注此话题，主要是因为人类在农业时代生活已有数千年之久，农业文明承载了人类漫长而丰富的文化及生活经验智慧，而步入工业时代实际上只有几百年的时间。在这一根本性的转型和变革中，人类会丢失什么？能收获什么？自然令人格外关注。为了降低转型代价，我们应弄清过疏社会的生成背景、过程及其运行机理，充分意识到村落变迁的长期性，加大工业反哺农村的力度，切实推进过疏化村落的转型和振兴。

从总体上看，世界各国为维持城乡协调发展，不断推出所谓"过疏对策"，试图在政策干预和调适的基础上最大限度地保持乡村活力。这些过疏对策主要包括经济对策、人口对策、文化对策、组织对策等。与学术意义上的"过疏"概念不同，政策层面上的"过疏"概念主要是将现象发生地域作为具体的政策对象，注意政策对策执行过程中的可操作性和有效性。

（一）经济对策：从单一的经济开发，到内在的开发策略

既然乡村过疏地域衰败最主要的表现是经济凋敝，那么各种过疏对策自然首先将政策目标指向了经济开发领域。试图通过招商引资，兴办企业等经济对策，以实现过疏地域的发展和振兴。如在日本20世纪六七十年代以来陆续推出的过疏对策中，"积极开发论"都占据了主导地位，主要包括离岛振兴法和山村振兴法等，希望通过建立企业，投入大型公共设施项目等方法，以扭转乡村衰落的事实。应该说，经济开发意义上的过疏对策在初期发挥了一定的作用，但随着时间的推移，经济开发意义上的过疏对策的局限性逐渐显露出来，主要表现在：①现代经济集中化、过密化发展趋向，使得企业的流向并不趋近于过疏地域，从而给过疏地域的经济振兴方略蒙上一层阴影；②很多开发要求强烈的过疏化地域因其环境、资源、交通等方面的弱点，使其并不适合走经济开发之路；③过疏地域劳动力普遍缺乏。对于年轻人来说，无论过疏地域的公共设施如何整备，但那些没有工作场所的地方都不可能成为青年人的理想居所。

总之，从宏观视角展开分析，我们会发现，在单一经济取向的过疏对策遇到障碍的情况下，20世纪晚期各国的过疏地域治理已发生一些值得注意的变化。

第一，重视"内在的开发"，其最具典型意义的事件是"一村一品"运动。过疏地域面临人口减少、交通闭塞、信息阻滞等不利条件导致其地域已不可能通过引进企业从事大规模的"外在的开发"，而被迫转向所谓"内在的开发"。"一村一品"是日本大分县知事首倡的一种过疏地域振兴活动，主要是指每一地域（町村）都运用其智慧，开发独具地方特色的产品。这些特色产品或者是古时流传下来的建筑旧居遗迹，可以是口耳相传的民谣、民间歌舞，也可以是地方出产的有形的土特物产，结果大获成功。"一村一品"运动实际上是在从外部引进企业已不可能的过疏地域，转而走向挖掘和激活地域传统内在资源、人才，凸显地域个性，以地域居民独具的智慧和理念创造出富有特色的地域文化产品，这是典型的内在的开发策略。

第二，从仅关注过疏地域的"经济变化"到重视其"社会变化"，即由"硬件"转向"软件"。从进行所谓土木工程治理，转变为建成"居住愉快"的场所，培养良好的人际关系。也就是说，其主旨在从经济学领域不断转向社会学领域（鸟越皓之，2006：206）。

（二）人口对策：地域振兴主体的多元选择

在过疏对策推进的过程中，人们发现过疏地域的衰落并不仅仅是因医疗、教育、交通、消费、购物等公共服务设施的运行障碍和维护困难，而是该地域因青壮年劳动力大量外流而缺乏地域振兴适当的承担者。

1. 设法留住年轻人

无论是基于何种考虑，过疏地域振兴的首要任务都是要遏制人口持续减少的态势，尤其是设法留住年轻人。但此项人口对策却始终面临着严峻的挑战。如果我们承认现代社会中人口从农村向城市的移动，乃是一种历史的必然的话，就会发现，简单地通过行政手段阻止人口离开农村是不可能的，也是有害的。因为阻止人口流动的后果只能加大地域差距。既然各地域发展速度是不均衡的，那么，如果我们想要缩小地域差别的话，就不能抑制人口移动。须知，乡村的衰落不是由于乡村人跑去都市。正是由于乡村的衰落，人们才跑去都市（罗荣渠，1990：873）。因此，如何在城乡开放的氛围下，给农村青年人以本土发展创业的机会，才是问题的关键。

2. 以老年群体为载体的公共性构建

虽然各国在应对过疏地域衰落问题时，都提出将农村打造成一块对年轻人有吸引力的磁铁，以吸引年轻人在地就业或返乡就业，但此项举措很难在短时间内奏效。因此，在相当一段时期内，老年人仍将作为农村振兴的主要力量而存在。

关于老年人社会角色扮演问题，欧美学界较有影响的理论是所谓"社会脱离理论"。此种理论认为，"老年人减少他们的活动水平，寻求较消极的角色，减少与他人的交往，越来越关心他们的内心生命却被看作是正常的、不可避免的和令人满意的"（霍曼，1992：68－69）。"脱离理论被认为不仅适应老年人，而且对社会也有利。所有的社会都需要井然有序地把老年人的权力传给年轻一代。"（霍曼，1992：69）但近年来学界关于过疏地域振兴的实证研究告诉我们，对于走向过疏化的乡土社会来说，积极老龄化似乎是一种更为现实的策略选择。因为在过疏化村落里，老年人占据多数的情况短时间内不可能改变，故我们必须正视其在地域振兴过程中的特殊作用。

有研究成果证明，老年人持续的社会参与对于提高其主观幸福感和社会地位具有重要作用。积极的社会参与使老年人仍然在社会上创造价值，同时因老年人仍然处于社会关系结构之中，得以获得真实的社会角色扮演。据日本学者研究，伴随着过疏地域人口老龄化的进程，老人的社会地位和权威角色发生了深刻的变化。在过疏化现象发生之前，在封闭的乡土共同体内，老人因其在生产和生活中的特殊地位而扮演着乡村家族家长和村落权威的角色。但是在经济高度发展和人口快速流动的背景下，村落昔日的经济生活和社会生活中都发生了剧烈的变化，其突出表现便是乡村老人权威的衰落。老人权威地位的丧失使其社会地位下降，并迅速走向边缘化，其生活笼罩在浓重的孤独感之中。新泻县东颈城郡的 6 个町村以老人自杀率最高而闻名日本列岛，其老人自杀率达到全国平均数的 5 倍。据调查，该地域自杀老人多为中等以上家境的农家，值得注意的是，老人自杀的时间选择不是在子女外出打工的冬季，而多发生在 5 月或 10 月的农忙季节。据研究，"老人冬季自杀现象之所以很少发生，主要是因为此期间子女多外出打工，老人需要承担清雪等重任。而在农忙时节自杀事件频发，则主要因为在农业机械化时代，老人在农业劳动中已无角色可以扮演，事实上已被排除在劳动体系之外，由此老人在生产和生活中的地位和价值很自然被消解"（安达生恒，1973：156）。可见，过疏地域老人的自杀事件与过疏社会老人的孤独感有着密切的关联。

（三）文化对策：由重视物的开发到精神价值的重构

1. 地域自信心的重建

如前所述，地域过疏化背景下的地方空洞化、人口外流、资金缺乏、经济活动停滞等，固然是地域衰落的重要影响因素，但地域居民对地方长时期积淀起来的自信心的丧失，是其中更为重要的因素。在居民故乡意识衰退的情况下，政府有再大的公共设施和项目投入，也难以取得真实的发展效果。

2. 重视地域资源的开发利用

这里所说的地域资源，既包括基于自然环境和地理条件在内的自然资源，也包括根植于地域历史发展进程之中的社会资源和文化资源。重视地域资源的开发利用，就是实现由单纯地追求"物"的丰富性，到追求居民生活及其价值的丰富性。有的学者从"儒学下乡"的视角，强调地域传统文化复兴的作用，认为从"无主体熟人社会"中"熟人社会特征的周期性呈现"这一特征出发，农村社会的"主体"成员虽然常年离乡，但这不仅不妨碍反而是进一步激发了他们参与诸如元宵、祭祖等乡村传统仪式性活动的热情。所以，今天的儒学"下乡"，可专注于推动符合儒学精神的宗族文化复兴、乡村重大节庆及家户婚丧嫁娶、祭祖认宗的礼仪文化建设，通过仪式的铺陈和对仪式的参与，以仪式现场的集体氛围而非个体式的道德自觉，唤起乡民对儒学所宣导的基本价值理念的敬重（吴重庆，2012b）。

（四）组织对策

1. 激活过疏化村落的自治传统，加强村落组织建设

与城市社会相比，乡村社会从来就是人口密度较低的社会，在政府和市场力量作用有限的情况下，其社会内部自治性力量一直都比较发达，表现出乡土文明超强的韧性。在城市化进程中，虽然乡村社会在逐步走向解体，但地域社会中人们的社会关联不可能完全丧失。为了更好地把握这一社会联结的存在，我们有必要引入"共同性"概念，以发现日常生活中显的和潜在的共同性的存在，重建过疏地域居民的社会联结。要注意加强地域特殊群体的组织建设。基于过疏村落中留守人群的主要构成，应加强老年协会和女性组织的建设，发挥其组织内部的互助功能。同时，鉴于过疏化村落组织衰败和村民参与不足的现实，应注意发挥村落精英的统帅和内聚作用。

2. 村落合并与组织重建

迄今为止，村落合并是各国应对过疏化村落组织衰败的最常用的方法，即通过行政手段，对那些因人口外流严重、已难以正常维持运行的村落实施迁徙与合并，形成新的中心村落进而居住区。由于合并后的村落人口密度大大增加，其原来由过疏化而带来的问题似乎可以迎刃而解。值得注意的是，过疏化村落基本上是由留守老人、妇女、儿童等弱势群体构成的，其抗风险和持续性发展的能力极弱。故政府合并村落的政策选择应该格外慎重，以避免产生雪上加霜的后果。

总之，在反思过疏社会治理对策时，我们应深入理解其复杂性和总体性。①由乡村过疏化而带来的地域社会衰落为我们展示出一种特殊的社会衰落类型。人口中有效劳动力突然大规模地减少，使得过疏化地域的社会关系、社会组织、群体文化发生剧变，最终提出了"过疏地域社会何以可能"的话题。②此种社会衰落的类型是在现代化进程中发生的，凸显了传统与现代之间的矛盾冲突，其变迁具有总体性，故过疏地域治理对策是一个综合作用的结果，我们在实施相关政策时，应注意各种力量之间的相互调适，不应简单冒进。③不能仅仅将过疏化社会的治理看成一个经济振兴的问题，而应发现其问题的复杂性。在国家 – 市场 – 社会这一三角力量关系中，既要发挥政府的支撑作用，同时也不能忽略社会和市场力量的存在。如在乡村社会走向衰落和村庄公共性危机的背景下，政府责任之履行至关重要。政府是运用自身所拥有的权力和资源加速这一进程，还是逆向而动，努力减缓这一进程所产生的社会震动，成为问题的关键。

2001 年，哈佛大学经济学家爱德华·格莱泽出版了题为《城市的胜利》的著作，提出"城市是人类最伟大的发明，寄托着人们对未来最美好的希望。高度的城市生活不仅有利于保护环境，而且能够带来创新与发展，推动人类文明的进程"（格莱泽，2001：序）。但在这里我们必须指出，所谓"城市的胜利"，并不意味着乡村将在衰落中退出历史舞台，而是应在城乡一体化的理念之下，实现人类文明空间结构的重建，诚如英国城市学家霍华德所言："城市磁铁和乡村磁铁都不能全面反映大自然的用心和意图。人类社会和自然美景本应兼而有之。两块磁铁必须合而为一。这种该诅咒的社会和自然的畸形分隔再也不能继续下去了。城市和乡村必须成婚，这种愉快的结合将迸发出新的希望、新的生活、新的文明。"（霍华德，2000：9）这是我们在理解乡村过疏化问题时所应该坚持的立场。

参考文献

安达生恒，1973，《村庄和人间的崩坏》，京都：三一书房。

布迪厄、华康德，1998，《实践与反思》，李猛、李康译，北京：中央编译出版社。

费孝通，2007，《乡土中国 乡土重建》，上海：上海世纪出版集团。

格莱泽，2001，《城市的胜利》，刘润泉译，上海：上海社会科学院出版社。

贺雪峰、仝志辉，2002，《论村庄社会关联——兼论村庄秩序的社会基础》，《中国社会科学》第3期。

霍华德，2000，《明日的田园城市》，金经元译，北京：商务印书馆。

霍曼，1992，《社会老年学》，冯韵文、屠敏珠译，北京：社会科学文献出版社。

李明伍，1997，《公共性的一般类型及其若干传统模型》，《社会学研究》第4期。

李苑、邱小敏，2013，《政府购买公共服务 将开放市场和调结构有机结合》，新华网，7月31日。

龙花楼，2012，《中国乡村转型发展与土地利用》，北京：科学出版社。

罗荣渠，1990，《从"西化"到现代化——五四以来有关中国的文化趋向和发展道路论争文选》，北京：北京大学出版社。

孟德拉斯，2005，《农民的终结》，北京：社会科学文献出版社。

孟子，2012，《孟子·滕文公上》，北京：中华书局。

内藤正中，1968，《过疏化与新产都》，岛根：今井书店。

鸟越皓之，2006，《日本社会论：家与村的社会学》，北京：社会科学文献出版社。

潘什梅尔，1980，《法国》上册，漆竹生译，上海：上海译文出版社。

曲宪汤，1933，《乡村衰落之原因及其救济》，《并州学院月刊》第 3 期。

让·雄巴尔-德洛夫，1985，《法国农业趣史》，马四丘等译，北京：农业出版社。

滕尼斯，1999，《共同体与社会——纯粹社会学的基本概念》，林荣远译，北京：商务印书馆。

汪锦军，2013，《农村公共服务体制改革：由市场化到参与式治理》，《学习时报》3 月 4 日。

王春光，2001，《新生代农村流动人口的社会认同与城乡融合的关系》，《社会学研究》第 3 期。

韦伯，2004，《韦伯作品集 IV 经济行动与社会团体》，康乐、简惠美译，桂林：广西师范大学出版社。

吴重庆，2012a，《无主体熟人社会》，《开放时代》第 1 期。

吴重庆，2012b，《农村空心化背景下的儒学"下乡"》，《文化纵横》第 2 期。

武小龙、刘祖云，2014，《村社空心化的形成及其治理逻辑——基于结构功能主义的分析范式》，《西北农林科技大学学报》第 1 期。

雅各布斯，2005，《美国大城市的死与生》，金衡山译，南京：译林出版社。

益田庄三，1979，《村落社会的变动和病理——过疏村庄的实态》，东京：垣内出版株式会社。

中国教育报刊社，2013，《全国妇联：独居留守儿童超 200 万人》，《中国教育报》5 月 17 日。

聚落与交通："路学"视域下中国城乡
社会结构变迁

周大鸣　廖　越[*]

一　引言：从"路学"说起

随着现代化的扩展，传统人类学所关注的那种高度同质化的简单社会早已不复存在（周泓，2012：30；张俊峰，2013：104）。在此背景下，1945 年以后区域研究的理念逐渐为社会科学界所重视（周泓，2012：30）。区域研究的核心在于倡导多学科合作，超越微观社区，在更大的地理范围开展研究（周大鸣，詹虚致；2015：36）。在这一思潮影响下，国内社会科学界相继兴起了"华南研究"（科大卫，2010；刘志伟，2003；郑振满，1995）、"环南中国海研究"（麻国庆，2012；麻国庆，2016）、"流域研究"（田阡，2016）、"泉域社会研究"（张俊峰，2013）等众多热门的研究领域，这些概念的提出体现了国内学者探索区域研究所进行的努力。

近年来，在威斯康星大学麦迪逊校区人类学系周永明（2001，2015）教授的大力倡导下，"路学"（roadology）一词越来越多地出现在国内外学者的视野中。简单来说，"路学"就是关于道路的研究，但和以往有关道路的研究不同的是"路学"并不囿于某一学科，而是试图跳出单一学科的限制，从跨学科的角度对道路与整个区域社会、经济、文化和生态等各方面的影响做全面综合的探讨。因此，"路学"的提出可以说是对"区域研究"的一次新探索。2012 年，著名地理学刊《移动性》（Mobilities）出版了"道路与人类学"（Roads and Anthropology）专辑，收录了 7 篇专门研究道路的民族志（Dalakoglou & Harvey，2012）。2014 年 12 月，重庆大学人

---

* 周大鸣，中山大学社会学与人类学院教授、教育部长江学者特聘教授；廖越：中山大学社会学与人类学院硕士，伊利诺伊大学香槟分校博士候选人。

文社会科学高等研究院人类学中心举办了首届国际路学工作坊，并于 2016 年 11 月出版了论文集《路学：道路、空间与文化》（周永明，2016）。这些信号很清楚地显示出当前"路学"研究的热度。

传统的社区研究侧重于村落和城市社区内部的制度、结构与进程，对社区与周边区域的关系关注较少，而区域研究的理念则强调将微观社区置于一个更大的地理范围进行考察，然而问题在于这个"更大的地理范围"的边界究竟如何确定？笔者认为要回答这个问题首先必须将区域的交通纳入研究的范畴，考察村落与城镇的连接方式，厘清区域内的城乡结构。鉴于此，本文将引入"路学"的视角，考察聚落与外界连接的交通网络，着重探讨道路网络变迁对中国城乡社会结构的影响。

二　聚落与外界如何连接

聚落与外界如何连接，也即人类社会如何与外部世界互动一直是人类学关注的核心问题。概括而言，聚落与外界连接的方式包括但不限于交换、贸易、宗教、信仰、婚姻与战争等。早期人类学学者（主要是结构功能主义学者）的研究大都围绕这些主题展开。例如，马林诺夫斯基（2002）对美拉尼西亚社会的研究主要侧重于不同聚落间的贸易与交换活动；拉德克利夫 - 布朗（2005）在安达曼群岛着重考察了当地人的社会组织和宗教信仰；普里查德（2002）等在非洲的研究主要关注的是部落间的世仇、战争与政治组织。

不难看出，尽管自人类学诞生伊始，聚落与外界的连接就备受研究者关注，但其关注的重点在于聚落与外界交往的形式与内容，对于聚落与外界连接的基本前提和客观载体——交通网络——却并不关注。即便是在《西太平洋航海者》中，马林诺夫斯基花费了大量篇幅叙述了马辛地区的贸易路线——"库拉圈"，直接涉及当地社会的交通网络，但总体而言，道路与交通在他的研究中仍然只是作为分析的背景而存在。

交通对人类社会的发展至关重要。如王子今（1993：1）教授所言："交通系统的完备程度决定着社会组织的规模和社会结构的形式。交通的发展水平又规定着社会生产的发达程度。原材料的运输、劳动力的组织以及产品的流通，都不能离开交通的作用。而生产技术的革新、生产工具的改良以及生产组织管理方式的进步，通过交通条件又可以成千成万倍地扩大影响，收取效益，从而推动整个社会的演进。相反，在交通落后，相互隔绝的情况下，每一种发明往往必须重新开始。"因此，"交通的发展程度，在某种程度上可以说全面规定了一个社会的内部结构"。作为生产力决定论者的马克思、恩格斯也曾表达过类似的观点："不仅一个民族和其他民族的关系，而且一个民族本身的整个内部结构，都取决于它的生产以及内部和外部的交往的发展程度。”（马克思、恩格斯，1995：68）

在现代社会，各种类型的交通工具和交通方式可谓层出不穷。但从整个人类历史来看，道路与河流无疑是两种最重要的交通载体。从许多方面来看，两者具有高度的相似性：从形态方面来看，道路如同相对静止的河流，像血管一样延伸到四面八方，并形成一张张相对独立的区域网络；从属性方面来看，两者都是一种移动的载体，帮助人流、物流、信息流实现位移；从与人类社会的关系方面来看，无论是流域还是道路网络，都与人类文明息息相关。因此，从某种意义上来说，河流可以视作另一种形式的道路。相应地，本文所讲的道路也包括河流。

聚落与外界的连接一方面能够促进人流、物流、信息流的交换，为居民的生产生活带来诸多便利；另一方面便捷的交通、频繁的贸易也意味着聚落自主防御能力的下降，一旦外部环境发生变化，聚落就很容易被波及。因此，很长时间以来，对外交通的便捷性与聚落自身的防御性始终是一对矛盾。在1949年以前，由于战乱、匪患常常发生，聚落的防御性受到格外的重视。当时的聚落往往相对较为封闭，在外围建有围墙或壕沟，并且常常为了加强自身的防御属性而牺牲对外交通的便捷性；在1949年以后，随着政局的稳定，以及工业化和城市化的快速发展，“流动”成为社会常态，中国社会的聚落不再是一个个相互独立、自给自足的原子，而是日益成为一个联系紧密的整体，单个聚落的防御变得毫无意义，对外交通的便捷性变得空前重要。

三　道路网络与中国城乡社会结构

如前所述，交通的发展程度在某种程度上对一个社会的内部结构有着决定性的影响。本节将从历时性角度考察中国历史各个时期聚落的对外交通，展示道路网络与中国社会城乡结构之间的内在关联。

（一）史前时期

聚落是人类聚居和生活的场所。考古资料表明，世界上最早的农业聚落大约出现在一万年前的西亚约旦河谷，中国最早的农业聚落大约出现在距今八千年前的黄河中下游地区。

中国史前时代的聚落是各种功能高度集中独立单元，中心通常建有神庙或广场，外围建有防御设施，人们依靠原始农业和家畜饲养业过着自给自足的生活。聚落与聚落之间通过几近自然状态的道路或河流连接，由于当时的交通工具只能依靠人的

双脚和浮筏、独木舟等原始舟船，因此在一个聚落群内，聚落与聚落之间的距离一般在几百米到几千米的范围内，聚落与外界的联系也通常局限在一个很小的范围内。由于史前聚落是自给自足的独立单元，与外界的联系并不密切，相对于对外交往的便捷性，聚落明显更重视自身的防御性。出于安全的考量，史前聚落普遍依山临水，外围建有围沟（如姜寨遗址、半坡遗址），仰韶文化后期的聚落甚至还建有城墙。

仰韶时代中晚期以来，中国远古聚落在规模与等级方面出现了显著的分化，聚落间的平等状态被打破，新兴的"城乡二元结构"首次登上了历史舞台（马新，2008：88）。根据裴安平（2007：52-55）的研究，史前晚期聚落的城乡社会结构主要有以下两种。

一是"城乡平行"结构。在聚落群团内，城址与村落之间是自然平等的，不存在等级上的从属关系。这种模式主要存在于仰韶时代中晚期，以湖南澧阳城头山大溪文化遗址为代表。城头山是中国第一座古城，无论从规模、功能还是工程建造来看，它都已经属于"城"的范畴，但该城和群内其他聚落一样都源于同一个母氏族聚落，因而与其他聚落之间是一种平等的关系。

二是"中心-外围"结构。在这种模式中，原来松散无序的聚落群被整合起来，城址与村落形成等级结构。按照聚落群团内中心个数的不同，"中心-外围"模式又可分为"单核"（如石家河文化时期澧阳平原的鸡叫城）、"双核"（如龙山文化时期山东日照的两城镇与丹土城）以及"多中心"（如良渚文化时期浙江余杭的良渚、瓶窑和安溪）三种子类型。

（二）传统社会时期①

在史前时代，由于生产剩余的缺乏，聚落与外界的连接只停留在很低的限度。相应地，社会的交通网络也局限在很小的区域。在传统社会，随着农业生产力的提高和农产品剩余的增加，社会分工得到进一步发展，各种形式的商品贸易活动越来越频繁，聚落对外部世界的依赖也大大增强。尤其对有着大量不直接从事农业生产人口的城市聚落来说，与外界的联系中断可以说直接意味着城市的毁灭。聚落对外交往的迫切需求促成了中国社会的第一次"交通革命"：人们开始有目的、有计划地修建交通网络，而不再像原始社会那样被动地依靠自然形成的河流或由人或动物践踏而形成的小径。

秦汉以后，依靠大一统帝国的强大组织动员能力，以运河、驰道为主干的全国性交通网络得以形成。由于这一时期中国地理疆域的扩大，涉及平原、山地、丘陵、

---

① 这里说的传统社会时期并非严格的历史分期概念，而是为了研究方便，特指从史前时期到中国近代的这一段中间期。

草原、荒漠等众多地形和生态区域，聚落的对外交通变得更加复杂。

一般来说，平原地形最适宜农业发展，农产品剩余较多，对外交换与贸易的需求非常迫切，加上平坦的地形便于修筑道路，平原地区的聚落对外联系的交通网络往往最为发达。平原地带的交通网络主要有两种形态：一是以陆路为主的交通网络。例如在中国的华北平原，地表很少河流，修建道路非常方便，聚落对外联系的通道可以不受限制，因而当地的道路网络往往呈"十"字或"米"字放射状向外展开。二是以水路为主的交通网络。比如长江中下游地区的水网平原，由于商品化程度最高，需要高效快捷的对外联系通道，因而当地的聚落往往通过航船与外界进行联系。

在山地丘陵地区，聚落的生计方式相比平原地区更为多元化，自给自足的程度相对较高，与外界交换与贸易的需要相对较小，因而防御性往往是聚落的首要考量。例如赣南、闽西和粤北山区的客家人聚落往往坐落于山间的盆地或谷地，依山傍水，与主干道隔出一段距离，并且为了更好地突出防御，社区内的建筑常常被修筑成极具封闭性的、体量庞大的土楼或围屋。

在草原地区，以放牧为主的生计方式效率远低于农业，需要大面积的牧场才能支持一个较小的聚落，因此草原上的聚落规模普遍较小，并且相距较远。在草原，马是最主要的交通工具，依靠这种传统社会时期速度最快的交通方式，草原地区的聚落可以很容易地进行长距离的对外贸易。

在传统社会，随着聚落的进一步分化，聚落的层级越来越细化，社会的城乡结构也更加复杂。总体而言，这一时期的城乡结构主要有"串联式"和"并联式"两种。

施坚雅（1988）在研究中国乡村市场体系时发现传统社会的村落与城镇存在着一种六边形的空间结构，他将中国的农村与城镇按照市场层级划分为小市、基层市场、中间市场和中心市场。小市是基层市场的附属，一个基层市场外围有六个小市，呈六边形布局；六个基层市场围绕一个中间市场，六个中心市场围绕一个中心市场。这种层层嵌套的结构，笔者在此称为"串联式的市场结构"。将施坚雅的市场体系对应到中国县域范围内的行政区划，大致可以将小市、基层市场、中间市场和中心市场分别对应为普通村、中心村、集镇和县城。一般情况下，四者亦遵循一种层层嵌套的关系，中心村是周边自然村"中心地"，集镇是周边自然村和中心村的"中心地"，县城则是周边自然村、中心村和集镇的中心地，每两个层级之间通过相应等级的道路网络进行连接，形成一种"串联式的城乡结构"。在城市的郊区，还存在着另一种城乡结构。由于距离很近，自然村、中心村和集镇都可以直接以城市作为"中心地"，因此这些聚落的交通网络大都直接与城市连接，形成一种"并联式的城乡结构"。

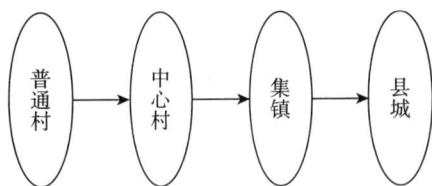

图 1　串联式的城乡结构示意图　　　图 2　并联式的城乡结构示意图

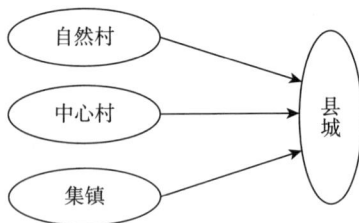

（三）工业社会时期

尽管在传统社会中国就已经建成全国性的驰道网络，但由于运输载体移动性不足，社会分工只能在地方区域进行，全国性统一市场并未真正形成，这一时期的聚落虽然与外界的联系日益密切，但总体而言仍处于相对封闭的状态。在农业经济占据主导地位的情况下，传统中国仍然是费孝通先生所说的"被土地束缚着的中国"。

近代以来，随着火车、轮船、汽车等现代化交通工具的出现，各区域之间的时空距离被大大压缩，中国社会逐渐被卷入全国性乃至全球性的市场体系之中。此外，现代军事科技的革新使得聚落外围的城墙、壕沟彻底失去了效力，工业社会的聚落不再为了对外防御的需要而有意牺牲对外交通的便利。

中国近代的工业化、城市化的浪潮极大地动摇了中国乡土社会的基础，使得村落社会从相对封闭走向了完全开放。尤其是在改革开放以后，随着工业化、城市化的加速，中国的交通事业取得了历史性的进步。就道路建设而言，到 2015 年中国公路总里程达到 457.73 万公里，跃居世界第一；铁路总里程 12.1 万公里，仅次于美国。在高速道路网络方面，中国的发展速度更是惊人。1988 年中国才拥有第一条高速公路（沪嘉高速），到 2015 年中国的高速公路里程已达 12.35 万公里，跃居世界第一；中国的第一条高速铁路京津城际铁路 2008 年正式运营，短短 8 年以后中国的高速铁路运营里程就超过了 2 万公里，占世界高铁总里程的 60% 以上。[①] 覆盖全国的现代化、专业化、等级化交通网络体系的建成使得中国社会最偏远的村落也被纳入全国性统一市场之中，原有的自给自足状态被彻底打破。

中国道路网络的快速发展尤其是高速公路和高速铁路网络的井喷式发展对中国社会的城乡结构也产生了广泛而深刻的影响。首先，现代化的道路网络尤其是高速公路和高速铁路网络带来了前所未有的高移动性，成倍地放大了道路的"时空张缩效应"（周永明，2015），中国社会不同区域之间的时空距离被极大地压缩，社会交

---

　　① 以上数据均来自：国家统计局，2016，《中国统计年鉴》，北京：中国统计出版社。

往的空间进一步扩大。其次，对移动速度的追求使得原来完全开放的道路网络开始走向封闭化，无论是高速公路还是高速铁路都是一个封闭系统。相对于其他开放性的道路，这种封闭的道路系统将道路两边区隔开来，只留下少数出口与外部进行连通。高速道路系统的这种特性带来了严重的"地理区隔效应"，给道路两边区域的交流造成一定的障碍。最后，高速道路系统还急剧放大了道路的"中间消除效应"。如赵旭东（2013：26）所言，高速道路的逻辑是"点对点"，即强调大城市与大城市的直接连通，尽可能少地绕行中间节点。这种封闭高速道路系统将人流、物流、信息流集中于某些重要的节点，即沿线的大城市，而城市与城市之间的中间社区和社会则在很大程度上被忽视了。

如前所述，传统社会的城乡结构主要是一种小区域、多层级的"串联式"格局，而在当代社会，中国突飞猛进的"交通革命"使得中国社会的时空距离被大大压缩，中国社会城乡结构的中间层级也出现了"扁平化"的趋向。一个明显的事实是，由于高速道路网络的快速发展，资源越来越集中于少数大城市，产生了强大的极化效应，大城市周边区域原有的串联格局往往会逐渐解体，形成以大城市为主导的并联式格局。

四 一个案例：大靳村的路

上节讨论了交通网络变迁对中国区域城乡社会结构的影响，本节将通过一个具体的案例，探讨上述历史进程如何在一个微观的社区中体现。

（一）大靳村概况

笔者的田野点大靳村位于山西省中南部，是一个自然村兼行政村，在行政区划上隶属于介休市绵山镇。2014 年，全村户籍人口为 245 户 610 人，是介休地区一个中等规模的村落（安介生、李嘎，2016）。山西的地形地貌特征是"表里山河"，内有高山，外有大河，全境大部分为"千沟万壑"的黄土高原。高原上沟壑纵横，村庄和城镇通常位于相对平坦的黄土塬[①]上，村庄与村庄之间往往只隔着一条或数条深浅不一的沟谷，彼此之间只能通过沟谷的小路进行连通，这使相邻的村庄虽然看起来直线距离很近，但彼此之间的交通联系却颇为不便。因此，对于这样一个地理区域来说道路的重要性是不难想象的。

---

① 指黄土高原地区因冲刷形成的台状高地，四边陡峭，顶上平坦。

（二）"朝圣之路"与晋商之路

从地图上看，大靳村处在绵山山脉与晋中平原的连接地带，这片地区以山地丘陵地形为主，在雨水的长期冲刷下形成了许多道深沟。在20世纪70年代以前，这片地区只有一条小路与县城相连接，对外交通可以说是非常不便。受此影响，这片地区的十八个村落①在很长一段时期构成了一个相对封闭、独立的区域，被当地人称为"山区"。大靳村位于"山区"的中部，村落的北面和南面均是一道深沟，东面是一处山崖，只有西面是一块平地，从介休县城到绵山的道路正从此处经过。

在传统社会，绵山是晋中地区重要的信仰中心。春秋时期，介子推在帮助国君重耳取得王位后"功不言禄"，携其母隐居于绵山，求贤若渴的晋文公为逼介子推入仕而放火焚山，介子推母子守志被焚。为纪念介子推，晋文公将绵山改为介山，并立庙祭祀，并规定在介子推忌日那天家家户户不能生火只能寒食。从此，绵山便成为介子推的享祀之处。东汉以后，佛教、道教陆续进入，修建了大量的庙宇楼台，来祭祀朝拜者络绎不绝，绵山俨然成为当地的信仰中心。

大靳村距介休和绵山均为10公里，正好是两地的中心点，自古以来都是从介休前往绵山的必经之地。尽管距县城和绵山距离均不算远，但由于都是山路，走起来也需要耗费半天左右的时间。1898年，介休人曹淮（2014：51）在一个皓月当空的夜晚从大靳村返回介休县城写下了这样的诗句："山村天较市城寒，非是村人冷眼看。道远徐行高不觉，沟深下望怯盘桓。霜禽掠地轻如叶，皓月衔峰小似丸。寄语御人失防足，下坡容易上坡难。"从诗人描绘的意象中我们不难体会到当时这条山路的曲折与艰险。

笔者曾尝试从大靳村走水泥马路步行到介休县城，发现大约需要花费两个半小时，以此粗略推算当年曹淮走山路应该至少需要三个小时。因此，如果香客们早上从县城出发，中午时分就能抵达大靳村，在村里稍作歇脚，傍晚以前便能抵达绵山；如果是下午出发，那么就需要在大靳村住宿一晚。从县城去往绵山如此，从绵山返回县城亦如此。这样看来，如果说介休到绵山的小路是一条"朝圣之路"，那么大靳村应当是这条"朝圣之路"上最重要的一个中转地。

随着来往的香客游人的增多，大约到了唐宋时期②，"山区"十八村的村民集资

---

① 除大靳村外，其余的"山区"十八村为槐志村（现分为南槐志、北槐志两村）、宋壁村（现分为东宋壁和西宋壁两村）、小靳村、侯堡村、梁家村、东欢村、万果村、保和村、焦家堡村、渠池村、靳凌村、河村、宋家小庄村、陶家庄村、马堡村、四家窑村、神湾村和长寿村。

② 关于东岳庙建立的确切时间，白海英做过详细的考证，详见白海英，2003，《介休小靳村东岳庙及其戏曲碑刻考论，《民俗曲艺》（台湾）第3期。

在大靳村东南部的一块塬地上兴建了东岳庙。[①] 该庙坐北朝南，为三进院，从正门入：第一进为山门；第二进有戏台、献殿和正殿，正殿内供东岳大帝黄飞虎，主管世间一切生物（植物、动物和人）的生死大权；第三进为圣母宫，内宫供后土娘娘、碧霞元君和顺天圣母。后土娘娘是万物之母，碧霞元君是东岳大帝的女儿，主管生育，顺天圣母是助产神，因此圣母宫供奉的天神都与生育有关。

据明万历十八年《重修小靳村东岳神祠记》记载，东岳庙落成以后，"居民灾疹旱患祷而屡应，春秋赛报则十有八村之民皆走集而享祀焉"，很快便"香火辐辏"[②]，成为"邻近各乡之保障"[③]。每年 3 月 28 日是当地迎神赛社的日子，十八村的村民在东岳庙举行大型的祭祀活动，村民们"轮供其神，迎献其戏"[④]，向庙里的神灵祈求丰收。

由于神明灵验，信徒众多，东岳庙自落成以后"历唐宋元明，代有补修"[⑤]。从庙里现存的 14 通碑刻来看，东岳庙从至元七年（1270 年）到光绪三十四年（1908年）这 638 年间光是有明确记载的重修就有 15 次之多，平均每 43 年就重修一次。每次重修的经费来源大都是"山区"十八村的村民集资，但在清中叶以后的历次重修过程中开始有了大量来自介休、平遥乃至直隶、山东、河南等地商号的捐资。这些外地的捐资大多来自十八村晋商在外地开设的商号，但也有少部分来自介休、平遥、直隶、山东和河南本地的商号。由此可见，东岳庙的辐射范围在清以后开始逐渐超越"山区"十八村的范围，成为晋中乃至华北地区重要的信仰中心。

林美容（1998）在研究台湾民间汉人社会地域性民间宗教组织时曾对"祭祀圈"和"信仰圈"的概念做出了明确的区分："祭祀圈"是"社区性的多神祭祀""在其范围内所有的居民都有义务要参与"，而"信仰圈"则是区域性的一神信仰，由信徒志愿组织而成"。从"祭祀圈"到"信仰圈"体现了台湾地域性民间宗教组织的发展壮大。东岳庙从唐宋到明清时代的发展历程无疑是"祭祀圈"发展成为"信仰圈"的一个经典案例。

"朝圣之路"的存在使得偏处山区的大靳村成为整个"山区"的区域中心。在明清时期，晋商之风借着"朝圣之路"传入大靳，村里许多村民跟随介休和平遥地区的商人外出经商，其中的一支王氏家族取得了巨大的成功，成为介休著名的富商大族。有了一定的经济实力以后，王氏族人开始集资修建堡子，建造宅院，兴建庙

---

① 东岳庙现在在行政区划上隶属于小靳村，但据明万历十八年《重修小靳村东岳神祠记》（附录一）"小靳枕绵山之麓，居邑原之南，原讫东岳神祠"的记载可知小靳村的形成肇始于东岳庙的建立。

② 引自明万历十八年《重修小靳村东岳神祠记》（附录一）。

③ 引自《顺治九年重修东岳庙碑记》（附录二）。

④ 引自《顺治九年重修东岳庙碑记》（附录二）。

⑤ 引自嘉庆三年《重修东岳庙碑记》（附录三）。

宇。王家先是在村庄东北部修建了永宁堡，随着人口的不断增加，又在永宁堡的西面修了一个新堡子，称为"崇宁堡"。两个堡子都围有一圈包砖的夯土堡墙，墙高约 4 米，墙体厚度约 3 米，与村子的其他建筑相区隔。后来，随着人口的进一步增加，在两个堡子的南面又兴建了许多大院，可能受地理空间限制，没有再建成堡子的样式。此外，王家还在村子里兴建了大量宗教建筑，包括龙王庙、菩萨庙、大靳寺、五道庙、山神庙、真武庙和魁星楼在内的"六庙一楼"。寺院的数量和规模一方面显示出当时整个村落的信仰的多元化，另一方面也显示出当时村庄的繁荣程度。

由于王氏宗族的巨大影响力，大靳村的中心地位更加巩固了，村里的中心街道不仅有布店、米店、饭店、杂货店等日常商店，还有当铺、药铺这样的专业商店，是周边十八个村庄里最有名的商业街。作为富甲一方的村落，大靳村对周围村落的民众也有很强的吸引力，从陕西迁来的杨姓家族，小靳村迁移而来的郭姓、陈姓和陶姓家族，西欢村迁来的罗姓家族，荆芥村迁移而来的韩姓家族，以及北辛武村迁移而来的冀姓家族，都是当时的富裕人家。这些地主富商的移居使大靳村的经济实力更加强盛，反过来也增强了其区域中心的地位。

（三）"尴尬"的汽车路

清代后期，受国内外局势的变化和战乱的影响，大靳村的"朝圣之路"与晋商之路逐渐趋于衰落。1938 年 9 月，侵华日军侵入大靳村，在村内大肆抢掠，全村有 1/3 的宅院被焚毁。1940 年 10 月和 1942 年 2 月，日军两次火烧绵山，焚毁了云峰寺、千佛殿、介公祠等寺院、庙宇 30 余处。1949 年以后，随着土地改革以及社会生活方面的移风易俗运动的开展，中国的民间信仰活动受到严重冲击，甚至遭到取缔。可以说，1938 年以后从介休到绵山的"朝圣之路"与晋商之路走向了历史的终结。

尽管如此，新中国成立后的大靳村并没有一直延续继续衰落的趋势。由于交通条件落后所造成的相对封闭性，1949 年以后大靳村仍然被视为"山区"的中心。1958 年，大靳公社成立，大靳村有史以来首次成为村级以上行政单位的驻地。1984 年 4 月，介休全县进行了县、乡（镇）两级选举，除城镇外，全县各公社均改为乡，大靳公社也正式更名为大靳乡，乡政府设立在大靳村，管辖着包括大靳村在内的 11 个村委会。① 到 2001 年撤乡并镇之前，大靳村不仅是"山区"的经济和文化中心，还首次成为政治中心，其作为区域中心的地位得到了进一步巩固。

---

① 分别为大靳村、小靳村、万果村、东欢村、陶庄村、神湾村、焦家堡村、河村、保和村、靳凌村和宋家小庄村。

20 世纪 70 年代以后，这种局面随着交通条件的改善而开始出现变化。"文化大革命"后期，介休市开始对境内的乡间小道进行升级改造。1975 年，大靳公社组织沿线村民将通往县城的小路拓宽改造为汽车路。1988 年，晋中地区、介休市共投资77.5 万元对保和水库和董家庄坡地段进行了重点改造，全线达到四级路标准。到1990 年，介休市到大靳村路段升级为县级公路①，大靳村到绵山以及周边其他村落的道路也都得到了拓宽和硬化。

道路的改造使得"山区"村落与介休县城之间的联系变得空前便捷：在此之前，从介休前往大靳或其他"山区"村落只能依靠步行或者牲畜驮运，用时都在三小时以上，而道路拓宽改造成汽车路以后，走路的时间缩短了一个小时以上。道路网络的发展与完善还刺激着自行车、摩托车等私人交通工具的普及，90 年代以后许多家庭开始拥有自行车和摩托车。2000 年，介休市还开通了县城与"山区"农村的公交线路，从此"山区"的任何一个村庄前往县城都只需不到半个小时的时间，"山区"与县城之间的时空距离被大大压缩了。

然而，从区域城乡关系的角度来说，交通条件的改善并没有让大靳村的中心地位得到进一步强化，反而是大大削弱了。改革开放以后，山西省各地凭借丰富的煤炭资源迅速开启了工业化进程，形成了乡镇企业大发展的局面。大靳村所在的"山区"却正好处在贫煤地带上，没有发展煤炭工业的条件，在周边的樊王、义棠、化家窑、板峪等村镇纷纷上马煤矿项目、赚得盆满钵满时，大靳村却只能是无可奈何。更为不利的是周边乡镇工业化所产生的集聚效应，吸引着大靳村的人口大规模地外出务工。据 2013 年的数据统计，总人口数为 610 人的大靳村总共有 390 名从业人员，其中农业从业人数有 160 人，除去少数在本村从事批发零售的人员，粗略估算村里外出务工人员应该有 200 人。这部分人群大多在介休市市区及其下辖其他村镇工作，他们每天早上七点左右从村里出发，晚上六七点钟下班回到村里，呈现出一种"钟摆"的特点。

此外，由于道路带来的时空压缩效应，"山区"的村民们越来越倾向于直接前往市区而不是乡政府所在地的大靳村购物，大靳村作为区域商业中心的地位彻底走向了衰落，现在平日里已经没有固定的集市，只有偶尔从城里过来摆摊的流动商贩。作为乡政府驻地的大靳村不再能吸引周边的人流，地理位置显得越发尴尬。终于在2000 年介休市撤乡并镇的浪潮中，大靳乡被合并，乡政府搬迁到了绵山镇，村子里的其他公共服务机构如卫生院、中学、派出所、农机站、信用社、兽医院也随之撤离。

随着众多行政机构和服务机构的撤出，大靳村从一个中心村落回归到了普通村

---

① 介休市编纂委员会，1996，《介休市志》，北京：海潮出版社。

落，人口向外流动也开始加快。外流的人口以年轻人为主，包括不满足于如今村里的生活而跑到城市打工的年轻人、为了孩子的教育而移居到介休县城的家长和因结婚而定居县城的年轻人。如今的大靳村，长期在村里定居的年轻人已经很少了，留下的大多是中年人和老年人，并且其中还有为数不少的光棍。2015 年，笔者去做田野调查的时候发现村子里年满 30 岁的光棍就有 15 名，此外还有四家虽然娶了媳妇，但却是花钱从外省（一家四川，三家云南）买来的。大靳村男性婚姻竞争力的下滑也间接反映出村落中心地位的衰落。

有一次，笔者坐着公交车从村里前往县城，望着窗外平坦的水泥马路，不禁对身边同行的村民说："现在的路比以前好走多了吧？"村民略感沉重地说："是啊，路是好走了，但是人却留不住了。"从这句意味深长的感慨我们不难体会到大靳村村民对日新月异的现代化道路的复杂感情。

（四）"可望而不可即"的高速路

2000 年以后，大靳村从一个中心村落回归到了普通村落。然而随着高速公路和高速铁路的修建，村里又迎来了短暂的热闹。2001 年，山西省修筑祁县到临汾的高速公路，公路从大靳村的西面经过，占用了村里 180 亩耕地（当时全村耕地为 2300亩）。由于耕地归集体所有，大靳村集体得到了 169.2 万元的补偿款（补偿标准：9400 元/亩）。在村集体的安排下，这笔资金没有分给村民，而是全部被用来建设村庄的公共设施，包括在村东和村西各打了一口机井以解决村民生产和生活用水需求，2005 年以后还免去了水费；硬化了村里的主干道，解决了村民出行不方便的问题；修建了新的村委大院，给了村干部们一个正常的办公场所，同时也给了村民们一个公共活动空间。这一系列建设让大靳村的面貌顿时焕然一新。

高速公路过境给村民们带来的喜悦还没有散去，一个更大的惊喜又马上降临。2009 年，大同到西安的高铁过境大靳，不过这次不只占用了村里的耕地，更是直接从村庄的核心部分穿过，占用了村里 86 户村民（约占全村人口的 1/3）的住宅用地，这些村民得到了一笔可观的征地补偿。按照补偿标准计算这部分村民的拆迁补偿金额基本在十几万元，据村里统计，2014 年大靳村民的人均纯收入只有不到 9000元，一次性得到数十万元的补偿款可以说是非常可观了。

持续多年的工程建设不仅给当地的村民提供了很多就业机会，也给处在低谷的大靳村重新带来了人气。一位村民回忆说："前几年修工程（祁临高速和大西高铁）那会儿，村里一下冒出来好多商店。一是饭店，我当时也开了一家，那些修路工人在休息的时候就到我们饭店来吃饭，每个月至少（能赚）2000 块钱；还有现在村里那个麻将馆，也是那个时候开的，那会儿生意也很好，去玩的全是工地的工人；还有就是小卖部，现在村里一共有四个小卖部，有两个是在修高铁以前就有的，还有两个是这以后新开的。当时高铁的工程队有一百来号工人，香烟和啤酒好卖得很；还有装修队，就是建房子的，当时村里80多户人家要搞拆迁建设，很多人就组织了装修队，生意也很好。总的来说吧，那几年生意都很好做。"

持续的道路建设带动了大靳村的经济发展，但是在修建完以后，没有建筑工人带来的人气，村庄的生意一下变得萧条起来，原来如雨后春笋般冒出的商店顿时陷入了困境，勉力支撑一段时期之后大都选择了关闭。现在村里仅有的商店就是四家小卖部，道路建设带来了的繁荣可谓是"来也匆匆，去也匆匆"。随着时间的推移，高速道路带来的负面效应逐渐显现出来。

首先，在祁临高速和大西铁路修建以前大靳村的家庭大多是属于黄宗智（2006）所说的"半工半耕"的家庭，即一部分成员主要负责外出务工，一部分成员则主要在家从事种养殖。尽管从事不同职业的村民家庭在收入上有所不同，但实际的收入差距并不是很大，村里收入相对较高的几类人群的收入一般是村里平均收入的 2 ~ 3 倍。但在 2011 年，大西高铁的建设让村里 86 户居民得到了一笔可观的征地补偿。按照补偿标准计算每户村民的补偿款大多在十几二十余万元。这笔财富对于一个人均纯收入只有 8639 元的村庄来说可以说是非常可观了。尤其是对于少数不需要建新房的村民来说，他们在得到这笔补偿收入以后便与其他村民开始有了显著的贫富差距。由此，当年的村委选举竞争也比往届更为激烈，选票开始被明码标价，并首次出现了第一轮选举无人过半数的特殊情况，村里原有的权力结构开始受到严厉的挑战。

其次，高速和高铁的过境将大靳村一分为三，改变了大靳村以往完整的空间格局，村庄的完整性不复存在。尤其是为安置移民而建设的新村距离原来的村庄有 1 公里的路程，这个距离比邻村小靳村到大靳村的距离远了一倍，新村与旧村居民之间的联系不再像以往那样密切了。

此外，由于高速公路和高速铁路都只是在村里过境，并没有设置出入口或者站点，在高速道路网络带来的强大的"虹吸"效应下，资源越来越向城市集中，大靳村反而越来越被边缘化了。尽管高速道路的建设给村庄带来了一段时期的繁荣，但从整个区域来看，这种繁荣并非是村落社会向心力作用的结果，而只不过是外来资本所造成的结果，因此这种繁荣是难以持续的，大靳村再也不能像改革开放之前那样充当着周围村落的经济、文化和政治中心，反而由于高速道路的"虹吸"效应不可避免地被边缘化了。

尽管现代化的高速公路和高速铁路近在咫尺，但是大靳村的村民们大多没有能力去体验。在这个人均收入不到 9000 元的村庄，只有很少一部分家庭拥有汽车，许多人一辈子都未坐过火车，更不用说是高铁，对于他们来说，无论是高速还是高铁都离他们的生活很遥远。然而不可否认的是，高速和高铁的建设对他们的生活所造成的冲击是深刻而不可逆转的，对于村庄边缘化趋势的村民们也只能是无可奈何。

五　问题与讨论

从大靳村的历史变迁脉络中我们明显可以看到，村落在区域社会中所占有的地位与当地的道路网络之间存在的密切关系，用"因路而兴，因路而衰"这样的话语概括可以说是恰如其分的。

（一）从封闭到开放

在近代以前，闭塞的地理环境、封闭式的"堡寨"建筑能够在很大程度上避免来自外来力量的冲击。因此，那个时代的聚落大都选在交通不便、易守难攻的地形区，依托地理形势构建起严密的防御体系。大靳村的崛起与当时闭塞的地理环境、落后的交通有着密切的关联。借助易守难攻的地形与"朝圣之路"中转站的独特区位，再加上明清时代积累了巨大财富的晋商家族对村落的长期经营，大靳村成为富甲一方之地。

然而，区域的封闭只是相对的。1949 年以后，尤其是改革开放以后中国"交通革命"的飞速发展，大靳村所在区域的道路网络发生了翻天覆地的变化。在传统社会时期，黄土高原的千沟万壑给当地的交通带来了巨大障碍，但也正由于此，大靳村所在的绵山北麓地区才得以形成一个相对独立的"世外桃源"。然而，这种建立在交通闭塞基础上的空间结构在现代工业、工程技术面前显得前所未有的脆弱，随着现代化道路网络的建成，大靳村所在区域的相对封闭状态很快就被彻底打破。

大靳村的变化无疑是中国乡土社会转型的一个缩影，尽管大靳村不像中国的珠三角地区那样显著地实现了就地的城市化，但是其改革开放以后的发展依然深受介休市工业化、城市化进程的影响。在改革开放初期，大靳村因为缺少工业化启动的煤炭资源而成为周边乡镇企业的廉价劳动力输出地，而随着收入的增加，也有越来越多的村民进入城市追求更好的生活。在这样的背景下，"开放"和"流动"也就成为村庄社会的常态。

（二）从"串联"到"并联"

在 20 世纪 70 年代以前，"山区"与县城之间的道路联系还不发达，大靳村周边的区域处在一种相对封闭的状态，大靳村成为整个区域的中心，也是"山区"的"中间市场"，"山区"的村民通过步行就能够方面地到达，在这里完成基本的消费和贸易需求，只有在需求不能满足的时候才需要前往县城，这就形成了一种很常见的串联式的城乡结构。

70年代以后，随着道路网络优化、交通工具革新产生的"时空压缩"与"虹吸"效应，介休县城与绵山之间不再需要一个中转的节点，大靳村作为集镇的职能也难以为继。在乡镇合并的浪潮中，大靳村由集镇回归为村落，成为绵山镇的辖区。由于绵山镇镇政府的驻地西靳屯村紧临介休市区，与"山区"地区历来没有行政上的隶属关系，因而在乡镇合并以后大靳村等"山区"村落与中心镇的联系反倒不如与市区来的密切。这就造成了一个很奇特的局面：自然村、中心村和集镇都直接面向县城，整个区域只有县城一个"中心地"，由此原来串联式的城乡结构转变为并联式的城乡结构。

在这种区域格局里，无论是大靳村还是绵山镇都没有对"山区"村落的向心力，人流、物流、资金流跨越"中心村"与"集镇"的层级直接往县城流动，大靳村的固定集市也就失去了存在的基础。与此同时，大靳村自身的资源也不断向外流出，2014年大靳村户籍上记录有635人、208户，但实际在村里居住的人口只有一半左右，村落的"空心化"趋势十分明显。

（三）从中心到边缘

道路建设的根本目的是方便居民聚集点的联系，因此任何一条道路都要通过一定数量的聚落，这些聚落相应地构成了道路的节点。规划学的理论告诉我们，道路上的不同节点存在着明确的等级关系，重要的节点比如城镇在道路设计时是首先需要考虑的，而两个城镇之间要经过哪些村落则是可以变动的。确定为道路节点的聚落由于交通更加便捷，往往能够发展成为区域的中心。

具体到大靳村的案例来看，"朝圣之路"的起点是介休县城，终点是绵山，通过介休县城这个最重要的节点，绵山与整个晋中地区实现了连接，会聚了四面八方的香客与游人，道路的这种"时空张缩"效应使得"山区"与晋中平原地区的地理区隔被打破，"山区"的村落开始显著地受介休县城的影响。因此，我们看到在晋商兴起以后，从商之风很快从介休传到包括大靳村在内的整个"山区"，这种商业风气的迅速传播无疑与"朝圣之路"的存在着密切的关联。此外，得益于当时"山区"相对封闭、险要的地形和以步行为主的交通方式，从介休县城到绵山20公里的路程尚难以实现真正意义上的"直达"，而是需要在中间做某种程度的"中转"，由此大靳村变成了"朝圣之路"上一个仅次于起始点的重要节点，这也使其在很长一段时间内成为"山区"的中心。

然而，这种由于交通带来的区位优势是不稳定的。改革开放以后，大靳村区域中心地位的变化则向我们展示了道路与节点的另一种可能性。随着道路的拓宽与硬

化、交通工具的革新与应用，关键节点之间的时空距离进一步压缩，由此造成中间节点中转功能的弱化。这种"虹吸效应"在封闭式的高速公路和高速铁路建成以后表现得更加显著，在高速路时代，人流、物流、信息流只向出入口集中，沿线的节点不复存在。在这种情况下，没有出入口的大靳村从"中心"走向"边缘"也是可以预见的。

六　结语：大靳村个案的意义与未来"路学"展望

大靳村的个案集中展现了道路的形成与变迁过程中对区域城乡结构产生的影响，并提供了一个动态的空间模型，在此基础上与施坚雅模式进行了对话。施坚雅的市场结构模型是一种静态的结构，而大靳村的案例向我们展示了这一模型从"串联"到"并联"的动态变化以及道路在其间发挥的关键性作用。此外，大靳村所在区域城乡结构从"串联"到"并联"变化在当代中国可以说是非常典型的一种变迁模型，从中我们可以窥视当前突飞猛进的"交通革命"尤其是高速公路和高速铁路带来的"速度革命"对中国社会产生的深远影响。

本文一开始就将"路学"研究作为区域研究的一个领域，因而比较注重从相对宏观的视角来探讨道路对大靳村所在区域城乡社会的影响。从这个意义上说，本研究也为如何在个案中开展区域研究提供了有益的参考。

道路与我们的日常生活息息相关，然而很长时间以来对道路的研究却没有受到国内社会科学界的重视（周永明，2001、2015），"路学"的提出可以说在一定程度上改善了这种局面。然而也需要看到的是，尽管周永明教授提出了"路学"的概念，并针对中国西南地区的汉藏公路从"道路史""道路的生态环境影响""道路与社会文化变化""道路与社会生态弹持"四个方面设定了研究框架，但至今还未形成一篇关于中国道路研究的民族志专著。

从这个角度来说，笔者对道路研究能否形成一门专门的学问尚存有疑虑。但不可否认的是，随着中国公路、铁路的大踏步发展以及"一带一路"倡议的实施，道路早已超越"作为简单的通行载体的静态形式而附加了越来越多的社会特质"（周恩宇，2016），道路对我们社会生活日益深入广泛的影响使得道路研究无疑具有重要的时代意义。民族志作为一种重要的研究方法与文本表述方式早已为社会科学界所广泛采用，新兴的"区域研究"也始终没有脱离民族志的基本框架。因此，笔者认为道路研究能否真正成为一门专门的学问在很大程度上取决于该研究领域内能否产生有深度的民族志作品。本个案的研究使用民族志的方法，但囿于篇幅限制仅仅探讨了道路对村落影响的一个方面，尚有继续深入讨论的空间。可以预见的是，

"路学"研究正方兴未艾，在不久的将来必定会有一大批关于道路研究的民族志作品在中国涌现。

参考文献

安介生、李嘎，2016，《介休历史乡土地理研究》，北京：中国社会科学出版社。

曹淮，2014，《桐柏生诗抄》，张成娟整理，介休：政协介休市委员会（山西省内部资料）。

国家统计局，2016，《中国统计年鉴》，北京：中国统计出版社。

介休市编纂委员会，1996，《介休市志》，北京：海潮出版社。

科大卫，2010，《皇帝和祖宗》，卜永坚译，南京：江苏人民出版社。

拉德克利夫－布朗，2005，《安达曼岛人》，梁粤译，桂林：广西师范大学出版社。

林美容，1988，《由祭祀圈到信仰圈：台湾民间社会的地域构成与发展》，《第三届中国海洋发展史研讨会论文集》，台北：中央研究院三民主义研究所。

刘志伟，2003，《地域社会与文化的结构过程——珠江三角洲研究的历史学与人类学对话》，《历史研究》第1期。

麻国庆，2012，《文化、族群与社会：环南中国海区域研究发凡》，《民族研究》第2期。

麻国庆，2016，《跨区域社会体系：以环南中国海区域为中心的丝绸之路研究》，《民族研究》第3期。

马克思、恩格斯，1995，《马克思恩格斯选集》（第一卷），北京：人民出版社。

马凌诺斯基，2002，《西太平洋的航海者》，梁永佳译，北京：华夏出版社。

马新，2008，《远古聚落的分化与城乡二元结构的出现》，《文史哲》第3期。

裴安平，2007，《史前聚落的群聚形态研究》，《考古》第8期。

普里查德，2002，《努尔人》，褚建芳译，北京：华夏出版社。

施坚雅，1988，《中国农村的市场和社会结构》，史建云、徐秀丽译，北京：中国社会科学出版社。

田阡，2016，《重观西南：走向以流域为路径的跨学科区域研究》，《广西民族大学学报》第3期。

王子今，1993，《交通与古代社会》，西安：陕西人民教育出版社。

张俊峰，2013，《超越村庄："泉域社会"在中国研究中的意义》，《学术研究》第7期。

赵旭东，2013，《在一起：一种文化转型人类学的新视野》，《云南民族大学学报》（哲学社会科学版）第3期。

郑振满，1995，《神庙祭典与社区发展模式——莆田江口平原的例证》，《史林》第1期。

周大鸣、詹虚致，2015，《人类学区域研究的脉络与反思》，《民族研究》第1期。

周恩宇，2014，《道路、发展与权力》，中国农业大学博士论文。

周恩宇，2016，《道路研究的人类学框架》，《北方民族大学学报》第3期。

周泓，2012，《庄孔韶人类学民族学研究的方法论诉求之意义（上）——中国认知传统与区域文化理念的理论与实践》，《民族论坛》第6期。

周永明，2001，《道路研究与"路学"》，《二十一世纪（香港）》第8期。

周永明，2012，《重建史迪威公路：全球化与西南中国的空间卡位战》，《二十一世纪（香港）》第8期。

周永明，2015，《汉藏公路的"路学"研究：道路的生产、使用与消费》，《二十一世纪（香港）》第4期。

周永明，2016，《路学：道路、空间与文化》，重庆：重庆大学出版社。

Chang C I, Tung-Fei H. 2013. *Earthbound China*: *A Study of the Rural Economy of Yunnan*. New York: Routledge.

Dalakoglou D, Harvey P. 2012. "Roads and Anthropology: Ethnographic Perspectives on Space, Time and (im) Mobility". *Mobilities*, 7 (4).

Fortes M, Evans-Pritchard E E. 2015. *African Political Systems*. New York: Routledge.

附录一 重修小靳村东岳神祠记

小靳枕绵山之麓，居邑原之南，原讫东岳神祠。象仪古雅，厥始无征。居民灾疹旱患祷而屡应，春秋赛报则十有八村之民皆走集而享祀焉。诚香火之辐辏之祠也。至元七年载，重修加修葺，然规贯仍旧，而廊芜台榭莫之展修，何俾观丽。越皇明以来，无虑三百余载，虽松柏茂林而墙堵倾剥，宜赓复而无因。适晋阳郡藩表〇知县嗜巨柏之丰隆，欲以为寿棺也。屡求来取而民不听命，已而捐三镒之金，复来抚台之命，民犹不忍斫伐。我邑侯王翁假庙以台命而谕之曰：凡名祠宜稀者尚捐己资为之，今以古木而易钜资俾庙貌，绿此以修广于神，不益妥乎？如之何其不乐为也。众咸唯唯应命，乃捐墙下二柏遗之藩，王喜答神休，复资四十八金以助修葺。通前价为百金，吁是诚斯庙鼎新之会也。众遂卜日举功猷土作并力以趋事，不阅岁而大功落成，若有灵以相之宝。我侯矢心厥谟，幽替神明之所改也。金欲传之未久伐石纪事，乞余言叙其巅，余谓营搆大事也，顺时者举有名，协谋者功必伟。矧福地灵祠一方之保障所关，而时至事起信非长府之得已而不已者，但东岳泰山也，钟于齐鲁之封，而行祠则捍于斯，何哉？传曰：触石而出，膏寸而合。不崇朝而雨遍天下者，惟泰山之云为然。夫雨露兹息百物，所以膏泽生民者，而岳渎之灵司之则是神也。诚民庶之所仰依，而不得不祠焉者。况奉命增修，又岂止于藻润而已，益其所未备焉，稀其所未新焉。如寝严殿隘而楹之以三廊，署缺而增之以两乐楼，广为重簷三门，加之博大复为厨室，为台砌为之黑垩丹漆虽复，庙层楼无改于故，而规制全美，黼藻雕薨视昔顿改观矣。吾人一登览之间则见山光熙照，林景氛霏，丹阁凌霄，乔木蔽空，诚耀然而日星恍然，而云霞灿美，其绩不亦伟乎？自是而民乐有祀，神乐有依。濯灵孔昭，孚侑下土，俾之雨阳以时，而灾害不作。举一方之民而寿且滋者，于神不大有赖兴是。是役也，肇功于己丑春三月，起功于庚寅春正月，倡首勤事者十有六人，并匠艺诸工。于法得书，以而勒于碑〇之左。

明万历十有八年岁在庚寅春二月望日同霸州事宣德郎绵麓侯宗宪撰

赐进士第知介休事洋川王一魁县丞买臣主簿浦洪典史王端容

附录二　顺治九年重修东岳庙碑记

县南三十里有都曰小靳村，本村有庙曰东岳圣，其来源不可考。以为邻近各乡之保障，每年三月二十八日，村轮供其神，迎献其戏，一隅之民莫不享其灵护。任土贡求，仰神庇佑。历年久远，殿宇不清，缺少献亭。戏楼有本村乡长阴汝海、郭应科、陶大熏、陶应央、陈天赐率同主持僧海王会及众乡募化资财，重整殿宇，补建献亭、戏楼，复整如新，神人共妥。略记其事，今将施财众姓开列于左。

顺治九年四月初二日

附录三　重修东岳庙碑记

大小靳村东岳庙由来旧矣，历唐宋元明代有补修。类皆规模卑狭，未极恢宏之观。岂一时之人心未齐欤？抑兴废之数，自有其候欤？乾隆辛亥夏，庙前古柏一株，枝叶焦枯，根蒂动摇，观者咸曰："与其名木就腐，何如乘此剪伐以为修庙之资？"众皆唯唯。爰命木工量度成材，获银八百余两。越四五年而生息过半焉。丙辰春，年岁丰收，人皆乐业。乃集合一十八村纠首共议重修。大靳村香老王公振纲等竭力赞助，即于本村募银四百两有零，而小靳香老陈公兴隆等亦于本村募银四百余，其余保和等村或百八十两，或三二十两，莫不各视其村落之大小、人民之多寡量力捐助，毫无吝惜。主持体果亦云游四方募银百十余两。于是分派纠首陶公学尧等轮流监工，而举郭公维翰独董其事。鸠工·材经之营之。至次年丁巳秋吉厥成焉。正殿、献殿暨子孙圣母宫仍其旧制，重加彩画。乐楼则从新改作，东廊圈窑，五空敬列福禄、财神、牛王尊神；西廊圈窑五空敬列摩斯尊者、土地尊神。东北隅、西北隅各列客位三楹。庙前修神房数十间。猗欤休哉！何人心之齐而成功之速欤？岂非数百年来未竟之绪，其有待于今欤？且夫东岳一庙北枕汾水，南接绵峰，为一方风水攸系，而庙貌诚不可苟焉已也。兹乃檐牙焕彩、列翠飞鸟，荦之观，丹垩流辉，呈金碧绮丽之美。诗曰："作庙翼翼，四方之极。"极又曰方，靳是虔松桷有梴旅楹有闲寝成孔安其是之谓兴余惟觉斯庙之所

由始与兴其所由成固赖众纠首之同心协力而尤叹维翰公之年近古稀朝考夕课始终不怠非真乐善不倦者不能也若捍善增福之词显庇默佑之说前人之述备矣兹不复赘爰○其重修之巅末约略而为之记。

乾隆壬子科举人候铨知县宁乡县李维让熏沐撰文

国子生本村郭肇馨沐手丹书

大清嘉庆三年岁在午夏四月既望六日　谷旦

"从实求知"与作为研究范式的"江村学"

李友梅[*]

1999 年，费孝通先生提出中国社会学的理论建设要"重新补一补课"（费孝通，2000）。当时，社会学、政治学等学科的带头人纷纷意识到，中国问题的研究要跟上新的时代需求，就必须建设本土学术话语体系。可是，费先生明显感到，中国社会学对中国社会转型实践阐述的专业术语的概念化能力还很弱，其高质量的实证研究所需要的"理论储备"还远远不够。今天，中国早已被卷入全球化体系之中，全球化已然成为中国有机的一部分。在这样的情境中，与其谈论中国，不如谈论与世界关系中的中国。然而，当我们试图理解全球时代的中国社会时，我们就不得不承认，面对复杂多变的新问题，我们没有一个成熟的知识体系能够用来恰当地反思正在发生剧变的时代。另外，我们既有的理论是碎片化的和不系统的，引用和采纳的源自西方的分析框架、概念和方法论即使在其产生的国度，也遭遇到全球时代的思维失效的问题（李友梅，2016）。正如美国社会学家塞勒尼所指出的，当代社会学实际上处于三重危机之中：丢掉了政治上的吸引力，无法找到合适的方式来应对"方法论革命"，不确定是否有一个共同的理论核心（塞勒尼，2015）。英国社会学家厄里也指出，要能够理解"后社会"年代，社会学就必须摆脱适应于前全球秩序的僵化的社会性解释方式（Urry，2000）。因此，我们深感中国社会学需要"再补一补课"。2016 年是费先生"江村调查"80 周年，我们追随费先生持续 70 年的"行行重行行"的脚步和由江村调查出发而构成的研究思考，逐步领悟到了一种基于"从实求知""实事求是"原则的认识论与方法论，其足以使我们将之作为一种"江村学"范式来理解和学习。

---

[*] 李友梅，中国社会学会会长、上海大学社会学院教授。

一 江村研究与"从实求知"

江村研究介入当代中国文化场域，与其说是一次西方理论的旅行，不如说是当代中国学者在面对复杂多变而又不确定的现实做出的学术选择，重要的是它既提供了介入中国本土化实践的可能，又彰显了中国社会学人参与世界知识生产的勇气与决心。更为重要的是，江村研究所秉持的始终扎根于社会生活实践、"到实地去"观察、体验和探究中国社会文化变迁，已经成为一种"江村范式"或"江村精神"，影响并激励着一代又一代中国知分子及社会学者投身于理解中国社会变迁的实践进程之中。作为一种研究范式的"江村学"，它是以文化主体性为社会诉求，以文化自觉和学术反思为思维路径，以社会学中国化、本土化和理论化为学科目标，以整体性审视为分析视角，以理论与社会实践相结合为方法准则的一种具有中国特色的分析和解读中国社会的理论与话语建构。

费孝通先生以江村研究为代表的社会研究方法强调的是"到实地去"，并以"从实求知"和"实事求是"的原则来理解和认识中国社会。"江村研究"的精髓和核心就是强调"从实求知""实事求是"，这是"江村学"的灵魂，也是费先生思想的立基之本。然而，我们对"从实求知""实事求是"内涵的深入挖掘不仅不够甚至是刚刚开始。"从实求知"关乎我们自身知识体系的更新与传承；关乎我们是否具备从全球性的视野，运用自己的知识体系理解中国并向世界解释中国；关乎我们是否能够就中国社会的阔步前行与全球新秩序中的中国角色，展开"实事求是"判断的能力。没有"实"就没有真正的"知"，"知"是从"实"中生成并由此形成的一套知识体系的基础。然而"实"与"知"这两个概念本身都具备多维层面且处在不断变动的过程之中，因此我们一方面需要具备将"第一认知""经验认知"上升到"知识"时去伪存真的明辨与省思；另一方面又需要不断丰富知识体系来认识不断变化更新的"实"，从而尽可能地接近"从实"进而"求知"。然而依据怎样的原则"到实地去"才能真正进入"实"？通过什么样的途径，来贴切地理解和构建认识中国之"实"的知识体系？如何"从实"又怎样"求知"？对这一系列问题，我们感到可以从费孝通先生建立在"从实求知"基础上的"江村学"得到启示。

二 "实"与"知"

在我们看来，费先生所认知的"实"是具有丰富含义的，知识体系本身涉及多层次、多维度的内容，是来自对不同的"实"的深刻理解和认识。所谓"知"，是指认识和解读中国社会现实复杂性的知识体系，而这套知识体系是具有其自身的方法论和知识论的。

第一，"实"固然指"实地"，但"实"首先是"着眼于人"的社会生活实际。任何对社会的了解和认识，都不能脱离对当时当地社会发展实际情况的把握。这种实际情况包括社会发展趋势和社会生活的实际条件。对于社会生活而言，社会发展趋势是一种提供多种变化的可能性背景，而社会生活的实际条件是约束变化的各种限制性因素。对于这一"实"的了解和把握，可以帮助我们确定社会问题的切入点，使我们对问题的认知能够与具体的社会生活相联系，从而不至于让问题成为脱离实际的空虚论说。费先生的江村研究是"着眼于人"的，实际上费先生是为那些积极改善自身生活的中国农民着想——他们的生活如何能好起来，他们寓于其中的社会如何才能进步，概言之，富裕起来的他们又如何走向更文明的社会。费先生的江村调查充满对鲜活的经济社会实践及其变化的思考和分析，反映了他要为这个变化提供合适的智力支持。基于这样的"为了成事"，他用心安排每次调查，他的调查研究都是经过多年多次追踪论证的实地观察，由此他的一生留下了"三访江村""九访江村"这样的经典之作。

第二，"实"还是指实际生活，是面对实际情况选择的符合自己需要的生活方式。这里的"实"不仅内含着实际生活的客观现状，还包含对为什么会形成这种实际生活现状的一系列追问与认识。比如，人们为什么选择这种生活方式，是出于什么考虑，是被动接受所致，还是努力加以改变？费先生在"江村调查"中发现，中国农民为改善和满足自身的基本生活条件，能够积极地接受外来知识分子的支持和帮助，主动地参与到技术与文化的变革活动中。然而，农民对西方文化和工业技术的接受，并不是以完全抛弃自身的传统文化和生活方式为前提的。因此，费先生强调要懂得现实生活中民众自主性的选择机制，由此可见，"实"又是由民众做出选择的实际情况来体现的。

第三，"实"又是具体的，指的是研究者的实践反思。这包括两个方面：一是研究者需要通过实地调查去发现社会现实中存在的问题，并通过社会实际去验证和确认问题是否"真实"，即是不是"真问题"；二是研究者在追问与破解追问中，可能创立一套解释问题、分析问题的观点，也可能引进或借鉴某种理论来加以分析和解释。这就需要通过认清实践的内在逻辑去为这套解释问题的理论方法工具来勘误，去验证其对实际问题的解释适用性与合理性。因此，不论是创新的自主性理论，还是引进或借鉴的外来理论，只要其能够恰当地理解和解释实际发生的问题，能够经受住在实践中的反复检验，就是具有质量的和接近可靠性的，就是可以被研究者批判地接受与使用的。费先生的"江村研究"鲜活地反映了近现代中国社会的变迁，

其研究成果所反映的不仅是不同历史时期中国社会所需要面对和解决的问题，同时也反映了中国学人针对不同社会问题所进行的理论视角和研究方法的转换。

三 "实"与"从实""行行重行行"

所谓"从实"，就是怎么进入并深入"实"的问题，即如何发现社会真问题的问题。研究者总是强调要有"问题意识"，有问题导向、从问题出发、发现真问题和解决实际问题。但怎样的问题才是"真问题"呢？这实际上是一个认识论的问题，切入问题要以认识论为基础。

一般而言，切入"问题"有两种途径。一是通过文献尤其是研究文献，从已有研究中发现问题。这里的问题可能是一个社会问题，也可能是一个学术问题，但其究竟是不是我们现实生活中需要面对并加以解决的真问题，要对其作出确定的判断却不是一件容易的事。不同学者对同一问题的解释和分析又常是建立在各自认知的社会现实的基础上，这些社会现实的基础很可能不尽相同，因此得出的解释问题的观点或理论也存在差异性。由此，我们很难确认这些观点和理论是否适合于解释提出或引荐这些观点与理论的研究者所面临的社会现实问题。二是切入"问题"的途径，是通过社会实践获得对社会现实中实际问题的了解和把握，并以此为基础进一步提炼出的问题。然而，这种从社会现实中发现的问题，也可能不是"真问题"。如果研究者对其自身认识问题的视角没有清醒的认识或反思，就可能在做着"西方的命题＋中国的证据"的假知识（郑永年，2016），即滥用丈量西方社会的尺度和标准来看待中国的社会问题。这实际上是在发现问题之前就预设了一种价值判断，因此是很难发现真问题的，基于这种视角所得出的对中国社会问题的解释，其质量与可靠性都是存疑的。因此，无论是来自前人研究所提出的问题，还是通过实践调查发现的问题，都不能简单地就确认为"第一认知"，要确认"第一认知"是需要通过社会实践反复加以检验的。"问题"的发现要根据实际情况来获取，又需要根据"实"的动态发展与多层次特质而不断调整和修正。

费先生的"行行重行行"，其意就在不断地"从实"中建设能够清楚认识中国之"实"的知识体系。江村作为费先生理解和认识中国社会的起点之一，也是费先生躬耕一生探寻"中国文化传统与现代化接榫之处"（陈占江、包智明，2015）这一核心命题时不断追踪与回溯的地方。费先生的"江村研究"持续了近70年，这是近现代中国人类学、社会学史上持续跟踪调查时间最长并且跨越了"文野之别"产生广泛且深远影响的追踪田野调查研究。自1936～2002年，费先生重访、三访、九访、再访江村共计26次。半个多世纪以来，费先生沿着"江村—小城镇—中小城市—大城市—以大城市为中心的经济区域"的"行行重行行",先后提出了"调谐城乡关系与乡土重建""区域经济与小城镇模式""中华民族多元一体格局""反思全球化倡导文化自觉"等一系列涉及中国社会与国家现代化的思考。正是得益于持续70年对江村的跟踪式的田野调查,费先生得以将"行行重行行"的脚步与认识始终植根于具体而系统的实证研究之中,完成了一次次"从具体到抽象,再从抽象到具体"的从"第一认知"到理论与知识体系建构的"二次航程"的反复论证。

费先生的"行行重行行",又是在"实践"中不断推进的。"实"证包括两个方面:一是验证问题。当西方学者将费先生江村研究所反映的问题看成中国农村面对西方文明而发生的现代化变化时,费先生并不是通过江村的单一个案来加以说明和解释,而是重新深入乡村,选择不同类型的乡村进行实际调查,以验证这一问题的真实性。同时,费先生又通过长时段对江村的反复调查来验证是否真的发生了变化。通过实地调查他发现,西方文明通过工业下乡并没有在农民的观念与乡土范畴中带来深刻的变化。二是验证理论。一种理论是否适合对中国社会的分析与解释,也是需要通过不断的社会实践来加以验证的。从这层意义上说,费先生通过自己的江村实践验证了社会人类学的实地调查和理论工作方法是可以跨越"文野之别"的,从所谓的"野蛮人"转向具有悠久历史的文明社会(沈关宝,2006)。费先生还对中国传统的农业社会遭遇西方文化影响时的现代化变迁运用社会变迁理论进行了分析和解释,并反复验证了该理论在理解中国社会变迁时的适用性问题是以"江村"着手却着眼于整个乡村社会、整体性社会、世界体系等不同的研究层次,"江村"并不是一个狭隘的单一的村落空间,而是各具特点的众多乡村类型,通过比较分析所呈现出来的整体性的中国乡村社会。基于此,费先生在云南三村的研究和之后的"行行重行行"中又验证了类型比较法在检验"真问题"时的合理性。

费先生的"行行重行行",又是建立在对"实"的扎实认知基础上的多重反思。反思既有对"实"的认知的反思,又有对理论不足的反思,还有面对急剧变化的社会费先生对农民建立在土地基础上的应对现代文明的自主性创造的反复认识与深刻反思。费先生的《江村经济》揭示了土地制度、资源配置方式、劳动分工与维系农民社会生活秩序的复杂关系。费先生曾认为,农民是可以以土地与乡土文明为基础创造出适合自己的新生活方式和生产方式的,其保持着一种自主性能力。但当费先生看到上海浦东新区开发开放过程中遭遇的农民问题时,费先生深刻地意识到这种自主性的能力并不是始终存在的。

浦东开发开放中提出的农民问题,其实是那些以农村经济为基础的中国乡土社会里生活习惯的人,一下子变成现代化工业社会的市民时提出的问题;是外来的力量要使一个地区的农村在一两年里迅速进入西方人用几个世纪才建成的现代化大都市时提出的问题。这一难题的症结在于如何将一个符合现代化工业经济所要求的行政体制安在一个农村经济基础之上。针对这一问题，依照当时被普遍接受的现代化理论的解释，是要求现代技术的引进必须有适合现代技术的人，所以，农民进入现代企业必须成为现代人，要接受现代秩序和现代制度才能适应现代工业生产的管理模式。费先生看到当浦东的征地农民"离土"后，现代企业无法消化这些农民，现代化与现代人的理论存在不足。因为现代人的要求不再停留在对生产领域的适应上，还需要在流通服务领域的适应能力。不然，农民的观念永远无法嵌入现代企业制度，从而出现一个地区的农村经济以及与此相应的行政体制的"旧皮"，如何接受一个符合现代化工业经济要求的行政体制"新皮"，即"两张皮"的问题。

再比如，尽管马林诺夫斯基称许"江村"使"我们犹如在显微镜下看到了整个中国的缩影"（费孝通，1997：3），但费先生的"江村"从来都不是一个狭隘的单一的村落空间，而是各具特点的众多乡村类型，通过比较分析所呈现出来的整体性的中国乡村社会；费先生对中国乡村社会的认识也不局限于简单化的"在乡村做研究"，而是在一定程度上跳出乡村场景，在乡村与现代城市社会互动的视角下关注和审视乡村社会。由此，"江村"便成为一种开放性的社会系统，是一种呈现出现代与传统相互交织和勾连的整体性社会；进入21世纪，费先生提出"文化自觉"和"各美其美，美人之美，美美与共，天下大同"，又将研究视野从对中国社会与外部西方世界的关联性分析上，并更进一步将中国社会放置在世界之中，从"中国融入世界""中国对世界的影响"视角去重新认识中国和世界。

费先生在"从实"中"求知"，又在"行行重行行"中验证与反思对"实"与"知"的认识，其背后是建立在"志在富民"的社会诉求基础上的情怀与境界。事实上，与费先生同时代的中西方学者都同样在思考现代化进程中的社会问题，但他们并没有将问题抽象化，即不将"实"形式化或虚化，而是深入去挖掘"实"的内涵，提高对"实"的认识，这样才能找到"志在富民"的逻辑起点。费先生面对的问题是一个本土性的社会现实的思考，但他不排斥"洋为中用"，同时费先生认为"洋"不能左右和主导"中"，"洋"应该是依据"中"的"实"而被选择的，至于如何选择，就需要"从实"验证。因此，要消化"洋"的理论，就需要有一个能消化"洋"理论的"胃"（王铭铭等，2016），如何消化、吸收，都需要有一个经过"实"来加以检验和筛选的过程。

四 "从实求知""文化自觉"与"美"

费先生在江村逐步深入与持续拓展的追访研究，从对乡村系统的功能性解释，最终扩展至对世界体系的总体性把握，其着眼的是对世界秩序与文明进程的认识、解读与反思。20 世纪末，这位书写了一个世纪光阴故事的老人，基于社会变化超出了以往的想象，深感"马不停蹄地跑，越跑越觉得自己跟不上时代变革的步伐"（《费孝通文集》第十二卷，1999：294）。

20 世纪末，费孝通先生在《孔林片思》中预见了 21 世纪乃"全球性的战国时代"，并指出在这个时代里，思想上理论上必然会有很大的争论，中国应当在世界思想之林中有所表现，只有参与争论才能从中筛选出人类能共同接受的认识。费先生是在山东考察期间，参观曲阜的孔庙、孔府和孔林，又到泰安登泰山的情境中展开思考的，从登山费先生想到了建设中国现代化的艰巨性，也想到了建设一门学科的艰巨性。山东考察结束的十天之后，在"北京大学社会学十年"纪念会的讲话中，费先生开始以其世界性的文化战略眼光，为当代世界秩序召唤一位新孔子："这位新孔子必须是不仅懂得本民族的人，同时又懂得其他民族、宗教的人。他要从高一层的心态关系去理解民族与民族、宗教与宗教和国与国之间的关系。"特别是面对新时代心态失调的局面，我们需要一种新的自觉，因此费先生希望能够在"新的未来一代人中能出生一个这样的孔子，他将通过科学、联系实际，为全人类共同生存下去寻找一个办法"（《费孝通文集》第十二卷，1999：298）。然而新的孔子不会凭空而降，而"只有紧紧抓住生活中发生的问题，多问几个为什么，然后抓住问题不放，追根究底，才能悟出一些道理来"（《费孝通文集》第十二卷，1999：299）。但是"许多东西在我们的周围正在不停地发生着变化，我们却往往没有感觉到"，特别是当中国在快速全球化、信息化和现代转型过程中，其自身的社会运行规律和社会文化观念已经发生深刻的复杂变化，这是我们社会生活中从未遇到过的复杂变化，远远超出传统乡土社会的治理规则。

面对当时世界政治社会秩序发生着的重大变化，费孝通先生进一步提出了"文化自觉"（费孝通，2003），文化自觉既是思想界面对经济全球化的反映，也是世界各地多种文化接触中引起人类心态的迫切要求。文化自觉强调对文化的自知之明，是要知道我们自身的文化是从哪里来的，怎样形成的，它的实质什么，它又将我们带到哪里去？对于我们来说，文化自觉也是取得对文化发展的自主能力，发现和提升中华民族历史文化的当代价值，取得决定适应新环境时我国文化选择的自主地位；是要通过更好地认识中国自身来认识世界，又通过理解和认识其他各国的文化来更好地认识中国。当中国社会刚刚被卷入全球化进程的时候，由于对国际形势缺乏深刻的了解，我们的认识可能会出现一时的迷茫。但经过这些年来我们对全球化的"实"有了更多一些的认识和理解，也逐渐拓宽了应对变化的自觉和自主，也开始提出创业、创新以及话语体系建构的主张。那么，理论界将怎样去回应这种变化？早在九访江村时，费先生就指出："我们要回答高速发展是否扎实的问题，还得追问，持续发展的高速度是从哪里来的？"由此费先生认识到以往的理论多是对乡土

社会向工业社会变迁的解释，我们已经遭遇并将持续面临到理论创新难以跟上社会变化的现实。现在社会开始出现朝向后工业社会、消费社会、流动性社会、网络社会变迁的趋势，社会变得更为复杂、更为多元、更为不确定，产生于现代化、工业化的理论的解释力已经面临明显不足的挑战，由此中国社会学急需"再补课"。

2010 年在学习和领悟费先生"文化自觉"的基础上，我们团队提出了费先生一以贯之的追问即"文化主体性问题"。五年来，我们一直在探索也深感在全球化乃至今日"后全球化"的逆流中，中国社会学如何"再补一补课"的问题。我们认识到，应对现代性的问题进行反思并寻找中国现代化的主体性，这是中国知识分子肩负的社会责任与历史使命。20 世纪 80 年代以后，中国启动了市场化、个体化的历史进程，西方文化对中国人的思维方式和行动逻辑开始重新发挥难以估量的巨大影响。中国是一个多民族国家，不同民族有着自己独特的文化类型，不同文化在民族交往中相互融合，但又保持一定程度的独立性。面对如此源远流长且高度复杂的文化形态，如何厘清其内核，是"文化自觉"的根本议题。全球化既是世界一体化的过程，也是不同国家、地区、文化之间相互交流、争夺全球化话语和利益主导权的过程。全球化的结果，一方面带来了文化的挑战甚至危机，另一方面也促成了一种多元文化的形成。现代社会的流动性和多元性不仅出现了本土文化的多元融合，也出现了世界不同文化间的频繁互动。费先生主要是从人类的整体观、文化的共生与文明的对话等视角来讨论全球化与地方社会对应关系的（麻国庆，2005）。费先生认为，要更好地理解今天世界上出现的问题，寻求解决全球化与不同文明之间的关系，就必须超越现有的一些思路，在一个更高的层次上重新构建对自我文明和他人文明的认识，只有当不同族群、民族、国家以及各种不同文明达到某些新的共识，世界才可能出现一个相对安定祥和的局面，这是全球化进程中不可回避的一个挑战。要迎接这一挑战，首先就要允许文明之间"和而不同"，因而构建允许各文明之间"和而不同"的基础很重要，这样各文明才有可能达到"各美其美，美人之美"的境界，才能期待在"美美与共"的心态秩序中走向一个"天下大同"的全球社会新秩序（费孝通，1993）。

总之，今天世界形势已经走在我们思想的前面，我们不可避免地将面对如何构建有质量的、具有高度可靠性的认识中国的知识体系的问题。因此，我们不仅需要"从实求知"，还需要在不断的"从实求知"中走向更深层次的"文化自觉"，使"文化自觉"成为孕育"文化自信"的土壤，其本质上就是把自身的文化放置在历史脉络之下，从中华民族内部及其同世界的关系中进行自我反思和再造，寻求自身文化在变动中所形成的新特质，辨识这个特质在面对中国自身的现代化以及全球关系重构时的优势和不足。这意味着，我们首先必须具备"从实求知"的能力，只有在持续深入的"从实求知"中，我们才可能不断认识和接近重建中国文化的独特基因和实质内核。"文化自信"还意味着我们需要不断在"文化自觉"中深入理解"实"与"美"的关系,在"各美其美,美人之美"中获取反思自己和欣赏他者的能力,在"美美与共,天下大同"的追求中获取实现中国文化在现代性条件下自我重生的智慧,从而实现自身文化主体性的创造性转化,这不仅可以为中华民族的伟大复兴,也可以为全球问题的解决做出自己的独特贡献。然而,这些愿景的实现将会不断地超出我们既有的认识和能力,而这个时代巨变的"实"也远超我们已有的想象。面对已有与未知的挑战,深耕费先生建立在社会生活实际基础上的"从实求知"的"江村学"的精髓,或许能使我们"开悟"。我们今天学习费先生思想的这些体会还是初步的,希望能够起到抛砖引玉的作用。

参考文献

陈占江、包智明,2015,《"费孝通问题"与中国现代性》,《中央民族大学学报》第 1 期。

费孝通,1993,《人的研究在中国》,天津:天津人民出版社。

费孝通,1997,《江村农民生活及其变迁》,兰州:敦煌文艺出版社。

费孝通,1999,《费孝通文集》第十二卷,北京:群言出版社。

费孝通,2000,《重建社会学与人类学的回顾和体会》,《中国社会科学》第 1 期。

费孝通,2003,《关于"文化自觉"的一些自白》,《理论参考》第 9 期。

李友梅,2016,《中国特色社会学学术话语体系构建的若干思考》,《社会学研究》第 5 期。

麻国庆,2005,《费孝通先生的第三篇文章:全球化与地方社会》,《开放时代》第 4 期。

塞勒尼,伊万,2015,《社会学的三重危机》,《江海学刊》第 3 期。

沈关宝,2006,《从学以致用、文野之别到文化自觉——费孝通老师的文化功能论》,《社会》第 2 期。

王铭铭等,2016,《费孝通先生佚稿〈新教教义与资本主义精神之关系〉研究座谈会实录》,《西北民族研究》第 1 期。

郑永年,2016,《中国模式经验与挑战》,《学术月刊》第 16 期。

Urry,John. 2000. *Sociology beyond Societies*. London:Routledge.

江村调查的回顾与前瞻

——兼谈"江村学"的创建

刘豪兴　徐　珂*

江村调查已有不少叙述和分析，但尚缺系统和深入，我们曾撰文多篇叙述江村调查情况，但检视起来，还是有许多不足，有的历史尚未涉及。本文采用有关文献、访谈和实际观察所得资料，在实事求是的原则指导下，将较为系统地追溯江村调查的历史进程，触及过去模糊或回避的问题，并对江村调查存在的问题和困难作一概述，最后对创建"江村学"问题再谈点看法。

前　奏

江村调查始于何时呢？一般都毫不犹豫地回答，江村调查始于费孝通1936年夏天的实地调查。至今的诸多文章都认同这一观点。问题在于在费孝通进行的江村调查之前有没有有关的调查？如有，这些调查属于什么性质的调查，与后来的江村调查有什么关系？

认识源于实践。清末民初开始，西方各种社会思潮逐渐传入中国，特别是五四运动以后，随着新文化运动的发展，西方的工团互助主义、合作主义、合作社思想等社会思潮被一些热心于合作事业的知识分子所器重，汤苍园、覃寿公、薛仙舟等人认为，中国的政治、社会、经济的改造，必须从改造中国的平民经济做起，而改造平民经济，必须从合作社着手。民国政府遵照孙中山以合作解决民生问题的思想，从上到下推行农村合作社，以改善民生。① 1929年，受其影响，江苏女子蚕业学校

---

* 刘豪兴，复旦大学社会学系教授；徐珂，复旦大学社会学系副教授。

① 1927年6月，南京国民政府成立，中国合作理论先驱、复旦大学教授薛仙舟应陈果夫的请求，起草了《中国合作化方案》。方案以实现全国合作共和为宗旨，系统阐述了在全国范围内普及推广合作运动的理念，并提出合作执行部门（全国合作社）、合作教育部门（合作训练院）、合作金融部门（全国合作银行）三足鼎立的合作化构想，集中体现了薛仙舟"以合作救中国，以合作治中国"的政治主张。

郑辟疆、费达生等人，在开弦弓村指导科学技术养蚕获得成功的基础上，联合村中士绅，集合民间资本和银行贷款创办了"吴江县震泽区开弦弓村有限责任生丝精制运销合作社"（以下简称生丝合作社）。费达生们在农村创办乡村工业，增加了农民收入，备受社会关注。国内外蚕丝专家、经济学家，以及蚕丝合作社工作者和中央合作研究班参观团等纷纷前来参观、学习、调查。

1930 年，生丝合作社创办人之一的陈杏荪以亲身经历和第一手资料，在《合作月刊》第 2 卷第 9、10 期发表《开弦弓生丝精制运销合作社经过概况》调查报告，1933 年 1 月又编著出版《吴江县震泽区开弦弓村生丝精制运销合作社三年经过概况》（简称《三年概况》）一书；1932 年，经济学家侯哲葊在《国际贸易导报》第 4 卷第 1 号发表《开弦弓生丝精制运销合作社之调查》，在梁漱溟主编的《村治》第 1 卷发表《开弦弓合作社办理之成绩》报道。这些调查报告（报道）详细记录了费达生们送科学技术下乡，组织蚕丝改进社，进而将工业引进农村，创办乡村工业的经过、成绩、困难、组织结构和管理制度等。

1932～1934 年，费孝通在燕京大学和清华大学学习期间，以姐姐费达生的名义先后在《国际贸易导报》、《独立评论》和《大公报·乡村建设》上发表《提倡乡村小规模制丝生丝合作社》《我们在农村建设中的经验》《复兴丝业的先声》3 篇文章。在这几篇文章中，费孝通已经初步认识到中国农村的问题和出路，"人多地少，农工相辅"，"从副业入手，非但是增加农村收入的良法，亦是采用机械的平坦大道"（费孝通，1933）。那费孝通是怎么样获得开弦弓村蚕丝改良技术，怎么样获得创办生丝合作社经过和成绩等资料的呢？一是费达生的口述介绍，二是陈杏荪等人提供的文字资料，三是他本人利用寒暑假到他姐姐工作的开弦弓村访问观察所得。费孝通在《江村经济》第二章第 6 节叙述选择开弦弓村作为调查区域的理由时说："尤其在这个村子里，我可以充分利用我姐姐个人的联系。我姐姐负责蚕丝业的改革，村里的人确实都很信任她。我能够毫无困难地得到全村居民的通力合作，特别是村长们的帮助。他们理解我的意图，不仅尽一切可能提供材料，而且还提出一些可行的办法和有价值的建议，这使我的调查得以顺利进行。此外，我以前曾多次访问该村，姐姐也继续不断地向我提供该村的情况。因此，我一开始就能直接地进入调查本身，无须浪费时间去做那些初步的准备工作。"20 世纪 30 年代前期的上述调查研究、地域和主旨与后来费孝通的江村调查基本上相应。当时费孝通并没想到短期内会对开弦弓村进行社会学研究，但这"无心插柳"却因偶然的变故"柳成荫"，很快成为他江村调查的有益探索。

是为费孝通江村调查之前奏。

成 名

费孝通学习期间，曾一度偏重社会学理论，如运用英文文献介绍社会学和人类学名家、流派，借助志书资料撰写学士学位论文等，没有跳出图书馆式研究范式。转向社会实际生活研究，主要是受吴文藻和派克两位老师的影响。

吴文藻倡导社会学中国化，赞同社会学和人类学合家，主张采用人类学的实地调查方法进行本土的社区研究，并认为实用性的研究是科学所不可忽视的。吴文藻还借力芝加哥大学学派代表 A. R. 派克和英国社会人类学家、功能学派创始人之一拉德克利夫·布朗来燕京大学讲学，引导学生走出课堂，接触民众生活，了解社会，以见所未见、闻所未闻的实际知识把青年学子从课堂学习的苦闷中解放出来，从而寻得认识中国社会现实的道路。费孝通等青年朋友深受影响，喊出了"到实地去"的口号，积极主张社会科学研究要从实地开始，在实践中逐步走向成熟。

1935 年 6 月，费孝通获清华大学研究院人类学硕士学位，并通过考试取得了由中英庚子赔款（"公费"）提供留学英国的机会。他的俄籍导师史禄国要求他出国前到中国少数民族地区进行实地调查，然后携带所得资料到国外研究分析。8 月 1 日，费孝通和社会学系三年级学生王同惠结婚，4 天后即偕同辗转上海、香港、广东赴广西大瑶山做特种民族社会组织及其他文化特性调查。瑶山调查异常困苦，"夜卧小屋，日吃淡饭"，但他俩总是在快乐中工作，为的是为认识中国社会"以身作则，做一个实例"（费孝通、王同惠，1936）。在 12 月 16 日，由古陈至罗运的山路中，向导先行不候，以致他俩走迷了路，费孝通误踏捕虎陷阱，身负重伤。王同惠心急如焚，出林呼援，不幸堕岩溺水身亡，为人类学献出了生命。费孝通后抱病整理王同惠社会调查资料，完成《中国社会组织的各种形式》丛书之《花篮瑶社会组织》一书。

对费孝通来说，瑶山调查依然是一种异域的实地调查，但这种方法能否用于本民族文明社区的调查呢？费孝通深信可行。1936 年夏天，费孝通出国前还有两三个月的余暇，顺从费达生安排到开弦弓村进一步休养，以舒缓瑶山调查精神上的伤痛。费孝通则不是为休养而休养，他已从丧妻的悲痛中解脱出来，要以实际行动和成绩告慰"同工"王同惠在天之灵。7 月 15 日，他在《天津益世报·社会研究》第 11 期发表首篇《江村通讯·这次研究工作的动机和希望》，给开弦弓村取了"江村"的学名，并为后来的《江村经济》一书沿用。他允诺继续以《桂行通讯》的方式写《江村通讯》，及时向朋友们报告江村调查的见闻与思考。接着他坦言："这次研究的动机有两个。一个是在我私人方面的。也就是要实现与王同惠共同的一个愿望：

在一生中完成一部《中国社会组织的各种形式》的丛书，第二个动机是出于有些人觉得民族志的方法只能用于文化较简单的'野蛮'社区，不能用于我们自己本地的'文明'社区的误解。在我们看来这是一种错误的见解，因为事实的本身无所谓'野蛮'和'文明'，这些名词不过是不同族团相互蔑视时的称呼罢了。在民族学中是不能成立的。""说话总没有事实强，我觉得要打破上述的成见，只有由我来用研究花篮瑶时所用的方法，去研究一个本国的乡村。若是我能有相当的成绩，这成绩就可以证明我们的方法是可以用来研究不同性质的社区。"（费孝通，1936）由此可见，费孝通的江村调查是自觉地怀抱着一个远大目标，他要打破"文野之别"，采用田野调查方法去研究文明社会，完成《中国社会组织的各种形式》。

7月初，费孝通住进生丝合作社职员宿舍。他借助姐姐费达生的威望，以及以前对江村生产、生活的了解，很快融入居民之中，得到管理人员的支持和村民的信任。他采取走访观察、入户访问、收集文献、统计人口、摄影等方法和技术，获得了这个村庄方方面面的资料。调查持续了近2个月的时间。9月初，费孝通从上海乘坐意大利的邮轮"白公爵"号赴英国伦敦留学，他利用航程的时间，把开弦弓村调查的资料整理成篇。

来到伦敦经济政治学院后，在马林诺夫斯基的指导下，费孝通于1938年6月完成了博士学位论文 *Peasant Life in China*（《中国农民的生活》，又名《江村经济》），获博士学位。论文翌年由伦敦 Routledge 书店出版。一直到1986年，该书中文版方由江苏人民出版社出版。

费孝通运用功能主义理论和方法，生动、翔实地描述了江村农民的消费、生产、分配、交易，以及人与人的社会关系、婚姻家庭、观念、宗教信仰等结构和变迁，展现了一个中国微型农村社区的全屏画面。马林诺夫斯基在1938年为此书作的"序"中，特别转引了历史学家和世界知名的东方学家 E. 丹尼森·罗斯爵士的评价："我认为这篇论文是相当特殊的。据我所知，没有其他作品能够如此深入地理解并以第一手材料描述了中国乡村的生活。"（马林诺夫斯基，1939）马林诺夫斯基本人的评论也指出："本书有一些杰出的优点，每一点都标志着一个新的发展。本书让我们注意的并不是一个小小的微不足道的部落，而是世界上最伟大的国家。作者并不是一个外来人，在异国他乡的土地上猎奇而写作的，本书的内容包含着一个公民对自己的人民进行观察的结果。""通过熟悉一个小村落的生活，我们犹如在显微镜下看到了整个中国的缩影。""这是一个实地调查工作者的最珍贵的成就。"马林诺夫斯基预言本书是"人类学实地调查和理论工作发展中的一个里程碑"（马林诺夫斯基，1939）。

20世纪30年代以前，人类学一直是以当时欧洲人所谓的"野蛮人"作为研究对象和领域的，实际上是把"人类学"等同"野蛮学"，但并不觉得这是对人类学

的讽刺；而费孝通从《江村经济》这本书开创了一代新风气，也就是跨越"文野之别"，将人类学推向一个新时代，走上了一条本地人调查研究本地情况，本民族人调查研究本民族情况的广阔的道路，而且用人类学理论和方法研究了一个有高度文明的中国社会。《江村经济》中的原理和内容，揭示了现代中国社会学派的方法论基础是多么结实可靠。费孝通由此一举成名，引起了国际的巨大反响，《江村经济》随即被人类学和社会学专业列为必读参考书。

《江村经济》当然不是后来有的批评者所说的是调查不到一个月，"七拼八凑"，为帝国主义提供情报的买办之作，[①] 而是费孝通认识中国农村问题的重要起点，也是他学术研究的重要起点。书中提出的以村庄社区为研究对象问题、农村的土地权与人口压力问题、恢复和发展乡村工业问题、解决人民的饥饿和增加农民收入问题、农村社会制度的变革问题、农村社会变革的动力问题、文化与农村经济发展的关系问题、城镇之间的竞争问题、城乡关系问题、农村职业的分化问题、农村挣工资阶层的产生及其影响问题、农村炫耀消费问题、中国农村的前景问题，以及社会科学在指导文化变迁中的作用，即科学的价值在于真正为人类服务问题等，孕育了费孝通日后农村、小城镇、城乡关系和区域研究的课题和科学价值观，他为之奋斗了一生。

坎　坷

江村，是费孝通跌宕起伏的地方，也是其两次学术生命的起点。

21 年后，即 1957 年费孝通重访江村，源于国外和国内的多重因素。国外的因素有三。一是 1955 年，美国一名叫菲特佛基尔的人写文章，说共产党不让他继续做农村调查了。费孝通总是想用事实答复这个别有用心的挑衅者。二是 1956 年春天，葛迪斯随新西兰文化代表团访问中国，特意去访问江村，寻求《江村经济》（1936年）之后，"那里的人民后来怎么样了？是不是在废墟上建设了一个新的农村？"葛迪斯的热情与执着，更激发了费孝通重返故里的愿望。三是 1956 年 10 月 16 日，英

---

① 1957 年 6 月开始的"反右派斗争"，有多篇（本）论著批判费孝通的《江村经济》，其中黄万纶如是说："1936 年夏天，费孝通花了不到一个月的时间，住在一个恶霸地主周宝山（伪乡长）家里，通过一些保甲长和国民党的爪牙，搜集了一些'材料'，七拼八凑地编成了一本所谓《中国农民的生活》(*Peasant Life in China*)，这本书又名《江村经济》，于 1939 年以英文在伦敦出版，并借此换得了'博士'学位。"（见黄万纶的《费孝通"农村调查"的反动本质》，上海人民出版社，1958，第 1 页）。李达以"《中国农民（的）生活》一书，只在英国用英文出版，没有用中文在中国出版"为据，断言"费孝通在全国解放以前确是一个文化买办，是有确实证据的反共反人民的卖国通敌的反动派"（见《费孝通的买办社会学批判》，上海人民出版社，1958，第 22 - 23 页）。

国伦敦 Routledge 书店来信，说《江村经济》出版已近 20 年，不值得再版，希望费孝通重写一本《新中国农民生活》，由他们出版。这三者在费孝通思想上交会，不仅应该回到 20 年前的江村进行调查，而且应该在调查的基础上重新写一本反映江村变迁的书。

与此同时，国内的社会学处境开始发生变化，为费孝通实现江村再调查提供了条件。一是 1956 年 1 月 14 日，中共中央在中南海怀仁堂隆重召开"关于知识分子问题会议"，会议规模宏大，共 1279 人，毛泽东等中央和政府领导人出席。周恩来作《关于知识分子问题的报告》说"革命需要吸收知识分子，建设尤其需要吸收知识分子"，知识分子"已经成为国家工作人员，已经为社会主义服务，已经是工人阶级的一部分"。翌年 3 月 12 日，毛泽东在中国共产党全国宣传工作会议上提出：提倡知识分子到群众中去，到工厂去，到农村去，号召知识分子"下马看花"，一定要研究当前的情况，研究实际的经验和材料，要和工人农民交朋友。知识分子受到重视，得到鼓舞，看到了希望，积极性随之高涨。二是 1956 年 8 月，苏联和东欧社会主义阵营国家首次派社会学代表前往荷兰，出席国际社会学第三次大会，敏感的中国社会学者认为时机来了。第二年元旦前后，首先是在京的社会学家传递着一个又一个鼓舞人心的消息，并以文章、座谈会或通过政协会议提案、发言等多种形式提出恢复社会学的意见和建议。费孝通是力主者之一，并于 2 月 12 日和 3 月 24 日在《文汇报》和《人民日报》相继发表《关于社会学，说几句话》和《知识分子的早春天气》，为社会学这棵老树苗出新枝建言、培土、浇水。

在一次人大代表和政协委员座谈全国宣传会议精神时，时任全国人大代表、国家专家局副局长、国家民族事务委员会副主任、中央民族学院副院长的费孝通教授坐在中共中央政治研究室副主任、《红旗》杂志副总编辑胡绳旁边，便把希望去江村做社会调查，写一本《新中国农民生活》，以满足 Routledge 书店的要求，写了条子相告，并请转告中宣部。费孝通的要求和计划符合中共中央全国宣传会议精神，很快得到中共中央宣传部的支持。再开宣传工作会议时，胡绳说可以由中国科学院经济研究所提供帮助。于是费孝通直接与经济研究所所长狄超白接洽，由所派李孚同、周淑莲、张思骞为助理，组成调查组，于 4 月 24 日重访江村。

费孝通和调查组人员采用召开小型座谈会、个别访问、实地观察等形式，向村民了解 21 年来江村经济、社会和家庭生活的变化。他们夜以继日，争分夺秒，许多数据靠手摇计算机统计，平均每个晚上用去灯油 500 克。据毕玉明反映，费孝通整理资料，常常工作到深夜 12 点钟。座谈会上或个别访谈中，村民如实回应有关问题，对新中国成立后的翻身做主人地位的变化给予肯定，对农副业的厚此薄彼带来的问题敢于提出，可谓畅所欲言。《新观察》摄影记者张祖道拍摄的 100 多张照片，真实记录了村民生产、生活和调查组活动的画面，甚是珍贵。5 月 15 日，费孝通先

行离村，在苏州继续撰写《重访江村》文章。调查组其他人员遵照费孝通的安排，继续调查，走时留下了《吴江县震泽区开弦弓村的典型调查》[①]，全文有 3 万多字。《新观察》第 11、12 期发表了费孝通《重访江村》前两部分，因"反右派斗争"，第三部分人口、婚姻、家庭和教育等未及发表。

费孝通在《重访江村》中，用浓重的词语肯定新中国成立后农村的变化和农民生活的改善。费孝通指出，江村这地方从沦陷到解放，其间有十几年。这十几年的生活不是好过的。农业上有过荒年，副业一般下降了。最令老乡痛恨的是敌伪和国民党反动派的敲诈勒索，一次又一次，整的零的，要钱要米，没个完，把许多原是富裕人家抽干了。这样一个原来可以说得上殷实的农村，糟蹋得憔残了，空虚了，穷困了。好容易盼到了共产党，见了天日，农民翻了身，分得了土地，兴修了水利，又来了合作化，田里谷子一年比一年长得好。苦尽甘来，这种日子过去是没有过的，在衣食住行各方面都有体现。可见 21 年来，江村和千万个其他的农村一样，发生了历史上从来没有过的巨大变化，从人剥削人的社会变成了一个没有剥削的社会。谁看不到这个变化，或是低估了这个变化的意义，那他一定是个瞎子（费孝通，1957b）。

费孝通一生"志在富民"，爱家乡爱祖国，有着高度的社会责任感。他作为一个社会学者，养成了一种对待社会生活的科学态度，就是实事求是地面对问题、认识问题、处理问题，认为靠吹牛来遮盖问题有害无利。"在我们中国，现在已经不是选择哪条道路的问题了，而是怎样更顺利地在这条大家已经选择定了的道路上前进。问题这样提出来，就要求我们去观察在这条道路上还有什么障碍，和怎样消除这些障碍。只看见障碍而不看见道路是不对的，但是只看见道路而不注意障碍也是不对的。"（费孝通，1957b）怎样发现障碍，和怎样消除这些障碍，使父老乡亲的生活过得更好，应当是这次回江村调查应有之义，也是作为人民代表应有的职责。

联三社通过兴修水利，选择良种，推广小株密植、双季稻（扩大复种面积）和增加肥料等举措，1956 年的水稻单位面积产量达到了 559 斤，比 1936 年的 350 斤增产 249 斤，农民的收入在全国范围里名列前茅。但是"增产不增收"，抵不过当时的全部副业收入。费孝通熟悉这个实情，在人多地少的苏南农村，农民深知种田只图个口粮，其他费用全靠副业，也就是养蚕、缫丝、贩运、养羊和捕鱼捉虾等。农业合作社重粮轻副，忽视了副业的组织与生产，副业的收入大幅减少，生活的改善也就受到了限制。农民脱口而出：缺少钱花。有不少人家感到粮食紧张，有人感觉到日子没有 21 年前好过。原因是什么呢？费孝通斩钉截铁地断言："问题出在副业

---

① 该报告打印稿的时间是 1957 年 5 月 22 日，表明这是调查组的最终报告，但与继续调查离开开弦弓村的时间不相符。

上。"（费孝通，1957b）

围绕这个主线，费孝通以家计统计资料的事实，讲道理，出主意，进行了有依有据的比较分析，提出了十多条建议。如发展乡土工业，"关于乡村工业的问题，我依旧觉得值得研究，其中有些地方，我觉得很适合于我们中国的具体情况。最近听到了关于第二个五年计划的说明，更打动了我的心。这次我重访江村，我这段衷曲又涌上心头。在百家争鸣的今天，我有了勇气，再度提出来，诚恳地要求领导上能注意这个问题"（费孝通，1957b）。又如发展多种经营，养猪、羊、兔，启动农闲空置的船只从事贩卖和运输，增加收入。再如，利用河道、湖泊，立体种、养殖。"地有一，水有三"，水底有河泥，水中可养鱼，水面可以种水草作饲料，不仅一举三得，还可以把孩子从割羊草里解放出来，上学学文化（费孝通，1957b）。

费孝通还发现村里生活改善超过了增产的速度，造成了生活困难，由此提出了一个令人思索的问题，那就是社会主义积累问题。费孝通以资本主义演进的历史为鉴，指出人类在资本主义阶段是痛苦的，因为它是通过剥削来实现积累的。社会主义的积累不是靠少数人剥削多数人，而是广大劳动者的自觉行动。他从生产与积累的关系上，分析农村勤俭问题。勤可以多生产，俭是少消费。农民消费多一点和少一点，对于社会主义积累影响很大。勤和俭加起来，增加了积累。勤而不俭，只是一时的虚假的繁荣，不是创家立业的道理（费孝通，1957b）。

费孝通重访江村发现的问题和建议，都及时与地方政府反映，受到重视和肯定。是年5月21日，吴江县人民委员会给江苏省人民委员会和苏州专员公署呈送了《关于全国人大费孝通代表来我县开弦乡农村经济调查工作情况的报告》，汇报费孝通重访江村调查组的调查目的、调查内容、调查方法、调查结果，以及对问题的看法和意见。该报告认为，费代表的农村调查工作，"对我们改进工作帮助很大，他反映的情况，基本上是符合实际的，提出的问题也确实存在，许多建议都很好"①，表示将组织有关部门认真研究，逐步把问题解决。

不　幸

然而，气氛突然改变，在急风暴雨的"反右派斗争"中，费孝通在《重访江村》中的实事求是的反映和科学合理的献言献策，被全盘否定，遭受口诛笔伐的批判。"所有的脸都突然转过去，在一周之中！"是年，《新观察》第15期发表《一株毒草的

---

① 《关于全国人大费孝通代表来我县开弦乡农村经济调查工作情况的报告》，转自《开弦弓村志》编写组《开弦弓村志》，江苏人民出版社，2015，第438页。

纲领》和《透视"重访江村"》两文，指骂"《重访江村》是株毒草"。紧接着批判会一个接一个，有众多著名的哲学家、历史学家、经济学家、社会学家和民俗学家等都对《重访江村》进行了批判，认为费孝通标榜的社会调查，其实正是实现政治阴谋最巧妙和最险毒的手法。中央民族学院从6月至8月，轮番批判费孝通的"反党反社会主义"罪行。9月5~24日，中央民族学院同中国科学院经济研究所和江苏、吴江有关党政机关工作人员8人组成调查组，前往江村进行专项调查，旨在用事实批驳费孝通。调查组撰写了3份相对独立的调查报告——《江苏省吴江县开弦弓村土改前后的经济情况：土地占有和阶级关系的变化》《江苏省吴江县开弦弓村农业生产互助合作运动的发展情况》《江苏省吴江县开弦弓村农副业生产变化情况》。这3份调查报告采用了费孝通重访江村调查组的相关资料，进一步收集和核实了一些资料，细看各个部分和比较资料，与费孝通先行在《重访江村》发表的立论和数据基本一致，并无原则差别。但利用这些资料撰写的著作、文章则不同。如《费孝通"农村调查"的反动本质》一书，作者说《重访江村》"是一支猖狂向党、向社会主义进攻的毒箭"，还将《江村经济》和《禄村农田》、《重访江村》串联为一体，说费孝通的农村调查从来就是"反动的和反科学的"（黄万纶，1958）。在此之前半年，上海人民出版社出版的仅26页的《费孝通的买办社会学批判》一书，作者用了1/5的篇幅鞭挞《重访江村》的买办性和反动性，斥责说："中国人用殖民主义调查殖民地的方法来调查中国的乡村，特别是全国人民代表之一的费孝通用这样的方法来调查社会主义的中国的乡村，这就大有问题了。"（李达，1958）鉴于当时的历史背景，可以体谅批判者们当时的苦衷，但必须指出这些批判已被历史证明是错误的。

费孝通在当时的历史背景下，也不得不违心地"自我揭露"，在全国人民代表大会第四次会议上发言，"向人民伏罪"（费孝通，1957a）。费孝通被解除一切行政职务，仅保留教授职位；第二年摘掉他的"右派帽子"，但政治性质没有变，仍然是一个"右派"分子，被戏称为"摘帽右派"；第三年他成为全国政协委员，有了一定的政治地位，没有被发送到艰苦的地方去过艰苦的生活，而可以随队到各地考察访问。贬黜算是结束。不过，社会没有他的声音了，没有人会出版他的东西，江村调查也被迫切断。费孝通像某种传染病，成为不可接触的特殊之人。家乡一位小学教师说"费孝通是个好人"，被定为"右派"分子，他的哥哥费振东同情他，也被定为"右派"分子。他失去了精神支柱，变得默默无闻了。①

---

① 1962年春节期间，费孝通去给大哥拜年。费振东希望他把留学英国的经历写一写，作为文化教育史料，对后人是有用的。费孝通回去后写了《留英记》，刊登在是年国务院文史资料委员会编辑的《文史资料选辑》上。这是费孝通被定为"右派"分子后至"文革"结束前发表的唯一的一篇长文。

新　生

"文化大革命"结束后，社会科学的春天来了，费孝通获得了第二次学术生命。

1. 复出

1978 年春，中国社会科学院规划局召开与社会学有关人员的座谈会，商议怎么样开展社会学研究，通知了 30 多人，有十多人谈社会学色变，顾虑重重，不愿与会，费孝通同样也心有余悸。翌年春节后，中国社会科学院院长、国务院学位委员会主任胡乔木约谈费孝通，说必须开展社会学的研究工作，希望他主持中国社会学的恢复重建工作。费孝通感到任重力薄，怕自取其咎，没有欣然从命。胡乔木耐心说服，晓之以理，坚持希望费孝通肩负起这项工作。胡乔木认为，这件事有关我们国家"四化"的问题，如果我们搞好了，可以把我们的"四化"搞得顺利一些，搞得快一点。我们的社会问题一大堆，很多问题不能很快很好地解决。所以胡乔木说，尽管困难，也要知难而进（费孝通，1981c）。费孝通想到"社会学是一门可以为人民服务的学科"，终于下定决心，争取再做点事，"为了前人的遗志，为了我几十年来的信念，为了子孙的好处，我也得勉为其难"（费孝通，1980c）。但费孝通提出一个要求，希望组织摘掉社会学"反动"的帽子，也就是给社会学正名。名正言顺，这是解除社会学"禁区"、社会学恢复重建的前提，也是开展组织工作和活动的基础。胡乔木接受了这个意见。

是年 3 月 15～18 日，中国社会科学院规划局在北京召开社会学座谈会，与会者有社会学的老前辈、支持社会学的各界代表，共有 60 余人。16 日上午，胡乔木在社会学座谈会上讲话，开宗明义地说，历史唯物主义研究社会生活、社会现象、社会发展，在这广大范围内，提供了最根本的观点和原理。历史唯物主义的对象不等于整个社会科学的对象，也不等于社会学的对象。社会关系的核心是生产关系。但社会关系不等于生产关系，因此马克思多次把生产关系和社会关系区别开来。研究历史唯物主义同研究社会学，这中间是不能画等号的。否认社会学是一门科学，用非常粗暴的方法禁止它的存在、发展、传播，无论是从科学的还是政治的观点来说都是错误的，是违背社会主义的根本原则的。胡乔木最后说，为了具体地深入地研究认识我们的社会生活，我们需要社会学。在科学的历史唯物主义观点、方法的指导下，我们的社会学肯定会做出重要的贡献。[①] 中国社会学中断近 30 年来，胡乔木

[①] 胡乔木在全国社会学座谈会上的讲话，后由《哲学研究》杂志社整理，以本刊评论员名义在该刊发表，题目是《历史唯物主义与社会学》（1979 年第 5 期）。本摘要参照个别与会人员记录。

的这个讲话无疑代表了党中央的声音，阐述了历史唯物主义与社会学的关系，给中国社会学恢复了政治名誉和学术地位，提出了中国社会学在中国社会主义现代化进程中的任务和希望，令人鼓舞。费孝通在会上作了题为《为社会学再说几句话》的发言（1979 年），说"千里之行，始于足下。让我们用我们的余生，竭尽全力，响应党的号召，在开展社会学研究这件工作上，做出应有的贡献"。会上宣布成立中国社会学研究会（1982 年改称中国社会学会），费孝通当选为会长。

1979 年 3 月 20 日，邓小平在党的理论工作务虚会上发表《坚持四项基本原则》讲话，他在谈到思想理论工作任务时说："政治学、法学、社会学以及世界政治的研究，我们过去多年忽视了，现在也需要赶快补课……我们已经承认自然科学比外国落后了，现在也应该承认社会科学的研究工作（就可比的方面说）比外国落后了。我们的水平很低，好多年连统计数字都没有，这样的情况当然使认真的社会科学的研究遇到极大的困难。因此，我们的思想理论工作者必须下定决心，急起直追，一定要深入实际，调查研究，知己知彼，力戒空谈。四个现代化靠空谈是化不出来的。"这一"补课论"，为中国社会学的新生、发展发出了久违、奋进的动员令。

翌年 6 月 11 日，中共中央就批转中央统战部《关于爱国人士中的右派复查问题的请示报告》发出通知，对"拟予改正"的费孝通等 22 人予以改正。费孝通喜获新的政治生命，给予第二次学术生命重大的支撑。他胸怀坦荡，以宽容的心态面对个人的得失、沉浮、悲欢、荣辱。做人要超脱些，境界要高一些，这就是费孝通的人生度量。

中国社会学青黄不接，国际联系停滞，困难重重，费孝通努力创造条件，借助美国和中国香港友人的力量接连办了两期北京社会学讲习班，用速成的方法为 100 多名中青年学子普及了社会学的基本知识，为社会学的恢复重建播下了种子。同时逐步落实组织研究机构，推动建立学系和学会，亲自主持《社会学概论》（试讲本）的编写，为学科发展搭了台，指引了方向。

2. "三访江村"

初心不改，1981 年 10 月，费孝通偕同姐姐费达生，再返既推动他成名又使他遭不幸的江村考察访问。调查组成员还有中国社会科学院社会学研究所和经济研究所的王康、林友苏、吴承毅等。这次"三访江村"的背景之一，是英国皇家人类学会通知费孝通赴伦敦接受赫胥黎纪念奖章。费孝通既感到衷心喜悦又为在颁奖仪式上讲什么发愁。他当年的老师雷蒙德·弗思（Raymond Firth）爵士看他迟迟未决，来信建议他讲讲江村 1936 年以来的变化。这与费孝通当时所想不谋而合。于是费孝通决定三访江村。

如同 35 年前那样，费孝通和他姐姐费达生受到乡亲们的盛情欢迎。荷花湾大队和开弦弓大队密切配合，根据调查要求做了许多统计准备工作，高效地组织各种座谈会和入户访问，探望生丝合作社老丝工，使他在较短时间内获得了较为丰富的资料，按计划完成《三访江村》一文。11 月 18 日晚，费孝通登上 45 年前他留学英国时的母校——伦敦经济政治学院的讲台，接受了英国皇家人类学会颁发的 1981 年度赫胥黎奖章，成为第一位接受这项荣誉的中国学者。

赫胥黎奖章是 1900 年为纪念《天演论》的作者赫胥黎而创设的，是国际人类学界的最高学术荣誉。费孝通在接受奖章之后，做了《三访江村》的学术演讲，向国际学界和友人介绍了近半个世纪，特别是中国改革开放以来江村经济结构、社会生活令人欣喜的变化。费孝通在讲演中谈道，"开弦弓村农民收入的增加主要是由于 1979 年以来贯彻了党的十一届三中全会决定的政策，改变了农村的经济结构。那就是纠正了片面地发展粮食生产，而落实了多种经营的方针，农业比重下降，副业有所增加和工业激增。乡村工业的崛起，是一个值得注意的变化。……农村的性质也发生了变化，再不是那种落后的乡村了"。他还说："我觉得特别兴奋的是在这里看到了我几十年前所想象的目标已在现实中出现，而且为今后中国经济的特点显露了苗头。"（费孝通，1981c）英国著名社会人类学家雷蒙德·弗思爵士说，这篇精彩的学术演讲不仅证明费孝通在社会人类学的研究方面已经达到一个新的卓越水平，而且也显示了中国人类学界对世界所做的贡献。

3. 走出江村

费孝通把江村作为学术研究的起点和长期观察中国社会的窗口，但并不局限于此。1996 年，费孝通为张智楚编的《走出江村》一书作序时说道"我这个人的思想在过去 60 年里并没有囿限在家乡这个小小农村里，实际上早就走出了家乡这个小农村，面向全国，甚至已面向世界"，又说"走出江村之后各地方的接触正是我学术生命得以维持至今的营养来源"（费孝通，1997）。费孝通赞同 A. 拉德克利夫·布朗、吴文藻和雷蒙德·弗思的意见，认为研究者以一个村庄为研究单位最为合适，便于直接的接触和亲自的观察，并能提供人们社会生活的较完整的切片。但要更好地了解、认识这一微型社区的社会结构、社会生活及其社会问题等，则需要站在高处，从市镇、大中城市、全国乃至全世界角度进行观察和研究。费孝通（2003）后来说："最近一段时期，我把自己多年来的一条基本思考路线打通了，理出了一个框架，就是'江村经济—行行重行行—文化自觉—天下大同'，其中包括大家比较熟悉的一条具体路线，即'江村－小城镇－中小城市－以大城市为中心的经济区域'，有朋友打趣地说我是'从乡下进了城'。"

费孝通在"三访江村""四访江村"过程中，深深受到农村发展热潮的刺激，促使他决心追随这个历史性转变的大潮流，把重点从民族研究转移到农村社区研究（费孝通，1996），接着上升到研究作为农村政治、经济、文化中心的小城镇，提出"小城镇，大问题"这个具有重要现实和历史意义的战略性意见。至 2002 年秋天，费孝通 26 次访问江村，从江村这个知识的源泉吸取营养和灵感，又先后发表了《江村五十年》《九访江村》和有关农村发展、小城镇建设等系列文章。他走出江村扩展研究大中城市和区域发展，进入江村研究的盛世时期。这期间他提出了一系列促进中国城乡发展的思想，如 20 世纪 80 年代提出的发展乡村工业（乡镇企业）、小城镇建设、边区（西部）开发和"重开丝绸之路"（向西发展开拓国际市场），"无农不稳、无工不富、无商不活、无才不兴、无智不进"和"自然生态与人文生态"相协调等观点；又如 1990 年春夏提出的"以上海为龙头，江浙为两翼，建立一个能带动长江流域腹地的经济开发区"。

费孝通认为，这些由江村延伸出来的全国一盘棋的"变"的调查研究，是中国经济社会发展的客观现实提出的任务。人民的实践和创造的经验，需要社会学者去了解、总结和认识，并从实践中找出不同的经济社会发展的道路，供实际部门决策参考，帮助人民改善生活。这实际上为中国社会学和人类学的发展、社会主义现代化做出了重要贡献。

4. 历史的遗憾

1980 年 6 月 23 日费孝通应邀参加全国政协、中央统战部召开的民主党派和无党派人士座谈会。这是费孝通恢复政治声誉后的首次政治活动，他在发言中表示将认真尽力完成党所交给的任务。除此，"还想还两笔老账，想写两本书"，其中一本是 20 多年前许下的愿（写一本《新中国农民生活》），想再到江村去调查一次，"为后代留下一本关于这个农村在半个世纪里所发生的变化的忠实记录。国内外的同行们都督促我早日偿清这笔欠账"[①]。在接受赫胥黎奖章的仪式演讲中，费孝通做出了同样的许诺，希望在江村调查之后的 50 年时给大家送上一本《江村经济》的续篇《江村五十年》。

1985 年春，费孝通组织调查组 3 人驻村，按《江村五十年》编写计划分工查资料，做统计，召开座谈会，个案访谈，随时观察等，历时两年多。其间，调查组多次集体讨论，并向费孝通汇报，听取进一步调查的意见。调查后期，沈关宝以江村乡村工业发展为主题，撰写出博士学位论文《一场静悄悄的革命——苏南乡村的工业与社会》。沈关宝获博士学位后不久，前往英国伦敦经济政治学院做博士后。调查组中另一成员李友梅亦去法国巴黎大学留学，无暇顾及《江村五十年》的写作。《江村五十年》一书因此搁下而失信于国际学界，成为历史遗憾。费孝通对此结局，是没有想到的，其内心痛楚，旁人自是难以感受。

---

① 第二笔账，是费孝通欠前妻王同惠的，写出一本经得住时间考验的"中国社会结构"方面的书。

传　承

"一切事物都要新陈代谢，新旧交替……只要有人继承下去，我们的事业会永远发展下去。"（费孝通，1986）传承费孝通开创的江村调查思想及其理论和方法，是我们的历史使命。

中国社会学恢复重建之初，费孝通多次谈到，社会学应该像自然科学那样有自己的实验室，就是有个地方可以有系统地接触社会生活。"如果我们能在各地城市里、农村里，建立起一些能把基本情况调查清楚了的调查基地，我们自己和我们的学生随时都能到基地里去访问和观察，这不就等于是学习自然科学时上实验室做实验么？"（费孝通，1981b）

1981 年 12 月 16 日，中国社会科学院社会学研究所和江苏省社会科学院社会学研究所联合京津沪宁的高校、社会学研究所和地方 11 个单位的 17 位中青年社会学工作者和 2 名当地负责后勤服务人员组成社会调查小组，在开弦弓村宣布建立"江村社会调查基地"，聘请中国社会科学院社会学研究所和江苏省社会科学院社会学研究所费孝通、吴承毅、张之毅等，以及江苏省哲学社会科学联合会前主席王淮冰和中共吴江县委副书记翟秀生为顾问。

依托江村基地，产生了一批学术成果，培养了一批社会学人才。悉尼大学人类学系教授威廉·葛迪斯（W. R. Geddes），马里兰大学副校长、人类学教授南希·冈萨雷斯（Naneie Gonzalez）等诸多国外学者也来考察研究。

此阶段比较深入的调查研究成果有沈关宝的《一场静悄悄的革命——苏南乡村的工业与社会》（1993 年）、中国人民政治协商会议吴江市委会的《江村—江镇——庙港发展的脚步》（1996 年）、薛和的《江村自治——社会变迁中的农村基层民主》（2004 年）、王淮冰的《江村报告——一个了解中国农村的窗口》（2004 年）、周拥平的《江村经济七十年》（2006 年）、刘豪兴和冯月根等的《以工兴镇——苏南七都镇再调查》（2008 年）、英国学者常向群的《关系抑或礼尚往来？——江村互惠、社会支持网和社会创造的研究》（2009 年）、解舜方和曹雪娟主编的《江村七十年——中国农民的小康之路》（2010 年）、朱云云和姚富坤的《江村变迁——江苏开弦弓村调查》（2010 年），以及《开弦弓村志》（2015 年）等。

在此后有关江村调查的研究中，有关"江村学"的提出及推进是一个重要的时间节点。2006 年，刘豪兴在"纪念费孝通江村调查 70 周年暨社会主义新农村建设研讨会"上，提交了《费孝通江村研究 70 年——兼述开展"江村学"研究》一文，设专节谈了对"江村学"的一些思考。2016 年 7 月，他在上海大学举办的"乡村建

设与文化主体性的反思——第二届费孝通学术思想研究学术研讨会暨纪念费孝通'江村调查'80周年《费孝通学术思想研究》系列丛书发布会"上，在《创建"江村学"之再思考》发言中，从新的角度，再次谈了创建"江村学"的意见。我们提出创建"江村学"的问题，曾请教了杨心恒、李德滨、周运清、孙嘉明和路英浩等多位同人，他们支持我们的探索。作为一种呼应，在这次讨论会上，李友梅专门就"'江村学'的研究范式"做了主题发言。

为什么提出创建"江村学"呢？

"江村"，是费孝通 1936 年 7 月 15 日在《天津益世报·社会研究》发表的《江村通讯·这次研究工作的动机和希望》给苏南开弦弓村取的学名（"代表一种类型的农村"——费孝通语），后在《江村经济》一书中采用，由此声名远播。但开弦弓村的蚕丝业及其与世界市场经济的联系，早在三四年前就已引起费孝通的关注和研究了。江村是他两次学术生命的起点，社会学人类学研究的社会实验室，世界观察中国社会的窗口。

江村作为一个普通的中国农村，费孝通"行行重行行"，不断往返这一微型农村社区，逐步扩展探索中国富民之路，持续研究了 70 余年；年轻人踏着他的脚印继续江村调查，薪火相传，这在国内外社会科学界实属罕见。

费孝通的江村调查及其延伸，始终坚持实地调查和"学以致用""志在富民"的学术价值观。他认为如果"为研究而研究"，为学术而学术，所得研究成果对他人，对现实和后世不发生影响的话，这样的社会人生将是毫无意义的，他是不会走此路的。费孝通引领的江村调查，将社会学和人类学合家，践行了吴文藻、费孝通为代表的社区研究学派的社会学中国化主张，为认识中国社会、改造中国社会累积了丰富的学术成果，是一笔宝贵的精神文化财富。

将江村日益广泛深入的调查研究成果提升到建立学说的高度，进行理论和方法论的概括，将江村研究引入新的阶段，增强江村研究人员的学说责任感和使命感。这样有助于综合整理、总结概括江村调查的研究成果，有助于系统地剖析费孝通的学术道路及其学术成就，有助于对中国社会学人类学发展道路的了解和认识，有助于促进中国社会学人类学已有研究成果的个案研究，有助于推动中国社会学人类学的发展，有助于社会学的中国学派的实现，扩大中国社会学人类学在国际上的影响和话语权。

"江村学"研究什么呢？"江村学"以江村调查研究成果为研究对象，是对江村研究的研究。也就是对费孝通开创的江村调查之缘起、历史进程、学术成果、社会影响、研究方法，及其相关的费孝通研究与批评等的综述、分析、评论，同时以实践数据检验费孝通提出的农民致富、乡村工业、小城镇、"三级两跳"等理论的合理性和科学性。

"江村学"研究已具备哪些有利条件呢?第一,江村是中国农村经济社会发展较快的一种类型的代表,既有其特殊性,又有与中国现代化进程相一致的许多共性,其发展规律已有所显现;第二,江村近现代的多个时期都有所研究,成果较丰富,可供比较研究;第三,江村有比较完整的档案资料,具有小百科性质的《开弦弓村志》已经出版;第四,江村研究的人在增多,研究水平在提高,将为江村研究提供日益丰富的资料。

"江村学"研究存在哪些问题与困难?第一,江村研究包括研究成果和各种评论异常分散,还没有建立资料库,也不知道谁可主持这项功在千秋的工作;第二,近年来研究生导师指导学生来江村调查研究有增无减,选题缺乏协调,也难于协调,也不知道应该怎么协调,研究课题常常雷同;第三,学位论文的调查时间一般只有一两个星期,没有足够的时间,哪有丰富的资料分析,有的问卷调查缺乏科学性和真实性,如此的学位论文质量难以保证,将给"江村学"的研究带来隐患。

"江村学"是费孝通学术思想的传承和弘扬,其产生将是一个长期的任务。"江村学"的理论体系,将在研究中逐步建立和完善,不可能一蹴而就。这是一个长期学习、钻研过程,需要排除许多障碍,克服许多困难,更要接受各种批评和评判的考验。只要坚持,就会有所建树。

参考文献

费孝通,1933,《我们在农村建设事业中的经验》,载《费孝通文集》第一卷,北京:群言出版社。

费孝通,1957a,《向人民伏罪》,载《费孝通文集》第七卷,北京:群言出版社。

费孝通,1957b,《重访江村》,载《费孝通文集》第七卷,北京:群言出版社。

费孝通,1980c,《迈向人民的人类学》,载《费孝通文集》第七卷,北京:群言出版社。

费孝通,1981a,《建立面向中国实际的人民社会学——从三访"江村"说起》,载《费孝通文集》第八卷,北京:群言出版社。

费孝通,1981b,《略谈社会学》,载《费孝通文集》第八卷,北京:群言出版社。

费孝通,1981c,《现代化与社会问题》,载《费孝通文集》第七卷,北京:群言出版社。

费孝通,1986,《同社会学界朋友们的谈话》,载《费孝通文集》第十卷,北京:群言出版社。

费孝通,1996,《简述我的民族研究经历和思考》,载《费孝通文集》第十四卷,北京:群言出版社。

费孝通,1997,《走出江村》序,载张智楚编《走出江村》,北京:人民出版社。

费孝通,2003,《我的思路框架》,载刘豪兴编《中国城乡发展的道路》,上海:上海人民出版社。

费孝通、王同惠,1936,《花篮瑶社会组织》,南京:江苏人民出版社。

黄万纶,1958,《费孝通"农村调查"的反动本质》,上海:上海人民出版社。

李达,1958,《费孝通的买办社会学批判》,上海:上海人民出版社。

马林诺斯基,1939,《江村经济》序,载刘豪兴编《江村经济》,上海:上海人民出版社。

费孝通和他的思想世界[*]

王铭铭[**]

　　费孝通是 20 世纪中国最重要的学者和改革家之一。他于 1910 年 11 月 2 日出生在江苏省吴江县的一个绅士家庭。在他出生之前 5 年，清朝政府废除了科举制度。这一大变革导致传统教育衰落，费孝通失去了接受系统的旧学教育的机会，只能去上新式学校。不过，童年时期的费孝通在家中接受了双亲的中西文明熏陶。他的父亲费璞安，有良好的旧学修养，同时也对西方现代科学有浓厚兴趣；母亲杨纫兰，则是一位有基督教信仰的官员之女。18 岁时，费孝通进入东吴大学医学专业学习，但是两年之后，他放弃了这个专业，在"一种为医治社会疾病与不公的更伟大目标"的感召之下，他转向了社会学，认为这个专业比医学对中国更有用。他转入位于北平（1949 年以后改名北京）的燕京大学（该校由教会支持），在其社会学系就读；这应该是当时中国最好的社会学系。毕业后，他又进入清华社会学系，攻读人类学硕士学位。在燕京大学和清华大学，他的老师有吴文藻、潘光旦、史禄国（S. M. Shirokogorroff），以及来华访学的杰出社会学家和人类学家，如派克（Robert Park，1932 年访问燕京大学）和拉德克利夫－布朗（Alfred R. Radcliffe-Brown，1935 年访问燕京大学）。

　　1935 年，费孝通与新婚爱妻王同惠女士一起赴广西花篮瑶地区开始了其首次田

---

* 本文是应《社会理论百科全书》编委会之邀而写的词条（详见：Fei Xiaotong, *The Wiley Blackwell Encyclopedia of Social Theory*, edited by Brian H. Turner, published by John Wiley & Sons Ltd., 2017. DOI: http://onlinelibrary.wiley.com/book/10.1002/9781118430873/），它是关于费孝通先生和他的思想世界的。在西方主导的社会理论界所出版的社科类词书中，收录介绍现代中国学者社会思想的词条，或属首次。在撰写词条时，我一直怀有在国际社会科学界恢复费孝通先生思想世界之整体面貌的心愿，这使我下笔时难抑兴奋，以致最后完成的篇幅大大超过要求。编委会发表其英文版时进行了删节，特别是删去了其中与《江村经济》和"差序格局"关系不那么直接的部分。但是，我仍旧希望可以有机会刊出全文。幸得杨清媚博士相助，将原稿逐句译出。我在译稿的基础上，又进行了进一步修订。我想借此对杨博士的帮助表以谢忱，但同时我也想强调，文本里如有任何错误，其责任都应当由我自己承担。我非常高兴有机会在"纪念费孝通先生的江村调查八十周年的国际学术大会"上宣读本文，以纪念这一中国社会学和人类学界的重大事件。

** 王铭铭，北京大学社会学系/社会人类学研究所教授、云南民族大学特聘教授。

野调查。但是，这次田野工作以悲剧收尾。费孝通误踏虎陷，王同惠在寻求救援途中身亡。1936 年，费孝通伤势逐渐恢复，他回到家乡，在附近一个名叫"开弦弓"的村子做了第二次田野调查。在开弦弓村，他的姐姐费达生创办了一个农民缫丝合作社，费孝通将其作为自己关于社会变迁研究的第一个案例。

两个月之后，在吴文藻先生的安排下，费孝通赴伦敦经济学院（LSE）攻读社会人类学博士学位。[①] 在 LSE，他师从费思（Raymond Firth）和马林诺夫斯基（Bronislaw Malinowski），以开弦弓村的调查所得为基础，写成一部博士论文，并在 1938 年顺利通过答辩。

1938～1946 年，回国后的费孝通在云南大学社会学系工作。其间，他在昆明附近的呈贡县的魁阁创建了社会学调查工作站。在那里，他培养了新一代投身于田野工作的社会学和人类学者（潘乃谷、王铭铭，2005）。同时，费孝通写作了大量关于中国现代化、族际关系、跨文化比较的作品，并投身于民主运动。他成为广为人知的杰出学者、社会学研究的领军人物以及著名社会活动家。

20 世纪 50 年代早期，费孝通先是在清华工作过几年；之后作为一位著名学者和知识分子，接受了多项重要任务，包括知识分子的动员、民族事务的管理、中央民族学院的建设。在费孝通看来，在毛泽东的领导下，皇权－绅权这一"双轨政治"的传统可以得到复兴。[②]

1957 年春天，费孝通在报刊上发表了一篇短文《知识分子的早春天气》，称赞毛泽东鼓励自由言论，但同时也微妙地批评了当时出现的对于不同言论的压抑。出乎他所料，这一短文使他被划为"右派"。费孝通被下放到专门为"有问题"的知识分子设的"五七干校"进行劳动改造。[③]

1978 年，费孝通得到平反。在他自述的"第二次学术生命"阶段，他身上汇聚了一系列学术和政治头衔。[④] 在海外，他的社会学和人类学贡献得到承认而获得多项荣誉。[⑤]

费孝通于 2005 年 4 月去世。从 14 岁发表作品开始，一直到超过 90 岁仍在坚持

---

① 吴文藻意图部分地借助社会人类学的方法使社会学"中国化"，以适用于研究中国乡村社会的变迁（吴文藻，1990：12）。

② 在这一阶段，费孝通不仅投入了大量时间和精力去推动知识分子共同为新中国工作，而且也致力于将在乡村的田野工作中获得的有用洞察转化为政策思考。

③ 在这些晦暗的岁月里，费孝通被禁止发表作品，仅在 20 世纪 60 年代有机会去翻译关于工业化和现代世界历史的两本英文著作，同时写作他在英国学习期间的回忆录。

④ 这些头衔包括中国社会科学院社会学研究所所长、民族研究所副所长、研究员，中央民族学院副院长，中国社会与发展研究中心主任，北京大学社会学教授，国家民族事务委员会顾问，全国政协副主席，全国人大常委会副委员长，中华人民共和国香港特别行政区基本法起草委员会副主任委员，等等。

⑤ 这些荣誉包括国际应用人类学会马林诺夫斯基奖章、英国皇家人类学会赫胥黎奖章、大不列颠百科全书奖章，以及在日本福冈颁发的"美国与亚洲文化奖"。

写作，费孝通可谓著作等身，作品类型涵盖学术、文学和政治。[1] 不仅如此，费孝通的社会学和人类学研究视野极其广阔，这些研究广泛涉及从乡土、民族到世界三个层次的众多话题（杨清媚，2010）。费孝通的国际声誉固然主要是来自他的乡村社区研究，以及他在推动乡土工业和小城镇城市化上的主张和行动，然而，他的研究并不只局限于民族志，他不断在深层的历史时间里寻求社会生活的真实，也不断将其社会科学的视野拓展到乡土之外。因而他对世界社会科学的贡献，并不局限于他杰出的社区研究作品。他关于"社会"的中国式界定、关于现代性的比较社会学论述、关于知识分子适应时代的途径之主张、关于多元和跨国文明的"民族史"的诠释，以及关于西方的中国人类学研究的尝试，都具有重要的价值。

工业化时代中的乡土社会

费孝通的代表作《江村经济——中国农民的生活》，是一项富有创造性的研究，涉及变迁中的乡村社会这一主题（费孝通，2001/1939）。这本书由其博士论文修改而成，被认为是功能主义民族志的成功案例（Leach，1982：122 - 148），但其实，此书同时也是对现代世界体系的地方冲击和地方回应所进行的一项开创性的民族志研究。书中，费孝通先花了九章描述家庭、财产、生计、占有、历法、农业和土地租佃等方面的传统方式，然后用四章的篇幅聚焦于传统手工业、贸易、市场和金融的变迁。如果说前面的章节对乡土生活做了描述式的说明，那么后四章则旨在分析。在这些分析的章节里，费孝通集中讨论了"农业问题"，认为这与西方的"工业力量"扩张（通过附近的大城市如上海）有关，而西方主导的工业化导致了农户破产和苦难。

江村的农民传统上依赖农业和丝业的复合经济为生计。随着 19 世纪中叶以来西方工业力量的进入，他们的生计越来越依赖世界市场的变化。世界市场导致丝价骤然下跌，使农民社会转向解体，农民陷入贫困。对费孝通而言，所有这些问题背后的一个重要原因是传统手工业的衰退。

不同于那些将"工业"限定于工业社会的讲法，费孝通从一个更广的范围来讨论"工业"。他比较了传统手工业和现代工业的不同，认为前者规模更小并且嵌入农业生活之中，而后者来自外部（西方），规模更大且对农业构成了破坏。

对费孝通来说，一个正确的社会变迁方案应该导向乡土工业的复兴，而这一目标的达成需要依靠同时具有传统道德和现代知识的"新绅士"的作为。在江村研究

---

[1]　在他去世前几个月，《费孝通文集》（1999～2004）正在编纂中，最终出版时有厚厚的 16 卷。

关于丝业的部分，费孝通以姐姐费达生作为个案，呈现其士绅如何通过创办技术学校，引导乡土工业的发展。对他而言，这一"中国与西方文明相遇的结果"（费孝通，2001/1939：204）是十分必要的，它促使乡土工业的复兴得以展开，对妥当的社会变迁起到重要推动作用。①

费孝通与美国人类学家芮德菲尔德（Robert Redfield）在调查城乡结合体上有共同的兴趣。他们从 20 世纪 40 年代中期开始结下了深厚友谊；在费孝通的安排下，芮德菲尔德于 1948 年秋天作为访问教授访问了清华大学。如芮德菲尔德一样，费孝通认为现代城市的扩张不可避免地引起乡村的瓦解，以及农民对"美好生活"期待的破灭（Redfield，1941：110 - 131）。

在云南期间，费孝通及其学生张之毅研究了三个村庄——禄村、易村和玉村，这三个村庄形成了一组与城市距离不等的乡村共同体序列。费孝通和张之毅根据乡村手工业的衰退、土地流出和贫困增加的不同程度，来把它们排列在一起（Fei & Chang，1948）。

在这些个案研究中，费孝通并没有融入芮德菲尔德的大小传统理论。芮德菲尔德从尤卡坦的研究中得出一个结论："农民社会"的现代化等于"大传统"对乡村的"文明化"（在芮德菲尔德的叙述中，"文明"相当于农民文化的退化）（Redfield，1956）。费孝通同意芮德菲尔德的看法，但是，他在现代"文明"的历史中加入了地方行动者这一视角。

不同于芮德菲尔德从一个外部视角来写作墨西哥的局部，费孝通是从一个内部视角来写作他的中国乡村的。作为一个爱国者，他"充满活力，并不仅着眼于当下中国的灾难，更重要的是关心偌大祖国是西化还是灭亡"（Malinowski，1939：xx）。费孝通从来都不满足于描绘事实或是学究气的"文字游戏"，而致力于超越描述和"游戏"，使社会学"学以致用"，服务于"知行合一"。正如他对芮德菲尔德所说，他内心深信，中国的问题是"中国人要解决的问题，不能靠政治站队，不能靠投靠苏联或美国，而只能由中国人民自己的中国体制的改革来解决"（Redfield，1953：5）。他真正将自己的知识探索定位于解决问题。

士人"位育"的必要性和行动者的角色

在对中国社会的社会学研究中，费孝通曾受到一种对功能主义民族志、芝加哥

---

① 从这一个案中，费孝通总结道："在现代工业世界中，中国是一名后进者，中国有条件避免前任犯过的错误。在这个村庄里，我们已经看到一个以合作为原则来发展小型工厂的实验是如何进行的。与西方资本主义工业发展相对照，这个实验旨在防止生产资料所有权的集中。"（费孝通，2001/1939：238）

学派的人文区位学、涂尔干理论、历史和政治经济学的综合的影响。而在云南期间，他又阅读了几种关于资本主义精神的重要论述，特别是韦伯（Max Weber）、桑巴特（Werner Sombart）和托尼（R. H. Tawney）的作品（费孝通，1940）。他还将自己的解读运用于对传统中国和现代西方的比较中，以支持其主张，即中国对于现代世界的"位育"（适应/调适）的必要性。"位育"一词来自潘光旦——他在 20 世纪 30 年代发展了一种儒家式的"人文区位学"（潘乃穆等，1999）。

在禄村研究中，费孝通呈现了一个与资本主义有着根本不同因而需要调适的农民社会的经济制度与文化。而在美国待了一年之后，1944 年，费孝通返回中国，开始了他后来自述为"第二次学术生命"的阶段。此时，他开始集中精力研究中国社会的总体性，希冀以此来达成一种新的社会学理解。

他在《皇权与绅权》（费孝通等，1948）中，应该说最简明地表达了他的社会学旨趣。这期间的诸多文章聚焦于传统中国整个社会和政治结构中的士大夫（这被费孝通理解为与精英文化密切关联的政治和经济阶层）以及乡绅（这被费孝通理解为文化精英）的角色。他考察了中国知识人的历史（包括士大夫和乡绅），试图以之论证其"位育"理论。他认为传统士人曾起过积极作用，有利于缓和国家权力和农民之间的紧张关系。然而，与此同时，他们也存在一个问题。费孝通指出，传统士人只关心伦理－政治知识，既无意于发展任何关于物的技术性知识，也不可能完全脱离皇权与亲族。更糟糕的是，在工业化扩张时代，大部分士人不仅失去了其声望，还变成了"盲人骑瞎马"。对于费孝通而言，如果士人不能使自己适应于现代情况，迎接新知识，那么他们将与后传统时代格格不入。[①]

费孝通在其关于三个阶层（农民、帝国权力统治者和士大夫）的论述中不断表达出一种伤感情绪。但是这并没有使他放弃由中国人以自己的方式来解决自己的问题的主张。20 世纪 40 年代后期，费孝通摆脱了狭义的"社区研究"对他的制约，开始探索中国文化的整体形态，有志于恢复中国文化的自主性。费孝通自己认为他对"差序格局"和"乡土中国"（费孝通，1998/1948）的论述，是这一时期的主要成就。不过，《生育制度》（1947a）似乎是费孝通比较社会学的第一项努力。该书与人的再生产、亲属制度、儿童教养和社会结构等理论形成对话，采用了广泛的民族志材料，指出家族主义是中国的特点，同时也是比西方现代个体主义更普遍实用的社会"基本制度"。而《乡土中国》（1948 年）——英文译为 *From the Soil, the Foundation of Chinese Society*（1992），是一系列通俗有趣的文章合集，这一合集沿着前述主题，推进了理论探索。费孝通通过上述这些探索，更自觉地构建着一种非西方的社会学。

---

① 20 世纪 90 年代，费孝通将这一观点与马林诺夫斯基关于文化变迁的动态研究关联起来，认为，马林诺夫斯基强调了地方精英处于西方文明和本土文化之间，扮演着重要角色（费孝通，2004：250－271）。

作为一种理论的"差序格局"

《乡土中国》从广泛的观察出发，从经典、家喻户晓的故事和鲜活的日常生活例子中提取出一些模式，并将之与西方相关的习俗、信仰及制度进行比较。费孝通采用了一个自下而上的视角，但不像之前那么注重对特殊事实的民族志描写，而在开篇"乡土本色"对中国社会做了一个概念化的刻画，同时尖锐地批评当时中国知识界和政治界存在的对"乡土本色"的误判。然后，他转向核心章节，集中于解释"差序格局"这一基本社会制度。

《乡土中国》英文版（Fei，1992）的译者，将"差序格局"译为"the differential mode of association"（关系的差异模式），这个翻译基本符合"差序格局"的原意。不过，仍没有充分表现原词的丰富意涵。在中文里，"差"意思是区别、差异和不同的距离感，"序"指的是序列性的次序，而"格局"意思是网格、模式和秩序。对费孝通来说，中国社会的基本形式是由社会关系的等级构成，而这一等级有其特殊性，即它是根据与"己"的远近亲疏的不同来衡量的。考虑到这一点，我们亦可以将"差序格局"译为"the order of stratified closeness"（层次化亲疏关系格局）。

为了说明"差序格局"，费孝通引入西方社会关系模式，并将二者做对比，把后者称为"团体格局"，意思是"有凝聚力的群体的格局"（the order of the solidaritary group，在英文版本里也译作 organizational mode of association）。如费孝通所说：

> 西洋的社会有些像我们在田里捆柴，几根稻草束成一把，几把束成一捆，几捆束成一挑。每一根柴在整个挑里都属于一定的捆、扎、把。每一根柴也都可以找到同把、同扎、同捆的柴，分扎清楚不会乱的。（费孝通，1998/1948：25）

这种团体次序形成相互分离的单位，每个单位都有各自的界限，清晰地界定谁是该单位的成员、谁不是。"在团体里的人是一伙，对于团体的关系是相同的，如果同一团体中有组别或等级的分别，那也是事先规定的。"（费孝通，1998/1948：25）

费孝通认为，西方团体格局的基础与基督教对亲属制度的否定有关，这在基督教故事中有所体现，如他所说：

> 耶稣称神是父亲，是个和每一个人共同的父亲，他甚至当着众人的面否认了生育他的父母。为了要贯彻"平等"，基督教的神话中，耶稣是童贞女所生

的。亲子间个别的和私人的联系在这里被否定了。其实这并不是"无稽之谈"，而是有力的象征，象征着"公有"的团体，团体的代表——神，必须是无私的。每个"人子"，耶稣所象征的"团体构成分子"，在私有的父亲外必须有一个更重要的与人相共的是"天父"，就是团体。（费孝通，1998/1948：32）

在费孝通看来，与西方的团体格局"像一捆一捆扎清楚的柴"相反，中国社会关系最重要的特点可以形象地描述为"好像把一块石头丢在水面上所发生的一圈圈推出去的波纹"（费孝通，1998/1948：26）。费孝通基于其对中国亲属制度的理解而提出这一同心圆式的概念。在其《生育制度》（1947a）一书中，他对通过婚姻和再生产形成的亲属制度进行了更集中的讨论。在《乡土中国》这本书里，亲属制度拓展到无限的人，无限的过去、现在和未来。中国社会的亲属网络是巨大的，但是"这个网络像个蜘蛛的网，有一个中心，就是自己"，"每个人都有这么一个以亲属关系布出去的网，但是没有一个网所罩住的人是相同的"（费孝通，1998/1948：26）。但是，当我们用这种体系来认取具体的亲戚时，各人所认取的就不同了。基于关系顺序的亲属关系亦可以用于传统地缘关系："每一家以自己的地位作中心，周围划出一个圈子，这个圈子是街坊。"（费孝通，1998/1948：26 – 27）。

正如《乡土中国》英文版译者所强调的，差序格局表达了一种关于"网络"的中国式理论（Hamilton & Wang，1992：1 – 36），其主要特点如下。

（1）网络是非连续性的，它们并没有将人们以一种系统的方式组织起来，而是各自以个人为中心；

（2）个体的每一个网络链接都由二元的社会纽带所决定，称为"关系"，即同时由标准的（因为这一关系要求明确的、既定的礼仪）和极其私人的（因为这一关系通过相互的互惠义务培养）纽带所决定；

（3）网络并无确切的群体身份边界，并且群体成员的社会纽带是当下的；

（4）与适用于西方团体格局中所定义的自主性的个体之抽象原则不同，在网络中，行为的道德意涵是针对具体情境的，通过涵盖行动者之间的特定关系，用以评估正在进行的行动。

显然，借"差序格局"这一概念，费孝通意在提出一种中国式的自我和能动性理论，他得出一个与西方人类学晚近提出的概念——"可分解的人"（dividual persons）相似的结论。英国人类学家斯特雷森（Marilyn Strathern）在《礼物的性别》（*The Gender of the Gift*）中提出，美拉尼西亚人既从个体来设想人，也从"个体的可分解性"来设想人，他们当中的"人"，内在包含着一种普遍化的社会性，这种"人"是复数的或复合关系的汇合场所（Strathern，1988：13）。尽管斯特雷森的理解源于美拉尼西亚民族志而非中国，但这或多或少正是费孝通在几十年前基于中国的"社会事实"试图总结的。费孝通比较了有中国特色的"己"与西方的"个体主义"中"不可分解的个体",指出,"己"——社会的"自我"是嵌入社会关系网络之中的,并没有平等地组织起来成为团体,而是根据与"自我"的不同距离形成一个序列;作为一个个体是非整合的,开放给社会空间中重要程度不同的他者。

从"己"的视角而言,差序格局也可以与莫斯(Marcel Mauss)关于人观和自我的研究联系起来思考。对于后者,人类学近来讨论很多。费孝通并没有读过莫斯的有关论著,后者比《乡土中国》早了十年发表,但这不妨碍我们尝试构想一种形式上的连续性,也即关于"自我"的概念是在无数不同社会的人的生活中产生的。即便如此,从某一特殊的方面来说,费孝通的研究与莫斯对人观的诠释是高度相关的。莫斯致力于考察"古式社会"的人观类型及与之对立的基督教人观,认为,正是"三位一体"观念下基督的神人二元对应论,为现代不可分割的、个体的人的理性实在提供了基础(Mauss,1985;Dumont,1985)。费孝通则指出,在西方,上帝实际上是普遍的团体象征,在这个观念之下,有两个重要的派生观念:一是每个人在上帝面前平等,二是上帝对每个人都公道(费孝通,1998/1948:32)。这种宗教虔诚和信仰不仅是西方道德观念的来源,而且也是支持西方行为规范的力量。在这种道德观念下,一种自我的概念使个体努力奋斗去认识自己,超越特定的社会角色和关系,并在这个过程中,为现代组织结构的形成奠定了基础。如果说费孝通和莫斯之间有观点上的差别,可能在于,莫斯的历史叙述停留在检视从道德意识和自我神圣化到知识思维现代形式的转化,费孝通则更多讨论了西方组织形式内在的道德性,其目的在于"陪衬出'差序格局'中道德体系的特点"(费孝通,1998/1948:33)。

在费孝通关于自我存在之东西方差异的比较背后,可能有更深层次的文化认识基础。中国比欧洲更少沉浸于诸如灵魂的来世、人与超越性的神圣之间存在不可逾越的界限之类的问题(Elvin,1985)。因此,考察中国的道德体系总体形态及其特殊性和内在特点时,费孝通用"己"这个概念,而不是用"超越性"的概念。

对于费孝通来说,这种道德是具体的,针对不同社会环境下个体的关系从自我向外扩展。

为了说明这一点,他进一步论及传统社会中"爱"的缺乏。

> 不但在我们传统道德系统中没有一个像基督教里那种"爱"的观念——不分差序的兼爱;而且我们也很不容易找到个人对于团体的道德要素。在西洋团体格局的社会中,公务,履行义务,是一个清楚明白的行为规范。而这在中国传统中是没有的。(费孝通,1998/1948:35)

在《乡土中国》接下来的几章,费孝通讨论了差序格局结构的其他几个方面。

第一，分析了权力结构。他认为，在西方，个人被认为是自主的存在，拥有自己的意志和权利；因此权力是在法律规则的基础上发展的。与之相对，在中国这样的关系社会，社会控制是通过礼仪来实现的，礼阐述了人与人之间的义务规范，通过定义人们在维持相互关系时应该做什么来制定秩序。第二，西方国家的职能是作为人民和社会最高层次的组织实体；而与之不同，中国传统国家并不是作为这样一个组织存在，在关系的庇护下，给上位者操弄权力留下很大空间，他们往往通过教化功能来维持秩序。这种"教化的功能"由内而外起作用，与差序格局功能的水波纹结构或者自我中心的关系圈类似。这一格式多少有点像朝贡制度，后者亦建立在亲疏层次的顺序基础上，通过维持中心与外圈的适当关系来再生产秩序。第三，差序格局不仅是一个社会体系，同时也是一个经济体系。差序格局的根本特点使经济不可能成为一个独立的系统。因此，在中国社会，家族和公司之间没有区分，甚至那些已经成为"世界公民"的商人，也会依靠相互联系的家族公司组成的关系网络，来组织大规模商业网络。第四，在差序格局的世界里，前现代的中国社会是高度稳定的，甚至在革命时期，人民有时候也必须通过重新诠释旧的权威来寻求社会变迁的合法性。

然而，必须承认，"差序格局"概念既不是来自费孝通进行社区调查的方言地区，也不是直接来自儒家经典。这个概念除了与濡养费孝通的文明传统有关，还与在西方话语影响下的现代中国社会科学的语言表达有关。它是被发明出来以构建一种"理想型"的概念。对于费孝通来说，这一概念的存在价值在于它能很好地描述中国现实。

"差序格局"的关键词是两个字："差"和"序"。它们组合起来，表示社会差别的等级秩序。这种等级（差序）不同于马克思主义的阶级定义，相反，它与西方个体主义的对比，某种程度上非常接近印度的卡斯特与西方平等主义的道德和政治之比较，指向一种等级秩序化的关系。然而，"差序"亦不同于印度的卡斯特制度，因为它并非一种在某个整体意识形态下的阶层分化的极端形式，而是一种被实际交换所束缚的社会关系形式。换言之，"差序"缺乏"涵盖中介与社会类别"（Dumont，1980：20）的作用。

借用列维－施特劳斯的说法（Levi-Strauss，1963），差序格局概念可以说显示了不同的网络如何参与和等级关联的互惠义务，及同时行使与之相对称的权力。

费孝通认为，中国式的等级和互惠综合早在城市出现之前的新石器时期，就已经在东亚地区的乡村存在了。作为一种农耕传统，这种前历史的遗产孕育了古代的"封建文明"（尤其是周）；除了战国时期（公元前480～前221年）有过"百家争鸣"的思想斗争的场面外，中国的思想后来定于儒家一尊（费孝通，1998/1948：79）。这"定于一尊"的说法只是费孝通对"有差序之爱"的原初传统的一种哲学化表达。费孝通谈及儒家的"仁",指出儒家面临中国这样一个组织松散的乡土社会时,要发展出一个完全包含性的伦理概念是极为困难的。在他看来,儒家的"仁"实际上只是一个前述青铜时代和铁器时代文明的个人关系诸伦理汇合的成果。

多元一体格局：从中国的"民族问题"到
世界诸文明的关系

写作《乡土中国》时,作为一位美国民主制度和英国社会主义的爱好者,费孝通并未参与到任何"复兴运动"中。他对民族主义和道德普遍主义有着清醒的认识,既反对将中国变成一个"团体格局",又反对以道德普遍主义把中国农民"文明化"为个体主义意义上的个体。通过建立"差序格局"模型,费孝通提出了一种关于社会形态的看法,这一看法注重从文化特定类型意义上挖掘"地方性知识",而在他看来,这正是中国对现代世界的适应中最迫切需要的。

在除了其有关中国社会的"乡土本色"的书写之外,费孝通也对其他论题广泛发表了评论。例如,在与云南三村研究同期,费孝通著文反对民国思想界构建一个单一民族国家历史的思潮。在与顾颉刚坚持的"中华民族是一个"的观点论争时(周文玖、张锦鹏,2007),费孝通指出,战争时期中国不切实际的自我认同减损了民族文化的丰富性,使其降为一种国家认同的幻象。

其后,费孝通持续沿着这条线索思考,在条件成熟之时,他还努力将思考投入实践。20世纪50年代前半期,他承担了新中国政府"民族工作"主要部分的指导工作。这项工作一开始的目标是进行民族分类和民族文化保存。在内心深处,费孝通从不认同新政府采取的斯大林式民族分类,更反对将苏联式的历史阶段论化作政治迷信(费孝通,2004：152-166)。进入民族工作,他便关注研究如何平衡"一"(国家)与"多"(民族)的关系。20世纪70年代后期,费孝通在"第二次学术生命"阶段,提出了自己的观点。在其著名的《中华民族多元一体格局》一文里,费孝通区分了"民族"——一种现代发明和异常复杂的民族关系过程,认为后者为前现代中国必不可少的内在动态,认为"民族工作"的核心,应是使"民族"构筑于互相交往的文化历史基础上。他还认为,在中国文化的历史中,汉人只是其中的一个部分(费孝通,2004：121-150)。费孝通以民族学的视角概述了中国历史,并在历史分析中运用了他的关系概念,在其中加入了强烈的民族史动力学因素,将历史上"我"和不可分的"你"之间紧密互动的方面概念化(王铭铭,2012)。

在40年代,除了写作有关中国自我认同的难题之外,费孝通也开始创造性地用人类学的方式"书写西方"。他出版了《初访美国》(1946)、《重访英伦》(1947b)、

《美国人的性格》（1947c）。① 费孝通从不假装自己对美国和英国文化的研究是"民族志式的"——可能是因此，这些研究到目前为止还没有翻译成英语或其他外语。他更愿意将其定义为"杂写"。但是，这些所谓的"杂写"实际上开启了中国人类学观察研究西方的窗户。

在英国期间，费孝通访问了乡村，看到了一种不同的现代生活方式。他比较了英国乡村、中国上海和香港的现代生活，提出在英国，现代化主要意味着从农业衍生出工业，而在远东则意味着殖民主义和大批量生产（费孝通，1946）。费孝通也考虑了美国的科学和民主之间的紧张，认为科学迫使人服从于大工业的合作，然而民主要求个体主义，二者摆明了必然产生冲突。对于美国生活的深层，他进一步联系到美国基督教教义，认为这是同时培养了个体主义和"自我牺牲信念"的温床，是民主和科学（团结）特有的根源。

费孝通把《美国人的性格》（1947c）一书视为《乡土中国》的姊妹篇。他采用了本尼迪克特（Ruth Benedict）关于东方人的文化心理学研究（尽管她研究的是日本），费孝通将研究对象——东方人（对于本尼迪克特而言是日本，对于费孝通而言是东亚）——放在了调查主体的位置，并使用了自己那套从中国社会研究中发展出来的社会学模式，进一步考察了美国人生活方式的内在张力。

1946年，受英国文化委员会邀请，费孝通访问英国。几个月之后，1947年，他出版了一本杂记，其中不仅考察了英帝国的历史命运，还调查了有关英国乡村重建的难题。费孝通（1947）描述了英帝国如何从其注定的"水德"兴起，指出帝国对海洋世界的依赖。在他看来，是科学和工业造就了英帝国，也是科学和工业使英帝国式微和衰落。大多数英国工业依赖煤和钢铁资源，而本土的供应不足。迫于不足，英国靠武力获取并垄断了第三种资源——海洋（水）；这种垄断为英国带来丰富的资源，并创造了大量工业。然而，无论是资源还是工业技术，都不可能单独为一个国家所控制，相反，它们流动到世界不同地方。结果，其他国家追赶上来，发展自己的工业，至"二战"之时"报复"了英国。

费孝通还深刻思考了英国社会的其他两个方面。一方面是君主立宪的政治制度，在他看来是一个"旧瓶（君主制）装新酒（议会和内阁）"的绝佳例子。与辛亥革命不同，这是一种缔造民主社会的更和平的方式。另一方面是费孝通所说的"乡村重建"。比较了英国的乡村和中国的乡村之后，费孝通说，500年前，英国农民和中国农民或许并无太大差别，都靠土地讨生活。在工业革命之后，英格兰的乡村成为都市的后花园。费孝通叹息英国乡村社会的衰落，动身前往村庄里探访，在村子里，他试图在地主（他称为"绅士"）、教士和教师等人中发现乡土复兴的潜在领导者，

---

① 费孝通在此后一个阶段持续写作他对国外的观察，主要是对西方的观察（费孝通，2005）。

但是令他失望的是，那些乡村英国绅士并没有任何热切的愿望来担当这个角色。

在其人生的最后十年里，在完成了进一步的乡土工业研究（Fei，1986）和边区研究（费孝通，1987）之后，费孝通转向他所研究过的"三个世界"（农民、民族和中国）与"外国"之间的社会学关联的问题。受到"师者"（儒家定义中的知行结合的学者，而不是道家或接近道家定义的自我隐逸的学者）的模范力量鼓舞，以及诸如曼海姆（Karl Manheim）的西方知识分子政治学影响，费孝通感到知识分子包括他自己都是跨越边界者，其身体与精神的旅行将相互隔离的世界连接起来。费孝通读过不少当代新儒家的哲学和历史著作，特别是钱穆的著作，并将这些论述与西方社会科学著作［如美国政治学家亨廷顿（Samuel Huntington）］的作品相比较。亨廷顿实在过于焦虑世界的一体化，以至于未能看到处于文明的"中间圈"的积极作用。费孝通看到中国知识分子世界的土壤里，具有生长出一种替代性文明的思想潜能（Wang，2014）。他相信，中国知识分子若是获得"文化自觉"，便能以之为纽带连接世界。他用四个短语将这一精神纽带表达为"各美其美，美人之美，美美与共，和而不同"（费孝通，2004：176－197）。"文化自觉"概念融合了一种特殊的文明观，即文明自我认同的感受和一种关系的普遍认知。这是一种类似于"差序格局"融合了自我中心主义和不同社会圈层秩序的方式。通过"文化自觉"，费孝通不仅描绘了一幅文明政治体之间紧张关系的图画，同时亦设想了一种世界秩序；他同时致力于这两者，作为一个反思者和行动者，永远从他所生活和工作的"本土"（中国文明）出发。

参考文献

费孝通，1940，《新教教义与资本主义精神之关系》，佚稿。

费孝通，1946，《初访美国》，上海：生活书店。

费孝通，1947a，《生育制度》，上海：商务印书馆。

费孝通，1947b，《重访英伦》，上海：大公报馆。

费孝通，1947c，《美国人的性格》，上海：生活书店。

费孝通、吴晗、袁方、全慰天，1948，《皇权与绅权》，上海：观察社。

费孝通，1998/1948，《乡土中国 生育制度》，北京：北京大学出版社。

费孝通，1987，《边区开发与社会调查》，天津：天津人民出版社。

费孝通，1999～2004，《费孝通文集》第一至十六卷，北京：群言出版社。

费孝通，2001/1939，《江村经济——中国农民的生活》，戴可景译，北京：商务印书馆。

费孝通，2004，《论人类学与文化自觉》，北京：华夏出版社。

费孝通，2005，《芳草天涯：费孝通外访杂写》，苏州：苏州大学出版社。

潘乃穆等编，1999，《中和位育：潘光旦百年诞辰纪念》，北京：中国人民大学出版社。

潘乃谷、王铭铭编，2005，《重返"魁阁"》，北京：社会科学文献出版社。

王铭铭，2012，《超越"新战国"：吴文藻、费孝通的中华民族理论》，北京：生活·读书·新知

三联书店。

吴文藻，1990，《人类学社会学研究文集》，北京：民族出版社。

杨清媚，2010，《最后的绅士：以费孝通为个案的人类学史研究》，北京：世界图书出版公司。

周文玖、张锦鹏，2007，《关于"中华民族是一个"学术论辩的考察》，《民族研究》第 3 期。

Dumont, Louis. 1980. *Homo Hierarchicus*: *The Caste System and its Implications*（Complete Revised English Edition），Chicago：University of Chicago Press.

Dumont, Louis. 1985. "A modified view of our origins：the Christian beginnings of modern individualism," in Michael Carrithers, Steven Collins, and Steven Lukes eds. , *The Category of the Person*: *Anthropology*, *Philosophy*, *History*. Cambridge：Cambridge University Press.

Elvin, Mark. 1985. "Between the earth and heaven：conceptions of the self in China," in Michael Carrithers, Steven Collins, and Steven Lukes eds. , *The Category of the Person*: *Anthropology*, *Philosophy*, *History*. Cambridge：Cambridge University Press.

Fei, Hsiao-Tung. 1953. *China's Gentry*: *Essays in Rural-Urban Relations*（Revised and Edited by Margaret Park Redfield）. Chicago：University of Chicago Press.

Fei, Xiaotong. 1986. *Small Towns in China*. Beijing：New World Press.

Fei, Xiaotong. 1992. *From the Soil*, *the Foundation of Chinese Society*（Translation by Gary Hamilton and Wang Zheng）. Berkeley：University of California Press.

Fei, Hsiao-Tung & Chih-I Chang. 1948. *Earthbound China*: *A Study of Rural Economy in Yunnan*. Chicago：University of Chicago Press.

Hamilton, Gary & Zheng Wang. 1992. "Introduction," to *From the Soil*, *the Foundation of Chinese Society* by Fei Xiaotong. Berkeley：University of California Press.

Leach, Edmund. 1982. *Social Anthropology*, Glasgow：Fontana.

Levi-Strauss, Claude. 1963. "Do dual organizations exist," in his *Structural Anthropology* 1. New York：Basic Books.

Malinowski, Bronislaw. 1939. "Preface," to *Peasant life in China* by Fei Tsiao-tung. London：Routledge & Kegan Paul Ltd. .

Mauss, Marcel. 1985. "A Category of the human mind：the notion of person；the notion of self," in Michael Carrithers, Steven Collins, and Steven Lukes eds. , *The Category of the Person*: *Anthropology*, *Philosophy*, *History*. Cambridge：Cambridge University Press.

Redfield, Robert. 1941. *The Folk Culture of Yucatan*. Chicago：University of Chicago Press.

Redfield, Robert. 1953. "Introduction," to *China's Gentry*: *Essays in Rural-Urban Relations* by Fei Hsiao-Tung. Chicago：University of Chicago Press.

Redfield, Robert. 1956. *Peasant Society and Culture*: *An Anthropological Approach to Civilization*. Chicago：University of Chicago Press.

Strathern, Marilyn. 1988. *The Gender of the Gift*: *Problems with Women and Problems with Society in Melanesia*. Berkeley：University of California Press.

Wang, Mingming. 2014. "To learn from the ancestors or to borrow from the foreigners：China's self-identity as a modern civilization," *Critique of Anthropology*, vol. 34, no. 4.

费孝通学术影响力研究

——基于文本分析技术的数据化呈现

罗教讲　冯帅帅[*]

一　问题提出与文献回顾

"西学东渐"是 20 世纪上半叶中国学术发展的主要趋势，正是在这一时期社会学最初以"群学"的称号进入中国学术界的视野之中。自严复翻译《群学肄言》（1903 年）至今，"社会学"在中国的传播已历百年有余。然而传播史并不等于发展史，由于社会学专业在中国学科目录中消失了近 30 年，其发展历程实际上被人为地分割成了两个阶段（郑杭生，2011）。第一阶段真正始于 20 年代，当时以吴文藻、孙本文、陈达、潘光旦、费孝通、林耀华为代表的学人们于动荡年代筚路蓝缕，在积极推动学科体系建设和学术本土化的同时，也开展了大量极富创见的开拓性研究。但这种优秀学者的不断涌现和学术研究的欣欣向荣态势未能一直延续下来，由于被视为"资产阶级学科"，1952 年在中国高等教育院系调整中社会学的学科建制被整体取消，直至 1979 年才得以恢复重建。这种学术脉络断裂所引发的危机，绝非学科史的"阶段论"寥寥数语便足以勾画。相较于研究上的中断，学者的断层和理论与方法的匮乏成了社会学发展的最大障碍。到了 80 年代的重建阶段，为应对上述困境，作为学科重建领军人的费孝通，在积极推动学科体系完善与教材翻译编写工作的同时，更是同国际社会学界合作创办社会学讲习班（苏驼，1986），为中国社会学之后的发展奠定了坚实的人才基础，被之后的学者誉为"无可代替的历史功绩"（郑杭生，2006）。与此同时，费孝通对中国社会学理论与方法的发展同样贡献巨大。自 1930 年进入燕京大学社会学系求学开始，费孝通笔耕不辍，"行行重行

---

* 罗教讲，武汉大学社会学系教授；冯帅帅，武汉大学社会学系研究生。

行"，洋洋洒洒450万字的文章和书籍最终结集成十四卷的《费孝通文集》。其中的许多本土化概念，如"乡土社会""差序格局""文化自觉"等，均已成为理解中国社会与文化的主流理论视角。

从20世纪30年代远渡重洋拜入一代大师马林诺夫斯基门下，40年代战火硝烟中于西南组织"魁阁"，到50年代中与潘光旦联手保护清华大学社会学系，60~70年代参与民族识别，再到80年代主导中国社会学重建，推动"小城镇"研究……作为中国社会学发展的见证者、参与者和推动者，费孝通的名字被深深地镌刻在社会学的学科史之中。换句话说，认识费孝通、理解费孝通已成为梳理中国社会学史的一个重要维度。

目前，关于费孝通生平介绍与思想评述的研究成果十分丰富，相关代表性作品如表1所示。

表1 关于费孝通生平介绍与思想评述的相关作品

序号	著作名称	作者	年份
1	《文明社会的现实探索——费孝通五十年学术生涯概述》	莫晓甦	1988
2	《江村经济六十年——费孝通教授访谈录》	刘为民	1995
3	《费孝通传》	张冠生	2000
4	《费孝通与江村》	邱泽奇	2004
5	《费孝通晚年思想录：文化的传统与创造》	方李莉	2005
6	《乡土先知：费孝通》	张冠生	2006
7	《费孝通社会思想与认识方法研究》	丁元竹	2007
8	《从江村到禄村：青年费孝通的"心史"》	王铭铭	2007
9	《费孝通评传》	徐平	2009
10	《费孝通与乡土社会研究》	赵旭东	2010
11	《从马林诺斯基费孝通：另类的功能主义》	谢立中	2010
12	《文化主体性与历史的主人：费孝通学术思想研究》	李友梅	2010
13	《最后的绅士：以费孝通为个案的人类学史研究》	杨清媚	2010
14	《费孝通与中国社会学》	李培林	2011
15	《为文化找出路：费孝通传》	张冠生	2012
16	《田野里的大师：费孝通社会调查纪实》	张冠生	2013
17	《中国人的自觉：费孝通传》	李昇明	2014
18	《深入与反思：费孝通的小城镇理论与30年来的中国城镇化实践》	张江华等	2015

除此之外，还有许多针对费孝通的专有概念和特定思想领域的研究，如表2所示。

表 2　针对费孝通的专有概念和特定思想领域的研究及成果

一级分类	二级分类	研究成果
专有概念	"差序格局"研究	卜长莉，2003；阎云翔，2006；王斯福等，2009；翟学伟，2009；夏玉珍、刘小峰，2010；张江华，2010；童星、瞿华，2010；等等
	"文化自觉"研究	王延中，2003；苏国勋，2006；方李莉，2007；赵旭东，2008；李友梅，2010；杨心恒、刘豪兴，2011；等等
	"农村社区"研究	郑杭生，1988；马小彦，1997；丁元竹，1993；等等
	"小城镇"研究	杨善民，1990；丁元竹，1992；宋林飞，2000；丁伟琼、王利民，2004；等等
	"农村发展模式"研究	吴怀连，1990；刘长喜，2005；宋林飞，2006；等等
领域思想	经济社会学思想研究	殷一兵、汪和建，1994、2001；等等
	人类学思想研究	麻国庆，2005；黄淑聘，2007；钱明辉，2007；杨清媚，2008；等等
	民族学思想研究	徐平，1992、2005；孙秋云，2006；杨圣敏，2007；麻国庆，2011；等等
	社会研究方法思想研究	丁元竹，1992；包智明，1996；刘豪兴，1999；刘豪兴，2004；刘春燕，2006；孙秋云，2010；赵旭东，2010；周运清等，2010；等等

　　上述作品或基于生命历程视角，或从特定维度出发，对费孝通的生平与学术思想进行了翔实深入的介绍、归纳和评述。然而，这些著作主要以基于文献分析的思想史梳理形式呈现，缺乏相关的数据支持及其可视化呈现，无法为我们更为深入地了解费孝通学术影响力提供足够参考。为了弥补这一不足，本文尝试运用多种数据挖掘引擎和文献分析工具，以数据化形式对费孝通学术影响力进行多维度的展示、比较与分析。

二　研究设计：理论、数据与方法

　　关于"影响力"，李德民（1997）从微观个人互动的视角提出，"影响力是一个人在与他人交往中，影响或改变他人心理和行为的能力"。相较于李德民从动态的角度释义"影响力"概念，本文言及的"个人学术影响力"呈现的则是其静态的一面，在人文社会科学意义上，大体是指特定研究者的研究成果和思想观点在学术脉络中的重要性与开创性及其在学术共同体内外传播的广度与深度。传统学者学术影响力研究一般侧重于其在学术领域的影响，出于不同的研究侧重点，在学术影响力研究中主要形成了质性、量化和计算三种方法。

质性方法侧重于描绘学术影响力的重要性与创新性面向，通常以文献分析基础上的学科史/理论史/思想史梳理或同行评议方式展开；量化方法则更关注学术影响力的广度与深度面向，学术影响力测量方面的一般做法是借助发文量、引用量、期刊等级（影响因子）等具体指标计算特定研究者的个人影响因子、指数、h5 指数等系数。随着互联网和计算机技术的发展，一种基于数据挖掘与分析和网络分析的计算范式开始兴起。相较于传统的质性与量化方法，计算范式将数据来源延伸至学术研究领域之外，并因而拓展了学术影响力概念的基本内涵——在涉及学术脉络与学术共同体面向的同时，亦将社会面向的影响纳入进来。

费孝通先生曾用"志在富民"四字来概述自己的治学初衷与研究目标。正是这种学以致用的现实关怀，要求我们不能只在学术维度上探究费孝通的学术影响力问题，应当考虑他在社会维度上的影响。基于此，本文将费孝通学术影响力拆分为社会影响和学术影响两个维度。

（一）学术影响力的社会维度

1. 数据来源

本文对费孝通学术影响力社会维度的分析，以新闻和自媒体两种网络文本为数据来源，借助慧科新闻搜索（WiseSearch）比较挖掘工具和微舆情数据分析工具，分别挖掘 2013 年 1 月至 2016 年 9 月间共 15 个季度的新闻数据和 2015 年 10 月至 2016 年 10 月共 13 个月的自媒体（包含新浪微博、微信、博客、论坛）数据。这种时间范围的限定分别源于数据和挖掘工具的限制：网络新闻数据由于可以随时被删除，因而间隔时间越远，当前可用的数据体量会越发小于其真正的体量，相应地由"删帖效应"引发的研究误差危害性也就越大；而自媒体数据的时限则来源于工具上的限制，目前该平台只开放 13 个月的数据。

2. 分析框架与操作方法

基于数据源的可获得性和挖掘工具的可操作性，本文对费孝通学术影响力社会维度的分析，将主要从身份影响力、著作影响力和概念影响力三个方面展开。

（1）身份影响力。费孝通先生的身份称呼大体可分为两大类：一类是学者身份，包括社会学家、人类学家和民族学家；一类是社会活动家身份，包括全国人大常委会委员、中国政协副主席、民盟中央主席。在具体操作上，以"费孝通"后缀"社会学""人类学""民族学""政协""人大""民盟"的组合形式，在新闻与自媒体数据中进行组合关键词检索。

（2）著作影响力。费孝通先生 70 年来笔耕不辍，撰写了大量学术专著。分析费先生的学术影响力，其作品的知名度是一个不容忽视的方面。在具体操作上，我们以"费孝通"加"书名"的形式进行组合检索①，对《江村经济》《禄村农田》《乡土中国》《乡土重建》《生育制度》《民族与社会》《从事社会学五十年》《社会调查自白》《中国士绅》《行行重行行》《学术自述与反思》《论小城镇及其他》共12 本著作进行比较分析。

（3）概念影响力。费孝通先生基于中国社会的现实材料提出了许多极富创见性的本土化概念，对这些概念影响力在新闻与自媒体数据中影响力的比较分析，同样构成了其学术影响力社会维度分析的一个重要面向。在具体操作上，我们筛选出"乡土社会""熟人社会""差序格局""文化自觉""多元一体""民族走廊""温州模式""苏南模式""珠江模式"等 9 个专有概念，并以单词形式在新闻和自媒体数据中直接进行词频分析。

（二）学术影响力的学术维度

1. 数据来源

本文主要借助 1986 年至 2016 年的知网（CNKI）期刊论文数据，对费孝通先生学术影响力维度进行分析。CNKI 期刊数据库是最大的中文学术数据库，目前提供全文检索、关键词检索、题名检索等多种精确检索模式。全文检索的结果能够提供全部涉及或包含检索词的文章，而关键词或题名检索则是对全文检索的进一步细化，从中筛选出那些以检索词为核心概念的文章。或许并不全面，但前者的结果能够部分展示出影响力的深度，而后者基础上的关键词共现分析则呈现了影响力的深度。

2. 分析框架与操作方法

对费孝通学术影响力学术维度的分析，将主要从著作影响力、概念影响力以及在此基础上通过文献关键词的共现分析变相探究概念的领域影响力。之所以不做身份影响力分析，一方面是因为学术维度本身就暗含对"学者"身份的重视，另一方面则是由于数据的限制，暂时无法对学者身份做更为深入的细分。

（1）著作影响力。为了便于与社会维度进行比较，本部分将同样对费孝通先生的前述 12 本著作进行分析，具体结果以"费孝通"加"书名"的组合形式通过全文检索获得。

（2）概念的影响力和领域渗透力。本部分同样对前述 9 个专有概念进行全文检

---

① 受汉语本身特性的影响，中文文本比英文文本更加难以挖掘。例如，邱均平等就曾指出，中文文本的分词存在着"分词歧义"（交集型歧义、组合型歧义、混合型歧义）和"未登录词识别"（数字识别、命名实体识别）两大困难（邱均平等，2016：5－86）。本文选择组合方式检索，旨在尽量减少文本挖掘中产生的分词误差特别是交集型歧义误差，例如当直接使用"生育制度"进行单词检索时，其词频中难免会把"计划生育制度"的相关信息囊括进来，造成挖掘结果的严重失真。

索和关键词检索，其中概念影响力由全文检索结果呈现，而领域渗透力则通过关键词检索结果基础上的共现分析获得。按照学术论文的格式规范，每篇论文都会根据内容提炼出若干关键词以资检索。一般认为，每个关键词背后都指向着一个或多个相关的研究领域或理论体系。关键词共现分析法认为，某一特定词汇与另一特定词汇在关键词字段共同出现的次数越多，意味着二者之间关系——如理论或逻辑上的并置或延伸关系、领域间的交叉应用关系——就越紧密。借助这一方法，我们可以窥见费孝通先生各专有学术概念的应用领域和拓展方向。在具体操作上，本文将借助 CiteSpace 软件①，对学术维度影响力排名前四的概念进行关键词共现分析。

三　数据分析结果

（一）费孝通学术影响力的社会维度

1. 身份影响力

图 1 呈现的是 2013 年 1 月至 2016 年 9 月 15 个季度的新闻数据中"费孝通"一词按身份划分的词频变化趋势图。从词频总量上看，当在新闻文本中出现费孝通时，其受关注最多的身份称呼是"社会学家"（10769 次），其后依次则是"人大常委"（1752 次）、"人类学家"（1530 次）、"政协副主席"（1064 次）、"民族学家"（675次）和"民盟主席"（545 次）。由此可见，在新闻中费孝通的学者身份而非其政治职位更受关注。从词频变化趋势上看，费孝通的"社会学家"身份尽管呈现明显波动，但主要是受当季度新闻数量变化的影响，且各季度数量明显高于其他身份；"人大常委"身份虽然总词频位列第二，但主要得益于 2015 年第三季度词频数量的剧烈增长；至于其他身份，则呈现出基本稳定的变动态势。

图 2 呈现的是 2015 年 10 月 18 日至 2016 年 10 月 18 日 13 个月的自媒体数据中，"费孝通"一词按身份划分的出现频率变化趋势图。从词频总量上看，在自媒体中费孝通先生最为人提及的同样是"社会学家"身份（19805 次），"人大常委"身份（5993 次）和"人类学家"身份（4750 次）分居二、三位，之后依次是"政协副主席"（2351 次）、"民族学家"（1852 次）和"民盟主席"（1129 次）。这一排序与图 1 新闻数据中的排序完全一致。从变化趋势上看，"社会学家"身份的频次尽管始终高

---

① CiteSpace 工具是一款基于 Java 平台的文献分析工具，由美国德雷赛尔大学的陈超美教授与大连理工大学合作开发。该工具能够对 WOS、CNKI、CSSCI 等期刊库数据进行基于作者的合作关系、同被引关系、耦合关系和链接关系分析，也可用于基于关键词的共现分析（李杰、陈超美，2016）。

于其他身份，但总量上的绝对优势主要来自在 2016 年 4~5 月的爆炸式增长。

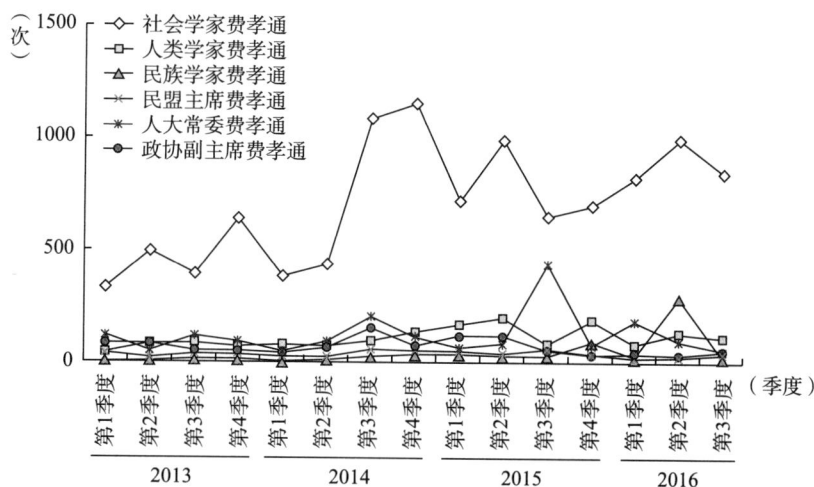

图1　按身份划分的新闻数据中费孝通影响力季度变化趋势图

（2013 年 1 月至 2016 年 9 月）

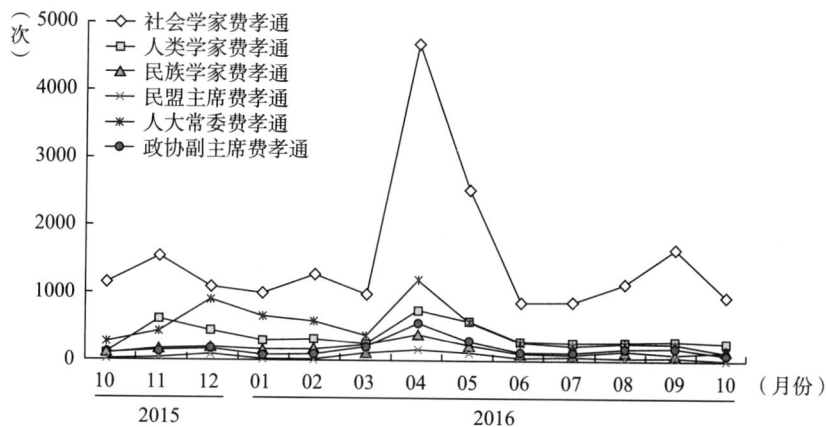

图2　按身份划分的自媒体数据中费孝通影响力月份变化趋势图

（2015 年 10 月 18 日至 2016 年 10 月 18 日）

2. 著作影响力

图 3 呈现的是 2013 年 1 月至 2016 年 9 月 15 个季度的新闻数据中，"费孝通"一词按著作划分的出现频率变化趋势图。从词频总量上看，《乡土中国》最多（4545次），之后依次是《江村经济》（940 次）、《生育制度》（282 次）、《乡土重建》（183次）。除图中 4 本著作外，其余书籍的词频值过小（多为个位数甚至大部分为零）不具备比较分析价值，故未在图中呈现。从变化趋势上看，《乡土中国》一书的词频不仅始终高于其他著作，且呈现波动上升趋势；其余 3 本书的变动趋势则相对稳定。

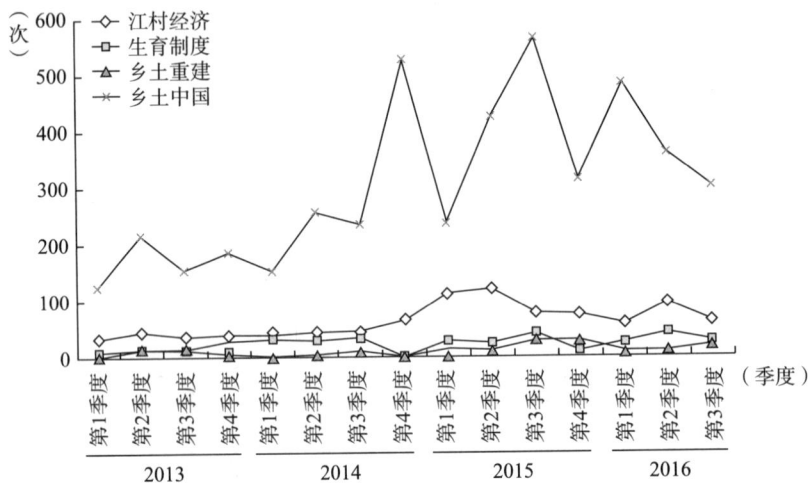

图3　按著作划分的新闻数据中费孝通影响力季度变化趋势图

（2013 年 1 月至 2016 年 9 月）

图 4 呈现的是 2015 年 10 月 18 日至 2016 年 10 月 18 日 13 个月的自媒体数据中，"费孝通"一词按作品划分的出现频率变化趋势图。从词频总量上看，《乡土中国》最多（20888 次），《江村经济》次之（5761 次），之后依次是《乡土重建》（4218 次）、《生育制度》（2712 次）、《行行重行行》（612 次）和《禄村农田》（346 次）。由于除图中 6 本著作外，其余书籍的词频值过小（均低于 300）不具备比较价值，故未在图中呈现。从变动趋势上看，《乡土中国》的优势始终十分明显，且在 2016 年 2 月和 4 月出现两次剧烈增长；其余著作，除《乡土重建》一书曾在 2015 年 12 月出现一次井喷式增长外，整体变动趋势均趋于平缓。

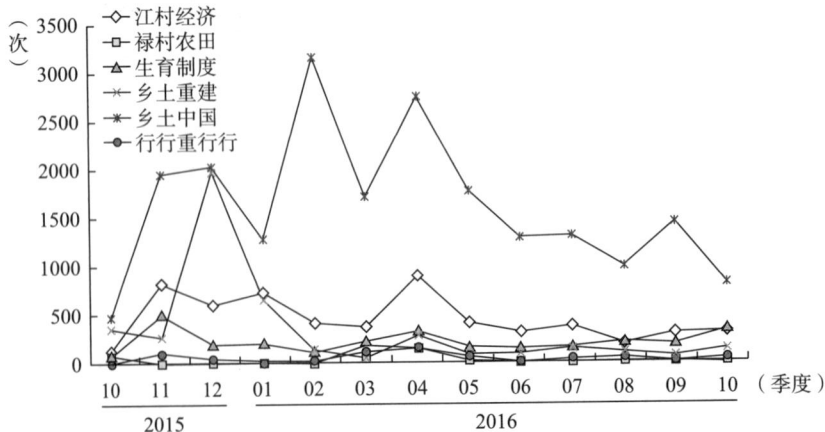

图4　按著作划分的自媒体数据中费孝通影响力月份变化趋势图

（2015 年 10 月 18 日至 2016 年 10 月 18 日）

3. 概念影响力

图 5 呈现的是 2013 年 1 月至 2016 年 9 月 15 个季度的新闻数据中，"费孝通"一词按概念划分的出现频率变化趋势图。从词频总量上看，费孝通的"文化自觉"概念出现频次最高（75155 次），"熟人社会"概念次之（46374 次），二者词频明显高于其他概念；之后依次是"多元一体"（18729 次）、"乡土社会"（12474 次）、"温州模式"（12383 次）、"苏南模式"（4980 次）和"差序格局"（4122 次）。从变动趋势上看，"文化自觉"和"熟人社会"两词的整体优势明显且呈现逐渐上升趋势，但前者的波动幅度相对较大，在 2014 年第四季度和 2015 年第四季度分别出现两次剧烈增长。其余概念，除"多元一体"外，整体变动趋势平缓。至于"多元一体"概念，其词频增长主要出现在 2014 年第三季度之后，这主要得益于当年 9 月召开的中央民族工作会议将"多元一体"写入报告，使其由单纯的学术概念扩散至政治话语之中。

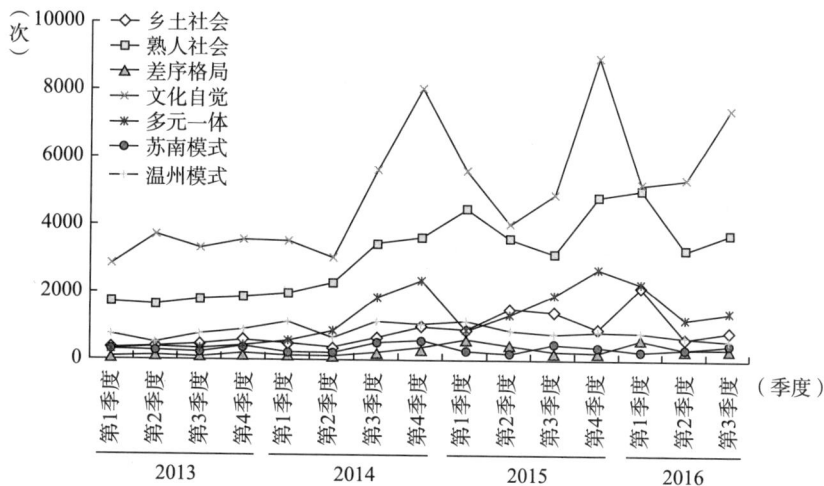

图 5　按概念划分的新闻数据中费孝通影响力季度变化趋势图
（2013 年 1 月至 2016 年 9 月）

图 6 呈现的是 2015 年 10 月 18 日至 2016 年 10 月 18 日 13 个月的自媒体数据中，费孝通各专有概念出现频率变化趋势图。从词频总量上看，"熟人社会"概念出现频率最多（85390 次），"文化自觉"概念次之（52959 次），二者词频均明显高于其他概念；之后依次是"乡土社会"（19894 次）、"多元一体"（16335 次）、"差序格局"（14480 次）、"温州模式"（11035 次）和"苏南模式"（3779 次）。从变化趋势上看，尽管"熟人社会"概念名列第一，但主要源于 2016 年 2 月和 4 月的两次爆发式增长；"文化自觉"概念的词频尽管同样有波动，但整体始终维持在一个相对较高的水平量上；其他概念则整体趋势均较为平缓。

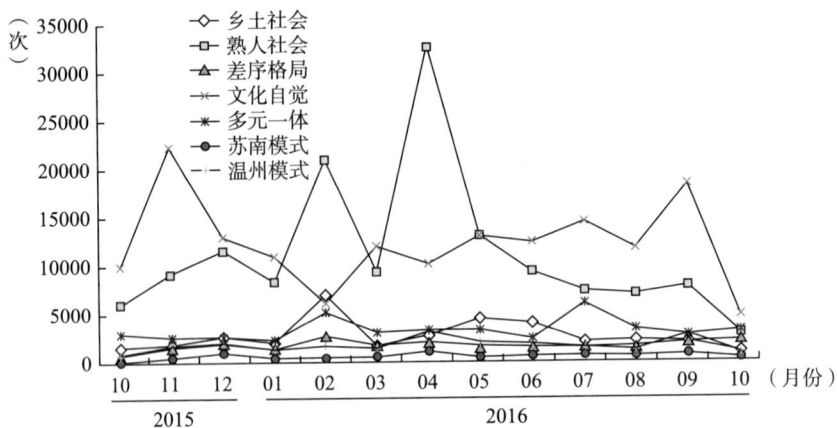

图6 按概念划分的自媒体数据中费孝通影响力月份变化趋势图
（2015 年 10 月 18 日至 2016 年 10 月 18 日）

（二）费孝通学术影响力的学术维度

1. 著作影响力

图 7 呈现的是 1986 年至 2000 年全文检索模式下费孝通不同学术著作引用量变化趋势图。从被引总量上看，引用《乡土中国》的文章相对最多（745 次），《社会调查自白》（604 次）名列第二，之后依次是《江村经济》（408 次）、《生育制度》（240 次）、《行行重行行》（118 次）、《民族与社会》（68 次）、《乡土重建》（65 次）和《禄村农田》（64 次）。另外，由于《中国士绅》等 4 本著作被引总量均不足 50 次，不具备比较价值，故未在图中呈现。从变动趋势上看，在 1993 年之前，《社会调查自白》一书被引量最高，这一定程度上与社会学重建初期学界格外关注理论方法问题有关；《乡土中国》《江村经济》和《生育制度》的引用量在 20 世纪 90 年代均呈现上升态势，至于其他著作的变动则相对稳定。

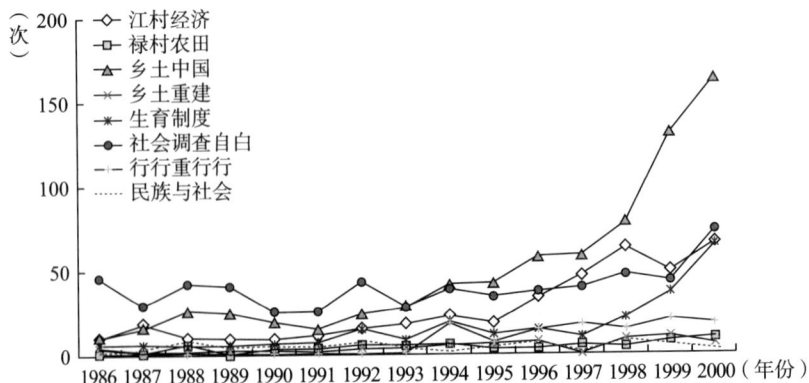

图 7 按著作划分的知网数据中费孝通影响力年度变化趋势图（1986～2000 年）

图 8 呈现的是 2001 年至 2016 年全文检索模式下费孝通不同学术著作引用量变化趋势图。从被引总量上看，引用《乡土中国》的文章相对最多（15924 次），《生育制度》（6668 次）名列第二，之后依次是《江村经济》（2972 次）、《社会调查自白》（240 次）、《乡土重建》（760 次）、《行行重行行》（298 次）、《禄村农田》（291 次）和《民族与社会》（221 次）。该时间段内的《中国士绅》等 4 本著作被引总量依然过低，故未在图中呈现。从变动趋势上看，《乡土中国》和《生育制度》的引用量均呈现增长态势，但后者的增长幅度明显低于前者。其他著作的引用量则基本保持稳定。

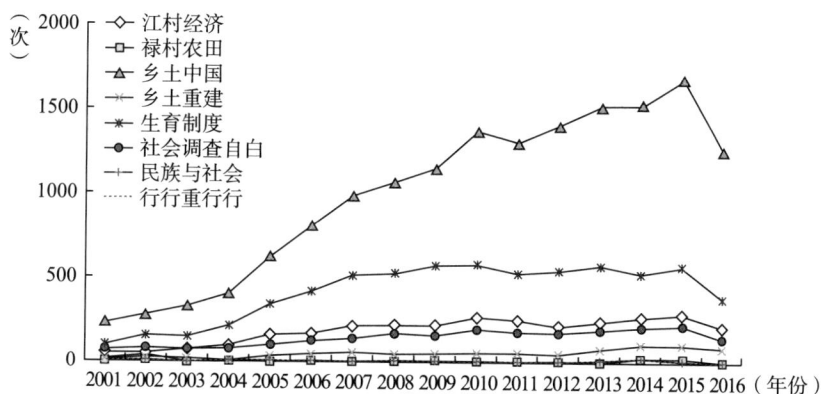

图 8　按著作划分的知网数据中费孝通影响力年度变化趋势（2001～2016 年）

结合图 7 和图 8 来看，在学术维度上，《乡土中国》（31848 次）是费孝通 10 本著作中影响力最大的著作，且优势十分突出；排名第二的是《生育制度》一书，共被引用 13336 次；至于具有开创意义的《江村经济》则仅居第三，被引用次数（5944 次）不足《乡土中国》的 1/5。三者之后依次是《社会调查自白》（4686 次）、《乡土重建》（1520 次）、《行行重行行》（596 次）、《禄村农田》（582 次）和《民族与社会》（442 次）。

2. 概念影响力

图 9 呈现的是 1986 年至 2000 年全文搜索模式下费孝通不同学术概念发文量变化趋势图。从发文总量上看，使用"苏南模式"概念的文章相对最多（2433 篇），"温州模式"（2187 篇）次之，之后依次是"多元一体"（1566 篇）、"文化自觉"（1261 篇）、"乡土社会"（1016 篇）、"差序格局"（405 篇）和"熟人社会"（176 篇）。从变动趋势上看，进入 90 年代以后，费孝通各专有概念的发文量均呈现增长态势，其中"多元一体"概念无论是在绝对增幅还是持续性上都最为突出。由于当时社会各界均以经济发展和经济体制改革为主要关注点，费孝通论述乡镇企业发展模式的两个概念成为其概念影响力的最大来源；至于两概念的变动趋势，则与社会

主义市场经济发展的主要模式密切相关。

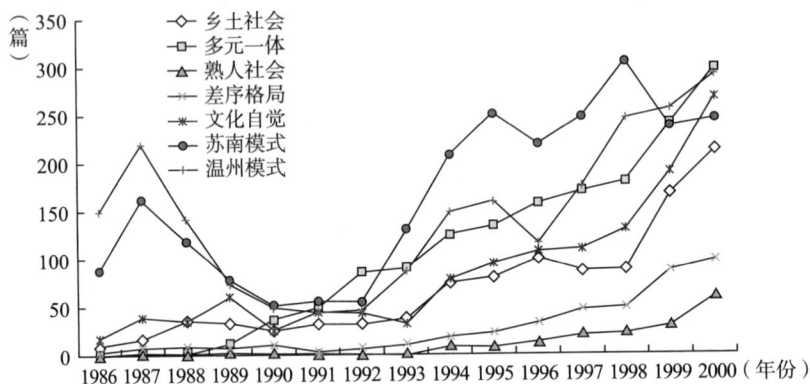

图 9　按概念划分的知网数据中费孝通影响力年度变化趋势（1986～2000 年）

图 10 呈现的是 2001 年至 2016 年全文搜索模式下费孝通不同学术概念发文量变化趋势图。从发文总量上看，使用"文化自觉"概念的文章相对最多（53608 篇），"熟人社会"概念则跃居第二（24235 篇）；之后则分别是"乡土社会"（21755 篇）、"多元一体"（15696 篇）和"差序格局"（13754 篇）；至于在图 9 中名列一、二的"温州模式"（9603 篇）和"苏南模式"（7472 篇）则掉落至最后两位。从变化趋势上看，如果排除掉不完整的 2016 年度，"熟人社会""乡土社会""多元一体"和"差序格局"四个概念的发文量均呈现逐渐上升态势；而"温州模式"和"苏南模式"两概念则呈现缓慢下降；"文化自觉"概念尽管在 2012 年之前增长迅速，但在近几年却呈现逐渐下降态势。

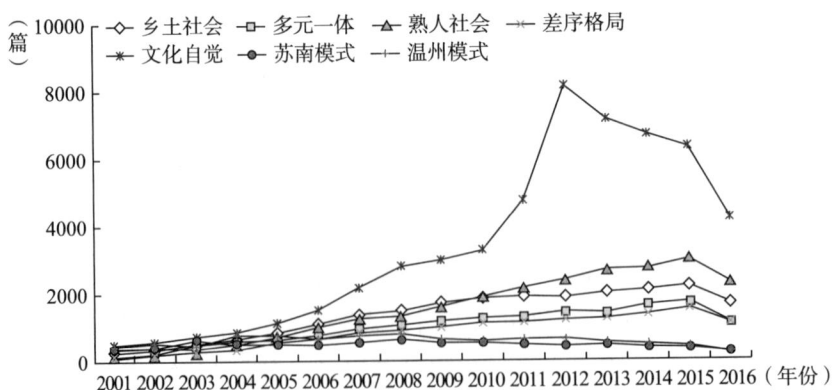

图 10　按概念划分的知网数据中费孝通影响力年度变化趋势图（2001～2016 年）

结合图 9 和图 10 数据来看，30 年来的发文总量排序主要受 2001 年之后的数据影响，与图 10 呈现的次序完全一致。从变化趋势上看，文化类与社会类概念逐渐取代发展类和民族类概念成为费孝通学术影响力的主要来源。

3. 基于关键词共现分析的领域影响力

结合图5、图6、图9、图10，本文对"文化自觉""熟人社会""乡土社会""多元一体"词频总量相对最多的4个概念在 CNKI 数据库中进行关键词检索，并借助 CiteSpace 软件对各概念展开关键词共现分析。

图11 呈现的是基于"文化自觉"的关键词共现分析结果。从图中可以看出，与"文化自觉"概念共同出现次数最多的概念（图中字体越大代表着出现次数越多）主要有"文化自信""文化建设""文化创新""文化认同"等。在问题领域方面，尽管从传统文化到文化现代化、从社会主义核心价值观到文化全球化均有所涉及，但这一概念被应用的范围主要集中在文化领域，在分析层次上也以宏观、中观层面为主，但在其他领域的影响力，即领域渗透力并不算强。

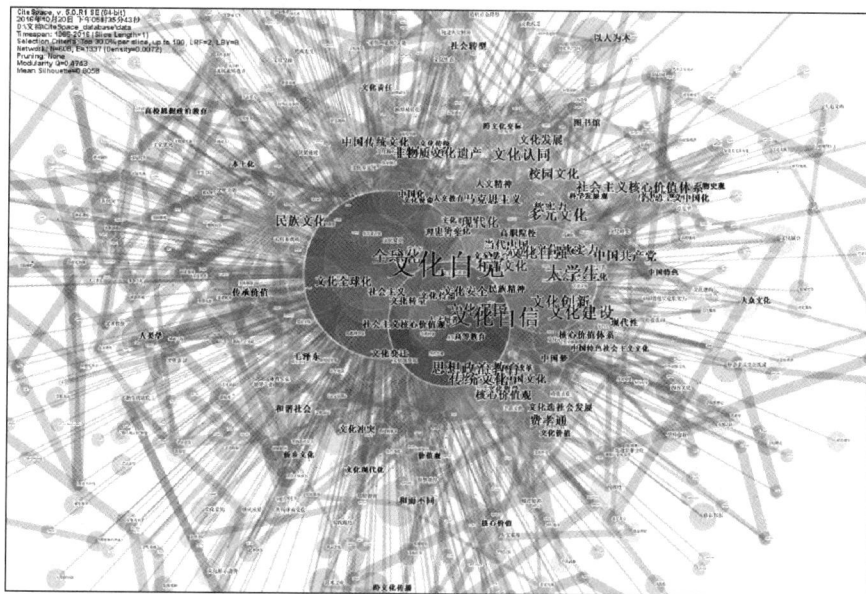

图 11 "文化自觉"关键词共现分析

图12 和图 13 呈现的是基于一对类似概念——"熟人社会"和"乡土社会"——的关键词共现分析结果。从图中可以看出，这两个概念由于本身概括的是社会结构层面，其应用领域十分多样：从以"乡村社会""村落文化"为代表的农村研究领域到以"村治改革""乡村治理""村民自治"为代表的基层治理领域、从以"社会资本""社会网络""差序格局"为代表的社会关系领域到"文化自觉""文化认同"为代表的文化领域、从以"农民工""城镇化"为代表的城乡关系领域到社会变迁、社会转型领域等均有所涉及，说明相较于"文化自觉"主要只在文化领域具有较强影响力而言，"熟人社会"和"乡土社会"概念的领域渗透力更强。

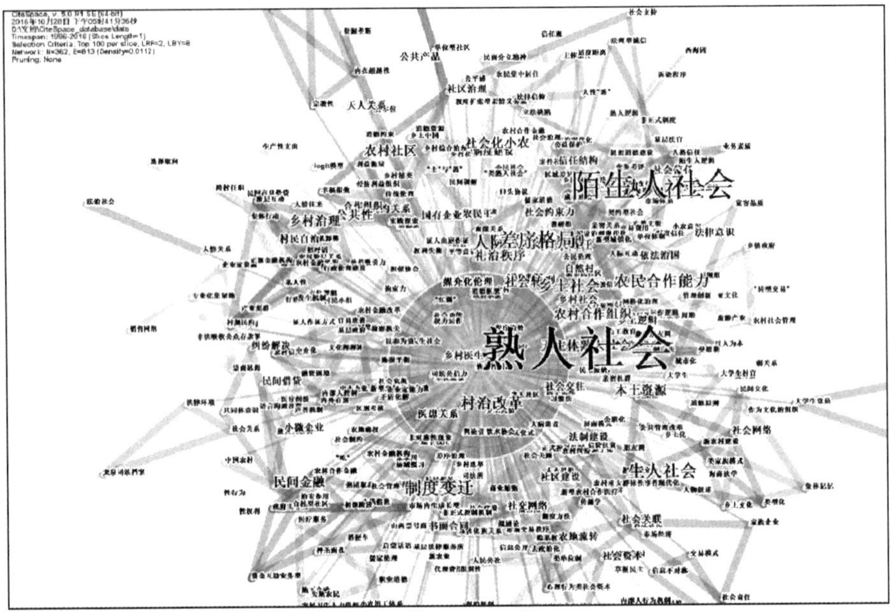

图12 "熟人社会"关键词共现分析

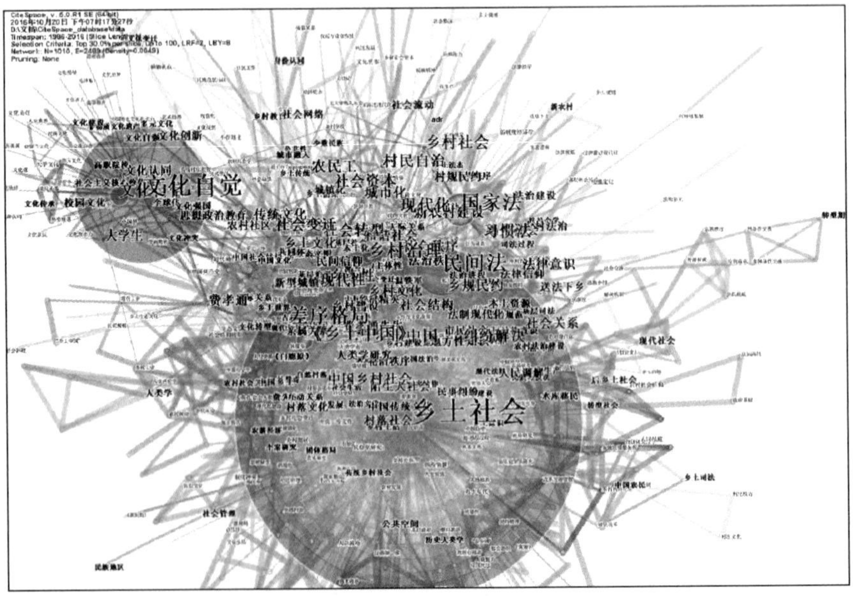

图13 "乡土社会"关键词共现分析

图14呈现的是基于"多元一体"的关键词共现分析。从图中可以看出,"多元一体"主要被应用到以"民族关系""民族认同"为代表的民族问题研究领域和以"中国传统文化""民族文化"为代表的文化领域两个方面。与"文化自觉"相类

似，"多元一体"的应用领域同样受限于概念本身的含义。整体来看，"多元一体"的领域渗透力强于"文化自觉"，但弱于"熟人社会"和"乡土社会"。

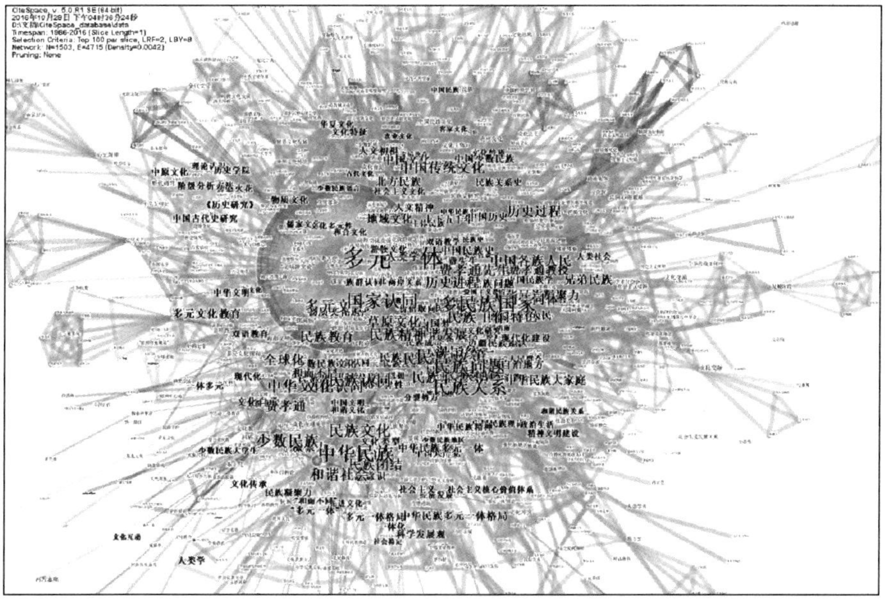

图14　"多元一体"关键词共现分析

四　结论与讨论

在"江村调查"80周年之际，对费孝通的学术影响力进行考察，部分是出于纪念的目的，部分在于加深我们对这位中国著名社会学家的认识。不同于以往谱系式梳理或纪传体介绍，本文从影响力的计算维度出发，基于新闻、自媒体和期刊数据，对费孝通的社会和学术影响力双重维度进行了可视化呈现。

社会维度的学术影响力既包含研究者本身在公众心目中的形象认知，又涉及其学术思想在公共舆论中的传播。基于此，本文将费孝通学术影响力的社会维度细分为身份影响力、著作影响力和概念影响力三个方面，结果如下。

（1）尽管费孝通先生在学界与政界均负盛名，但无论是在新闻还是自媒体数据中，其"学者"身份的影响力远胜于"非学者"身份，其中尤以"社会学家"身份的知名度相对最高。

（2）著作影响力方面，在新闻数据中，《乡土中国》社会知名度最高，之后依次是《江村经济》《生育制度》《乡土重建》，其他书籍总量过小，不具备比较价值。在自媒体数据中，《乡土中国》知名度同样最高，之后依次是《江村经济》《乡

土重建》《生育制度》《行行重行行》《禄村农田》，其他书籍总量过小，不具备比较分析价值。

（3）概念影响力方面，在新闻数据中，费孝通的"文化自觉"概念出现频次最高，"熟人社会"概念次之，二者词频明显高于其他概念，之后依次是"多元一体""乡土社会""温州模式""苏南模式""差序格局"。在自媒体数据中，"熟人社会"概念出现频次最高，"文化自觉"概念次之，二者词频明显高于其他概念；之后依次是"乡土社会""多元一体""差序格局""温州模式""苏南模式"。

不同于社会维度，学术维度包含著作影响力、概念影响力和关键词共现分析基础上的领域影响力三个方面，结果如下。

（1）著作影响力方面，《乡土中国》一书的影响力最大，且优势十分突出；《生育制度》紧随其后；至于具有开创意义的《江村经济》则仅居第三，被引用次数不足《乡土中国》的 1/5。

（2）概念影响力方面，与新闻数据相类似，在 CNKI 数据中"文化自觉"和"熟人社会"概念的被引量同样分居第一、第二；之后的排序则与自媒体数据中相同，依次分别是"乡土社会""多元一体""差序格局""温州模式""苏南模式"。

（3）领域影响力方面，"乡土社会"和"熟人社会"概念由于直接描述基本的社会结构类型，其领域渗透力相对更强。"文化自觉"概念尽管被引用量相对最多，但同"多元一体"概念相类似，受限于概念本身的内涵，其领域延伸性相当有限。

参考文献

李德民，1997，《非正式组织和非权力性影响力》，《中国行政管理》第 9 期。

李杰、陈超美，2016，《CiteSpace：科技文本挖掘及可视化》，北京：首都经济贸易大学出版社。

邱均平等，2016，《科学计量学》，北京：科学出版社。

苏驼，1986，《南开大学社会学系简介》，《社会学研究》第 4 期。

郑杭生，2006，《对中国社会学的巨大贡献——纪念费孝通先生从事学术研究 70 周年》，《江苏社会科学》第 1 期。

郑杭生，2011，《学术话语权与中国社会学发展》，《中国社会科学》第 2 期。

近20年来《江村经济》对英语学界的影响分析

周　云　彭书婷*

一　研究背景及思路

　　《江村经济》于1939年在英国出版后已有近80年的历史。[①] 它首先以英文的形式呈现在世人面前，中文版本出版则是在1986年。1986年，江苏人民出版社首次出版了中文版，之后又有中华书局（1987年）、商务印书馆（2001年、2005年）、上海人民出版社（2006年）、外语教学与研究出版社（2010年、2013年中英文版本）、北京大学出版社（2012年）等多个出版社出版了不同版本的《江村经济》。这一著作不仅对海外也对国内的学人乃至普通百姓都有很大的影响。这一人类学、社会学著作的素材来自费孝通1936年夏天在吴江县开弦弓村所做的田野调查，2016年是江村调查80周年。80年对一个人来说算是高寿，而对一部学术著作，80年又意味着什么呢？

　　1. 研究内容的确定

　　《江村经济》自发表以来已有学者从各种角度对其进行深入的研究，研究成果有中文也有外文。根据对国内文献的把握，目前我们还缺少对国外研究中引用或利用《江村经济》（*Peasant Life in China*）开展各自学术研究这一角度的分析，对《江村经济》发表近80年来人们是否依旧关注以及如何关注这一著作缺乏明确的认识。因此，从本文作者外语能力以及资料的可及性考虑，本文将重点收集和分析英文出

---

　　*　周云，北京大学社会学系教授；彭书婷，北京大学社会学系硕士研究生。

　　①　其中包括 New York，E. P. Dutton & Company，1939；London：Kegan Paul，Trench，Trubner，1939；东京：教材社，昭和 14（1939）；Oxford University Press（New York），1946；London：Routledge & Kegan Paul，1962。《江村经济》首次在海外出版时，费孝通只有 29 岁。

版物中《江村经济》的引用状况。

2. 资料的收集、筛选与整理

"站在巨人的肩膀上"，本文根据 Scholar Google 所列，整理引用过 *Peasant Life in China* 的文献。我们在 Scholar Google 输入 *Peasant Life in China* 后，出现该著作被引用过 409 次的记录。考虑到 2016 年这个时间节点、《江村经济》的持续影响力以及研究可行性的问题，本研究将资料限定在 1995 年至 2016 年的文献。如此设定的理由是，1995 年费孝通先生 85 岁，是江村调查将近 60 个年头的时间点。1995 年至 2016 年也有 20 年以上。考察 20 年，虽难以说明国外英文文献的全部引用内容，但可以从一个时间区段考察一种趋势，特别是《江村经济》在当前社会的持续影响力。

根据上述时间和文献语言的原则再次搜索 Scholar Google，1995 年至 2016 年，有 272 项研究成果引用过《江村经济》。这些研究成果包括专著、编著、文章以及学位论文。考虑到文献查找的难易程度（从方便作者查找和获取的角度考虑）、出版物的时效性和权威性（从作品新近程度和文献所发表出版物的等级考虑），本文的分析只包括公开出版的英文书籍和文章，未包括 Scholar Google 中列出的其他语种的文献（如中文、日文等）；还剔除了标有"〔引用〕"符号的文章（因其含义不明）、硕士和博士论文、未公开发表的论文以及没有明确出版信息的文献（如仅提供网页的文献）。经过筛选后，共得到带有所需重要出版信息的 157 条文献资料。这些文献成为本文重点分析的内容。

二 主要研究结果

针对 20 年来《江村经济》在英文出版物中被引的状况，分析分为两部分。第一部分主要从年代、作品类型、关注主题、作者身份、作者就职学校的地域、作品学科的角度，分析引用费孝通著作的一些特点。这一部分的分析可说明《江村经济》现实影响力的现状和趋势。第二部分则通过数个个案，说明不同学者关注或引用《江村经济》的实际情况。限于文章的篇幅，我们仅以在人类学相关杂志上发表的论文为例，说明学者引用费孝通著作的初衷、形式和具体的内容，辅之以其他非人类学/社会学学科的个案，以此发现《江村经济》对当代学者的影响角度与力度。

1. 数据资料的概括分析

从时间上看，1995～2016 年近 22 年，公开发表、涉及《江村经济》的英文书籍和文章共有 157 篇（见表 1），每年平均为 7.09 篇。然而从年份上看，超过每年 10 篇的年份为 2005 年、2013 年、2014 年、2015 年、2016 年；其中 2005 年是费孝通去世的一年（4 月），其他年份则为最近几年。近年来《江村经济》不断受到学界的关注。2016 年不到半年的出版物中就有 2 本书和 8 篇论文曾引用过费孝通 29 岁时写成的这一早年著作。

表 1　20 年来《江村经济》在英文出版物中的被引特征

类别	数量（次）	类别	数量（次）
按发表年代		按作品类型	
1995～1999	18	书籍	43
2000～2004	31	文章	113
2005～2009	34	小计	156
2010～2014	53		
2015 +	21		
小计	157		
按研究关注主题		按作者身份	
中国	106	外国学者	69
非中国	50	华人学者	44
小计	156	中国学者	42
		小计	155
按作者就职学校的地域		按作品学科	
美国	40	社会学	43
英国	22	人类学	37
中国		历史学	10
大陆	30	其他	67
香港	16	小计	157
台湾	6		
其他	43		
小计	157		

注：因文献中所需信息缺失，部分分类下的小计数小于分析总样本的 157 篇。

从文献类型和内容上看，多数作品为学术论文（113 篇），专著或编著著作占总体的 27%。大多数文献的研究主题是中国（67.5%），少数是在讨论其他议题时联系到了费孝通的《江村经济》（31.8%）。文献跨越的学科多达 35 个。若以作者所在院系作为研究作品的分类依据，其中则以社会学居多、人类学次之，两者在数量上不相上下，分别占总文献的 27.4% 和 23.6%；历史学占 6.4%。

这些英文出版物中的作者有国外学者，也有用英文发表文章的中国学者。国外学者中又可分为华人学者和非华人的外国学者两类。从作者本身特征和其所在区域考察，我们发现中国学者占 26.8%，也就是文献的作者单位在中国（含香港和台湾）。排除无法判断机构特点的两篇文献，其余 72% 的文献作者均来自国外。但在这 72% 的海外作者中，华人学者的比例占到 38.9%。华人学者的判断标准为其标明的单位为国外学术机构外加中国姓名；如此归类，可以免除判断作者国籍的问题。如果将华人学者和中国学者相加，则有 54.8% 的作者与中国有一定的关系。从地域上看，除中国之外，这些文献的作者分布在 15 个国家，但多在美国（25.5%）、英国（14.0%）、加拿大（5.7%）和澳大利亚（4.5%），显示出费孝通《江村经济》对学界影响的区域特征。

2. 文献引用内容的个案分析

在引用《江村经济》学者的学科背景上，社会学最多。然而考虑到费孝通的《江村经济》是基于人类学博士学位的博士论文，且费孝通在完成这一著作时更多受到人类学家的影响（如史禄国、弗思和马林诺夫斯基），我们将个案分析重点放在人类学杂志上发表的引用文章。为了排除一些学科属性有争议的杂志，此处仅从杂志名称中带有和人类学相关词语（如 American Anthropologist、Anthropology Today 和 Current Anthropology 等）的出版物中选择个案。在阅读相关文章过程中选择出具有代表性的作品做细致研读，找出作者引用的原因和方式。除人类学杂志上的相关文章外，其他学科学者在非人类学杂志文章中对《江村经济》的引用也是我们分析的一个焦点。通过几个个案（教育学、老年学和历史学的例子）说明《江村经济》的影响广度和深度。

在分析人类学杂志文章中引用过《江村经济》的文章时我们发现它们可归为两种类型：一种是"人类学议题型"，特别探讨人类学相关的一些问题；另一种是"人物生平或传记型"，从不同角度讨论费孝通的一生。

先看"人类学议题型"，引用文章主要考虑文明问题以及书中经验研究的引用和借鉴作用。

首先是文明问题。《江村经济》的研究对象是整个中国；它的出现标志着人类学家从以外来者的身份研究简单社会向以本土学者的身份研究复杂文明社会的转变。北京大学的王铭铭就在其 2002 年发表于《人类学批评》文章中指出，中国作为非传统的人类学研究对象，它是一个复杂的文明体，并以其广大的疆域和多元的民族文化为其本土人类学家提供了"少数民族"这样内部的他者。费孝通这类本土人类学家对于本文化的研究本身亦是对原本仅以异文化为研究对象的传统人类学的创新与挑战。20 世纪初，中国本土人类学的发展开始更朝向于政治和应用，《江村经济》作为这一时期的代表性作品，提出了振兴民族工业这一中国经济的发展路径（Wang，2002：331）。这是否造成了中国本土人类学研究过分看重自身，而对世界其他地区人类学发展范式的贡献缺乏研究。对此，这篇文章亦给予了讨论，并在对自我与他者进行双重反思的同时，提出了后殖民主义人类学批评的"第三种目光"对中国人类学（Wang，2002）本土化的影响。在王铭铭的文章中，《江村经济》被作为早期中国人类学本土化的里程碑式作品而被提出。同时，它的出版也标志着人类学的研究对象由简单初民社会向复杂文明社会的转变。所以，此文对《江村经济》的引用所突出的重点在于其在人类学史上的标志性地位，和其作为中国人类学的巨著对后来国内外学者的启发性作用。

2012 年《亚太人类学杂志》刊登了一组来自"帝国、文明与中国的人类学"会议上的特约稿件，其中 Liang（梁永佳）的文章似是一篇统领文章，说明了会议的初衷以及收录论文的简要说明和评论（Liang，2012）。这篇论文与费孝通的《江村经济》略有关系。作者在讨论文明与中国的人类学研究时认为，很多知名人类学家在事业早期多关注和研究微观社会，但在他们事业后期往往转向讨论更加宏大的议题。以费孝通为例，Liang 认为他早年做社区民族志，事业后期开始关注 3000 年中华民族这一宏大的文明问题。用费孝通自《江村经济》开始的学术经历说明"文明"一词统领中国的人类学研究是 Liang 引用这一文献的主要目的。

其次是关于《江村经济》一书中经验研究的引用和借鉴。作为一部描写 20 世纪中叶中国农民生活图景的著作，《江村经济》书写的虽是 80 年前中国农村的景况，至今仍为人类学理论和经验材料的丰富和延续提供价值。首先是参考中国经验引用的两个案例：一是引用书中从经验材料中归纳出的"上山婚"经典概念作为人类学亲属制度和交换理论的丰富和补充；二是引用书中对中国传统信贷体系特点的总结以与柬埔寨信贷体系做比，归纳两类不同信贷体系在不同文化土壤中呈现样貌的异同。

美国经济人类学家贝尔（Duran J. Bell）在《当代人类学》杂志上发表的一篇对中国基于关系哲学下交换方式的研究论文中三次引用到费孝通的著作，《江村经济》中对 20 世纪前期几种中国传统的婚姻形式的研究则被作为一种中国传统社会中关系类型的一种范例而被提出。作者先引用费孝通在《乡土中国》中提到的"三纲"和"差序格局"的概念来界定中国式"关系"的含义。他指出，中国社会的哲学，是基于关系（relationship-based）而非个人（individual）。之后，在谈具体的关系形式时，作者引用了费孝通在《江村经济》中提到的表亲婚姻中的一种：上山婚（up-hill marriage），即父亲将女儿嫁给自己姐妹儿子的婚姻。在这种婚姻中，出嫁女孩儿婆家人和娘家人的势力会形成一种平衡。因为在传统社会中，娘家的地位低于婆家；但在同一个大家庭中，儿子的地位又是高于女儿的——父亲的地位高于姑姑、父亲的家庭作为出嫁女孩儿的娘家又低于作为婆家的姑姑的家庭。由此，姑姑的家庭和父亲的家庭基于"亲上加亲"的婚姻关系的制衡，既可合情合理地相互帮衬，又巩固了整个大家庭的势力（Bell，2000）。作者认为，研究"上山婚"涉及的错综的亲缘关系和对彩礼、嫁妆多少的定夺有助于厘清彼时中国农村社会的层级关系和交换方式。

瑞典乌普萨拉大学（Uppsala University）文化人类学和民族学系欧文森（J. Ovesen）和谭克尔（I. B. Trankell）合写的发表于《亚洲太平洋地区人类学》的文章虽然研究的是柬埔寨借贷体系，但引用了《江村经济》中关于中国传统信贷体系的内容，意在将其与柬埔寨信贷体系做比较。作者认为，在中国传统社会中，向放贷者借款，常常是农民们走投无路时的选项；但在传统的高棉社会，借贷者和放贷者之间实际存在着一种庇护与被庇护的关系。正是这种关系，使得同样的放贷方式在柬可以行得通，因为被庇护人本身实际形成了一种对其所借财产的抵押（Ovesen & Trankell，2014）。《江村经济》中对于中国传统信贷体系的描写成为作者进行跨国研究时进行横向比较的资源。这也体现出《江村经济》一书对于人类学界经验材料和理论范式上的贡献。

有关对农村和少数民族地区发展的经验借鉴，《江村经济》的英文版是 *peasant life in China*，顾名思义，此书对于中国农民的生活有着极细致的剖析与呈现，农村与城市作为相对的两端，研究其一必不可舍其二。由此，此书亦为学者研究中国的城市问题提供了参考。加州大学伯克利分校社会文化人类学系的 Xin Liu 于 2002 年发表在《人类学批评》讨论中国"都市问题"的文章中，提到了有关《江村经济》的内容。这篇文章主要讨论中国人类学发展过程中赋予"都市"一词的含义及中国近代产生的"都市问题"（Liu，2002：109）。在文中，作者认为对于中国社会的研究可以分为三个阶段，而中国都市研究的兴起是与乡村研究相对的。这篇文章的行文是按照中国社会发展的历程中核心逻辑的变迁和人类学者们对于其逻辑的基本认识而展开的。其中，作者在正文中提到费孝通的作品《乡土中国》，并将其作为说明传统中国乡土社会中个体生存状态的主要著作加以引用。对于《江村经济》，本文仅在参考文献处有所涉及，但依文意推测，作者应是将其作为对乡土逻辑概括性的书目予以参考。在这篇文章中，可以看到费孝通不同时期的作品可为研究者使用的差异化作用，而《江村经济》对于中国乡村社会全貌的呈现，更是对研究者具有极大的参考价值。

经验借鉴的另外一个角度是乡村发展。《江村经济》是一本学术著作，亦是一本为彼时经济落后、人民生活贫困的中国思考改革方案的应用型著作。书中提到的振兴乡村工业以真正解放农民，发展农村经济的远见卓识对于学者分析今日中国农村面临的状况和发展的路径时，仍有极大的参考价值。这也是其影响力延续至今的一个重要原因。Xianghong Feng 执教于东密歇根大学社会学、人类学和犯罪学系，其 2012 年发表于《都市人类学、文化体系和世界经济发展》杂志上的文章对《江村经济》中提出的通过振兴乡村工业来改善农民生活的发展途径做了讨论。作者认为，当今中国农民面临着必须脱离土地寻求农业以外的发展途径，但土地又是他们唯一可以赖以生存的资源的发展困境。而要突破这一困境，农民需要在务农、向城市移民和办乡村企业之间寻求一种和谐的关系。她在讨论凤凰村苗族的例子时引用了《江村经济》中对于乡村合作社和乡村工业的分析，意在说明科学地利用资源和组织资源，而不是盲目地消耗和滥用资源，才是凤凰村苗族脱贫的关键。而费孝通所主张的通过发展乡村工业来使农民脱贫，并辅以引进科学的生产技术和组织以合作为原则的新工业的方式来复兴乡村经济的远见，正应和了作者的论点（Feng，2008）。

再看"传记型"，费孝通本人作为中国人类学先驱者的标签性作用仍是国内外学者关注的重点。而《江村经济》作为其博士论文及成名作品，是费孝通学术生涯的重要阶段。此处引用的文章主要在介绍费孝通的生平和学术贡献时提到《江村经济》一书，从而达到以作品反观作者的目的。

以费孝通生平为主要内容的文章可举三例。例 1 为费孝通先生去世后，《美国人类学家》杂志于 2006 年在其 108 卷第 2 期上刊登的一篇悼念费孝通的文章（Arkush，2006），文章的作者是美国爱荷华大学的 David Arkush（中文名为欧达伟），历史系的荣休教授。他于 1976 年获得哈佛大学的博士学位，专门研究当代中国，特别是 20 世纪的中国知识分子以及中国人对美国的看法。在他的文章中费孝通被称为中国最重要的人类学家和社会学家，特别说明费孝通是因对中国农村的研究而在西方社会著名。在这篇文章中，Arkush 对费孝通的生平做了介绍，当然少不了关注《江村经济》。有关《江村经济》，Arkush 对其做了简要的概述，称这本书的重点更多放在经济问题上，包括农业、土地所有制以及农民的收入与支出。作为本土人类学家，人类学研究的目的，对费孝通来说是改善他所研究的对象的生活（Arkush，2006：453）。文中提到《江村经济》使费孝通扬名海外，这一著作在英国和美国多次重印，在日本被翻译与出版两次。这是一篇专门介绍与评论费孝通一生的文章。

费孝通的一生是传奇的一生，人们从不同的角度看待中国这位著名的人类学家。例 2 是 Morgan 的文章。对文化人类学感兴趣的教育学家 Morgan 从"公共知识分子"的视角来分析费孝通跌宕起伏的一生，中间穿插着新中国成立以来各种政治运动的影响（Morgan，2014）。Morgan 是 University of Nottingham 教育学院的教授，研究领域包括政治经济学、教育与公共政策、人与社会资本发展等。在刊登于《今日人类学》的一篇文章中，Morgan 认为，费孝通能够影响公众的基础是他渊博的学识和痛苦或者丰富的人生经历；影响的途径是他有关社会问题（如农村经济、小城镇、少数民族以及边疆发展）的通俗文章和著作、讲座和其他形式的宣传。获得并接受各种国际荣誉、受邀到国外讲学也是公共知识分子宣传个人理念的一种方式。无论他如何宣传，都离不开他学术研究和影响公众的主要目标。在这里，作者大段引用了费孝通的《江村经济》中的一些内容（Morgan，2014：18），并用书中的具体内容

说明费孝通坚持为大众服务的一生努力目标。

费孝通的一生或多或少受到过国外知名人类学家的影响，例如史禄国。例 3 就是一个说明他所受影响的例子。史禄国是俄罗斯人类学的先驱，因国家政权 1917 年的更替而一直留在中国，1939 年在北京去世。俄罗斯人并没有因为这位人类学家在中国长达 20 年并在此去世而遗忘他。相反，在俄罗斯史、汉学、人类学、民族学、通古斯人－满族人、中国人以及萨满教研究学术群体中，人们始终对他怀有兴趣（Sirina & Zakurdaev，2016）。"史禄国——一位人类学家的肖像"就是对其一生中一个侧面的最新探讨的一篇论文。文章发表在《美国人类学家》杂志上。作者是俄罗斯科学院民族学与人类学研究所的研究人员。文章通过史禄国 1927～1932 年在中国厦门、广州、昆明和北京与苏联著名汉学家 Alekseev 之间的来往书信，揭示了这位人类学家在那一时期的所思所想与所为。"所为"就包括史禄国自 1930 年开始在清华大学执教，创建中国的人类学专业，培养包括费孝通在内的许多中国人类学家。文中写道，"当费孝通前往剑桥大学师从马林诺夫斯基时，他带去了在史禄国指导下收集的大量田野资料［开弦弓村］"（Sirina & Zakurdaev，2016：20）。正是这些资料促成了费孝通著名的《江村经济》的最终出版。虽然这篇文章没有具体讨论《江村经济》的内容，而且《江村经济》也是在史禄国去世之后或前后才出版，但正是史禄国对费孝通学术研究的最初指导与引路，才最终促成了这部著作的产生。费孝通在《江村经济》的著者前言（费孝通，2001：1）以及另外一篇文章（费孝通，1994）中都提到史禄国对他的重要影响。尽管这篇文章不是专门研究费孝通的一生的，但它通过俄国学者对中国人类学发展的贡献说明了费孝通《江村经济》成功的基础。

除上述在人类学杂志上发表的"人类学议题型"和"人物生平型"的文章外，还有一些在不同领域学术期刊上发表的文章中提到过《江村经济》。这是一个令人好奇的问题。一位知名的人类学家和社会学家会给其他学科的学者带来怎样的学术启发或讨论？在此我们用三个例子来说明。

Wu（吴蓓）现在是杜克大学护理学院和全球健康研究所的讲座教授，拥有老年学的硕士和博士学位。Wu 在她的一篇有关在中国开展社区长期护理教学的文章中引用过费孝通的《江村经济》，文章发表在《老年学与老年医学教育》（Gerontology & Geriatrics Education）杂志上（Wu，2005）。若仅从文章主题，我们很难理解长期护理教学与《江村经济》这一著作之间的关系。细读这篇论文我们发现，Wu 在讲述教学经历和教学策略时提到一个"局外人"和"权威"的问题。首先，作为一位来自美国的双语教师，学生潜意识地挑战老师 Wu 对中国文化和中国知识的掌握程度，认为她是中国文化的局外人，因而影响到她有关中国长期护理问题的授课效果。其次，作为一位女性，且是一位比她的学生年龄要小的教师，这种身份也给她的教学带来一定的困难。困难来自传统文化的影响。在讨论这些问题时，她引用了费孝通有关权威的观点。例如，在中国社会，年长男性往往被看作权威人物。正是这种传统观念的影响，她的女性身份和年龄促使她在教学中需做出更多的努力，以保证教学质量。《江村经济》中的相关论述给她改进教学方法、提高教学效果带来了启发。

《江村经济》对教育学研究方法有所启发。投入质性方法教学的中国教育学学者对质性研究方法在国内外的发展有清楚的认识，并不断反思在中国推广质性研究的途径。在国外受过研究生教育、在北京大学教育学院任教授的 Chen（陈向明）就是这样一位学者。她在发表于《质性研究》杂志上的文章中深刻反省了在中国教授质性方法所面临的问题，并在教学中摸索出"知行合一"和"实践理性"两种策略（Chen，2016）。在文章深入讨论教学问题之前，陈向明首先对质性研究在全球的发展做了一个简要的说明。其中提到，1920 年代早期，随着西方学者和传教士来中国做田野工作，这种方法开始在中国传播与应用。在她看来，费孝通的《江村经济》就是中国学生在国外学者指导下采用民族志研究方法进行农村研究的一个个案。虽然全文未对《江村经济》的内容做深入探讨，但 Chen 对费孝通所用的方法很感兴趣；并认为，这是质性研究方法受西方学界影响、传入中国并开始被采用的一个说明。

澳大利亚墨尔本大学历史系的经济史学家芬安妮（Antonia Finnane）在研究中国清代扬州中产阶级的消费行为时引用了《江村经济》作为理论基础之一。她在发表于《东方经济和社会史期刊》上的文章中写到，研究中国 16 ~ 19 世纪民众的消费行为和社会工业革命的西方学者普遍认为彼时中国的经济变革是供给导向的（供给的商品限制人们的消费行为和方向），且受西方影响极大。但作者通过研究清代扬州中产阶级对室内装修材料的选择的历史材料，发现在室内装修方面，扬州的中产阶级呈现极为明显的自主选择和文化情趣，他们甚至会亲自挑选进口的材料（Finnane，2014）。这个事实是对持"供给导向"观点学者的有力反驳。在这篇文章中，作者在开篇回顾研究中国 19 世纪民众的消费方式时提到《江村经济》，她将这本著作评价为奠定研究中国的日常生活和物质文化领域基础的重要作品（Finnane，2014）。可见，《江村经济》中论述 19 世纪中叶农民交换方式、消费观念、日常开支、协调自给与购买方式等内容，为历史学者研究中国传统社会的经济史提供了重要的参考依据。

三 相关讨论

文章至此，费孝通《江村经济》对学界的影响状况已经相对明朗。若从面上考虑，20 年来国内外学者仍在引用已有近 80 岁寿龄的《江村经济》。影响的学科除主流的社会学和人类学领域之外，还涉及其他社会科学，甚至理科。若从英文文献中文章及作者特性的角度表述，多数文章关注的主题涉及中国。国外作者尤其是中、英、美、加、澳的作者占主流；多数作者的学科背景是社会学和人类学。在这"多数"之外，应该看到文献作者跨越的学科有 35 个，涉及其他社会科学，甚至理科；跨越的海外国家为 15 个。这充分说明了《江村经济》的学科以及国际影响力。

若从点上考虑，或者从独立文献的具体内容考察，我们发现人们在社科领域的多个层面引用《江村经济》。针对人们为什么引用以及怎样引用的人类学和非人类学/社会学的个案文献的深入分析可以说明，在人类学界，许多引述《江村经济》的学术论文发表在人类学顶尖级杂志。作者有国外学者，也有中国学者。他们有人试图以自己的研究与费孝通的《江村经济》开展对话（如 Bell，2000；Hann，2013）。有人在思考宏大人类学议题时回顾《江村经济》在人类学发展历史中的作用（如 Wang，2002），或《江村经济》在费孝通学术生涯中的地位（如 Liang，2012）。也有人在专门研究费孝通一生时提到《江村经济》（如 Arkush，2006；Morgan，2014），或研究其他人类学家时提到其对费孝通《江村经济》的影响（如 Sirina & Zakurdaev，2016）。人类学和社会学之外的学者也会受到费孝通的影响，这更能体现当今《江村经济》的影响力。有人运用《江村经济》中论述的中国社会文化特征来调整自己教学中的策略（如 Wu，2005）；有人将《江村经济》放置在研究方法的发展潮流中，将其视作是质性研究方法在中国实践的先驱之例；亦有学者较看重《江村经济》中所论述的 20 世纪中叶中国农民从事交换活动的具体形式，并以之作为还原中国传统经济活动的重要史料（如 Finnane，2014）。

在个案文献引用状况的分析过程中我们也意识到，人们对《江村经济》的关注，已经从关心其具体的内容转向更广的思考与影响。对这种现状可有几点解释。首先，《江村经济》描述的是 80 年前的一个中国村庄，与现在的研究焦点会有距离。如果我们翻查《江村经济》发表之后的前几十年人类学学者对其的反应，其结果可能与现在有很大的不同。或许当时人们更关心《江村经济》中论述的远离欧美的中国农村当时的生活与经验。其次，费孝通一生的著作不限于《江村经济》，《江村经济》之后费孝通还出版过其他重要的学术著作。随着时间的流逝和其他著作的出现，学者对费孝通的关注点也在转移。也许人们在费孝通其他著作中，而不是《江村经济》，找到了更好的对话点。最后，由于这篇文章分析的重点是英文文献，且限定在人类学和其他相对于人类学/社会学中心较为"偏远"的学科，其结果可能与中文文献的研究结果有所差别。

然而通过对所限定的个案文献的分析，我们依旧可以发现《江村经济》对学界的特殊影响。费孝通本人作为中国人类学学科发展的先驱，在国内人类学家这个群体中标志性的地位是不可忽视的，而《江村经济》作为其博士论文及成名作品，是作者学术生涯的重要阶段。这种标杆性的价值使其学术魅力在 80 年后的今天仍熠熠生辉。而由上文个案分析中"人物生平"一项亦可见，费孝通本人的人格魅力和学术生产力是其作品受到关注的一大原因。正如马林诺夫斯基在序言中所指出的，《江村经济》一书标志着人类学家的研究对象不再局限于异文化和简单社会之上，而可转以本土学者的身份研究复杂的文明社会（费孝通，2001：15）。这是《江村经济》在整个人类学界的开创性价值，亦是费孝通本人对于中国乃至世界人类学所开辟的新路。在地域间联系愈加广泛的今天，人类学家若仍以找寻和研究"遗世独立"的"世外桃源"为所求，必定为时代所不容。所以，研究复杂的文明社会，研究本文化中的内部他者，已是人类学学科发展的一种趋势。而《江村经济》作为此类作品中的牵头书，其启发意义和讨论价值当然是尤为可观的。再者，虽然如今中国农村的面貌已有所变化，但《江村经济》中对 20 世纪中叶中国农民生活图景的细致描写仍使得其内容有横、纵两个方向的借鉴价值。以时间维度而论，书中对彼时中国农村的经验研究可为今日研究相关课题的学者所借鉴；以地域维度而论，书中所呈现的中国面貌可为研究其他地区的学者提供比较的依据。另则，费孝通在书中所贡献的诸如"上山婚"一类的经典概念，亦是对人类学相关理论的丰富和充实。最后，今日中国农村虽已发生巨变，但其内部的乡土逻辑和遗留问题仍与百年前的状况有着千丝万缕的联系。故此，《江村经济》书中对彼时农村生活方式、交往方式和层级关系的梳理以及以此为基础提出的振兴乡村工业以真正解放农民，发展农村经济的远见卓识对于学者分析今日中国农村面临的状况和发展的路径时，所具有参考和应用价值仍是十分可观的。而在本文的梳理中，这也是一些关心中国农村的民生和发展情况的学者所讨论的重点问题。

Morgan 曾引用其他学者的话，认为在世界范围内，了解费孝通的社会理论家并不那么多，费孝通的学术影响力更多集中在中国学者（Morgan，2014：18）。或许对中国学者引用费孝通《江村经济》的研究会展现出另外一些特征。这也道出我们感受到的本研究的不足或缺憾——例如，没有深入考察最近 20 年《江村经济》给中国国内学者带来的影响，也没有特别分析国外社会学学者对《江村经济》的关注。

虽有此缺憾，但本研究不是一篇单纯的"文献回顾"，它更是通过文献来分析费孝通《江村经济》的学术影响力。它的作用是从特定角度考察一位学者的学术观点及其学术著作在世界学术领域的健康存活力，特别是《江村经济》在 80 年后仍在多地区、多领域产生持续性影响的现象和原因。从宏观上看，通过对近 20 年来英文文献中学者对《江村经济》的引用情况进行了概述性和趋势性的说明，本文以经验数据表明了此书在学界影响力范围之大、学科跨度之广。从微观上看，通过对具体引用文献的引用目的和引用内容的分析，本文细致展示了《江村经济》影响今日学者的具体角度和方面。这有可能进一步启发学者多视角地理解并挖掘这一著作的

学术意义，发现与该书相关但未被足够关注和深入讨论的问题与方向。

参考文献

费孝通，1994，《人不知而不愠》，《读书》第 4 期。

费孝通，2001，《江村经济——中国农民的生活》，北京：商务印书馆。

费孝通，2006，《乡土中国　生育制度》，上海：上海人民出版社。

孟列夫，2005，《阿列克谢耶夫院士及其汉学学派》，黄玫译，《国际汉学》（辑刊）第 1 期。

Arkush, David R. 2006. Fei Xiaotong [Hsiao-tung Fei] (1910 – 2005), *American Anthropologist*, v. 108 (2): 452 – 456.

Bell, D. 2000. Guanxi: A Nesting of Groups, *Current Anthropology*, 41 (1): 132 – 138.

Chen Xiangming. 2016. "Challenges and Strategies of Teaching Qualitative Research in China", *Qualitative Inquiry*, 22 (2): 72 – 86.

Feng X. 2008. "Who Benefits?: Tourism development in fenghuang county, China", *Human organization*, 67 (2).

Finnane A. 2014. "Chinese Domestic Interiors and 'Consumer Constraint' in Qing China: Evidence from Yangzhou", *Journal of the Economic and Social History of the Orient*, 57 (1).

Hann, Chris. 2013. "The Uncertain Consequences of the Socialist Pursuit of Certainty: The case of Uyghur villages in Eastern Xinjiang, China", *Antipoda Revista de Antropologia y Arqueologia*, 17 (17).

Liang Yongjia. 2012. "Civilization and the Anthropological Study of China", *The Asia Pacific Journal of Anthropology*, 3 (2).

Liu X. 2002. "Urban Anthropology and the Urban Question' in China", *Critique of Anthropology*, 22 (2).

Morgan, John W. 2014. "Fei Xiao Tong: A public intellectual in Communist China", *Anthropology Today*, 30 (6).

Ovesen, J. & Trankell, I. B. 2014. "Symbiosis of microcredit and private moneylending in Cambodia", *The Asia Pacific Journal of Anthropology*, 15 (2).

Sirina, A. A. & Zakurdaev, A. A. 2016. "Shirokogoroff—a portrait of the anthropologist (from his letters to the sinologist Alekseev)", *Asian Ethnicity*, 17 (1): 15 – 30.

Wang Mingming. 2002. "The Third Eye Towards a Critique of Nativist Anthropology", *Critique of Anthropology*, 22 (2).

Wu Bei. 2005. "Teaching Chinese Health Care Professionals About Community-Based Long-Term Care in China", *Gerontology & Geriatrics Education*, 26 (1): 137 – 149.

江村 80 年

——中国乡村研究的回顾与展望

王莎莎[*]

　　江村在世界及中国人类学、社会学史上是一个有着特殊意义的村落。我国人类学家、社会学家费孝通在 1936 年夏在此进行了人类学的田野考察并写作了 *Peasant Life in China* （《江村经济》）。他的导师马林诺夫斯基在为该书所作的序言中，评价"这是人类学实地调查和理论工作发展中的一个里程碑"（费孝通，2001：13）。它不仅标志着人类学的田野范式跨越"文野之别"，同时还成为应用社会学和人类学的典范，在指导文化变迁中发挥重要作用。而在国内学界看来：《江村经济》首先是中国老一代社会科学家力图了解中国"社会变迁"过程的最早尝试之一；其次也在中国现代社会科学的形成中占有一席独特的位置，因为该书事实上是 20 世纪 30 年代初吴文藻等中国学术前辈力倡社会科学本土化的一个直接结果（甘阳，1994：51 - 52）。费孝通"无心插柳"的江村调查不仅开启了他的第一次学术生命，也在世界及中国人类学、社会学史上写下了浓墨重彩的一笔。

　　费孝通认为自己一生有两篇文章，都是从 20 世纪 30 年代写起的：第一篇是《少数民族的社会调查》，从广西大瑶山写起；第二篇是《中国农村经济的发展》，从江村写起（费孝通，1985：12）。可以说，他对中国农村经济发展的认识和思考，几乎都是以对江村的考察为起点和参照点的，包括乡村工业、城乡关系、士绅作用等。费孝通一生共计 28 次访问江村，特别是 80 年代以来，他每年两次到访，在江村建立调查基地，安排自己的研究生在此进行长期考察，并引介国内外学者前来访问。此外，他自身也在不断通过江村考察来加深和扩展对中国社会变迁的研究：在深度上，他不断推进对农村工业化认识并三论中国家庭结构变动；在广度上，他的研究范围逐渐由村落扩展到乡镇企业、小城镇研究、区域经济发展等。

　　中国村落研究可以说成千上万，但没有任何一个中国村落像江村一般受到学者

---

　　* 王莎莎，人类学博士，中国社会科学出版社编辑。

的"钟爱"。中外人类学、社会学等多学科领域的研究者都不远万里到此访问，并比照费孝通的《江村经济》进行追踪考察。费孝通的研究、外国学者对江村和费孝通的研究、费孝通学生的研究，以及费孝通的学术造就和社会影响力，使得江村研究形成了一个谱系。其中，有以社会变迁考察为主题的阶段性追踪研究，如葛迪斯（W. R. Geddes）的《共产主义中国的乡村生活》（*Peasant Life in Communist China*）（1963 年）；费孝通的《重访江村》（1957 年）、《江村五十年》（1986 年）；沈关宝的《一场悄悄的革命——苏南乡村的工业与社会》（1993 年）以及周拥平的《江村七十年》（2006 年）等。也有偏向考察经济、家庭或习俗等专题性的研究，如刘豪兴的《农工之间——江村副业 60 年的调查》（1996 年），以及常向群的《关系抑或礼尚往来——江村互惠、社会支持网和社会创造研究》（2006 年）等。

因此，在江村调查 80 周年（1936～2016 年）之际，重新梳理和回顾费孝通与江村的学术脉络，理解江村研究作为中国乡村研究的典范，并通过田野调查探讨中国乡村如何面对世界文化转型，以江村为代表的微观社区研究在一定程度上仍然是认识中国社会的基本方法，而学界对江村在各个时期的追踪考察所积累的研究资料，更使得社会变迁的样貌能够在江村人的社会生活中清晰地呈现。在全球化和信息化的时代大背景下，村落的边界已经逐渐被打破，人们的行动轨迹、思维方式、价值观念等都已经不再受地域的限制，因此以社区为基础的中国乡村研究的局限性也日益凸显，未来中国乡村研究的理论和方法也需要予以重新思考。

一 费孝通与江村
——研究谱系的梳理

江村是中国东部太湖东南岸的一个村落，20 世纪二三十年代，这个村庄同中国大多数农村一样，正在经历巨大的社会变迁。费孝通与这个村庄的"学缘"，来自其姐姐费达生的引导。1923 年，江苏省立浒墅关女子蚕桑学校校长郑辟疆带领青年女教师费达生等，到吴江县震泽、双扬、开弦弓（江村）等地宣传土丝改良（王淮冰，2004：7）。费达生多次同蚕校的青年教师们来到开弦弓村指导养蚕，并提倡以合作工厂来代替家庭手工生产，带领当地村民建立了"吴江县震泽区开弦弓有限责任生丝精制运销合作社"（费达生，1930）。在江苏省农矿厅 1929 年刊行的《农矿通讯》中，介绍了开弦弓村合作工厂的成立过程和运营情况（江苏省农矿厅刊行，1929a）。同年，《农矿通讯》第 60 期还刊出了开弦弓村生丝精制运销合作社所生产的改良丝在吴江蚕业赛会上获奖的消息（江苏省农矿厅刊行，1929b）。费达生在吴江开弦弓村建立生丝精制运销合作社的工作在当时的学界和商界引起了一定的反响，例如，梁漱溟当时主编的《村治》中，在"乡村运动消息"板块，就有题为《开弦弓村合作社办理之成绩》（梁漱溟主编，1930）的文章发表。

1933 年，费孝通为费达生执笔，在北京《独立评论》上发表题为《我们在农村建设中的经验》的文章。1934 年，费孝通又为她代笔，在天津《大公报》上发表了《复兴丝业的先声》。由此可见，费孝通在真正到访江村之前，应该对当地的情况已有所了解。此外，在文章中，费达生表明希望现在做社会研究的人，能够详细地把中国社会的结构，就其活动的有机性，作一明白的描述，使从事建设的人能有所参考（费达生，1934）。可见，她希望未来能够有从事社会科学研究的人来此考察，以期帮助他们更加科学地进行社会建设工作。这一时期的费孝通正先后在燕京大学社会学系和清华大学人类学系读书，并在其导师史禄国的安排下，赴广西大瑶山进行体质人类学的实地调查。

然而不幸的是，费孝通和新婚妻子王同惠在瑶山的考察中迷路失事，王同惠溺亡于山间的溪流之中，费孝通腿部重伤。1936 年 6 月底他回到苏州家中养伤，走路还需要拐杖，但想利用出国前一个多月的时间做些社会调查，对江村的考察因此成行。费达生把他带到震泽丝厂，雇了只小船，送他到开弦弓，并把他介绍给蚕丝精制运销合作社经理陈杏荪（余广彤，2007：65 – 66）。他亲眼看到了农民的劳动与现代缫丝机器的结合，整个的心思一下就被触动、被吸引住了（张冠生，2011：109）。因此，费孝通仿照在广西调查时所写作的记述报告《桂行通讯》，在开弦弓村写作《江村通讯》，以记录其所观察到的当地人的生活方式以及姐姐的工作给他们带来的变化。在 1936 年 7 月 3 日至 8 月 25 日期间，共写作了 7 篇通讯。

费孝通到英国伦敦政治经济学院后，其在江村收集的材料首先引起了他当时的指导老师弗思（R. Firth）的兴趣。随后，马林诺夫斯基（Malinowski）从美国回到伦敦，他在美国时曾与费孝通的老师吴文藻交流过，回来便安排了与费孝通的见面，又进一步得知弗思为他选定了以江村调查为主题写作博士论文，便将他正式收入门下亲自指导。1938 年春，费孝通以在开弦弓村的调查资料为基础完成了他博士论文的写作，论文题目是："Kaihsienhung: Economic Life of a Chinese Village"（开弦弓，一个中国农村的经济生活），并在马林诺夫斯基的家中通过了论文答辩。当晚，马林诺夫斯基就把这篇论文介绍给 Routledge 书局出版，在编辑的建议下，书名最终定为 *Peasant Life in China*（《中国农民的生活》）。1939 年，该书首先在海外出版，当时国内的《图书季刊》（国立北平图书馆图书季刊编辑部，1939）上也对该书的出版予以介绍。

在费孝通看来，对此类农村进行深入的社会人类学调查，对中国经济宏观的研究是一种必要的补充（费孝通，2001：20）。作为社会科学工作者，他应以社会事实为依据，对其社会制度的功能进行细致的分析，"要同它们意欲满足的需要结合起来分析，也要同它们的运转所依赖的其他制度联系起来分析"（费孝通，2001：22），以指导文

化变迁。当时这个村落的研究价值就在于,一个以合作为原则的小型工厂正在此建立,它反映了中国乡村社会的传统力量与外来动力如何共同作用于基层人们的生活。

此书在海外出版之时,费孝通已经回到当时战乱的祖国,并在云南开展他对内地农村的调查。1938 年云南大学成立了社会学系,并于 1939 年同燕京大学合作成立了一个社会学研究室(费孝通、张之易,2006:3-4)。1939 年,费孝通主持社会学研究工作站的工作;1940 年,因日军轰炸昆明,社会学研究工作站迁至呈贡魁星阁(中国民主同盟云南省委员会编,2013:305)。这一时期,费孝通选取了三个不同类型的农村社区进行调查,分别为禄村、易村和玉村,与他此前江村社区的调查形成不同类型的比较研究。

正是在这种比较之下,费孝通对中国社会的整体认识得以形成,他的《中国士绅》(1945 年)、《生育制度》(1947 年)、《乡土中国》(1947 年)、《乡土重建》(1948 年)代表他对中国基层社会结构的认识已经成形。如果说,江村和内地农村的调查都是他深入社区的具体经验的描述,那么上述几部作品便可以认为是他在这些具体经验内化之后而成的概括性的理论思考。没有《江村经济》和魁阁的 6 年(1939~1945 年)的乡村研究,就不会有《乡土中国》的宏观思考(郑也夫,2015:8)。可见,费孝通正是在中国乡村社区的经验调查的基础上,获得了对中国整体社会文化的理论提升。

在费孝通访问江村 20 年后,1956 年澳大利亚人类学家葛迪斯(W. R. Geddes)来华提出重访江村,并于 5 月 12 日抵达,进行了为期 4 天的考察。1957 年 4 月 26 日至 5 月 16 日,费孝通偕同姐姐费达生也重访江村。他出发前似乎说过他这次调查将具有国际意义(这使得《新观察》为他派了一名报道员和摄影记者),并表示将满足曾为他出版过《江村经济》的伦敦出版商 Routledge 和 Kegan Paul 的要求,再出版一本有关在中国新政权下农民生活变化的英文版书籍(阿古什,2006:199)。当地的报纸《吴江报》以题为《大力发展副业生产 教育农民注意积累——费孝通重访本县开弦弓村提出的意见》(1957)对此次的重访活动予以了报道。

费孝通用了 20 天的时间重点考察了江村农民的经济生活,并与 20 年前自己的调查情况进行了比较,写作《重访江村》,在该年 6 月分两期在《新观察》杂志上连载发表。然而,国家此时开始集中全力进行"反右运动","几万名右派知识分子受到批判,被从领导岗位上撤下来,费孝通是第二批受到批判并被宣布为右派的六个人之一"(阿古什,2006:202)。费孝通的江村研究也随之成为"众矢之的",被认为是右派分子的"典型罪证"。此后,费孝通已不再宣扬他的观点,他受到贬黜,渐渐地被人遗忘了,他不能再研究中国社会、教书或出版著作,与外国人的联系中断了,他也不能为新中国的建设施展才能,在 60 年代,听不到有关他的消息,据称,他于 1957 年至 1979 年未在中国发表过什么著作,并于 1963 年曾致函伦敦出版商 Routledge 和 Kegan Paul,请求不要再版他的《江村经济》一书(阿古什,2006:217)。

20 年后，国家"拨乱反正"，于 1977 年成立了与科学院平行的机构——中国社会科学院，其中成立了民族研究所，费孝通出任副所长；1979 年春天，在昆明成立了民族研究学会，费孝通是副会长之一；同年正式成立社会学研究会，费孝通是会长。经历了三十年停顿的中国社会学，于 1979 年重新开始恢复建设，费孝通也迎来了自己的"第二次学术生命"。他认为，"中国的社会学离不开对中国社会的调查，离开了生动、丰富的中国社会现实，社会学的内容就必然空洞无物，从根本上说也就失去了存在的意义"（费孝通，2015：118）。因此，仍然提倡中国社会学的学科建设要立足于对中国社会的实地调查。

1981 年，费孝通偕同姐姐费达生三访江村，此时费孝通已经 71 岁，他的姐姐也已经 78 岁了。费孝通以再访江村作为其"第二次学术生命"的起点，有两方面的原因：一是他认为这个村庄有着极其重要的学术价值，"用开弦弓村作为一个观察中国农村变化的小窗口有一个好处，就是我们有近五十年的比较资料"（费孝通，1981：50）。另一个原因是英国皇家人类学会授予费孝通赫胥黎奖章，他的导师来信建议他能够以江村几十年以来的变迁作为来英演讲的主题。费孝通三访江村为期 4 天，时间虽然不长，但他在这里看到了中国特色的工业化道路——工业下乡（费孝通，1981：49 – 57）。

同年 11 月 28 日，费孝通在给时任中共江苏省吴江县庙港乡党委书记徐胜祥的信中，表明了希望明年能够在开弦弓村组织一次更为全面深入的社会调查活动。他说，"我们社会学研究所正在组织力量和江苏省社会学研究所一起在今冬明春派出一些同志前来工作"（费孝通，2009a：60）。12 月 26 日，"江村调查基地"正式建立。

1982 年 1 月，费孝通四访江村，为期 34 天。与此同时，在江村调查基地建立的基础上，全国 14 个单位 19 位学者组成调查研究组对江村的社会情况进行了一次全面调查。这一次的调查资料和成果主要发表在《江村信息：江村社会调查文集》和《江苏社联通讯》上。前者是由中国社会科学院社会学研究所、江苏省社会科学院社会学研究所以及江苏省社会学会编印的关于江村社会调查文集，是建立江村社会调查基地后的一份研究成果（见表 1）。

表 1 《江村信息：江村社会调查文集》收录文章目录①

论文题目	作者	页码
《鱼米之乡、丝绸之乡、毛织之乡》	费孝通	1
《论中国家庭结构的变动》	费孝通	10

① 中国社会科学院社会学研究所、江苏省社会科学院社会学研究所、江苏省社会学会编印《江村信息：江村社会调查文集》1982 年（未正式出版）。

论文题目	作者	页码
《试谈创建我国社会学的好方法——建立调查基地》	甄为民、沈关宝	15
《从"男少女多"现象看江村的婚姻和家庭问题》	杨善华、李振坤、黄鸿康、金一虹、徐亚丽、赵善阳	20
《江村女青年的婚姻、生育意愿》	张钟汝	25
《"江村"农民生活近五十年之变迁》	宋林飞	28
《社会信息和江村文明》	甄为民、陈颐	52
《"江村"经济社会发展孔见》	邵湘华、李亚宏	60
《公路与江村》	韩志峰	64
《江村家庭结构和婆媳关系》	徐亚丽	67
《关于开弦弓村的学校教育》	李振坤	70
《开弦弓村青年的闲暇生活调查》	赵善阳	74

从这部文集的目录中可以看到，江村调查研究组的考察涉及经济、家庭、婚姻以及教育等社会生活各方面的内容，集中反映出 80 年代初江村的生活面貌。

而在该年的《江苏社联通讯》中收录的有关江村的调查报告和论文有《农村经济结构的变迁及其社会影响——江苏省吴江县"江村"调查提纲》《从"男少女多"现象看江村的婚姻和家庭问题》《试谈创建我国社会学的好方法——建立调查基地》《开弦弓村婚姻、家庭基本情况》《开弦弓村基本情况统计资料》《开弦弓村某青年结婚的费用明细账（个案）》《江村——大众传播学调查统计》。

1982 年 10 月 24 日，费孝通五访江村，他在蒋金娥家里牵磨，到打谷场与村干部、村民聊天，之后还去了几个乡镇参观访问，他认为当前的农村经济发展必将推动小城镇的复苏，提出"社会调查必须更上一层楼""我们过去的研究还只是在以一个农村作单位的水平上。去年回去以后，我们感到不能停留在这个水平上了"（费孝通，2009b：456）。通过实地调查，他看到小城镇在农村经济、政治和文化方面的作用，是农村发展建设的下一步，并且能够成为"调节城乡人口的蓄水库"（费孝通，2009b：497）。

此后，费孝通将研究重点放在了小城镇问题上，他从江村的范围走出来，从历史和现状两方面调查分析了其周边的几个特色小城镇。1983 年 9 月 21 日至 27 日，中国社会科学院社会学研究所和江苏省社会科学院主持在南京召开了江苏省小城镇研究讨论会，并正式成立了"江苏省小城镇研究会"，费孝通担任学术指导，江苏省政策研究室主任朱通华担任总干事（邹农俭、叶南客，1983）。这一时期费孝通先后写作《小城镇在四化建设中的地位和作用》《谈小城镇研究》《农村工业化的道路》《小城镇 大问题》《小城镇 再探索》《小城镇 新开拓》等系列文章。

虽然费孝通的研究范围已经从江村扩展到小城镇的层次，但是他认为应该再回到基层的农村了解人们生活的变化，1985 年 7 月 9 日至 22 日，费孝通"九访江村"，写作《九访江村》和《三论中国家庭结构的变动》。

从 1936 年到 1985 年，江村已经走过了 50 年的社会历程。在此之际，费孝通安排他的博士研究生沈关宝在江村进行长时间的深入考察，并以此作为博士论文来完成，李友梅、刘豪兴等学生也阶段性地参与调查工作。在费孝通的指导下，沈关宝以题为《苏南乡村的工业与社会》完成了博士论文的写作并通过答辩，于 1993 年出版了《一场静悄悄的革命：苏南乡村的工业与社会》，费孝通以《江村五十年》作该书的序言。之后，李友梅的《江村家庭经济的组织与社会环境》（1996 年）、刘豪兴的《农工之间——江村副业 60 年的调查》（1996 年）也相继发表。

自 1981 年三访江村以来，费孝通几乎每年都会回到这里考察这个区域的发展变化，并带领自己的同行、学生在这里建立调查基地，进行追踪考察，其研究课题也从村落研究扩展到乡村工业化、小城镇等方面的探讨。笔者根据相关档案资料，整理了费孝通共计 28 次访问江村的时间及其研究成果（见表 2）。

表 2　费孝通访问江村一览表

序列	时间	研究成果
一访	1936 年 7 月 3 日至 8 月 25 日	《江村通讯》《江村经济》
二访	1957 年 4 月 26 日至 5 月 16 日	《重访江村》
三访	1981 年 10 月 1～4 日	《三访江村》
四访	1982 年 1 月 6～14 日	《从鱼米、丝绸之乡到兔毛纺织之乡》《苏南农村社队工业问题》《故乡养兔》《论中国家庭结构的变动》
五访	1982 年 10 月 24 日	《小城镇在四化建设中的地位和作用》《谈小城镇研究》《家庭结构变动中的老年赡养问题》
六访	1983 年 5 月 2 日	《农村工业化的道路》《小城镇　大问题》
七访	1983 年 10 月 3～8 日	《小城镇　再探索》
八访	1984 年 10 月 21～23 日	《小城镇　新开拓》
九访	1985 年 7 月 9～22 日	《九访江村》《三论中国家庭结构的变动》
十访	1985 年 10 月 12～18 日	
十一访	1986 年 5 月 16 日	《江村五十年》
十二访	1987 年 5 月 31 日	
十三访	1987 年 9 月 4 日	《镇长们的苦恼》
十四访	1990 年 4 月 14－15 日	《长江三角洲之行》
十五访	1991 年 4 月 14－21 日	《吴江行》
十六访	1993 年 10 月 14 日	《乡镇企业的发展与企业家面临的任务》

序列	时间	研究成果
十七访～十九访		
二十访	1996年4月4日	《吴江的昨天、今天、明天》
二十一访至二十七访		
二十八访	2003年4月	《家乡小城镇发展的二十年》

此外，笔者在吴江档案馆依照时间顺序查阅了当地的报纸《吴江日报》，整理了自1990年代以来费孝通每年在吴江考察的具体时间和相应报道（见表3）。

表3 《吴江日报》对费孝通在吴江的报道

时间、期号、版面	标题
1995年5月18日，星期四，第41期	《全国人大常委会副委员长费孝通视察吴江》
1995年5月23日，星期二，总第43期	《吴江，永远的故乡——费孝通副委员长与本报记者谈回乡感想》
1996年4月15日，星期一，总第201期，今日4版	《鲈乡荡春风 殷殷乡情浓——记费孝通副委员长视察家乡》
1997年4月10日，星期四，总第424期 今日4版	《家乡的变化使我欣慰——记费孝通副委员长视察吴江》
1997年10月16日，星期四，总第560期 今日4版	《全国人大常委会副委员长费孝通来我市考察》
1998年4月14日，星期二，总第703期 今日4版	《"草根工业"长成"满帆工业" 费孝通回家乡 鼓励农村经济》
1998年10月9日，星期五，总第856期，今日4版	《98中国吴江金秋经贸洽谈会隆重举行 费孝通到会祝贺 项怀诚发来贺电 中国行政管理学会专致贺辞》
1998年10月12日，星期一，总第858期，今日4版	《费孝通在我市考察 他指出，要用科技来提高现代化水平》
1999年3月3日，星期三，总第978期，今日4版	《费孝通昨抵家乡调研——汝留根、程惠明等与费老亲切会谈》
1999年4月12日，星期一，总第1012期 今日4版	《费孝通来我市考察 汝留根、程惠明等会见费老一行》
1999年11月1日，星期一，总第1185期，今日4版	《梁保华看望费孝通 他代表苏州市四套班子恭贺费老九十华诞》《费孝通回家乡考察 汝留根陪同费老考察开发区》
1999年11月4日，星期四，总第1188期，今日4版	《费孝通学术研讨会在我市举行 丁石孙、钱伟长及中外知名大学学者出席活动》《陈德铭看望费孝通》
1999年11月5日，星期五，总第1189期，今日4版	《费达生立像仪式在苏大举行》
2000年4月3日，星期一，总第1315期 今日4版	《费孝通回家乡考察 他认为家乡日新月异，工作做得很好》
2000年4月4日，星期二，总第1316期，今日4版	《费孝通考察市经济开发区后认为吴江电子资讯产业园优势明显》

续表

时间、期号、版面	标题
2000 年 9 月 5 日，星期二，总第 1448 期，今日 4 版	《费孝通第二十六次回家乡考察 充分肯定吴江 "三资 （制）" 工作 汝留根、程惠明及省、苏州市人大领导等陪同》
2000 年 10 月 20 日，星期五，总第 1487 期，今日 8 版	《费孝通回家乡参加经洽会 汝留根、程惠明、张钰良、徐静柏等看望费老》
2000 年 10 月 21 日	图片新闻：原全国人大常委会副委员长费孝通在峻凌电子（苏州）有限公司喜看 PC 板
2001 年 10 月 24 日，星期三，总第 1797 期，今日 8 版	《费孝通回家乡考察》
2001 年 10 月 25 日，星期四，总第 1798 期，今日 8 版	《费孝通观看历代名人咏吴江碑廊》
2001 年 10 月 27 日，星期六，总第 1800 期，今日 4 版	《2001 年中国吴江金秋经贸洽谈会隆重举行 费孝通致词，项怀诚致贺信，省和苏州市领导及海内外千余名客商共赴盛会》
2002 年 9 月 14 日，星期六，总第 2071 期，今日 4 版	图片新闻：原全国人大常委会副委员长费孝通，昨天回家乡调研城镇化发展情况。（王炜摄）
2002 年 9 月 30 日，星期一，总第 2085 期，今日 8 版	《送上巨幅寿字 祝愿健康长寿 朱建盛等看望费孝通费达生》
2002 年 10 月 1 日	《费老来到孩子中间》
2002 年 10 月 15 日，星期二，总第 2094 期，今日 12 版	《家乡如此年轻靓丽》费孝通

可见，费孝通以江村为核心，在其家乡江苏吴江展开长时间、多层次的实地调查研究，志在富民，探索中国城乡发展道路，在他身体力行的坚持下，江村的追踪研究范式和谱系得以形成，正是在此基础上，中国人类学"迈向人民"的本土理论和方法进一步被实践和阐释。

二 江村

——中国乡村研究的追踪考察范式

中国社会学的早期传统中，一个最为突出的特征便是以人类学方法作为其底色的研究传统，特别注重实地的社区研究、个案的细致呈现以及文化理解的意义把握（赵旭东，2016）。第一代运用严格的社会人类学理论和方法对中国社会进行研究的，不是来自西方的"远方来客"，而是被从中国本土派往英美学习社会科学的一批青年学者，20 世纪三四十年代，费孝通、林耀华等就已比较系统地学习社会人类学，在他们的研究中，社会人类学的民族志方法被较为完整地运用，其对经济、亲属制度、信仰与仪式等方面的旨趣也得以较充分的表述（王铭铭，1997：111）。另

外，有别于乡村建设一派将乡村界定为"有问题的乡村"，学院派的中国乡村研究更愿意对乡村进行整体性的社会结构描述（赵旭东，2008：111）。在他们看来，乡村社会系统而完整地保存着社会文化的基本要素，因此在一个社区单位中进行民族志的考察和书写是了解中国社会的第一步。他们研究的目的也非常明确，即以一个乡村社区作为样本，或者是实验室，进行社会文化特质的观察和描述，再进一步与其他地区进行比较，得出一些共同性的特征。因此，这一时期的中国乡村研究为世界提供了丰富的社区研究案例，费孝通的《江村经济》正是其中的代表作。

20 世纪 80 年代，费孝通恢复了学术地位和政治地位之后，他重新开始思考新时期背景下中国人类学应有的学科价值。1980 年美国应用人类学会授予费孝通马林诺夫斯基名誉奖，他以《迈向人民的人类学》为题发表了演讲，他回顾了自己从早期的农村社区调查到中华人民共和国成立后的少数民族调查的研究经历，强调了其研究目的都是为中国社会更好地进行改革提供事实依据，帮助广大人民发展、富裕起来。因此他认为，"真正的应用人类学必须是为广大人民利益服务的人类学"（费孝通，1980：114），这是他所谓的"迈向人民的人类学"的基本涵义，也是他学术关怀的"二度转向"（赵旭东，2011：291）。

然而，费孝通的同门师弟——埃德蒙·利奇（Edmund Leach）在 1982 年出版的《社会人类学》（*Social Anthropology*）中质疑中国本土人类学研究中蕴含的两个问题。1990 年，费孝通以《人的研究在中国——个人的经历》来回应与利奇的"缺席的对话"。

利奇的第一个质疑是，研究者以自己的社会为研究对象是否可取？费孝通认为，社会人类学者最初以研究异文化为学科之本，见识的根源在于通过内省异文化与本文化的比较而提出理论的思考。费孝通回顾了自己从事人类学的缘由，在那个生逢社会巨变的时代，他是想学习到一些认识中国社会的观点和方法，并以此知识来推动中国社会的进步（费孝通，1990：5）。并且，他剖析了自己多次所从事的田野调查，证明自己的本土社会人类学研究既有"进得去"的先天优势，也有"出得来"的学术素养。即使是在江村调查 60 周年之际的反思，他还是强调"实际上并没有所谓'本文化'和'异文化'的区别，这里只有田野作业者怎样充分利用自己的或别人的经验作为参考体系，在新的田野里去取得新经验的问题"（费孝通，1996：11）。

利奇的第二个质疑是，像《江村经济》这样的微型社区研究能否概括中国国情？费孝通认为，把一个农村看作全国农村的典型，用它来代表所有的中国农村，那是错误的，但把一个农村看成是一切都与众不同，自成一格的独秀，sui generis，也是不对的（费孝通，1990：7）。以江村为例，它位于江苏南部地区，手工业发达，农、副、商各业均有，可以作为一类中国农村的代表，它虽然有自己的个性和特点，但也同中国的其他农村一样，是在同一的大趋势中推进的。江村所取得的经验，无疑会影响其他的村子；它所面临的问题也将从其他村子的实践里得到启发而获得解决，我们正在以无比的热情，追踪观察这一极其生动的过程，并力求如实地记录下来，为历史留下脚印（费孝通，1986：23）。而另一方面，费孝通在 90 年代也反思了以江村为例的微型社会学在空间、时间和文化层次上所受到的限制（费孝通，1996：17）。因此，他进一步将研究范围从乡村逐步扩展到小城镇、城乡关系、区域发展的研究。

《江村经济》已然意味着社会人类学跨越了"文野之别"，而在当前中国社会发展的现实境遇下，费孝通强调现代人类学应该在研究和指导文化变迁中起到重要作用，为社会更好地进行改革提供事实基础。虽然乡村社区的研究有其自身的局限性，但是在以农村社会为主体的中国，拥有较为完整的人文世界的农村社区仍然应是研究中国社会文化变迁的入口。

以全盘社会结构的格式作为研究对象，这对象并不能是概然性的，必须是具体的社区，因为联系着各个社会制度的是人们的生活，人们的生活存在于时空的坐落的社区当中。每一个社区有它一套社会结构，各制度配合的方式（费孝通，2012：177 - 178）。因此，他以最熟悉的江村作为观察中国社会变迁的"窗口"，在他身体力行的坚持下，一种以江村的村落空间为场所的追踪研究自 20 世纪 30 年代以来得以延续至今。费孝通及其同行共同为江村研究留存了近一个世纪的研究谱系，他们不仅为中国社会学、人类学提供了本土理论和方法，还为中国的乡村研究加进了时间维度，使得历时性的社会变迁在微观社区中的表达得以呈现。

追踪研究是为了弥补人类学田野民族志在时间维度上的缺失发展而来的一种研究方法。20 世纪 80 年代以来，曾有一批中国人类学者对中国乡村研究的知名田野点进行了回访，例如，庄孔韶回访林耀华《金翼：一个中国家族的史记》所描述的中国南方汉族的宗族与家族，并写作学术续本《银翅》；周大鸣依据葛学溥的《华南的乡村生活：广东凤凰村的家族主义社会学研究》对凤凰村进行了跨度 80 年的追踪调查，写作《凤凰村的变迁：〈华南的乡村生活〉追踪研究》；兰林友对满铁调查村落后夏寨进行了再调查，写作《庙无寻处：华北满铁调查村落的人类学再研究》；等等。"回访使我们重新找到审视同一调查点的机会，加强了社区的过程研究，其间多种被抽绎出的重要学术问题的解答获得了综合的机会"（庄孔韶，2004：1）。可见，无论是人类学者对自身田野点的重访，还是对他人田野点的再研究，其核心都是在试图超越时空限制下的社区描述，补充既有的"切片式"民族志书写，将社会的变化过程带入其中。

人类所面临的是一个不断产生经验的过程的世界，因此社会人类学者对社会结构的认识和分析就不能只是静态的，但他们曾经抽离了社会的时间维度，使得其对

社会结构的描述处于一种稳定均衡状态。利奇曾通过对缅甸高地克钦社会结构的研究表明，社会系统虽然是一个处于均衡状态的整体，但这并不意味着社会现实所形成的就是一个一致的整体。实际上，大多数时候社会中充满了不一致，但恰恰是这些不一致有助于我们理解社会变迁。因此，利奇建构了一套"动态理论"，即对制度的结构性变迁进行动态分析。格拉克曼的"均衡理论"也认为，社会结构并不能被认为是完全稳定的，而是处在一种"均衡"的状态中，不断地更新与保持，均衡本身是包含干扰因素的，具备一定的包容性，能够使社会系统再次恢复（Gluckman，1968：221）。因此，在研究社会文化的变迁时，应看到社会结构的稳定性、有限的结构变动及社会体系的根本改变三个方面。

追踪考察是费孝通身体力行的一种重要的研究方法，江村二十八访是他历时最长、内容最丰富的追踪研究，此外还有三访温州、六上瑶山、八访甘肃等。他的追踪研究并不是涵盖社会生活的所有面向，而是将考察的重点集中在社会结构、乡镇工业、家庭结构、小城镇等方面，这些议题不仅是他所提出的中国社会学、人类学的本土理论的核心，也是指引中国社会发展道路上的关键。在此意义上，费孝通对中国社会的认识是建立在不断更新的实地调查的基础之上。世界性的社会和文化转型不断加快，在中国社会也在随之发生着广泛而深刻的变化，因此中国乡村研究也需要持续的、具体的经验研究来推进理论认识和研究方法的反思和更新。可见，费孝通和诸多学人对江村的追踪考察不仅为世人留下了中国乡村社会近一个世纪的变化轨迹，也为未来中国乡村研究的重新思考提供了方法论的启示。

三 中国乡村与世界文化转型

20 世纪我国社会发生了深刻的变化，先后出现了三种社会形态，即农业社会、工业社会及信息社会，包含了两个大的跳跃，从农业社会跳跃到工业社会，再从工业社会跳跃到信息社会，费孝通将这三个阶段和两大变化比作"三级两跳"（费孝通，2001：3）。席卷全球的工业化和信息化给人类社会和自然环境带来了巨大的变迁，人们的生产和生活方式的各个领域也随之发生变革，包括生产的机械化、流动的全球化、交换的商品化、沟通的网络化、饮食的方便化（赵旭东、王莎莎，2014：122）等，这些变革力量正在广泛而快速地重塑人们的社会生活和价值观念。

世界性的社会和文化转型使得中国乡村在近三四十年发生了根本性的变革，其中最重要的一个特征就是，从原来相对封闭的体系逐渐转变为一个开放的体系。道路系统的建设、多媒体设备的普及和当下互联网的连通，实现了生活在村落中的人们能快速地与世界相连，可以说中国乡村社会已经越来越深刻地被带入到全球化的进程当中。全球化并不是现代世界的产物，几千年前，人类就实现了横跨大陆、海洋的贸易。全球化涉及一整个过程，包含全球范围内事物、人和信息的不断增长的多方面的流动（吉登斯、萨顿，2015：119）。这种流动曾经是极为缓慢的，但在今天科技发展的基础上，其速度和强度都在日益加剧。

乡村的开放性是由人的行动能力造就的，无论多么封闭的乡村社会，都有使其成为开放性社会的潜在契机，其基础就在于人是有着自我意识并由这种意识来支配其行为的主体（赵旭东，2011：104）。就江村而言，在传统农业社会时代，人们依靠航船的流动，有限地沟通了乡村与城镇之间的物品的交换与人员的往来；20 世纪 80 年代以来，随着乡村工厂的建立和道路设施的发展，工业化在一定程度上加快了村落中人的流动速度，并进一步加深了村落的开放性，新的生产技术可以快速引进乡村，乡村工厂的产品也更加快速地运往各地；而以互联网和新媒体为标志的信息时代的到来，使得乡村与世界之间的时空距离被压缩，彻底打破了乡村的既有边界。道路和网络将人的行动力延展开来，进一步扩大了乡村的开放性，也在逐渐改变人们的乡村生活。

一方面，道路是人类与其所处环境互动最为直接的产物，是人类生活景观的组成部分，它影响了社会文化和生态的多方面（周恩宇，2016：78）。道路的修建是社会现代化的一种标志，它正在重新塑造乡村社会的自然样貌和人们的生活方式。从费孝通初访江村绘制的村落空间布局示意图可以看到江村形成于三条河流的汇集，村民沿河而居，一方面便于家庭用水，另一方面便于通过航船交通出行。1981 年，费孝通三访江村时仍然是坐船到村里的，第二年江村的一条公路就修建好了，经过几十年的建设，至今村庄西有"庙镇公路"、东有"苏震桃高速公路"经过，村内也形成了四通八达的"环村公路"，私家小汽车可以直接开到自家的院子里停放。道路设施的完善使得汽车逐渐替代航船，成为人们主要的交通工具。为了便于出行，村民新建房屋的选址也开始向道路两边扩展，由"沿河而居"转变为"沿路而居"。

另一方面，20 世纪 80 年代以来，以信息技术发展为核心的新技术革命引发了社会各个领域的变革。作为一种历史趋势，信息时代的支配性功能与过程日益以网络组织起来（卡斯特，2003：567）。信息化社会的经济形态与工业社会相比发生了转变，出现了一种以信息化、网络化、全球化为特征的新经济，其核心是以知识为基础的生产力及对获利能力的强调，脱离了工业经济单一的生产力增长方式（谢俊贵，2002：195）。随着网络和新媒体的日益普及，江村的年轻人正在积极主动地通过对信息技术的掌控来改变自身的生产生活方式。

新一代江村人不再愿意接续自己的父母进入工厂，他们更希望也更善于通过互联网来谋求自身的生计和发展道路。江村所在的苏南地区历来是以丝织、针织为主的轻工业生产区和销售区，随着长江三角洲地区电子商务的快速发展，人们开始利用互联网的特性来实现产品的销售，笔者记录了江村一户家庭网店经营的日常。

> 黎黎家，堂屋东面的房间摆放着与客户联系的电脑，西面的房间有一张整理打包的桌子，地上堆放着批发来的针织衫，桌子上有两把小剪刀、若干全新的用来包装针织衫的透明塑料袋、快递包裹袋，以及一沓已经写好客户姓名、电话、地址的快递单。通常情况下，黎黎的老公负责针织衫批发，并通过电脑发布服装的照片，与客户沟通下订单，一般从中午一直忙到半夜（人们上网购物的时间一般集中在晚上），而黎黎则主要照顾女儿，下午做衣物检查和快递打包的工作。黎黎的父母有时间也会帮忙进货或者打包。由于交通便利，快递员每天下午4点左右都会上门取件，前一天的订单所生成的包裹就由快递公司发往全国各地了。

这样的场景描述使我们看到，网络带来对传统经营方式的变革。

首先，网络时空中的互动和交流重新安排了现实社会中人们的时间经验。传统的"日出而作，日落而息"的自然规律被打破，人们的时间被网络中随时而来的信息所控制。就开网店而言，卖家几乎随时都要在电脑前接收和回复买者的咨询信息，为了不损失任何一条客户订单，卖家的电脑几乎是24小时开着的，他们只要一听到电脑发出"嘀嘀"的信息声，就会即刻回复。虽然每时每刻人们都有可能在网上购物，但根据网店经营者的经验，一天之中网购的高峰时间一般从下午开始，至凌晨结束，除了回复买者的询问，再加上整理订单资料、将货物打包等工作，网店经营者通常工作到半夜两三点才能休息，第二天中午起床，午饭后，再继续在电脑前工作。可见，经营网店的人同那些在工作单位"朝九晚五"上班的人相比，作息规律近乎是相反的。

其次，在空间上，互联网使得经营者无须离开自家的椅子就可以联通他人并进行商品交易，与我们从未遇见或看到的人进行"非直接接触"。卖家在网络上的特定网站（例如中国的淘宝网、拍拍网等）开办网店，通过照片、图片、文字、视频等虚拟媒介来介绍所卖的商品，而不是传统的实物接触；相应地，买家也是在虚拟空间选购所需的商品。买家在选择的过程中，可以通过对话窗口与卖家进行沟通，了解商品的详细情况，如果确定了购买意愿，即可在该网店生成订单，并通过网上银行、支付宝等软件付款，付款完成后，卖家就依照订单上的货物信息和买家的资料（姓名、电话、地址等）将商品打包，交给快递员送货。这种消费方式使得人们足不出户，就可实现经济交易的互动行为。可见，目前以一切沟通模式（从印刷到多媒体）的电子整合为核心的新沟通系统，其历史特殊性并非是诱发虚拟实境（virtual reality），反而是建构了"真实虚拟"（real virtuality）（卡斯特，2003：462）。人们通过网络媒介在从事互动沟通时，一切现实在感知上被虚拟化了，但"虚拟"在实际上却成为真实，跨越时空的销售行为得到了实现。

此外，在人们的日常生活中也越来越依赖网络，人与人之间的互动交流、人对信息获取、商品交换等行为已经频繁地通过多种数字媒体和网络来实现，并日益成为一种新的文化表达的方式，例如人们在社交媒体中以更为直观的图片、视频和文字结合的方式来进行自我建构与互动，其中的语言、情感等方面的表达方式与人们面对面的交谈已有很大的不同，参与和影响范围也更大。可见，那些曾经在社会生活中具有支配地位的观念，随着一些新物质性以及生活方式的变革而发生重大的转变（赵旭东，2013：117）。在一定程度上，信息社会的到来正在重新塑造新的权威与神话，而这一塑造过程正在借助网络的力量，脱离时空的限制，影响和改变人们的思维与生活。

信息技术的快速发展和全球化时代带来人文社会的重建。费孝通在 1997 年年初旁听北大校长对重点学科的汇报会后讲道，"我们的社会生活还处于'由之'的状态而还没有达到'知之'的境界，而同时我们的生活本身却已进入一个世界性的文化转型期"（费孝通，2014：131－132）。因此，中国社会的文化转型：一方面要从社会事实出发，调查和反思文化变迁的过程与结果；另一方面也要重新认识中国传统文化在新的历史时期下对世界文明发展的贡献。在这个意义上，费孝通以"文化自觉"的概念来解释在面对世界文化转型时中国社会人文重建的主张。

> 文化自觉是指生活在一定文化中的人对其文化有"自知之明"，明白它的来历，形成过程，所具的特色和它发展的趋向，不带任何"文化回归"的意思。不是要"复旧"，同时也不主张"全盘西化"或"全盘他化"。自知之明是为了加强对文化转型的自主能力，取得决定适应新环境、新时代时文化选择的自主地位。（费孝通，2014：160－161）

结合费孝通文化自觉的概念反观今天的中国乡村社会，人们正是在日常生活的行动中、文化的变动中不断尝试、选择并转化新的生活方式，在迎接世界多元文化的同时也成为文化转型的实践者。只有研究者以参与观察的方式、以开放理解的态度，才能真正把握基层社会变革的内在动力。因此，考察和研究一定时空坐落下的乡村社会生活，仍然是认识中国社会文化变迁、探索文化转型自主道路的基本方法。与此同时，我们也要在新时期重新认识和思考中国乡村研究已有范式的适用性和局限性。

四　结语：中国乡村研究的适用性和局限性

通过回顾江村80年的中国乡村社会研究历程，可以看到中国社会学、人类学在乡村研究上的坚持与积累。虽然超越村落的研究范式在不断尝试，并取得了一定的研究成果；但考察拥有较为完整人文环境的乡村社区，能够给予研究者一个从整体上把握个人、群体与社会之间关系的场域。通常而言，经验研究往往是村落的、地方性的、个案的、局限的，而在此基础上提升的概念却是普遍的、概括的、具有超越意义的。费孝通的研究路径证实了这一过程的应然性。对人类知识以及与此相关的诸多概念的哲学阐释，要求把这些概念置于社会关系的背景中（温奇，2004：41）。这也正是中国村落研究的意义所在。

另外，我们也应看到中国乡村研究的局限性。首先，以村落为中心的研究固然有许多优点，但是不能充分体现中国文明的宏大体系和历史的流变（费孝通，2000：9）。1992年费孝通在山东曲阜参观孔庙、孔府和孔林时，想到在全球的大社会中要使人人能安其所、遂其生，这就不仅是个生态秩序，而且是个心态秩序（费孝通，1993：13）。因此，他指出社区研究不仅应研究社会结构，还要研究活生生的人，应从生态（人与自然的关系）的研究进一步发展到关于人们的心态研究，并应致力发掘中国几千年以来关于人、关于中和位育的经验（费孝通，1994：7）。因此，他晚年提出要扩展社会学研究的传统界限，中国社会学有着"科学"与"人文"双重性格，"人文思想"是指导社会成员更好地认识、理解自我与社会之间关系的知识和精神财富，决定了其应研究一些关于"人""群体""社会""文化"和"历史"等基本问题，特别是挖掘中国丰厚的自身历史文化传统（费孝通，2003）。今天作为单独而孤立地看待中国问题在一个点上的投影的人类学的时代已经结束，我们需要有一种从结构关系论角度的对于中国人、社会及其文化这三者联系的整体理解，而这种理解一定又是建立在对于中国意识生长空间的伸缩变化与演变的不断把握之上（赵旭东，2012：107）。

其次，全球范围内的世界文化转型在给人类社会生活带来了深刻变革的同时，也为社会学、人类学及其他人文科学研究提出新的挑战。多元文化在全球化力量的影响下日益趋同，地域和历史造就的社会文化差异逐渐成为遗产而走进博物馆，但同时全球化也在被不断地方化，这两种力量如何作用于最基层的乡村生活，需要对社会生活予以客观真实的"深描"。此外，中国乡村社会在不断现代化的过程中，社会生活的公共空间也在不断缩小，现代性所带来的个体主义、商品化也使得可供研究者直接观察的文化现象变得越来越隐秘，而互联网时代的到来，也意味着虚拟空间的文化表达成为需要我们予以关注的新领域。

参考文献

阿古什，2006，《费孝通传》，董天民译，郑州：河南人民出版社。

《大力发展副业生产　教育农民注意积累——费孝通重访本县开弦弓村提出的意见》，1957，《吴江报》6 月 1 日。

费达生，1934，《复兴丝业的先声》，《农村经济》第 1 卷第 9 期。

国立北平图书馆图书季刊编辑部，1939，《Fei, Hsuaio-tung: Peasant life in China（费孝通：江村经济）》，《图书季刊》第 1 卷第 4 期。

甘阳，1994，《〈江村经济〉再认识》，《读书》第 10 期。

江苏省农矿厅刊行，1929a，《吴江县开弦弓村生丝精制运销合作社之概况》，《农矿通讯》第 21 期。

江苏省农矿厅刊行，1929b，《奖励吴江县开弦弓村等处合作社之蚕业出品》，《农矿通讯》第 60 期。

梁漱溟主编，1930，《开弦弓村合作社办理之成绩》，《村治》第 1 卷第 7 期。

费达生，1930，《吴江开弦弓村生丝制造之今夕观》，《苏农》第 1 卷第 5 期。

费孝通，1980，《迈向人民的人类学》，《社会科学战线》第 3 期。

费孝通，1981，《三访江村——英国皇家人类学会 1981 年赫胥黎纪念演讲》，《江苏社联通讯》第 17 期。

费孝通，1985，《我的"两篇文章"》，《群言》第 2 期。

费孝通，1986，《江村五十年》，《社会》第 6 期。

费孝通，1990，《缺席的对话——人的研究在中国——个人的经历》，《读书》第 10 期。

费孝通，1993，《中国城乡发展的道路——我一生的研究课题》，《中国社会科学》第 1 期。

费孝通，1994，《个人·群体·社会——一生学术历程的自我思考》，《北京大学学报》（哲学社会科学版）第 1 期。

费孝通，1996，《重读〈江村经济〉序言》，《北京大学学报》（社会科学版）第 4 期。

费孝通，2000，《百年中国社会变迁与全球化过程中的"文化自觉"》，《厦门大学学报》（哲学社会科学版）第 4 期。

费孝通，2001，《江村经济：中国农民的生活》，北京：商务印书馆。

费孝通，2001，《"三级两跳"中的文化思考》，《读书》第 4 期。

费孝通，2003，《试谈扩展社会学的传统界限》，《北京大学学报》（哲学社会科学版）第 3 期。

费孝通，2009a，《费孝通全集》第二十卷，呼和浩特：内蒙古人民出版社。

费孝通，2009b，《费孝通全集》第九卷，呼和浩特：内蒙古人民出版社。

费孝通，2012，《乡土中国》，韩格里、王政译，北京：外语教学与研究出版社。

费孝通，2014，《中国文化的重建》，上海：华东师范大学出版社。

费孝通，2015，《社会学的重建和发展》，载《费孝通论社会学学科建设》，北京：北京大学出版社。

费孝通、张之毅，2006，《云南三村》，北京：社会科学文献出版社。

吉登斯、萨顿，2015，《社会学》（第 7 版），赵旭东等译，北京：北京大学出版社。

卡斯特，2003，《网络社会的崛起》，夏铸九等译，北京：社会科学文献出版社。

王淮冰，2004，《江村报告——一个了解中国农村的窗口》，北京：人民出版社。

王铭铭，1997，《社会人类学的中国研究》，《中国社会科学》第 5 期。

温奇，2004，《社会科学的观念及其与哲学的关系》，张庆熊等译，上海：上海人民出版社。

谢俊贵，2002，《当代社会变迁之技术逻辑——卡斯特尔网络社会理论述评》，《学术界》第 4 期。

余广彤，2007，《费孝通和姐姐费达生》，北京：中央文献出版社。

周恩宇，2016，《道路研究的人类学框架》，《北方民族大学学报》（哲学社会科学版）第 3 期。

中国民主同盟云南省委员会编，2013，《费孝通与云南》，北京：群言出版社。

张冠生，2011，《费孝通》，北京：群言出版社。

庄孔韶，2004，《时空穿行：中国乡村人类学世纪回访》，北京：中国人民大学出版社。

邹农俭、叶南客，1983，《江苏省小城镇研究会在宁成立》，《江苏社联通讯》。

郑也夫，2015，《评〈乡土中国〉与费孝通》，《中华读书报》第 005 版。

赵旭东，2008，《乡村成为问题与成为问题的中国乡村研究——围绕"晏阳初模式"的知识社会学反思》，《中国社会科学》第 3 期。

赵旭东，2011，《马林诺夫斯基与费孝通：从异域迈向本土》，载《本土异域间》，北京：北京大学出版社。

赵旭东，2011，《闭合性与开放性的循环发展》，《开放时代》第 12 期。

赵旭东，2012，《中国意识与人类学研究的三个世界》，《开放时代》第 11 期。

赵旭东，2013，《从社会转型到文化转型——当代中国社会的特征及其转化》，《中山大学学报》第 3 期。

赵旭东、王莎莎，2014，《食品在方便——中国西北部关中地区一个村落的面食文化变迁》，《民俗研究》第 5 期。

赵旭东，2016，《社会学在中国的创造性转化》，《中国社会科学报》6 月 7 日，第 8 版。

Gluckman，Max. 1968. "The Utility of Equilibrium Model in the Study of Social Change"，*American Anthropology*，70（2）.

图书在版编目（CIP）数据

江村调查与社会科学的中国化：费孝通"江村调查"80周年纪念文集 / 周晓虹，张静，乐江主编. -- 北京：社会科学文献出版社，2019.3

ISBN 978 - 7 - 5201 - 4079 - 9

Ⅰ.①江⋯　Ⅱ.①周⋯　②张⋯　③乐⋯　Ⅲ.①社会科学 - 中国 - 文集　Ⅳ.①C53

中国版本图书馆 CIP 数据核字（2018）第 298037 号

江村调查与社会科学的中国化
——费孝通"江村调查"80周年纪念文集

主　　编／周晓虹　张　静　乐　江

出 版 人／谢寿光
责任编辑／张小菲

出　　版／社会科学文献出版社·群学出版分社（010）59366453
　　　　　　地址：北京市北三环中路甲 29 号院华龙大厦　邮编：100029
　　　　　　网址：www. ssap. com. cn
发　　行／市场营销中心（010）59367081　59367083
印　　装／三河市东方印刷有限公司

规　　格／开　本：787mm × 1092mm　1/16
　　　　　　印　张：32.75　字　数：660 千字
版　　次／2019 年 3 月第 1 版　2019 年 3 月第 1 次印刷
书　　号／ISBN 978 - 7 - 5201 - 4079 - 9
定　　价／168.00 元